Windows-Anwendungs-entwicklung mit Microsoft .NET Framework 4 – Original Microsoft Training für Examen 70-511

Microsoft Press

Dieses Buch ist die deutsche Übersetzung von: Matthew A. Stoecker: MCTS Self-Paced Training Kit (Exam 70-511): Windows Applications Development with Microsoft .NET Framework 4
Microsoft Press, Redmond, Washington 98052-6399

Kommentare und Fragen können Sie gerne an uns richten:
Microsoft Press Deutschland
Konrad-Zuse-Straße 1
85716 Unterschleißheim
E-Mail: *mspressde@oreilly.de*

15 14 13 12 11 10 9 8 7 6 5 4 3 2 1
13 12 11

ISBN 978-3-86645-951-9

Übersetzung: Detlef Johannis, Kempten
Korrektorat: Claudia Mantel-Rehbach, Entraching
Fachlektorat und Satz: Günter Jürgensmeier, München
Umschlaggestaltung: Hommer Design GmbH, Haar (www.HommerDesign.com)
Layout und Gesamtherstellung: Kösel, Krugzell (www.KoeselBuch.de)

Inhaltsverzeichnis

Einführung

Dieses Training ist auf Entwickler zugeschnitten, die sich mit der Prüfung 70-511 als Microsoft Certified Technology Specialist (MCTS) zertifizieren oder lernen wollen, wie sie Anwendungen mit Microsoft .NET Framework 4 schreiben. Wenn Sie dieses Training erfolgreich durcharbeiten wollen, sollten Sie bereits mit Microsoft Windows und Microsoft Visual Basic beziehungsweise Microsoft Visual C# vertraut sein. Die Themen in diesem Training decken die Prüfungsziele ab, die auf der Seite »Skills Measured« unter *http://www.microsoft.com/learning/en/us/exam.aspx?ID=70-511#tab2* aufgelistet sind.

In diesem Training erwerben Sie folgende Kenntnisse und Fertigkeiten:

- Auswählen einer geeigneten Steuerelementklasse
- Aufbauen des Bildschirmslayouts mit verschachtelten Steuerelementhierarchien
- Erstellen und Anwenden von Stilen und Designs
- Verwalten wiederverwendbarer Ressourcen
- Entwerfen einer Animation in WPF
- Verwalten von Routingereignissen in WPF
- Konfigurieren der WPF-Befehlsverarbeitung
- Ändern der Benutzeroberfläche während der Laufzeit
- Implementieren benutzerdefinierter Steuerelemente
- Erstellen und Anzeigen von Grafik
- Hinzufügen von Multimediainhalt zu einer Anwendung in WPF
- Erstellen und Anwenden von Steuerelementvorlagen in WPF
- Erstellen von Daten-, Ereignis- und Eigenschaftstriggern in WPF
- Implementieren der Datenbindung
- Implementieren von Wertkonvertern in WPF
- Implementieren der Datenüberprüfung
- Implementieren und Verwenden von Änderungsbenachrichtigungsschnittstellen
- Vorbereiten von Datenauflistungen für die Anzeige
- Binden an hierarchische Daten
- Implementieren von datengebundenen Steuerelementen
- Erstellen einer Datenvorlage in WPF
- Integrieren von Windows Forms und WPF innerhalb einer Anwendung
- Implementieren von asynchronen Prozessen und Threading
- Einbauen von Globalisierungs- und Lokalisierungsfunktionen
- Implementieren von Drag & Drop-Operationen über Anwendungsgrenzen hinweg
- Implementieren von Sicherheitsfeatures einer Anwendung

- Verwalten von Benutzer- und Anwendungseinstellungen
- Implementieren von Abhängigkeitseigenschaften
- Implementieren einer WPF-Teststrategie
- Debuggen von XAML mit dem WPF Visualizer
- Debuggen von WPF-Problemen mit `PresentationTraceSources`
- Konfigurieren einer ClickOnce-Bereitstellung
- Erstellen und Konfigurieren eines Windows Installer-Projekts
- Konfigurieren von Sicherheitseinstellungen für die Bereitstellung

Tabelle E.1 schlüsselt auf, in welchen Kapiteln und Lektionen die verschiedenen Prüfungslernziele behandelt werden.

Hinweis Prüfungsziele

Die hier aufgeführten Prüfungsziele waren zu dem Zeitpunkt gültig, als das Buch veröffentlicht wurde. Prüfungsziele können von Microsoft jederzeit ohne vorherige Ankündigung und ohne Begründung geändert werden. Eine stets aktuelle Liste der Prüfungsziele finden Sie auf der Website von Microsoft Learning unter *http://www.microsoft.com/learning/en/us/Exam.aspx?ID=70-511*.

Tabelle E.1 Lernziele der Prüfung 70-511

Lernziel	Kapitel	Lektion
1. Erstellen einer Benutzeroberfläche mit Basisverfahren (23%)		
1.1 Auswählen einer geeigneten Steuerelementklasse	1	1
	4	1, 2, 3, 4
1.2 Aufbauen des Bildschirmslayouts mit verschachtelten Steuerelementhierarchien	1	1
1.3 Erstellen und Anwenden von Stilen und Designs	1	3
	5	3
1.4 Verwalten wiederverwendbarer Ressourcen	1	2
1.5 Entwerfen einer Animation in WPF	2	3
2. Verbessern der Benutzeroberfläche mit erweiterten Verfahren (21%)		
2.1 Verwalten von Routingereignissen in WPF	2	1
2.2 Konfigurieren der WPF-Befehlsverarbeitung	2	2
2.3 Ändern der Benutzeroberfläche während der Laufzeit	3	1, 2
2.4 Implementieren benutzerdefinierter Steuerelemente	5	1, 3
2.5 Erstellen und Anzeigen von Grafik	3	1
2.6 Hinzufügen von Multimediainhalt zu einer Anwendung in WPF	3	2
2.7 Erstellen und Anwenden von Steuerelementvorlagen in WPF	5	2
2.8 Erstellen von Daten-, Ereignis- und Eigenschaftstriggern in WPF	1	3

►

Lernziel	Kapitel	Lektion
3. Verwalten von Daten in der Benutzeroberflächenschicht (23%)		
3.1 Implementieren der Datenbindung	6	1
	7	1
3.2 Implementieren von Wertkonvertern in WPF	6	2
3.3 Implementieren der Datenüberprüfung	6	3
	8	2
3.4 Implementieren und Verwenden von Änderungsbenachrichtigungsschnittstellen	6	3
3.5 Datenauflistungen für die Anzeige vorbereiten	7	2
3.6 Binden an hierarchische Daten	7	1
3.7 Implementieren von datengebundenen Steuerelementen	8	1
3.8 Erstellen einer Datenvorlage in WPF	7	2
4. Erweitern von Funktionsumfang und Benutzerfreundlichkeit einer Lösung (17%)		
4.1 Integrieren von Windows Forms und WPF innerhalb einer Anwendung	9	3
4.2 Implementieren von asynchronen Prozessen und Threading	9	1
4.3 Einbauen von Globalisierungs- und Lokalisierungsfunktionen	9	2
4.4 Implementieren von Drag & Drop-Operationen über Anwendungsgrenzen hinweg	10	3
4.5 Implementieren von Sicherheitsfeatures einer Anwendung	10	1
4.6 Verwalten von Benutzer- und Anwendungseinstellungen	10	2
4.7 Implementieren von Abhängigkeitseigenschaften	5	3
5. Stabilisieren und Verteilen einer Lösung (17%)		
5.1 Implementieren einer WPF-Teststrategie	11	1, 2
5.2 Debuggen von XAML mit dem WPF Visualizer	11	1
5.3 Debuggen von WPF-Problemen mit `PresentationTraceSources`	11	2
5.4 Konfigurieren einer ClickOnce-Bereitstellung	12	2
5.5 Erstellen und Konfigurieren eines Windows Installer-Projekts	12	1
5.6 Konfigurieren von Sicherheitseinstellungen für die Bereitstellung	12	2

Hardwarevoraussetzungen

Für die Übungen in diesem Buch sollten Sie nicht Ihre primäre Arbeitsstation verwenden, weil Sie Änderungen an der Konfiguration von Betriebssystem und Anwendungen vornehmen müssen.

Um die Begleit-CD zu diesem Buch benutzen zu können, benötigen Sie einen Computer mit Microsoft Windows XP mit Service Pack 3 (SP3), Windows Vista mit SP2, Windows 7, Windows Server 2003 mit SP2, Windows Server 2003 R2, Windows Server 2008 mit SP2 oder Windows Server 2008 R2. Dieser Computer muss folgende Mindestvoraussetzungen erfüllen:

- 32-Bit- (x86) oder 64-Bit-Prozessor (x64) mit 1 GHz
- 1 GByte (x86-Systeme) beziehungsweise 2 GByte (x64-Systeme) Arbeitsspeicher
- Eine Festplatte mit 40 GByte Platz
- DVD-Laufwerk
- Monitor und Grafikkarte mit einer Auflösung von mindestens 800 × 600 Pixeln
- Tastatur und Microsoft Mouse oder kompatibles Zeigegerät

Für Kapitel 10 brauchen Sie einen Computer, der unter Windows 7 Professional, Ultimate oder Enterprise Edition läuft.

Softwarevoraussetzungen

Auf dem Computer, auf dem Sie die Begleit-CD benutzen, muss folgende Software zur Verfügung stehen:

- Webbrowser, zum Beispiel Windows Internet Explorer
- Eine Anwendung zum Anzeigen von PDF-Dateien, beispielsweise Adobe Acrobat Reader, den Sie von *www.adobe.de* herunterladen können
- Microsoft Visual Studio 2010 Professional. Eine Testversion können Sie unter *http://msdn.microsoft.com/de-de/vstudio/bb984878* herunterladen.

Verwenden der CD

Die in diesem Buch enthaltene Begleit-CD enthält folgende Komponenten:

- **Übungstests** Mit den Übungstests (in englischer Sprache) können Sie Ihre Kenntnisse zur Programmierung mit Microsoft .NET Framework 4 vertiefen. Sie können diese Übungstests an Ihre Anforderungen anpassen, indem Sie die gewünschten Bereiche aus den Lernzielkontrollfragen dieses Buchs auswählen. Oder Sie üben für die Prüfung 70-511 mithilfe von Tests, die aus einem Pool mit etwa 200 realistischen Prüfungsfragen zusammengestellt werden. Diese Zahl reicht aus, um etliche unterschiedliche Testprüfungen durchzuführen, sodass Sie optimal vorbereitet sind.
- **Codebeispiele** Die in diesem Buch vorgestellten Codebeispiele finden Sie auf der Begleit-CD im Ordner *\Sample Files*. Die Dateien sind nach Kapiteln auf Unterordner verteilt.
- **Ein E-Book** Eine elektronische Version (E-Book) dieses Buchs (in englischer Sprache) ist auf der Begleit-CD enthalten. So können Sie das Buch lesen, auch wenn Sie gerade keine Gelegenheit haben, die Papierversion mitzunehmen.

Hinweis E-Book ohne Begleitmedium

Wenn Sie dieses Buch ohne Begleitmedium erworben haben (z.B. als E-Book), können Sie die für das Durcharbeiten notwendigen Dateien unter dieser Adresse herunterladen: *http://www.microsoft-press.de/support.asp?s110=951*.

So installieren Sie die Übungstests

Gehen Sie folgendermaßen vor, um die Übungstests von der Begleit-CD auf Ihre Festplatte zu installieren:

1. Legen Sie die Begleit-CD in das CD-Laufwerk und stimmen Sie der Lizenzvereinbarung zu. Daraufhin öffnet sich ein CD-Menü.

> Hinweis **Falls sich das CD-Menü nicht öffnet**
>
> Falls das CD-Menü oder die Lizenzvereinbarung nicht angezeigt wird, ist wahrscheinlich die AutoRun-Funktion auf Ihrem Computer deaktiviert. Bitte lesen Sie in diesem Fall die Datei *Readme.txt* auf der Begleit-CD, dort finden Sie Hinweise zu alternativen Installationsmethoden.

2. Klicken Sie auf das Feld *Practice Tests* und folgen Sie den angezeigten Anweisungen.

So benutzen Sie die Übungstests

Gehen Sie folgendermaßen vor, um die Übungstests zu starten:

1. Klicken Sie auf *Start/Alle Programme/Microsoft Press Training Kit Exam Prep*. Daraufhin öffnet sich ein Fenster, in dem alle Microsoft Press-Training Kit-Prüfungsvorbereitungskomponenten aufgelistet sind, die Sie auf Ihrem Computer installiert haben.
2. Klicken Sie doppelt auf die Lernzielkontroll- oder Übungstests, die Sie durcharbeiten möchten.

> Hinweis **Unterschiede zwischen Lernzielkontroll- und Übungstests**
>
> Wählen Sie den Punkt *Lesson Review* zu *(70-511) Windows Applications Development with Microsoft .NET Framework 4* aus, wenn Sie die Fragen aus den »Lernzielkontrolle«-Abschnitten dieses Buchs durcharbeiten möchten. Wählen Sie den Punkt *Practice Test* aus, wenn Sie Fragen aus einem Pool mit über 200 Übungsfragen beantworten möchten, die den Fragen in der Prüfung 70-511 ähneln.

Optionen für Lernzielkontrollfragen

Wenn Sie die Lernzielkontrollfragen ausgewählt haben, öffnet sich das Dialogfeld *Custom Mode*, in dem Sie Ihren Test konfigurieren können. Sie können einfach auf *OK* klicken, um die Standardeinstellungen zu übernehmen, oder auswählen, wie viele Fragen gestellt werden sollen, welche Prüfungsziele Sie abdecken wollen und ob die Übungsdauer gemessen werden soll. Falls Sie einen Test ein weiteres Mal durchführen, können Sie auswählen, ob sämtliche Fragen erneut angezeigt werden sollen oder nur die Fragen, die Sie beim letzten Mal falsch oder überhaupt nicht beantwortet haben.

Sobald Sie auf *OK* geklickt haben, beginnt die Lernzielkontrolle.

- Beantworten Sie im Test die Fragen und wechseln Sie mit den Schaltflächen *Next* und *Previous* von einer Frage zur anderen.
- Nachdem Sie eine Frage beantwortet haben, können Sie überprüfen, ob die Antwort richtig war, indem Sie auf die Schaltfläche *Explanation* klicken. Dabei wird auch eine Erläuterung zu den richtigen und falschen Antworten angezeigt.

- Falls Sie lieber erst den gesamten Test durcharbeiten wollen, bevor Sie sich das Ergebnis ansehen, können Sie alle Fragen beantworten und dann auf *Score Test* klicken. Daraufhin wird eine Zusammenfassung der ausgewählten Prüfungsziele angezeigt, in der Sie sehen, wie viel Prozent der Fragen Sie insgesamt und pro Lernziel richtig beantwortet haben. Sie können sich den Test ausdrucken, Ihre Antworten durchgehen oder den Test wiederholen.

Optionen für Übungstests

Wenn Sie einen Übungstest starten, können Sie auswählen, ob Sie im Zertifizierungs-, Lern- oder benutzerdefinierten Modus arbeiten wollen:

- **Zertifizierungsmodus (Certification Mode)** Dieser Modus ähnelt stark dem Ablegen einer echten Zertifizierungsprüfung. Der Test enthält eine bestimmte Zahl von Fragen, die Zeit ist begrenzt und Sie können die Prüfung nicht unterbrechen.
- **Lernmodus (Study Mode)** Erstellt einen Test ohne Zeitbegrenzung, in dem Sie sich die richtigen Antworten und die zugehörigen Erklärungen ansehen können, nachdem Sie jeweils eine Frage beantwortet haben.
- **Benutzerdefinierter Modus (Custom Mode)** In diesem Modus haben Sie volle Kontrolle über die Testoptionen, sodass Sie den Test nach Belieben gestalten können.

Die Benutzeroberfläche beim Durchführen des Tests ist in allen Modi fast dieselbe, allerdings sind jeweils andere Optionen aktiviert oder deaktiviert. Die wichtigsten Optionen sind im vorhergehenden Abschnitt, »Optionen für Lernzielkontrollfragen«, beschrieben.

Wenn Sie nachsehen, ob Ihre Antwort für eine einzelne Frage eines Übungstests richtig war, wird ein Verweisabschnitt (*References*) angezeigt, in dem aufgelistet ist, an welcher Stelle im Training das entsprechende Thema behandelt wird und wo Sie weitere Informationen finden. Nachdem Sie auf *Test Results* geklickt haben, um sich das Gesamtergebnis für Ihren Test anzeigen zu lassen, können Sie auf die Registerkarte *Learning Plan* klicken, um sich eine Liste der Verweise für jedes einzelne Lernziel anzeigen zu lassen.

So deinstallieren Sie die Übungstests

Sie können die Übungstests mit dem Eintrag *Programm deinstallieren* in der Windows-Systemsteuerung deinstallieren.

Das Microsoft Certified Professional-Programm

Die Microsoft-Zertifizierungen bieten Ihnen eine optimale Möglichkeit, Ihre Kenntnisse der aktuellen Microsoft-Produkte und -Technologien unter Beweis zu stellen. Die Prüfungen und entsprechenden Zertifikate dienen als Nachweis Ihrer Kompetenz in Bezug auf Entwurf, Entwicklung, Implementierung und Unterstützung von Lösungen mit Microsoft-Produkten und -Technologien. Fachkräfte, die über Microsoft-Zertifikate verfügen, sind als Experten anerkannt und in der Branche äußerst gefragt. Die Zertifizierung bringt zahlreiche Vorteile für Bewerber, Arbeitgeber und Organisationen mit sich.

Weitere Informationen Alle Microsoft-Zertifizierungen

Eine vollständige Liste der Microsoft-Zertifizierungen finden Sie unter *www.microsoft.com/learning/mcp/default.asp*.

Errata und Support

Wir haben uns sehr um die Richtigkeit der in diesem Buch sowie auf der Begleit-CD enthaltenen Informationen bemüht. Mit Anmerkungen, Fragen oder Verbesserungsvorschlägen können Sie sich an Microsoft Press wenden:

Per E-Mail:

mspressde@oreilly.de

Per Post:

Microsoft Press
Betrifft: *Training 70-511: Windows-Anwendungsentwicklung mit .NET Framework 4*
Konrad-Zuse-Straße 1
85716 Unterschleißheim

Supportinformationen zu diesem Buch und der beiliegenden CD-ROM finden Sie auf der Supportwebsite von Microsoft Press unter *http://www.microsoft-press.de/support.asp*.

Falls Sie einen Fehler finden, können Sie ihn auch auf unserer Microsoft Press-Website bei *Oreilly.com* angeben (in englischer Sprache):

1. Gehen Sie auf *http://microsoftpress.oreilly.com*.
2. Geben Sie im Textfeld *Search* die ISBN (9780735627420) oder den Titel des Buchs ein.
3. Wählen Sie das gewünschte Buch aus der Liste der Suchergebnisse aus.
4. Auf der Katalogseite des Buchs finden Sie unter der Abbildung des Buchs eine Liste mit Links.
5. Klicken Sie auf *View/Submit Errata*.

Auf unserer Katalogseite finden Sie weitere Informationen und Angebote für Ihr Buch. Falls Sie zusätzliche Hilfe brauchen, können Sie eine E-Mail an unseren Microsoft Press Book Support unter *tkinput@microsoft.com* senden (in englischer Sprache).

Beachten Sie, dass unter den oben angegebenen Adressen kein Support für Microsoft-Software geleistet wird.

Bleiben Sie am Ball

Falls Sie News, Updates usw. von Microsoft Press erhalten möchten, wir sind auf Twitter: *http://twitter.com/mspress_de*.

Vorbereiten auf die Prüfung

Microsoft-Zertifizierungsprüfungen sind eine hervorragende Methode, Ihre Bewerbung aufzuwerten und Ihre Kenntnisse bekannt zu machen. Zertifizierungsprüfungen bestätigen Ihre berufliche Erfahrung und Ihre Produktkenntnisse. Es gibt zwar keinen wirklichen Ersatz für praktische Erfahrung, aber Lernen und Üben helfen Ihnen bei der Vorbereitung auf die Prüfung. Wir empfehlen Ihnen, in Ihren Prüfungsvorbereitungsplan eine Kombination der verfügbaren Lernmaterialien und Kurse einzuarbeiten. Zum Beispiel können Sie dieses Training und ein anderes Lehrbuch für die Vorbereitung zu Hause hernehmen, und zusätzlich einen Kurs aus dem Microsoft Official Curriculum buchen. Wählen Sie die Kombination, die bei Ihnen die besten Ergebnisse bringt.

KAPITEL 1

Erstellen einer Benutzeroberfläche

Wichtig Vorbereiten auf die Prüfung
Haben Sie auf Seite XIX die Hinweise zum Vorbereiten auf die Prüfung gelesen? Sie finden dort wertvolle Informationen darüber, welche Fähigkeiten Sie brauchen, um die Prüfung zu bestehen.

Die Benutzeroberfläche bildet den sichtbaren Teil Ihrer Anwendung. Die Benutzer Ihrer Anwendung greifen über die Benutzeroberfläche darauf zu. Sie bedienen dazu Steuerelemente, die in Fenster eingebettet sind. Momentan stehen in Visual Studio zwei Microsoft-Technologien zur Auswahl, um Microsoft Windows-Anwendungen zu erstellen: Windows Forms und Windows Presentation Foundation (WPF).

Windows Forms waren lange Zeit die Basis für die meisten Microsoft Windows-Anwendungen. Sie können vielfältig konfiguriert werden, sodass eine Menge unterschiedlicher Benutzeroberflächenoptionen zur Verfügung stehen. Der Entwickler erstellt Formulare (form) in verschiedenen Größen und Formen, die er an die Anforderung des Benutzers anpasst. Formulare beherbergen Steuerelemente (control), die den Großteil des Funktionsumfangs der Benutzeroberfläche zugänglich machen.

WPF ist der Nachfolger von Windows Forms im Bereich der Desktopanwendungsentwicklung. WPF-Anwendungen unterscheiden sich in mehreren Punkten von herkömmlichen Windows Forms-Anwendungen. Der wichtigste Unterschied ist, dass der Code für die Benutzeroberfläche vom Code für die Anwendungsfunktionen getrennt ist. Der Code für die Funktionen eines Projekts wird weiterhin in einer der vertrauten Sprachen wie Microsoft Visual Basic .NET oder Microsoft Visual C# geschrieben, aber die Benutzeroberfläche eines WPF-Projekts wird üblicherweise in einer relativ neuen Deklarationssyntax entwickelt, der Extensible Application Markup Language (XAML).

Dieses Training behandelt zwar auch einige Elemente der Windows Forms-Programmierung, konzentriert sich aber – wie die Prüfung – auf WPF.

Dieses Kapitel stellt die Grundlagen zum Erstellen einer Windows-Anwendung vor. Lektion 1 beschreibt, welche Arten von WPF-Steuerelementen es gibt und wie Sie sie nutzen. Lektion 2 erklärt die Benutzung von Ressourcen. Und Lektion 3 beschreibt, wie Sie Stile in Ihre WPF-Anwendung einarbeiten.

In diesem Kapitel abgedeckte Prüfungsziele:

- Auswählen einer geeigneten Steuerelementklasse
- Aufbauen des Bildschirmslayouts mit verschachtelten Steuerelementhierarchien
- Verwalten wiederverwendbarer Ressourcen
- Erstellen und Anwenden von Stilen und Designs
- Erstellen von Daten-, Ereignis- und Eigenschaftstriggern in WPF

Lektionen in diesem Kapitel:

Bevor Sie beginnen

Um die Lektionen in diesem Kapitel durcharbeiten zu können, müssen Sie folgende Vorbereitungen getroffen haben:

- Ihnen steht ein Computer zur Verfügung, der die im Abschnitt »Einführung« am Anfang dieses Buchs aufgelisteten Hardwarevoraussetzungen erfüllt.
- Auf Ihrem Computer ist Microsoft Visual Studio 2010 Professional Edition installiert.
- Sie sind mit der Syntax von Visual Basic oder C# sowie dem Microsoft .NET Framework 4 vertraut.
- Sie besitzen Grundkenntnisse zu XAML.

Praxistipp

Matthew Stoecker

Wenn ich eine Windows-Anwendung entwickle, investiere ich besonders viel Mühe in den Entwurf der Benutzeroberfläche. Eine sorgfältig durchdachte Benutzeroberfläche, die eine flüssige Bedienung ermöglicht, erhöht für die Benutzer die Zufriedenheit beim Umstieg auf die neue Anwendung und erleichtert somit die Einarbeitung. Konsistenz und vertraute Entwurfskonzepte führen zu höherer Produktivität. Da für die Anwendungsentwicklung sowohl Windows Forms als auch WPF zur Verfügung stehen, stehen Ihnen für Ihre Programmieraufgaben mehr Möglichkeiten offen als je zuvor.

Lektion 1: Verwenden von WPF-Steuerelementen

In dieser Lektion lernen Sie, WPF-Steuerelemente für die Anwendungsentwicklung einzusetzen und Einzelsteuerelemente, Elementsteuerelemente und Layoutsteuerelemente zu benutzen. Alle diese Typen brauchen Sie, wenn Sie WPF-Anwendungen erstellen.

Am Ende dieser Lektion werden Sie in der Lage sein, die folgenden Aufgaben auszuführen:

- Erklären, was ein Inhaltssteuerelement ist
- Beschreiben und Verwenden wichtiger WPF-Steuerelemente
- Verwenden einer Abhängigkeitseigenschaft
- Erstellen und Verwenden eines Elementsteuerelements in Ihrer Benutzeroberfläche
- Erstellen eines Menüs
- Erstellen einer Symbolleiste
- Erstellen einer Statuszeile
- Erklären der Steuerelementeigenschaften, die das Layout steuern
- Erklären, wie das Steuerelement `Grid` verwendet wird
- Erklären, wie das Steuerelement `UniformGrid` verwendet wird
- Erklären, wie das Steuerelement `StackPanel` verwendet wird
- Erklären, wie das Steuerelement `WrapPanel` verwendet wird
- Erklären, wie das Steuerelement `DockPanel` verwendet wird
- Erklären, wie das Steuerelement `Canvas` verwendet wird
- Konfigurieren der Steuerelementgröße
- Ausrichten von Inhalt während des Entwurfs
- Verwenden des Steuerelements `GridSplitter`

Veranschlagte Zeit für diese Lektion: 2 Stunden

Überblick über WPF-Steuerelemente

Es gibt in WPF drei grundlegende Steuerelementtypen. Der erste Typ sind *Einzelsteuerelemente* (individual control), die vielen der bekannten Steuerelemente aus der Windows Forms-Programmierung entsprechen. Steuerelemente wie `Button`, `Label` und `TextBox` sind Entwicklern wie auch Benutzern vertraut. Diese Steuerelemente erfüllen in einer Anwendung üblicherweise eine ganz bestimmte Aufgabe: Schaltflächen werden angeklickt, in Textfeldern gibt der Benutzer Text ein und so weiter. Eine Untermenge dieser Steuerelemente sind die *Inhaltssteuerelemente* (content control), die ganz unterschiedliche Inhalte anzeigen. Inhaltssteuerelemente werden weiter unten in dieser Lektion genauer beschrieben. Sie enthalten meist nur ein einziges verschachteltes Element.

Der zweite Typ WPF-Steuerelement ist das *Elementsteuerelement* (item control). Es fasst Gruppen zusammengehöriger Elemente zusammen. Beispiele für solche Steuerelemente sind `ListBox`, `Menu` und `TreeView`. Mithilfe dieser Steuerelemente wählt der Benutzer normalerweise ein Element aus einer Liste aus und führt eine Aktion mit diesem Element aus. Elementsteuerelemente können mehrere verschachtelte Elemente enthalten. Diese Steuerelemente werden weiter unten in dieser Lektion behandelt.

Der dritte und letzte Typ sind *Layoutsteuerelemente* (layout control). Sie enthalten mehrere verschachtelte Steuerelemente beliebigen Typs, wobei sie die Logik für das Layout dieser Untersteuerelemente bereitstellen. Beispiele sind `Grid`, `StackPanel` und `Canvas`. Auch diese Steuerelemente werden weiter unten in dieser Lektion genauer beschrieben.

Inhaltssteuerelemente

Viele Steuerelemente, mit denen Sie Ihre WPF-Anwendung erstellen, sind Inhaltssteuerelemente. Ein Inhaltssteuerelement ist von der Klasse `ContentControl` abgeleitet und kann ein einziges verschachteltes Element enthalten. Dieses verschachtelte Element kann von beliebigem Typ sein. Im Code greifen Sie über die Eigenschaft `Content` auf das enthaltene Steuerelement zu. Das folgende XAML-Beispiel demonstriert, wie Sie eine Zeichenfolge (durch Fettschrift hervorgehoben) in den Inhalt eines `Button`-Steuerelements eintragen:

```
<Button Height="23" Margin="36,0,84,15" Name="button2"
  VerticalAlignment="Bottom">Dies ist die Zeichenfolge</Button>
```

Sie können den Inhalt auch im Code festlegen, wie im folgenden Beispiel gezeigt:

' Visual Basic

```
Button2.Content = "Dies ist die Zeichenfolge"
```

// C#

```
button2.Content = "Dies ist die Zeichenfolge";
```

Die Eigenschaft `Content` ist vom Typ `Object`, daher kann sie beliebige Objekte als Inhalt aufnehmen. Wie dieser Inhalt dargestellt wird, hängt allerdings vom Typ des Objekts ab, das der Eigenschaft `Content` zugewiesen ist. Bei Elementen, die nicht von `UIElement` abgeleitet sind, wird die Methode `ToString` aufgerufen und die zurückgegebene Zeichenfolge als Inhalt des Steuerelements angezeigt. Elemente, die von `UIElement` abgeleitet sind, werden so angezeigt, wie sie innerhalb des Inhaltssteuerelements angeordnet sind. Das nächste Codebeispiel zeigt, wie eine Schaltfläche angezeigt wird, die ein Bild als Inhalt hat:

```
<Button Margin="20,20,29,74" Name="button1">
  <Image Source="C:\Pictures\HumpbackWhale.jpg"/>
</Button>
```

Sofern der Pfad zum Bild gültig ist, zeigt dieser Code eine Schaltfläche an, die wiederum eine Bilddatei namens *HumpbackWhale.jpg* anzeigt (das Bild eines Buckelwals).

Auch wenn Inhaltssteuerelemente nur ein einziges verschachteltes Element enthalten dürfen, können unbegrenzt viele Elemente als Inhalt ineinander verschachtelt werden. Es ist beispielsweise möglich, dass ein Inhaltssteuerelement ein Layoutsteuerelement enthält, das wiederum mehrere weitere Benutzeroberflächenelemente enthält. Der folgende Code zeigt ein einfaches Beispiel für ein `Button`-Steuerelement mit einem eingebetteten `StackPanel`-Steuerelement, das wiederum verschachtelte Elemente enthält:

```
<Button Margin="20,20,-12,20" Name="button1">
  <StackPanel>
      <Image Source="C:\Pictures\HumpbackWhale.jpg"></Image>
      <TextBlock>Ein Buckelwal</TextBlock>
  </StackPanel>
</Button>
```

Während der Laufzeit wird das Bild eines Buckelwals angezeigt, und darunter der Text.

Label-Steuerelemente und Zugriffstasten

Das Steuerelement `Label` (Beschriftungsfeld) ist eines der simpelsten WPF-Steuerelemente. Im Wesentlichen ist es ein Container für Inhalt. Meist benutzen Sie das `Label`-Steuerelement so:

```
<Label Name="label1">Eine Beschriftung</Label>
```

`Label`-Steuerelemente haben die Unterstützung für Zugriffstasten (mnemonic key) integriert, die den Fokus schnell zum ausgewählten Steuerelement verschieben, wenn der Benutzer die ALT-Taste gemeinsam mit der Zugriffstaste drückt. Ist R beispielsweise die Zugriffstaste für ein bestimmtes Steuerelement, wird der Fokus auf dieses Steuerelement verschoben, wenn der Benutzer ALT+R drückt.

In `Label`-Steuerelementen werden Zugriffstasten vor allem benutzt, um ein anderes Steuerelement zu erreichen, das den Fokus erhalten kann, zum Beispiel `TextBox`. Die Zugriffstaste legen Sie fest, indem Sie vor der gewünschten Taste einen Unterstrich (_) einfügen. Während der Laufzeit wird dieses Zeichen unterstrichen, sobald der Benutzer die ALT-Taste drückt. Die folgende Beschriftung wird während der Laufzeit als »Drücken Sie Alt+A« angezeigt, wenn Sie die ALT-Taste drücken:

```
<Label>Drücken Sie Alt+_A</Label>
```

Dieser Code legt die Zugriffstaste für das `Label`-Steuerelement fest, zeigt aber nur dann Wirkung, wenn Sie zusätzlich ein Zielsteuerelement angeben. Dazu tragen Sie das Zielsteuerelement in die Eigenschaft `Target` des `Label`-Steuerelements ein. Das folgende Beispiel demonstriert, wie Sie eine Zugriffstaste mit dem Zielsteuerelement `TextBox1` erstellen:

```
<Label Target="{Binding ElementName=TextBox1}" Height="27"
  HorizontalAlignment="Left" VerticalAlignment="Top" Width="51">_Name
</Label>
<TextBox Name="TextBox1" Margin="53,1,94,0" Height="26"
  VerticalAlignment="Top">
</TextBox>
```

Was die Syntax `{Binding ElementName=TextBox1}` bedeutet, wird in Kapitel 6, »Arbeiten mit Datenbindung«, genauer beschrieben.

Das Steuerelement *Button*

Das Steuerelement `Button` (Schaltfläche) dürfte praktisch jedem Entwickler vertraut sein. Der Benutzer klickt es an, um eine Auswahl zu treffen, ein Dialogfeld zu schließen oder eine andere Aktion auszuführen. Sie führen Code aus, sobald die Schaltfläche angeklickt wird, indem Sie das Ereignis `Click` bearbeiten. (Informationen über das Bearbeiten von Ereignissen finden Sie in Kapitel 2, »Arbeiten mit Ereignissen und Befehlen«.)

Das Steuerelement `Button` stellt zwei wichtige Eigenschaften zur Verfügung, die für den Aufbau von Benutzeroberflächen nützlich sind: die Eigenschaften `IsDefault` und `IsCancel`.

Die Eigenschaft `IsDefault` legt fest, ob eine bestimmte Schaltfläche die Standardschaltfläche für die Benutzeroberfläche ist. Hat `IsDefault` den Wert `True`, wird das Ereignis `Click` der Schaltfläche ausgelöst, sobald Sie die Eingabetaste drücken. Auf ähnliche Weise legt die Eigenschaft `IsCancel` fest, ob die Schaltfläche eine Abbruchschaltfläche ist. Hat `IsCancel` den Wert `True`, wird das Ereignis `Click` der Schaltfläche ausgelöst, sobald der Benutzer ESC drückt.

Zugriffstasten

Schaltflächen unterstützen Zugriffstasten (access key), die ähnlich funktionieren wie bei `Label`-Steuerelementen. Wenn Sie einem Zeichen im Inhalt einer Schaltfläche einen Unterstrich (_) voranstellen, wird dieses Zeichen unterstrichen, wenn der Benutzer die ALT-Taste drückt. Die Schaltfläche wird gedrückt, wenn der Benutzer die ALT-Taste und die Zugriffstaste gleichzeitig drückt. Nehmen wir an, Sie haben eine Schaltfläche so definiert:

```
<Button>_Klick mich an!</Button>
```

Der Text in der Schaltfläche wird als »Klick mich an!« angezeigt, wenn Sie ALT drücken, und die Schaltfläche wird angeklickt, wenn Sie ALT+C drücken. Sind mehrere Schaltflächen mit derselben Zugriffstaste definiert, wird keine davon aktiviert, wenn der Benutzer die Tastenkombination drückt, aber der Fokus wechselt reihum zwischen allen Schaltflächen, die dieselbe Zugriffstaste haben.

Das Steuerelement *Checkbox*

Das Steuerelement `Checkbox` (Kontrollkästchen) ist von der Klasse `ButtonBase` abgeleitet. Der Benutzer wählt mit einem solchen Kontrollkästchen üblicherweise aus, ob eine Option ein- oder ausgeschaltet ist. Ob ein Kontrollkästchen aktiviert ist, stellen Sie über die Eigenschaft `IsChecked` fest. Die Eigenschaft `IsChecked` hat den Typ `Nullable(Boolean)`, der dem Typ `Boolean` ähnelt, aber zusätzlich einen unbestimmten Zustand einnehmen kann. Ein Kontrollkästchen befindet sich im unbestimmten Zustand, wenn sich ein Fenster zum ersten Mal öffnet.

Weil `Checkbox` von `ButtonBase` abgeleitet ist, löst es das Ereignis `Click` aus, sobald der Benutzer das Kontrollkästchen aktiviert oder deaktiviert. Sie können das Ereignis `Click` abfangen, wenn Sie darauf reagieren wollen, dass der Benutzer ein Kontrollkästchen aktiviert beziehungsweise deaktiviert.

Das Steuerelement *RadioButton*

Wie `Checkbox` ist auch `RadioButton` (Optionsfeld) von der Klasse `ButtonBase` abgeleitet. Normalerweise werden mehrere `RadioButton`-Steuerelemente in einer Gruppe zusammengefasst, damit der Benutzer eine Option aus einer Gruppe von Auswahlmöglichkeiten wählen kann. Klickt der Benutzer ein Optionsfeld an, wird das Ereignis `Click` ausgelöst, damit die Anwendung auf die Auswahl des Benutzers reagieren kann.

Ein grundsätzliches Feature des Steuerelements `RadioButton` ist, dass mehrere davon zu einer Gruppe zusammengefasst werden können. Wird in einer Gruppe aus `RadioButton`-Steuerelementen eines ausgewählt, wird die Auswahl bei allen anderen aufgehoben. Daher ist es nicht möglich, mehrere Optionsfelder aus einer Gruppe gleichzeitig auszuwählen.

Normalerweise befinden sich alle `RadioButton`-Steuerelemente, die in einem einzigen Container liegen, in derselben Gruppe. Wollen Sie eine einzelne Gruppe mit drei `RadioButton`-Steuerelementen in einem Fenster haben, brauchen Sie dieses Steuerelement lediglich zu Ihrem Fenster hinzuzufügen. Sie werden dann automatisch zu einer Gruppe zusammengefasst. Mithilfe der Eigenschaft `GroupName` können Sie mehrere Gruppen im selben Container einrichten. Das folgende Beispiel zeigt zwei Gruppen mit jeweils zwei Optionsfeldern:

```
<RadioButton GroupName="Group1" Name="RadioButton1" Height="22"
  VerticalAlignment="Top" Margin="15,10,0,0"
  HorizontalAlignment="Left" Width="96">Optionsfeld 1</RadioButton>
<RadioButton GroupName="Group1" Name="RadioButton2"
  Margin="15,34,0,0" Height="22" VerticalAlignment="Top"
```

```
  HorizontalAlignment="Left" Width="96">Optionsfeld 2</RadioButton>
<RadioButton GroupName="Group2" Name="RadioButton3"
  Margin="15,58,0,0" Height="21" HorizontalAlignment="Left"
  VerticalAlignment="Top" Width="96">Optionsfeld 3</RadioButton>
<RadioButton GroupName="Group2" Name="RadioButton4"
  Margin="15,85,0,0" Height="22" HorizontalAlignment="Left"
  VerticalAlignment="Top" Width="96">Optionsfeld 4</RadioButton>
```

Sie können auch Gruppen mit Optionsfeldern erstellen, indem Sie sie in Container verpacken. Hier ein Beispiel:

```
<StackPanel Height="34" VerticalAlignment="Top">
  <RadioButton Name="RadioButton1">Optionsfeld 1</RadioButton>
  <RadioButton Name="RadioButton2">Optionsfeld 2</RadioButton>
</StackPanel>
<StackPanel Height="34" Margin="0,34,0,0" VerticalAlignment="Top">
  <RadioButton Name="RadioButton3">Optionsfeld 3</RadioButton>
  <RadioButton Name="RadioButton4">Optionsfeld 4</RadioButton>
</StackPanel>
```

Prüfungstipp

Ein Inhaltssteuerelement kann zwar nur ein einziges Element einbetten, dieses eingebettete Element kann aber durchaus seinerseits weitere untergeordnete Elemente aufnehmen. Somit kann ein Inhaltssteuerelement beispielsweise ein `Grid`-Steuerelement enthalten, das wiederum mehrere andere Objekte aufnimmt.

Andere Steuerelemente

Es gibt andere Steuerelemente in der WPF, die keine Inhaltssteuerelemente sind. Sie haben nicht die Eigenschaft `Content` und weisen meist Einschränkungen bei der Darstellung oder der Art des angezeigten Inhalts auf. Zum Beispiel zeigt das Steuerelement `TextBlock` Text an, oder das Steuerelement `Image` ein Bild.

Das Steuerelement *TextBlock*

`TextBlock` ist eines der simpelsten WPF-Elemente. Es steht für einen Textabschnitt, der in einem Fenster erscheint. Das folgende Beispiel zeigt ein `TextBlock`-Steuerelement:

```
<TextBlock>Hier steht etwas Text</TextBlock>
```

Falls Sie den Text in einem `TextBlock`-Steuerelement vom Code aus ändern wollen, müssen Sie der Eigenschaft `Name` des `TextBlock`-Steuerelements einen Wert zuweisen, damit Sie im Code darauf verweisen können:

```
<TextBlock Name="TextBlock1">Hier steht etwas Text</TextBlock>
```

Nun können Sie den Text oder eine beliebige andere Eigenschaft ändern, indem Sie im Code darauf verweisen:

' Visual Basic

```
TextBlock1.Text = "Hier ist der geänderte Text"
```

// C#

```
TextBlock1.Text = "Hier ist der geänderte Text";
```

In der Standardeinstellung hat der Text im `TextBlock`-Element dieselbe Schriftart wie das Fenster. Wenn Sie andere Schriftarteinstellungen für das `TextBlock`-Steuerelement brauchen, können Sie die entsprechenden Eigenschaften anpassen:

```
<TextBlock FontFamily="Batang" FontSize="12"
  FontStyle="Italic" FontWeight="Bold"
  FontStretch="Normal">Hier steht etwas Text</TextBlock>
```

Das Steuerelement *Image*

Das Steuerelement `Image` zeigt ein Bild an. Die wichtigste Eigenschaft dieses Steuerelements ist `Source`. Im Code weisen Sie ihr ein Objekt der Klasse `System.Windows.Media.ImageSource` zu, in XAML können Sie dagegen einfach die URI (Uniform Resource Identifier) angeben, von der das Bild geladen wird. Hier ein Beispiel für XAML-Code:

```
<Image Source="C:\Pictures\Humpbackwhale.jpg"/>
```

Die URI kann entweder eine lokale Laufwerksressource oder eine Webressource sein.

Die Eigenschaft `Image.Stretch` steuert, wie das Bild angezeigt wird, das heißt, ob es in der Originalgröße angezeigt wird, ob es (sofern nötig) beschnitten wird, damit es in den Rahmen passt, oder ob es verkleinert oder vergrößert wird, damit es sich genau in die vorgegebene Fläche des `Image`-Steuerelements einfügt. Tabelle 1.1 beschreibt die möglichen Werte für die Eigenschaft `Stretch`.

Tabelle 1.1 Werte für die Eigenschaft `Stretch`

Wert	Beschreibung
`None`	Der Bildinhalt wird in der Originalgröße angezeigt. Bei Bedarf wird das Bild beschnitten, damit es in den verfügbaren Platz passt.
`Fill`	Die Größe des Bildinhalts wird so verändert (vergrößert beziehungsweise verkleinert), dass das Bild in die Fläche des `Image`-Steuerelements passt.
`Uniform`	Die Größe des Bildinhalts wird so verändert, dass das Bild die verfügbare Fläche so weit wie möglich ausfüllt, während das ursprüngliche Seitenverhältnis gewahrt bleibt. Das Bild wird nicht beschnitten, unter Umständen bleiben aber Flächen an den Rändern des `Image`-Steuerelements leer.
`UniformToFill`	Die Größe des Bildinhalts wird so verändert, dass das Bild die verfügbare Fläche so weit wie möglich ausfüllt, während das ursprüngliche Seitenverhältnis gewahrt bleibt. Falls sich das Seitenverhältnis des `Image`-Steuerelements von dem des Bilds unterscheidet, wird das Bild so beschnitten, dass es ins `Image`-Steuerelement passt.

Das Steuerelement *TextBox*

Das Steuerelement `TextBox` dient dazu, Text anzuzeigen und zu bearbeiten. Der Benutzer kann damit Text in der Benutzeroberfläche eingeben. Die Anwendung kann später über die Eigenschaft `TextBox.Text` auf diesen Text zugreifen. Sie können ein `TextBox`-Steuerelement auch als reines Anzeigeelement verwenden, indem Sie der Eigenschaft `IsReadOnly` den Wert `True` zuweisen, wie hier im hervorgehobenen Abschnitt gezeigt:

```
<TextBox IsReadOnly="True" Height="93" Margin="16,14,97,0"
  Name="TextBox1" VerticalAlignment="Top"/>
```

Dieser Code deaktiviert die Benutzereingabe für das Steuerelement `TextBox1`.

Das Steuerelement TextBox kann zwar als Rechteck beliebiger Größe erstellt werden, in der Standardeinstellung ist es aber einzeilig. Sie aktivieren den Textumbruch in einem TextBox-Steuerelement, indem Sie der Eigenschaft TextWrapping den Wert Wrap zuweisen:

```
<TextBox TextWrapping="Wrap" Height="93" Margin="16,14,97,0"
  Name="TextBox1" VerticalAlignment="Top"/>
```

Sie können der Eigenschaft TextWrapping auch den Wert WrapWithOverflow zuweisen. Dann dürfen Wörter die Ränder des Textfelds überschreiten, sofern der Umbruchalgorithmus ein Wort nicht geeignet umbrechen kann.

Das Steuerelement TextBox bietet automatische Unterstützung für Schiebeleisten (Bildlaufleisten, scroll bars). Sie aktivieren vertikale Schiebeleisten, indem Sie der Eigenschaft VerticalScrollBarVisibility den Wert Auto oder Visible zuweisen:

```
<TextBox VerticalScrollBarVisibility="Visible" Height="93"
  Margin="16,14,97,0" Name="TextBox1" VerticalAlignment="Top"/>
```

Wenn Sie VerticalScrollBarVisibility den Wert Visible zuweisen, ist die vertikale Schiebeleiste ständig sichtbar. Beim Wert Auto wird die vertikale Schiebeleiste dagegen nur angezeigt, wenn der Inhalt nicht mehr in den sichtbaren Ausschnitt passt. Sie können auch eine horizontale Schiebeleiste aktivieren, indem Sie der Eigenschaft HorizontalScrollBar einen Wert zuweisen, diese Einstellung ist aber weniger nützlich.

Das Steuerelement *ProgressBar*

Mit dem Steuerelement ProgressBar zeigt die Anwendung dem Benutzer grafisch an, wie weit ein längerer Vorgang fortgeschritten ist. Zum Beispiel können Sie mit einem ProgressBar-Steuerelement den Fortschritt eines Dateidownloads anzeigen. Das ProgressBar-Steuerelement wird als leeres Feld dargestellt, das sich allmählich füllt, um den Fortschritt anzuzeigen. Tabelle 1.2 listet die wichtigsten Eigenschaften des Steuerelements ProgressBar auf.

Tabelle 1.2 Eigenschaften des Steuerelements ProgressBar

Eigenschaft	Beschreibung
IsEnabled	Legt fest, ob das ProgressBar-Steuerelement aktiviert ist.
IsIndeterminate	Legt fest, ob das ProgressBar-Steuerelement den tatsächlichen Wert oder nur allgemein den Fortschritt anzeigt. Hat IsIndeterminate den Wert False, zeigt das ProgressBar-Steuerelement den tatsächlichen Wert an, der in der Eigenschaft Value gespeichert ist. Ist die Eigenschaft True, zeigt das Steuerelement allgemein den Fortschritt an.
LargeChange	Gibt an, welcher Betrag in der Eigenschaft Value addiert oder subtrahiert wird, wenn ein großer Bearbeitungsschritt ausgeführt wird.
Maximum	Der größte Wert für das ProgressBar-Steuerelement. Sobald der Wert der Eigenschaft Value gleich der Eigenschaft Maximum ist, ist das ProgressBar-Steuerelement vollständig gefüllt.
Minimum	Der kleinste Wert für das ProgressBar-Steuerelement. Wenn der Wert der Eigenschaft Value gleich der Eigenschaft Minimum ist, ist das ProgressBar-Steuerelement leer.
Orientation	Legt fest, ob das ProgressBar-Steuerelement horizontal oder vertikal angezeigt wird.
SmallChange	Gibt an, welcher Betrag in der Eigenschaft Value addiert oder subtrahiert wird, wenn ein kleiner Bearbeitungsschritt ausgeführt wird.
Value	Der Wert, der im ProgressBar-Steuerelement angezeigt wird. Dieser Wert liegt immer zwischen den Werten der Eigenschaften Minimum und Maximum.

Im Code verändern Sie die Darstellung des ProgressBar-Steuerelements, indem Sie Werte in der Eigenschaft Value addieren oder subtrahieren. Ein Beispiel:

' Visual Basic

```
' Addiert 1 zum Wert
ProgressBar1.Value += 1
```

// C#

```
// Addiert 1 zum Wert
ProgressBar1.Value += 1;
```

Das Steuerelement *Slider*

Mit dem Steuerelement Slider (Schieberegler) stellt der Benutzer einen Wert ein, indem er einen Schieber (thumb) mit der Maus bewegt. Dieses Steuerelement wird oft eingesetzt, um Lautstärke, Farben oder andere Anwendungseigenschaften zu steuern, die in einem bestimmten Wertebereich liegen. Tabelle 1.3 zeigt wichtige Eigenschaften von Slider.

Tabelle 1.3 Eigenschaften des Steuerelements Slider

Eigenschaft	Beschreibung
IsDirectionReversed	Legt fest, ob die Richtung umgekehrt wird. Hat diese Eigenschaft den Wert False (Standardwert), befindet sich der kleinste Wert links und der größte Wert rechts. Hat sie den Wert True, befindet sich der kleinste Werte rechts und der größte links.
IsEnabled	Legt fest, ob der Schieberegler aktiviert ist.
LargeChange	Gibt an, welcher Betrag in der Eigenschaft Value addiert oder subtrahiert wird, wenn ein großer Bearbeitungsschritt ausgeführt wird. Dieser Wert wird addiert oder subtrahiert, wenn der Benutzer auf den Bereich neben den Schieber klickt oder die Tasten BILD-HOCH oder BILD-RUNTER drückt.
Maximum	Der größte Wert für das Slider-Steuerelement. Wenn der Wert der Eigenschaft Value gleich der Eigenschaft Maximum ist, befindet sich der Schieberegler am rechten Anschlag (sofern die Standardrichtung und -ausrichtung des Steuerelements verwendet werden).
Minimum	Der kleinste Wert für das Slider-Steuerelement. Wenn der Wert der Eigenschaft Value gleich der Eigenschaft Minimum ist, befindet sich der Schieberegler am linken Anschlag (sofern die Standardrichtung und -ausrichtung des Steuerelements verwendet werden).
Orientation	Legt fest, ob der Schieberegler horizontal oder vertikal angeordnet wird.
SmallChange	Gibt an, welcher Betrag in der Eigenschaft Value addiert oder subtrahiert wird, wenn ein kleiner Bearbeitungsschritt ausgeführt wird. Dieser Wert wird addiert oder subtrahiert, wenn der Benutzer die Pfeiltasten drückt.
TickFrequency	Legt den Abstand zwischen den Teilstrichen fest, die im Slider-Steuerelement angezeigt werden.
TickPlacement	Legt die Position der Teilstriche im Slider-Steuerelement fest. Die Standardeinstellung ist None, das heißt, dass keine Teilstriche angezeigt werden.
Ticks	Wird in anspruchsvollen Anwendungen verwendet. Sie können mit dieser Eigenschaft die genaue Zahl und die Anordnung der Teilstriche steuern, indem Sie die Auflistung direkt zuweisen.
Value	Der Wert, der im Slider-Steuerelement angezeigt wird. Die Eigenschaft Value liegt immer zwischen den Werten Minimum und Maximum.

Das Steuerelement `Slider` löst das Ereignis `ValueChanged` aus, wenn sich seine Eigenschaft `Value` ändert. Sie können dieses Ereignis verarbeiten, um den Schieberegler mit dem Aspekt der Anwendung zu verknüpfen, der damit gesteuert wird.

Einstellen der Tabulatorreihenfolge für Steuerelemente

Die Benutzer wechseln oft durch die verfügbaren Steuerelemente, indem Sie wiederholt die Tabulatortaste drücken. In der Standardeinstellung erhalten die Steuerelemente der Benutzeroberfläche den Fokus in der Reihenfolge, in der sie im XAML-Code definiert sind. Sie können die Tabulatorreihenfolge aber auch von Hand ändern, indem Sie der Eigenschaft `TabIndex` eine ganze Zahl zuweisen:

```
<Button TabIndex="2" Name="button1"/>
```

Der Abschnitt »Verknüpfte Eigenschaften« weiter unten in diesem Kapitel enthält weitere Informationen über verknüpfte Eigenschaften.

Wenn der Benutzer die Tabulatortaste drückt, wechselt der Fokus in der Reihenfolge, die durch den `TabIndex`-Wert vorgegeben ist, durch die Steuerelemente. Steuerelemente mit niedrigen `TabIndex`-Werten erhalten den Fokus zuerst, dann die mit höheren Werten. Steuerelemente, bei denen der Eigenschaft `TabIndex` kein expliziter Wert zugewiesen ist, erhalten den Fokus nach den Steuerelementen, bei denen die Eigenschaft einen Wert hat, und zwar in der Reihenfolge, in der sie im XAML-Code definiert sind. Haben zwei Steuerelemente denselben `TabIndex`-Wert, erhalten sie den Fokus in der Reihenfolge, in der sie im XAML-Code definiert sind.

Sie können verhindern, dass ein Steuerelement den Fokus erhält, obwohl der Benutzer die Tabulatortaste drückt. Setzen Sie dazu die verknüpfte Eigenschaft `KeyboardNavigation.IsTabStop` auf den Wert `False`:

```
<Button KeyboardNavigation.IsTabStop="False" Name="button1"/>
```

Elementsteuerelemente

Elementsteuerelemente (item control), auch listenbasierte Steuerelemente (list-based control) oder kurz Listensteuerelemente genannt, enthalten mehrere untergeordnete Elemente. Elementsteuerelemente kennen Sie aus praktisch jeder Benutzeroberfläche. Daten werden häufig in Elementsteuerelementen angezeigt, und mit Listen kann der Benutzer einen Eintrag aus mehreren angebotenen Möglichkeiten auswählen. Die Elementsteuerelemente in WPF erweitern dieses Konzept noch um einen Schritt. Wie Inhaltssteuerelemente weisen die Elementsteuerelemente keine Einschränkungen bezüglich des Inhalts auf, den sie darstellen. Ein Elementsteuerelement kann somit eine Liste mit Zeichenfolgen oder auch etwas Komplexeres enthalten, etwa eine Liste mit Kontrollkästchen oder sogar eine Liste, die sich aus unterschiedlichen Steuerelementtypen zusammensetzt.

Das Steuerelement *ListBox*

Die einfachste Form des Elementsteuerelements ist `ListBox`. Wie der Name andeutet, ist `ListBox` ein simples Steuerelement, das eine Liste mit Elementen anzeigt. Ein `ListBox`-Steuerelement zeigt üblicherweise eine Liste aus `ListBoxItem`-Steuerelementen an. Dies sind Inhaltssteuerelemente, von denen jedes ein einziges verschachteltes Element enthält. Am einfachsten füllen Sie ein `ListBox`-Steuerelement, indem Sie Elemente direkt in XAML hinzufügen:

```
<ListBox Margin="19,0,0,36" Name="listBox1">
  <ListBoxItem>Dies</ListBoxItem>
  <ListBoxItem>ist</ListBoxItem>
  <ListBoxItem>eine</ListBoxItem>
  <ListBoxItem>Liste</ListBoxItem>
</ListBox>
```

Das `ListBox`-Steuerelement ordnet seinen Inhalt automatisch übereinander an und fügt eine vertikale Schiebeleiste hinzu, falls die Liste nicht in den verfügbaren Platz passt.

In der Standardeinstellung können Sie im `ListBox`-Steuerelement ein einziges Element auswählen. Den Index des ausgewählten Elements erhalten Sie aus der Eigenschaft `ListBox.SelectedIndex`. Sie können auch das ausgewählte Element selbst über die Eigenschaft `ListBox.SelectedItem` auslesen. Das Steuerelement `ListBoxItem` stellt außerdem die Eigenschaft `IsSelected` zur Verfügung, die den Wert `True` hat, wenn das Element ausgewählt ist.

Mithilfe der Eigenschaft `SelectionMode` können Sie es Benutzern ermöglichen, mehrere Elemente auszuwählen. Tabelle 1.4 zeigt die möglichen Werte für die Eigenschaft `SelectionMode`.

Tabelle 1.4 Werte für die Eigenschaft `SelectionMode`

Wert	Beschreibung
`Single`	Der Benutzer kann immer nur jeweils ein Element auswählen.
`Multiple`	Der Benutzer kann mehrere Elemente auswählen, ohne eine Zusatztaste zu drücken. Zusatztasten haben keine Wirkung.
`Extended`	Der Benutzer kann mehrere aufeinander folgende Elemente auswählen, während er die UMSCHALTTASTE gedrückt hält, oder beliebige Elemente, indem er die STRG-Taste gedrückt hält und die gewünschten Elemente anklickt.

Sie können der Eigenschaft `SelectionMode` im XAML-Code den gewünschten Wert zuweisen:

```
<ListBox SelectionMode="Extended">
</ListBox>
```

Sind mehrere Elemente ausgewählt, können Sie alle über die Eigenschaft `ListBox.SelectedItems` abrufen.

Das `ListBox`-Steuerelement wird zwar meist in Kombination mit `ListBoxItem`-Steuerelementen verwendet, es kann aber eine Liste beliebiger Elementtypen anzeigen. Sie können beispielsweise eine Liste mit `CheckBox`-Steuerelementen anlegen, indem Sie einfach `CheckBox`-Steuerelemente zum `ListBox`-Steuerelement hinzufügen:

```
<ListBox Name="listbox1" VerticalAlignment="Top">
  <CheckBox Name="Chk1">Option 1</CheckBox>
  <CheckBox Name="Chk2">Option 2</CheckBox>
  <CheckBox Name="Chk3">Option 3</CheckBox>
  <CheckBox Name="Chk4">Option 4</CheckBox>
</ListBox>
```

Das Steuerelement *ComboBox*

Das Steuerelement ComboBox funktioniert ganz ähnlich wie ListBox. Wie ListBox enthält es eine Liste mit Elementen, die jeweils Objekte beliebiger, auch unterschiedlicher Typen sein können. Somit kann das Steuerelement ComboBox eine Liste mit Zeichenfolgen, Steuerelementen (beispielsweise Kontrollkästchen) oder beliebige andere Listenarten aufnehmen. Der Unterschied zwischen den Steuerelementen ComboBox und ListBox besteht darin, wie die Elemente angezeigt werden. Das Steuerelement ComboBox erscheint als Dropdownliste. Wie bei ListBox erhalten Sie einen Verweis auf das ausgewählte Element über die Eigenschaft SelectedItem, außerdem können Sie den Index des ausgewählten Elements aus der Eigenschaft SelectedIndex abrufen.

Ist ein Element ausgewählt, wird die Zeichenfolgendarstellung des Inhalts dieses Elements im ComboBox-Steuerelement angezeigt. Wenn das ComboBox-Steuerelement also eine Liste mit Zeichenfolgen enthält, wird die ausgewählte Zeichenfolge angezeigt. Enthält das ComboBox-Steuerelement dagegen eine Liste mit CheckBox-Steuerelementen, wird die Zeichenfolgendarstellung der Eigenschaft ComboBox.Content angezeigt. Der ausgewählte Wert steht in diesem Fall in der Eigenschaft ComboBox.Text zur Verfügung.

Die Benutzer können auch den Text bearbeiten, der im Steuerelement ComboBox angezeigt wird. Sie können sogar wie in einem Textfeld ganz neuen Text eintippen. Sie machen ein ComboBox-Steuerelement editierbar, indem Sie die Eigenschaft IsReadOnly auf den Wert False und die Eigenschaft IsEditable auf den Wert True setzen.

Sie können ein ComboBox-Steuerelement vom Programmcode aus auf- und einklappen, indem Sie der Eigenschaft IsDropDownOpen den Wert True (Aufklappen) beziehungsweise False (Einklappen) zuweisen.

Die Steuerelemente *TreeView* und *TreeViewItem*

TreeView ist ein simples Elementsteuerelement, das ganz ähnlich wie ListBox implementiert ist. In der Praxis verhält es sich aber ganz anders. Die wichtigste Aufgabe von TreeView besteht darin, TreeViewItem-Steuerelemente aufzunehmen. Dadurch wird es möglich, Inhaltshierarchien (Baumstrukturen) aufzubauen.

TreeViewItem ist das zentrale Steuerelement, um Baumstrukturen zusammenzustellen.
Es stellt die Eigenschaft Header zur Verfügung, über die Sie festlegen, welcher Text in der Strukturansicht angezeigt wird. Das Steuerelement TreeViewItem selbst enthält wiederum eine Liste mit Elementen. Die Liste der Elemente in einem TreeViewItem-Steuerelement kann der Benutzer auf- oder zuklappen, indem er das Symbol links neben der Kopfzeile anklickt. Der folgende XAML-Code zeigt ein TreeView-Steuerelement, in das eine Baumstruktur mit mehreren Elementen eingetragen wird:

```
<TreeView>
  <TreeViewItem Header="Jungennamen">
      <TreeViewItem Header="Jack"/>
      <TreeViewItem Header="Jim"/>
      <TreeViewItem Header="Mark"/>
      <TreeViewItem Header="Ray"/>
  </TreeViewItem>
```

```
  <TreeViewItem Header="Mädchennamen">
       <TreeViewItem Header="Betty"/>
       <TreeViewItem Header="Libby"/>
       <TreeViewItem Header="Janet"/>
       <TreeViewItem Header="Sandra"/>
  </TreeViewItem>
</TreeView>
```

Genauso einfach können Sie TreeView-Steuerelemente erstellen, die Steuerelemente als Endknoten benutzen:

```
<TreeView>
  <TreeViewItem Header="Pizzabeläge">
       <CheckBox Content="Sardellen"/>
       <CheckBox Content="Salami"/>
       <CheckBox Content="Pilze"/>
       <CheckBox Content="Tomate"/>
  </TreeViewItem>
  <TreeViewItem Header="Sandwichbeläge">
       <CheckBox Content="Salat"/>
       <CheckBox Content="Tomate"/>
       <CheckBox Content="Senf"/>
       <CheckBox Content="Peperoni"/>
  </TreeViewItem>
</TreeView>
```

Einen Verweis auf das ausgewählte Element im TreeView-Steuerelement erhalten Sie über die Eigenschaft TreeView.SelectedItem.

Menüs

Mit Menüs stellen Sie dem Benutzer eine Liste mit Steuerelementen zur Verfügung, denen üblicherweise Befehle zugeordnet sind. Menüs werden in hierarchischen Listen aus mehreren Elementen angezeigt, die normalerweise zu thematisch verwandten Bereichen zusammengefasst sind. Die WPF stellt zwei Arten von Menüsteuerelementen zur Verfügung: Menu, das dauerhaft in der Benutzeroberfläche angezeigt wird, und ContextMenu, das nur in bestimmten Situationen als Popupmenü geöffnet wird.

Sie können ein Menu-Steuerelement zwar überall in der Benutzeroberfläche anordnen, meist ist es aber oben im Fenster angekoppelt. Menüs haben die Eigenschaft IsMainMenu. Wenn diese Eigenschaft den Wert True hat, erhält das Menü den Fokus, sobald der Benutzer ALT oder F10 drückt. Dies entspricht dem üblichen Verhalten von Windows-Anwendungen.

Ein Menu-Steuerelement kann zwar Steuerelemente beliebigen Typs enthalten, aber das Steuerelement ToolBar eignet sich besser, um dem Benutzer Steuerelemente zur Verfügung zu stellen. Das Steuerelement Menu ist in erster Linie für den Zweck entworfen, Listen mit MenuItem-Steuerelementen anzuzeigen.

Das Steuerelement *MenuItem*

Das Steuerelement MenuItem ist der wichtigste Baustein, um Menüs zusammenzustellen. Ein MenuItem-Steuerelement bildet den anklickbaren Abschnitt des Menüs. Ihm ist ein Text zugeordnet. MenuItem-Steuerelemente sind selbst Elementsteuerelemente und können wiederum eine Liste mit Steuerelementen enthalten. Diese untergeordneten Steuerelemente sind meist ebenfalls MenuItem-Steuerelemente. Das folgende XAML-Beispiel demonstriert ein einfaches Menü:

```
<Menu Height="22" Name="menu1" VerticalAlignment="Top"
  HorizontalAlignment="Left" Width="278">
  <MenuItem Header="_Datei">
       <MenuItem Header="Öffnen"/>
       <MenuItem Header="Schließen"/>
       <MenuItem Header="Speichern" Command="ApplicationCommands.Save"/>
  </MenuItem>
</Menu>
```

Die Eigenschaft Command left fest, welcher Befehl mit diesem Menüelement verknüpft ist. Wenn der Benutzer das Menüelement anklickt, wird der Befehl ausgeführt, der in der Eigenschaft Command angegeben ist. Sofern eine Tastenkombination mit dem Befehl verknüpft ist, wird sie rechts neben dem MenuItem-Text angezeigt. Befehle werden in Kapitel 2 dieses Buchs ausführlich beschrieben.

Tabelle 1.5 beschreibt die wichtigsten Eigenschaften des Steuerelements MenuItem.

Tabelle 1.5 Eigenschaften des Steuerelements MenuItem

Eigenschaft	Beschreibung
Command	Der mit dem Menüelement verknüpfte Befehl. Dieser Befehl wird aufgerufen, wenn das Menüelement angeklickt wird. Ist eine Tastenkombination mit dem Befehl verknüpft, wird sie rechts neben dem Menüelement angezeigt.
Header	Der Text, der im Menü angezeigt wird.
Icon	Das Symbol, das links neben dem Menüelement angezeigt wird. Hat IsChecked den Wert True, wird das Symbol nicht angezeigt, selbst wenn Sie eines eintragen.
IsChecked	Wenn diese Eigenschaft den Wert True hat, wird links neben dem Menüelement ein Häkchen angezeigt. Sofern Sie ein Symbol in die Eigenschaft Icon eingetragen haben, wird dieses Symbol nicht angezeigt, während IsChecked den Wert True hat.
IsEnabled	Legt fest, ob das Menüelement aktiviert ist. Wenn diese Eigenschaft den Wert False hat, erscheint das Element abgeblendet (ausgegraut) und der Befehl wird beim Anklicken nicht ausgeführt.
Items	Die Liste der Elemente, die in diesem MenuItem-Steuerelement enthalten sind. Die Liste enthält normalerweise weitere MenuItem-Steuerelemente.

Wie bei vielen anderen WPF-Steuerelementen können Sie für ein Menüelement eine Zugriffstaste definieren, indem Sie einem Zeichen in der Eigenschaft Header einen Unterstrich (_) voranstellen. Ein Beispiel:

```
<MenuItem Header="_Datei">
```

Der Unterstrich wird beim Ausführen normalerweise nicht angezeigt. Nur während die ALT-Taste gedrückt wird, erscheint er unter dem zugehörigen Zeichen. Wenn Sie die Zugriffstaste gleichzeitig mit der ALT-Taste drücken, ist die Wirkung dieselbe wie beim Anklicken des Menüelements.

Jedes `MenuItem`-Steuerelement kann wiederum einen Satz Elemente enthalten. Dies sind normalerweise ebenfalls `MenuItem`-Steuerelemente. Sie können sie im XAML-Code definieren, indem Sie `MenuItem`-Elemente innerhalb des übergeordneten `MenuItem`-Steuerelements verschachteln. Klickt der Benutzer ein Menüelement an, das Unterelemente enthält, werden diese Elemente in einem neuen Menü angezeigt.

Hinweis ***MenuItem*-Steuerelemente mit Unterelementen**

Es wird davon abgeraten, einem `MenuItem`-Steuerelement, das Unterelemente enthält, einen Befehl zuzuordnen. Ansonsten würde jedes Mal, wenn der Benutzer das Untermenü aufklappt, der Befehl ausgeführt.

Mit dem Steuerelement `Separator` fügen Sie einen Trennstrich zwischen Menüelemente ein:

```
<MenuItem Header="Schließen"/>
<Separator/>
<MenuItem Header="Speichern" Command="ApplicationCommands.Save"/>
```

Der Trennstrich erscheint als horizontale Linie zwischen den Menüelementen.

Das Steuerelement *ContextMenu*

Im Unterschied zu `Menu` hat das Steuerelement `ContextMenu` keine feste Position in der Benutzeroberfläche. Es ist stattdessen mit anderen Steuerelementen verknüpft. Um ein `ContextMenu`-Steuerelement für ein Steuerelement zu erstellen, weisen Sie es im XAML-Code der Eigenschaft `Control.ContextMenu` zu. Der folgende Code zeigt ein Beispiel mit einem `ListBox`-Steuerelement:

```
<ListBox Margin="77,123,81,39" Name="listBox1">
  <ListBox.ContextMenu>
      <ContextMenu>
       <MenuItem Header="Ausschneiden" Command="ApplicationCommands.Cut"/>
       <MenuItem Header="Kopieren" Command="ApplicationCommands.Copy"/>
       <MenuItem Header="Einfügen" Command="ApplicationCommands.Paste"/>
      </ContextMenu>
  </ListBox.ContextMenu>
</ListBox>
```

Wurde einem Steuerelement ein `ContextMenu`-Steuerelement zugeordnet, wird das Kontextmenü angezeigt, sobald der Benutzer mit der rechten Maustaste auf das Steuerelement klickt oder die Tastenkombination UMSCHALT+F10 drückt, während das Steuerelement den Fokus hat.

`ContextMenu`-Steuerelemente werden auch oft mit Steuerelementen verknüpft, indem sie als Ressource zur Auflistung `Window.Resources` hinzugefügt werden. Ressourcen werden in Lektion 2, »Verwenden von Ressourcen«, dieses Kapitels beschrieben.

Das Steuerelement *ToolBar*

Wie Menüs dient auch das Steuerelement `ToolBar` (Symbolleiste) dazu, dem Benutzer Steuerelemente zur Verfügung zu stellen. `ToolBar` eignet sich perfekt, um Steuerelemente wie `Button`, `ComboBox`, `TextBox`, `CheckBox` und `RadioButton` aufzunehmen. `ToolBar` kann ebenfalls das im letzten Abschnitt beschriebene Steuerelement `Separator` verwenden.

Symbolleisten überschreiben automatisch den Stil einiger Steuerelemente, die sie aufnehmen. Beispielsweise erscheinen Schaltflächen flach, wenn sie sich in einer Symbolleiste befinden, und sie werden blau hervorgehoben, wenn sich die Maus darüber befindet. Auf diese Weise sehen die Steuerelemente in einer Symbolleiste einheitlich aus.

Sie fügen Elemente genauso zu einem `ToolBar`-Steuerelement hinzu wie bei allen anderen Elementsteuerelementen. Hier ein Beispiel:

```
<ToolBar Height="26" Margin="43,23,35,0" Name="toolBar1"
  VerticalAlignment="Top">
  <Button>Zurück</Button>
  <Button>Vorwärts</Button>
  <TextBox Name="textbox1" Width="100"/>
</ToolBar>
```

Die Eigenschaft *ToolBar.OverflowMode*

Werden mehr Steuerelemente zu einem `ToolBar`-Steuerelement hinzugefügt, als darin Platz haben, werden so lange Steuerelemente entfernt, bis der Platz ausreicht. Die aus dem `ToolBar`-Steuerelement entfernten Steuerelemente werden automatisch in das sogenannte Überlaufmenü (overflow menu) verschoben. Das Überlaufmenü erscheint als Dropdownliste rechts in der Symbolleiste, wenn die Symbolleiste horizontal angeordnet ist. Wie die Steuerelemente im Überlaufmenü angeordnet werden, legen Sie mit der verknüpften Eigenschaft `ToolBar.OverflowMode` fest (im Abschnitt »Verknüpfte Eigenschaften« weiter unten in diesem Kapitel finden Sie weitere Informationen.) Tabelle 1.6 beschreibt die möglichen Werte für diese Eigenschaft.

Tabelle 1.6 Werte für die Eigenschaft `ToolBar.OverflowMode`

Wert	Beschreibung
`OverflowMode.Always`	Das Steuerelement erscheint immer im Überlaufmenü, sogar wenn dafür Platz in der Symbolleiste ist.
`OverflowMode.AsNeeded`	Das Steuerelement wird bei Bedarf in das Überlaufmenü verschoben. Dies ist die Standardeinstellung für diese Eigenschaft.
`OverflowMode.Never`	Steuerelemente mit diesem Wert werden niemals in das Überlaufmenü gelegt. Gibt es in der Symbolleiste so viele Steuerelemente, bei denen die Eigenschaft `Toolbar.OverflowMode` den Wert `Never` hat, dass sie nicht alle darin Platz haben, werden einige abgeschnitten. Der Benutzer kann sie daher nicht erreichen.

Das folgende Beispiel demonstriert, wie Sie der Eigenschaft `ToolBar.OverflowMode` einen Wert zuweisen:

```
<ToolBar Height="26" Margin="43,23,35,0" Name="toolBar1"
  VerticalAlignment="Top">
  <Button ToolBar.OverflowMode="Always">Zurück</Button>
</ToolBar>
```

Die Klasse *ToolBarTray*

Mit ToolBarTray stellt die WPF eine spezielle Containerklasse für ToolBar-Steuerelemente zur Verfügung. Der Benutzer kann mithilfe von ToolBarTray die ToolBar-Steuerelemente, die während der Laufzeit in der Leiste enthalten sind, verschieben oder vergrößern beziehungsweise verkleinern. Sind ToolBar-Steuerelemente in einem ToolBarTray-Steuerelement enthalten, kann der Benutzer sie verschieben, indem er den Griff am linken Rand der Symbolleiste bewegt. Das folgende Beispiel demonstriert das Steuerelement ToolBarTray:

```
<ToolBarTray Name="toolBarTray1" Height="65" VerticalAlignment="Top">
  <ToolBar Name="toolBar1" Height="26" VerticalAlignment="Top">
     <Button>Zurück</Button>
     <Button>Vorwärts</Button>
     <Button>Stopp</Button>
  </ToolBar>
  <ToolBar>
     <TextBox Width="100"/>
     <Button>Gehe zu</Button>
  </ToolBar>
</ToolBarTray>
```

Das Steuerelement *StatusBar*

Das Steuerelement StatusBar (Statuszeile) ähnelt ToolBar. Der Hauptunterschied betrifft die Verwendung. StatusBar dient meist dazu, Steuerelemente aufzunehmen, die dem Benutzer Informationen liefern, zum Beispiel Label- und ProgressBar-Steuerelemente. Wie die Symbolleiste überschreibt auch die Statuszeile den optischen Stil vieler Steuerelemente, die darin enthalten sind. Sie implementiert aber ein anderes Aussehen und Verhalten als die Symbolleiste. Das folgende Beispiel zeigt ein simples StatusBar-Steuerelement mit einigen Steuerelementen:

```
<StatusBar Height="32" Name="statusBar1" VerticalAlignment="Bottom">
  <Label>Datei wird geladen</Label>
  <Separator/>
  <ProgressBar Height="20" Width="100" IsIndeterminate="True"/>
</StatusBar>
```

Schnelltest

- Beschreiben Sie den Unterschied zwischen einem Menu- und einem ContextMenu-Steuerelement.

Antwort zum Schnelltest

- Sowohl Menu als auch ContextMenu sind Listensteuerelemente, die MenuItem-Elemente aufnehmen. Der wichtigste Unterschied ist, dass Menu-Elemente ständig sichtbar sind und so einen zentralen Teil der Benutzeroberfläche bilden. Sie können außerdem in Inhaltssteuerelementen enthalten sein. ContextMenu-Elemente sind dagegen nicht ständig sichtbar. Sie werden zu ausgewählten Steuerelementen hinzugefügt, indem sie in die Eigenschaft ContextMenu des gewünschten Steuerelements eingetragen werden.

Layoutsteuerelemente

WPF bietet mehr Unterstützung für zahlreiche Layoutstile als jemals zuvor. Dank vieler neuer spezialisierter Steuerelemente können Sie viele unterschiedliche Layoutmodelle entwerfen und Abschnitte ineinander verschachteln, um Benutzeroberflächen zusammenzustellen, die ein komplexes Layoutverhalten verwirklichen. In diesem Abschnitt erfahren Sie, wie sie diese spezialisierten Steuerelemente einsetzen.

Eigenschaften für die Layoutsteuerung

Steuerelemente in WPF verwalten ihr Layout und ihre Position weitgehend selbst, wobei sie mit ihrem Container kommunizieren, um ihre endgültige Anordnung festzulegen. Tabelle 1.7 beschreibt wichtige Steuerelementeigenschaften, die das Layout und die Position festlegen.

Tabelle 1.7 Eigenschaften, die das Layout steuern

Eigenschaft	Beschreibung
`FlowDirection`	Gibt an, in welcher Richtung Text und andere Benutzeroberflächenelemente innerhalb eines übergeordneten Elements angeordnet werden.
`Height`	Die Höhe des Steuerelements. Wenn diese Eigenschaft den Wert `Auto` hat, legen andere Layouteigenschaften die Höhe fest.
`HorizontalAlignment`	Die Einstellungen für die horizontale Ausrichtung dieses Elements, wenn es innerhalb eines übergeordneten Elements angeordnet ist, etwa in einem Bereichs- oder Elementsteuerelement.
`HorizontalContentAlignment`	Die horizontale Ausrichtung für den Inhalt des Steuerelements.
`Margin`	Der Abstand zwischen den Rändern des Steuerelements und den Rändern des Containers beziehungsweise benachbarter Steuerelemente. Dabei wird das Layoutsteuerelement ausgewertet, in dem das untergeordnete Steuerelement enthalten ist.
`MaxHeight`	Die maximale Höhe für ein Steuerelement.
`MaxWidth`	Die maximale Breite für ein Steuerelement.
`MinHeight`	Die Mindesthöhe für ein Steuerelement.
`MinWidth`	Die Mindestbreite für ein Steuerelement.
`Padding`	Gibt an, wie viel Platz zwischen einem Steuerelement und seinem untergeordneten Element ist.
`VerticalAlignment`	Die Einstellungen für die vertikale Ausrichtung dieses Elements, wenn es innerhalb eines übergeordneten Elements angeordnet ist, etwa in einem Layout- oder Elementsteuerelement.
`VerticalContentAlignment`	Die vertikale Ausrichtung für den Inhalt des Steuerelements.
`Width`	Die Breite des Steuerelements. Wenn diese Eigenschaft den Wert `Auto` hat, legen andere Layouteigenschaften die Breite fest.

Einige dieser Eigenschaften sehen wir uns in den folgenden Abschnitten genauer an.

Die Eigenschaft *Margin*

Die Eigenschaft `Margin` gibt eine Instanz der Struktur `Thickness` zurück, die den Abstand zwischen den Rändern des Steuerelements und anderen benachbarten Elementen festlegt. Abhängig davon, welches Layoutbereichssteuerelement benutzt wird, kann das benachbarte

Element der Rand des Containers, beispielsweise ein `Panel`-Steuerelement oder eine `Grid`-Zelle, oder ein verwandtes Steuerelement sein, wie bei den vertikalen Rändern in einem `StackPanel`-Steuerelement.

Sie können der Eigenschaft `Margin` asymmetrische Werte zuweisen, damit auf den unterschiedlichen Seiten jeweils andere Randabstände bleiben. Sehen Sie sich dieses Beispiel an:

```
<Button Margin="0,48,96,1" Name="button1">Schaltfläche</Button>
```

In diesem Beispiel ist für jeden Rand des Steuerelements ein anderer Abstand eingestellt. Die Ränder in der Eigenschaft `Margin` werden in der Reihenfolge links, oben, rechts, unten angegeben. Im gezeigten Beispiel ist also der linke Randabstand 0, der obere Randabstand 48, der rechte Randabstand 96 und der untere Randabstand 1.

Die Ränder werden summiert. Wenn Sie zwei benachbarte Steuerelemente in einem `StackPanel`-Steuerelement haben, bei denen das obere einen unteren Randabstand von 20 und das untere einen oberen Randabstand von 10 hat, beträgt der Gesamtabstand zwischen den beiden Steuerelementen 30.

Die Eigenschaften *HorizontalAlignment* und *VerticalAlignment*

Die Eigenschaften `HorizontalAlignment` und `VerticalAlignment` legen fest, wie ein Steuerelement innerhalb seines übergeordneten Steuerelements angeordnet wird, sofern in der Breite beziehungsweise Höhe Platz übrig ist. Die Werte für diese Eigenschaften sind praktisch selbsterklärend. Für die Eigenschaft `HorizontalAlignment` stehen die Werte `Left`, `Right`, `Center` (zentriert) und `Stretch` (vergrößert) zur Auswahl, für die Eigenschaft `VerticalAlignment` entsprechend die Werte `Top`, `Bottom`, `Center` und `Stretch`. Wenn Sie der Eigenschaft `HorizontalAlignment` die Werte `Left`, `Right` oder `Center` zuweisen, wird das Steuerelement links, rechts beziehungsweise mittig im Container angeordnet. Genauso funktioniert die Eigenschaft `VerticalAlignment`. Etwas mehr Erklärung benötigt der Wert `Stretch`. Wenn Sie der Eigenschaft eines Steuerelements den Wert `Stretch` zuweisen, wird es horizontal beziehungsweise vertikal vergrößert (abhängig von der Eigenschaft), bis es den verfügbaren Platz einnimmt, der nach Abzug der Randabstände verbleibt.

Hinweis Wenn keine Auswirkungen sichtbar sind

In manchen Containern hat es keine Wirkung, wenn Sie diesen Eigenschaften Werte zuweisen. Beispielsweise wird das vertikale Layout in `StackPanel` vom Container bestimmt, daher hat es keine Wirkung, wenn Sie die Eigenschaft `VerticalAlignment` ändern. Die Eigenschaft `HorizontalAlignment` ändert in diesem Fall aber die Anordnung des Steuerelements.

Verknüpfte Eigenschaften

WPF führt ein neues Konzept für Eigenschaften ein: verknüpfte Eigenschaften (attached property). Weil WPF-Steuerelemente alle Informationen enthalten, die für ihr Layout und ihre Anordnung in der Benutzeroberfläche benötigt werden, müssen sie manchmal Informationen über die untergeordneten Steuerelemente festlegen, die in ihnen enthalten sind. Nehmen wir als Beispiel ein `Button`-Steuerelement, das in einem `Grid`-Steuerelement enthalten ist. Das `Button`-Steuerelement definiert, in welcher Spalte und Zeile der Tabelle es erscheint. Das wird mithilfe verknüpfter Eigenschaften erreicht. Das `Grid`-Steuerelement verknüpft mit jedem Steuerelement, das es enthält, mehrere Eigenschaften, darunter solche, die steuern, in welcher Zeile und Spalte das Steuerelement liegt. In XAML legen Sie eine verknüpfte Eigenschaft folgendermaßen fest:

```
<Button Grid.Row="1" Grid.Column="1"></Button>
```

Wenn Sie eine verknüpfte Eigenschaft ändern, müssen Sie den Klassennamen (hier `Grid`) angeben, nicht den Namen der Instanz (in diesem Beispiel wäre das `grid1`). Verknüpfte Eigenschaften sind nämlich mit der Klasse verknüpft, nicht mit einer Instanz der Klasse. In manchen Fällen, etwa bei der Eigenschaft `TabIndex` (mehr dazu im nächsten Abschnitt), wird der Klassenname automatisch ergänzt und kann im XAML-Code weggelassen werden.

Hier ein vollständiges Beispiel für ein `Grid`-Steuerelement mit zwei Zeilen und zwei Spalten. Es enthält eine einzelne Schaltfläche, die sich selbst mithilfe verknüpfter Eigenschaften in der Tabelle anordnet:

```
<Grid>
  <Grid.ColumnDefinitions>
    <ColumnDefinition Width="139*"/>
    <ColumnDefinition Width="139*"/>
  </Grid.ColumnDefinitions>
  <Grid.RowDefinitions>
    <RowDefinition Height="126*"/>
    <RowDefinition Height="126*"/>
  </Grid.RowDefinitions>
  <Button Grid.Row="1" Grid.Column="1"></Button>
</Grid>
```

Layoutbereichssteuerelemente

WPF enthält viele Layoutbereichssteuerelemente (layout panel), mit denen Sie Ihre Benutzeroberfläche entwerfen können. Dieser Abschnitt stellt die Bereichssteuerelemente vor und erklärt, für welche Einsatzzwecke sie sich eignen.

Das Bereichssteuerelement *Grid*

`Grid` ist das am häufigsten eingesetzte Bereichssteuerelement beim Erstellen von Benutzeroberflächen in WPF. Mit dem Bereichssteuerelement `Grid` können Sie Layouts entwerfen, die anhand der Eigenschaften `Margin`, `HorizontalAlignment` und `VerticalAlignment` der untergeordneten Steuerelemente gesteuert werden. Steuerelemente, die in einem `Grid`-Steuerelement enthalten sind, werden in der Reihenfolge gezeichnet, in der sie im Markup oder Code stehen. Dadurch können Sie mehrschichtige Benutzeroberflächen zusammenstellen. Sofern sich Steuerelemente überlappen, wird das letzte Steuerelement über den anderen gezeichnet.

Mit dem Steuerelement `Grid` definieren Sie Spalten und Zeilen in der Tabelle (grid). Anschließend weisen Sie den untergeordneten Steuerelementen bestimmte Zeilen und Spalten zu, um ein strukturiertes Layout zu erzeugen. Wird ein Steuerelement einer Spalte oder Zeile zugewiesen, werden seine Eigenschaften `Margin`, `HorizontalAlignment` und `VerticalAlignment` im Bezug auf den Rand der Zeile beziehungsweise Spalte ausgewertet, nicht im Bezug auf den Rand des `Grid`-Containers selbst. Die Spalten und Zeilen legen Sie fest, indem Sie den Eigenschaften `ColumnDefinition` und `RowDefinition` Werte zuweisen:

```
<Grid>
  <Grid.RowDefinitions>
    <RowDefinition Height="125*"/>
    <RowDefinition Height="125*"/>
  </Grid.RowDefinitions>
```

```
  <Grid.ColumnDefinitions>
    <ColumnDefinition Width="80*"/>
    <ColumnDefinition Width="120*"/>
  </Grid.ColumnDefinitions>
</Grid>
```

Die Breite und Höhe von Zeilen und Spalten kann entweder fest oder variabel sein. Eine feste Breite oder Höhe stellen Sie ein, indem Sie einfach der Eigenschaft `Width` beziehungsweise `Height` die gewünschte Größe zuweisen:

```
<RowDefinition Height="125"/>
```

Soll die Größe einer Zeile oder Spalte dagegen variabel sein, hängen Sie einen Stern (*) an den Wert von `Width` oder `Height` an:

```
<RowDefinition Height="125*"/>
```

Wenn ein Stern angehängt ist, wird die Zeile oder Spalte proportional so vergrößert oder verkleinert, dass sie in den verfügbaren Platz passt. Sehen Sie sich das folgende Beispiel an:

```
<RowDefinition Height="10*"/>
<RowDefinition Height="20*"/>
```

Die beiden mit diesem Code erstellten Zeilen werden so vergrößert oder verkleinert, dass sie den verfügbaren Platz ausfüllen, aber die erste Zeile ist immer zweimal so hoch wie die zweite. Diese Zahlen sind nur untereinander proportional. Sie können also genauso 1* und 2* verwenden, das hat dieselbe Wirkung wie 100* und 200*.

Sie können ein `Grid`-Steuerelement erstellen, das sowohl feste als auch variable Zeilen oder Spalten enthält:

```
<RowDefinition Height="125"/>
<RowDefinition Height="125*"/>
```

In diesem Beispiel behält die erste Zeile immer die Höhe 125, die zweite wird vergrößert oder verkleinert, wenn sich die Größe des Fensters ändert.

Verknüpfte Eigenschaften von *Grid*

Das Steuerelement `Grid` stellt seinen untergeordneten Steuerelementen verknüpfte Eigenschaften zur Verfügung. Sie ordnen Steuerelemente in bestimmten Zeilen oder Spalten an, indem Sie Werte in die verknüpften Eigenschaften `Grid.Column` und `Grid.Row` eintragen:

```
<Grid>
  <Grid.RowDefinitions>
   <RowDefinition Height="10*"/>
   <RowDefinition Height="5*"/>
  </Grid.RowDefinitions>
  <Grid.ColumnDefinitions>
   <ColumnDefinition Width="117"/>
   <ColumnDefinition Width="161"/>
  </Grid.ColumnDefinitions>
  <Button Name="button2" Grid.Row="0" Grid.Column="1">Schaltfläche</Button>
</Grid>
```

Gelegentlich brauchen Sie ein Steuerelement, das mehrere Spalten oder Zeilen überspannt, dann können Sie die Eigenschaften `Grid.ColumnSpan` oder `Grid.RowSpan` verwenden:

```
<Button Name="button2" Grid.ColumnSpan="2">Schaltfläche</Button>
```

Verwenden des Steuerelements *GridSplitter*

Mit dem Steuerelement GridSplitter kann der Benutzer die Größe von Tabellenzeilen und -spalten während der Laufzeit verändern. Es wird als vertikaler oder horizontaler Balken zwischen zwei Zeilen oder Spalten dargestellt, den der Benutzer mit der Maus verschieben kann, um die Größe der Spalten beziehungsweise Zeilen zu ändern. Tabelle 1.8 zeigt die wichtigsten Eigenschaften des Steuerelements GridSplitter.

Tabelle 1.8 Eigenschaften des Steuerelements GridSplitter

Eigenschaft	Beschreibung
Grid.Column	Diese verknüpfte Eigenschaft des Steuerelements Grid legt fest, in welcher Spalte das GridSplitter-Steuerelement liegt.
Grid.ColumnSpan	Diese verknüpfte Eigenschaft des Steuerelements Grid legt fest, wie viele Spalten das GridSplitter-Steuerelement überspannt. Bei horizontalen GridSplitter-Steuerelementen sollte der Wert dieser Eigenschaft gleich der Zahl der Spalten in der Tabelle sein.
Grid.Row	Diese verknüpfte Eigenschaft des Steuerelements Grid legt fest, in welcher Zeile das GridSplitter-Steuerelement liegt.
Grid.RowSpan	Diese verknüpfte Eigenschaft des Steuerelements Grid legt fest, wie viele Zeilen das GridSplitter-Steuerelement überspannt. Bei vertikalen GridSplitter-Steuerelementen sollte der Wert dieser Eigenschaft gleich der Zahl der Zeilen in der Tabelle sein.
Height	Legt die Höhe des GridSplitter-Steuerelements fest. Bei vertikalen GridSplitter-Steuerelementen sollte diese Eigenschaft den Wert Auto haben.
HorizontalAlignment	Legt die horizontale Ausrichtung des GridSplitter-Steuerelements fest. Bei horizontalen GridSplitter-Steuerelementen sollte diese Eigenschaft den Wert Stretch haben, bei vertikalen GridSplitter-Steuerelementen den Wert Left oder Right.
Margin	Legt den Randabstand um das GridSplitter-Steuerelement herum fest. Normalerweise tragen Sie als Randabstand den Wert 0 ein, damit das GridSplitter-Steuerelement mit den Spalten und Zeilen der Tabelle bündig abschließt.
ResizeBehavior	Gibt an, welche Spalten oder Zeilen relativ zu der Spalte oder Zeile, für die das GridSplitter-Steuerelement definiert ist, vergrößert oder verkleinert werden. Der Standardwert ist BasedOnAlignment, das heißt, dass die Größe abhängig von der Ausrichtung des GridSplitter-Steuerelements eingestellt wird, das direkt neben den Zeilen oder Spalten des GridSplitter-Steuerelements liegt.
ResizeDirection	Legt fest, ob das GridSplitter-Steuerelement die Größe von Zeilen oder Spalten ändert. Der Standardwert ist Auto, das heißt, dass die Richtung der Größenänderung automatisch anhand der Ausrichtung des GridSplitter-Steuerelements ermittelt wird.
ShowsPreview	Gibt an, ob das GridSplitter-Steuerelement die Größe der Spalte oder Zeile ändert, wenn der Benutzer das Steuerelement verschiebt.
VerticalAlignment	Legt die vertikale Ausrichtung des GridSplitter-Steuerelements fest. Bei vertikalen GridSplitter-Steuerelementen sollte diese Eigenschaft den Wert Stretch haben, bei horizontalen GridSplitter-Steuerelementen den Wert Top oder Bottom.
Width	Legt die Breite des GridSplitter-Steuerelements fest. Bei horizontalen GridSplitter-Steuerelementen sollte diese Eigenschaft den Wert Auto haben.

Das Steuerelement GridSplitter ist zwar für den Benutzer intuitiv zu bedienen, für den Entwickler aber relativ komplex. Sie können ein GridSplitter-Steuerelement zwar einfach aus der Toolbox in Ihr Fenster ziehen, müssen dann aber einigen Aufwand für die Konfiguration treiben, damit das GridSplitter-Steuerelement nützlich ist. Das GridSplitter-Steuerelement muss innerhalb einer Tabellenzelle liegen, obwohl es immer die Größe der gesamten Zeile oder Spalte ändert. Und es sollte entweder am Rand der Zeile oder Spalte liegen, deren Größe Sie ändern wollen, oder in einer eigenen Zeile oder Spalte, die sich zwischen den Zeilen oder Spalten befindet, deren Größe Sie ändern wollen. Sie können das GridSplitter-Steuerelement im Designer von Hand anordnen, indem Sie das Symbol in der oberen linken Ecke des GridSplitter-Steuerelements verschieben. Abbildung 1.1 zeigt das GridSplitter-Steuerelement im Designer.

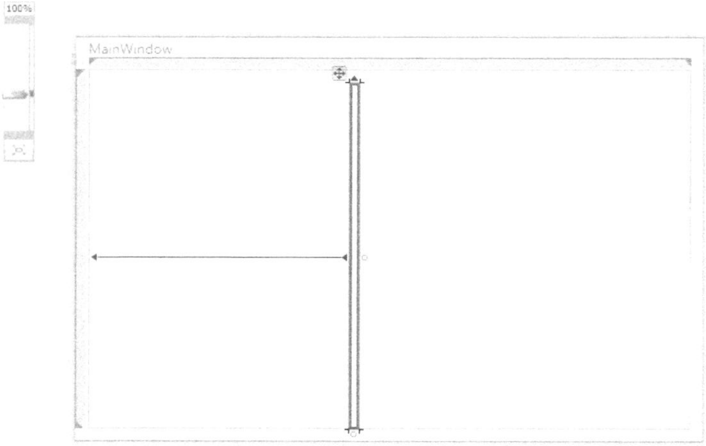

Abbildung 1.1 Das GridSplitter-Steuerelement im Designer

Wenn die Eigenschaft ResizeBehavior den Wert Auto hat, leitet WPF aus der Ausrichtung des GridSplitter-Steuerelements automatisch das passende Größenänderungsverhalten ab.

In der Benutzeroberfläche erscheint das GridSplitter-Steuerelement normalerweise als optisches Element, das alle Zeilen oder Spalten in einer Tabelle umfasst. Daher müssen Sie bei horizontalen GridSplitter-Steuerelementen von Hand der Eigenschaft Grid.ColumnSpan einen Wert zuweisen beziehungsweise bei vertikalen GridSplitter-Steuerelementen der Eigenschaft Grid.RowSpan, damit sie alle Zeilen oder Spalten der Tabelle überspannt.

Die folgende Anleitung beschreibt, wie Sie in der Entwurfsansicht ein GridSplitter-Steuerelement zu Ihrem Fenster hinzufügen. Gehen Sie dazu folgendermaßen vor:

1. Ziehen Sie aus der Toolbox ein GridSplitter-Steuerelement in Ihr Fenster und legen Sie es in einer Zelle ab, die neben der Zeile oder Spalte liegt, deren Größe Sie ändern wollen. Bei Bedarf müssen Sie eine separate Zeile oder Spalte für das GridSplitter-Steuerelement hinzufügen, damit keine Konflikte mit anderen Benutzeroberflächenelementen auftreten.
2. Setzen Sie die Eigenschaft Margin des GridSplitter-Steuerelements auf 0.
3. Weisen Sie bei einem vertikalen GridSplitter-Steuerelement der Eigenschaft VerticalAlignment beziehungsweise bei einem horizontalen GridSplitter-Steuerelement der Eigenschaft HorizontalAlignment den Wert Stretch zu. Tragen Sie in die jeweils andere

Ausrichtungseigenschaft den gewünschten Wert ein, damit das `GridSplitter`-Steuerelement neben den Spalten oder Zeilen liegt, deren Größe Sie ändern wollen.

4. Weisen Sie bei einem horizontalen `GridSplitter`-Steuerelement der Eigenschaft `Width` den Wert `Auto` und der Eigenschaft `Height` den gewünschten Höhenwert zu. Weisen Sie bei einem vertikalen `GridSplitter`-Steuerelement der Eigenschaft `Height` den Wert `Auto` und der Eigenschaft `Width` die gewünschte Breite zu.
5. Tragen Sie bei einem vertikalen `GridSplitter`-Steuerelement die Zahl der Tabellenzeilen in die Eigenschaft `Grid.RowSpan` ein. Tragen Sie bei einem horizontalen `GridSplitter`-Steuerelement die Zahl der Tabellenspalten in die Eigenschaft `Grid.ColumnSpan` ein.

Diese Konfiguration können Sie im Eigenschaftenfenster vornehmen, im XAML-Code oder (meistens, aber nicht immer) indem Sie das `GridSplitter`-Steuerelement im Designer mit der Maus bearbeiten.

Das Steuerelement *UniformGrid*

Obwohl das Steuerelement `UniformGrid` einen ähnlichen Namen trägt wie `Grid`, zeigt es ein ganz anderes Verhalten. Das Steuerelement `UniformGrid` ist stark eingeschränkt. Es ordnet die Steuerelemente automatisch in einer Tabelle mit gleich großen Zellen an und passt die Größe und Zahl der Zeilen und Spalten an, sobald weitere Steuerelemente hinzugefügt werden. Alle Tabellenzellen haben immer dieselbe Größe. Das Steuerelement `UniformGrid` wird normalerweise nicht benutzt, um die gesamte Benutzeroberfläche zu entwerfen. Vielmehr ist es nützlich, um schnell Layouts zusammenzustellen, bei denen eine Tabelle mit gleich großen Zellen gebraucht wird, etwa bei einem Schachbrett oder den Schaltflächen eines Taschenrechners.

Die Zahl der Zeilen und Spalten in einem `UniformGrid`-Steuerelement legen Sie mit den Eigenschaften `Rows` und `Columns` fest:

```
<UniformGrid Rows="2" Columns="2">
</UniformGrid>
```

Wenn Sie die Zahl der Zeilen und Spalten auf diese Weise einstellen, legen Sie fest, wie viele Zellen das `UniformGrid`-Steuerelement hat (und somit auch, wie viele Steuerelemente darin angezeigt werden können). Falls Sie zu einem `UniformGrid`-Steuerelement mehr Steuerelemente hinzufügen, als Zellen vorhanden sind, werden die überzähligen Steuerelemente nicht angezeigt. In einem solchen Fall werden zuerst die im XAML-Code definierten Zellen angezeigt.

Wenn Sie nur die Zahl der Zeilen festlegen, werden bei Bedarf weitere Spalten hinzugefügt, damit neue Steuerelemente Platz haben. Und genauso werden weitere Zeilen hinzugefügt, wenn Sie nur die Zahl der Spalten festlegen.

Das Steuerelement *StackPanel*

Das Steuerelement `StackPanel` stellt ein einfaches Layoutmodell bereit. Es ordnet die enthaltenen Steuerelemente nacheinander an, und zwar in der Reihenfolge, in der sie definiert werden. Normalerweise ordnen `StackPanel`-Container ihre Steuerelemente vertikal an. Sie können aber auch eine horizontale Anordnung erzwingen, indem Sie der Eigenschaft `Orientation` den Wert `Horizontal` zuweisen:

```
<StackPanel Orientation="Horizontal">
</StackPanel>
```

Damit werden die Steuerelemente von links nach rechts angeordnet. Wollen Sie die Steuerelemente von rechts nach links anordnen, können Sie der Eigenschaft `FlowDirection` den Wert `RightToLeft` zuweisen:

```
<StackPanel Orientation="Horizontal" FlowDirection="RightToLeft">
</StackPanel>
```

Es gibt in `StackPanel` allerdings keine Kombination von Eigenschaften, um einen Stapel zu erstellen, dessen Steuerelemente von unten nach oben angeordnet werden.

Die Layouteigenschaften der Steuerelemente, die im `StackPanel`-Steuerelement enthalten sind, beeinflussen das Aussehen des gesamten Stapels. Zum Beispiel werden die Steuerelemente standardmäßig mittig im `StackPanel`-Steuerelement angezeigt, aber wenn Sie die Eigenschaft `HorizontalAlignment` eines bestimmten Steuerelements auf den Wert `Left` setzen, erscheint dieses Steuerelement am linken Rand des `StackPanel`-Steuerelements.

Das Steuerelement *WrapPanel*

Das Steuerelement `WrapPanel` ermöglicht ebenfalls ein simples Layout, das normalerweise nicht eingesetzt wird, um die gesamte Benutzeroberfläche zu entwerfen. Es ordnet die Steuerelemente in einer Zeile horizontal nebeneinander an, bis der verfügbare horizontale Platz im `WrapPanel`-Steuerelement aufgebraucht ist. Dann legt es weitere Zeilen an, bis alle enthaltenen Steuerelemente untergebracht sind. Die Steuerelemente werden somit in der Benutzeroberfläche umbrochen, genau wie Wörter in einem Texteditor. Dieses Layoutbereichssteuerelement wird oft genutzt, um einen zusammengehörigen Satz Steuerelemente anzuordnen, deren Größe sich häufig ändert. Ein Beispiel sind die Steuerelemente in einer Symbolleiste.

Sie können Steuerelemente von rechts nach links umbrechen, indem Sie der Eigenschaft `FlowDirection` den Wert `RightToLeft` zuweisen:

```
<WrapPanel FlowDirection="RightToLeft">
</WrapPanel>
```

Das Steuerelement *DockPanel*

Das Steuerelement `DockPanel` stellt einen Container zur Verfügung, an dessen Rändern Sie die enthaltenen Steuerelemente andocken können. Bei der Windows Forms-Entwicklung wurde das Andocken realisiert, indem der Eigenschaft `Dock` bei jedem einzelnen andockbaren Steuerelement der gewünschte Wert zugewiesen wurde. In WPF stellen Sie dagegen mit dem Steuerelement `DockPanel` Benutzeroberflächen mit angedockten Steuerelementen zusammen. Das Andocken wird meist verwendet, um Steuerelemente wie Symbolleisten oder Menüs am Rand der Benutzeroberfläche zu fixieren. Die Position angedockter Steuerelemente bleibt gleich, unabhängig davon, wie der Benutzer die Größe der Benutzeroberfläche ändert.

Um das Andocken der enthaltenen Steuerelemente zu ermöglichen, stellt das Steuerelement `DockPanel` eine verknüpfte Eigenschaft namens `Dock` zur Verfügung. Das folgende Beispiel zeigt, wie Sie der Eigenschaft `DockPanel.Dock` in einem enthaltenen Steuerelement einen Wert zuweisen:

```
<Button DockPanel.Dock="Top">Schaltfläche</Button>
```

Für die Eigenschaft `DockPanel.Dock` stehen vier Werte zur Auswahl: `Top`, `Bottom`, `Left` und `Right`, mit denen ein Steuerelement jeweils am oberen, unteren, linken und rechten Rand des `DockPanel`-Steuerelements angedockt wird.

Das Steuerelement DockPanel stellt die Eigenschaft LastChildFill zur Verfügung, die Sie auf True oder False setzen können. Hat sie den Wert True (Standardeinstellung), füllt das Steuerelement, das zuletzt hinzugefügt wird, den gesamten übrigen Platz aus.

In welcher Reihenfolge die Steuerelemente zum DockPanel-Steuerelement hinzugefügt werden, ist entscheidend für das endgültige Layout. Werden Steuerelemente in einem DockPanel-Steuerelement angeordnet, bekommt das erste Steuerelement den gesamten Platz am entsprechenden Rand zugewiesen. Abbildung 1.2 zeigt zum Beispiel ein DockPanel-Steuerelement mit einem einzelnen Button-Steuerelement, das links im Container angedockt ist.

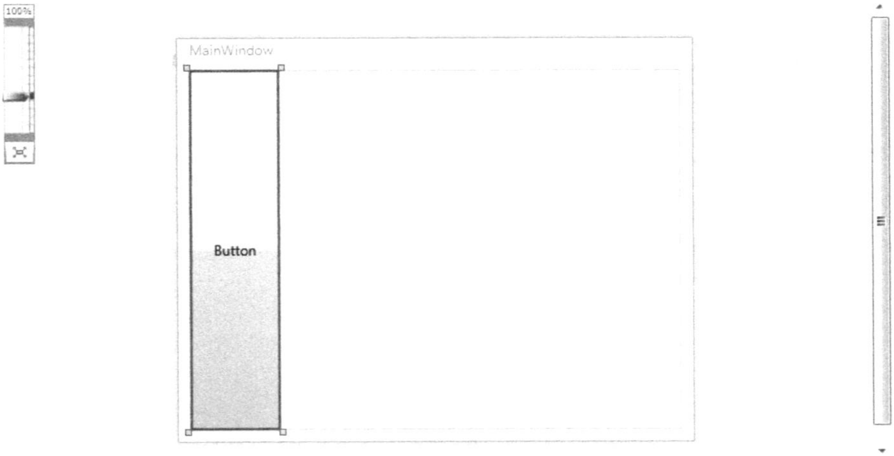

Abbildung 1.2 Ein DockPanel-Steuerelement mit einem einzigen angedockten Steuerelement

Werden weitere Steuerelemente zu den anderen Rändern hinzugefügt, belegen sie den verfügbaren Platz an diesen Rändern, wie in den Abbildungen 1.3, 1.4 und 1.5 zu sehen.

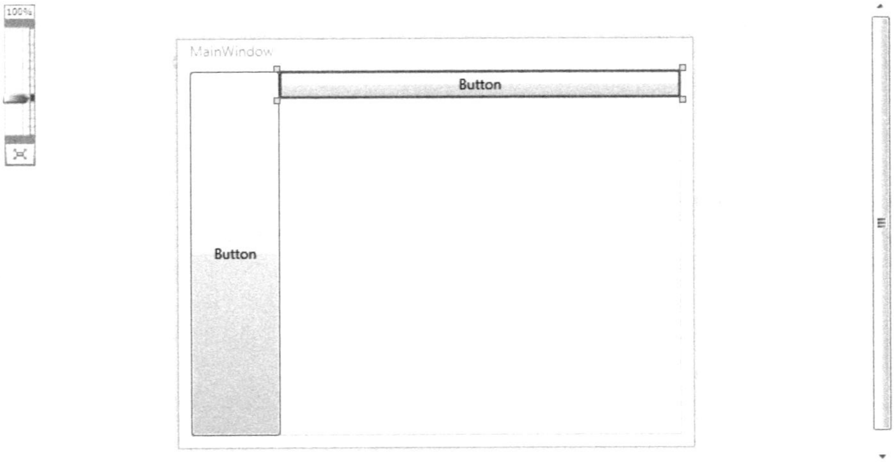

Abbildung 1.3 Ein DockPanel-Steuerelement mit zwei angedockten Steuerelementen

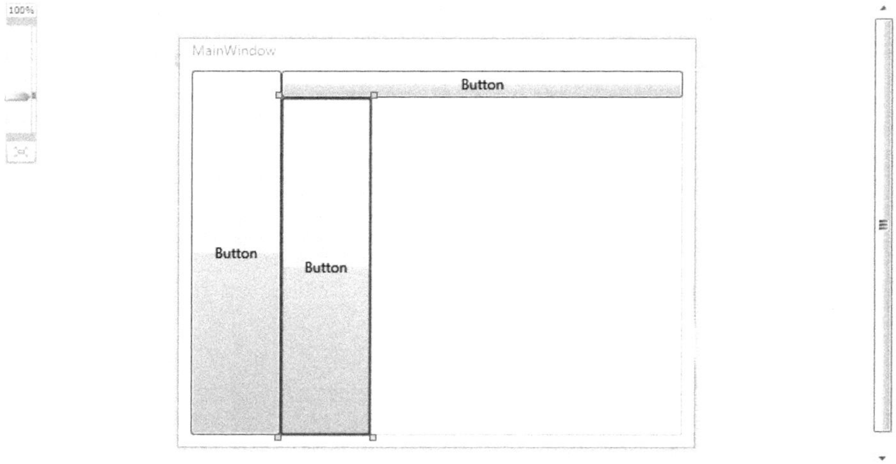

Abbildung 1.4 Ein `DockPanel`-Steuerelement mit drei angedockten Steuerelementen

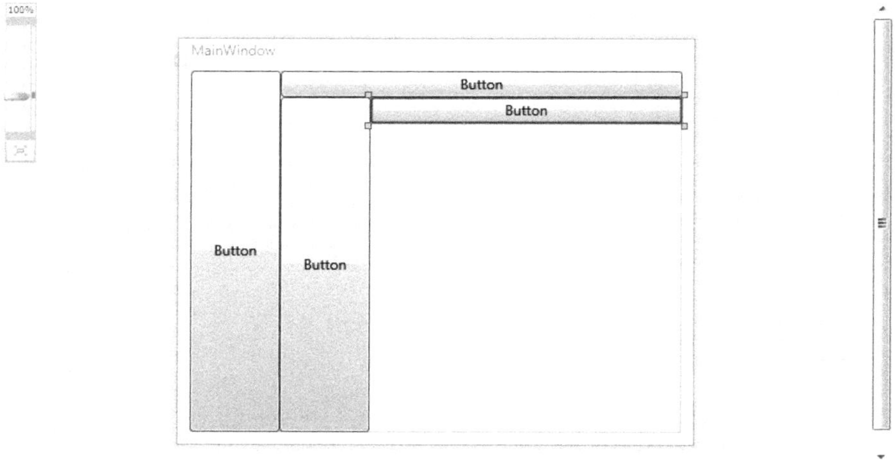

Abbildung 1.5 Ein `DockPanel`-Steuerelement mit vier angedockten Steuerelementen

In diesen Abbildungen wird das zweite Steuerelement am oberen Rand angedockt. Es nimmt den gesamten Platz ein, der nicht schon vom ersten Steuerelement belegt ist. Das nächste Steuerelement wird wiederum am linken Rand angedockt, wo es neben dem ersten Steuerelement angeordnet wird, das bereits links angedockt ist. Es nimmt dabei die übrig gebliebene Höhe ein, die noch nicht von der zweiten Schaltfläche belegt ist, die oben angedockt ist. Die Abbildung 1.5 zeigt einen weiteren Schritt, in dem ein viertes Steuerelement am oberen Rand angedockt wurde.

`DockPanel`-Steuerelemente werden meist nicht als Basis für die gesamte Benutzeroberfläche benutzt, sondern nur zum Andocken wichtiger Komponenten an festen Positionen. Die Eigenschaft `LastChildFill` in einem `DockPanel`-Steuerelement hat normalerweise den Wert `True`, und als letztes Untersteuerelement wird ein `Grid`- oder anderes Containersteuerelement hinzugefügt, in dem dann das Layout der übrigen Benutzeroberfläche festgelegt wird. Abbildung 1.6 zeigt als Beispiel eine Benutzeroberfläche, bei der am oberen Rand ein Menü und am linken Rand ein Listenfeld angedockt ist. Den übrigen Platz nimmt ein Grid-Steuerelement ein.

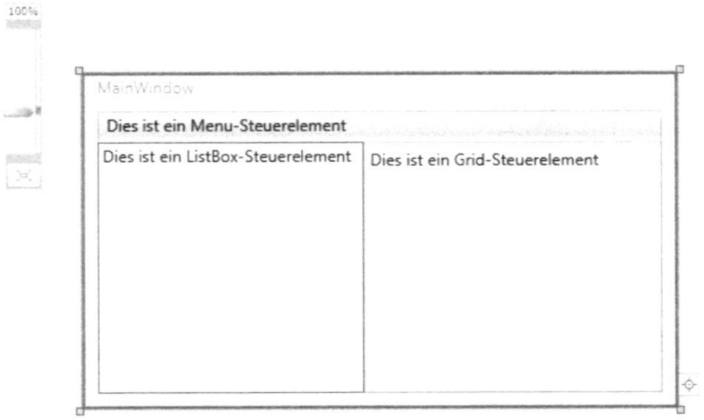

Abbildung 1.6 Ein DockPanel-Steuerelement mit je einem Menu-, ListBox- und Grid-Steuerelement

Das Steuerelement *Canvas*

Das Steuerelement Canvas ist ein Container, in dem die enthaltenen Steuerelemente absolut positioniert werden. Es besitzt selbst keine Layoutlogik. Alle enthaltenen Steuerelemente werden angeordnet, indem vier verknüpfte Eigenschaften ausgewertet werden: Canvas.Top, Canvas.Bottom, Canvas.Right und Canvas.Left. Der Wert jeder dieser Eigenschaften legt den Abstand zwischen dem jeweiligen Rand des Canvas-Steuerelements und dem entsprechenden Rand des Untersteuerelements fest. So definiert der folgende XAML-Code eine Schaltfläche, die 20 Einheiten vom oberen und 30 Einheiten vom linken Rand des Canvas-Steuerelements entfernt ist:

```
<Canvas>
  <Button Canvas.Top="20" Canvas.Left="30">Schaltfläche</Button>
</Canvas>
```

Sie können zu jedem enthaltenen Steuerelement nur jeweils eine horizontale und eine vertikale verknüpfte Eigenschaft definieren. Anders ausgedrückt: Sie können beim selben Steuerelement nicht gleichzeitig den Eigenschaften Canvas.Left und Canvas.Right Werte zuweisen, und nicht gleichzeitig den Werten Canvas.Top und Canvas.Bottom.

Ändert sich die Größe des Canvas-Containers, behalten die Untersteuerelemente ihren festen Abstand von den Rändern des Canvas-Steuerelements bei, können sich aber relativ zueinander verschieben, wenn sie an unterschiedlichen Rändern fixiert wurden.

Weil das Canvas-Steuerelement ein flexibles Layout ermöglicht und selbst keine komplexen Layoutfunktionen besitzt, kann es vorkommen, dass sich die enthaltenen Steuerelemente in einem Canvas-Steuerelement überschneiden. In der Standardeinstellung werden Steuerelemente, die später im XAML-Code deklariert sind, über Steuerelementen angezeigt, die früher deklariert sind. Sie können die Z-Reihenfolge (also die Anzeigereihenfolge der Steuerelemente) aber auch von Hand festlegen, indem Sie der verknüpften Eigenschaft Canvas.ZIndex einen Wert zuweisen. Sie können in Canvas.ZIndex einen beliebigen Integerwert eintragen.

Steuerelemente mit höherem `Canvas.ZIndex`-Wert werden immer über Steuerelementen mit einem niedrigeren `Canvas.ZIndex`-Wert angezeigt. Hier ein Beispiel:

```
<Button Canvas.ZIndex="12">Erscheint oben</Button>
<Button Canvas.ZIndex="5">Erscheint unten</Button>
```

Schnelltest

- Beschreiben Sie, was verknüpfte Eigenschaften sind und wie sie funktionieren.

Antwort zum Schnelltest

- Verknüpfte Eigenschaften sind Eigenschaften, die das übergeordnete Element, zum Beispiel ein Layoutsteuerelement, mit einem untergeordneten Element, beispielsweise einem Inhaltssteuerelement, verbinden. Diese Eigenschaften werden vom enthaltenen Element festgelegt, steuern aber meist, wie dieses Element innerhalb des übergeordneten Elements dargestellt oder angeordnet wird. Ein Beispiel ist die verknüpfte Eigenschaft `Grid.Row`, die mit allen Elementen innerhalb eines `Grid`-Elements verknüpft ist. Indem Sie die Eigenschaft `Grid.Row` in einem enthaltenen Element einstellen, legen Sie fest, in welcher Zeile des `Grid`-Steuerelements das untergeordnete Element erscheint.

Im Programmcode auf untergeordnete Elemente zugreifen

Layoutsteuerelemente stellen die Auflistung `Children` zur Verfügung, über die Sie vom Programmcode aus Zugriff auf die untergeordneten Steuerelemente erhalten. Sie erhalten einen Verweis auf ein untergeordnetes Element, indem Sie dessen Index angeben:

' Visual Basic

```
Dim aButton As Button
aButton = CType(grid1.Children(3), Button)
```

// C#

```
Button aButton;
aButton = (Button)grid1.Children[3];
```

Mit der Methode `Children.Add` können Sie vom Programmcode aus ein Steuerelement hinzufügen:

' Visual Basic

```
Dim aButton As New Button()
grid1.Children.Add(aButton)
```

// C#

```
Button aButton = new Button();
grid1.Children.Add(aButton);
```

Entsprechend entfernen Sie ein Steuerelement mit der Methode `Children.Remove`:

' Visual Basic

```
grid1.Children.Remove(aButton)
```

// C#

```
grid1.Children.Remove(aButton);
```

Und die Methode `RemoveAt` entfernt das Steuerelement am angegebenen Index:

' Visual Basic

```
grid1.Children.RemoveAt(3)
```

// C#

```
grid1.Children.RemoveAt(3);
```

Ausrichten von Steuerelementen

Häufig ist es erforderlich, den Inhalt unterschiedlicher Steuerelemente sowie die Ränder der Steuerelemente selbst einheitlich auszurichten. In der Entwurfsansicht können Sie Ränder und Inhalt von Steuerelementen mithilfe von Ausrichtungslinien anordnen.

Ausrichtungslinien (snapline) sind optische Hilfen in der integrierten Entwicklungsumgebung (Integrated Development Environment, IDE) von Visual Studio. Sie zeigen dem Entwickler, wenn die Ränder von Steuerelementen oder die Inhalte eines Steuerelements aneinander ausgerichtet sind. Wenn Sie Steuerelemente im Designer von Hand mit der Maus anordnen, erscheinen Ausrichtungslinien, sobald die horizontalen oder vertikalen Ränder des Steuerelements an einem anderen Objekt ausgerichtet sind. Die Abbildungen 1.7 und 1.8 zeigen zwei Beispiele.

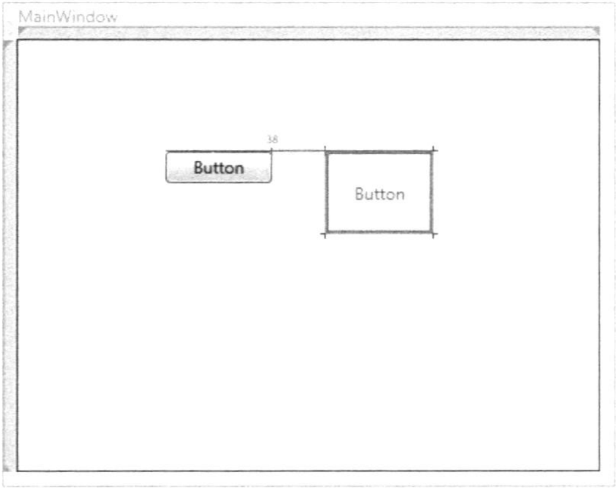

Abbildung 1.7 Horizontale Ausrichtungslinien

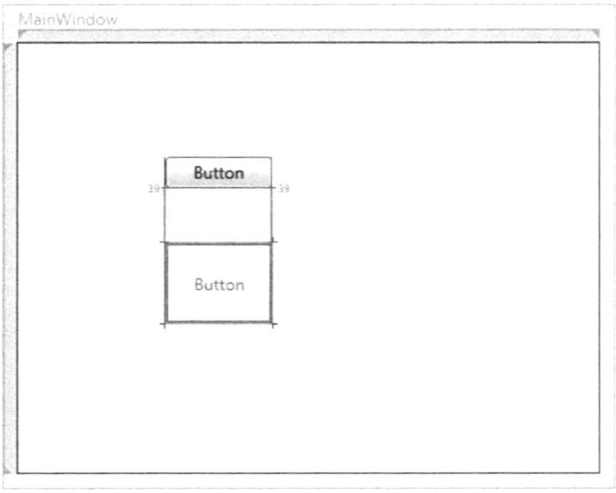

Abbildung 1.8 Vertikale Ausrichtungslinien

Ausrichtungslinien zeigen auch an, wenn Inhalte aneinander ausgerichtet sind. Auf diese Weise können Sie den Inhalt über mehrere Steuerelemente hinweg einheitlich anordnen. Abbildung 1.9 zeigt ein Beispiel für Inhaltsausrichtungslinien.

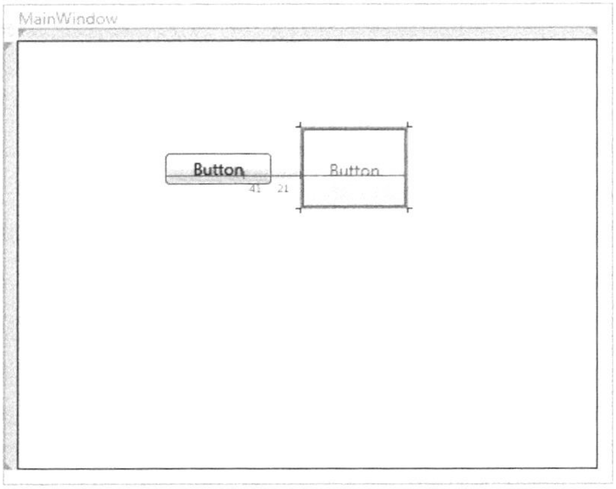

Abbildung 1.9 Inhaltsausrichtungslinien

Übung Erstellen einer einfachen Anwendung

In dieser Übung erstellen Sie eine einfache Anwendung, in der Sie mit einigen Steuerelementen in einer Symbolleiste die Schriftart für Text in einem `RichTextBox`-Steuerelement ändern können.

Übung Verwenden von Layoutsteuerelementen

1. Legen Sie in Visual Studio eine neue WPF-Anwendung an.
2. Ändern Sie in der XAML-Ansicht die öffnenden und schließenden Tags von `Grid` zu `DockPanel`:

```
<DockPanel>
</DockPanel>
```

3. Ziehen Sie aus der Toolbox ein `ToolBar`-Steuerelement in das Fenster. Fügen Sie ein separates schließendes Tag hinzu und weisen Sie der Eigenschaft `DockPanel.Dock` den Wert `Top` zu:

```
<ToolBar DockPanel.Dock="Top" Height="26" Name="toolBar1" Width="276">
</ToolBar>
```

Obwohl Sie die Eigenschaft `DockPanel.Dock` auf `Top` gesetzt haben, bleibt die Symbolleiste in der Mitte des Fensters, weil die Eigenschaft `DockPanel.LastChildFill` in der Standardeinstellung den Wert `True` hat. Diese Einstellung hat Vorrang gegenüber der Eigenschaft `DockPanel.Dock`.

4. Fügen Sie in der XAML-Ansicht den folgenden Code ein, um einen `Grid`-Container zum `DockPanel`-Steuerelement hinzuzufügen:

```
<Grid Name="grid1">
</Grid>
```

Nun befindet sich die Symbolleiste oben im `DockPanel`-Steuerelement.

5. Fügen Sie in der XAML-Ansicht die folgenden `ColumnDefinition`-Elemente zum `Grid`-Steuerelement hinzu:

```
<Grid.ColumnDefinitions>
   <ColumnDefinition Width="100"/>
   <ColumnDefinition Width="5"/>
  <ColumnDefinition Width="*"/>
</Grid.ColumnDefinitions>
```

6. Fügen Sie in der XAML-Ansicht ein `ListBox`-Steuerelement in die erste Spalte ein:

```
<ListBox Grid.Column="0" Name="listBox1"></ListBox>
```

7. Fügen Sie in der XAML-Ansicht ein `GridSplitter`-Steuerelement in die zweite Spalte ein:

```
<GridSplitter Name="gridSplitter1" Margin="0" Width="5"
Grid.Column="1" HorizontalAlignment="Left"/>
```

In dieser Übung bekommt das `GridSplitter`-Steuerelement eine eigene Spalte.

8. Fügen Sie in der XAML-Ansicht ein `RichTextBox`-Steuerelement in die dritte Spalte ein:

```
<RichTextBox Grid.Column="2" Name="richTextBox1"/>
```

9. Fügen Sie im XAML-Code des `ToolBar`-Steuerelements den folgenden Abschnitt ein, um drei Steuerelemente in das `ToolBar`-Steuerelement zu legen:

```
<Button>Fett</Button>
<Button>Kursiv</Button>
<Slider Name="Slider1" Minimum="2" Maximum="72" Width="100"/>
```

10. Klicken Sie doppelt auf die Schaltfläche *Fett*, um den `Click`-Ereignishandler zu öffnen. Fügen Sie folgenden Code ein:

' Visual Basic

```
richTextBox1.Selection.ApplyPropertyValue(FontWeightProperty, FontWeights.Bold)
```

// C#

```
richTextBox1.Selection.ApplyPropertyValue(FontWeightProperty, FontWeights.Bold);
```

11. Klicken Sie im Designer doppelt auf die Schaltfläche *Kursiv*, um ihren `Click`-Ereignishandler zu öffnen. Fügen Sie den folgenden Code ein:

' Visual Basic

```
richTextBox1.Selection.ApplyPropertyValue(FontStyleProperty, FontStyles.Italic)
```

// C#

```
richTextBox1.Selection.ApplyPropertyValue(FontStyleProperty, FontStyles.Italic);
```

12. Klicken Sie im Designer doppelt auf den Schieberegler, um seinen `ValueChanged`-Ereignishandler zu öffnen. Fügen Sie den folgenden Code ein:

' Visual Basic

```
Try
  richTextBox1.Selection.ApplyPropertyValue(FontSizeProperty, _
    Slider1.Value.ToString())
Catch
End Try
```

```
// C#
try
{
  richTextBox1.Selection.ApplyPropertyValue(FontSizeProperty,
    Slider1.Value.ToString());
}
catch { }
```

13. Fügen Sie im Konstruktor von `Window1` den folgenden Code hinter `InitializeComponent` ein. (In Visual Basic müssen Sie den gesamten Konstruktor ergänzen.)

```
' Visual Basic
Public Sub New()
   InitializeComponent()
   For Each F As FontFamily In Fonts.SystemFontFamilies
      Dim l As ListBoxItem = New ListBoxItem()
      l.Content = F.ToString()
      l.FontFamily = F
      listBox1.Items.Add(l)
   Next
End Sub
```

```
// C#
foreach (FontFamily F in Fonts.SystemFontFamilies)
{
   ListBoxItem l = new ListBoxItem();
   l.Content = F.ToString();
   l.FontFamily = F;
   listBox1.Items.Add(l);
}
```

14. Klicken Sie im Designer doppelt auf das `ListBox`-Steuerelement, um seinen `SelectionChanged`-Ereignishandler zu öffnen. Fügen Sie den folgenden Code ein:

```
' Visual Basic
richTextBox1.Selection.ApplyPropertyValue(FontFamilyProperty, _
   CType(listBox1.SelectedItem, ListBoxItem).FontFamily)
```

```
// C#
richTextBox1.Selection.ApplyPropertyValue(FontFamilyProperty,
   ((ListBoxItem)listBox1.SelectedItem).FontFamily);
```

15. Drücken Sie F5, um Ihre Anwendung zu erstellen und auszuführen. Wie Sie sehen, können Sie die Größe der Spalten mit dem `RichTextBox`- und dem `ListBox`-Steuerelement verändern, indem Sie das `GridSplitter`-Steuerelement mit der Maus verschieben.

Zusammenfassung der Lektion

- Die Steuerelemente sind in WPF in drei wesentliche Typen untergliedert: Inhaltssteuerelemente, die nur ein einziges verschachteltes Element enthalten, Elementsteuerelemente, die mehrere verschachtelte Elemente enthalten, und Layoutsteuerelemente, die mehrere Steuerelemente aufnehmen und eine Layoutlogik zum Anordnen dieser Steuerelemente bereitstellen. Manche spezialisierten Steuerelemente, beispielsweise `TextBox`, `Image` und `ProgressBar`, lassen sich der Kategorie der Inhaltssteuerelemente zuordnen, auch wenn sie Besonderheiten aufweisen. Der Eigenschaft `Content` eines Inhaltssteuerelements können Sie Objekte praktisch beliebigen Typs zuweisen. Ist der Objekttyp von `UIElement` abgeleitet, wird das Steuerelement im übergeordneten Steuerelement angezeigt. Andere Typen werden als Zeichenfolge angezeigt, die von der Methode `ToString` des entsprechenden Inhalts zurückgegeben wird.
- Elementsteuerelemente zeigen mehrere untergeordnete Elemente an. Beispiele für Elementsteuerelemente sind `ListBox`, `ComboBox` und `TreeView` sowie `Menu`, `ToolBar` und `StatusBar`.
- `Menu`-Steuerelemente zeigen hierarchisch organisierte Listen aus `MenuItem`-Steuerelementen im vertrauten Menüformat an. Jedes `MenuItem`-Steuerelement kann wiederum eine Liste mit `MenuItem`-Steuerelementen enthalten und mit einem Befehl verknüpft sein, der ausgeführt wird, wenn der Benutzer das `MenuItem`-Steuerelement anklickt. Allerdings werden praktisch nie beide Möglichkeiten gleichzeitig genutzt.
- Das Steuerelement `ContextMenu` erscheint nahe bei einem zugehörigen Steuerelement, sobald der Benutzer mit der rechten Maustaste auf das zugehörige Steuerelement klickt. Sie können ein `ContextMenu`-Steuerelement in XAML definieren, indem Sie es der Eigenschaft `Control.ContextMenu` des gewünschten Steuerelements zuweisen.
- `ToolBar`-Steuerelemente zeigen Gruppen zusammengehöriger Steuerelemente an, die üblicherweise eine ähnliche Funktion erfüllen. Die in einer Symbolleiste angezeigten Steuerelemente passen sich gewöhnlich dem Aussehen und Verhalten der Symbolleiste an. `StatusBar`-Steuerelemente ähneln `ToolBar`-Steuerelementen, werden aber meist benutzt, um Informationen anzuzeigen. Sie erhalten üblicherweise keine Steuerelemente, die aktive Bestandteile der Benutzeroberfläche sind.
- Layoutsteuerelemente sind Container, die Layoutlogik für die enthaltenen Steuerelemente zur Verfügung stellen. Ein Layoutsteuerelement ist normalerweise das untergeordnete Element eines Fensters. Wie die Steuerelemente im Layoutbereich angeordnet werden, hängt vor allem von den Layouteigenschaften der enthaltenen Steuerelemente ab. Die Eigenschaften `HorizontalAlignment` und `VerticalAlignment` der untergeordneten Steuerelemente legen fest, wie ein Steuerelement horizontal und vertikal angeordnet wird. Die Eigenschaft `Margin` gibt an, wie viel Platz um das Steuerelement herum frei bleibt. Wie sich die Layouteigenschaften von Steuerelementen auswirken, hängt davon ab, in welchem Steuerelement diese Untersteuerelemente enthalten sind.
- Verknüpfte Eigenschaften sind Eigenschaften, die einem Steuerelement von seinem Container oder einer anderen Klasse zur Verfügung gestellt werden. Steuerelemente haben diese Eigenschaften nur, wenn sie im passenden Kontext liegen. Beispiele für verknüpfte Eigenschaften sind `Grid.Row`, `Grid.Column` und `KeyboardNavigation.TabIndex`.

- Das Steuerelement `Grid` wird bei der Entwicklung von Benutzeroberflächen am häufigsten als Layoutbereichssteuerelement eingesetzt. Sie können damit Zeilen und Spalten einer Tabelle definieren und in jeder Zelle Elemente unterbringen. Das Steuerelement `Grid` stellt seinen untergeordneten Steuerelementen verknüpfte Eigenschaften zur Verfügung, die festlegen, in welcher Tabellenspalte und -zeile sie liegen.
- Mit dem Steuerelement `GridSplitter` kann der Benutzer die Größe von Spalten und Zeilen einer Tabelle während der Laufzeit ändern.
- Layoutbereichssteuerelemente wie `UniformGrid`, `StackPanel`, `WrapPanel`, `DockPanel` und `Canvas` werden oft genutzt, um spezielle Bereiche der Benutzeroberfläche zu entwerfen. Normalerweise werden sie nicht als oberstes Bereichssteuerelement innerhalb der Benutzeroberfläche verwendet.

Lernzielkontrolle

Mit den folgenden Fragen können Sie Ihr Wissen zu den Informationen aus Lektion 1, »Verwenden von WPF-Steuerelementen«, überprüfen. Die Fragen finden Sie (in englischer Sprache) auch auf der Begleit-CD, Sie können sie also auch auf dem Computer im Rahmen eines Übungstests beantworten.

Hinweis Die Antworten

Die Antworten auf diese Fragen mit Erklärungen, warum die jeweiligen Auswahlmöglichkeiten richtig oder falsch sind, finden Sie im Abschnitt »Antworten« am Ende dieses Buchs.

1. Wie viele untergeordnete Steuerelemente kann ein Inhaltssteuerelement enthalten?

   A. 0

   B. 1

   C. Unbegrenzt

   D. Hängt vom einzelnen Steuerelement ab

2. Welches der folgenden XAML-Beispiele zeigt in einer Tabelle, die aus vier Zellen besteht, eine Schaltfläche in der zweiten Spalte und der zweiten Zeile an?

   A.

```
<Grid>
   <Grid.ColumnDefinitions>
      <ColumnDefinition/>
      <ColumnDefinition/>
   </Grid.ColumnDefinitions>
   <Grid.RowDefinitions>
      <RowDefinition/>
      <RowDefinition/>
   </Grid.RowDefinitions>
   <Button Grid.Cell="1,1"></Button>
</Grid>
```

B.

```
<Grid>
   <Grid.ColumnDefinitions>
      <ColumnDefinition/>
      <ColumnDefinition/>
   </Grid.ColumnDefinitions>
   <Grid.RowDefinitions>
      <RowDefinition/>
      <RowDefinition/>
   </Grid.RowDefinitions>
   <Button Grid.Column="1" Grid.Row="1"></Button>
</Grid>
```

C.

```
<Grid>
   <Grid.ColumnDefinitions>
      <ColumnDefinition/>
      <ColumnDefinition/>
   </Grid.ColumnDefinitions>
   <Grid.RowDefinitions>
      <RowDefinition/>
      <RowDefinition/>
   </Grid.RowDefinitions>
   <Button></Button>
</Grid>
```

D.

```
<Grid>
   <Grid.ColumnDefinitions>
      <ColumnDefinition/>
      <ColumnDefinition/>
   </Grid.ColumnDefinitions>
   <Grid.RowDefinitions>
      <RowDefinition/>
      <RowDefinition/>
   </Grid.RowDefinitions>
   <Button Grid.Cell="2,2"></Button>
</Grid>
```

3. Welches XAML-Beispiel definiert richtig ein Kontextmenü für `button1`?

A.

```
<Grid>
   <ContextMenu Name="mymenu">
      <MenuItem>MenuItem</MenuItem>
   </ContextMenu>
   <Button ContextMenu="mymenu" Height="23" HorizontalAlignment="Left"
      Margin="54,57,0,0" Name="button1" VerticalAlignment="Top"
    Width="75">Schaltfläche</Button>
</Grid>
```

B.

```
<ContextMenu Name="mymenu">
   <MenuItem>MenuItem</MenuItem>
</ContextMenu>
<Grid>
   <Button ContextMenu="mymenu" Height="23" HorizontalAlignment="Left"
       Margin="54,57,0,0" Name="button1" VerticalAlignment="Top"
     Width="75">Schaltfläche</Button>
</Grid>
```

C.

```
<Menu Name="mymenu" ContextMenu="True">
   <MenuItem>MenuItem</MenuItem>
</Menu>
<Grid>
   <Button ContextMenu="mymenu" Height="23" HorizontalAlignment="Left"
      Margin="54,57,0,0" Name="button1" VerticalAlignment="Top"
    Width="75">Schaltfläche</Button>
</Grid>
```

D.

```
<Grid>
   <Button Height="23" HorizontalAlignment="Left" Margin="54,57,0,0"
      Name="button1" VerticalAlignment="Top" Width="75">
      <Button.ContextMenu>
         <ContextMenu>
            <MenuItem>MenuItem</MenuItem>
          </ContextMenu>
      </Button.ContextMenu>
      Button
   </Button>
</Grid>
```

4. Wie viele untergeordnete Elemente kann ein Elementsteuerelement höchstens enthalten?
   A. 0
   B. 1
   C. Unbegrenzt
   D. Hängt vom einzelnen Steuerelement ab
5. Welches Layoutbereichssteuerelement eignet sich am besten für eine Benutzeroberfläche, in der gleich große Steuerelemente in einem regelmäßigen Muster angeordnet sind?
   A. `Grid`
   B. `Canvas`
   C. `UniformGrid`
   D. `WrapPanel`

6. Sie arbeiten mit einem `Button`-Steuerelement, das in einem `Canvas`-Steuerelement liegt. Welches XAML-Beispiel ordnet die Ränder der Schaltfläche 20 Einheiten vom unteren Rand und 20 Einheiten vom rechten Rand des `Canvas`-Steuerelements an und sorgt dafür, dass die Position auch nach einer Größenänderung des `Canvas`-Steuerelements erhalten bleibt? (Die richtigen Antworten bilden zusammen die vollständige Lösung. Wählen Sie alle zutreffenden Antworten aus.)

   A.

   ```
   <Button Margin="20" Canvas.Bottom="0" Canvas.Right="0"></Button>
   ```

   B.

   ```
   <Button Margin="20"></Button>
   ```

   C.

   ```
   <Button Canvas.Bottom="20" Canvas.Right="20"></Button>
   ```

   D.

   ```
   <Button Margin="20" Canvas.Bottom="20" Canvas.Right="20"></Button>
   ```

Lektion 2: Verwenden von Ressourcen

Ressourcen sind Dateien oder Objekte, die von einer Anwendung benutzt, aber nicht innerhalb des eigentlichen ausführbaren Codes erstellt werden. Windows Forms verwendet Binärressourcen, um Programmen Zugriff auf große Dateien wie Bilder oder umfangreiche Textdateien zu verschaffen. Auch WPF setzt Binärressourcen ein, führt aber zusätzlich das Konzept der logischen Ressourcen ein. Sie definieren Objekte, die Sie in Ihrer Anwendung verwenden und auf die mehrere Elemente gleichzeitig zugreifen können. In dieser Lektion erfahren Sie, wie Sie auf in Code eingebettete und Binärressourcen in Windows Forms- und WPF-Anwendungen zugreifen. Sie lernen, wie Sie reine Ressourcen-DLLs (Dynamic-Link Library) erstellen und reine Ressourcenassemblys laden. Außerdem erfahren Sie, wie Sie logische Ressourcen und Ressourcenwörterbücher erstellen und im Code Ihrer WPF-Anwendungen auf Ressourcen zugreifen. Schließlich beschreibt die Lektion noch den Unterschied zwischen statischen und dynamischen Ressourcen und erklärt, wann Sie den jeweiligen Typ einsetzen.

Am Ende dieser Lektion werden Sie in der Lage sein, die folgenden Aufgaben auszuführen:

- Einbetten einer Binärressource in eine Anwendung
- Abrufen einer Binärressource mithilfe von Code
- Abrufen einer Binärressource mithilfe von Pack-URI-Syntax
- Zugreifen auf eine Ressource in einer anderen Assembly mithilfe von Pack-URI-Syntax
- Hinzufügen einer Inhaltsdatei zu einer Anwendung
- Erstellen einer reinen Ressourcen-DLL
- Laden und Zugreifen auf eine reine Ressourcen-DLL
- Erstellen einer logischen Ressource
- Erstellen einer Anwendungsressource
- Zugreifen auf eine Ressource in XAML
- Erklären der Unterschiede zwischen einer statischen und einer dynamischen Ressource
- Erstellen eines Ressourcenwörterbuchs
- Zusammenführen von Ressourcenwörterbüchern
- Entscheiden, wo eine Ressource gespeichert wird
- Zugreifen auf ein Ressourcenobjekt im Code

Veranschlagte Zeit für diese Lektion: 1 Stunde

Verwenden von Binärressourcen

Binärressourcen ermöglichen es Ihnen, große Binärdateien in Ihre Anwendungsassemblys zu kompilieren und bei Bedarf in Ihrer Anwendung darauf zuzugreifen. Binärressourcen unterscheiden sich von logischen Ressourcen, die in XAML-Dateien definiert und benutzt werden können. Logische Ressourcen werden weiter unten in dieser Lektion behandelt.

Einbetten von Ressourcen

Es ist nicht weiter schwierig, Ressourcen in Ihre Anwendung einzubetten. Sie brauchen die Datei lediglich zu Ihrem Projekt hinzuzufügen und der Eigenschaft *Buildvorgang* der Datei den Wert *Resource* zuzuweisen. Beim Kompilieren der Anwendung wird die Ressource automatisch kompiliert und in Ihre Anwendung eingebettet. Auf diese Weise können Sie Ressourcen sowohl in Windows Forms- als auch WPF-Anwendungen einbetten.

Gehen Sie folgendermaßen vor, um eine Ressource in Ihre Anwendung einzubetten:

1. Wählen Sie im Menü *Projekt* den Befehl *Vorhandenes Element hinzufügen*. Das Dialogfeld *Vorhandenes Element hinzufügen* wird geöffnet.
2. Wählen Sie die Datei aus, die Sie zu Ihrem Projekt hinzufügen wollen, und klicken Sie auf *Hinzufügen*.
3. Wählen Sie im Eigenschaftenfenster der Datei für die Eigenschaft *Buildvorgang* den Eintrag *Resource* aus.

Hinweis Die Eigenschaft *Buildvorgang*

Wählen Sie für die Eigenschaft *Buildvorgang* nicht den Eintrag *Eingebettete Ressource* aus. Dann würde die Ressource über ein anderes Ressourcenverwaltungsschema eingebettet, bei dem der Zugriff für WPF-Anwendungen komplizierter ist.

Sie können eine Ressource aktualisieren, die vorher auf diese Weise zu einer Anwendung hinzugefügt wurde, indem Sie die Anwendung lediglich neu kompilieren.

Laden von Ressourcen

Die WPF-Klasse `Image` kann direkt auf eingebettete Ressourcen zugreifen. Um eine Bildressource zu verwenden, brauchen Sie lediglich den Pfad der eingebetteten Datei anzugeben, wie im folgenden Beispiel hervorgehoben:

```
<Image Source="myPic.bmp" Margin="17,90,61,22"
  Name="Image1" Stretch="Fill"/>
```

Dieses Beispiel verweist auf eine Ressource, die direkt zum Projekt hinzugefügt wurde. Üblicherweise organisieren Sie Ihre Ressourcen in Ordnern innerhalb Ihrer Anwendung. Dann müssen Sie natürlich den Ordnernamen in Ihrem Pfad angeben:

```
<Image Source="myFolder/myPic.bmp" Margin="17,90,61,22"
  Name="Image1" Stretch="Fill"/>
```

Beim Zugriff auf eingebettete Ressourcen wird normalerweise der Schrägstrich (/) in der URI verwendet, es funktioniert aber auch mit dem umgedrehten Schrägstrich (\).

Pack-URIs

Die im letzten Abschnitt vorgestellte Syntax für den Zugriff auf eingebettete Ressourcen ist in Wirklichkeit eine Abkürzung für die längere Syntax von Pack-URIs. Mithilfe solcher Pack-URIs greift WPF auf eingebettete Ressourcen zu. Sie geben dabei direkt eine URI für die gewünschte Ressource an. Die vollständige Syntax, mit der Sie über Pack-URIs auf eine eingebettete Ressource zugreifen, sieht so aus:

```
pack://<Autorität>/<Ordner>/<Dateiname>
```

Der Platzhalter `<Autorität>` in der Pack-URI-Syntax steht für einen von zwei möglichen Werten. Der Wert `application:,,,` bedeutet, dass die URI auf Ressourcen- oder Inhaltsdateien innerhalb der Assembly verweist, in der sich die aktuelle Anwendung befindet. Wird dagegen der Wert `siteOfOrigin:,,,` verwendet, sucht die Anwendung in der Herkunftssite der Anwendung nach den angegebenen Ressourcendateien. Die `siteOfOrigin`-Syntax wird im Abschnitt »Zugreifen auf Dateien mit `siteOfOrigin`-Pack-URIs« weiter unten in dieser Lektion genauer beschrieben. Wird eine relative URI benutzt, wird `application:,,,` als Standardwert für `<Autorität>` angenommen.

Das obige Beispiel mit dem `Image`-Element lässt sich also in vollständiger Pack-URI-Syntax auch so formulieren:

```
<Image Source="pack://application:,,,/myFolder/myPic.bmp"
  Margin="17,90,61,22" Name="Image1" Stretch="Fill"/>
```

Die vollständige Pack-URI-Syntax ist praktisch, wenn Sie vom Code aus auf eine eingebettete Ressource zugreifen:

```
' Visual Basic
Dim myImage As Image
myImage.Source = New BitmapImage(New Uri("pack://application:,,,/myFolder/myPic.bmp"))
// C#
Image myImage;
myImage.Source = new BitmapImage(new Uri("pack://application:,,,/myFolder/myPic.bmp"));
```

Verwenden von Ressourcen in anderen Assemblys

Sie können über die Pack-URI-Syntax auch auf Ressourcen zugreifen, die in andere Assemblys eingebettet sind. Die Syntax sieht in diesem Fall folgendermaßen aus:

```
pack://application:,,,/<Assemblyname>;component/<Ordner>/<Dateiname>
```

Nehmen wir an, Sie wollen auf die Datei *myPic.bmp* im Ordner *myFolder* einer anderen Assembly namens *myAssembly* zugreifen. In diesem Fall verwenden Sie die folgende Pack-URI:

```
Pack://application:,,,/myAssembly;component/myFolder/myPic.bmp
```

Wie bei anderen Pack-URIs gilt, dass Sie den Ordner in der URI einfach weglassen, falls die eingebettete Datei nicht innerhalb eines Ordners liegt.

Inhaltsdateien

Nicht bei allen Dateien einer Anwendung, die Sie als Ressourcen nutzen wollen, ist es sinnvoll, sie einzubetten. Manche Dateien müssen beispielsweise oft aktualisiert werden. Sie sollten nicht eingebettet werden, weil die gesamte Anwendung dann jedes Mal, wenn sich die eingebetteten Dateien ändern, neu kompiliert werden muss. Andere Beispiele für Dateien, die üblicherweise nicht eingebettet werden, sind Audio- und Mediendateien. Weil die Steuerelemente `MediaPlayer` und `MediaElement` nicht die Pack-URI-Syntax unterstützen, können Sie Audiodateien nur in Form von Inhaltsdateien bereitstellen. Glücklicherweise ist es ganz einfach, Inhaltsdateien als nicht eingebettete Ressourcen hinzuzufügen:

1. Wählen Sie im Menü *Projekt* den Befehl *Vorhandenes Element hinzufügen*. Das Dialogfeld *Vorhandenes Element hinzufügen* wird geöffnet.
2. Wählen Sie die Datei aus, die Sie hinzufügen wollen, und klicken Sie auf *Hinzufügen*.

3. Wählen Sie im Eigenschaftenfenster der Datei für die Eigenschaft *Buildvorgang* den Eintrag *Inhalt* aus.
4. Stellen Sie im Eigenschaftenfenster die Eigenschaft *In Ausgabeverzeichnis kopieren* auf den Wert *Immer kopieren*. Damit stellen Sie sicher, dass diese Datei in Ihr Anwendungsverzeichnis kopiert wird, wenn die Anwendung erstellt wird.

Sobald Sie eine Datei als Inhaltsdatei hinzugefügt haben, können Sie über eine relative URI darauf zugreifen:

```
<MediaElement Margin="52,107,66,35" Source="crash.mp3"
  Name="mediaElement1"/>
```

Zugreifen auf Dateien mit *siteOfOrigin*-Pack-URIs

Manchmal wollen Sie eine Anwendung bereitstellen, deren Ressourcen regelmäßig aktualisiert werden müssen. Weil kompilierter XAML-Code nur dann auf eine Binärressource im aktuellen Verzeichnis verweisen kann, wenn sie zum Projekt hinzugefügt wurde, müssen alle Dateien, auf die im XAML-Code zugegriffen wird, direkt in die Anwendung aufgenommen werden. Das macht es wiederum erforderlich, dass die Benutzer jedes Mal, wenn sich Inhaltsdateien geändert haben, eine aktualisierte Version der Desktopanwendung installieren.

Dieses Problem lässt sich mit `siteOfOrigin`-Pack-URIs lösen. Sie verweisen damit auf die Site, von der die Anwendung bereitgestellt wurde.

Die Syntax mit `siteOfOrigin:,,,` hat unterschiedliche Bedeutungen abhängig davon, von welchem Speicherort die Anwendung ursprünglich installiert wurde. Handelt es sich bei der Anwendung um eine voll vertrauenswürdige Desktopanwendung, die mit dem Windows Installer installiert wurde, verweist `siteOfOrigin:,,,` in einer Pack-URI auf das Stammverzeichnis der Anwendung.

Ist die Anwendung dagegen eine voll vertrauenswürdige Anwendung, die mit ClickOnce installiert wurde, verweist die Syntax `siteOfOrigin:,,,` auf die URL (Uniform Resource Locator) oder den UNC-Pfad (Universal Naming Convention), aus dem die Anwendung ursprünglich bereitgestellt wurde.

Bei einer teilweise vertrauenswürdigen Anwendung, die mit ClickOnce bereitgestellt wurde, oder einer XAML-Browseranwendung (XBAP) verweist `siteOfOrigin:,,,` auf die URL oder den UNC-Pfad, in dem die Anwendung gehostet wird.

Pack-URIs, die die Syntax `siteOfOrigin:,,,` nutzen, verweisen niemals auf eingebettete Ressourcen, sondern immer auf ungebundene Dateien (loose file). Solche Dateien werden in das Ausgabeverzeichnis kopiert, aber nicht kompiliert. Die Dateien, auf die verwiesen wird, müssen daher in ungebundener, unkompilierter Form in dem Verzeichnis liegen, das in der `siteOfOrigin`-Pack-URI angegeben ist.

Das folgende Beispiel demonstriert die Verwendung einer `siteOfOrigin`-URI:

```
<Image Source="pack://siteOfOrigin:,,,/OfficeFrontDoor.jpg"/>
```

Ressourcen von Hand abrufen

Gelegentlich müssen Sie Ressourcendateien mit Objekten verwenden, die keine Unterstützung für die Pack-URI-Syntax bieten. In solchen Fällen müssen Sie die Ressourcen von Hand abrufen. Dazu verwenden Sie die Methode `Application.GetResourceStream`. Diese Methode gibt ein Objekt des Typs `System.Windows.Resources.StreamResourceInfo` zurück, das zwei Eigenschaften zur Verfügung stellt: `ContentType`, die den Typ des Inhalts beschreibt, der in der Ressource gespeichert ist, und `Stream`, die ein `UnmanagedMemoryStream`-Objekt enthält, das die Rohdaten der Ressourcen bereitstellt. Anschließend können Sie diese Daten vom Programmcode aus bearbeiten. Das folgende Beispiel zeigt, wie Sie den Text aus einer eingebetteten Ressourcentextdatei abrufen:

' Visual Basic

```
Dim myInfo As System.Windows.Resources.StreamResourceInfo
Dim myString As String
myInfo = Application.GetResourceStream(New Uri("myTextFile.txt", UriKind.Relative))
Dim myReader As New System.IO.StreamReader(myInfo.Stream)
  ' myString bekommt den Text aus myTextFile.txt zugewiesen
myString = myReader.ReadToEnd()
```

// C#

```
System.Windows.Resources.StreamResourceInfo myInfo;
string myString;
myInfo = Application.GetResourceStream(new Uri("myTextFile.txt", UriKind.Relative));
System.IO.StreamReader myReader = new System.IO.StreamReader(myInfo.Stream);
// myString bekommt den Text aus myTextFile.txt zugewiesen
myString = myReader.ReadToEnd();
```

Erstellen von reinen Ressourcen-DLLs

Sie können DLLs erstellen, die ausschließlich kompilierte Ressourcen enthalten. Das ist oft nützlich, wenn Ressourcendateien häufig geändert werden, es aber nicht praktikabel ist, die ganze Anwendung jedes Mal neu zu kompilieren. Sie brauchen nur die Ressourcen zu aktualisieren und neu zu kompilieren und dann die alte Ressourcen-DLL durch die neue Version zu ersetzen.

Es ist relativ simpel, eine reine Ressourcen-DLL zu erstellen. Legen Sie dazu ein leeres Projekt in Visual Studio an und fügen Sie Ressourcendateien hinzu. Auf die Ressourcen innerhalb einer reinen Ressourcen-DLL greifen Sie über den Assemblyressourcen-Stream zu.

Gehen Sie folgendermaßen vor, um eine reine Ressourcen-DLL zu erstellen:

1. Legen Sie in Visual Studio ein neues Projekt auf Basis der Vorlage *Leeres Projekt* an.
2. Klicken Sie im Projektmappen-Explorer mit der rechten Maustaste auf den Projektnamen und wählen Sie den Befehl *Eigenschaften*, um die Eigenschaftenseite für das Projekt zu öffnen. Wählen Sie auf der Registerkarte *Anwendung* im Feld *Ausgabetyp* den Eintrag *Klassenbibliothek* aus.
3. Wählen Sie im Menü *Projekt* den Befehl *Vorhandenes Element hinzufügen*, um eine Ressourcendatei zu Ihrem Projekt hinzuzufügen.
4. Wählen Sie im Projektmappen-Explorer eine Ressourcendatei aus. Stellen Sie im Eigenschaftenfenster die Eigenschaft *Buildvorgang* auf den Wert *Eingebettete Ressource*. Wiederholen Sie diesen Schritt für jede Ressourcendatei.
5. Wählen Sie im Menü *Erstellen* den Befehl *<Anwendung> erstellen*, wobei *<Anwendung>* der Name Ihrer Anwendung ist. Nun wird die reine Ressourcen-DLL kompiliert.

Und so greifen Sie vom Programmcode aus mithilfe des Assemblyressourcen-Streams auf die Ressourcen zu:

1. Greifen Sie auf das `AssemblyName`-Objekt für die reine Ressourcen- Assembly zu:

   ' Visual Basic
   ```
   Dim aName As System.Reflection.AssemblyName
   aName = System.Reflection.AssemblyName.GetAssemblyName("C:\myAssembly.dll")
   ```
   // C#
   ```
   System.Reflection.AssemblyName aName;
   aName = System.Reflection.AssemblyName.GetAssemblyName("C:\\myAssembly.dll");
   ```
2. Laden Sie über das `AssemblyName`-Objekt die Assembly:

   ' Visual Basic
   ```
   Dim asm As System.Reflection.Assembly
   asm = System.Reflection.Assembly.Load(aName)
   ```
   // C#
   ```
   System.Reflection.Assembly asm;
   asm = System.Reflection.Assembly.Load(aName);
   ```
3. Sobald die Assembly geladen ist, können Sie über die Methode `Assembly.GetManifestResourceNames` auf die Namen der Ressourcen und über die Methode `Assembly.GetManifestResourceStream` auf die Ressourcen-Streams zugreifen. Das folgende Beispiel demonstriert, wie Sie die Namen der Ressourcen in einer Assembly abrufen und dann ein Bild aus dem Ressourcen-Stream in ein Windows Forms-`PictureBox`-Steuerelement laden:

   ' Visual Basic
   ```
   Dim res() As String = asm.GetManifestResourceNames
   PictureBox1.Image = New System.Drawing.Bitmap(asm.GetManifestResourceStream(res(0)))
   ```
   // C#
   ```
   String[] res = asm.GetManifestResourceNames();
   pictureBox1.Image = new System.Drawing.Bitmap(asm.GetManifestResourceStream(res[0]));
   ```

Verwenden logischer Ressourcen

Mit *logischen Ressourcen* (logical resource) definieren Sie im XAML-Code Objekte, die nicht direkt Teil der Benutzeroberfläche sind, aber den WPF-Elementen in Ihrer Benutzeroberfläche zur Verfügung stehen. Die Elemente in Ihrer Benutzeroberfläche können nach Bedarf auf die Ressource zugreifen. Zum Beispiel können Sie ein `Brush`-Objekt als Ressource definieren, um ein einheitliches Farbschema für die Anwendung zu erstellen.

Wenn Sie Objekte definieren, die mehrere Elemente in einem `Resources`-Abschnitt benutzen, ergeben sich mehrere Vorteile gegenüber der Methode, ein Objekt bei jeder Benutzung neu zu erstellen. Erstens erhalten Sie Wiederverwendbarkeit, weil Sie Ihr Objekt nur ein einziges Mal definieren. Außerdem ist die Lösung flexibler: Indem Sie die Objekte, die innerhalb der Benutzeroberfläche verwendet werden, von der Benutzeroberfläche selbst trennen, können Sie Teile der Benutzeroberfläche ändern, ohne sie völlig neu entwerfen zu müssen. Zum Beispiel können Sie unterschiedliche Ressourcen für unterschiedliche Sprachen oder unterschiedliche Anwendungsbedingungen verwenden.

Alle Objekttypen können als Ressource definiert werden. Jedes WPF-Element enthält die Auflistung `Resources`, mit der Sie Objekte definieren, die diesem Element und den Elementen innerhalb seiner Oberflächenhierarchie zur Verfügung stehen. Meist definieren Sie Ressourcen in der `Resources`-Auflistung des Fensters, aber Sie können auch die `Resources`-Auflistungen beliebiger anderer Elemente verwenden und darauf zugreifen. Das Element, das auf die Ressourcen zugreift, muss allerdings in der Oberflächenhierarchie des Elements liegen, das die Ressource definiert.

Deklarieren einer logischen Ressource

Sie deklarieren eine logische Ressource, indem Sie sie zur Auflistung `Resources` hinzufügen:

```
<Window.Resources>
   <RadialGradientBrush x:Key="myBrush">
      <GradientStop Color="CornflowerBlue" Offset="0" />
      <GradientStop Color="Crimson" Offset="1" />
   </RadialGradientBrush>
</Window.Resources>
```

Soll eine Ressource nicht dem gesamten Fenster zur Verfügung stehen, können Sie sie auch in der `Resources`-Auflistung eines Elements innerhalb des Fensters definieren:

```
<Grid>
   <Grid.Resources>
      <RadialGradientBrush x:Key="myBrush">
         <GradientStop Color="CornflowerBlue" Offset="0" />
         <GradientStop Color="Crimson" Offset="1" />
      </RadialGradientBrush>
   </Grid.Resources>
</Grid>
```

Der Nutzen ist allerdings begrenzt. Am häufigsten werden Ressourcen daher in der Auflistung `Window.Resources` definiert. Wenn Sie statische Ressourcen verwenden, müssen Sie die Ressource im XAML-Code definieren, bevor Sie darauf zugreifen. Statische und dynamische Ressourcen werden weiter unten in dieser Lektion erklärt.

Jedes Objekt, das als `Resource` deklariert ist, muss der Eigenschaft `x:Key` einen Wert zuweisen. Dies ist der Name, über den andere WPF-Elemente auf die Ressource zugreifen. Es gibt eine Ausnahme für diese Regel: `Style`-Objekte, die der Eigenschaft `TargetType` einen Wert zuweisen, brauchen die Eigenschaft `x:Key` nicht explizit zu setzen, weil das implizit geschieht. In den letzten beiden Beispielen wird `myBrush` als Zugriffsschlüssel festgelegt.

Die Eigenschaft `x:Key` braucht nicht innerhalb der gesamten Anwendung einmalig zu sein, nur in der `Resources`-Auflistung, in der sie definiert ist. Sie können also in der Auflistung `Grid.Resources` eine Ressource mit dem Schlüssel `myBrush` definieren und in der Auflistung `Window.Resources` eine weitere mit demselben Schlüssel. Objekte innerhalb der Oberflächenhierarchie des `Grid`-Steuerelements, die auf eine Ressource mit dem Schlüssel `myBrush` verweisen, greifen auf das Objekt zu, das in der Auflistung `Grid.Resources` definiert ist. Und Objekte, die außerhalb der Oberflächenhierarchie des `Grid`-Steuerelements, aber innerhalb der Oberflächenhierarchie des `Window`-Objekts liegen, greifen auf das Objekt in der Auflistung `Window.Resources` zu.

Anwendungsressourcen

Sie sind nicht darauf beschränkt, Ressourcen auf der Ebene einzelner Elemente oder des Fensters zu definieren. Sie können auch Ressourcen definieren, die allen Objekten in einer bestimmten Anwendung zur Verfügung stehen. Sie erstellen eine solche Anwendungsressource, indem Sie die Datei *App.xaml* (in C#-Projekten) beziehungsweise *Application.xaml* (in Visual Basic-Projekten) öffnen und darin die Ressource in die Auflistung `Application.Resources` einfügen:

```
<Application x:Class="WpfApplication2.App"
    xmlns="http://schemas.microsoft.com/winfx/2006/xaml/presentation"
    xmlns:x="http://schemas.microsoft.com/winfx/2006/xaml"
    StartupUri="Window1.xaml">
    <Application.Resources>
       <SolidColorBrush x:Key="appBrush" Color="PapayaWhip" />
    </Application.Resources>
</Application>
```

Im XAML-Code auf eine Ressource zugreifen

Mit der folgenden Syntax greifen Sie in XAML-Code auf eine Ressource zu:

```
{StaticResource myBrush}
```

In diesem Beispiel legt der Markupcode fest, dass auf eine statische Ressource mit dem Schlüssel `myBrush` zugegriffen wird. Weil diese Ressource ein `Brush`-Objekt ist, können Sie den Markupcode überall einfügen, wo ein `Brush`-Objekt benutzt wird. Das folgende Beispiel zeigt, wie Sie eine Ressource im Kontext eines WPF-Elements benutzen:

```
<Grid Background="{StaticResource myBrush}">
</Grid>
```

Wird im XAML-Code auf eine Ressource zugegriffen, wird zuerst in der `Resources`-Auflistung des deklarierenden Objekts nach einer Ressource mit dem angegebenen Schlüssel gesucht. Wird keine gefunden, wird die `Resources`-Auflistung des übergeordneten Elements durchsucht und so weiter, bis hinauf zum Fenster, in dem das Element enthalten ist, und bis zur `Resources`-Auflistung der Anwendung.

Statische und dynamische Ressourcen

Neben der im letzten Abschnitt beschriebenen Syntax können Sie auch mit dem folgenden Konstrukt auf eine Ressource verweisen:

```
{DynamicResource myBrush}
```

Der Unterschied zwischen `DynamicResource` und `StaticResource` besteht darin, auf welche Weise die Elemente auf die Ressourcen zugreifen. Ressourcen, auf die mit `StaticResource` verwiesen wird, werden vom benutzenden Element einmal eingelesen und bis zum Ende der Lebensdauer der Ressource benutzt. Dagegen werden Ressourcen, auf die mit `DynamicResource` verwiesen wird, jedes Mal neu eingelesen, wenn das entsprechende Objekt benutzt wird.

Sie könnten nun denken, dass das Ressourcenobjekt bei Verwendung der `StaticResource`-Syntax keine Änderungen an der zugrunde liegenden Ressource widerspiegelt. Das ist aber nicht immer der Fall. WPF-Objekte, die Abhängigkeitseigenschaften implementieren, verarbeiten automatisch Änderungsbenachrichtigungen, sodass Änderungen an den Eigenschaften der Ressource von allen Objekten übernommen werden, die diese Ressource benutzen. Betrachten Sie dieses Beispiel:

```
<Window x:Class="WpfApplication2.Window1"
   xmlns="http://schemas.microsoft.com/winfx/2006/xaml/presentation"
   xmlns:x="http://schemas.microsoft.com/winfx/2006/xaml"
   Title="Window1" Height="300" Width="300">
   <Window.Resources>
      <SolidColorBrush x:Key="BlueBrush" Color="Blue" />
   </Window.Resources>
   <Grid Background="{StaticResource BlueBrush}">
   </Grid>
</Window>
```

Dieses Beispiel zeigt die Tabelle im Fenster mit blauem Hintergrund an. Sobald Sie nun die Eigenschaft `Color` des `SolidColorBrush`-Objekts in der Auflistung `Window.Resources` im Code auf die Farbe Rot ändern, wird der Tabellenhintergrund rot gezeichnet, weil die Änderungsbenachrichtigung alle Objekte, die diese Ressource benutzen, darüber informiert, dass sich die Eigenschaft geändert hat.

Der Unterschied zwischen statischen und dynamischen Ressourcen zeigt sich, wenn das zugrunde liegende Objekt geändert wird. Wenn Sie im Code auf das `Brush`-Objekt zugreifen, das in der Auflistung `Window.Resources` definiert ist, und ihm eine andere Objektinstanz zuweisen, erkennt die Tabelle im letzten Beispiel diese Änderung nicht. Verwendet die Tabelle dagegen den folgenden Markupcode, wird die Änderung am Objekt erkannt, woraufhin die Tabelle den Hintergrund mit dem neuen Pinsel zeichnet:

```
<Grid Background="{DynamicResource BlueBrush}">
</Grid>
```

Der Zugriff auf Ressourcen im Code wird im Abschnitt »Im Code auf Ressourcen zugreifen« weiter unten in dieser Lektion beschrieben.

Der Nachteil von dynamischen Ressourcen besteht darin, dass sie die Anwendungsleistung verschlechtern, weil sie bei jeder Benutzung erneut geladen werden. Das verschlechtert die Effizienz einer Anwendung. Es wird daher empfohlen, statische Ressourcen zu verwenden, sofern kein zwingender Grund für die Verwendung einer dynamischen Ressource spricht. Dynamische Ressourcen sollten beispielsweise benutzt werden, wenn Sie die Klassen `SystemBrushes`, `SystemFonts` und `SystemParameters` als Ressourcen einsetzen (Lektion 3 in Kapitel 5, »Verwenden von benutzerdefinierten Steuerelementen«, enthält weitere Informationen über diese Klassen) oder wenn Sie damit rechnen, dass sich das zugrunde liegende Objekt der Ressource verändert.

Erstellen eines Ressourcenwörterbuchs

Ein *Ressourcenwörterbuch* (resource dictionary) ist eine Sammlung von Ressourcen, die in einer separaten XAML-Datei liegt und in Ihre Anwendung importiert werden kann. Es ist oft nützlich, um Ihre Ressourcen an zentraler Stelle zu organisieren oder unter mehreren Projekten innerhalb einer Lösung dieselben Ressourcen zu nutzen. Die folgende Anleitung beschreibt, wie Sie ein neues Ressourcenwörterbuch in Ihrer Anwendung erstellen.

Gehen Sie folgendermaßen vor, um ein Ressourcenwörterbuch zu erstellen:

1. Wählen Sie im Menü *Projekt* den Befehl *Ressourcenwörterbuch hinzufügen*. Das Dialogfeld *Neues Element hinzufügen* wird geöffnet. Geben Sie einen Namen für das Ressourcenwörterbuch ein und klicken Sie auf *Hinzufügen*. Das neue Ressourcenwörterbuch wird nun in der XAML-Ansicht geöffnet.
2. Fügen Sie in der XAML-Ansicht Ressourcen zum neuen Ressourcenwörterbuch hinzu. Das sieht beispielsweise so aus:

```
<ResourceDictionary
   xmlns="http://schemas.microsoft.com/winfx/2006/xaml/presentation"
   xmlns:x="http://schemas.microsoft.com/winfx/2006/xaml">
   <SolidColorBrush x:Key="appBrush" Color="DarkSalmon" />
</ResourceDictionary>
```

Zusammenführen von Ressourcenwörterbüchern

Damit die Objekte in Ihrer Anwendung auf Ressourcen in einem Ressourcenwörterbuch zugreifen können, müssen Sie die Ressourcenwörterbuchdatei mit einer `Resources`-Auflistung zusammenführen, die in Ihrer Anwendung verfügbar ist. Das kann zum Beispiel die Auflistung `Window.Resources` oder `Application.Resources` sein. Sie führen Ressourcenwörterbücher zusammen, indem Sie in Ihrer Ressourcenwörterbuchdatei einen Verweis in die Auflistung `ResourceDictionary.MergedDictionaries` einfügen. Das folgende Beispiel zeigt, wie Sie die Ressourcen in einer `Window.Resources`-Auflistung mit den Ressourcen aus den Ressourcenwörterbuchdateien *Dictionary1.xaml* und *Dictionary2.xaml* zusammenführen:

```
<Window.Resources>
   <ResourceDictionary>
      <ResourceDictionary.MergedDictionaries>
         <ResourceDictionary Source="Dictionary1.xaml" />
         <ResourceDictionary Source="Dictionary2.xaml" />
      </ResourceDictionary.MergedDictionaries>
      <SolidColorBrush x:Key="BlueBrush" Color="Blue" />
   </ResourceDictionary>
</Window.Resources>
```

Wenn Sie zusätzliche Ressourcen in Ihrer `Resources`-Auflistung definieren, müssen sie innerhalb der `ResourceDictionary`-Tags eingefügt werden.

Speicherort einer Ressource auswählen

Sie haben mehrere Möglichkeiten zur Auswahl, wo Ressourcen gespeichert werden. Faktoren für die Entscheidung sind unter anderem einfacher Zugriff durch die benutzenden Elemente, gute Lesbarkeit und Wartungsfreundlichkeit des Codes sowie Wiederverwendbarkeit.

Sollen alle Elemente einer Anwendung auf Ressourcen zugreifen, können Sie die Ressourcen in der Auflistung `Application.Resources` speichern. In der Auflistung `Window.Resources` stehen Ressourcen nur Elementen innerhalb des Fensters zur Verfügung, das reicht in den meisten Fällen aus. Wollen Sie einzelne Ressourcen von mehreren Projekten einer Lösung aus benutzen, sollten Sie die Ressourcen in einem Ressourcenwörterbuch speichern, auf das unterschiedliche Projekte zugreifen.

Die Lesbarkeit ist ein wichtiger Aspekt, wenn Ihr Code von anderen Entwicklern gepflegt werden soll. Für die Lesbarkeit ist es am besten, wenn Sie die Ressourcen in der Auflistung `Window.Resources` speichern. Dann finden die Entwickler Ihren Code innerhalb einer einzigen Datei und brauchen sich nicht durch mehrere Codedateien zu arbeiten.

Sollen die Ressourcen wiederverwendbar sein, besteht die beste Lösung darin, sie in einem Ressourcenwörterbuch zu speichern. Auf diese Weise können Sie die Ressourcen in unterschiedlichen Projekten nutzen und bei Bedarf sogar ganz einfach für andere Lösungen extrahieren.

Im Code auf Ressourcen zugreifen

Sie können in Ihrem Code auf Ressourcen zugreifen. Die Methode `FindResource` liefert Ihnen einen Verweis auf eine Ressource. Sie geben dazu den Wert für `Key` an. Sie müssen die Methode `FindResource` über einen Elementverweis aufrufen, der Zugriff auf diese Ressource hat. Das folgende Codebeispiel zeigt, wie Sie über ein `Button`-Element, das Zugriff auf die Ressource hat, einen Verweis auf eine Ressource mit dem `Key`-Wert `myBrush` erhalten:

' Visual Basic

```
Dim aBrush As SolidColorBrush
aBrush = CType(Button1.FindResource("myBrush"), SolidColorBrush)
```

// C#

```
SolidColorBrush aBrush;
aBrush = (SolidColorBrush)Button1.FindResource("myBrush");
```

Die Methode `FindResource` löst eine Ausnahme aus, falls die angegebene Ressource nicht gefunden wird. Um das Auslösen von Ausnahmen zu vermeiden, können Sie stattdessen die Methode `TryFindResource` verwenden.

Sie können auf Ressourcen auch direkt über die `Resources`-Auflistung des Elements zugreifen, in dem sie enthalten sind. Das Problem dabei ist, dass Sie wissen müssen, in welcher Auflistung die Ressource definiert ist, und dann auf die richtige `Resources`-Auflistung zugreifen müssen. Das folgende Beispiel zeigt, wie Sie über die `Resources`-Auflistung des Fensters auf eine Ressource mit dem `Key`-Wert `myBrush` zugreifen:

' Visual Basic

```
Dim aBrush As SolidColorBrush
aBrush = CType(Me.Resources("myBrush"), SolidColorBrush)
```

// C#

```
SolidColorBrush aBrush;
aBrush = (SolidColorBrush)this.Resources["myBrush"];
```

Werden Ressourcen im Code benutzt, sind sie nicht schreibgeschützt. Sie können also das Objekt verändern, auf das eine Ressource verweist. Das nächste Beispiel zeigt, wie Sie im Code ein neues Objekt anlegen und es einer vorhandenen Ressource zuweisen:

' Visual Basic

```
Dim aBrush As New SolidColorBrush(Colors.Red)
Me.Resources("myBrush") = aBrush
```

// C#

```
SolidColorBrush aBrush = new SolidColorBrush(Colors.Red);
this.Resources["myBrush"] = aBrush;
```

Wird das Objekt, auf das eine Ressource verweist, im Code verändert, ändert sich unter Umständen auch das Verhalten der Objekte, die diese Ressource benutzen. Das hängt davon ab, auf welche Weise sie auf die Ressource zugreifen. Ressourcen, die mit `DynamicResource` arbeiten, verwenden das neue Objekt, sobald die Ressource im Code geändert wurde. Dagegen verwenden Objekte, die über `StaticResource` auf die Ressource zugreifen, weiterhin das Objekt, das sie ursprünglich von der `Resources`-Auflistung erhalten haben. Sie erfahren nichts von der Änderung.

Übung Arbeiten mit logischen Ressourcen

In dieser Übung erstellen Sie zwei Ressourcenwörterbücher und führen sie mit den Ressourcen in Ihrem Fenster zusammen.

Übung Erstellen von Ressourcenwörterbüchern

1. Öffnen Sie die Lösung aus dem Unterverzeichnis *Partial* zu dieser Übung.
2. Wählen Sie im Menü *Projekt* den Befehl *Ressourcenwörterbuch hinzufügen*. Geben Sie den Dateinamen **GridResources.xaml** ein und klicken Sie auf *Hinzufügen*.
3. Fügen Sie ein weiteres Ressourcenwörterbuch mit dem Namen **ButtonResources.xaml** hinzu.
4. Klicken Sie im Projektmappen-Explorer doppelt auf *GridResources.xaml*, um das Ressourcenwörterbuch zu öffnen. Fügen Sie das folgende `LinearGradientBrush`-Objekt in die Datei *GridResources.xaml* ein:

```
<LinearGradientBrush x:Key="GridBackgroundBrush">
   <GradientStop Color="AliceBlue" Offset="0" />
   <GradientStop Color="Blue" Offset=".5" />
   <GradientStop Color="Black" Offset="1" />
</LinearGradientBrush>
```

5. Klicken Sie doppelt auf *ButtonResources.xaml*, um das Ressourcenwörterbuch zu öffnen, und fügen Sie darin die folgenden Ressourcen ein:

```
<LinearGradientBrush x:Key="ButtonBackgroundBrush">
   <GradientStop Color="Yellow" Offset="0" />
   <GradientStop Color="Red" Offset="1" />
</LinearGradientBrush>
<SolidColorBrush Color="Purple" x:Key="ButtonForegroundBrush" />
<SolidColorBrush Color="LimeGreen" x:Key="ButtonBorderBrush" />
<Style TargetType="Button">
   <Setter Property="Background" Value="{StaticResource
      ButtonBackgroundBrush}" />
   <Setter Property="Foreground" Value="{StaticResource
      ButtonForegroundBrush}" />
   <Setter Property="BorderBrush" Value="{StaticResource
      ButtonBorderBrush}" />
</Style>
```

Diese Ressourcen umfassen Pinsel für Hintergrund, Vordergrund und Ränder sowie einen Stil, der diese Pinsel automatisch auf `Button`-Elemente anwendet.

6. Klicken Sie doppelt auf *Window1*, um den Designer für das Fenster zu öffnen. Fügen Sie über der Definition des `Grid`-Elements den folgenden `Resources`-Abschnitt in den XAML-Code des Fensters ein:

```
<Window.Resources>
   <ResourceDictionary>
      <ResourceDictionary.MergedDictionaries>
         <ResourceDictionary Source="ButtonResources.xaml" />
         <ResourceDictionary Source="GridResources.xaml" />
      </ResourceDictionary.MergedDictionaries>
   </ResourceDictionary>
</Window.Resources>
```

7. Ändern Sie die Definition des `Grid`-Steuerelements so, dass es auf die Ressource verweist, in der der Pinsel für den Hintergrund der Tabelle definiert ist:

```
<Grid Background="{StaticResource GridBackgroundBrush}">
```

8. Drücken Sie F5, um Ihre Anwendung zu erstellen und auszuführen. Wie Sie sehen, werden die `Brush`-Objekte, die in den Ressourcenwörterbüchern definiert sind, auf Ihr Fenster angewendet.

Zusammenfassung der Lektion

- Mit dem Menübefehl *Vorhandenes Element hinzufügen* fügen Sie in Visual Studio Binärressourcen zu einer Anwendung hinzu. Setzen Sie die Eigenschaft *Buildvorgang* der hinzugefügten Datei auf den Wert *Resource*.
- In Klassen, die mit Ressourcen umgehen können, beispielsweise dem `Image`-Element, können Sie eingebettete Ressourcen über die Pack-URI-Syntax abrufen. Die Pack-URI-Syntax bietet auch die Möglichkeit, auf Ressourcen in anderen Assemblys zuzugreifen.
- Wenn Sie mit Klassen arbeiten, die nicht direkt auf Ressourcen zugreifen können, müssen Sie die Ressourcen von Hand mithilfe der Methode `Application.GetResourceStream` abrufen. Damit greifen Sie auf ein `UnmanagedMemoryStream`-Objekt zu, das die Ressource enthält. Anschließend können Sie den Stream über die Datei-E/A-Klassen einlesen.
- Inhaltsdateien können als ungebundene Dateien hinzugefügt werden, das heißt als Dateien, die ins Ausgabeverzeichnis kopiert, aber nicht kompiliert werden. Sie müssen Inhaltsdateien verwenden, wenn Sie Audio- oder Mediendateien zu einer Anwendung hinzufügen wollen, weil `MediaPlayer` und `MediaElement` keine eingebetteten Ressourcen lesen können.
- Sie können reine Ressourcen-DLLs erstellen und die darin gespeicherten Ressourcen über die Methode `Assembly.GetManifestResourceStream` abrufen.
- Logische Ressourcen sind Objekte, die im XAML-Code definiert sind und von Elementen in Ihrer Anwendung benutzt werden können.
- Es stehen mehrere Möglichkeiten zur Auswahl, wo Sie eine Ressource definieren: in der Auflistung `Resources` eines Elements, in der Auflistung `Resources` des Fensters, in der Auflistung `Resources` von `Application` oder in einem Ressourcenwörterbuch. Wo Sie eine Ressource definieren, hängt von den Faktoren Wiederverwendbarkeit, Wartungsfreundlichkeit des Codes und Verfügbarkeit des Ressourcenobjekts für die übrige Anwendung ab.

- Statische Ressourcen rufen ein Objekt ein einziges Mal aus einer `Resources`-Auflistung ab. Dagegen rufen dynamische Ressourcen das Objekt jedes Mal ab, wenn darauf zugegriffen wird. Änderungen an einem Objekt werden zwar auch von statischen Ressourcen erkannt, Änderungen innerhalb des tatsächlich zugrunde liegenden Objekts jedoch nicht.
- Ressourcenwörterbücher sind separate XAML-Dateien, die Ressourcen definieren. Ressourcenwörterbücher können mit der vorhandenen `Resources`-Auflistung eines Elements zusammengeführt werden.
- Im Code rufen Sie Ressourcen ab, indem Sie entweder direkt auf die `Resources`-Auflistung zugreifen oder die Methoden `FindResource` oder `TryFindResource` verwenden.

Lernzielkontrolle

Mit den folgenden Fragen können Sie Ihr Wissen zu den Informationen aus Lektion 2, »Verwenden von Ressourcen«, überprüfen. Die Fragen finden Sie (in englischer Sprache) auch auf der Begleit-CD, Sie können sie also auch auf dem Computer im Rahmen eines Übungstests beantworten.

Hinweis Die Antworten

Die Antworten auf diese Fragen mit Erklärungen, warum die jeweiligen Auswahlmöglichkeiten richtig oder falsch sind, finden Sie im Abschnitt »Antworten« am Ende dieses Buchs.

1. Welches der folgenden Beispiele für Pack-URI-Syntax greift auf eine Datei namens *myImage.jpg* im Ordner *MyFolder* einer anderen Assembly namens *myAssembly* zu?

   A.
   ```
   Pack://application:,,,/myAssembly;component/MyFolder/myImage.jpg
   ```
   B.
   ```
   Pack://application:,,,/myAssembly;MyFolder/component/myImage.jpg
   ```
   C.
   ```
   Pack://application:,,,;component/myAssemby/MyFolder/myImage.jpg
   ```
   D.
   ```
   Pack://application:,,,/myAssembly;component/myImage.jpg
   ```

2. Sie fügen ein Bild zu Ihrer Anwendung hinzu, das Sie in einem `Image`-Element benutzen wollen. Welches ist die beste Einstellung für die Eigenschaft *Buildvorgang* in Visual Studio?

   A. *Eingebettete Ressource*

   B. *Resource*

   C. *Keine*

   D. *Inhalt*

3. Sie fügen eine Mediendatei zu Ihrer Anwendung hinzu, die Sie in einem `MediaElement`-Element verwenden wollen. Welches ist die beste Einstellung für die Eigenschaft *Buildvorgang* in Visual Studio?

   A. *Eingebettete Ressource*

   B. *Resource*

C. *Keine*

D. *Inhalt*

4. Sie haben mehrere angepasste Brush-Objekte erstellt, um ein einheitliches Farbschema für alle Fenster in mehreren Anwendungen Ihres Unternehmens zu entwerfen. Die Brush-Objekte wurden als Ressourcen implementiert. Wo sollten Sie diese Ressourcen definieren?

   A. In der Resources-Auflistung jedes Steuerelements, das sie benutzt

   B. In der Resources-Auflistung jedes Fensters, das sie benutzt

   C. In der Auflistung Application.Resources

   D. In einem separaten Ressourcenwörterbuch

5. Sehen Sie sich den folgenden XAML-Code an:

```
<Window x:Class="Window1"
   xmlns="http://schemas.microsoft.com/winfx/2006/xaml/presentation"
   xmlns:x="http://schemas.microsoft.com/winfx/2006/xaml"
   Title="Window1" Height="300" Width="300">
   <Window.Resources>
      <SolidColorBrush Color="Red" x:Key="ForegroundBrush" />
      <SolidColorBrush Color="Blue" x:Key="BackgroundBrush" />
   </Window.Resources>
   <Grid>
      <Button Background="{StaticResource BackgroundBrush}"
         Foreground="{DynamicResource ForegroundBrush}" Height="23"
         Margin="111,104,92,0" Name="Button1"
         VerticalAlignment="Top">Schaltfläche</Button>
   </Grid>
</Window>
```

   Was passiert mit den Farben der Schaltfläche, wenn der folgende Code ausgeführt wird?

   ' Visual Basic

```
Dim aBrush As New SolidColorBrush(Colors.Green)
Me.Resources("ForegroundBrush") = aBrush
Dim bBrush As SolidColorBrush
bBrush = CType(Me.Resources("BackgroundBrush"), SolidColorBrush)
bBrush.Color = Colors.Black
```

   // C#

```
SolidColorBrush aBrush = new SolidColorBrush(Colors.Green);
this.Resources["ForegroundBrush"] = aBrush;
SolidColorBrush bBrush;
bBrush = (SolidColorBrush)this.Resources["BackgroundBrush"];
bBrush.Color = Colors.Black;
```

   A. Es passiert nichts.

   B. Der Hintergrund wird schwarz.

   C. Der Vordergrund wird grün.

   D. Sowohl B als auch C.

Lektion 3: Verwenden von Stilen und Triggern

Mithilfe von Stilen (style) verwirklichen Sie ein einheitliches Aussehen und Verhalten für Ihre Anwendung. Sie können mit Stilen ein Standardfarb- und -größenschema für Ihre Anwendung definieren, und mit Triggern die dynamische Interaktion mit Ihren Benutzeroberflächenelementen ermöglichen. In dieser Lektion erfahren Sie, wie Sie Stile erstellen und implementieren, einen Stil auf alle Instanzen desselben Typs anwenden und die Vererbung von Stilen implementieren. Sie lernen, wie Sie mit `Setter`-Elementen die Eigenschaften festlegen und mit Ereignishandlern und Triggern die Eigenschaftswerte dynamisch ändern. Und schließlich erfahren Sie, in welcher Reihenfolge der Vorrang von Eigenschaften festgelegt wird.

Am Ende dieser Lektion werden Sie in der Lage sein, die folgenden Aufgaben auszuführen:

- Erstellen und Implementieren eines Stils
- Übernehmen eines Stils für alle Instanzen eines Typs
- Implementieren der Stilvererbung
- Verwenden von `Setter`-Elementen für Eigenschaften und Ereignisse
- Erklären, in welcher Reihenfolge der Vorrang von Eigenschaftswerten festgelegt wird
- Verwenden und Implementieren von Triggern, darunter Eigenschaftstriggern, Datentriggern, Ereignistriggern und Mehrfachtriggern

Veranschlagte Zeit für diese Lektion: 30 Minuten

Verwenden von Stilen

Sie können Stile mit den Cascading Style Sheets (CCS) vergleichen, die für HTML-Seiten (Hypertext Markup Language) verwendet werden. Stile weisen die Präsentationsschicht praktisch an, die Standarddarstellung durch eine andere zu ersetzen. Auf diese Weise können Sie die gesamte Benutzeroberfläche verändern und dafür sorgen, dass Aussehen und Verhalten Ihrer Anwendung in vielen unterschiedlichen Situationen einheitlich bleiben. Mithilfe von Stilen können Sie Eigenschaften festlegen und sich in Ereignisse von Benutzeroberflächenelementen einklinken. Außerdem können Sie Oberflächenelemente erstellen, die mithilfe von Triggern dynamisch auf Eigenschaftsänderungen reagieren. Diese Trigger reagieren auf Änderungen einer Eigenschaft und wenden daraufhin den geänderten Stil an.

Eigenschaften von Stilen

Die wichtigste Klasse beim Anwenden von Stilen heißt natürlich `Style`. Sie enthält Informationen über eine Gruppe von Eigenschaften. Ein Stil kann so erstellt werden, dass er für eine einzelne Instanz eines Elements, alle Instanzen eines Elementtyps oder mehrere Typen gilt. Tabelle 1.9 listet die wichtigsten Eigenschaften der Klasse `Style` auf.

Tabelle 1.9 Wichtige Eigenschaften der Klasse `Style`

Eigenschaft	Beschreibung
`BasedOn`	Gibt an, auf welchem anderen Stil dieser Stil basiert. Diese Eigenschaft ist nützlich, um abgeleitete Stile zu erstellen.
`Resources`	Enthält eine Auflistung der lokalen Ressourcen, die der Stil benutzt. Die Eigenschaft `Resources` wurde in der Lektion 2 dieses Kapitels ausführlich beschrieben.
`Setters`	Enthält eine Auflistung mit `Setter`- oder `EventSetter`-Objekten, mit denen im Rahmen eines Stils die Eigenschaften oder Ereignisse eines Elements festgelegt werden.
`TargetType`	Legt den gewünschten Elementtyp für den Stil fest.
`Triggers`	Enthält eine Auflistung mit `Trigger`-Objekten und zugehörigen Objekten, über die Sie eine Änderung an der Benutzeroberfläche vornehmen können, sobald sich etwas an den Eigenschaften ändert.

Das Grundgerüst für ein `<Style>`-Element in XAML-Markup sieht so aus:

```
<Style>
   <!-- Hier folgt eine Auflistung mit Setter-Elementen -->
   <Style.Triggers>
   <!-- Hier folgt eine Auflistung mit Triggern und zugehörigen Objekten -->
   </Style.Triggers>
   <Style.Resources>
    <!-- Hier folgt eine Auflistung der lokalen Ressourcen, die im Stil benutzt werden -->
   </Style.Resources>
</Style>
```

Setter-Elemente

Beim Erstellen von Stilen verwenden Sie am häufigsten die Klasse `Setter`. Wie der Name andeutet, haben `Setter`-Elemente die Aufgaben, bestimmte Aspekte eines Elements festzulegen. Es gibt zwei Arten von `Setter`-Elementen: Eigenschafts-`Setter`-Elemente (oder einfach `Setter`-Elemente, wie es im Markupcode steht), die Werte von Eigenschaften festlegen, und Ereignis-`Setter`-Elemente, die Handler für Ereignisse festlegen.

Eigenschafts-*Setter*-Elemente

Eigenschafts-`Setter`-Elemente werden im XAML-Code im Tag `<Setter>` definiert. Sie weisen damit den Eigenschaften von Elementen bestimmte Werte zu. Ein Eigenschafts-`Setter`-Element hat zwei wichtige Eigenschaften: `Property` gibt an, welche Eigenschaft das `Setter`-Element ändert, und `Value` enthält den Wert, der dieser Eigenschaft zugewiesen wird. Das folgende Beispiel zeigt ein `Setter`-Element, das der Eigenschaft `Background` eines `Button`-Elements die Farbe Rot zuweist:

```
<Setter Property="Button.Background" Value="Red" />
```

Der Wert für die Eigenschaft `Property` muss folgende Form haben:

```
<Element>.<Eigenschaftsname>
```

Wenn Sie einen Stil entwickeln, der eine Eigenschaft bei mehreren Elementtypen ändert, können Sie den Stil bei einer Basisklasse einstellen, von der diese Elemente abgeleitet sind:

```
<Style>
   <Setter Property="Control.Background" Value="Red" />
</Style>
```

Dieser Stil ändert die Eigenschaft `Background` aller Elemente, die von dem Steuerelement abgeleitet sind, auf das der Stil angewendet wird.

Ereignis-*Setter*-Elemente

Ereignis-`Setter`-Elemente werden im Tag `<EventSetter>` definiert. Sie ähneln den Eigenschafts-`Setter`-Elementen, legen aber Ereignishandler fest, keine Eigenschaftswerte. Die zwei wichtigsten Eigenschaften von `EventSetter` sind `Event`, die festlegt, für welches Ereignis der Handler festgelegt wird, und die Eigenschaft `Handler`, die angibt, welcher Ereignishandler mit diesem Ereignis verknüpft wird. Hier ein Beispiel:

```
<EventSetter Event="Button.MouseEnter" Handler="Button_MouseEnter" />
```

Der Wert der Eigenschaft `Handler` muss auf einen vorhandenen Ereignishandler verweisen, der die passende Signatur für den Ereignistyp hat, mit dem er verknüpft ist. Ähnlich wie bei Eigenschafts-`Setter`-Elementen lautet das Format für die Eigenschaft `Event`:

```
<Element>.<Ereignisname>
```

Sie müssen also den Elementtyp gefolgt vom Ereignisnamen angeben.

Erstellen eines Stils

Sie haben bereits die simpelste Möglichkeit zum Implementieren eines Stils gesehen: ein einzelnes `Setter`-Element zwischen zwei `Style`-Tags. Wie wird ein solcher Stil nun auf ein Element angewendet? Dafür stehen mehrere Möglichkeiten zur Auswahl. Dieser Abschnitt stellt die verschiedenen Methoden vor, einen Stil auf Elemente in Ihrer Benutzeroberfläche anzuwenden.

Die Eigenschaft *Style* direkt festlegen

Die einfachste Möglichkeit, um einen Stil auf ein Element anzuwenden, besteht darin, die Eigenschaft `Style` direkt im XAML-Code festzulegen. Das folgende Beispiel zeigt diesen Fall für ein `Button`-Element:

```
<Button Height="25" Name="Button1" Width="120">
   <Button.Style>
      <Style>
         <Setter Property="Button.Content" Value="Stil direkt festgelegt" />
         <Setter Property="Button.Background" Value="Red" />
      </Style>
   </Button.Style>
</Button>
```

Es ist zwar einfach, den Stil auf diese Art direkt in einem Element festzulegen, das dürfte aber nur selten die beste Methode sein. Wenn Sie den Stil direkt festlegen, müssen Sie ihn bei jedem einzelnen Element hinzufügen, auf das er angewendet werden soll. Gewöhnlich ist es einfacher, die Eigenschaften des Elements direkt in der Entwurfsansicht wie gewünscht einzustellen.

Wenn Sie allerdings einen Satz Trigger auf ein Element anwenden wollen, ist es unter Umständen sinnvoll, den Stil direkt in diesem Element zuzuweisen. Weil Trigger in einem Stil zugewiesen werden müssen (abgesehen von `EventTrigger`, wie im nächsten Abschnitt beschrieben), können Sie den Stil durchaus direkt festlegen, um die Trigger für ein Element zuzuweisen.

Einen Stil in einer *Resources*-Auflistung festlegen

Am häufigsten legen Sie Stile fest, indem Sie den Stil als Member einer `Resources`-Auflistung definieren und ihn dann auf Elemente in der Benutzeroberfläche anwenden, indem Sie auf die Ressource verweisen. Das folgende Beispiel zeigt, wie Sie einen Stil als Teil der Auflistung `Window.Resources` erstellen:

```
<Window.Resources>
   <Style x:Key="StyleOne">
      <Setter Property="Button.Content" Value="In Ressourcen definierter Stil" />
      <Setter Property="Button.Background" Value="Red" />
   </Style>
</Window.Resources>
```

Meist müssen Sie einen Schlüsselwert für den Stil angeben, den Sie in der `Resources`-Auflistung definieren. Dann wenden Sie diesen Stil auf ein Element an, indem Sie auf die Ressource verweisen:

```
<Button Name="Button1" Style="{StaticResource StyleOne}" Height="30" Width="200" />
```

Wenn Sie einen Stil im Ressourcenabschnitt festlegen, hat das den Vorteil, dass Sie ihn einfach auf mehrere Elemente anwenden können, indem Sie auf die Ressource verweisen.

Stile auf alle Steuerelemente eines bestimmten Typs anwenden

Mit der Eigenschaft `TargetType` können Sie festlegen, mit welchem Elementtyp der Stil verknüpft werden soll. Wenn Sie einen Typ in die Eigenschaft `TargetType` eines Stils eintragen, wird der Stil automatisch auf alle Elemente dieses Typs angewendet. Außerdem brauchen Sie in der Eigenschaft `Property` der verwendeten `Setter`-Elemente nicht den Typnamen anzugeben, es reicht, wenn Sie den Eigenschaftsnamen verwenden. Wenn Sie `TargetType` für einen Stil angeben, den Sie in einer `Resources`-Auflistung definieren, brauchen Sie keinen Schlüsselwert für diesen Stil anzugeben. Das nächste Beispiel zeigt, wie die Eigenschaft `TargetType` benutzt wird:

```
<Window.Resources>
   <Style TargetType="Button">
      <Setter Property="Content" Value="Stil für alle Button-Elemente" />
      <Setter Property="Background" Value="Red" />
   </Style>
</Window.Resources>
```

Wenn Sie mit der Eigenschaft `TargetType` arbeiten, brauchen Sie keinen zusätzlichen Markupcode zu Elementen des betroffenen Typs hinzuzufügen, um den Stil anzuwenden.

Wollen Sie ein einzelnes Element vom Stil ausnehmen, können Sie den Stil für dieses Element explizit festlegen:

```
<Button Style="{x:Null}" Margin="10">Kein Stil</Button>
```

Dieses Beispiel setzt den Stil explizit auf `Null`, woraufhin die Schaltfläche die Standarddarstellung verwendet. Sie können als Stil auch direkt einen anderen Stil einstellen, wie weiter oben in dieser Lektion gezeigt.

Einen Stil im Programmcode einstellen

Sie können einen Stil vom Programmcode aus erstellen und zuweisen. Normalerweise ist es zwar am besten, Stile im XAML-Code festzulegen, aber manchmal ist es nützlich, einen Stil vom Programmcode aus zu erstellen, beispielsweise wenn Sie einen neuen Stil, dessen Details der Benutzer selbst einstellen kann, dynamisch erstellen und anwenden wollen. Meist erstellen Sie einen Stil im Programmcode, indem Sie ein `Style`-Objekt anlegen, `Setter`-Elemente (und bei Bedarf Trigger) erstellen, sie zur gewünschten Auflistung des `Style`-Objekts hinzufügen und zuletzt die Eigenschaft `Style` der Zielelemente ändern. Das folgende Beispiel zeigt, wie ein simpler Stil im Programmcode erstellt und angewendet wird:

' Visual Basic

```
Dim aStyle As New Style
Dim aSetter As New Setter
aSetter.Property = Button.BackgroundProperty
aSetter.Value = Brushes.Red
aStyle.Setters.Add(aSetter)
Dim bSetter As New Setter
bSetter.Property = Button.ContentProperty
bSetter.Value = "Im Programmcode festgelegter Stil"
aStyle.Setters.Add(bSetter)
Button1.Style = aStyle
```

// C#

```
Style aStyle = new Style();
Setter aSetter = new Setter();
aSetter.Property = Button.BackgroundProperty;
aSetter.Value = Brushes.Red;
aStyle.Setters.Add(aSetter);
Setter bSetter = new Setter();
bSetter.Property = Button.ContentProperty;
bSetter.Value = "Im Programmcode festgelegter Stil";
aStyle.Setters.Add(bSetter);
Button1.Style = aStyle;
```

Sie können einen Stil auch in einer `Resources`-Auflistung definieren und dann im Programmcode anwenden:

XAML-Code

```
<Window.Resources>
   <Style x:Key="StyleOne">
      <Setter Property="Button.Content" Value="Im Programmcode zugewiesener Stil" />
      <Setter Property="Button.Background" Value="Red" />
   </Style>
</Window.Resources>
```

' Visual Basic

```
Dim aStyle As Style
aStyle = CType(Me.Resources("StyleOne"), Style)
Button1.Style = aStyle
```

// C#

```
Style aStyle;
aStyle = (Style)this.Resources["StyleOne"];
Button1.Style = aStyle;
```

Implementieren der Stilvererbung

Mithilfe der Vererbung können Sie Stile entwerfen, die sich am Aussehen und Verhalten eines Basisstils orientieren, aber einige Steuerelemente anders darstellen. Sie können zum Beispiel einen Stil für alle `Button`-Elemente in Ihrer Benutzeroberfläche erstellen und davon einen Stil ableiten, der eine der Schaltflächen hervorhebt. Über die Eigenschaft `BasedOn` erstellen Sie `Style`-Objekte, die von anderen `Style`-Objekten abgeleitet sind. Die Eigenschaft `BasedOn` verweist auf einen anderen Stil und erbt automatisch alle Member dieses Stils. Auf diese Weise können Sie einen Stil erstellen, indem Sie neue Member hinzufügen. Das folgende Beispiel zeigt zwei `Style`-Objekte: einen ursprünglichen Stil und einen Stil, der davon abgeleitet ist:

```
<Window.Resources>
   <Style x:Key="StyleOne">
      <Setter Property="Button.Content" Value="Im ursprünglichen Stil festgelegt" />
      <Setter Property="Button.Background" Value="Red" />
      <Setter Property="Button.FontSize" Value="15" />
      <Setter Property="Button.FontFamily" Value="Arial" />
   </Style>
   <Style x:Key="StyleTwo" BasedOn="{StaticResource StyleOne}">
      <Setter Property="Button.Content" Value="Im abgeleiteten Stil festgelegt" />
      <Setter Property="Button.Background" Value="AliceBlue" />
      <Setter Property="Button.FontStyle" Value="Italic" />
   </Style>
</Window.Resources>
```

Abbildung 1.10 zeigt, wie es aussieht, wenn diese zwei Stile auf Schaltflächen angewendet werden.

Ist eine Eigenschaft sowohl im ursprünglichen als auch im abgeleiteten Stil festgelegt, hat immer der Eigenschaftswert aus dem abgeleiteten Stil Vorrang. Wird eine Eigenschaft allerdings nur im ursprünglichen Stil festgelegt, aber nicht im abgeleiteten Stil, wird der ursprüngliche Eigenschaftswert beibehalten.

Schnelltest

- In welchen Fällen wird ein Stil automatisch auf ein Element angewendet? Wie können Sie einen Stil sonst noch auf ein Element anwenden?

Antwort zum Schnelltest

- Ein Stil wird automatisch auf ein Element angewendet, wenn er als Ressource in der Seite deklariert ist und der Eigenschaft `TargetType` des Stils ein passender Typ zugewiesen ist. Ist die Eigenschaft `TargetType` leer, können Sie einen Stil auf ein Element anwenden, indem Sie den Stil der Eigenschaft `Style` des Elements zuweisen, entweder im XAML- oder im Programmcode.

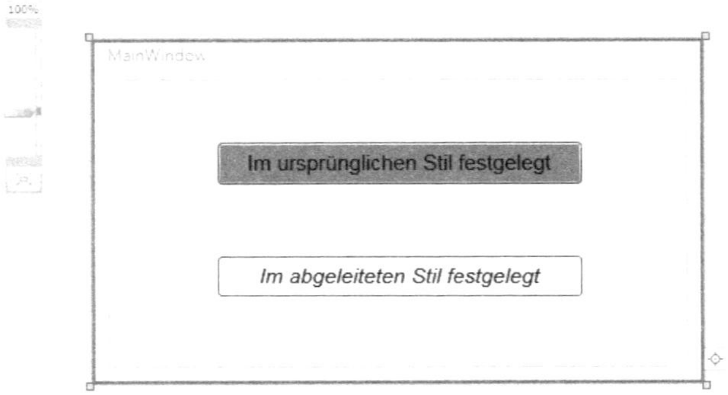

Abbildung 1.10 Zwei Schaltflächen mit einem ursprünglichen und einem abgeleiteten Stil

Trigger

Zusammen mit `Setter`-Elementen bilden Trigger die Basis der Objekte, die Sie beim Erstellen von Stilen benutzen. Mit Triggern implementieren Sie deklarativ Eigenschaftsänderungen, die vorgenommen werden, sobald sich andere Eigenschaften ändern. In der Windows Forms-Programmierung wird dafür Programmcode zur Ereignisbehandlung benötigt. Es gibt fünf Arten von Triggerobjekten. Sie sind in Tabelle 1.10 aufgelistet.

Tabelle 1.10 Arten von Triggerobjekten

Typ	Klassenname	Beschreibung
Eigenschaftstrigger	`Trigger`	Überwacht eine Eigenschaft und wird aktiv, sobald ihr Wert der Eigenschaft `Value` entspricht.
Mehrfachtrigger	`MultiTrigger`	Überwacht mehrere Eigenschaften und wird nur aktiv, wenn alle überwachten Eigenschaftswerte mit den entsprechenden `Value`-Eigenschaften übereinstimmen.
Datentrigger	`DataTrigger`	Überwacht eine gebundene Eigenschaft und wird aktiv, sobald ihr Wert der Eigenschaft `Value` entspricht.
Mehrfachdatentrigger	`MultiDataTrigger`	Überwacht mehrere gebundene Eigenschaften und wird nur aktiv, wenn alle überwachten gebundenen Eigenschaften mit den entsprechenden `Value`-Eigenschaften übereinstimmen.
Ereignistrigger	`EventTrigger`	Löst mehrere Aktionen aus, sobald das angegebene Ereignis ausgelöst wird.

Ein Trigger ist nur aktiv, wenn er Teil einer `Style.Triggers`-Auflistung ist. Es gibt allerdings eine Ausnahme: `EventTrigger`-Objekte können unabhängig von einem Stil innerhalb einer `Control.Triggers`-Auflistung erstellt werden. Die Auflistung `Control.Triggers` kann nur `Event-`

`Trigger`-Objekte aufnehmen. Werden andere Trigger zu dieser Auflistung hinzugefügt, erzeugt das einen Fehler. `EventTrigger` wird in erster Linie für Animationen verwendet. Er wird in Lektion 3 von Kapitel 2 genauer beschrieben.

Eigenschaftstrigger

Der am häufigsten verwendete Triggertyp ist der Eigenschaftstrigger (property trigger). Er überwacht den Wert einer Eigenschaft, die in der Eigenschaft `Property` angegeben ist. Ist der Wert der angegebenen Eigenschaft gleich dem der Eigenschaft `Value`, wird der Trigger ausgelöst. Tabelle 1.11 zeigt die wichtigsten Eigenschaften von Eigenschaftstriggern.

Tabelle 1.11 Wichtige Eigenschaften von Eigenschaftstriggern

Eigenschaft	Beschreibung
`EnterActions`	Enthält eine Auflistung aus `Action`-Objekten, die angewendet werden, sobald der Trigger aktiv wird. Aktionen werden in Lektion 3 von Kapitel 2 genauer beschrieben.
`ExitActions`	Enthält eine Auflistung aus `Action`-Objekten, die angewendet werden, sobald der Trigger inaktiv wird. Aktionen werden in Lektion 3 von Kapitel 2 genauer beschrieben.
`Property`	Gibt an, welche Eigenschaft auf Änderungen überwacht wird.
`Setters`	Enthält eine Auflistung mit `Setter`-Objekten, die angewendet werden, sobald der Trigger aktiv wird.
`Value`	Gibt an, mit welchem Wert die Eigenschaft verglichen wird, die in der Eigenschaft `Property` angegeben ist.

Trigger überwachen die Eigenschaft, die in der Eigenschaft `Property` angegeben ist, und vergleichen ihren Wert mit dem der Eigenschaft `Value`. Sind die Werte der überwachten Eigenschaft und der der Eigenschaft `Value` gleich, wird der Trigger aktiv. Alle `Setter`-Objekte in der Auflistung `Setters` des Triggers werden auf den Stil angewendet und alle Aktionen aus der Auflistung `EnterActions` werden ausgeführt. Wenn der Wert der überwachten Eigenschaft nicht mehr dem der Eigenschaft `Value` entspricht, wird der Trigger inaktiv. Daraufhin werden alle `Setter`-Objekte in der Auflistung `Setters` des Triggers inaktiv und alle Aktionen in der Auflistung `ExitActions` werden ausgeführt.

Hinweis Aktionen bei Animationen

Aktionen werden vor allem für Animationen benutzt. Sie werden in Lektion 3 von Kapitel 2 genauer beschrieben.

Das folgende Beispiel zeigt ein einfaches `Trigger`-Objekt, das den `FontWeight`-Wert eines `Button`-Elements auf `Bold` ändert, sobald sich die Maus über der Schaltfläche befindet:

```
<Style.Triggers>
  <Trigger Property="Button.IsMouseOver" Value="True">
    <Setter Property="Button.FontWeight" Value="Bold" />
  </Trigger>
</Style.Triggers>
```

In diesem Beispiel definiert der Trigger ein `Setter`-Element in seiner `Setters`-Auflistung. Sobald der Trigger aktiviert wird, wird das `Setter`-Element angewendet.

Mehrfachtrigger

Mehrfachtrigger (multi-trigger) ähneln den Eigenschaftstriggern darin, dass sie ebenfalls den Wert von Eigenschaften überwachen und aktiv werden, sobald diese Eigenschaften den angegebenen Wert haben. Der Unterschied liegt darin, dass Mehrfachtrigger mehrere Eigenschaften gleichzeitig überwachen und nur dann aktiv werden, wenn alle überwachten Eigenschaften den Wert aus der entsprechenden `Value`-Eigenschaft haben. Die überwachten Eigenschaften und ihre zugehörigen `Value`-Eigenschaften werden in einer Auflistung aus `Condition`-Objekten definiert. Das nächste Beispiel zeigt einen Mehrfachtrigger, der die Eigenschaft `Button.FontWeight` nur dann auf `Bold` setzt, wenn die Schaltfläche im Fokus ist und sich die Maus über dem Steuerelement befindet:

```
<Style.Triggers>
   <MultiTrigger>
      <MultiTrigger.Conditions>
         <Condition Property="Button.IsMouseOver" Value="True" />
         <Condition Property="Button.IsFocused" Value="True" />
      </MultiTrigger.Conditions>
      <MultiTrigger.Setters>
         <Setter Property="Button.FontWeight" Value="Bold" />
      </MultiTrigger.Setters>
   </MultiTrigger>
</Style.Triggers>
```

Datentrigger und Mehrfachdatentrigger

Datentrigger (data trigger) ähneln Eigenschaftstriggern. Sie überwachen eine Eigenschaft und werden aktiv, wenn die Eigenschaft den angegebenen Wert hat. Allerdings handelt es sich bei der Eigenschaft, die sie überwachen, um eine gebundene Eigenschaft. Statt der Eigenschaft `Property` haben Datentrigger die Eigenschaft `Binding`, um festzulegen, welche gebundene Eigenschaft überwacht wird. Das folgende Beispiel zeigt einen Datentrigger, der die Eigenschaft `Background` einer Beschriftung rot färbt, wenn die gebundene Eigenschaft `CustomerName` den Namen »Fabrikam« enthält:

```
<Style.Triggers>
   <DataTrigger Binding="{Binding Path=CustomerName}" Value="Fabrikam">
      <Setter Property="Label.Background" Value="Red" />
   </DataTrigger>
</Style.Triggers>
```

Mehrfachdatentrigger (multi-data trigger) sind für Datentrigger das Gegenstück zu den Mehrfachtriggern und Eigenschaftstriggern. Sie enthalten eine Auflistung aus `Condition`-Objekten, von denen jedes in seiner Eigenschaft `Binding` eine gebundene Eigenschaft angibt und einen Wert festlegt, mit dem diese gebundene Eigenschaft verglichen wird. Nur wenn alle Bedingungen erfüllt sind, wird der Mehrfachdatentrigger aktiv. Das nächste Beispiel zeigt einen Mehrfachdatentrigger, der in die Eigenschaft `Label.Background` eine rote Farbe einträgt, wenn `CustomerName` gleich »Fabrikam« und `OrderSize` gleich 500 ist:

```
<Style.Triggers>
   <MultiDataTrigger>
      <MultiDataTrigger.Conditions>
         <Condition Binding="{Binding Path=CustomerName}" Value="Fabrikam" />
         <Condition Binding="{Binding Path=OrderSize}" Value="500" />
      </MultiDataTrigger.Conditions>
      <MultiDataTrigger.Setters>
         <Setter Property="Label.Background" Value="Red" />
      </MultiDataTrigger.Setters>
   </MultiDataTrigger>
</Style.Triggers>
```

Ereignistrigger

Ereignistrigger (event trigger) unterscheiden sich von den übrigen Triggertypen. Während die anderen Triggertypen den Wert einer Eigenschaft überwachen und ihn mit einem angegebenen Wert vergleichen, geben Ereignistrigger ein Ereignis an. Sie werden aktiv, sobald dieses Ereignis ausgelöst wird. Außerdem haben Ereignistrigger keine `Setters`-Auflistung, sondern die Auflistung `Actions`. Die meisten Aktionen haben mit Animationen zu tun, daher werden sie in Lektion 3 von Kapitel 2 ausführlich beschrieben. Die folgenden zwei Beispiele demonstrieren die Klasse `EventTrigger`. Das erste Beispiel spielt mit `SoundPlayerAction` eine Tondatei ab, sobald der Benutzer eine Schaltfläche anklickt:

```
<EventTrigger RoutedEvent="Button.Click">
   <SoundPlayerAction Source="C:\myFile.wav" />
</EventTrigger>
```

Das zweite Beispiel zeigt eine einfache Animation an, die dafür sorgt, dass die Schaltfläche 200 Einheiten höher wird, wenn der Benutzer sie anklickt:

```
<EventTrigger RoutedEvent="Button.Click">
   <EventTrigger.Actions>
      <BeginStoryboard>
         <Storyboard>
            <DoubleAnimation Duration="0:0:5"
               Storyboard.TargetProperty="Height" To="200" />
         </Storyboard>
      </BeginStoryboard>
   </EventTrigger.Actions>
</EventTrigger>
```

Vorrang von Eigenschaftswerten

Inzwischen wissen Sie, dass es viele unterschiedliche Möglichkeiten gibt, Eigenschaften einen Wert zuzuweisen: im Code, mit Stilen, über Standardwerte und so weiter. Möglicherweise denken Sie, dass eine Eigenschaft immer den Wert hat, der ihr zuletzt zugewiesen wurde. Das klingt logisch, ist aber falsch. Der Wert einer Eigenschaft wird durch eine genau festgelegte Vorrangreihenfolge bestimmt. Es kommt also darauf an, *wie* der Wert zugewiesen wird, nicht wann das geschieht. Die folgende Liste zeigt die Vorrangreihenfolge, beginnend beim höchsten Vorrang:

1. Zwangsweise vom Eigenschaftssystem zugewiesen.
2. Von aktiven oder unterbrochenen Animationen zugewiesen. (Kapitel 2 behandelt Animationen ausführlich.)
3. Lokal vom Programmcode, direkt im XAML-Code oder über Datenbindung zugewiesen.
4. Von `TemplatedParent` zugewiesen. Innerhalb dieser Kategorie gibt es eine Unterreihenfolge für den Vorrang, wiederum beginnend mit dem höchsten Vorrang:
   a. Von Triggern aus dem übergeordneten Vorlagenelement zugewiesen
   b. Mit Eigenschaftssätzen aus dem übergeordneten Vorlagenelement zugewiesen
5. Impliziter Stil, betrifft nur die Eigenschaft `Style`.
6. Von `Style`-Triggern zugewiesen.
7. Von `Template`-Triggern zugewiesen.
8. Von `Style`-Settern zugewiesen.
9. Vom Standardstil zugewiesen. Innerhalb dieser Kategorie gibt es eine Unterreihenfolge für den Vorrang, wiederum beginnend mit dem höchsten Vorrang:
   a. Von Triggern im Standardstil zugewiesen
   b. Von `Setter`-Elementen im Standardstil zugewiesen
10. Durch Vererbung zugewiesen.
11. Durch Metadaten zugewiesen.

Prüfungstipp

Die Reihenfolge des Eigenschaftsvorrangs sieht auf den ersten Blick kompliziert aus, ist aber im Grunde sehr logisch. Lernen Sie nicht einfach die Reihenfolge auswendig, sondern machen Sie sich mit dem Konzept vertraut, aus dem sich die Eigenschaftsreihenfolge herleitet.

Diese Vorrangreihenfolge mag kompliziert und zufällig aussehen, aber wenn Sie sich genauer damit beschäftigen, stellen Sie fest, dass sie eigentlich ganz logisch ist. Sie spiegelt die Anforderungen von Anwendung und Benutzer wider. Den höchsten Vorrang hat die zwangsweise Zuweisung vom Eigenschaftssystem. Sie findet bei manchen Elementen statt, wenn versucht wird, in eine Eigenschaft einen Wert jenseits des erlaubten Bereichs einzutragen. Wird beispielsweise versucht, der Eigenschaft `Value` eines `Slider`-Steuerelements einen höheren Wert zuzuweisen, als in der Eigenschaft `Maximum` eingetragen ist, wird `Value` gezwungen, den Wert der Eigenschaft `Maximum` anzunehmen. Als Nächstes folgen Animationen. Damit Animationen sinnvoll sind, müssen sie voreingestellte Eigenschaftswerte überschreiben. Die nächste Stufe beim Vorrang sind Eigenschaften, denen vom Entwickler oder durch Benutzeraktionen explizit ein Wert zugewiesen wird.

Darauf folgen Eigenschaften, denen über `TemplatedParent` ein Wert zugewiesen wird. Dies sind Eigenschaften von Objekten, die über eine Vorlage erstellt werden (mehr dazu in Kapitel 4). Die nächste Stufe beim Vorrang betrifft nur die Eigenschaft `Style` eines Elements. Sofern die Eigenschaft `Style` nicht durch ein anderes Element mit höherem Vorrang festgelegt wurde, wird sie auf einen Stil gesetzt, dessen Eigenschaft `TargetType` dem Typ des betreffenden Elements entspricht. Nun folgen Eigenschaften, die von Triggern gesetzt werden, und zwar erst von `Style`-, dann von `Template`-Triggern. Das ist logisch, denn Trigger müssen in der Lage sein, Eigenschaften zu überschreiben, die von Stilen festgelegt wurden.

Als Nächstes kommen Eigenschaften, die von Stilen zugewiesen werden, und zwar erst die Eigenschaften aus benutzerdefinierten Stilen und dann Eigenschaften aus dem Standardstil (auch als Design bezeichnet, das üblicherweise vom Betriebssystem festgelegt wird). Zuletzt kommen Eigenschaften, die über Vererbung und die Anwendung von Metadaten festgelegt werden.

Für Entwickler ergeben sich daraus einige wichtige Folgerungen, die nicht sofort sichtbar sind. Erstens: Wenn Sie eine Eigenschaft explizit zuweisen (sei es in XAML- oder Programmcode), blockiert diese explizite Zuweisung alle Änderungen, die durch einen Stil oder Trigger veranlasst werden. WPF geht davon aus, dass Sie diesen Eigenschaftswert mit Absicht zuweisen, und verhindert daher, dass er durch einen Stil oder Trigger geändert wird. Es ist allerdings möglich, ihn durch eine aktive Animation zu überschreiben.

Eine zweite, weniger offensichtliche Folge: Wenn Sie im Visual Studio-Designer Elemente aus der Toolbox auf die Entwurfsoberfläche ziehen, weist der Designer einigen Eigenschaften explizit Werte zu. Das betrifft vor allem Layouteigenschaften. Diese Eigenschaftseinstellungen haben denselben Vorrang, als hätten Sie sie selbst festgelegt. Wenn Sie also eine Benutzeroberfläche unter Verwendung von Stilen entwerfen, sollten Sie entweder XAML-Code direkt in der XAML-Ansicht eingeben, um Steuerelemente zu erstellen, und dabei so wenige Eigenschaften wie möglich explizit setzen, oder Sie sollten den von Visual Studio generierten XAML-Code überprüfen und alle nicht benötigten Einstellungen löschen.

Sie können einen Eigenschaftswert, der im XAML- oder Programmcode zugewiesen wurde, wieder löschen, indem Sie die Methode `DependencyObject.ClearValue` aufrufen. Das folgende Codebeispiel demonstriert, wie Sie den Wert der Eigenschaft `Width` bei einer Schaltfläche namens `Button1` löschen:

' Visual Basic

```
Button1.ClearValue(WidthProperty)
```

// C#

```
Button1.ClearValue(WidthProperty);
```

Sobald der Wert gelöscht wurde, kann er vom Eigenschaftssystem automatisch neu zugewiesen werden.

Übung Erstellen von Stilen mit hohem Kontrast

In dieser Übung erstellen Sie einen einfachen Stil für `Button`-, `TextBox`- und `Label`-Elemente, der hohen Kontrast bietet.

Übung 1 Erstellen von kontraststarken Elementen mithilfe von Stilen

1. Erstellen Sie in Visual Studio eine neue WPF-Anwendung.
2. Fügen Sie in der XAML-Ansicht direkt über der `<Grid>`-Deklaration einen `Window.Resources`-Abschnitt ein:

```
<Window.Resources>

</Window.Resources>
```

3. Erstellen Sie in diesem `Window.Resources`-Abschnitt einen kontraststarken Stil für `TextBox`-Steuerelemente, der die Hintergrundfarbe auf Schwarz und die Vordergrundfarbe auf Weiß setzt. Die `TextBox`-Steuerelemente sollten außerdem standardmäßig etwas größer werden. Das könnte zum Beispiel so aussehen:

```
<Style TargetType="TextBox">
   <Setter Property="Background" Value="Black" />
   <Setter Property="Foreground" Value="White" />
   <Setter Property="BorderBrush" Value="White" />
   <Setter Property="Width" Value="135" />
   <Setter Property="Height" Value="30" />
</Style>
```

4. Erstellen Sie ähnliche Stile für `Label` und `Button`:

```
<Style TargetType="Label">
   <Setter Property="Background" Value="Black" />
   <Setter Property="Foreground" Value="White" />
   <Setter Property="Width" Value="135" />
   <Setter Property="Height" Value="33" />
</Style>
<Style TargetType="Button">
   <Setter Property="Background" Value="Black" />
   <Setter Property="Foreground" Value="White" />
   <Setter Property="Width" Value="135" />
   <Setter Property="Height" Value="30" />
</Style>
```

5. Geben Sie in der XAML-Ansicht den folgenden Code ein. Beachten Sie, dass Sie keine Steuerelemente aus der Toolbox einfügen dürfen, weil der Designer dann automatisch einige Eigenschaften zuweist, die einen höheren Vorrang haben als Stile:

```
<Label Margin="26,62,126,0" VerticalAlignment="Top">
   Kontraststarkes Label</Label>
<TextBox Margin="26,117,126,115">Kontraststarke TextBox
   </TextBox>
<Button Margin="26,0,126,62" VerticalAlignment="Bottom">
   Kontraststarker Button</Button>
```

6. Drücken Sie F5, um Ihre Anwendung zu erstellen und auszuführen. Wie Sie sehen, ist das Verhalten der Steuerelemente unverändert, ihr Aussehen hat sich aber geändert.

Übung 2 Verbessern der Sichtbarkeit mithilfe von Triggern

1. Fügen Sie in der XAML-Ansicht der Lösung, die Sie in Übung 1 erstellt haben, einen `Style.Triggers`-Abschnitt in den `TextBox`-Stil ein:

```
<Style.Triggers>

</Style.Triggers>
```

2. Fügen Sie in den `Style.Triggers`-Abschnitt Trigger ein, die erkennen, wenn sich die Maus über dem Steuerelement befindet, und daraufhin die Eigenschaft `FontSize` des Steuerelements vergrößern:

```
<Trigger Property="IsMouseOver" Value="True">
   <Setter Property="FontSize" Value="20" />
</Trigger>
```

3. Fügen Sie ähnliche `Style.Triggers`-Auflistungen zu den beiden anderen Stilen hinzu.
4. Drücken Sie F5, um Ihre Anwendung zu erstellen und auszuführen. Die Schriftgröße eines Steuerelements vergrößert sich nun, sobald Sie die Maus darüber bewegen.

Zusammenfassung der Lektion

- Mithilfe von Stilen können Sie einheitliche Designs für Ihre Anwendung definieren. Stile verwenden eine Auflistung mit `Setter`-Elementen, um Stiländerungen anzuwenden. Am häufigsten werden Eigenschafts-`Setter`-Elemente verwendet, mit denen Sie den Wert einer Eigenschaft zuweisen. Mit Ereignis-`Setter`-Elementen klinken Sie sich im Rahmen eines angewendeten Stils in Ereignishandler ein.
- Stile können direkt im Code definiert werden, gewöhnlich werden sie aber in einer `Resources`-Auflistung erstellt und durch einen Verweis auf die Ressource angewendet. Sie können einen Stil auf alle Instanzen eines Steuerelements anwenden, indem Sie der Eigenschaft `TargetType` den gewünschten Typ zuweisen.
- Stile werden meist deklarativ angewendet, können aber auch im Programmcode zugewiesen werden. Dazu erstellen Sie einen neuen Stil dynamisch oder rufen einen Verweis auf eine vorhandene Stilressource ab.
- Mithilfe der Eigenschaft `BasedOn` können Sie Stile erstellen, die von anderen Stilen abgeleitet sind.
- Eigenschaftstrigger überwachen den Wert einer Abhängigkeitseigenschaft und wenden `Setter`-Elemente aus ihrer `Setters`-Auflistung an, sobald die überwachte Eigenschaft einen angegebenen Wert hat. Mehrfachtrigger überwachen mehrere Eigenschaften und wenden ihre `Setter`-Elemente an, wenn alle überwachten Eigenschaften mit den entsprechenden angegebenen Werten übereinstimmen. Datentrigger und Mehrfachdatentrigger funktionieren genauso, überwachen aber gebundene Eigenschaften, keine Abhängigkeitseigenschaften.
- Ereignistrigger führen einen Satz Aktionen aus, sobald ein bestimmtes Ereignis ausgelöst wird. Sie werden meist benutzt, um Animationen zu steuern.
- Eigenschaftswerte folgen einer strengen Vorrangreihenfolge, die davon abhängt, auf welche Weise sie zugewiesen wurden.

Lernzielkontrolle

Mit den folgenden Fragen können Sie Ihr Wissen zu den Informationen aus Lektion 3, »Verwenden von Stilen und Triggern«, überprüfen. Die Fragen finden Sie (in englischer Sprache) auch auf der Begleit-CD, Sie können sie also auch auf dem Computer im Rahmen eines Übungstests beantworten.

Hinweis Die Antworten

Die Antworten auf diese Fragen mit Erklärungen, warum die jeweiligen Auswahlmöglichkeiten richtig oder falsch sind, finden Sie im Abschnitt »Antworten« am Ende dieses Buchs.

1. Sehen Sie sich das folgende XAML-Beispiel an:

```
<Window.Resources>
   <Style x:Key="Style1">
      <Setter Property="Label.Background" Value="Blue" />
      <Setter Property="Button.Foreground" Value="Red" />
      <Setter Property="Button.Background" Value="LimeGreen" />
   </Style>
</Window.Resources>
<Grid>
   <Button Height="23" Margin="81,0,122,58" Name="Button1"
      VerticalAlignment="Bottom">Schaltfläche</Button>
</Grid>
```

   Der Entwickler hat keiner der Eigenschaften auf anderem Weg einen Wert zugewiesen. Welche Hintergrundfarbe hat `Button1`?

   A. `Blue`

   B. `Red`

   C. `LimeGreen`

   D. Systemstandard

2. Sehen Sie sich das folgende XAML-Beispiel an:

```
<Window.Resources>
   <Style x:Key="Style1">
      <Style.Triggers>
         <MultiTrigger>
            <MultiTrigger.Conditions>
               <Condition Property="TextBox.IsMouseOver"
                  Value="True" />
               <Condition Property="TextBox.IsFocused"
                  Value="True" />
            </MultiTrigger.Conditions>
            <Setter Property="TextBox.Background"
               Value="Red" />
         </MultiTrigger>
      </Style.Triggers>
   </Style>
</Window.Resources>
<Grid>
   <TextBox Style="{StaticResource Style1}" Height="21"
      Margin="75,0,83,108" Name="TextBox1"
      VerticalAlignment="Bottom" />
</Grid>
```

Wann hat TextBox1 einen roten Hintergrund?

A. Wenn sich die Maus über TextBox1 befindet

B. Wenn TextBox1 den Fokus hat

C. Wenn TextBox1 den Fokus hat und sich die Maus über TextBox1 befindet

D. In allen Fällen, die in den Antworten A, B und C beschrieben sind

E. Nie

3. Sehen Sie sich das folgende XAML-Beispiel an:

```
<Window.Resources>
   <Style TargetType="Button">
      <Setter Property="Content" Value="Hallo" />
      <Style.Triggers>
         <Trigger Property="IsMouseOver" Value="True">
            <Setter Property="Content" Value="Welt" />
         </Trigger>
         <Trigger Property="IsMouseOver" Value="False">
            <Setter Property="Content" Value="Wie geht's?" />
         </Trigger>
      </Style.Triggers>
   </Style>
</Window.Resources>
<Grid>
   <Button Height="23" Margin="81,0,122,58" Name="Button1"
      VerticalAlignment="Bottom">Schaltfläche</Button>
</Grid>
```

Was zeigt Button1 an, wenn sich die Maus nicht über der Schaltfläche befindet?

A. *Hallo*

B. *Welt*

C. *Schaltfläche*

D. *Wie geht's?*

Übungen mit Fallbeispiel

In den folgenden Übungen mit Fallbeispiel wenden Sie an, was Sie über das Entwerfen von Benutzeroberflächen mithilfe von Steuerelementen gelernt haben. Die Lösungen zu den Fragen finden Sie im Abschnitt »Antworten« hinten in diesem Buch.

Übung mit Fallbeispiel 1: Anzeigen eines Börsentickers

Sie entwickeln eine Anwendung für einen Kunden, der einen Börsenticker haben will. Die Genies in der Steuerelementabteilung haben bereits ein Steuerelement entwickelt, das eine Verbindung zum Börsenserver herstellt und in Echtzeit die Kurse anzeigt. Außerdem gibt es schon ein `Chart`-Steuerelement, das aktuelle Informationen über Börsenkurse in Diagrammform anzeigt. Ihre Aufgabe besteht darin, eine einfache Anwendung zu schreiben, die diese Steuerelemente zusammen mit einigen ergänzenden Steuerelementen (einem Textfeld und zwei Schaltflächen) anzeigt, damit der Kunde die Kurse auswählen kann, an denen er interessiert ist.

Die technischen Anforderungen lauten:

- Die Benutzer müssen jederzeit auf die Steuerelemente zugreifen können, um die gewünschten Börsenkurse auszuwählen.
- Das `Chart`-Steuerelement benötigt eine Menge Platz auf dem Bildschirm. Es kann daher nicht in einer Symbolleiste liegen.
- Das Steuerelement für den Börsenticker verhält sich wie ein Laufband. Es ist relativ breit, braucht aber nur wenig Höhe.

Beantworten Sie Ihrem Manager folgende Fragen:

1. Welche Arten von Elementsteuerelementen können Sie verwenden, um die Steuerelemente zu organisieren, die in dieser Anwendung gebraucht werden?
2. Mit welchen Layoutsteuerelementen können Sie eine einfach bedienbare Benutzeroberfläche entwerfen?

Übung mit Fallbeispiel 2: Fußballfieber

Sie haben etwas Zeit und beschließen, eine einfache, aber schicke Anwendung zu schreiben, um die Ergebnisse der Spiele bei der Fußballweltmeisterschaft zu organisieren und anzuzeigen. Die technischen Details sind komplett: Sie haben einen Webdienst gefunden, der topaktuelle Spielergebnisse liefert, und eine Datenbank erstellt, die Änderungen an den Torständen automatisch aus diesem Dienst übernimmt und die künftigen Paarungen berechnet. Auf die Datenbank greifen Sie über ein selbstentwickeltes Datenobjekt zu, das auf `ObservableCollection`-Listen basiert. Es bleibt also nicht mehr viel zu tun. Wenn ein Benutzer ein kommendes Spiel in einer Dropdownliste oben im Fenster auswählt, soll das Farbschema des Fensters sich an den Farben der Mannschaften in der ausgewählten Paarung orientieren.

Sie haben auch schon die technischen Anforderungen ausgearbeitet. Die Benutzeroberfläche wird in zwei Abschnitte aufgeteilt, die jeweils auf einem `Grid`-Container aufbauen. Jeder Abschnitt steht für eine Mannschaft im aktuellen oder kommenden Spiel. Die Benutzeroberfläche für jeden Abschnitt muss die jeweiligen Mannschaftsfarben automatisch wechseln, sobald der Benutzer ein neues Spiel wählt.

Beantworten Sie folgende Frage Ihrer Kollegen, die gespannt darauf lauern, Ihre Anwendung endlich nutzen zu können:

- Wie können Sie die Farbänderungen in der Benutzeroberfläche implementieren?

Vorgeschlagene Übungen

Sie sollten die folgenden Aufgaben durcharbeiten, wenn Sie die in diesem Kapitel behandelten Prüfungsziele meistern wollen:

- **Übung 1** Entwickeln Sie ein Taschenrechnerprogramm, das ein `UniformGrid`-Steuerelement für das Layout der Zifferntasten und eine Symbolleiste für das Layout der Funktionstasten einsetzt. Betten Sie beide in ein einziges `Grid`-Steuerelement ein. Ändern Sie Ihre Lösung dann so, dass beide Steuerelemente in einem `DockPanel`-Steuerelement liegen.
- **Übung 2** Üben Sie das Erstellen von Ressourcen, indem Sie Ressourcenwörterbücher anlegen, die etliche `Brush`- und `Style`-Objekte enthalten. Nutzen Sie diese Ressourcenwörterbücher in vorhandenen Anwendungen oder entwickeln Sie neue Anwendungen, die darauf zugreifen.

Machen Sie einen Übungstest

Die Übungstests (in englischer Sprache) auf der Begleit-CD zu diesem Buch bieten zahlreiche Möglichkeiten. Zum Beispiel können Sie einen Test machen, der ausschließlich die Themen aus einem Prüfungslernziel behandelt, oder Sie können sich selbst mit dem gesamten Inhalt der Prüfung 70-511 testen. Sie können den Test so konfigurieren, dass er dem Ablauf einer echten Prüfung entspricht, oder Sie können einen Lernmodus verwenden, in dem Sie sich nach dem Beantworten einer Frage jeweils sofort die richtige Antwort und Erklärungen ansehen können.

Weitere Informationen Übungstests

Einzelheiten zu allen Optionen, die bei den Übungstests zur Verfügung stehen, finden Sie im Abschnitt »So benutzen Sie die Übungstests« in der Einführung am Anfang dieses Buchs.

KAPITEL 2

Arbeiten mit Ereignissen und Befehlen

Ereignisse und Befehle bilden die Basis für die Architektur der anwendungsinternen Kommunikation in WPF-Anwendungen (Windows Presentation Foundation). Routingereignisse können von mehreren Steuerelementen ausgelöst werden. Sie ermöglichen eine genaue Steuerung der Anwendung über Benutzereingaben. Befehle sind eine wichtige Ergänzung für das Microsoft .NET Framework. Sie stellen eine zentrale Architektur zur Verfügung, um Aufgaben auf einer höheren Ebene zu aktivieren oder zu deaktivieren. Die Animation führt das Konzept von Ereignissen einen Schritt weiter. Sie können Ihre Anwendung damit interaktiv machen, indem Sie die WPF-Ereignisinfrastruktur nutzen.

In diesem Kapitel abgedeckte Prüfungsziele:

- Verwalten von Routingereignissen in WPF
- Konfigurieren der WPF-Befehlsverarbeitung
- Entwerfen einer Animation in WPF

Lektionen in diesem Kapitel:

Bevor Sie beginnen

Um die Lektionen in diesem Kapitel durcharbeiten zu können, müssen Sie folgende Vorbereitungen getroffen haben:

- Ihnen steht ein Computer zur Verfügung, der die im Abschnitt »Einführung« am Anfang dieses Buchs aufgelisteten Hardwarevoraussetzungen erfüllt.
- Auf Ihrem Computer ist Microsoft Visual Studio 2010 Professional Edition installiert.
- Sie sind mit der Syntax von Microsoft Visual Basic oder C# sowie dem Microsoft .NET Framework vertraut.

Praxistipp

Matthew Stoecker

Wenn ich die Routingereignisse und Befehle von WPF nutze, kann ich wesentlich genauer steuern, wie meine Benutzeroberflächen reagieren. Dies ist ein deutlicher Fortschritt gegenüber dem Verhalten von Windows Forms-Anwendungen. Die Architektur der Routingereignisse ermöglicht es mir, komplexe Ereignisbehandlungsstrategien umzusetzen, und die Befehlsarchitektur bietet eine komfortable Möglichkeit, häufig benötigte Aufgaben in meinen Benutzeroberflächen zu programmieren.

Lektion 1: Konfigurieren von Ereignissen und Ereignisbehandlung

In WPF programmieren Sie Ereignisse ganz anders als in herkömmlichen Windows Forms-Anwendungen. WPF führt Routingereignisse ein, die von mehreren Steuerelementen ausgelöst und von mehreren Handlern verarbeitet werden können. Mithilfe von *Routingereignissen* (routed event) können Sie Ihre Benutzeroberfläche in mehrere Komplexitätsschichten untergliedern und besser steuern, wie sie auf Benutzereingaben reagiert. Diese Lektion stellt Routingereignisse vor und erklärt, wie Sie ein Routingereignis behandeln, neue Routingereignisse definieren und registrieren, ein Anwendungslebensdauer-Ereignis verarbeiten und die Klasse `EventManager` benutzen.

Am Ende dieser Lektion werden Sie in der Lage sein, die folgenden Aufgaben auszuführen:

- Erklären der Unterschiede zwischen einem direkten Ereignis, einem Bubbling-Ereignis und einem Tunneling-Ereignis
- Definieren und Registrieren eines neuen Routingereignisses
- Definieren von statischen Ereignishandlern für Klassen
- Behandeln eines Ereignisses in einer WPF-Anwendung
- Behandeln eines angefügten Ereignisses in einer WPF-Anwendung
- Behandeln von Anwendungslebensdauer-Ereignissen
- Verwenden der Klasse `EventManager`

Veranschlagte Zeit für diese Lektion: 30 Minuten

Ereignisse sind seit vielen Jahren ein vertrauter Bestandteil der Microsoft Windows-Programmierung. Ein *Ereignis* (event) ist eine Nachricht, die von einem Objekt gesendet wird, beispielsweise einem Steuerelement oder einem anderen Teil der Benutzeroberfläche. Das Programm reagiert darauf (es behandelt das Ereignis), indem es Code ausführt. Die herkömmliche .NET-Ereignisarchitektur ist bei der WPF-Programmierung nach wie vor verfügbar, aber WPF erweitert das Ereigniskonzept durch die Einführung von Routingereignissen.

Ein Schlüsselkonzept beim Ereignisrouting ist die Steuerelementeinbettungshierarchie. In WPF-Benutzeroberflächen enthalten Steuerelemente häufig weitere Steuerelemente. So besteht eine typische Benutzeroberfläche zum Beispiel aus einem `Window`-Objekt, das ein `Grid`-Objekt enthält, das wiederum mehrere Steuerelemente enthält. Eines davon ist ein `ToolBar`-Steuerelement, das wiederum mehrere `Button`-Steuerelemente enthält. Die Routingereignisarchitektur ermöglicht es, ein Ereignis, das aus einem Steuerelement stammt, von einem anderen Steuerelement in der Einbettungshierarchie auslösen zu lassen. Wenn der Benutzer also eines der `Button`-Steuerelemente in der Symbolleiste anklickt, kann das entsprechende Ereignis von der Schaltfläche, der Symbolleiste, dem `Grid` oder dem Fenster ausgelöst werden.

Warum ist das Ereignisrouting nützlich? Nehmen wir an, Sie entwerfen die Benutzeroberfläche für ein Taschenrechnerprogramm. In dieser Anwendung haben Sie mehrere `Button`-Steuerelemente, die innerhalb eines `Grid`-Steuerelements liegen. Sie wollen nun, dass jede Betätigung einer dieser Schaltflächen vom selben Ereignishandler behandelt wird. WPF löst das `Click`-Ereignis von `Button`, `Grid` und allen anderen Steuerelementen in der Steuerelementeinbettungshierarchie aus. Als Entwickler können Sie entscheiden, wo und wie das Ereignis behandelt wird. Sie können daher einen einzigen Ereignishandler für die `Click`-Ereignisse aller `Button`-Steuerelemente im `Grid`-Steuerelement bereitstellen. Das vereinfacht die Programmierung und stellt Konsistenz bei der Ereignisbehandlung sicher.

Arten von Routingereignissen

Es gibt drei Arten von Routingereignissen: direkt, Bubbling und Tunneling.

Direkte Ereignisse

Direkte Ereignisse (direct event) ähneln den .NET-Standardereignissen. Wie ein .NET-Standardereignis wird auch ein direktes Ereignis nur von dem Steuerelement ausgelöst, in dem es seinen Ursprung hat. Weil keine anderen Steuerelemente in der Steuerelementeinbettungshierarchie diese Ereignisse auslösen, besteht keine Möglichkeit für andere Steuerelemente, Handler für solche Ereignisse bereitzustellen. Ein Beispiel für ein direktes Ereignis ist `MouseLeave`.

Bubbling-Ereignisse

Bubbling-Ereignisse (bubbling event) werden erst in dem Steuerelement ausgelöst, in dem sie ihren Ursprung haben, und danach von jedem Steuerelement in der Einbettungshierarchie dieses Steuerelements. (Die Steuerelementeinbettungshierarchie wird auch als Oberflächenhierarchie oder Sichtbarkeitshierarchie bezeichnet.) Das Ereignis `MouseDown` ist ein Beispiel für ein Bubbling-Ereignis. Nehmen wir an, Sie haben ein `Label`-Steuerelement in ein `WrapPanel`-Steuerelement eingebettet, das wiederum in einem Fenster enthalten ist. Sobald der Benutzer die Maustaste über dem `Label`-Steuerelement klickt, löst zuerst dieses `Label`-Steuerelement das Ereignis `MouseDown` aus. Danach löst das `WrapPanel`-Steuerelement das Ereignis `MouseDown` aus, und schließlich das Fenster selbst. Sie können einen Ereignishandler auf jeder oder allen Stufen dieses Ereignisprozesses implementieren.

Tunneling-Ereignisse

Tunneling-Ereignisse (tunneling event) sind das Gegenteil der Bubbling-Ereignisse. Ein Tunneling-Ereignis wird zuerst vom obersten Container in der Oberflächenhierarchie ausgelöst. Dann wandert es nach unten durch alle Container, bis es schließlich von dem Element ausgelöst wird, in dem es seinen Ursprung hat. Ein Beispiel für ein Tunneling-Ereignis ist `PreviewMouseDown`. In unserem Beispiel stammt das Ereignis zwar aus dem `Label`-Steuerelement, aber das erste Steuerelement, das das Ereignis `PreviewMouseDown` auslöst, ist das `Window`-Objekt, gefolgt vom `WrapPanel`-Steuerelement und zuletzt dem `Label`-Steuerelement. Mithilfe von Tunneling-Ereignissen können Sie Ereignisse im Fenster oder Container abfangen und verarbeiten, bevor sie von den spezifischen Steuerelementen ausgelöst werden. Auf diese Weise können Sie Eingaben wie zum Beispiel Tastendrücke auf unterschiedlichen Ebenen filtern.

Im .NET Framework beginnen alle Tunneling-Ereignisse mit dem Wort `Preview`, zum Beispiel `PreviewKeyDown`, `PreviewMouseDown` und so weiter. Sie sind meist paarweise mit einem entsprechenden Bubbling-Ereignis definiert. So steht dem Tunneling-Ereignis `PreviewKeyDown` das Bubbling-Ereignis `KeyDown` gegenüber. Das Tunneling-Ereignis wird immer vor dem zugehörigen Bubbling-Ereignis ausgelöst, sodass Steuerelemente, die weiter oben in der Oberflächenhierarchie liegen, das Ereignis zuerst behandeln können. Jedes Tunneling-Ereignis teilt sich seine Instanz der Ereignisargumente mit dem zugehörigen Bubbling-Ereignis. Dieser Punkt ist wichtig, wenn Sie Ereignisse behandeln. Sie erfahren weiter unten in diesem Kapitel mehr dazu.

RoutedEventArgs

Alle Routingereignisse enthalten in ihrer Signatur eine Instanz von `RoutedEventArgs` (oder einer Klasse, die von `RoutedEventArgs` abgeleitet ist). Die Klasse `RoutedEventArgs` enthält umfangreiche Informationen über das Ereignis und das Steuerelement, von dem es stammt. Tabelle 2.1 beschreibt die Eigenschaften der Klasse `RoutedEventArgs`.

Tabelle 2.1 Eigenschaften von `RoutedEventArgs`

Eigenschaft	Beschreibung
`Handled`	Gibt an, ob dieses Ereignis behandelt wurde. Indem Sie diese Eigenschaft auf `True` setzen, können Sie das weitere Bubbling oder Tunneling verhindern.
`OriginalSource`	Liefert das Objekt, von dem das Objekt ursprünglich ausgelöst wurde. Bei den meisten WPF-Steuerelementen ist dies dasselbe Objekt wie das aus der Eigenschaft `Source`. Bei manchen Steuerelementen, beispielsweise zusammengesetzten Steuerelementen, gibt diese Eigenschaft aber ein anderes Objekt zurück.
`RoutedEvent`	Gibt das `RoutedEvent`-Objekt für das ausgelöste Ereignis zurück. Wenn Sie mehrere Ereignisse im selben Ereignishandler verarbeiten, können Sie über diese Eigenschaft feststellen, welches Ereignis ausgelöst wurde.
`Source`	Gibt das Objekt zurück, von dem das Ereignis ausgelöst wurde.

Alle `EventArgs`-Klassen für Routingereignisse sind von der Klasse `RoutedEventArgs` abgeleitet, viele stellen weitere Informationen zur Verfügung. So enthält `KeyboardEventArgs`, das für Tastaturereignisse benutzt wird, Informationen über die gedrückten Tasten. Und `MouseEventArgs`, das bei Mausereignissen benutzt wird, liefert Informationen über den Status der Maus zum Zeitpunkt, als das Ereignis auftrat.

Schnelltest

- Welche drei Arten von Routingereignissen gibt es in WPF und worin unterscheiden sie sich?

Antwort zum Schnelltest

- Es gibt drei Arten von Routingereignissen in WPF: direkte, Tunneling- und Bubbling-Ereignisse. Ein direktes Ereignis kann nur von dem Element ausgelöst werden, in dem es seinen Ursprung hat. Ein Bubbling-Ereignis wird zuerst von dem Element ausgelöst, in dem es seinen Ursprung hat, und danach von allen übergeordneten Containern in der Oberflächenhierarchie. Ein Tunneling-Ereignis wird zuerst vom obersten Container in der Oberflächenhierarchie ausgelöst, danach von jedem untergeordneten Container bis hin zu dem Element, in dem es seinen Ursprung hat. Tunneling- und Bubbling-Ereignisse ermöglichen es Elementen der Benutzeroberfläche, auf Ereignisse zu reagieren, die von eingebetteten Elementen ausgelöst werden.

Anfügen eines Ereignishandlers

Die bevorzugte Methode, um einen Ereignishandler anzufügen (attach), ist direkt im XAML-Code (Extensible Application Markup Language). Dabei weisen Sie einem Ereignis den Namen einer Methode zu, die eine passende Signatur für dieses Ereignis hat. Das folgende Beispiel zeigt, wie Sie den Ereignishandler für das `Click`-Ereignis eines `Button`-Steuerelements festlegen:

```
<Button Height="23" Margin="132,80,70,0" Name="button1"
  VerticalAlignment="Top" Click="button1_Click">Button</Button>
```

Wie beim Festlegen einer Eigenschaft müssen Sie einen Zeichenfolgenwert angeben, der den Namen der Methode enthält.

Angefügte Ereignisse

Ein Steuerelement kann einen Handler für ein Ereignis definieren, das dieses Steuerelement nicht selbst auslöst. Diese Fälle werden als *angefügte Ereignisse* (attached event) bezeichnet. Nehmen Sie als Beispiel die `Button`-Steuerelemente in einem `Grid`. Die Klasse `Button` definiert das Ereignis `Click`, die Klasse `Grid` aber nicht. Trotzdem können Sie einen Handler für die Schaltflächen im `Grid`-Steuerelement definieren, indem Sie das Ereignis `Click` des Steuerelements `Button` im XAML-Code einfügen. Das nächste Beispiel zeigt, wie ein Ereignishandler für eine Schaltfläche innerhalb eines `Grid`-Steuerelements definiert wird:

```
<Grid Button.Click="button_Click">
  <Button Height="23" Margin="132,80,70,0" Name="button1"
  VerticalAlignment="Top" >Button</Button>
</Grid>
```

Jedes Mal, wenn eine Schaltfläche aus diesem `Grid`-Steuerelement angeklickt wird, verarbeitet der Ereignishandler `button_Click` dieses Ereignis.

Behandeln eines Tunneling- oder Bubbling-Ereignisses

Manchmal ist es notwendig, die weitere Behandlung von Tunneling- oder Bubbling-Ereignissen zu unterbinden. Das ist zum Beispiel der Fall, wenn Sie die Verarbeitung von Tastendrücken ab einer bestimmten Ebene der Steuerelementhierarchie abbrechen wollen. Sie können ein Ereignis behandeln und jedes weitere Tunneling oder Bubbling verhindern, indem Sie die Eigenschaft `Handled` der `RoutedEventArgs`-Instanz auf `True` setzen. Hier ein Beispiel:

' Visual Basic

```
Private Sub TextBox1_KeyDown(ByVal sender As System.Object, _
  ByVal e As System.Windows.Input.KeyEventArgs)
  e.Handled = True
End Sub
```

// C#

```
private void textBox1_KeyDown(object sender, KeyEventArgs e)
{
  e.Handled = true;
}
```

Beachten Sie, dass sich Tunneling-Ereignisse und ihre zugehörigen Bubbling-Ereignisse (zum Beispiel `PreviewKeyDown` und `KeyDown`) dieselbe `RoutedEventArgs`-Instanz teilen. Wenn Sie also bei einem Tunneling-Ereignis der Eigenschaft `Handled` den Wert `True` zuweisen, wird auch das entsprechende Bubbling-Ereignis als behandelt eingestuft und unterdrückt.

Die Klasse *EventManager*

`EventManager` ist eine statische Klasse, die die Registrierung aller WPF-Routingereignisse verwaltet. Tabelle 2.2 beschreibt die Methoden der Klasse `EventManager`.

Tabelle 2.2 Methoden von `EventManager`

Methode	Beschreibung
`GetRoutedEvents`	Gibt ein Array mit allen Routingereignissen zurück, die in dieser Anwendung registriert wurden.
`GetRoutedEventsForOwner`	Gibt ein Array mit allen Routingereignissen zurück, die in dieser Anwendung für das angegebene Element registriert wurden.
`RegisterClassHandler`	Registriert einen Ereignishandler auf Klassenebene, wie im Abschnitt »Erstellen eines Ereignishandlers auf Klassenebene« weiter unten in dieser Lektion beschrieben.
`RegisterRoutedEvent`	Registriert einen Ereignishandler auf Instanzebene, wie im nächsten Abschnitt beschrieben.

Definieren eines neuen Routingereignisses

Sie können mit der Klasse `EventManager` ein neues Routingereignis für Ihre WPF-Steuerelemente definieren. Die folgende Anleitung beschreibt, wie Sie vorgehen, um ein neues Routingereignis zu definieren:

1. Legen Sie eine statische, schreibgeschützte Definition für das Ereignis an:

   ' Visual Basic
   ```
   Public Shared ReadOnly SuperClickEvent As RoutedEvent
   ```
   // C#
   ```
   public static readonly RoutedEvent SuperClickEvent;
   ```
2. Erstellen Sie einen Wrapper für das Routingereignis, der es als herkömmliches .NET Framework-Ereignis verfügbar macht:

   ' Visual Basic
   ```
   Public Custom Event SuperClick As RoutedEventHandler
     AddHandler(ByVal value As RoutedEventHandler)
       Me.AddHandler(SuperClickEvent, value)
     End AddHandler

     RemoveHandler(ByVal value As RoutedEventHandler)
       Me.RemoveHandler(SuperClickEvent, value)
     End RemoveHandler

     RaiseEvent(ByVal sender As Object, _
       ByVal e As System.Windows.RoutedEventArgs)
       Me.RaiseEvent(e)
     End RaiseEvent
   End Event
   ```

// C#

```
public event RoutedEventHandler SuperClick
{
  add
  {
    this.AddHandler(SuperClickEvent, value);
  }
  remove
  {
    this.RemoveHandler(SuperClickEvent, value);
  }
}
```

Benutzen Sie dabei eine andere `EventArgs`-Klasse als `RoutedEventArgs`. Sie müssen eine neue Klasse von `RoutedEventArgs` ableiten und einen neuen Delegaten erstellen, der diese Ereignisargumente benutzt.

3. Registrieren Sie das neue Ereignis mit `EventManager` im Konstruktor der Klasse, der das Ereignis gehört. Sie müssen dabei den Namen des Ereignisses, die Routingstrategie (direkt, Tunneling oder Bubbling), den Typ des Delegaten, der das Ereignis behandelt, und den Typ der Klasse angeben, der das Ereignis gehört. Hier ein Beispiel:

' Visual Basic

```
EventManager.RegisterRoutedEvent("SuperClick", _
  RoutingStrategy.Bubble, GetType(RoutedEventArgs), GetType(Window1))
```

// C#

```
EventManager.RegisterRoutedEvent("SuperClick",
  RoutingStrategy.Bubble, typeof(RoutedEventHandler), typeof(Window1));
```

Auslösen eines Ereignisses

Sobald das Ereignis definiert ist, können Sie es im Code auslösen, indem Sie eine neue Instanz von `RoutedEventArgs` anlegen und die Methode `RaiseEvert` aufrufen:

' Visual Basic

```
Dim myEventArgs As New RoutedEventArgs(myControl.myNewEvent)
MyBase.RaiseEvent(myEventArgs)
```

// C#

```
RoutedEventArgs myEventArgs = new RoutedEventArgs(myControl.myNewEvent);
RaiseEvent(myEventArgs);
```

Erstellen eines Ereignishandlers auf Klassenebene

Mit der Klasse `EventManager` können Sie auch einen Ereignishandler auf Klassenebene registrieren. Ein solcher Ereignishandler verarbeitet ein bestimmtes Ereignis für alle Instanzen einer Klasse. Er wird immer vor den Instanzhandlern aufgerufen. Sie können damit also Ereignisse überwachen und unterdrücken, bevor sie die jeweiligen Instanzhandler erreichen. Die folgende Anleitung beschreibt, wie Sie einen Ereignishandler auf Klassenebene implementieren:

1. Erstellen Sie eine statische Methode, die das Ereignis behandelt. Diese Methode muss dieselbe Signatur wie das Ereignis haben. Hier ein Beispiel:

   ' Visual Basic
   ```
   Private Shared Sub SuperClickHandlerMethod(ByVal sender As Object, _
     ByVal e As RoutedEventArgs)
     ' Ereignis hier behandeln
   End Sub
   ```
   // C#
   ```
   private static void SuperClickHandlerMethod(object sender, RoutedEventArgs e)
   {
     // Ereignis hier behandeln
   }
   ```
2. Legen Sie im statischen Konstruktor der Klasse, für die Sie den Ereignishandler erstellen, einen Delegaten für diese Methode an:

   ' Visual Basic
   ```
   Dim SuperClickHandler As New RoutedEventHandler( _
     AddressOf SuperClickHandlerMethod)
   ```
   // C#
   ```
   RoutedEventHandler SuperClickHandler = new
     RoutedEventHandler(SuperClickHandlerMethod);
   ```
3. Rufen Sie ebenfalls im statischen Konstruktor die Methode `EventManager.RegisterClassHandler` auf, um den Ereignishandler auf Klassenebene zu registrieren:

   ' Visual Basic
   ```
   EventManager.RegisterClassHandler(GetType(Window1), _
     SuperClickEvent, SuperClickHandler)
   ```
   // C#
   ```
   EventManager.RegisterClassHandler(typeof(Window1),
     SuperClickEvent, SuperClickHandler);
   ```

Ereignisse auf Anwendungsebene

Jede WPF-Anwendung ist in ein `Application`-Objekt eingebettet, das einen Satz Ereignisse zur Verfügung stellt. Diese Ereignisse betreffen die Lebensdauer der Anwendung. Sie können diese Ereignisse verarbeiten, um Code auszuführen, wenn die Anwendung gestartet oder beendet wird. Tabelle 2.3 beschreibt die verfügbaren Ereignisse auf Anwendungsebene, allerdings ohne Navigationsereignisse.

Tabelle 2.3 Ausgewählte Ereignisse auf Anwendungsebene

Ereignis	Beschreibung
`Activated`	Tritt auf, wenn Sie von einer anderen Anwendung zu Ihrem Programm wechseln. Es wird außerdem ausgelöst, wenn Sie zum ersten Mal ein Fenster anzeigen.
`Deactivated`	Tritt auf, wenn Sie zu einem anderen Programm wechseln.
`Dispatcher-Unhandled-Exception`	Wird ausgelöst, wenn eine unbehandelte Ausnahme in Ihrer Anwendung auftritt. Sie können eine unbehandelte Ausnahme im Ereignishandler für dieses Ereignis behandeln, indem Sie die Eigenschaft `DispatcherUnhandledExceptionEventArgs.Handled` auf `True` setzen.

▶

Ereignis	Beschreibung
`Exit`	Tritt auf, wenn die Anwendung heruntergefahren wird.
`SessionEnding`	Tritt auf, wenn die Windows-Sitzung endet, weil der Benutzer beispielsweise den Computer ausschaltet oder sich abmeldet.
`Startup`	Tritt auf, wenn die Anwendung gestartet wird.

Anwendungsereignisse sind .NET-Standardereignisse (also keine Routingereignisse). Sie können Handler für diese Ereignisse auf die in .NET übliche Weise erstellen. Die folgende Anleitung erklärt, wie Sie einen Ereignishandler für ein Ereignis auf Anwendungsebene erstellen:

1. Klicken Sie im Projektmappen-Explorer von Visual Studio mit der rechten Maustaste auf *Application.xaml* (in Visual Basic) beziehungsweise *App.xaml* (in C#) und wählen Sie den Befehl *Code anzeigen*, um die Codedatei für das `Application`-Objekt zu öffnen.
2. Erstellen Sie eine Methode, um das Ereignis zu behandeln:

   ' Visual Basic
   ```
   Private Sub App_Startup(ByVal sender As Object, _
     ByVal e As StartupEventArgs)
     ' Ereignis hier behandeln
   End Sub
   ```
   // C#
   ```
   void App_Startup(object sender, StartupEventArgs e)
   {
     // Ereignis hier behandeln
   }
   ```
3. Fügen Sie in der XAML-Ansicht des `Application`-Objekts den Ereignishandler zur `Application`-Deklaration hinzu:
   ```
   <Application x:Class="Application"
     xmlns="http://schemas.microsoft.com/winfx/2006/xaml/presentation"
     xmlns:x="http://schemas.microsoft.com/winfx/2006/xaml"
     StartupUri="Window1.xaml" Startup="App_Startup">
   ```

Übung Arbeiten mit Routingereignissen

In dieser Übung arbeiten Sie mit Routingereignissen. Sie erstellen Ereignishandler für das Ereignis `TextBox.TextChanged` in drei Steuerelementen der Oberflächenhierarchie und untersuchen, wie das Ereignis jeweils ausgelöst und behandelt wird.

Übung Erstellen eines Ereignishandlers

1. Legen Sie in Visual Studio eine neue WPF-Anwendung an.
2. Ziehen Sie ein `TextBox`- und drei `RadioButton`-Steuerelemente aus der Toolbox auf die Entwurfsoberfläche. Beachten Sie, dass diese Steuerelemente innerhalb eines `Grid`-Steuerelements liegen, das seinerseits in das `Window`-Element der obersten Ebene eingebettet ist. Alle Bubbling-Ereignisse, die vom `TextBox`-Steuerelement ausgelöst werden, durchlaufen die Hierarchie daher zuerst zum `Grid`-Steuerelement und dann zum `Window`-Element.

3. Tragen Sie in der Eigenschaft `Content` der `RadioButton`-Steuerelemente in der XAML-Ansicht die folgenden Texte ein:

`RadioButton`-**Steuerelement**	**Eigenschaft** `Content`
`RadioButton1`	`Textbox.TextChanged` in TextBox verarbeiten
`RadioButton2`	`Textbox.TextChanged` in Grid verarbeiten
`RadioButton3`	`Textbox.TextChanged` in Window verarbeiten

4. Fügen Sie im XAML-Code für das `TextBox`-Steuerelement unmittelbar vor dem `/>`, den Ereignisnamen **TextChanged** ein und drücken Sie zweimal die Tabulatortaste. Daraufhin wird ein Eintrag für einen Ereignishandler erstellt, außerdem wird im Programmcode die zugehörige Methode angelegt. Der Eintrag für den Ereignishandler müsste etwa so aussehen:

```
TextChanged="TextBox1_TextChanged"
```

5. Fügen Sie im XAML-Code für das `Grid`-Steuerelement **TextBoxBase.TextChanged** ein und drücken Sie zweimal die Tabulatortaste, um einen Ereignishandler zu generieren. Der eingefügte XAML-Code müsste so aussehen:

```
TextBoxBase.TextChanged="Grid_TextChanged"
```

6. Fügen Sie im XAML-Code für das `Window`-Steuerelement **TextBoxBase.TextChanged** ein und drücken Sie zweimal die Tabulatortaste, um einen Ereignishandler zu generieren. Der eingefügte XAML-Code müsste so aussehen:

```
TextBoxBase.TextChanged="Window_TextChanged"
```

7. Fügen Sie in der Codeansicht folgenden Code in die Methode `Textbox1_TextChanged` ein:

' Visual Basic

```
MessageBox.Show("Ereignis ausgelöst von Textbox")
e.Handled = RadioButton1.IsChecked
```

// C#

```
MessageBox.Show("Ereignis ausgelöst von Textbox");
e.Handled = (bool)radioButton1.IsChecked;
```

8. Fügen Sie den folgenden Code in die Methode `Grid_TextChanged` ein:

' Visual Basic

```
MessageBox.Show("Ereignis ausgelöst von Grid")
e.Handled = RadioButton2.IsChecked
```

// C#

```
MessageBox.Show("Ereignis ausgelöst von Grid");
e.Handled = (bool)radioButton2.IsChecked;
```

9. Fügen Sie den folgenden Code in die Methode `Window_TextChanged` ein:

' Visual Basic

```
MessageBox.Show("Ereignis ausgelöst von Window")
e.Handled = RadioButton3.IsChecked
```

// C#

```
MessageBox.Show("Ereignis ausgelöst von Window");
e.Handled = (bool)radioButton3.IsChecked;
```

10. Drücken Sie F5, um Ihre Anwendung zu erstellen und auszuführen. Tippen Sie einen Buchstaben in das Textfeld ein, ohne vorher eine der Optionen auszuwählen. Es werden drei Meldungsfelder angezeigt, die jeweils eines der Steuerelemente angeben, von dem das Ereignis ausgelöst wurde. Sie können das Ereignis behandeln, indem Sie eine der Optionsschaltflächen auswählen und auf diese Weise das Ereignis-Bubbling in den Ereignishandlern unterbrechen.

Zusammenfassung der Lektion

- WPF-Anwendungen führen eine neu Art von Ereignissen ein, die sogenannten Routingereignisse. Sie werden von WPF-Steuerelementen ausgelöst.
- Es gibt drei Arten Routingereignisse: direkte, Bubbling- und Tunneling-Ereignisse. Direkte Ereignisse werden nur von dem Steuerelement ausgelöst, in dem sie ihren Ursprung haben. Bubbling- und Tunneling-Ereignisse werden von dem Steuerelement ausgelöst, in dem sie ihren Ursprung haben, aber auch von allen Steuerelementen, die weiter oben in der Oberflächenhierarchie liegen.
- Ein Tunneling-Ereignis wird zuerst vom obersten Steuerelement in der Oberflächenhierarchie ausgelöst und wandert dann durch die Hierarchie nach unten, bis es schließlich von dem Steuerelement ausgelöst wird, in dem es seinen Ursprung hat. Ein Bubbling-Ereignis wird dagegen zuerst von dem Steuerelement ausgelöst, in dem es seinen Ursprung hat, und wandert dann durch die Oberflächenhierarchie nach oben, bis es schließlich vom obersten Steuerelement in der Oberflächenhierarchie ausgelöst wird.
- Sie können Ereignisse, die in eingebetteten Steuerelementen vorhanden sind, in Steuerelementen anfügen, die weiter oben in der Oberflächenhierarchie liegen.
- Die Klasse `EventManager` stellt Methoden zur Verfügung, mit denen Sie Ereignisse in Ihrer Anwendung verwalten können. Mit der Methode `EventManager.RegisterRoutedEvent` registrieren Sie ein neues Routingereignis. Einen Ereignishandler auf Klassenebene erstellen Sie mit `EventManager.RegisterClassHandler`.
- Das `Application`-Objekt löst mehrere Ereignisse aus, die Sie behandeln können, um an bestimmten Punkten in der Lebensdauer der Anwendung Code auszuführen. Ereignisse der Anwendungsebene können Sie im Code für das `Application`-Objekt behandeln.

Lernzielkontrolle

Mit den folgenden Fragen können Sie Ihr Wissen zu den Informationen aus Lektion 1, »Konfigurieren von Ereignissen und Ereignisbehandlung«, überprüfen. Die Fragen finden Sie (in englischer Sprache) auch auf der Begleit-CD, Sie können sie also auch auf dem Computer im Rahmen eines Übungstests beantworten.

Hinweis Die Antworten

Die Antworten auf diese Fragen mit Erklärungen, warum die jeweiligen Auswahlmöglichkeiten richtig oder falsch sind, finden Sie im Abschnitt »Antworten« am Ende dieses Buchs.

1. Sie haben den folgenden XAML-Code:

```
<Window x:Class="WpfApplication1.Window1"
  xmlns="http://schemas.microsoft.com/winfx/2006/xaml/presentation"
  xmlns:x="http://schemas.microsoft.com/winfx/2006/xaml"
```

```
  Title="Window1" Height="300" Width="300"
  ButtonBase.Click="Window_Click">
  <Grid ButtonBase.Click="Grid_Click">
    <StackPanel Margin="47,54,31,108" Name="stackPanel1"
     ButtonBase.Click="stackPanel1_Click">
    <Button Height="23" Name="button1" Width="75">Button</Button>
   </StackPanel>
  </Grid>
</Window>
```

Welche Methode wird zuerst ausgeführt, wenn der Benutzer `button1` anklickt?

A. `button1_Click`

B. `stackPanel1_Click`

C. `Grid_Click`

D. `Window_Click`

2. Sie haben den folgenden XAML-Code:

```
<Window x:Class="WpfApplication1.Window1"
  xmlns="http://schemas.microsoft.com/winfx/2006/xaml/presentation"
  xmlns:x="http://schemas.microsoft.com/winfx/2006/xaml"
  Title="Window1" Height="300" Width="300" MouseDown="Window_MouseDown">
  <Grid PreviewMouseDown="Grid_PreviewMouseDown">
     <StackPanel Margin="47,54,31,108" Name="stackPanel1"
      PreviewMouseDown="stackPanel1_PreviewMouseDown">
     <Button Click="button1_Click" Height="23" Name="button1"
        Width="75">Button</Button>
   </StackPanel>
  </Grid>
</Window>
```

Welche Methode wird zuerst ausgeführt, wenn der Benutzer `button1` anklickt?

A. `Window_MouseDown`

B. `Grid_PreviewMouseDown`

C. `stackPanel1_PreviewMouseDown`

D. `button1_Click`

3. Sie schreiben eine Anwendung, die aus einem einzigen WPF-Fenster besteht. Sie haben den Code fertig, der ausgeführt werden soll, wenn das Fenster zum ersten Mal erscheint und dann jedes Mal, wenn das Fenster aktiviert wird. Welches Anwendungsereignis beziehungsweise welche Anwendungsereignisse müssen Sie behandeln?

A. `Activated`

B. `Startup`

C. `Activated` und `Startup`

D. `Deactivated` und `Startup`

Lektion 2: Konfigurieren von Befehlen

WPF führt neue Objekte ein, die als *Befehle* (command) bezeichnet werden. Befehle stehen für abstrakte Aufgaben, die in der Anwendung ausgeführt werden. *Einfügen* ist beispielsweise ein Befehl, mit dem ein Objekt aus der Zwischenablage in einen Container kopiert wird. WPF bietet eine einheitliche Architektur, um Befehle zu erstellen, mit Anwendungsaufgaben zu verknüpfen und Elementen der Benutzeroberfläche zuzuordnen. In dieser Lektion erfahren Sie, wie Sie die integrierte Befehlsbibliothek nutzen, Befehle mit Benutzeroberflächenelementen verknüpfen, Befehlshandler definieren, einem Befehl eine Eingabeaktion zuordnen und benutzerdefinierte Befehle definieren.

Am Ende dieser Lektion werden Sie in der Lage sein, die folgenden Aufgaben auszuführen:

- Beschreiben der unterschiedlichen Teile eines Befehls
- Verknüpfen eines Befehls mit einem Benutzeroberflächenelement
- Hinzufügen einer Eingabeaktion zu einem Befehl
- Ausführen eines Befehls
- Verknüpfen eines Befehls mit einem Befehlshandler
- Deaktivieren eines Befehls
- Erstellen eines benutzerdefinierten Befehls

Veranschlagte Zeit für diese Lektion: 30 Minuten

Befehle wie *Ausschneiden*, *Kopieren* und *Einfügen* stehen für Aufgaben (task). In älteren Versionen des .NET Frameworks gab es keine vollständige Architektur, um Code mit Aufgaben zu verknüpfen. Nehmen wir an, Sie wollen die Aufgabe *Einfügen* in Ihrer Anwendung implementieren. Sie schreiben den Code, der die Aufgabe ausführt, und verknüpfen Ihr Benutzeroberflächenelement über Ereignisse mit diesem Code. Beispielsweise können Sie ein `MenuItem`-Element verwenden, das den Code ausführt, sobald der Benutzer den Menüeintrag auswählt. Zusätzlich können Sie Kontextmenüelemente oder sogar ein `Button`-Steuerelement definieren. In älteren Versionen des .NET Frameworks mussten Sie für jedes Steuerelement, das Sie mit der Aufgabe verknüpfen wollten, eigene Ereignishandler schreiben. Außerdem mussten Sie Code implementieren, um alle diese Steuerelemente zu deaktivieren, wenn die Aufgabe nicht zur Verfügung stand. Das ist zwar nicht unmöglich, erfordert aber einiges an Programmieraufwand und kann Fehler verursachen.

Dank der Befehle steht Ihnen eine zentralisierte Architektur für Aufgaben zur Verfügung. Sie können beliebig viele Steuerelemente oder Eingabeaktionen mit einem Befehl verknüpfen und diesen Befehl an einen Handler binden, der ausgeführt wird, sobald der Benutzer die Steuerelemente betätigt oder die Eingabeaktionen ausführt. Befehle kümmern sich auch selbst darum, ob sie gerade verfügbar sind. Ist ein Befehl deaktiviert, werden auch alle Benutzeroberflächenelemente deaktiviert, die diesem Befehl zugeordnet sind.

Die Befehlsarchitektur umfasst vier zentrale Bausteine. Das `Command`-Objekt steht für die Aufgabe. Daneben gibt es *Befehlsquellen* (command source). Dies sind Steuerelemente oder Eingabeaktionen, die den Befehl auslösen. Der *Befehlshandler* (command handler) ist eine Methode, die aufgerufen wird, wenn der Befehl ausgeführt wird. `CommandBinding` ist ein Objekt, mit dem das .NET Framework verwaltet, welche Befehle mit welchen Quellen und Handlern verknüpft sind.

Das .NET Framework stellt Entwicklern mehrere vordefinierte Befehle zur Verfügung. Diese integrierten Befehle sind statische Objekte, die als Eigenschaften von fünf statischen Klassen verfügbar gemacht werden. Die Klassen sind:

- `ApplicationCommands`
- `ComponentCommands`
- `EditingCommands`
- `MediaCommands`
- `NavigationCommands`

Jede dieser Klassen stellt viele statische Befehlsobjekte zur Verfügung, die Sie in Ihren Anwendungen verwenden können. Einige dieser Befehle haben zwar schon Standardeingabebindungen (zum Beispiel ist der Befehl `ApplicationCommands.Open` standardmäßig mit der Tastenkombination STRG+O verknüpft), aber keiner der Befehle tut etwas. Sie müssen erst Bindungen und Handler für diese Befehle erstellen, wenn Sie sie in Ihrer Anwendung einsetzen wollen.

Grundsätzliches Vorgehen beim Implementieren eines Befehls

Der folgende Abschnitt beschreibt, wie Sie grundsätzlich vorgehen, um Befehlsfunktionen zu implementieren. In den nächsten Abschnitten werden die einzelnen Schritte genauer erläutert.

Sie gehen folgendermaßen vor, um einen Befehl zu implementieren:

1. Entscheiden Sie, welchen Befehl Sie verwenden wollen, ob es einer der statischen Befehle aus dem .NET Framework oder ein benutzerdefinierter Befehl ist.
2. Verknüpfen Sie den Befehl mit den gewünschten Steuerelementen in der Benutzeroberfläche und fügen Sie bei Bedarf Eingabeaktionen zum Befehl hinzu.
3. Erstellen Sie eine Methode, die den Befehl behandelt.
4. Erstellen Sie ein `CommandBinding`-Steuerelement, das das `Command`-Objekt an den Befehlshandler und bei Bedarf an eine Methode bindet, die `Command.CanExecute` verarbeitet.
5. Fügen Sie die Befehlsbindung zur `Commands`-Auflistung des Steuerelements oder `Window`-Steuerelements hinzu, in dem der Befehl ausgeführt wird.

Ausführen von Befehlen

Ist ein Befehl implementiert, können Sie ihn ausführen, indem Sie ihn mit einem Steuerelement verknüpfen, eine Eingabeaktion verwenden oder ihn direkt im Programmcode aufrufen.

Befehle mit Steuerelementen verknüpfen

Viele WPF-Steuerelemente implementieren die Schnittstelle `ICommandSource`, daher können sie mit einem Befehl verknüpft werden, der automatisch ausgelöst wird, sobald der Benutzer das Steuerelement betätigt. Beispielsweise implementieren die Steuerelemente `Button` und `MenuItem` die Schnittstelle `ICommandSource`, sie stellen daher die Eigenschaft `Command` zur Verfügung. Wenn Sie dieser Eigenschaft einen Befehl zuweisen, wird der Befehl automatisch ausgeführt, wenn der Benutzer das Steuerelement anklickt. Sie können den Befehl für ein Steuerelement im XAML-Code zuweisen:

```
<Button Command="ApplicationCommands.Find" Height="23"
HorizontalAlignment="Right" Margin="0,0,38,80" Name="Button3"
VerticalAlignment="Bottom" Width="75">Button</Button>
```

Befehle mit Eingabeaktionen aufrufen

Sie können bei `Command`-Objekten auch Maus- und Tastatureingabeaktionen (gesture) registrieren. Der Befehl wird dann ausgeführt, wenn der Benutzer die Eingabeaktion zeichnet. Das folgende Codebeispiel zeigt, wie Sie eine Maus- und eine Tastatureingabeaktion zur `InputGestures`-Auflistung des Befehls `Application.Find` hinzufügen:

' Visual Basic

```
ApplicationCommands.Find.InputGestures.Add(New _
  MouseGesture(MouseAction.LeftClick, ModifierKeys.Control))
ApplicationCommands.Find.InputGestures.Add(New _
  KeyGesture(Key.Q, ModifierKeys.Control))
```

// C#

```
ApplicationCommands.Find.InputGestures.Add(new
  MouseGesture(MouseAction.LeftClick, ModifierKeys.Control));
ApplicationCommands.Find.InputGestures.Add(new
  KeyGesture(Key.Q, ModifierKeys.Control));
```

Wenn der Code aus diesem Beispiel ausgeführt wurde, wird der Befehl `Find` aufgerufen, sobald entweder bei gedrückter STRG-Taste die linke Maustaste betätigt oder gleichzeitig die Tasten STRG und Q gedrückt werden (also die Tastenkombination STRG+Q).

Befehle im Programmcode aufrufen

Sie können einen Befehl direkt im Programmcode aufrufen, beispielsweise als Reaktion auf das Ereignis in einem Steuerelement, das nicht die Eigenschaft `Command` zur Verfügung stellt. Dazu brauchen Sie lediglich die Methode `Command.Execute` aufzurufen:

' Visual Basic

```
ApplicationCommands.Find.Execute(aParameter, TargetControl)
```

// C#

```
ApplicationCommands.Find.Execute(aParameter, TargetControl);
```

In diesem Beispiel ist `aParameter` ein Objekt, das alle benötigten Parameterdaten für den Befehl enthält. Werden keine Parameter gebraucht, können Sie `null` (`Nothing` in Visual Basic) übergeben. `TargetControl` ist das Steuerelement, aus dem der Befehl stammt. Die Runtime beginnt in diesem Steuerelement mit der Suche nach einem `CommandBinding`-Objekt und durchläuft dann die Oberflächenhierarchie nach oben, bis sie ein geeignetes `CommandBinding`-Objekt findet.

Befehlshandler und Befehlsbindungen

Wie bereits erwähnt, passiert nichts, wenn Sie einfach einen Befehl aufrufen. Befehle stehen für Aufgaben, aber sie enthalten keinen Code, der die jeweilige Aufgabe erledigt. Damit Code ausgeführt wird, wenn ein Befehl aufgerufen wird, müssen Sie ein `CommandBinding`-Objekt erstellen, das den Befehl an einen Befehlshandler bindet.

Befehlshandler

Jede Methode mit der richtigen Signatur kann ein Befehlshandler sein. Befehlshandler haben die folgende Signatur:

' Visual Basic

```
Private Sub myCommandHandler(ByVal sender As Object, _
  ByVal e As ExecutedRoutedEventArgs)
  ' Befehl hier bearbeiten
End Sub
```

// C#

```
private void myCommandHandler(object sender, ExecutedRoutedEventArgs e)
{
  // Befehl hier bearbeiten
}
```

`ExecutedRoutedEventArgs` ist von `RoutedEventArgs` abgeleitet und stellt damit alle Member von `RoutedEventArgs` zur Verfügung. Außerdem hat es die Eigenschaft `Command`, die das verarbeitete `Command`-Objekt zurückgibt.

Befehlsbindungen

Das `CommandBinding`-Objekt verbindet alle Komponenten der Befehlsarchitektur miteinander. Ein `CommandBinding`-Objekt verknüpft einen Befehl mit einem Befehlshandler. Wenn Sie ein `CommandBinding`-Objekt zur Auflistung `CommandBindings` des Fensters oder eines Steuerelements hinzufügen, wird das `CommandBinding`-Objekt registriert. Anschließend wird der Befehlshandler aufgerufen, sobald der Benutzer den Befehl wählt. Das folgende Codebeispiel zeigt, wie Sie ein `CommandBinding`-Objekt erstellen und registrieren:

' Visual Basic

```
Dim abinding As New CommandBinding()
abinding.Command = ApplicationCommands.Find
AddHandler abinding.Executed, AddressOf myCommandHandler
Me.CommandBindings.Add(abinding)
```

// C#

```
CommandBinding abinding = new CommandBinding();
abinding.Command = ApplicationCommands.Find;
abinding.Executed += new ExecutedRoutedEventHandler(myCommandHandler);
this.CommandBindings.Add(abinding);
```

In diesem Beispiel legen Sie zuerst ein neues `CommandBinding`-Objekt an und verknüpfen es mit einem `Command`-Objekt. Anschließend legen Sie fest, welcher Befehlshandler ausgeführt wird, wenn der Benutzer den Befehl wählt. Und schließlich fügen Sie das `CommandBinding`-Objekt zur Auflistung `CommandBindings` des Fensters hinzu. Wenn daher ein Objekt innerhalb des Fensters den Befehl aufruft, wird der entsprechende Befehlshandler ausgeführt.

Sie können Befehlsbindungen auch direkt im XAML-Code definieren. Dazu erstellen Sie eine neue Bindung und verknüpfen darin deklarativ den Befehl mit den zugehörigen Handlern. Das folgende Beispiel definiert ein neues `CommandBinding`-Objekt in der `CommandBindings`-Auflistung des Fensters, das den Befehl `Application.Find` mit einem Handler verknüpft:

```
<Window.CommandBindings>
  <CommandBinding Command="ApplicationCommands.Find"
   Executed="myCommandHandler" />
</Window.CommandBindings>
```

Befehls-Bubbling

Alle Steuerelemente haben eine eigene `CommandBindings`-Auflistung, zusätzlich gibt es die `CommandBindings`-Auflistung des Fensters. Wie Routingereignisse durchlaufen auch Befehle die Oberflächenhierarchie, wenn sie aufgerufen werden. Befehle suchen zuerst in der `CommandBindings`-Auflistung des Steuerelements, aus dem sie stammen, nach einer Bindung, danach in den `CommandBindings`-Auflistungen der Steuerelemente, die weiter oben in der Oberflächenhierarchie stehen. Wie bei `RoutedEvent` können Sie die weitere Verarbeitung des Befehls unterbinden, indem Sie die Eigenschaft `Handled` des Parameters `ExecutedRoutedEventArgs` auf den Wert `True` setzen:

' Visual Basic

```
Private Sub myCommandHandler(ByVal sender As Object, _
  ByVal e As ExecutedRoutedEventArgs)
  ' Weiteres Bubbling des Befehls unterbrechen
  e.Handled = True
End Sub
```

// C#

```
private void myCommandHandler(object sender, ExecutedRoutedEventArgs e)
{
  // Weiteres Bubbling des Befehls unterbrechen
  e.Handled = true;
}
```

Prüfungstipp

Bubbling und Tunneling sind neue Konzepte in WPF. Sie spielen sowohl bei Befehlen als auch bei Routingereignissen eine wichtige Rolle. Machen Sie sich für die Prüfung unbedingt mit den Konzepten von Bubbling- und Tunneling-Ereignissen sowie dem Bubbling von Befehlen vertraut. Denken Sie daran, dass ein Befehl oder Ereignis nicht unbedingt von dem Element behandelt werden muss, aus dem es stammt.

Deaktivieren von Befehlen

Alle Befehle, die nicht mit einer Befehlsbindung verknüpft sind, werden automatisch deaktiviert. Es wird keine Aktion ausgeführt, wenn ein solcher Befehl gewählt wird. Alle Steuerelemente, bei denen ein solcher Befehl in die Eigenschaft `Command` eingetragen ist, werden deaktiviert dargestellt. Es gibt aber den Fall, dass Sie einen Befehl deaktivieren wollen, der fertig definiert und mit Steuerelementen und Befehlsbindungen verknüpft ist. Beispielsweise können Sie den Befehl `Print` deaktivieren, bis der Fokus wieder beim Dokument ist. Die Befehlsarchitektur bietet Ihnen die Möglichkeit, eine Methode festzulegen, die das Ereignis `Command.CanExecute` verarbeitet. Dieses Ereignis wird an verschiedenen Stellen einer Anwendung ausgelöst, um festzustellen, ob ein Befehl ausgeführt werden kann.

Methoden, die das Ereignis `CanExecute` verarbeiten, erhalten eine Instanz von `CanExecuteRoutedEventArgs` als Argument. Diese Klasse hat eine boolesche Eigenschaft namens `CanExecute`. Hat `CanExecute` den Wert `True`, kann der Befehl aufgerufen werden. Ist die Eigenschaft dagegen `False`, ist der Befehl deaktiviert. Sie können eine Methode erstellen, die das Ereignis `CanExecute` behandelt, ermittelt, ob der aktuelle Status der Anwendung die Ausführung des Befehls erlaubt, und `e.CanExecute` den passenden Wert zuweist.

Gehen Sie folgendermaßen vor, um das Ereignis `CanExecute` zu verarbeiten:

1. Erstellen Sie eine Methode, die das Ereignis `CanExecute` behandelt. Diese Methode sollte bei der Anwendung abfragen, ob der Befehl aktiviert werden kann. Hier ein Beispiel:

   ' Visual Basic
   ```
   Private canExecute As Boolean
   Private Sub abinding_CanExecute(ByVal sender As Object, _
     ByVal e As CanExecuteRoutedEventArgs)
     e.CanExecute = canExecute
   End Sub
   ```
   // C#
   ```
   bool canExecute;
   void abinding_CanExecute(object sender, CanExecuteRoutedEventArgs e)
   {
     e.CanExecute = canExecute;
   }
   ```
   In diesem Beispiel gibt die Methode den Wert der privaten Variablen `canExecute` zurück. In diesem Beispiel nehmen wir an, dass die Anwendung diese Variable auf `False` setzt, wenn der Befehl deaktiviert werden muss.

2. Tragen Sie den `CanExecute`-Handler in das `CommandBinding`-Objekt ein und verweisen Sie darin auf diese Methode:

   ' Visual Basic
   ```
   ' Setzt voraus, dass ein CommandBinding-Objekt namens abinding vorhanden ist
   AddHandler abinding.CanExecute, AddressOf abinding_CanExecute
   ```
   // C#
   ```
   // Setzt voraus, dass ein CommandBinding-Objekt namens abinding vorhanden ist
   abinding.CanExecute += new CanExecuteRoutedEventHandler(abinding_CanExecute);
   ```
   Stattdessen können Sie auch eine neue Bindung im XAML-Code erstellen und den Handler dort angeben:
   ```
   <Window.CommandBindings>
     <CommandBinding Command="ApplicationCommands.Find"
       Executed="CommandBinding_Executed"
       CanExecute="abinding_CanExecute" />
   </Window.CommandBindings>
   ```

Erstellen benutzerdefinierter Befehle

Ihnen stehen zwar viele vorhandene Befehle zur Verfügung, aber für die meisten Anwendungen brauchen Sie noch weitere Befehle. Es wird empfohlen, bei benutzerdefinierten Befehlen dem Schema aus dem .NET Framework zu folgen und statische Klassen (in C#) oder Module (in Visual Basic) anzulegen, die statische Instanzen der benutzerdefinierten Befehle zur Verfügung stellen. So verhindern Sie, dass mehrere Instanzen eines Befehls angelegt werden. Sie können außerdem beliebige Konfigurationsaufgaben für den Befehl im statischen Konstruktor der Klasse erledigen, um beispielsweise Eingabeaktionen mit dem Befehl zu verknüpfen. Das folgende Beispiel zeigt, wie Sie eine statische Klasse für einen benutzerdefinierten Befehl namens `Launch` erstellen:

' Visual Basic

```
Public Module MyCommands
  Private launch_command As RoutedUICommand
  Sub New()
    Dim myInputGestures As New InputGestureCollection
    myInputGestures.Add(New KeyGesture(Key.L, ModifierKeys.Ccntrol))
    launch_command = New RoutedUICommand("Launch", "Launch", _
    GetType(MyCommands), myInputGestures)
  End Sub
  Public ReadOnly Property Launch() As RoutedUICommand
    Get
      Return launch_command
    End Get
  End Property
End Module
```

// C#

```
public class MyCommands
{
  private static RoutedUICommand launch_command;
  static MyCommands()
  {
    InputGestureCollection myInputGestures = new
      InputGestureCollection();
    myInputGestures.Add(new KeyGesture(Key.L, ModifierKeys.Control));
    launch_command = new RoutedUICommand("Launch", "Launch",
      typeof(MyCommands), myInputGestures);
  }
  public RoutedUICommand Launch
  {
    get
    {
      return launch_command;
    }
  }
}
```

In diesem Beispiel wird eine statische Klasse beziehungsweise ein Modul erstellt, das den benutzerdefinierten Befehl enthält. Der Befehl wird über eine schreibgeschützte Eigenschaft zur Verfügung gestellt. Im statischen Konstruktor wird eine neue `InputGestureCollection`-Auflistung erstellt und eine Eingabeaktion zur Auflistung hinzugefügt. Mithilfe dieser Auflistung wird dann die Instanz von `RoutedUICommand` initialisiert, die über die schreibgeschützte Eigenschaft zurückgegeben wird.

Benutzerdefinierte Befehle im XAML-Code verwenden

Sobald Sie einen benutzerdefinierten Befehl erstellt haben, können Sie ihn in Ihrem Programmcode verwenden. Wollen Sie ihn allerdings im XAML-Code aufrufen, müssen Sie den Namespace, der den benutzerdefinierten Befehl enthält, mit einem XAML-Namespace verknüpfen. Gehen Sie folgendermaßen vor, um einen benutzerdefinierten Befehl im XAML-Code zu verwenden:

1. Erstellen Sie Ihren benutzerdefinierten Befehl, wie im letzten Abschnitt beschrieben.
2. Fügen Sie eine Namespacezuordnung zum XAML-Code des `Window`-Objekts hinzu. Das folgende Beispiel zeigt, wie ein Namespace namens `WpfApplication13.CustomCommands` zugeordnet wird. Beachten Sie, dass die benutzerdefinierten Befehle in diesem Beispiel in einem separaten Namespace liegen:

```
<Window x:Class="Window1"
  xmlns="http://schemas.microsoft.com/winfx/2006/xaml/presentation"
  xmlns:x="http://schemas.microsoft.com/winfx/2006/xaml"
  xmlns:CustomCommands="clr-namespace:WpfApplication13.CustomCommands"
  Title="Window1" Height="300" Width="300">

  <!-- Restliches XAML gekürzt-->
</Window>
```

3. Verwenden Sie den neu zugeordneten XAML-Namespace in Ihrem XAML-Code:

```
<Button Command="CustomCommands:MyCommands.Launch" Height="23"
HorizontalAlignment="Left" Margin="60,91,0,0" Name="Button1" VerticalAlignment="Top"
Width="75">Button</Button>
```

Übung Erstellen eines benutzerdefinierten Befehls

In dieser Übung erstellen Sie einen benutzerdefinierten Befehl und verknüpfen ihn dann mithilfe einer Befehlsbindung mit Benutzeroberflächenelementen.

Übung 1 Erstellen eines benutzerdefinierten Befehls

1. Öffnen Sie die Lösung aus dem Unterverzeichnis *Partial* zu dieser Lektion.
2. Wählen Sie im Menü *Projekt* den Befehl *Klasse hinzufügen* (in C#) beziehungsweise *Modul hinzufügen* (in Visual Basic). Geben Sie dem neuen Element den Namen **CustomCommands** und klicken Sie auf *OK*. Setzen Sie den Zugriffsmodifizierer der Klasse oder des Moduls auf `public`.
3. Nur wenn Sie mit C# arbeiten, müssen Sie die folgende `using`-Anweisung in Ihre Klasse einfügen:

```
using System.Windows.Input;
```

Fahren Sie andernfalls direkt bei Schritt 4 fort.

4. Fügen Sie eine schreibgeschützte Eigenschaft namens `Laurch` und eine zugehörige Membervariable hinzu, die eine Instanz von `RoutedUICommand` zurückgibt. (Beachten Sie, dass dies in C# `static`-Member sind.)

   ' Visual Basic
   ```
   Private launch_command As RoutedUICommand
   Public ReadOnly Property Launch() As RoutedUICommand
     Get
       Return launch_command
     End Get
   End Property
   ```
   // C#
   ```
   private static RoutedUICommand launch_command;
   public static RoutedUICommand Launch
   {
     get
     {
       return launch_command;
     }
   }
   ```
5. Fügen Sie einen Konstruktor zu Ihrem Modul (in Visual Basic) beziehungsweise einen statischen Konstruktor zu Ihrer Klasse (in C#) hinzu, der eine neue `InputGestureCollection`-Auflistung anlegt, eine passende Eingabeaktion hinzufügt, die mit dem neuen Befehl verknüpft wird, und dann die Membervariable initialisiert, die den benutzerdefinierten Befehl zurückgibt:

   ' Visual Basic
   ```
   Sub New()
     Dim myInputGestures As New InputGestureCollection
     myInputGestures.Add(New KeyGesture(Key.L, ModifierKeys.Control))
     launch_command = New RoutedUICommand("Launch", "Launch", _
       GetType(CustomCommands), myInputGestures)
   End Sub
   ```
   // C#
   ```
   static CustomCommands()
   {
     InputGestureCollection myInputGestures = new
       InputGestureCollection();
     myInputGestures.Add(new KeyGesture(Key.L, ModifierKeys.Control));
     launch_command = new RoutedUICommand("Launch", "Launch",
       typeof(CustomCommands), myInputGestures);
   }
   ```
6. Wählen Sie im Menü *Erstellen* den Befehl *Projektmappe erstellen*.

Übung 2 Verwenden Ihres benutzerdefinierten Befehls

1. Fügen Sie in der XAML-Ansicht den folgenden Code in das `Window`-Markup ein, um einen Verweis auf die Klasse zu erstellen, die Ihren benutzerdefinierten Befehl enthält:

   ```
   xmlns:Local="clr-namespace:<Namespace Ihres Projekts>"
   ```

Ersetzen Sie darin den Platzhalter `<Namespace Ihres Projekts>` durch den Namespacenamen Ihres Projekts.

2. Fügen Sie in der XAML-Ansicht zweimal das folgende Attribut ein, jeweils in das `Button`-Steuerelement und das `MenuItem`-Objekt `Launch`:

```
Command="Local:CustomCommands.Launch"
```

3. Fügen Sie in der Codeansicht von `Window1` die folgende Methode ein:

' Visual Basic

```
Private Sub Launch_Handler(ByVal sender As Object, _
  ByVal e As ExecutedRoutedEventArgs)
  MessageBox.Show("Launch aufgerufen")
End Sub
```

// C#

```
private void Launch_Handler(object sender, ExecutedRoutedEventArgs e)
{
  MessageBox.Show("Launch aufgerufen");
}
```

4. Ziehen Sie ein `CheckBox`-Steuerelement aus der Toolbox auf das Formular. Tragen Sie in die Eigenschaft `Content` des Steuerelements den Text **Befehl Launch aktivieren** ein.
5. Fügen Sie in der Codeansicht von `Window1` die folgende Methode ein:

' Visual Basic

```
Private Sub LaunchEnabled_Handler(ByVal sender As Object, _
  ByVal e As CanExecuteRoutedEventArgs)
  e.CanExecute = CheckBox1.IsChecked
End Sub
```

// C#

```
private void LaunchEnabled_Handler(object sender,
  CanExecuteRoutedEventArgs e)
{
  e.CanExecute = (bool)checkBox1.IsChecked;
}
```

6. Erstellen oder ersetzen Sie den Konstruktor für `Window1`, der eine Befehlsbindung für den Befehl `Launch` anlegt und registriert. Diese Befehlsbindung sollte das Ereignis `Launch.Executed` an die Methode `Launch_Handler` und das Ereignis `Launch.CanExecute` an die Methode `LaunchEnabled_Handler` binden. Das Ergebnis sieht zum Beispiel so aus:

' Visual Basic

```
Public Sub New()
  InitializeComponent()
  Dim abinding As New CommandBinding()
  abinding.Command = CustomCommands.Launch
  AddHandler abinding.Executed, AddressOf Launch_Handler
  AddHandler abinding.CanExecute, AddressOf LaunchEnabled_Handler
  Me.CommandBindings.Add(abinding)
End Sub
```

```
// C#
public Window1()
{
  InitializeComponent();
  CommandBinding abinding = new CommandBinding();
  abinding.Command = CustomCommands.Launch;
  abinding.Executed += new ExecutedRoutedEventHandler(Launch_Handler);
  abinding.CanExecute += new CanExecuteRoutedEventHandler(LaunchEnabled_Handler);
  this.CommandBindings.Add(abinding);
}
```

7. Drücken Sie F5, um Ihre Anwendung zu erstellen und auszuführen. Nach dem Start der Anwendung sind die Schaltfläche und das Menüelement *Launch* deaktiviert. Aktivieren Sie das Kontrollkästchen, damit der Befehl verfügbar wird. Jetzt können Sie den Befehl über die Schaltfläche, im Menü oder mit der Eingabeaktion STRG+L ausführen.

Zusammenfassung der Lektion

- Befehle stellen eine zentrale Architektur zum Verwalten abstrakter Aufgaben zur Verfügung. Das .NET Framework enthält eine Bibliothek integrierter Befehle, die häufig in Ihren Anwendungen benötigte Aufgaben zuordnen.
- Befehle können direkt, über eine Eingabeaktion wie `MouseGesture` oder `KeyGesture` oder durch Auswählen eines Steuerelements ausgeführt werden. Derselbe Befehl kann mit beliebig vielen Eingabeaktionen oder Steuerelementen verknüpft werden.
- Befehlsbindungen verknüpfen Befehle mit Befehlshandlern. Sie können eine Methode festlegen, die das Ereignis `Executed` eines Befehls behandelt, und eine weitere Methode, die das Ereignis `CanExecute` des Befehls behandelt.
- Methoden, die das Ereignis `CanExecute` eines Befehls behandeln, können die Eigenschaft `CanExecute` des `CanExecuteRoutedEventArgs`-Parameters auf `False` setzen, wenn der Befehl deaktiviert werden soll.
- Befehle können mit beliebig vielen Befehlsbindungen verknüpft werden. Befehle arbeiten mit Bubbling. Wählt der Benutzer einen Befehl aus, wird zuerst in der Auflistung des Elements, in dem der Befehl ausgeführt wurde, nach einer Bindung gesucht, danach dann in allen Elementen, die weiter oben in der Oberflächenhierarchie liegen.
- Sie können benutzerdefinierte Befehle erstellen. Dabei müssen Sie den Namespace, in dem Sie einen benutzerdefinierten Befehl erstellt haben, in Ihrer XAML-Ansicht einem XAML-Namespace zuordnen.

Lernzielkontrolle

Mit den folgenden Fragen können Sie Ihr Wissen zu den Informationen aus Lektion 2, »Konfigurieren von Befehlen«, überprüfen. Die Fragen finden Sie (in englischer Sprache) auch auf der Begleit-CD, Sie können sie also auch auf dem Computer im Rahmen eines Übungstests beantworten.

Hinweis Die Antworten

Die Antworten auf diese Fragen mit Erklärungen, warum die jeweiligen Auswahlmöglichkeiten richtig oder falsch sind, finden Sie im Abschnitt »Antworten« am Ende dieses Buchs.

1. Welche der folgenden Arbeiten müssen Sie ausführen, um einen Befehl an einen Befehlshandler zu binden? (Wählen Sie alle zutreffenden Antworten aus.)

   A. Legen Sie eine neue Instanz von `CommandBinding` an.

   B. Weisen Sie der Eigenschaft `CommandBinding.Command` einen Befehl zu.

   C. Fügen Sie eine oder mehrere Eingabeaktionen zu Ihrem Befehl hinzu.

   D. Fügen Sie einen Handler für das Ereignis `CommandBinding.Executed` hinzu.

   E. Fügen Sie einen Handler für das Ereignis `CommandBinding.CanExecute` hinzu.

   F. Fügen Sie das `CommandBinding`-Objekt zur Auflistung `CommandBindings` des `Window`-Objekts oder eines anderen Steuerelements hinzu, das mit dem Befehl verbunden ist.

2. Sie entwickeln eine Anwendung, die einen Befehl namens `Launch` zur Verfügung stellt. Dieser Befehl wird in der Auflistung `CommandBindings` eines Steuerelements namens `Window11` registriert. Er benötigt ein Argument vom Typ `String`. Welches der folgenden Codebeispiele ruft den Befehl richtig im Programmcode auf?

   A.

   ' Visual Basic
   ```
   Launch.CanExecute = True
   Launch.Execute("Boom", Window11)
   ```
   // C#
   ```
   Launch.CanExecute = true;
   Launch.Execute("Boom", Window11);
   ```

   B.

   ' Visual Basic
   ```
   Launch.Execute("Boom")
   ```
   // C#
   ```
   Launch.Execute("Boom");
   ```

   C.

   ' Visual Basic
   ```
   Launch.Execute("Boom", Window11)
   ```
   // C#
   ```
   Launch.Execute("Boom", Window11);
   ```

   D.

   ' Visual Basic
   ```
   Window11.CanExecute(Launch, True)
   Launch.Execute("Boom", Window11)
   ```
   // C#
   ```
   Window11.CanExecute(Launch, true);
   Launch.Execute("Boom", Window11);
   ```

Lektion 3: Implementieren von Animationen

Animationen sind ein weiteres Feature von WPF. Sie können damit den Wert einer Eigenschaft über einen bestimmten Zeitraum hinweg allmählich verändern. Mit dieser Technik können Sie eine Vielzahl optischer Effekte erzeugen. Zum Beispiel können Sie Steuerelemente vergrößern und über die Benutzeroberfläche bewegen, Farben langsam umstellen oder andere Eigenschaften allmählich verändern. In dieser Lektion erfahren Sie, wie Sie Animationen erstellen, die viele unterschiedliche Eigenschaftstypen ändern, und mit `Storyboard`-Objekten das Abspielen dieser Animationen steuern.

Am Ende dieser Lektion werden Sie in der Lage sein, die folgenden Aufgaben auszuführen:

- Erstellen und Benutzen von Animationen
- Steuern von Animationen mit der Klasse `Storyboard`
- Steuern des zeitlichen Ablaufs von Animationen
- Implementieren gleichzeitiger Animationen
- Steuern der Wiedergabe von Steuerelementanimationen mit `Action`-Steuerelementen
- Implementieren von Animationen, die Keyframes nutzen
- Erstellen und Starten von Animationen im Programmcode

Veranschlagte Zeit für diese Lektion: 30 Minuten

Verwenden von Animationen

Beim Begriff *Animation* denken Sie womöglich an süße gezeichnete Tiere, die in einem Film drollige Sachen machen. In WPF ist mit Animation etwas wesentlich Einfacheres gemeint. Allgemein ausgedrückt ist eine Animation in WPF die automatisierte Änderung einer Eigenschaft über einen bestimmten Zeitraum hinweg. Sie können die Größe, Position, Farbe oder praktisch jede andere Eigenschaft eines Elements animieren. Diese Änderungen implementieren Sie mithilfe der `Animation`-Klassen.

Die `Animation`-Klassen sind eine große Gruppe von Klassen, die dazu dienen, die automatisierten Eigenschaftsänderungen auszuführen. Es gibt 42 `Animation`-Klassen im Namespace `System.Windows.Media.Animation`, und jede hat einen bestimmten Datentyp, den sie animiert. `Animation`-Klassen werden in drei grundlegende Gruppen untergliedert: lineare Animationen, Keyframe-Animationen und pfadbasierte Animationen.

Lineare Animationen (linear animation) automatisieren eine lineare Eigenschaftsänderung. Ihre Namen folgen dem Schema `<Typname>Animation`, wobei `<Typname>` der Name des Typs ist, der animiert wird. `DoubleAnimation` ist zum Beispiel eine Klasse für lineare Animation. Diese Animationsklasse werden Sie wahrscheinlich am häufigsten einsetzen.

Keyframe-Animationen (key frame-based animation) führen ihre Animation anhand mehrerer Zwischenstände aus, der sogenannten Keyframes. Der Ablauf einer Keyframe-Animation durchläuft nach dem Start alle Keyframes, bis er endet. Dieser Ablauf ist normalerweise linear. Keyframe-Animationen sind nach dem Schema `<Typname>AnimationUsingKeyFrames` benannt, wobei `<Typname>` der Name des Typs ist, der animiert wird. Ein Beispiel ist `StringAnimationUsingKeyFrames`.

Pfadbasierte Animationen (path-based animation) verwenden ein Path-Objekt, um die Animation zu steuern. Sie werden meist benutzt, um Eigenschaften zu animieren, mit denen sichtbare Objekte entlang eines komplexen Wegs verschoben werden. Pfadbasierte Animationen sind nach dem Schema <Typname>AnimationUsingPath benannt, wobei <Typname> der Name des Typs ist, der animiert wird. Momentan gibt es nur drei Klassen für pfadbasierte Animation: PointAnimationUsingPath, DoubleAnimationUsingPath und MatrixAnimationUsingPath.

Wichtige Eigenschaften von Animationen

Es gibt zwar viele Animation-Klassen, sie funktionieren aber alle nach demselben Prinzip: Sie ändern über einen bestimmten Zeitraum hinweg allmählich den Wert einer bestimmten Eigenschaft. Daher teilen sie sich alle mehrere Eigenschaften. Viele dieser Eigenschaften werden auch von der Klasse Storyboard genutzt, die Animation-Objekte organisiert (mehr dazu weiter unten in dieser Lektion). Tabelle 2.4 zeigt die wichtigsten gemeinsamen Eigenschaften der Animation- und Storyboard-Klassen.

Tabelle 2.4 Wichtige Eigenschaften der Animation- und Storyboard-Klassen

Eigenschaft	Beschreibung
AccelerationRatio	Gibt an, über welchen Anteil an der Gesamtdauer der Animation die Wiedergabe allmählich von null auf die volle Geschwindigkeit beschleunigt wird.
AutoReverse	Gibt an, ob die Animation in umgekehrter Richtung erneut abgespielt wird, sobald die Vorwärtswiedergabe abgeschlossen wurde.
BeginTime	Legt fest, wann die Wiedergabe beginnen soll. Die Angabe ist relativ zum Zeitpunkt, an dem die Animation gestartet wird. Hat bei einer Animation die Eigenschaft BeginTime den Wert 0:0:5, wartet sie 5 Sekunden, bevor die Wiedergabe startet.
DecelerationRatio	Gibt an, über welchen Anteil an der Gesamtdauer der Animation die Wiedergabe allmählich von der vollen Geschwindigkeit auf null verlangsamt wird.
Duration	Gibt an, wie lange die Animation dauert.
FillBehavior	Gibt an, wie sich die Animation verhält, nachdem sie abgeschlossen wurde.
RepeatBehavior	Gibt an, wie die Animation wiederholt wird.
SpeedRatio	Legt fest, in welchem Verhältnis relativ zu ihrem übergeordneten Element die Animation abläuft.

Die meisten Klassen für lineare Animation implementieren einige weitere wichtige Eigenschaften. Sie sind in Tabelle 2.5 aufgelistet.

Tabelle 2.5 Wichtige Eigenschaften der Klassen für lineare Animation

Eigenschaft	Beschreibung
From	Der Startwert für die Animation. Wird er weggelassen, verwendet die Animation den aktuellen Eigenschaftswert.
To	Der Endwert für die Animation.
By	Gibt an, um welchen Betrag der Wert der Zieleigenschaft bei der Animation insgesamt geändert wird. Sind sowohl To als auch By Werte zugewiesen, wird der Wert der Eigenschaft By ignoriert.

Das folgende Beispiel demonstriert eine ganz einfache Animation, die den Wert einer Eigenschaft mit dem Datentyp `Double` über einen Zeitraum von 10 Sekunden hinweg allmählich von 1 auf 200 ändert:

```
<DoubleAnimation Duration="0:0:10" From="1" To="200" />
```

In diesem Beispiel legt die Eigenschaft `Duration` fest, dass die Animation 10 Sekunden läuft. Die Eigenschaften `From` und `To` geben an, dass der Startwert 1 und der Endwert 200 betragen.

Wahrscheinlich ist Ihnen aufgefallen, dass bei diesem Beispiel etwas fehlt. Welche Eigenschaft verändert die Animation eigentlich? Die Antwort: Sie animiert gar keine Eigenschaft. Das `Animation`-Objekt enthält selbst keine Informationen über die animierte Eigenschaft. Es wird erst mithilfe von `Storyboard` auf eine Eigenschaft angewendet.

Storyboard-Objekte

Ein Objekt der Klasse `Storyboard` steuert und organisiert die Animationen in Ihrer Benutzeroberfläche. Die Klasse `Storyboard` enthält die Auflistungseigenschaft `Children`. Sie speichert eine Auflistung mit `Timeline`-Objekten, die wiederum `Animation`-Objekte enthalten. Werden `Animation`-Objekte deklarativ im XAML-Code erstellt, müssen sie in ein `Storyboard`-Objekt eingebettet werden:

```
<Storyboard>
   <DoubleAnimation Duration="0:0:10" From="1" To="200" />
</Storyboard>
```

Steuern von Animationen mit *Storyboard*-Objekten

Im XAML-Code organisieren `Storyboard`-Objekte Ihre `Animation`-Objekte. Die wichtigste Aufgabe des `Storyboard`-Objekts ist, dass es Eigenschaften verwaltet, mit denen das Zielelement und die Zieleigenschaft der untergeordneten `Animation`-Objekte festgelegt werden. Hier ein Beispiel:

```
<Storyboard TargetName="Button1" TargetProperty="Height">
   <DoubleAnimation Duration="0:0:10" From="1" To="200" />
</Storyboard>
```

Dieses Beispiel können Sie nun verwenden. Es definiert einen Zeitablauf, bei dem über 10 Sekunden hinweg die Eigenschaft `Height` des Steuerelements `Button1` vom Wert `1` auf den Wert `200` vergrößert wird.

`TargetName` und `TargetProperty` sind verknüpfte Eigenschaften, Sie brauchen sie daher nicht direkt im `Storyboard`-Objekt festzulegen, sondern können das in den untergeordneten `Animation`-Objekten erledigen:

```
<Storyboard>
   <DoubleAnimation Duration="0:0:10" From="1" To="200"
      Storyboard.TargetName="Button1"
      Storyboard.TargetProperty="Height" />
</Storyboard>
```

Weil ein `Storyboard`-Objekt mehrere Animationen enthalten kann, ist es möglich, für jede Animation andere Zielelemente und -eigenschaften einzustellen. Daher ist es üblich, die verknüpften Eigenschaften zu benutzen.

Gleichzeitige Animationen

Ein Storyboard-Objekt kann mehrere untergeordnete Animation-Objekte enthalten. Wird das Storyboard-Objekt aktiviert, beginnen alle untergeordneten Animationen gleichzeitig und laufen parallel. Das folgende Beispiel demonstriert zwei gleichzeitige Animationen, die sowohl die Höhe als auch die Breite eines Button-Elements über den Zeitraum von 10 Sekunden hinweg vergrößern:

```
<Storyboard>
   <DoubleAnimation Duration="0:0:10" From="1" To="200"
      Storyboard.TargetName="Button1"
      Storyboard.TargetProperty="Height" />
   <DoubleAnimation Duration="0:0:10" From="1" To="100"
      Storyboard.TargetName="Button1"
      Storyboard.TargetProperty="Widtht" />
</Storyboard>
```

Auslösen von Animationen mit Triggern

Sie kennen sich nun mit den wesentlichen Punkten des Einsatzes von Animation-Objekten aus. Das Animation-Objekt definiert eine allmähliche Eigenschaftsänderung. Das Storyboard-Objekt enthält Animation-Objekte und legt fest, welche Elemente und Eigenschaften die Animation-Objekte verändern. Aber ein Baustein fehlt noch: Wie starten und beenden Sie eine Animation?

Alle deklarativ erstellten Animation-Objekte müssen innerhalb eines Trigger-Objekts liegen. Das kann entweder im Rahmen eines Stils oder in der Triggers-Auflistung eines Elements geschehen, die nur EventTrigger-Objekte aufnimmt.

Trigger-Objekte definieren Auflistungen mit Action-Objekten, die steuern, wann eine Animation gestartet und beendet wird. Das nächste Beispiel zeigt ein EventTrigger-Objekt mit einer Inlineanimation:

```
<EventTrigger RoutedEvent="Button.Click">
   <EventTrigger.Actions>
      <BeginStoryboard>
         <Storyboard>
            <DoubleAnimation Duration="0:0:5"
               Storyboard.TargetProperty="Height" To="200" />
         </Storyboard>
      </BeginStoryboard>
   </EventTrigger.Actions>
</EventTrigger>
```

Wie Sie an diesem Beispiel sehen, ist das Storyboard-Objekt in ein BeginStoryboard-Tag eingebettet, das wiederum in einem EventTrigger.Actions-Tag liegt. BeginStoryboard ist eine Aktion. Sie gibt an, dass das enthaltene Storyboard-Objekt gestartet werden soll. Die Klasse EventTrigger definiert eine Auflistung mit Aktionen, die ausgeführt werden sollen, sobald der Trigger aktiviert wird. In diesem Beispiel wird auf diese Weise die Aktion BeginStoryboard ausgelöst. Wenn also die in diesem Trigger angegebene Schaltfläche angeklickt wird, läuft die beschriebene Animation ab.

Steuern der Wiedergabe mit Aktionen

Es gibt mehrere Action-Klassen, mit denen Sie die Wiedergabe von Animationen steuern können. Tabelle 2.6 fasst diese Klassen zusammen.

Tabelle 2.6 Action-Klassen für Animationen

Aktion	Beschreibung
BeginStoryboard	Startet das untergeordnete Storyboard-Objekt.
PauseStoryboard	Unterbricht die Wiedergabe des angegebenen Storyboard-Objekts an der aktuellen Wiedergabeposition.
ResumeStoryboard	Setzt die Wiedergabe des angegebenen Storyboard-Objekts fort.
SeekStoryboard	Läuft schnell zur angegebenen Position im Storyboard-Zielobjekt weiter (Vorspulen).
SetStoryboardSpeedRatio	Legt das Geschwindigkeitsverhältnis des angegebenen Storyboard-Objekts fest.
SkipStoryboardToFill	Bewegt das angegebene Storyboard-Objekt ans Ende des Zeitablaufs.
StopStoryboard	Beendet die Wiedergabe des angegebenen Storyboard-Objekts und setzt die Animation auf die Anfangsposition zurück.

PauseStoryboard, ResumeStoryboard, StopStoryboard und SkipStoryboardToFill sind praktisch selbsterklärend. Sie sorgen dafür, dass die Wiedergabe unterbrochen, fortgesetzt, beendet beziehungsweise vorgespult wird. Alle diese Action-Klassen haben die Eigenschaft BeginStoryboardName gemeinsam. Sie enthält den Namen des BeginStoryboard-Objekts, auf das die Aktion wirkt. Das folgende Beispiel demonstriert eine StopStoryboard-Aktion, die die Wiedergabe das BeginStoryBoard-Objekts stbl beendet:

```
<Style.Triggers>
   <EventTrigger RoutedEvent="Button.MouseEnter">
      <EventTrigger.Actions>
         <BeginStoryboard Name="stbl">
            <Storyboard>
               <DoubleAnimation Duration="0:0:5"
                  Storyboard.TargetProperty="Height" To="200" />
            </Storyboard>
         </BeginStoryboard>
      </EventTrigger.Actions>
   </EventTrigger>
   <EventTrigger RoutedEvent="Button.MouseLeave">
      <EventTrigger.Actions>
         <StopStoryboard BeginStoryboardName="stbl" />
      </EventTrigger.Actions>
   </EventTrigger>
</Style.Triggers>
```

Alle Aktionen, die auf ein bestimmtes Storyboard-Objekt wirken, müssen in derselben Triggers-Auflistung definiert sein. Im letzten Beispiel wurden die beiden Trigger in der Auflistung Button.Triggers definiert. Würden Sie diese Trigger stattdessen in unterschiedlichen Triggers-Auflistungen definieren, würden die Storyboard-Aktionen nicht funktionieren.

Die Aktion SetStoryboardSpeedRatio legt das Geschwindigkeitsverhältnis für das gesamte Storyboard-Objekt und alle darin enthaltenen Animation-Objekte fest. Neben BeginStoryboardName müssen Sie auch der Eigenschaft SpeedRatio dieser Aktion einen Wert zuweisen. Das folgende Beispiel zeigt eine SetStoryboardSpeedRatio-Aktion, die das angegebene Storyboard-Objekt auf das Doppelte beschleunigt:

```
<Style.Triggers>
   <EventTrigger RoutedEvent="Button.MouseEnter">
      <EventTrigger.Actions>
         <BeginStoryboard Name="stb1">
            <Storyboard>
               <DoubleAnimation Duration="0:0:5"
                  Storyboard.TargetProperty="Height" To="200" />
            </Storyboard>
         </BeginStoryboard>
      </EventTrigger.Actions>
   </EventTrigger>
   <EventTrigger RoutedEvent="Button.MouseLeave">
      <EventTrigger.Actions>
         <SetStoryboardSpeedRatio BeginStoryboardName="stb1" SpeedRatio="2" />
      </EventTrigger.Actions>
   </EventTrigger>
</Style.Triggers>
```

Die Aktion SeekStoryboard erfordert, dass Werte in zwei zusätzliche Eigenschaften eingetragen werden. Die Eigenschaft Origin kann entweder den Wert BeginTime oder Duration haben. Sie bestimmt, wie die Eigenschaft Offset angewendet wird. Hat Origin den Wert BeginTime, wird Offset relativ zum Anfang des Storyboard-Objekts ausgewertet. Hat Origin dagegen den Wert Duration, wird das Offset relativ zur Eigenschaft Duration des Storyboard-Objekts berechnet. Die Eigenschaft Offset gibt an, zu welchem Punkt innerhalb der Animation gesprungen wird. Das folgende Beispiel zeigt eine SeekStoryboard-Aktion, die vom aktuellen Punkt der Wiedergabe 5 Sekunden weiterspringt.

```
<Style.Triggers>
   <EventTrigger RoutedEvent="Button.MouseEnter">
      <EventTrigger.Actions>
         <BeginStoryboard Name="stb1">
            <Storyboard>
               <DoubleAnimation Duration="0:0:10"
                  Storyboard.TargetProperty="Height" To="200" />
            </Storyboard>
         </BeginStoryboard>
      </EventTrigger.Actions>
   </EventTrigger>
   <EventTrigger RoutedEvent="Button.MouseLeave">
      <EventTrigger.Actions>
         <SeekStoryboard BeginStoryboardName="stb1" Origin="BeginTime" Offset="0:0:5" />
      </EventTrigger.Actions>
   </EventTrigger>
</Style.Triggers>
```

Verwenden von Eigenschaftstriggern bei Animationen

Sie haben in den Beispielen aus diesem Abschnitt Aktionen gesehen, die in EventTrigger-Objekten definiert sind. Sie können Action-Objekte aber auch in anderen Triggerarten unterbringen. Trigger-, MultiTrigger-, DataTrigger- und MultiDataTrigger-Objekte enthalten zwei Action-Auflistungen: EnterActions und ExitActions.

Die Auflistung EnterActions enthält einen Satz von Aktionen, die ausgeführt werden, sobald der Trigger aktiviert wird. Entsprechend enthält die Auflistung ExitActions einen Satz von Aktionen, die beim Deaktivieren des Triggers ausgeführt werden. Das nächste Beispiel demonstriert einen Trigger, der ein Storyboard-Objekt startet, wenn er aktiviert wird, und es wieder beendet, sobald er deaktiviert wird:

```
<Trigger Property="IsMouseOver" Value="True">
   <Trigger.EnterActions>
      <BeginStoryboard Name="stb1">
         <Storyboard>
            <DoubleAnimation Storyboard.TargetProperty="FontSize"
               To="20" Duration="0:0:.5" />
         </Storyboard>
      </BeginStoryboard>
   </Trigger.EnterActions>
   <Trigger.ExitActions>
      <StopStoryboard BeginStoryboardName="stb1" />
   </Trigger.ExitActions>
</Trigger>
```

Verwalten der Wiedergabegeschwindigkeit

Die Animation-Klassen und die Klasse Storyboard enthalten mehrere Eigenschaften, mit denen Sie die Wiedergabegeschwindigkeit detailliert steuern können. Alle diese Eigenschaften werden in diesem Abschnitt vorgestellt. Wird bei einer Animation einer Eigenschaft ein Wert zugewiesen, betrifft diese Einstellung nur die jeweilige Animation. Wenn Sie dagegen die Eigenschaft eines Storyboard-Objekts ändern, wirkt sich das auf alle Animation-Objekte aus, die es enthält.

AccelerationRatio und *DecelerationRatio*

Mit den Eigenschaften AccelerationRatio und DecelerationRatio reservieren Sie Abschnitte der Gesamtdauer zum Beschleunigen und Verlangsamen der Animationsgeschwindigkeit. Die Animation wird also nicht durchgängig mit gleichmäßiger Geschwindigkeit abgespielt. Das wird manchmal genutzt, um die Animation natürlicher aussehen zu lassen. Die Werte dieser Eigenschaften sind kleiner als 1. Sie geben an, welcher Teil der Gesamtdauer verwendet wird. Der Wert 0.2 in AccelerationRatio legt also fest, dass 20 Prozent der Gesamtdauer für das Beschleunigen auf die volle Geschwindigkeit verwendet werden soll. Die Summe von AccelerationRatio und DecelerationRatio muss kleiner oder gleich 1 sein. Das folgende Beispiel zeigt eine Animation, bei der 20 Prozent der Zeit auf die Beschleunigung verwendet wird:

```
<DoubleAnimation Duration="0:0:5" AccelerationRatio="0.2"
   Storyboard.TargetProperty="Height" To="200" />
```

AutoReverse

Die Eigenschaft `AutoReverse` legt fest, ob die Animation automatisch in umgekehrter Richtung abgespielt wird, sobald das Ende erreicht ist. Der Wert `True` bedeutet, dass die Animation umgekehrt abgespielt wird, wenn sie das Ende erreicht hat. Der Standardwert ist `False`. Das folgende Beispiel demonstriert diese Eigenschaft:

```
<DoubleAnimation Duration="0:0:5" AutoReverse="True"
   Storyboard.TargetProperty="Height" To="200" />
```

FillBehavior

Die Eigenschaft `FillBehavior` legt fest, wie sich die Animation verhält, nachdem sie abgeschlossen wurde. Der Wert `HoldEnd` bedeutet, dass die Animation nach ihrem Abschluss den letzten Wert behält. Dagegen kehrt die Animation am Ende zum Anfang des Ablaufs zurück, wenn die Eigenschaft den Wert `Stop` hat. Hier ein Beispiel:

```
<DoubleAnimation Duration="0:0:5" FillBehavior="Stop"
   Storyboard.TargetProperty="Height" To="200" />
```

Der Standardwert für `FillBehavior` ist `HoldEnd`.

RepeatBehavior

Die Eigenschaft `RepeatBehavior` steuert, ob und wie eine Animation wiederholt wird. Es gibt drei Möglichkeiten, ihren Wert festzulegen. Erstens können Sie ihr den Wert `Forever` zuweisen. Dann wird die Animation wiederholt, solange die Anwendung läuft. Zweitens können Sie ihr eine Zahl zuweisen, an die der Buchstabe `x` angehängt ist (zum Beispiel `2x`). Diese Zahl gibt an, wie oft die Animation wiederholt wird. Drittens können Sie die Dauer in die Eigenschaft eintragen. In diesem Fall legen Sie fest, wie lange die Animation insgesamt abgespielt wird, unabhängig von der Zahl der Durchläufe. Die drei folgenden Beispiele demonstrieren diese Einstellungen. Die erste Animation wird unbegrenzt wiederholt, die zweite wird dreimal wiederholt und die dritte läuft 1 Minute lang:

```
<DoubleAnimation Duration="0:0:5" RepeatBehavior="Forever"
   Storyboard.TargetProperty="Height" To="200" />
<DoubleAnimation Duration="0:0:5" RepeatBehavior="3x"
   Storyboard.TargetProperty="Height" To="200" />
<DoubleAnimation Duration="0:0:5" RepeatBehavior="0:1:0"
   Storyboard.TargetProperty="Height" To="200" />
```

SpeedRatio

Mit der Eigenschaft `SpeedRatio` können Sie die Gesamtdauer der Wiedergabe erhöhen oder verringern. Der Wert von `SpeedRatio` ist der Faktor, mit dem die Animationsgeschwindigkeit multipliziert wird. Hat eine Animation in `SpeedRatio` also den Wert `0.5`, dauert es doppelt so lange, um sie abzuspielen. Und der Wert `2` bedeutet, dass die Animation doppelt so schnell läuft. Ein Beispiel:

```
<DoubleAnimation Duration="0:0:5" SpeedRatio="0.5"
   Storyboard.TargetProperty="Height" To="200" />
```

Animieren anderer Typen als *Double*

Die meisten bisherigen Beispiele in dieser Lektion arbeiten mit der Klasse `DoubleAnimation`, es gibt aber für jeden Datentyp, der animiert werden kann, eine eigene Klasse. Beispielsweise können Sie mit der Klasse `ColorAnimation` eine Farbänderung animieren:

```
<Button Height="23" Width="100" Name="Button1">
   <Button.Background>
      <SolidColorBrush x:Name="myBrush" />
   </Button.Background>
   <Button.Triggers>
      <EventTrigger RoutedEvent="Button.Click">
         <BeginStoryboard>
            <Storyboard>
               <ColorAnimation Storyboard.TargetName="myBrush"
                  Storyboard.TargetProperty="Color" From="Red" To="LimeGreen"
                  Duration="0:0:5" />
            </Storyboard>
         </BeginStoryboard>
      </EventTrigger>
   </Button.Triggers>
</Button>
```

Wird die Schaltfläche aus diesem Beispiel angeklickt, wechselt ihre Hintergrundfarbe über eine Zeitspanne von 5 Sekunden allmählich von Rot zu Grün.

Hinweis Animationen und die Standardvorlage

Im Standarddesign von Windows verursacht diese Animation unter Umständen Konflikte mit anderen Animationen aus der Standardvorlage der Schaltfläche. Möglicherweise müssen Sie daher die Maus von der Schaltfläche wegbewegen und den Fokus auf ein anderes Steuerelement legen, um die Animation zu sehen.

Animation mit Keyframes

Alle bisher gezeigten Animationen arbeiten mit linearer Interpolation. Die animierte Eigenschaft ändert sich also in gleichmäßigen Schritten. Sie können auch nichtlineare Animationen erzeugen, indem Sie Keyframes einsetzen.

Keyframes sind Zwischenstationen in einer Animation. Statt die Animation von Anfang bis Ende linear durchlaufen zu lassen, unterteilen Keyframes die Animation in kurze Segmente. Die Animation läuft vom Anfang bis zum ersten Keyframe, dann zum nächsten Keyframe, und auf diese Weise durch die gesamte `KeyFrames`-Auflistung, bis das Ende der Animation erreicht ist. Jeder Keyframe definiert eigene `Value`- und `KeyTime`-Eigenschaften, die festlegen, welchen Wert die Animation annimmt, wenn sie den Keyframe erreicht, und an welchem Zeitpunkt innerhalb der Animation dieser Keyframe erreicht wird.

Zu jedem Datentyp, der eine lineare Animation unterstützt, gibt es auch einen Keyframe-Animationstyp. Außerdem haben einige Typen, die keine Typen für lineare Animation unterstützen, Typen für eine Keyframe-Animation. Die Namen der Keyframe-Animationstypen werden nach dem Schema `<Zieltyp>AnimationUsingKeyFrames` gebildet, wobei `<Zieltyp>` der Name des Typs ist, der von der Animation animiert wird. Keyframe-Animationstypen haben nicht die Eigenschaften From, To und By, der Verlauf der Animation wird stattdessen durch die Auflistung der Keyframes definiert.

Es gibt drei Arten von Keyframes. Der erste ist der lineare Keyframe. Ihr Name ist nach dem Schema Linear<Zieltyp>KeyFrame aufgebaut. Solche Keyframes definieren Punkte innerhalb einer Animation, zwischen denen linear interpoliert wird. Das folgende Beispiel zeigt die Verwendung linearer Keyframes:

```
<DoubleAnimationUsingKeyFrames Storyboard.TargetProperty="Height">
   <LinearDoubleKeyFrame Value="10" KeyTime="0:0:1" />
   <LinearDoubleKeyFrame Value="100" KeyTime="0:0:2" />
   <LinearDoubleKeyFrame Value="30" KeyTime="0:0:4"/>
</DoubleAnimationUsingKeyFrames>
```

In diesem Beispiel ändert sich die Eigenschaft Height in der ersten Sekunde vom Anfangswert auf den Wert 10, dann in der nächsten Sekunde auf den Wert 100. Schließlich senkt sie sich in den letzten 2 Sekunden wieder auf den Wert 30. Die Zwischenschritte innerhalb jedes Segments werden linear interpoliert. Dieses Beispiel ähnelt der Abfolge mehrerer linearer Animation-Objekte.

Diskrete Keyframes

Manche animierbaren Datentypen bieten keine Unterstützung für allmähliche Wertänderungen. Der Typ String beispielsweise kann nur diskrete Änderungen ausführen. Mit Objekten für diskrete Keyframes können Sie diskrete Änderungen am Wert einer animierten Eigenschaft ausführen. Die Namen der Klassen für diskrete Keyframes werden nach dem Schema Discrete<Zieltyp>KeyFrame gebildet, wobei <Zieltyp> der animierte Typ ist. Wie lineare Keyframes verwenden auch diskrete Keyframes die Eigenschaften Value und KeyTime, um die Parameter eines Keyframes festzulegen. Das folgende Beispiel zeigt die Animation einer Zeichenfolge mithilfe diskreter Keyframes:

```
<StringAnimationUsingKeyFrames Storyboard.TargetProperty="Content">
   <DiscreteStringKeyFrame Value="Soup" KeyTime="0:0:0" />
   <DiscreteStringKeyFrame Value="Sous" KeyTime="0:0:1" />
   <DiscreteStringKeyFrame Value="Sots" KeyTime="0:0:2" />
   <DiscreteStringKeyFrame Value="Nots" KeyTime="0:0:3" />
   <DiscreteStringKeyFrame Value="Nuts" KeyTime="0:0:4" />
</StringAnimationUsingKeyFrames>
```

Spline-Keyframes

Mit Spline-Keyframes können Sie eine Bézierkurve definieren, die die Beziehung zwischen Animationsgeschwindigkeit und Animationsdauer festlegt. Auf diese Weise erstellen Sie Animationen, die nach komplexen Regeln schneller oder langsamer werden. Die mathematischen Grundlagen zu Bézierkurven würden das Thema dieser Lektion sprengen, aber kurz gesagt ist eine Bézierkurve lediglich eine Kurve zwischen zwei Punkten, deren Form von zwei Kontrollpunkten bestimmt wird. Bei Spline-Keyframes liegen Start- und Endpunkt der Kurve immer bei (0,0) und (1,1), daher müssen Sie nur die beiden Kontrollpunkte definieren. Die Eigenschaft KeySpline enthält zwei Punkte, mit denen die Bézierkurve definiert wird:

```
<SplineDoubleKeyFrame Value="300" KeyTime="0:0:6" KeySpline="0.1,0.8 0.6,0.6" />
```

Ohne geeignete Entwurfstools ist es schwierig, Spline-Keyframes zu erstellen. Diese Animationen werden daher meist eingesetzt, wenn spezielle Entwurfstools zur Verfügung stehen.

Verwenden mehrerer Keyframetypen in einer Animation

Sie können mehrere Keyframetypen in derselben Animation kombinieren. `LinearKeyFrame`-, `DiscreteKeyFrame`- und `SplineKeyFrame`-Objekte können Sie beliebig in der `KeyFrames`-Auflistung mischen. Die einzige Einschränkung besteht darin, dass alle verwendeten Keyframes zum animierten Typ passen müssen. Beispielsweise können Zeichenfolgenanimationen nur `DiscreteStringKeyFrame`-Objekte benutzen.

Schnelltest

- Welche Arten von Keyframeobjekten gibt es? Wann benutzen Sie die jeweiligen Typen?

Antwort zum Schnelltest

- Es gibt `LinearKeyFrame`-, `DiscreteKeyFrame`- und `SplineKeyFrame`-Objekte. `LinearKeyFrame`-Objekte definieren einen linearen Übergang vom bisherigen Eigenschaftswert zu dem Wert, der im Keyframe angegeben ist. `DiscreteKeyFrame`-Objekte definieren einen diskreten Übergang vom bisherigen Eigenschaftswert zum Wert, der im Keyframe angegeben ist. `SplineKeyFrame`-Objekte definieren einen Übergang, dessen Geschwindigkeit durch eine zugehörige Bézierkurve gesteuert wird. Sie verwenden den Typ, der sich am besten für Ihre Benutzeroberfläche eignet. Für einige Animationstypen stehen nur `DiscreteKeyFrame`-Objekte zur Verfügung.

Erstellen und Abspielen von Animationen im Programmcode

Alle bisher in dieser Lektion vorgestellten `Animation`-Objekte wurden deklarativ im XAML-Code erstellt. Sie können `Animation`-Objekte aber auch im Programmcode anlegen und ausführen.

Wie Sie eine Animation erstellen, müssten Sie bereits wissen. Wie bei anderen .NET-Objekten legen Sie eine neue Instanz Ihrer Animation an und legen die benötigten Eigenschaften fest. Hier ein Beispiel:

' Visual Basic

```
Dim aAnimation As New System.Windows.Media.Animation.DoubleAnimation()
aAnimation.From = 20
aAnimation.To = 300
aAnimation.Duration = New Duration(New TimeSpan(0, 0, 5))
aAnimation.FillBehavior = Animation.FillBehavior.Stop
```

// C#

```
System.Windows.Media.Animation.DoubleAnimation aAnimation = new
   System.Windows.Media.Animation.DoubleAnimation();
aAnimation.From = 20;
aAnimation.To = 300;
aAnimation.Duration = new Duration(new TimeSpan(0, 0, 5));
aAnimation.FillBehavior = Animation.FillBehavior.Stop;
```

Sobald die Animation erstellt ist, stellt sich die Frage: Wie spielen Sie die Animation ab? Wenn Sie `Animation`-Objekte deklarativ erstellen, müssen Sie ein `Storyboard`-Objekt verwenden, um die Animation zu organisieren, und eine Aktion, um sie zu starten. Im Programmcode reicht dagegen ein simpler Methodenaufruf. Alle WPF-Steuerelemente haben die

Methode `BeginAnimation`, der Sie eine Abhängigkeitseigenschaft des Steuerelements sowie ein `Animation`-Objekt übergeben, das mit der angegebenen Abhängigkeitseigenschaft arbeitet. Der folgende Code zeigt ein Beispiel:

' Visual Basic

```
Button1.BeginAnimation(Button.HeightProperty, aAnimation)
```

// C#

```
button1.BeginAnimation(Button.HeightProperty, aAnimation);
```

Übung Die Lesbarkeit durch Animationen verbessern

In dieser Übung verbessern Sie Ihre Lösung aus der Übung zu Lektion 3 von Kapitel 1. Sie löschen die Trigger, die die Schrift vergrößern, und verwenden stattdessen eine Animation, damit das Ergebnis natürlicher aussieht. Außerdem erstellen Sie `Animation`-Objekte, um das Steuerelement zu vergrößern, wenn sich die Maus darüber befindet.

Übung Animieren von kontraststarken Stilen

1. Öffnen Sie die fertige Projektmappe aus der Übung zu Lektion 3 von Kapitel 1.
2. Löschen Sie in allen Stilen die `Setter`-Elemente für die Schriftgröße, die im Trigger definiert sind, und ersetzen Sie sie durch `Trigger.EnterActions`- und `Trigger.ExitActions`-Abschnitte:

```
<Trigger.EnterActions>

</Trigger.EnterActions>
<Trigger.ExitActions>

</Trigger.ExitActions>
```

3. Fügen Sie in jedem `Trigger.EnterActions`-Abschnitt eine `BeginStoryboard`-Aktion ein:

```
<BeginStoryboard Name="Storyboard1">

</BeginStoryboard>
```

4. Fügen Sie die folgenden `Storyboard`- und `Animation`-Objekte in das `BeginStoryboard`-Objekt ein, das im Stil für das Textfeld definiert ist. Beachten Sie, dass die Werte für das `ThicknessAnimation`-Objekt speziell auf die fertige Version der Übung zu Lektion 3 von Kapitel 1 abgestimmt sind, wie sie auf der Begleit-CD enthalten ist. Wenn Sie dort andere Werte verwendet haben, müssen Sie die Werte auch hier anpassen:

```
<Storyboard Duration="0:0:1">
   <DoubleAnimation Storyboard.TargetProperty="FontSize"
      To="20" />
   <ThicknessAnimation Storyboard.TargetProperty="Margin"
      To="26,118,45,104" />
   <DoubleAnimation Storyboard.TargetProperty="Width" To="210"/>
   <DoubleAnimation Storyboard.TargetProperty="Height" To="40"/>
</Storyboard>
```

5. Fügen Sie ein ähnliches Storyboard-Objekt zum Stil für das Label-Steuerelement hinzu:

```
<Storyboard Duration="0:0:1">
   <DoubleAnimation Storyboard.TargetProperty="FontSize" To="20" />
   <ThicknessAnimation Storyboard.TargetProperty="Margin"
      To="26,62,46,-10" />
   <DoubleAnimation Storyboard.TargetProperty="Width" To="210"/>
   <DoubleAnimation Storyboard.TargetProperty="Height" To="40"/>
</Storyboard>
```

6. Fügen Sie ein ähnliches Storyboard-Objekt zum Stil für das Button-Steuerelement hinzu:

```
<Storyboard Duration="0:0:1">
   <DoubleAnimation Storyboard.TargetProperty="FontSize" To="20" />
   <ThicknessAnimation Storyboard.TargetProperty="Margin"
      To="26,0,46,52" />
   <DoubleAnimation Storyboard.TargetProperty="Width" To="210"/>
   <DoubleAnimation Storyboard.TargetProperty="Height" To="40"/>
</Storyboard>
```

7. Fügen Sie die folgende Zeile in den Trigger.ExitActions-Abschnitt jedes Stils ein:

```
<StopStoryboard BeginStoryboardName="Storyboard1" />
```

8. Drücken Sie F5, um Ihre Anwendung zu erstellen und auszuführen. Die Vergrößerung der Schrift wird nun animiert, außerdem vergrößert sich das gesamte Steuerelement.

Zusammenfassung der Lektion

- Animation-Objekte steuern die automatisierte allmähliche Änderung von Eigenschaften. Es gibt drei Arten von Animation-Objekten: lineare Animationen, Keyframe-Animationen und pfadbasierte Animationen. Zu jedem animierbaren Typ gibt es mindestens einen Animationstyp, auf einige Typen können auch mehrere Animationstypen angewendet werden.
- Storyboard-Objekte organisieren Animation-Objekte. Storyboard-Objekte legen fest, auf welche Objekte und Eigenschaften die darin enthaltenen Animation-Objekte angewendet werden.
- Animation- und Storyboard-Objekte enthalten etliche Eigenschaften, mit denen Sie das Wiedergabeverhalten der Animation steuern.
- Storyboard-Objekte, die deklarativ erstellt werden, werden von einer BeginStoryboard-Aktion in der Actions-Auflistung eines Triggers aktiviert. Trigger können auch Aktionen definieren, die Storyboard-Objekte unterbrechen, beenden oder fortsetzen und andere Steuerfunktionen für die Animation ausführen.
- Keyframe-Animationen definieren eine Abfolge von Zwischenstationen, die von der Animation durchlaufen werden. Es gibt drei Arten von Keyframes: lineare Keyframes, diskrete Keyframes und Spline-Keyframes. Einige animierbare Typen, zum Beispiel Zeichenfolgen, unterstützen nur diskrete Keyframes.
- Sie können Animation-Objekte im Programmcode erstellen und ausführen. In diesem Fall müssen Sie kein Storyboard-Objekt definieren. Sie brauchen nur die Methode BeginAnimation des Elements aufzurufen, mit dem Sie die Animation verknüpfen wollen.

Lernzielkontrolle

Mit den folgenden Fragen können Sie Ihr Wissen zu den Informationen aus Lektion 3, »Implementieren von Animationen«, überprüfen. Die Fragen finden Sie (in englischer Sprache) auch auf der Begleit-CD, Sie können sie also auch auf dem Computer im Rahmen eines Übungstests beantworten.

Hinweis Die Antworten

Die Antworten auf diese Fragen mit Erklärungen, warum die jeweiligen Auswahlmöglichkeiten richtig oder falsch sind, finden Sie im Abschnitt »Antworten« am Ende dieses Buchs.

---

1. Wie oft wird die hier gezeigte Animation *wiederholt* (der erste Durchlauf wird also nicht mitgezählt)?

```
<DoubleAnimation Duration="0:0:15" RepeatBehavior="0:1:0"
   Storyboard.TargetProperty="Height" To="200" />
```

   A. 0

   B. 1

   C. 2

   D. 3

2. Sehen Sie sich die folgende Animation an:

```
<DoubleAnimation Duration="0:0:5" From="30" By="80" To="200"
Storyboard.TargetProperty="Height" />
```

   Das Element, dessen `Height`-Eigenschaft damit animiert wird, hat momentan die Höhe 50. Welchen Wert hat die Höhe des Elements, wenn die Animation abgeschlossen ist?

   A. 50

   B. 110

   C. 130

   D. 200

Übungen mit Fallbeispiel

In den folgenden Übungen mit Fallbeispiel wenden Sie an, was Sie über die Verwendung von Befehlen, Ereignissen und Einstellungen gelernt haben. Die Lösungen zu den Fragen finden Sie im Abschnitt »Antworten« hinten in diesem Buch.

Übung mit Fallbeispiel 1: Überprüfen der Benutzereingaben

Sie entwerfen ein Formular, in dem die Sachbearbeiter der Versicherung Humongous Insurance Daten eingeben. Das Formular besteht aus mehreren `TextBox`-Steuerelementen, in die Daten eingetippt werden. Es wird damit gerechnet, dass die Dateneingabe schnell und fehlerfrei erfolgt. Aber um sicherzustellen, dass sich keine Fehler einschleichen, implementieren Sie eine Überprüfung für das Formular. Die Überprüfung ist recht komplex. Bestimmte Zeichen sind in allen Textfeldern verboten, zusätzlich gibt es bei jedem Textfeld individuelle Einschränkungen. Sie wollen das Überprüfungsverfahren mit möglichst wenig Code implementieren, damit Fehlerbehebung und Wartung einfach bleiben.

Beantworten Sie Ihrem Manager die folgende Frage:

- Welche Strategien können wir anwenden, um diese Überprüfungen zu implementieren?

Übung mit Fallbeispiel 2: Benutzeroberfläche für Humongous Insurance

Das Frontend für diese Datenbank ist genauso komplex wie die Überprüfung. Sie haben ein Frontend, das viele Menübefehle zur Verfügung stellt. Erfahrene Benutzer können außerdem häufig benötigte Menüelemente betätigen, indem sie die STRG-Taste gedrückt halten, während sie verschiedene Eingabeaktionen mit der Maus ausführen. Die von den Menüelementen aufgerufenen Funktionen stehen nicht immer zur Verfügung. Und schließlich müssen Sie es den Sachbearbeitern ermöglichen, die Daten in diesem Fenster schnell und einfach zu bearbeiten.

Die technischen Anforderungen lauten:

- Alle wichtigen Menüelemente müssen Zugriffstasten haben, manche auch Mauseingabeaktionen.
- Dem Benutzer muss intuitiv angezeigt werden, welche Menüelemente momentan verfügbar sind. Dies darf die Bedienabläufe aber nicht stören.
- Ist ein Menüelement nicht verfügbar, müssen auch die zugehörigen Zugriffstasten und Mauseingabeaktionen deaktiviert sein.
- Einige `TextBox`-Steuerelemente auf dem Formular müssen automatisch ausgefüllt werden, wenn die entsprechenden Tasten gedrückt werden.

Die Frage lautet:

- Wie können Sie diese Funktionalität implementieren?

Vorgeschlagene Übungen

Sie sollten die folgenden Aufgaben durcharbeiten, wenn Sie die in diesem Kapitel behandelten Prüfungsziele meistern wollen.

- **Übung 1** Erstellen Sie einen simplen Texteditor mit Schaltflächen für die Befehl *Ausschneiden*, *Kopieren* und *Einfügen*.
- **Übung 2** Erstellen Sie eine Anwendung, die aus einem Fenster mit einer einzigen Schaltfläche besteht, die vor der Maus flieht, sodass der Benutzer sie niemals anklicken kann.
- **Übung 3** Erstellen Sie eine Animation, die Elemente über die Benutzeroberfläche bewegt. Verwenden Sie einmal lineare Animationen und dann Keyframe-Animationen, um sich mit den unterschiedlichen Animationsstilen vertraut zu machen. Animieren Sie auch andere Eigenschaften von Benutzeroberflächenelementen, etwa Farbe, Größe und Inhalt.
- **Übung 4** Erstellen Sie mithilfe von Animationen eine Diashow, die alle Bilddateien aus einem angegebenen Verzeichnis einliest und jedes Bild 10 Sekunden lang anzeigt, bevor sie automatisch auf das nächste umschaltet. Sie müssen die Animation dafür im Programmcode erstellen und ausführen.

Machen Sie einen Übungstest

Die Übungstests (in englischer Sprache) auf der Begleit-CD zu diesem Buch bieten zahlreiche Möglichkeiten. Zum Beispiel können Sie einen Test machen, der ausschließlich die Themen aus einem Prüfungslernziel behandelt, oder Sie können sich selbst mit dem gesamten Inhalt der Prüfung 70-511 testen. Sie können den Test so konfigurieren, dass er dem Ablauf einer echten Prüfung entspricht, oder Sie können einen Lernmodus verwenden, in dem Sie sich nach dem Beantworten einer Frage jeweils sofort die richtige Antwort und Erklärungen ansehen können.

Weitere Informationen Übungstests

Einzelheiten zu allen Optionen, die bei den Übungstests zur Verfügung stehen, finden Sie im Abschnitt »So benutzen Sie die Übungstests« in der Einführung am Anfang dieses Buchs.

KAPITEL 3

Hinzufügen und Verwalten von Inhalt

Die Windows Presentation Foundation (WPF) bietet für das Erstellen und Anzeigen von Grafiken, Bildern und Mediendateien bessere Unterstützung als je zuvor. In diesem Kapitel lernen Sie, wie Sie mithilfe von WPF Grafiken erstellen und anzeigen, die grafische Oberfläche verändern und Audio- und Videoinhalt hinzufügen.

In diesem Kapitel abgedeckte Prüfungsziele:

- Ändern der Benutzeroberfläche während der Laufzeit
- Hinzufügen von Multimediainhalt zu einer Anwendung in WPF
- Erstellen und Anzeigen von Grafik

Lektionen in diesem Kapitel:

Bevor Sie beginnen

Um die Lektionen in diesem Kapitel durcharbeiten zu können, müssen Sie folgende Vorbereitungen getroffen haben:

- Ihnen steht ein Computer zur Verfügung, der die im Abschnitt »Einführung« am Anfang dieses Buchs aufgelisteten Hardwarevoraussetzungen erfüllt.
- Auf Ihrem Computer ist Microsoft Visual Studio 2010 Professional Edition installiert.
- Sie sind mit der Syntax von Visual Basic oder C# sowie dem Microsoft .NET Framework 4.0 vertraut.

Praxistipp

Matthew Stoecker

WPF macht es geradezu simpel, meine Anwendung durch Audio und Video aufzuwerten. Zusammen mit der verbesserten Unterstützung für Grafiken macht dieses Feature es einfacher als je zuvor, anspruchsvolle Anwendungen zu entwickeln.

Lektion 1: Verwalten der grafischen Oberfläche

WPF bietet für das Erstellen und Anzeigen von Grafik bessere Unterstützung als je zuvor. In dieser Lektion erfahren Sie, wie Sie diese verbesserte Unterstützung ausnutzen, indem Sie eigene Grafikeffekte entwickeln. Sie lernen, wie Sie mit unterschiedlichen Pinseln Effekte entwerfen, viele unterschiedliche Formen erstellen und sie transformieren und wie sie feststellen, wann die Maus sich innerhalb solcher Formen befindet.

Am Ende dieser Lektion werden Sie in der Lage sein, die folgenden Aufgaben auszuführen:

- Erstellen von Pinseln, die unterschiedliche Effekte bewirken, und Beschreiben, wodurch sich Pinsel voneinander unterscheiden
- Einen Pinsel auf verschiedene Eigenschaften anwenden, die sich auf die optische Darstellung von Steuerelementen auswirken
- Erstellen unterschiedlicher Linien und Formen
- Anwenden von Transformationen auf unterschiedliche Linien und Formen
- Ermitteln, wann sich die Maus über einer Form befindet

Veranschlagte Zeit für diese Lektion: 30 Minuten

Pinsel

Pinsel (brush) sind in WPF die wichtigsten Objekte, um die Benutzeroberfläche zu zeichnen. Jedes Steuerelement hat Eigenschaften, denen Sie ein `Brush`-Objekt zuweisen können. Sie steuern das Aussehen eines Steuerelements, indem Sie jeder Eigenschaft einen anderen Pinsel zuweisen. Diese Eigenschaften gibt es bei verschiedenen Steuerelementen, aber kein Steuerelement definiert alle Eigenschaften. Tabelle 3.1 beschreibt einige der Eigenschaften.

Tabelle 3.1 Elementeigenschaften, denen ein `Brush`-Object zugewiesen werden kann

Eigenschaft	Beschreibung
`Background`	Der Pinsel, der dieser Eigenschaft zugewiesen wird, zeichnet den Hintergrund des Steuerelements.
`BorderBrush`	Der Pinsel, der dieser Eigenschaft zugewiesen wird, zeichnet den Rand des Steuerelements.
`Fill`	Der Pinsel, der dieser Eigenschaft zugewiesen wird, zeichnet den Innenbereich einer Form.
`Foreground`	Der Pinsel, der dieser Eigenschaft zugewiesen wird, zeichnet den Vordergrund des Steuerelements inklusive Inhalt des Steuerelements, wenn der Inhalt eine Zeichenfolge ist.
`OpacityMask`	Dieser Eigenschaft können Sie ein `Brush`-Objekt zuweisen, aber es wird nur die Deckungskomponente ausgewertet. Sie wird durch den Deckungsgrad bestimmt, der dem Pinsel zugewiesen ist. Wenn Sie dieser Eigenschaft einen transparenten Pinsel zuweisen, erscheint also das gesamte Steuerelement transparent. Sie können für diese Eigenschaft exotische Pinsel verwenden, um ungewöhnliche Transparenzeffekte zu erzielen.
`Stroke`	Der Pinsel, der dieser Eigenschaft zugewiesen wird, zeichnet den Rand einer Form.

Pinsel sind Objekte, die unveränderbar (freezable) gemacht werden können. Sie können daher nur Änderungen an `Brush`-Objekten vornehmen, solange die Methode `Freeze` nicht aufgerufen wurde. Wurde die Methode `Brush.Freeze` einmal ausgeführt, wird der Pinsel schreibgeschützt, sodass keine weiteren Änderungen möglich sind.

SolidColorBrush

`SolidColorBrush` ist die einfachste `Brush`-Klasse. Wie der Name andeutet, zeichnet sie eine einzige, gleichförmige Farbe ohne jegliche Muster oder Farbverläufe. In der Klasse `Brushes` stehen mehrere einfarbige Pinsel zur Verfügung, deren Name die jeweilige Farbe angibt. Auf diese Pinsel greifen Sie folgendermaßen zu:

' Visual Basic

```
Dim aBrush As Brush
aBrush = Brushes.AliceBlue
```

// C#

```
Brush aBrush;
aBrush = Brushes.AliceBlue;
```

In XAML-Code (Extensible Application Markup Language) können Sie einer Eigenschaft einen benannten Pinsel zuweisen, indem Sie einfach seinen Namen angeben:

```
<Button Background="Tomato"></Button>
```

Sie können auch eine hexadezimale Notation verwenden, um Pinsel in XAML-Code zuzuweisen. Dabei geben Sie eine achtstellige Zahl an, die die Farbe festlegt. Das erste Ziffernpaar ist der Wert (von 00 bis FF) der Transparenz, das zweite Ziffernpaar gibt die Stärke des Rotkanals an, das dritte die Stärke des Grünkanals und das letzte die Stärke des Blaukanals. Der Hexadezimalzahl stellen Sie das Zeichen # voran. Im nächsten Beispiel wird dem Hintergrund einer Schaltfläche ein tiefrotes `SolidColorBrush`-Objekt zugewiesen:

```
<Button Background="#FFFF0000"></Button>
```

Sie können auch ein neues `SolidColorBrush`-Objekt anlegen, indem Sie den Wert jedes Kanals direkt angeben:

```
<Button>
  <Button.Background>
    <SolidColorBrush>
      <SolidColorBrush.Color>
        <Color A="255" R="0" G="0" B="255"/>
      </SolidColorBrush.Color>
    </SolidColorBrush>
  </Button.Background>
</Button>
```

Im Programmcode können Sie mit der Methode `Color.FromArgb` die einzelnen Kanäle definieren:

' Visual Basic

```
Dim aBrush As SolidColorBrush
aBrush = New SolidColorBrush(Color.FromArgb(255, 0, 255, 0))
```

// C#

```
SolidColorBrush aBrush;
aBrush = new SolidColorBrush(Color.FromArgb(255, 0, 255, 0));
```

LinearGradientBrush

Mit `LinearGradientBrush` erzeugen Sie einen Pinsel, der aus zwei oder mehr Farben einen Farbverlauf (gradient) zeichnet. Dabei sind zahlreiche Effekte möglich. Abbildung 3.1 zeigt, wie es aussieht, wenn ein `LinearGradientBrush`-Objekt den Hintergrund eines Fensters zeichnet.

Abbildung 3.1 Der Fensterhintergrund wird mit einem `LinearGradientBrush` gezeichnet

Dieser Effekt wird mit dem folgenden Code erzeugt:

```
<Grid>
  <Grid.Background>
    <LinearGradientBrush>
      <GradientStop Color="Black" Offset="0"/>
      <GradientStop Color="White" Offset="1"/>
    </LinearGradientBrush>
  </Grid.Background>
</Grid>
```

Das `LinearGradientBrush`-Objekt legt über ein Koordinatensystem fest, wie sich der Farbverlauf zusammensetzt. Dieses Koordinatensystem basiert auf einem Rechteck, das den überzeichneten Bereich umschließt. Die obere linke Ecke des Rechtecks hat die Koordinate (0,0), die rechte untere Ecke die Koordinate (1,1). Die Koordinaten werden also relativ zur Größe des Zeichenbereichs angegeben, nicht in Pixeleinheiten.

Jedes `LinearGradientBrush`-Objekt enthält eine Auflistung mit `GradientStop`-Objekten, die jeweils zwei wichtige Eigenschaften haben: `Color` und `Offset`. Die Eigenschaft `Color` legt fest, welche Farbe eingemischt wird, und `Offset` ist eine Zahl, die den Punkt im Koordinatensystem angibt, an dem die angegebene Farbe rein ist und nicht mit anderen Farben gemischt wird. In Abbildung 3.1 ist die obere linke Ecke völlig schwarz und die rechte untere Ecke völlig weiß. Die beiden Farben werden entlang des Farbverlaufs gemischt.

Der Farbverlauf, über den die Farben zusammengemischt werden, liegt auf einer Linie, die vom Start- zum Endpunkt verläuft. In der Standardeinstellung liegt der Startpunkt bei (0,0) und der Endpunkt bei (1,1). Somit entsteht ein diagonaler Farbverlauf, der von der linken oberen zur rechten unteren Ecke läuft. Mit den Eigenschaften `LinearGradientBrush.StartPoint` und LinearGradientBrush.EndPoint können Sie andere Start- und Endpunkte für LinearGradientBrush festlegen. Der folgende Code erstellt zum Beispiel ein LinearGradientPoint-Objekt, das keinen diagonalen, sondern einen horizontalen Farbverlauf zeichnet (Abbildung 3.2 zeigt das Ergebnis):

```
<Grid>
  <Grid.Background>
    <LinearGradientBrush StartPoint="0,1" EndPoint="1,1">
      <GradientStop Color="Black" Offset="0"/>
      <GradientStop Color="White" Offset="1"/>
    </LinearGradientBrush>
  </Grid.Background>
</Grid>
```

Abbildung 3.2 Ein horizontales LinearGradientBrush-Objekt

Sie können mehr als zwei GradientStop-Objekte in einem LinearGradientBrush-Objekt verwenden. Das nächste Beispiel demonstriert ein LinearGradientBrush-Objekt, das mehrere Farben über den Farbverlauf hinweg mischt. Abbildung 3.3 zeigt das Ergebnis dieses Codes:

```
<Grid>
  <Grid.Background>
    <LinearGradientBrush StartPoint="0,0" EndPoint="1,1">
      <GradientStop Color="Black" Offset="0"/>
      <GradientStop Color="Red" Offset=".25"/>
      <GradientStop Color="Blue" Offset=".5"/>
      <GradientStop Color="Green" Offset=".75"/>
      <GradientStop Color="White" Offset="1"/>
    </LinearGradientBrush>
  </Grid.Background>
</Grid>
```

Abbildung 3.3 Ein mehrfarbiges `LinearGradientBrush`-Objekt

Die Linie, die den Farbverlauf definiert, muss nicht in einer Ecke des Koordinatensystems beginnen. Sie können in einem `LinearGradientBrush`-Objekt beispielsweise `StartPoint` die Koordinate (.3,.3) und `EndPoint` die Koordinate (.7,.7) zuweisen, oder irgendein anderes Koordinatenpaar mit Werten zwischen 0 und 1. Wenn die Linie, die den Farbverlauf definiert, nicht von einem Ende des Koordinatensystems zum anderen reicht, hängt es vom Wert der Eigenschaft `LinearGradientBrush.SpreadMethod` ab, wie der übrige Bereich gezeichnet wird. Tabelle 3.2 beschreibt die möglichen Werte und Auswirkungen dieser Eigenschaft.

Tabelle 3.2 Werte der Eigenschaft `LinearGradientBrush.SpreadMethod`

Wert	Beschreibung
`Pad`	Dies ist der Standardwert für die Eigenschaft `SpreadMethod`. Sie zeichnet den Bereich außerhalb des Farbverlaufs einfarbig.
`Reflect`	Wenn `SpreadMethod` den Wert `Reflect` hat, wird der Farbverlauf in der umgekehrten Richtung fortgesetzt, also wie ein Spiegelbild.
`Repeat`	Hat `SpreadMethod` den Wert `Repeat`, wird der Farbverlauf in derselben Richtung wiederholt.

RadialGradientBrush

Das `RadialGradientBrush`-Objekt ähnelt `LinearGradientBrush`. Es mischt eine Reihe von Farben entlang einem Farbverlauf und enthält eine Auflistung mit `GradientStop`-Objekten, die festlegen, wie der Farbverlauf zusammengestellt wird. Der Hauptunterschied ist, dass der Farbverlauf aus einem Punkt des Koordinatensystems in konzentrischen Kreisen nach außen verläuft. Der Mittelpunkt des Farbverlaufs wird durch die Eigenschaft `RadialGradientBrush.GradientOrigin` definiert (Standardeinstellung ist .5,.5). Die äußersten Kreise des Farbverlaufs werden durch die Eigenschaften `RadiusX` und `RadiusY` definiert. `RadiusX` gibt die Entfernung des äußersten Kreises auf der horizontalen Achse an, und `RadiusY` entsprechend den Abstand auf der vertikalen Achse. Die `GradientStop`-Objekte funktionieren genauso wie bei `LinearGradientBrush`, das heißt, sie legen die Punkte fest, an denen die Farben ineinander übergehen. Hier ein Codebeispiel, das ein `RadialGradientBrush`-Objekt definiert:

```
<Grid>
  <Grid.Background>
    <RadialGradientBrush Center=".5, .5" RadiusX=".5" RadiusY=".25">
      <GradientStop Color="Black" Offset="0"/>
      <GradientStop Color="White" Offset="1"/>
    </RadialGradientBrush>
  </Grid.Background>
</Grid>
```

Abbildung 3.4 zeigt, wie das Ergebnis aussieht.

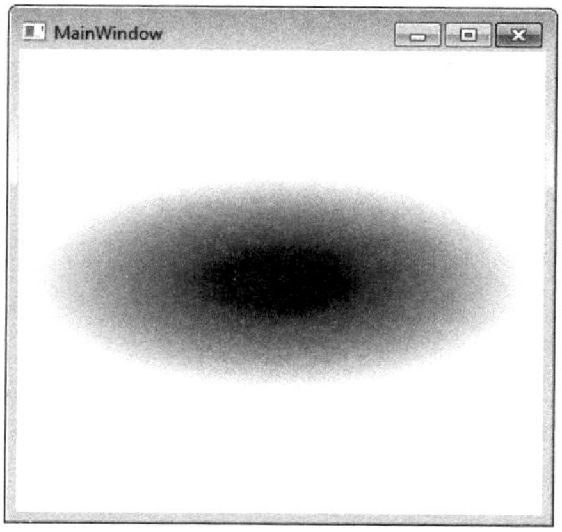

Abbildung 3.4 Ein `RadialGradientBrush`-Objekt

Schnelltest

- Wie wird der Farbverlauf von `RadialGradientBrush` oder `LinearGradientBrush` festgelegt?

Antwort zum Schnelltest

- Der Farbverlauf in diesen Pinseln wird durch eine Auflistung mit `GradientStop`-Objekte gesteuert. Jedes `GradientStop`-Objekt hat die Eigenschaften `Color` und `Offset`. Diese Eigenschaften geben an, welche Farbe eingemischt wird und an welchem Punkt im Farbverlauf die Farbe ihre höchste Sättigung erreicht.

ImageBrush

Mit dem `ImageBrush`-Objekt können Sie Objekte zeichnen, indem Sie ein Bild als Quelle für den Pinsel verwenden. Das Quellbild für `ImageBrush` tragen Sie in die Eigenschaft `ImageSource` ein:

```
<Grid.Background>
  <ImageBrush
    ImageSource="C:\Users\Public\Pictures\Sample Pictures\Forest.jpg">
  </ImageBrush>
</Grid.Background>
```

`ImageBrush` verwendet das angegebene Bild, um die sichtbaren Objekte zu zeichnen, denen der Pinsel zugewiesen ist. Ist das verwendete Bild kleiner als das sichtbare Objekt, dem der Pinsel zugewiesen ist, legt die Eigenschaft `Stretch` fest, wie der Pinsel das Objekt zeichnet. Tabelle 3.3 zeigt die möglichen Werte der Eigenschaft `Stretch`.

Tabelle 3.3 Werte der Eigenschaft `Stretch`

Wert	Beschreibung
`Fill`	Das Bild wird in beiden Richtungen so gedehnt, dass es den verfügbaren Platz ausfüllt. Das Seitenverhältnis des Bilds wird nicht bewahrt.
`None`	Das Bild wird in der Originalgröße gezeichnet. Alle Bereiche außerhalb des Originalbilds bleiben leer.
`Uniform`	Das Bild wird gedehnt, damit es den verfügbaren Platz ausfüllt, aber das Seitenverhältnis des Bilds bleibt erhalten. Alle Bereiche außerhalb des vergrößerten Bilds bleiben leer.
`UniformToFill`	Das Bild wird so vergrößert, dass es den verfügbaren Platz ausfüllt. Das Seitenverhältnis bleibt erhalten, aber der Inhalt wird bei Bedarf beschnitten, wenn der Container ein anderes Seitenverhältnis hat als das Bild.

Sie können einen Ausschnitt des Quellbilds auswählen, der zum Zeichnen verwendet wird. Dazu tragen Sie in die Eigenschaft `Viewbox` ein Rechteck ein (normalerweise relativ zum gedachten Rahmen, der das Bild einfasst). Dieser Bereich wird dann zum Zeichnen ausgeschnitten. Das folgende Beispiel demonstriert, wie Sie den oberen linken Quadranten eines Bilds ausschneiden und für das `ImageBrush`-Objekt verwenden:

```
<Grid.Background>
  <ImageBrush Viewbox="0,0,.5,.5"
    ImageSource="C:\Users\Public\Pictures\Sample Pictures\Forest.jpg">
  </ImageBrush>
</Grid.Background>
```

Wenn die Eigenschaft `Stretch` den Wert `None` hat, können Sie das Verhalten des `ImageBrush`-Pinsels zusätzlich mit der Eigenschaft `TileMode` ändern. Tabelle 3.4 listet die verfügbaren Werte für die Eigenschaft `TileMode` auf.

Mit der Eigenschaft `Viewport` legen Sie fest, welcher Ausschnitt des Originalbilds als Kachelquelle benutzt wird. Hier ein Beispiel:

```
<Grid.Background>
  <ImageBrush TileMode="FlipXY" Viewport="0,0,.5,.5"
    ImageSource="C:\Users\Public\Pictures\Sample Pictures\Forest.jpg">
  </ImageBrush>
</Grid.Background>
```

Tabelle 3.4 Werte für die Eigenschaft `TileMode`

Wert	Beschreibung
`FlipX`	Das Bild wird in vertikaler Richtung in der ursprünglichen Anordnung gekachelt. In horizontaler Richtung wechseln sich ursprüngliche und gespiegelte Anordnung ab.
`FlipXY`	Das Bild wird in horizontaler und vertikaler Richtung gekachelt, wobei sich in beiden Richtungen ursprüngliche und gespiegelte Anordnung abwechseln. Beachten Sie, dass Kacheln, die rechts unter einer Kachel in ursprünglicher Ausrichtung liegen, aussehen, als wären sie relativ zur ursprünglichen Ausrichtung um 180 Grad gedreht.
`FlipY`	Das Bild wird in horizontaler Richtung in der ursprünglichen Anordnung gekachelt. In vertikaler Richtung wechseln sich ursprüngliche und gespiegelte Anordnung ab.
`None`	Das Bild wird nicht in Form von Kacheln gezeichnet.
`Tile`	Das Bild wird in der ursprünglichen Ausrichtung gekachelt.

VisualBrush

`VisualBrush` ähnelt `ImageBrush`, aber statt ein Bild als Quelle zum Zeichnen zu verwenden, benutzt `VisualBrush` ein `Visual`-Element, zum Beispiel ein WPF-Steuerelement oder irgendein anderes Element, das von der Klasse `Visual` abgeleitet ist. Das folgende Beispiel zeigt ein `VisualBrush`-Objekt, das ein `Button`-Steuerelement als Quelle zum Zeichnen hernimmt:

```
<VisualBrush Visual="{Binding ElementName=Button1}">
</VisualBrush>
```

Sie können `VisualBrush` genauso wie `ImageBrush` verwenden und die Eigenschaften `Stretch` oder `TileMode` genauso festlegen.

Formen

Formen (shape) sind Grundelemente beim Zeichnen. Sie stehen für individuell gezeichnete Elemente wie Rechtecke, Ellipsen, Polygone und Linien. Formen werden zwar als einfache gezeichnete Elemente dargestellt, sie unterstützen aber dieselben Ereignisse der Benutzerinteraktion wie andere WPF-Elemente. Daher können Sie damit ganz einfach neue Steuerelemente erstellen.

Alle Formen in WPF sind von der abstrakten Klasse `Shape` abgeleitet, die über mehrere Stufen selbst wiederum von der Klasse `Visual` abgeleitet ist. Diese Klasse stellt mehrere Eigenschaften für alle WPF-Formen zur Verfügung. Tabelle 3.5 beschreibt einige dieser Eigenschaften.

Tabelle 3.5 Eigenschaften der Klasse `Shape`

Eigenschaft	Beschreibung
`Fill`	Das `Brush`-Objekt, das den Innenbereich der Form zeichnet.
`Stroke`	Das `Brush`-Objekt, das die Ränder der Form zeichnet.
`StrokeThickness`	Legt die Dicke des Rands in geräteunabhängigen Einheiten fest.
`Stretch`	Legt fest, wie eine Form den Platz füllt, den sie belegt.

Wie andere Steuerelemente hat die Klasse `Shape` die Eigenschaften `Width`, `Height`, `Margin` und andere Eigenschaften, die die Größe und den Abstand des sichtbaren Elements steuern. Sind `Width` und `Height` keine expliziten Werte zugewiesen, legt die Eigenschaft `Stretch` fest, wie eine Form gedehnt wird, um den verfügbaren Platz auszufüllen. Tabelle 3.6 beschreibt die möglichen Werte für die Eigenschaft `Stretch`.

Tabelle 3.6 Werte für die Eigenschaft `Stretch`

Wert	Beschreibung
`None`	Die Form wird in voller Größe gezeichnet.
`Uniform`	Die Form wird so vergrößert, dass sie den verfügbaren Platz ausfüllt, aber das Seitenverhältnis der Form bleibt erhalten.
`Fill`	Die Form wird in beiden Richtungen so vergrößert, dass sie den verfügbaren Platz ausfüllt. Das Seitenverhältnis der Form bleibt dabei nicht erhalten.
`UniformToFill`	Die Form wird so vergrößert, dass sie den verfügbaren Platz ausfüllt. Das Seitenverhältnis der Form bleibt erhalten, sie kann aber abgeschnitten werden.

Die Klassen *Rectangle* und *Ellipse*

Die Klasse `Rectangle` steht für die Darstellung eines Rechtecks und die Klasse `Ellipse` für eine Ellipse. Beide Formen sind sehr simpel. Die optische Darstellung wird in erster Linie durch die Eigenschaften `Height` und `Width` definiert. Die folgenden Beispiele zeigen ein Rechteck und eine Ellipse, die jeweils 100 Einheiten hoch und 200 Einheiten breit sind:

```
<Rectangle Height="100" Width="200" Fill="Blue"/>
<Ellipse Height="100" Width="200" Fill="Blue"/>
```

Ist den Eigenschaften `Height` und `Width` kein expliziter Wert zugewiesen, können Sie mit der Eigenschaft `Stretch` festlegen, wie die jeweilige Form den verfügbaren Platz ausfüllt.

Ein Rechteck mit abgerundeten Ecken erstellen Sie, indem Sie den Eigenschaften `RadiusX` und `RadiusY` geeignete Werte zuweisen. Diese Eigenschaften geben den X- und Y- Radius einer Ellipse an, die benutzt wird, um die Ecken des Rechtecks abzurunden. Der folgende XAML-Code zeichnet ein Rechteck mit abgerundeten Ecken:

```
<Rectangle RadiusX="20" RadiusY="10" Fill="blue" Height="50" Width="100"/>
```

Die Klassen *Line* und *Polyline*

Die Klasse `Line` steht für eine Linie, genauer gesagt eine Gerade, die zwei Koordinatenpunkte verbindet. Das zum Zeichnen der `Line`-Objekte verwendete Koordinatensystem hat seinen Ursprung in der oberen linken Ecke des Objekts, in dem die Gerade liegt. Ist die Gerade beispielsweise in eine `Grid`-Zelle eingebettet, liegt der Punkt (0,0) in der oberen linken Ecke dieser Zelle. Sie erstellen ein `Line`-Objekt, indem Sie Werte in die Eigenschaft `X1`, `Y1`, `X2` und `Y2` eintragen:

```
<Line Stroke="Red" X1="0" Y1="50" X2="100" Y2="440"/>
```

Die Klasse `Polyline` bildet eine etwas komplexere Form. Sie ist im Wesentlichen eine Abfolge miteinander verbundener Punkte. Die Klasse `Polyline` enthält die Auflistung `Points`, in der die Punkte der Form definiert sind. Die Form beginnt beim ersten Punkt der Auflistung und verbindet dann die weiteren Punkte durch gerade Linien, bis sie beim letzten Punkt endet. Das folgende Beispiel zeigt ein `Polyline`-Objekt, das eine Sägezahnform bildet:

```
<Polyline Stroke="Green"
  Points="300, 300 400, 400 400, 300 500, 400 500, 300"/>
```

Die Kommas zwischen den X- und Y-Koordinaten der einzelnen Punkte sind nicht nötig aber erlaubt und machen den Code besser lesbar.

Die Klasse *Polygon*

Die Klasse `Polygon` ähnelt `Polyline`. Wie die Klasse `Polyline` hat sie die Auflistung `Points`, in der die Punkte der Form definiert sind. Diese Punkte werden miteinander verbunden. Der wichtigste Unterschied besteht darin, dass die Klasse `Polygon` zusätzlich den ersten mit dem letzten Punkt verbindet und den Innenbereich der Form mit dem `Brush`-Objekt ausfüllt, das in der Eigenschaft `Fill` definiert ist. Das folgende Beispiel zeigt ein `Polygon`-Objekt, das dem `Polyline`-Objekt aus dem letzten Beispiel ähnelt:

```
<Polygon Fill="Green"
  Points="300, 300 400, 400 400, 300 500, 400 500, 300"/>
```

Wenn sich Linien in einem `Polyline`- oder `Polygon`-Objekt schneiden, erzeugen sie geschlossene Bereiche, die mit dem `Fill`-Pinsel der Form ausgemalt werden können. Die Eigenschaft `FillRule` steuert, wie umschlossene Bereiche gefüllt werden. Tabelle 3.7 listet die möglichen Werte für die Eigenschaft `FillRule` auf.

Tabelle 3.7 Werte für die Eigenschaft `FillRule`

Wert	Beschreibung
`EvenOdd`	WPF zählt, wie viele Linien geschnitten werden müssen, um zum umschlossenen Bereich zu gelangen. Kann ein umschlossener Bereich erreicht werden, indem eine ungerade Zahl von Linien geschnitten werden, wird er gefüllt. Kann er dagegen erreicht werden, indem eine gerade Zahl von Linien geschnitten werden, wird er nicht gefüllt.
`Nonzero`	WPF zählt, wie viele Linien geschnitten werden müssen, um zum umschlossenen Bereich zu gelangen, und wertet aus, in welcher Richtung sie gezeichnet wurden. Ist die Zahl der geschnittenen Linien, die in der einen Richtung gezeichnet wurden, genauso groß wie die Zahl der geschnittenen Linien, die in der anderen Richtung verlaufen, wird der Bereich nicht gefüllt. Andernfalls wird der Bereich gefüllt.

Path

`Path` ist die komplexeste Form in WPF. Ein `Path`-Objekt beschreibt eine komplexe Form, die aus mehreren `Geometry`-Objekten bestehen kann. Ein `Geometry`-Objekt können Sie sich als Plan für eine Form vorstellen. Es enthält alle Daten über das Aussehen einer Form, darunter Koordinaten und Größe. Aber das `Geometry`-Objekt implementiert keine der Ereignisbehandlungs- oder Steuerelementfunktionen, die ein `Shape`-Objekt zur Verfügung stellt.

Tabelle 3.8 beschreibt, welche Typen von `Geometry`-Objekten Sie verwenden können, um ein `Path`-Objekt zu erstellen.

Am einfachsten erstellen Sie ein `Path`-Objekt, indem Sie ein einzelnes `Geometry`-Objekt in die Eigenschaft `Path.Data` eintragen:

```
<Path Fill="Aqua">
  <Path.Data>
    <EllipseGeometry RadiusX="40" RadiusY="50"/>
  </Path.Data>
</Path>
```

Tabelle 3.8 Geometry-Objekte, aus denen ein Path-Object aufgebaut werden kann

Klasse	Beschreibung
CombinedGeometry	Fasst zwei Geometry-Objekte zu einem einzigen Objekt zusammen, sodass Sie unterschiedliche Effekte anwenden können, indem Sie der Eigenschaft GeometryCombineMode einen Wert zuweisen.
EllipseGeometry	Enthält Daten, die die Form einer Ellipse festlegen.
GeometryGroup	Steht für eine Gruppe von Geometry-Objekten, die zum Path-Objekt hinzugefügt werden.
LineGeometry	Steht für eine Gerade.
PathGeometry	Steht für eine komplexe Form oder Figur, die aus Linien, Bögen und Kurven zusammengesetzt ist.
RectangleGeometry	Steht für ein Rechteck.
StreamGeometry	Ein simpleres Gegenstück zu PathGeometry. StreamGeometry unterscheidet sich von PathGeometry dadurch, dass es schreibgeschützt ist, nachdem es erstellt wurde.

Mithilfe der Klasse GeometryGroup können Sie Pfade zusammenstellen, die mehrere Formen umfassen. Das folgende Beispiel kombiniert ein Rechteck und eine Ellipse:

```
<Path Fill="Aqua" Margin="100">
  <Path.Data>
    <GeometryGroup FillRule="Nonzero">
      <EllipseGeometry RadiusX="40" RadiusY="50"/>
      <RectangleGeometry Rect="0,0,10,100"/>
    </GeometryGroup>
  </Path.Data>
</Path>
```

Wenn ein GeometryGroup-Objekt überlappende Geometry-Objekte enthält, legt die Eigenschaft FillRule fest, wie die überlappenden Bereiche gefüllt werden. Das funktioniert genauso wie bei Polygon und Polyline (siehe Tabelle 3.7 weiter oben in dieser Lektion).

Mit der Klasse CombinedGeometry können Sie Geometry-Objekte erstellen, die zwei Geometry-Objekte zusammenfassen. Die Art der Kombination wird von der Eigenschaft GeometryCombineMode festgelegt. Tabelle 3.9 beschreibt die erlaubten Werte für die Eigenschaft GeometryCombineMode.

Tabelle 3.9 Werte der Eigenschaft GeometryCombineMode

Wert	Beschreibung
Exclude	Das kombinierte Geometry-Objekt deckt den Bereich ab, der entsteht, wenn das zweite Geometry-Objekt vom ersten abgezogen wird.
Intersect	Das kombinierte Geometry-Objekt bildet die Schnittmenge der beiden Geometry-Objekte.
Xor	Das kombinierte Geometry-Objekt überdeckt den Bereich, der nur in jeweils einem der beiden Geometry-Objekte enthalten ist. Dies ist das Gegenteil des Werts Intersect.
Union	Das kombinierte Geometry-Objekt bildet die Vereinigungsmenge der beiden Geometry-Objekte.

Das folgende Beispiel demonstriert ein `Path`-Objekt, das mithilfe eines `CombinedGeometry`-Objekts erstellt wird:

```
<Path Fill="Aqua" Margin="100">
  <Path.Data>
    <CombinedGeometry GeometryCombineMode="Exclude">
      <CombinedGeometry.Geometry1>
        <EllipseGeometry RadiusX="40" RadiusY="50"/>
      </CombinedGeometry.Geometry1>
      <CombinedGeometry.Geometry2>
        <RectangleGeometry Rect="0,0,10,100"/>
      </CombinedGeometry.Geometry2>
    </CombinedGeometry>
  </Path.Data>
</Path>
```

Sie können sehr komplexe Formen zusammenstellen, wenn Sie die Klasse `PathGeometry` einsetzen. Eine detaillierte Erforschung aller Fähigkeiten der Klasse `PathGeometry` würde den Rahmen dieser Lektion sprengen, aber Sie sollten sich in dieses Thema einarbeiten, wenn Sie komplizierte Grafikformen erzeugen wollen.

Transformationen

Transformationen (engl. transformation oder kurz transform) sind Objekte, mit denen Sie die Form eines Elements ändern, indem Sie das Koordinatensystem verändern, in dem es gezeichnet wird. Sie können Transformationen einsetzen, um ganz unterschiedliche Effekte auf Formen und Elemente anzuwenden, beispielsweise Drehung, Verschiebung, Scherung und kompliziertere Effekte.

Transformationsarten

Tabelle 3.10 zeigt, welche `Transform`-Objekte Sie zur Auswahl haben, um das Aussehen einer Form oder eines Elements zu verändern.

Sie wenden ein `Transform`-Objekt auf eine Form an, indem Sie es der Eigenschaft `RenderTransform` zuweisen. Das folgende Beispiel transformiert ein Rechteck in ein Parallelogramm:

```
<Rectangle Height="20" Width="50" Fill="blue">
  <Rectangle.RenderTransform>
    <SkewTransform AngleX="-30"></SkewTransform>
  </Rectangle.RenderTransform>
</Rectangle>
```

Tabelle 3.10 Unterschiedliche `Transform`-Klassen

Klasse	Beschreibung
`MatrixTransform`	Ändert das Koordinatensystem des Objekts, indem es eine affine 3×3-Transformationsmatrix auf das zugrunde liegende Koordinatensystem anwendet. Die Matrix wird durch die Eigenschaft `Matrix` definiert.
`RotateTransform`	Dreht das Koordinatensystem um den Punkt, der in den Eigenschaften `CenterX` und `CenterY` angegeben ist. Die Eigenschaft `Angle` legt den Winkel der Drehung fest. ▶

Klasse	Beschreibung
ScaleTransform	Transformiert das Koordinatensystem, indem es den Maßstab der Transformation vergrößert oder verkleinert. Die Eigenschaft ScaleX legt die horizontale Maßstabsänderung fest, die Eigenschaft ScaleY die vertikale Maßstabsänderung. Die Eigenschaften CenterX und CenterY enthalten den Mittelpunkt der Transformation.
SkewTransform	Schert das Koordinatensystem Ihres Objekts. Die Eigenschaften AngleX und AngleY legen den Winkel der Scherung in horizontaler und vertikaler Richtung fest, und die Eigenschaften CenterX und CenterY den Mittelpunkt der Transformation.
TranslateTransform	Verschiebt das Koordinatensystem Ihres Objekts um den horizontalen und vertikalen Betrag, der in den Eigenschaften X beziehungsweise Y angegeben ist.
TransformGroup	Fasst mehrere Transform-Objekte zusammen und wendet jedes auf das zugrunde liegende Koordinatensystem an.

Eine Transformation hat ihren Ausgangspunkt normalerweise in der oberen linken Ecke des transformierten Elements. Mithilfe der Eigenschaft RenderTransformOrigin können Sie einen anderen Ursprung für die Transformation einstellen. Das Koordinatensystem der Transformationen legt (0,0) als obere linke Ecke des Rechtecks fest, das das Element umfasst, und (1,1) als rechte untere Ecke. Das folgende Beispiel setzt den Ursprung der Transformation in die Mitte des Elements:

```
<Rectangle Height="20" Width="50" Fill="blue"
  RenderTransformOrigin=".5, .5">
  <Rectangle.RenderTransform>
    <SkewTransform AngleX="-30"></SkewTransform>
  </Rectangle.RenderTransform>
</Rectangle>
```

Transformieren von Elementen

Sie können Transformationen nicht nur auf Formen anwenden, sondern damit auch das Aussehen von Elementen verändern. Weil alle WPF-Elemente von der WPF gezeichnet werden, können Sie auf jedes WPF-Element ein Transform-Objekt anwenden. Ein Transform-Objekt beeinflusst nur das Aussehen eines Steuerelements. Die Funktion des Steuerelements bleibt dabei unverändert. Allerdings ist es möglich, dass massive Transformationen von Benutzeroberflächenelementen den Benutzer verwirren.

Sie wenden ein Transform-Objekt genauso auf ein Element an wie auf eine Form: Sie weisen es einfach der Eigenschaft RenderTransform zu. Das folgende Beispiel zeigt ein Button-Objekt, auf das ein SkewTransform-Objekt angewendet wird:

```
<Button Height="20" Width="50">
  <Button.RenderTransform>
    <SkewTransform AngleX="-30"></SkewTransform>
  </Button.RenderTransform>
</Button>
```

Spiegeln

Eine häufig genutzte optische Transformation ist das Spiegeln eines Elements, entweder horizontal an der Y-Achse oder vertikal an der X-Achse. Sie spiegeln ein Element mithilfe von ScaleTransform. Wollen Sie ein Element horizontal spiegeln, aber seine Größe und Form beibehalten, weisen Sie der Eigenschaft ScaleX des ScaleTransform-Objekts den Wert –1 zu. Bei einer vertikalen Spiegelung weisen Sie der Eigenschaft ScaleY des ScaleTransform-Objekts den Wert –1 zu. Wenn Sie sowohl ScaleX als auch ScaleY auf –1 setzen, wird das Element an beiden Achsen gespiegelt. Das folgende Beispiel zeigt, wie eine Schaltfläche horizontal gespiegelt wird:

```
<Button Height="50" Width="150" VerticalAlignment="Bottom">
  <Button.RenderTransform>
    <ScaleTransform ScaleX="-1"></ScaleTransform>
  </Button.RenderTransform>Gespiegelte Schaltfläche
</Button>
```

Bei dieser Transformation wird Ihr Element an der gewählten Achse gespiegelt. Wollen Sie ein Element spiegeln, aber seine ursprüngliche Position beibehalten, können Sie der Eigenschaft RenderTransformOrigin des Elements den Wert .5,.5 zuweisen:

```
<Button RenderTransformOrigin=".5, .5" Height="50" Width="150"
  VerticalAlignment="Bottom">
  <Button.RenderTransform>
    <ScaleTransform ScaleX="-1"></ScaleTransform>
  </Button.RenderTransform>Gespiegelte Schaltfläche
</Button>
```

Prüfungstipp

Sie müssen die Unterschiede zwischen den geometrischen Transformationen kennen und wissen, wann Sie welche einsetzen. Besonders wichtig ist, dass Sie ein Element mit ScaleTransform spiegeln, nicht mit RotateTransform; dies wird häufig verwechselt.

Clipping

Im Abschnitt »Path« weiter oben in dieser Lektion haben Sie gesehen, wie Sie mit Geometry-Objekten komplexe Formen erzeugen. Sie können Geometry-Objekte auch einsetzen, um die Form von Elementen abzuschneiden (clip). Dazu verwenden Sie die Eigenschaft Clip, die von allen WPF-Elementen zur Verfügung gestellt wird. Wenn Sie der Eigenschaft Clip ein Geometry-Objekt zuweisen, schränken Sie die optische Darstellung des Steuerelements auf die Form ein, die vom Geometry-Objekt beschrieben wird. Dabei wird das Element nicht transformiert. Es werden lediglich die Teile außerhalb der Form abgeschnitten, die das Geometry-Objekt beschreibt. Abbildung 3.5 zeigt zwei Button-Elemente, die gleich groß sind. Bei der linken Schaltfläche wird die Eigenschaft Clip nicht verwendet, bei der rechten wurde dagegen der Eigenschaft Clip ein EllipseGeometry-Objekt zugewiesen.

Das folgende Beispiel zeigt, wie Sie Clipping auf ein Element anwenden:

```
<Button Height="100" Width="100" Name="Button1">
  <Button.Clip>
    <!--Da die Schaltfläche 100 x 100 Pixel umfasst, wird ein EllipseGeometry-Objekt
      mit dem Mittelpunkt 50,50 sowie RadiusX und RadiusY von 50 verwendet.
      Die Schaltfläche wird damit rund gezeichnet. -->
    <EllipseGeometry Center="50,50" RadiusX="50" RadiusY="50"/>
  </Button.Clip>Button
</Button>
```

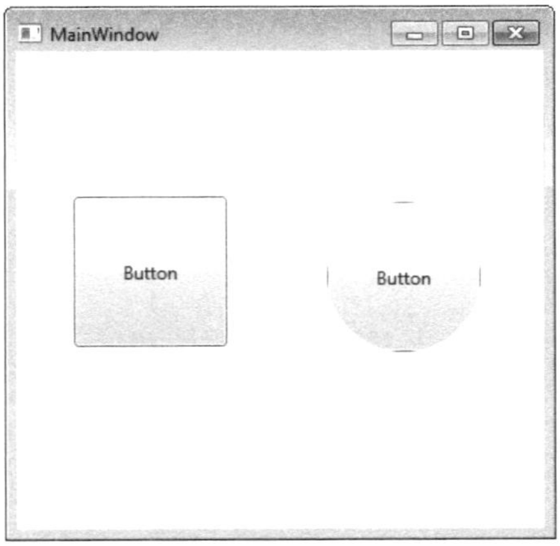

Abbildung 3.5 Zwei `Button`-Elemente, eines abgeschnitten, das andere nicht

Die Oberflächenhierarchie

Bei der WPF-Programmierung wird die Bedienoberfläche durch die Oberflächenhierarchie (visual tree) definiert, eine hierarchische Struktur der sichtbaren Elemente in Ihrer Anwendung. Alle WPF-Elemente, die automatisch dargestellt werden können, sind von der Klasse `Visual` abgeleitet. Dazu gehören Steuerelemente und Formen sowie spezialisierte Klassen, die das Aussehen der Steuerelemente verbessern. Nicht in diese Kategorie fallen dagegen Elemente, die keine Fähigkeit zur automatischen Darstellung besitzen. Ein solches Element, das nicht automatisch dargestellt werden kann, ist beispielsweise das Steuerelement `ListBoxItem`, das Inhalt speichert, aber selbst kein bestimmtes Aussehen hat.

Die Klasse `Visual` stellt die Grundlagen für die Darstellung sichtbarer Elemente auf der Benutzeroberfläche zur Verfügung. Sie implementiert Funktionen für Transformation, Clipping, Trefferprüfung und Berechnung des Begrenzungsrahmens sowie für das Speichern (Persistenz) der serialisierten Zeicheninformationen der Elemente. Aufgrund der Persistenz der Zeichendaten ist WPF in der Lage, die Grafikanzeige mithilfe des Speichermodus zu optimieren.

Das *Grafiksystem mit Speichermodus* (retained mode graphics) ist einer der wichtigsten Unterschiede zwischen der Darstellung der Benutzeroberflächen in WPF-Anwendungen und Windows Forms-Anwendungen. In Windows Forms ist es die Aufgabe der Anwendung, Regionen der Benutzeroberfläche für ungültig zu erklären und Befehle an das System zu senden, damit es diese Regionen neu zeichnet. Dies wird als *Grafiksystem mit unmittelbarem Modus* (immediate mode graphics) bezeichnet. Wenn die Anwendung stark ausgelastet ist, verzögert sich unter Umständen das Neuzeichnen oder die Benutzeroberfläche reagiert nicht mehr.

Dagegen überträgt in WPF das Grafiksystem mit Speichermodus die serialisierten Zeichendaten an das System, sobald ein sichtbares Element erstellt wird. Anschließend übernimmt das System die Aufgabe, das Element neu zu zeichnen. Selbst wenn die Anwendung überlastet ist, kann das System daher auf Zeichenanforderungen reagieren und eine funktionierende Benutzeroberfläche präsentieren.

VisualTreeHelper

Damit Sie die Hierarchie der `Visual`-Elemente in einer WPF-Anwendung durchlaufen können, stellt WPF eine statische Hilfsklasse namens `VisualTreeHelper` zur Verfügung. Sie hat statische Methoden, mit denen Sie die Elemente in der Oberflächenhierarchie durchsuchen und darauf zugreifen können. Tabelle 3.11 beschreibt die Methoden von `VisualTreeHelper`.

Tabelle 3.11 Methoden der Klasse `VisualTreeHelper`

Methode	Beschreibung
`GetBitmapEffect`	Gibt den `BitmapEffect`-Wert für das angegebene `Visual`-Objekt zurück.
`GetBitmapEffectInput`	Gibt den `BitmapEffectInput`-Wert für das angegebene `Visual`-Objekt zurück.
`GetCacheMode`	Ruft die zwischengespeicherte Darstellung des angegebenen `Visual`-Objekts ab.
`GetChild`	Gibt das untergeordnete sichtbare Objekt aus dem angegebenen Auflistungsindex innerhalb des angegebenen übergeordneten Steuerelements zurück.
`GetChildrenCount`	Gibt an, wie viele untergeordnete Objekte das angegebene `Visual`-Objekt enthält.
`GetClip`	Gibt die Clipping-Region des angegebenen `Visual`-Objekts als `Geometry`-Wert zurück.
`GetContentBounds(Visual)`	Gibt das zwischengespeicherte Begrenzungsrechteck für das angegebene `Visual`-Objekt zurück.
`GetContentBounds(Visual3D)`	Gibt das zwischengespeicherte Begrenzungsrechteck für das angegebene `Visual3D`-Objekt zurück.
`GetDescendantBounds(Visual)`	Gibt die Vereinigungsmenge aller Inhalts-Begrenzungsrahmen des `Visual`-Objekts selbst sowie aller untergeordneten Objekte zurück.
`GetDescendantBounds(Visual3D)`	Gibt die Vereinigungsmenge aller Inhalts-Begrenzungsrahmen des `Visual3D`-Objekts selbst sowie aller untergeordneten Objekte zurück.
`GetDrawing`	Gibt den Zeicheninhalt des angegebenen `Visual`-Objekts zurück.
`GetEdgeMode`	Gibt den Randdarstellungsmodus des angegebenen `Visual`-Objekts als `EdgeMode`-Wert zurück.
`GetEffect`	Gibt den Bitmapeffekt für das angegebene `Visual`-Objekt zurück.
`GetOffset`	Gibt den Offset des `Visual`-Objekts zurück.
`GetOpacity`	Gibt die Transparenz des `Visual`-Objekts zurück.
`GetOpacityMask`	Gibt einen `Brush`-Wert zurück, der die Transparenzmaske des `Visual`-Objekts widerspiegelt.
`GetParent`	Gibt einen `DependencyObject`-Wert zurück, der das übergeordnete Objekt des `Visual`-Objekts angibt.
`GetTransform`	Gibt einen `Transform`-Wert für das `Visual`-Objekt zurück.
`GetXSnappingGuidelines`	Gibt eine Auflistung der vertikalen Ausrichtungslinien (X-Koordinate) zurück.
`GetYSnappingGuidelines`	Gibt eine Auflistung der horizontalen Ausrichtungslinien (Y-Koordinate) zurück.
`HitTest(Visual, Point)`	Gibt das oberste `Visual`-Objekt einer Trefferprüfung zurück, die durch einen `Point` angegeben wird.

▶

Methode	Beschreibung
`HitTest(Visual, HitTestFilterCallback, HitTestResultCallback, HitTestParameters)`	Führt eine Trefferprüfung für das angegebene `Visual`-Objekt durch, wobei vom Aufrufer definierte `HitTestFilterCallback`- und `HitTestResultCallback`-Methoden verwendet werden.
`HitTest(Visual3D, HitTestFilterCallback, HitTestResultCallback, HitTestParameters3D)`	Führt eine Trefferprüfung für das angegebene `Visual3D`-Objekt durch, wobei vom Aufrufer definierte `HitTestFilterCallback`- und `HitTestResultCallback`-Methoden verwendet werden.

Das folgende Beispiel demonstriert die Verwendung von `VisualTreeHelper`. Es geht mithilfe von `VisualTreeHelper` in einer Schleife alle Objekte der Oberflächenhierarchie durch:

' Visual Basic

```
Public Sub LoopVisuals(ByVal aVisual As Visual)
   For i As Integer = 0 To VisualTreeHelper.GetChildrenCount(aVisual) - 1
   ' Ruft das untergeordnete sichtbare Objekt mit dem angegebenen Index ab
      Dim bVisual As Visual = CType(VisualTreeHelper.GetChild(aVisual, i), Visual)
      ' Gewünschte Arbeiten mit dem Visual-Objekt ausführen.
      ' Diese Methode rekursiv aufrufen, um wiederum alle untergeordneten Visual-Objekte
      ' dieses untergeordneten Visual-Objekts zu durchlaufen.
      LoopVisuals(bVisual)
   Next i
End Sub
```

// C#

```
public void LoopVisuals(Visual aVisual)
{
   for (int i = 0; i < VisualTreeHelper.GetChildrenCount(aVisual); i++)
   {
      // Ruft das untergeordnete sichtbare Objekt mit dem angegebenen Index ab
      Visual bVisual = (Visual)VisualTreeHelper.GetChild(aVisual, i);
      // Gewünschte Arbeiten mit dem Visual-Objekt ausführen.
      // Diese Methode rekursiv aufrufen, um wiederum alle untergeordneten Visual-Objekte
      //  dieses untergeordneten Visual-Objekts zu durchlaufen.
        LoopVisuals(bVisual);
    }
}
```

Steuerelemente während der Laufzeit in der Bedienoberfläche hinzufügen und entfernen

Sie können sowohl in Windows Forms- als auch WPF-Anwendungen Steuerelemente während der Laufzeit hinzufügen und entfernen. In Windows Forms fügen Sie ein Steuerelement zu einem Formular oder einem anderen Containersteuerelement hinzu, indem Sie auf die Auflistung `Controls` dieses Steuerelements zugreifen. Das folgende Beispiel demonstriert, wie Sie während der Laufzeit eine Schaltfläche zum aktuellen Formular hinzufügen:

' Visual Basic

```
Dim aButton As New Button()
Me.Controls.Add(aButton)
```

// C#

```
Button aButton = new Button();
this.Controls.Add(aButton);
```

Auch wenn Sie ein Steuerelement während der Laufzeit entfernen wollen, benutzen Sie die Auflistung `Controls`. Sie können ein Steuerelement entweder direkt entfernen, über einen Verweis auf das Steuerelement, oder indem Sie seinen Index innerhalb der Auflistung angeben. Das folgende Beispiel demonstriert die verschiedenen Möglichkeiten:

' Visual Basic

```
' Entfernt das Steuerelement, das in der Variablen aButton angegeben ist
Me.Controls.Remove(aButton)
' Entfernt das Steuerelement mit dem Index 0 der Auflistung Controls
Me.Controls.RemoveAt(0)
```

// C#

```
// Entfernt das Steuerelement, das in der Variablen aButton angegeben ist
this.Controls.Remove(aButton);
// Entfernt das Steuerelement mit dem Index 0 der Auflistung Controls
this.Controls.RemoveAt(0);
```

In WPF-Anwendungen ist der Ablauf ähnlich, aber etwas komplizierter, weil Steuerelemente in beliebige Container-, Listen- oder Inhaltssteuerelemente eingebettet sein können. Bei Containersteuerelementen greifen Sie über die Eigenschaft `Children` auf die untergeordneten Steuerelemente zu. Bei Listensteuerelementen wie `ListBox` steht die Eigenschaft `Items` zur Verfügung, um auf Listenelemente zuzugreifen. Sowohl die Eigenschaft `Children` der Containersteuerelemente als auch die Eigenschaft `Items` der Listensteuerelemente stellen die Methoden `Add`, `Remove` und `RemoveAt` zur Verfügung, die ähnlich funktionieren wie ihre Gegenstücke in Windows Forms:

' Visual Basic

```
Dim aButton As New Button()
Dim bButton As New Button()
Grid1.Children.Add(aButton)
ListBox1.Items.Add(bButton)
' Entfernt die Steuerelemente, die in den Variablen aButton und bButton angegeben sind
Grid1.Children.Remove(aButton)
ListBox1.Items.Remove(bButton)
' Entfernt das Steuerelement mit dem Index 0 der Auflistung Controls
Grid1.Children.RemoveAt(0)
ListBox1.Items.RemoveAt(0)
```

// C#

```
Button aButton = new Button();
Button bButton = new Button();
Grid1.Children.Add(aButton);
ListBox1.Items.Add(bButton);
```

```
// Entfernt die Steuerelemente, die in den Variablen aButton und bButton angegeben sind
Grid1.Children.Remove(aButton);
ListBox1.Items.Remove(bButton);
// Entfernt das Steuerelement mit dem Index 0 der Auflistung Controls
Grid1.Children.RemoveAt(0);
ListBox1.Items.RemoveAt(0);
```

Bei Inhaltselementen brauchen Sie lediglich auf die Eigenschaft `Content` zuzugreifen, um ein Steuerelement hinzuzufügen oder zu entfernen:

' Visual Basic

```
' Erstellt ein Button-Steuerelement und fügt es zu einem anderen Button-Steuerelement
'  namens Button1 hinzu
Dim aButton As New Button()
Button1.Content = aButton
' Entfernt aButton aus Button1
Button1.Content = Nothing
```

// C#

```
// Erstellt ein Button-Steuerelement und fügt es zu einem anderen Button-Steuerelement
//  namens Button1 hinzu
Button aButton = new Button();
Button1.Content = aButton;
// Entfernt aButton aus Button1
Button1.Content = null;
```

Wird ein Steuerelement aus seiner übergeordneten Auflistung entfernt, wird es vom Garbage Collector beseitigt, sobald keine anderen Verweise mehr darauf vorhanden sind.

Übung Arbeiten mit Grafik

In dieser Übung erweitern Sie eine vorher erstellte Anwendung durch verschiedene Effekte. Das Ergebnis ist für eine Unternehmensumgebung wahrscheinlich nicht seriös genug, demonstriert aber einige der Techniken, die Sie in dieser Lektion kennengelernt haben. Sie legen in dieser Übung eine Datei im Stammverzeichnis von Laufwerk *C:* an, daher brauchen Sie den entsprechenden Dateisystemzugriff.

Übung Arbeiten mit Grafik

1. Öffnen Sie die Lösung aus dem Unterverzeichnis *Partial* zu Kapitel 3, Lektion 1.
2. Ändern Sie in der XAML-Ansicht den XAML-Code für `Button1` so, dass er einen neuen `SolidColorBrush`-Pinsel in die Eigenschaft `Background` einträgt (beachten Sie, dass sich der XAML-Code für die C#-Übungsdateien leicht unterscheidet):

```
<Button Height="23" Margin="30,76,0,0" Name="Button1"
  VerticalAlignment="Top" HorizontalAlignment="Left" Width="74">
  <Button.Background>
    <SolidColorBrush Color="Red"></SolidColorBrush>
   </Button.Background>Set Name
</Button>
```

3. Gehen Sie bei `Button2` genauso vor. Ändern Sie den Hintergrund auf einen `SolidColorBrush`-Pinsel in einer anderen Farbe.

4. Ändern Sie den XAML-Code für das TextBox-Objekt, indem Sie einen ScaleTransform-Abschnitt einfügen, der das Textfeld an der Y-Achse spiegelt, aber die Position beibehält:

```
<TextBox RenderTransformOrigin=".5,.5" Height="21" Margin="30,29,81,0"
  Name="textBox1" VerticalAlignment="Top">
  <TextBox.RenderTransform>
    <ScaleTransform ScaleX="-1"/>
   </TextBox.RenderTransform>
</TextBox>
```

5. Fügen Sie einen SkewTransform-Abschnitt in Label1 ein, um die Darstellung des Steuerelements zu scheren:

```
<Label Margin="30,124,81,115" Name="label1">
  <Label.RenderTransform>
    <SkewTransform AngleX="30" AngleY="20"></SkewTransform>
   </Label.RenderTransform>
</Label>
```

6. Fügen Sie direkt vor der <Grid>-Deklaration den folgenden Code ein, um dem Fensterhintergrund ein LinearGradientBrush-Objekt zuzuweisen:

```
<Window.Background>
  <LinearGradientBrush>
    <GradientStop Color="Red" Offset="0"/>
    <GradientStop Color="Yellow" Offset=".5"/>
    <GradientStop Color="Lime" Offset="1"/>
   </LinearGradientBrush>
</Window.Background>
```

7. Drücken Sie F5, um Ihre Anwendung zu erstellen und auszuführen. Die Funktion der Anwendung bleibt gleich, aber die Benutzeroberfläche sieht völlig anders aus.

Zusammenfassung der Lektion

- Brush ist in WPF die wichtigste Klasse zum Zeichnen der Benutzeroberfläche. Alle Brush-Klassen sind von der abstrakten Klasse Brush abgeleitet. SolidColorBrush-Objekte zeichnen einfarbige Flächen, LinearGradientBrush- und RadialGradientBrush-Objekte Farbverläufe. Mit ImageBrush- und VisualBrush-Objekten können Sie Bilder oder andere sichtbare Elemente zeichnen.
- WPF bietet integrierte Unterstützung zum Erstellen von Zeichenformen. Formen unterstützen alle Benutzerinteraktionsereignisse, die bei Benutzeroberflächenelementen zur Verfügung stehen. Es gibt simple Formen wie Rectangle oder Ellipse und komplexe Formen wie Polygon oder Path.
- Mit Transformationen wenden Sie mathematische Transformationen auf Formen und Elemente an. Sie wenden ein Transform-Objekt auf eine Form oder ein Element an, indem Sie es der Eigenschaft RenderTransform des Objekts zuweisen, das Sie transformieren wollen.

- Indem Sie der Eigenschaft `Clip` eines Elements ein `Geometry`-Objekt zuweisen, schneiden Sie die Darstellung dieses Objekts ab. Ein Element, dessen Eigenschaft `Clip` Sie ein `Geometry`-Objekt zugewiesen haben, wird nur in dem Bereich gezeichnet, der die Schnittmenge des normalen Elements und des `Geometry`-Objekts bildet.
- Die Methode `VisualTreeHelper.HitTest` gibt das Objekt zurück, das am angegebenen Punkt angeklickt wurde. Der gelieferte Punkt ist relativ zur oberen linken Ecke des sichtbaren Elements angegeben.

Lernzielkontrolle

Mit den folgenden Fragen können Sie Ihr Wissen zu den Informationen aus Lektion 1, »Verwalten der grafischen Oberfläche«, überprüfen. Die Fragen finden Sie (in englischer Sprache) auch auf der Begleit-CD, Sie können sie also auch auf dem Computer im Rahmen eines Übungstests beantworten.

Hinweis Die Antworten

Die Antworten auf diese Fragen mit Erklärungen, warum die jeweiligen Auswahlmöglichkeiten richtig oder falsch sind, finden Sie im Abschnitt »Antworten« am Ende dieses Buchs.

1. Welcher der folgenden XAML-Codeausschnitte zeichnet ein `Button`-Steuerelement, das an der X-Achse gespiegelt ist, aber an der ursprünglichen Position angezeigt wird?

   A.

```
<Button Height="23" Margin="75,64,128,0" Name="Button1"
  VerticalAlignment="Top">
  <Button.RenderTransform>
    <ScaleTransform ScaleY="-1"/>
   </Button.RenderTransform>Button
</Button>
```

   B.

```
<Button Height="23" Margin="75,64,128,0" Name="Button1"
  VerticalAlignment="Top" RenderTransformOrigin=".5,.5">
  <Button.RenderTransform>
    <ScaleTransform ScaleY="-1"/>
   </Button.RenderTransform>Button
</Button>
```

   C.

```
<Button Height="23" Margin="75,64,128,0" Name="Button1"
  VerticalAlignment="Top">
  <Button.RenderTransform>
    <ScaleTransform ScaleX="-1"/>
   </Button.RenderTransform>Button
</Button>
```

D.

```
<Button Height="23" Margin="75,64,128,0" Name="Button1"
  VerticalAlignment="Top" RenderTransformOrigin=".5,.5">
  <Button.RenderTransform>
    <ScaleTransform ScaleX="-1"/>
   </Button.RenderTransform>Button
</Button>
```

2. Welches der folgenden XAML-Beispiele erstellt einen `LinearGradient`-Pinsel mit einem vertikalen Farbverlauf von Rot zu Gelb?

A.

```
<LinearGradientBrush>
  <GradientStop Color="Red" Offset="0"/>
   <GradientStop Color="Yellow" Offset="1"/>
</LinearGradientBrush>
```

B.

```
<LinearGradientBrush StartPoint="0,1" EndPoint="1,1">
  <GradientStop Color="Red" Offset="0"/>
   <GradientStop Color="Yellow" Offset="1"/>
</LinearGradientBrush>
```

C.

```
<LinearGradientBrush StartPoint="0,1" EndPoint="1,1">
  <GradientStop Color="Yellow" Offset="0"/>
   <GradientStop Color="Red" Offset="1"/>
</LinearGradientBrush>
```

D.

```
<LinearGradientBrush StartPoint="1,0" EndPoint="1,1">
  <GradientStop Color="Red" Offset="0"/>
   <GradientStop Color="Yellow" Offset="1"/>
</LinearGradientBrush>
```

Lektion 2: Hinzufügen von Multimediainhalt

WPF gibt Ihnen die Möglichkeit, Multimediainhalte in Ihre Anwendungen zu integrieren. Mit den Klassen `SoundPlayer`, `MediaPlayer` und `MediaElement` können Sie Audio und Video nahtlos in verschiedene Elemente Ihrer Anwendung einbetten. In dieser Lektion erfahren Sie, wie Sie Ihre Benutzeroberfläche mit diesen drei Klassen um Audio- und Videoinhalte erweitern.

Am Ende dieser Lektion werden Sie in der Lage sein, die folgenden Aufgaben auszuführen:

- Abspielen von unkomprimierten *.wav*-Dateien mit der Klasse `SoundPlayer`
- Beschreiben der Klasse `SoundPlayerAction` und Erklären, wie sie in einem Trigger benutzt wird
- Abspielen von Audio in einer WPF-Anwendung mithilfe der Klasse `MediaPlayer`
- Anzeigen von Video in einer WPF-Anwendung mithilfe der Klasse `MediaElement`
- Steuern der Medienwiedergabe mit `MediaPlayer` und `MediaElement`
- Behandeln medienspezifischer Ereignisse

Veranschlagte Zeit für diese Lektion: 20 Minuten

Verwenden von *SoundPlayer*

Die Klasse `SoundPlayer` wurde in .NET Framework 2.0 als verwaltete Klasse eingeführt, um das Abspielen von Audio in Microsoft Windows-Anwendungen zu ermöglichen. Sie ist relativ simpel und einfach zu benutzen, weist aber auch erhebliche Einschränkungen auf.

`SoundPlayer` kann nur unkomprimierte *.wav*-Dateien abspielen. Sie kann keine komprimierten *.wav*-Dateien oder Dateien in anderen Audioformaten lesen. Außerdem hat der Entwickler keine Kontrolle über Lautstärke, Balance, Geschwindigkeit oder andere Aspekte der Audiowiedergabe.

Trotz der Einschränkungen kann `SoundPlayer` nützlich sein, wenn Sie ohne großen Aufwand Audiofähigkeiten in Ihre Anwendungen integrieren wollen. Sie stellt Member zur Verfügung, mit denen Sie ganz einfach unkomprimierte *.wav*-Dateien laden und abspielen können. Tabelle 3.12 zeigt wichtige Member der Klasse `SoundPlayer`.

Tabelle 3.12 Wichtige Member der Klasse `SoundPlayer`

Member	Typ	Beschreibung
`IsLoadCompleted`	Eigenschaft	Ein boolescher Wert, der angibt, ob die *.wav*-Datei vollständig geladen ist.
`Load`	Methode	Lädt die *.wav*-Datei aus den Eigenschaften `Stream` oder `SoundLocation` synchron.
`LoadAsync`	Methode	Lädt die *.wav*-Datei aus den Eigenschaften `Stream` oder `SoundLocation` asynchron.
`LoadCompleted`	Ereignis	Wird ausgelöst, sobald das Laden der *.wav*-Datei abgeschlossen ist.
`LoadTimeout`	Eigenschaft	Gibt an, nach wie vielen Millisekunden die *.wav*-Datei geladen sein muss.

▶

Member	Typ	Beschreibung
`Play`	Methode	Spielt die angegebene *.wav*-Datei asynchron ab.
`PlayLooping`	Methode	Spielt die angegebene *.wav*-Datei asynchron ab. Sobald das Ende der Datei erreicht ist, wird die Datei erneut von Anfang an abgespielt. Das wird so lange wiederholt, bis die Wiedergabe beendet wird.
`PlaySync`	Methode	Spielt die angegebene *.wav*-Datei synchron ab.
`SoundLocation`	Eigenschaft	Der Speicherort der *.wav*-Datei.
`SoundLocationChanged`	Ereignis	Wird ausgelöst, wenn sich die Eigenschaft `SoundLocation` ändert.
`Stop`	Methode	Beendet die Wiedergabe.
`Stream`	Eigenschaft	Das `Stream`-Objekt, das die *.wav*-Datei enthält.
`StreamChanged`	Ereignis	Wird ausgelöst, wenn sich die Eigenschaft `Stream` ändert.

Sie spielen eine *.wav*-Datei mit der Klasse `SoundPlayer` folgendermaßen ab:

1. Deklarieren Sie eine neue Instanz der Klasse `SoundPlayer`:

   ' Visual Basic
   ```
   Dim aPlayer As System.Media.SoundPlayer = New System.Media.SoundPlayer()
   ```
   // C#
   ```
   System.Media.SoundPlayer aPlayer = new System.Media.SoundPlayer();
   ```

2. Geben Sie den Speicherort der *.wav*-Datei an, indem Sie entweder den Dateipfad in die Eigenschaft `SoundLocation` eintragen oder der Eigenschaft `Stream` ein `Stream`-Objekt zuweisen, das die *.wav*-Datei enthält:

   ' Visual Basic
   ```
   aPlayer.SoundLocation = "C:\myFile.wav"
   ' ODER
   aPlayer.Stream = myStream
   ```
   // C#
   ```
   aPlayer.SoundLocation = "C:\\myFile.wav";
   // ODER
   aPlayer.Stream = myStream;
   ```

3. Laden Sie die *.wav*-Datei. Das ist zwar optional, schont aber die Systemressourcen, wenn die Datei mehrmals abgespielt wird. Falls Sie die Datei nicht auf diese Weise laden, wird sie jedes Mal, wenn Sie die Datei abspielen, erneut eingelesen.

   ' Visual Basic
   ```
   aPlayer.Load()
   ' ODER
   aPlayer.LoadAsync()
   ```
   // C#
   ```
   aPlayer.Load();
   // ODER
   aPlayer.LoadAsync();
   ```

4. Spielen Sie die *.wav*-Datei mit der Methode Play oder PlaySync ab:

```
' Visual Basic
aPlayer.Play()
' ODER
aPlayer.PlaySync()
// C#
aPlayer.Play();
// ODER
aPlayer.PlaySync();
```

SoundPlayerAction

WPF stellt für die Nutzung im XAML-Code eine Klasse namens SoundPlayerAction zur Verfügung, die ein SoundPlayer-Objekt einbettet. Mit der Klasse SoundPlayerAction können Sie ein SoundPlayer-Objekt deklarativ anlegen und eine *.wav*-Datei als Reaktion auf einen Trigger abspielen.

Die einzige wichtige Eigenschaft der Klasse SoundPlayerAction ist Source. Sie weisen ihr den Pfad der *.wav*-Datei zu, die Sie abspielen wollen. Die im nächsten Beispiel hervorgehobene Codezeile spielt mithilfe der Klasse SoundPlayerAction eine Audiodatei ab, sobald die Maus über einer Schaltfläche steht:

```
<Button Height="23" Margin="93,57,110,0" Name="button1"
  VerticalAlignment="Top">
  <Button.Content>Button</Button.Content>
  <Button.Style>
    <Style>
      <Style.Triggers>
        <EventTrigger RoutedEvent="Button.MouseEnter">
          <SoundPlayerAction Source="C:\myFile.wav"/>
        </EventTrigger>
      </Style.Triggers>
    </Style>
  </Button.Style>
</Button>
```

MediaPlayer und *MediaElement*

Die Klassen MediaPlayer und MediaElement bieten umfassende Unterstützung für das Abspielen von Audio- und Videodateien in vielen unterschiedlichen Formaten. Beide Klassen greifen auf die Funktionen des Windows Media Player 10 zurück. Sie funktionieren daher zuverlässig in Anwendungen, die unter Windows Vista oder neuer laufen, weil dort standardmäßig mindestens Media Player 11 vorhanden ist. In Windows XP-Installationen funktionieren diese Klassen dagegen nur, wenn mindestens Windows Media Player 10 installiert ist.

Die Klassen MediaPlayer und MediaElement sind sich sehr ähnlich und haben viele Member gemeinsam. Der Hauptunterschied zwischen den beiden Klassen ist, dass MediaPlayer zwar sowohl Audio als auch Video lädt und abspielt, aber keine Bedienoberfläche hat und daher kein Video in der Benutzeroberfläche anzeigen kann. MediaElement ist dagegen ein voll ausgestattetes WPF-Element, mit dem Sie Video in Ihren Anwendungen anzeigen können. MediaElement bettet ein MediaPlayer-Objekt ein und stellt eine Bedienoberfläche zum Abspielen von Videodateien bereit. Ein weiterer Unterschied ist, dass Sie MediaPlayer nicht ohne Weiteres im XAML-Code verwenden können, während MediaElement für den Einsatz in XAML entworfen wurde.

Die Tabelle 3.13 zeigt wichtige Eigenschaften von MediaPlayer und MediaElement, und die Tabelle 3.14 wichtige Methoden der beiden Klassen.

Tabelle 3.13 Wichtige Eigenschaften von MediaPlayer und MediaElement

Eigenschaft	Beschreibung
Balance	Die Balance zwischen dem linken und rechten Lautsprecher. Der Wertebereich reicht von –1 (nur linker Lautsprecher) bis 1 (nur rechter Lautsprecher). Der Wert 0 bedeutet, dass beide Lautsprecher gleichlaut angesteuert werden.
BufferingProgress	Eine Zahl, die als Wert zwischen 0 und 1 angibt, welcher Anteil der Datei gepuffert wurde. Nur gültig, wenn die Datei in einem Streamingformat vorliegt, das Pufferung ermöglicht.
DownloadProgress	Eine Zahl, die als Wert zwischen 0 und 1 angibt, welcher Anteil der Datei heruntergeladen wurde.
HasAudio	Gibt an, ob die aktuelle Mediendatei Audio enthält.
HasVideo	Gibt an, ob die aktuelle Mediendatei Video enthält.
LoadedBehavior	Legt fest, ob die Datei nach dem Laden automatisch abgespielt wird. Hat die Eigenschaft den Wert Play, wird die Datei nach dem Laden automatisch abgespielt. Hat sie den Wert Manual, wird die Datei erst abgespielt, wenn die Methode Play aufgerufen wird. Diese Eigenschaft gibt es nur in MediaElement.
NaturalDuration	Enthält ein Duration-Objekt, das die Länge der aktuellen Mediendatei angibt, wenn sie in ihrer normalen Geschwindigkeit abgespielt wird.
NaturalVideoHeight	Gibt die Originalhöhe für das Videobild der aktuellen Mediendatei an.
NaturalVideoWidth	Gibt die Originalbreite für das Videobild der aktuellen Mediendatei an.
Position	Gibt ein TimeSpan-Objekt zurück, das die aktuelle Position innerhalb der Mediendatei angibt.
Source	Gibt die URI (Uniform Resource Identifier) zurück, aus der die Mediendatei geladen wurde. Bei MediaPlayer ist dies eine schreibgeschützte Eigenschaft, die beim Aufruf der Methode Open zugewiesen wird. In MediaElement können Sie die Eigenschaft Source dagegen deklarativ im XAML-Code festlegen.
SpeedRatio	Ein positiver Double-Wert, der angibt, mit welcher Geschwindigkeit die Datei abgespielt wird. Der Wert 1 steht für normale Geschwindigkeit. Werte größer oder kleiner als 1 sind der Faktor, mit dem die Wiedergabegeschwindigkeit multipliziert wird. Der Wert 2 bedeutet also doppelte Geschwindigkeit und 0,5 halbe Geschwindigkeit.

Tabelle 3.14 Wichtige Methoden von `MediaPlayer` und `MediaElement`

Methode	Beschreibung
`Open`	Öffnet die angegebene Mediendatei. Sie übergeben dieser Methode als Argument eine URI, die auf die Mediendatei verweist. Diese Methode steht nur in `MediaPlayer` zur Verfügung.
`Pause`	Unterbricht die Wiedergabe der aktuellen Datei, ändert aber nicht die Eigenschaft `Position`.
`Play`	Beginnt die Wiedergabe der Datei oder setzt die Wiedergabe der Datei fort, falls vorher die Methode `Pause` aufgerufen wurde.
`Stop`	Beendet die Wiedergabe und setzt die Eigenschaft `Position` auf den Anfang der Datei.

So spielen Sie Audio mit `MediaPlayer` ab:

1. Deklarieren Sie eine neue Instanz von `MediaPlayer`:

   ' Visual Basic
   ```
   Dim aPlayer As New System.Windows.Media.MediaPlayer()
   ```
   // C#
   ```
   System.Windows.Media.MediaPlayer aPlayer = new MediaPlayer();
   ```
2. Laden Sie die Mediendatei mit der Methode `Load`:

   ' Visual Basic
   ```
   aPlayer.Open(new Uri("crash.mp3"))
   ```
   // C#
   ```
   aPlayer.Open(new Uri("crash.mp3"));
   ```
3. Rufen Sie die Methode `Play` auf, um die Datei abzuspielen:

   ' Visual Basic
   ```
   aPlayer.Play()
   ```
   // C#
   ```
   aPlayer.Play();
   ```

So spielen Sie Audio oder Video automatisch mit `MediaElement` ab:

1. Deklarieren Sie im XAML-Code ein neues `MediaElement`-Objekt:
   ```
   <MediaElement Margin="52,107,66,35" Name="mediaElement1"/>
   ```
2. Tragen Sie in die Eigenschaft `Source` deklarativ die gewünschte Datei ein:
   ```
   <MediaElement Margin="52,107,66,35" Source="crash.mp3"
      Name="mediaElement1"/>
   ```
3. Die Datei wird sofort nach dem Laden abgespielt, was unmittelbar nach dem Laden des Fensters passiert. Der nächste Abschnitt beschreibt, wie Sie steuern, wann die Datei abgespielt wird.

So spielen Sie Audio oder Video mit `MediaElement` von Hand ab:

1. Deklarieren Sie im XAML-Code ein neues `MediaElement`-Objekt:
   ```
   <MediaElement Margin="52,107,66,35" Name="mediaElement1"/>
   ```
2. Tragen Sie in die Eigenschaft `Source` deklarativ die gewünschte Datei ein:
   ```
   <MediaElement Margin="52,107,66,35" Source="crash.mp3"
      Name="mediaElement1"/>
   ```

3. Setzen Sie die Eigenschaft `LoadedBehavior` auf `Manual`:

```
<MediaElement Margin="52,107,66,35" Source="crash.mp3"
   LoadedBehavior="Manual" Name="mediaElement1"/>
```

4. Rufen Sie im Programmcode die Methode `Play` auf, um die Datei abzuspielen:

```
' Visual Basic
mediaElement1.Play()
// C#
mediaElement1.Play();
```

Schnelltest

- Was ist der Unterschied zwischen `MediaPlayer` und `MediaElement`?

Antwort zum Schnelltest

- `MediaPlayer` und `MediaElement` bieten zwar denselben Funktionsumfang, aber `MediaElement` wird sichtbar dargestellt, während `MediaPlayer` eine Komponente ohne Bedienoberfläche ist. Daher sollten Sie `MediaElement` verwenden, um Video in Ihren Anwendungen anzuzeigen.

Behandeln medienspezifischer Ereignisse

`MediaPlayer` und `MediaElement` lösen drei medienspezifische Ereignisse aus, die in Tabelle 3.15 beschrieben werden.

Tabelle 3.15 Medienspezifische Ereignisse in `MediaPlayer` und `MediaElement`

Ereignis	Beschreibung
`MediaEnded`	Wird ausgelöst, wenn die Mediendatei fertig abgespielt wurde.
`MediaFailed`	Wird ausgelöst, wenn eine Datei nicht gefunden oder geladen werden kann.
`MediaOpened`	Wird ausgelöst, wenn das Laden der Mediendatei abgeschlossen ist.

Die Ereignisse `MediaEnded` und `MediaOpened` sind Standard-WPF-Routingereignisse, beide übergeben eine Instanz von `RoutedEventArgs` an den Ereignishandler. Sie können diese Ereignisse behandeln, um Code auszuführen, wenn die Datei geladen oder fertig abgespielt wurde. Das funktioniert genauso wie bei allen anderen Ereignissen.

Das Ereignis `MediaFailed` arbeitet etwas anders. Die Klassen `MediaElement` und `MediaPlayer` lösen keine Ausnahme aus, wenn sie die gewünschte Mediendatei nicht finden oder abspielen können, sondern das Ereignis `MediaFailed`. Daher kann die Ausführung der Anwendung fortgesetzt werden, selbst wenn ein Problem mit der Multimediadatei aufgetreten ist. Es wird zwar beim ursprünglichen Fehler eine Ausnahme ausgelöst, sie wird aber in eine Instanz von `ExceptionRoutedEventArgs` eingebettet, die an den Ereignishandler übergeben wird. Sie erhalten eine Instanz der Ausnahme, die ursprünglich ausgelöst wurde, aus der Eigenschaft `ErrorException` der `ExceptionRoutedEventArgs`-Instanz. Indem Sie die Eigenschaften der eingebetteten Ausnahme untersuchen, können Sie festlegen, wie die Anwendung reagiert. Das folgende Beispiel demonstriert eine simple Möglichkeit, das Ereignis `MediaFailed` zu behandeln. Es zeigt ein Meldungsfeld mit dem Text der eingebetteten Ausnahme an:

' Visual Basic

```
Private Sub mediaElement1_MediaFailed(ByVal sender As System.Object, _
  ByVal e As System.Windows.ExceptionRoutedEventArgs)
  MessageBox.Show(e.ErrorException.Message)
End Sub
```

// C#

```
private void mediaElement1_MediaFailed(object sender,
  ExceptionRoutedEventArgs e)
{
  MessageBox.Show(e.ErrorException.Message);
}
```

Übung Erstellen eines einfachen Mediaplayers

In dieser Übung erstellen Sie einen einfachen Mediaplayer, der die Fähigkeit bietet, Audio- und Videodateien zu laden und abzuspielen sowie die Wiedergabe zu starten, zu beenden und zu unterbrechen.

Übung Erstellen eines Mediaplayers

1. Öffnen Sie die Lösung aus dem Unterverzeichnis *Partial* zu Kapitel 3, Lektion 2. Diese Projektmappe enthält einen Verweis auf den Namespace `System.Windows.Forms`. Sie verwenden die Klasse `OpenFileDialog` aus diesem Namespace, um das Dateisystem zu durchsuchen.
2. Fügen Sie im XAML-Code ein `MediaElement` zur obersten Zeile des `Grid`-Steuerelements hinzu und setzen Sie die Eigenschaft `LoadedBehavior` auf den Wert `Manual`:

```
<MediaElement LoadedBehavior="Manual" Margin="0" Name="MediaElement1"/>
```

3. Fügen Sie im XAML-Code vier Schaltflächen mit den Beschriftungen *Öffnen*, *Wiedergabe*, *Pause* und *Stopp* zur Symbolleiste hinzu und definieren Sie `Click`-Ereignishandler für jede Schaltfläche:

```
<ToolBar Grid.Row="1" Margin="0" Name="ToolBar1">
  <Button Click="Button_Click">Öffnen</Button>
  <Button Click="Button_Click_1">Wiedergabe</Button>
  <Button Click="Button_Click_2">Pause</Button>
   <Button Click="Button_Click_3">Stopp</Button>
</ToolBar>
```

4. Klicken Sie im Designer doppelt auf die Schaltfläche *Öffnen*, um den `Click`-Ereignishandler zu öffnen. Fügen Sie den folgenden Code ein:

' Visual Basic

```
aDialog.ShowDialog()
MediaElement1.Source = New Uri(aDialog.FileName)
MediaElement1.Play()
```

// C#

```
aDialog.ShowDialog();
MediaElement1.Source = new Uri(aDialog.FileName);
MediaElement1.Play();
```

5. Klicken Sie im Designer doppelt auf die Schaltfläche *Wiedergabe*, um den `Click`-Ereignishandler zu öffnen. Fügen Sie den folgenden Code ein:

   ' Visual Basic
   ```
   MediaElement1.Play()
   ```
   // C#
   ```
   MediaElement1.Play();
   ```
6. Klicken Sie im Designer doppelt auf die Schaltfläche *Pause*, um den `Click`-Ereignishandler zu öffnen. Fügen Sie den folgenden Code ein:

   ' Visual Basic
   ```
   MediaElement1.Pause()
   ```
   // C#
   ```
   MediaElement1.Pause();
   ```
7. Klicken Sie im Designer doppelt auf die Schaltfläche *Stopp*, um den `Click`-Ereignishandler zu öffnen. Fügen Sie den folgenden Code ein:

   ' Visual Basic
   ```
   MediaElement1.Stop()
   ```
   // C#
   ```
   MediaElement1.Stop();
   ```
8. Fügen Sie im Designer eine Definition für das Ereignis `MeciaElement1.MediaFailed` ein:
   ```
   <MediaElement MediaFailed="MediaElement1_MediaFailed"
      LoadedBehavior="Manual" Margin="0" Name="MediaElement1"/>
   ```
9. Fügen Sie im Code-Editor den folgenden Code in die Methode `MediaElement1_MediaFailed` ein:

   ' Visual Basic
   ```
   MessageBox.Show("Mediendatei konnte nicht geladen werden. " &
   e.ErrorException.Message)
   ```
   // C#
   ```
   MessageBox.Show("Mediendatei konnte nicht geladen werden. " +
   e.ErrorException.Message);
   ```
10. Drücken Sie F5, um Ihre Anwendung zu erstellen und auszuführen. Klicken Sie auf die Schaltfläche *Öffnen*, suchen Sie eine Mediendatei und testen Sie die Funktion aller Schaltflächen. Klicken Sie nun erneut auf *Öffnen* und wählen Sie eine Datei aus, die keine Mediendatei ist. Prüfen Sie, ob der Fehlerbehandlungscode wie erwartet funktioniert.

Zusammenfassung der Lektion

- Die Klasse `SoundPlayer` ermöglicht das unkomplizierte Abspielen von unkomprimierten *.wav*-Dateien. Sie kann aber keine komprimierten *.wav*-Dateien oder andere Audiodateien abspielen. Sie können ein `SoundPlayer`-Objekt deklarativ erstellen, indem Sie ein `SoundPlayerAction`-Objekt einfügen.
- `MediaPlayer` bietet umfassende Unterstützung zum Abspielen von Mediendateien. `MediaPlayer` beherrscht den Umgang mit vielen Audio- und Videodateitypen, hat aber keine Bedienoberfläche. `MediaElement` bettet ein `MediaPlayer`-Objekt ein und stellt eine Bedien-

oberfläche zum Anzeigen von Video bereit. Beide Elemente bieten die Möglichkeit, Lautstärke, Balance und andere Wiedergabefunktionen einzustellen.

- `MediaPlayer` und `MediaElement` lösen keine Ausnahmen aus, wenn ein Problem mit einer Mediendatei auftritt. Stattdessen müssen Sie das Ereignis `MediaFailed` behandeln, das eine eingebettete Ausnahme enthält, in der das Problem beschrieben ist. Sie können dann im Ereignishandler die gewünschte Aktion ausführen.

Lernzielkontrolle

Mit den folgenden Fragen können Sie Ihr Wissen zu den Informationen aus Lektion 2, »Hinzufügen von Multimediainhalt«, überprüfen. Die Fragen finden Sie (in englischer Sprache) auch auf der Begleit-CD, Sie können sie also auch auf dem Computer im Rahmen eines Übungstests beantworten.

Hinweis Die Antworten

Die Antworten auf diese Fragen mit Erklärungen, warum die jeweiligen Auswahlmöglichkeiten richtig oder falsch sind, finden Sie im Abschnitt »Antworten« am Ende dieses Buchs.

1. Wie behandeln Sie Fehler beim Laden einer Mediendatei in einem `MediaElement`-Objekt?
   A. Fangen Sie den Fehler in einem `Try...Catch`-Block ab und schreiben Sie Code, mit dem die Anwendung den Fehler korrigiert.
   B. Ignorieren Sie Fehler zu Mediendateien. Sie führen nicht zum Absturz der Anwendung.
   C. Behandeln Sie das Ereignis `MediaElement.MediaFailed`.
   D. Überprüfen Sie im Ereignis `MediaElement.MediaOpened`, ob der richtige Dateityp geöffnet wurde.
2. Welche Klasse ist die beste Wahl, wenn Sie in einer Anwendung unkomprimierte *.wav*-Dateien abspielen wollen?
   A. `SoundPlayer`
   B. `MediaPlayer`
   C. `MediaElement`
   D. Entweder A oder B, das hängt von den Anforderungen der Anwendung ab

Übung mit Fallbeispiel

In der folgenden Übung mit Fallbeispiel wenden Sie an, was Sie über das Hinzufügen und Verwalten von Inhalt gelernt haben. Die Lösungen zu den Fragen finden Sie im Abschnitt »Antworten« hinten in diesem Buch.

Übung mit Fallbeispiel: Das Unternehmen mit zweifelhaftem Geschmack

Sie entwickeln eine Anwendung für ein Unternehmen, in dem ein seltsames Geschmacksempfinden vorherrscht. Anscheinend hat das mit Konzerten zu tun, bei denen die Gründer Anfang der 1970er waren. Sie möchten, dass die Hauptanwendung rein schwarz-weiß gehalten ist. Alle Steuerelemente, in die Benutzer Daten eingeben, sollen dagegen in Batikmustern erstrahlen. Außerdem soll in der oberen linken Ecke der Anwendung permanent eine Mediendatei mit einem Konzertvideo laufen. Dieses Video muss die Form eines tanzenden Bären haben. Der Grafiker hat Ihnen kopfschüttelnd ein `Path`-Objekt in der Form eines tanzenden Bären entworfen, aber den Rest müssen Sie selbst erledigen.

Beantworten Sie Ihrem Manager folgende Fragen:

1. Wie können Sie die Eingabesteuerelemente in Batikmustern erstellen?
2. Wie schaffen Sie es bloß, ein Video in Form eines tanzenden Bären anzuzeigen?

Vorgeschlagene Übungen

Sie sollten die folgenden Aufgaben durcharbeiten, wenn Sie die in diesem Kapitel behandelten Prüfungsziele meistern wollen:

- **Übung 1** Verbessern Sie die Mediaplayer-Anwendung aus Lektion 2, damit der Benutzer Lautstärke, Balance und Wiedergabegeschwindigkeit einstellen kann.
- **Übung 2** Erforschen Sie die Klassen `VisualBrush` und `ImageBrush` und entwickeln Sie eine Anwendung, die mit diesen Pinseln den Hintergrund mit einer Vielzahl von Effekten zeichnet.
- **Übung 3** Erstellen Sie eine Mediaplayer-Anwendung, die auf Mediendateien zugreift, die als Binärressourcen eingebettet sind. (Hinweis: Sie müssen dabei mehrmals das Datei-E/A-System benutzen.)

Machen Sie einen Übungstest

Die Übungstests (in englischer Sprache) auf der Begleit-CD zu diesem Buch bieten zahlreiche Möglichkeiten. Zum Beispiel können Sie einen Test machen, der ausschließlich die Themen aus einem Prüfungslernziel behandelt, oder Sie können sich selbst mit dem gesamten Inhalt der Prüfung 70-511 testen. Sie können den Test so konfigurieren, dass er dem Ablauf einer echten Prüfung entspricht, oder Sie können einen Lernmodus verwenden, in dem Sie sich nach dem Beantworten einer Frage jeweils sofort die richtige Antwort und Erklärungen ansehen können.

Weitere Informationen Übungstests

Einzelheiten zu allen Optionen, die bei den Übungstests zur Verfügung stehen, finden Sie im Abschnitt »So benutzen Sie die Übungstests« in der Einführung am Anfang dieses Buchs.

K A P I T E L 4

Windows Forms und Windows Forms-Steuerelemente

Windows Forms bildet die Basis für die meisten Microsoft Windows-Anwendungen. Sie können das System konfigurieren, um eine große Vielfalt von Benutzeroberflächenoptionen zu erhalten. Der Entwickler kann Formulare unterschiedlicher Größe und Form erstellen und sie an die Bedürfnisse des Benutzers anpassen. Formulare nehmen *Steuerelemente* auf, die ihrerseits den größten Teil des Funktionsumfangs der Benutzeroberfläche zur Verfügung stellen. Sie können spezielle Steuerelemente verwenden, die sogenannten *Containersteuerelemente*, um das Layout der Benutzeroberfläche zu steuern. Und mit den einzelnen Steuerelementen implementieren Sie den anwendungsspezifischen Funktionsumfang. Über Menüs und Symbolleisten erhalten Ihre Benutzer schnellen Zugriff auf Standardfunktionen der Anwendung. In diesem Kapitel lernen Sie die Bausteine für Windows Forms-Anwendungen kennen.

In diesem Kapitel abgedeckte Prüfungsziele:

- Auswählen einer geeigneten Steuerelementklasse

Lektionen in diesem Kapitel:

Bevor Sie beginnen

Um die Lektionen in diesem Kapitel durcharbeiten zu können, müssen Sie mit Visual Basic oder C# vertraut sein und folgende Aufgaben beherrschen:

- Öffnen von Visual Studio und Erstellen eines Windows Forms-Projekts
- Ziehen von Steuerelementen aus der Toolbox in den Designer
- Festlegen von Eigenschaften im Eigenschaftenfenster

Praxistipp

Matthew Stoecker

Die Windows Presentation Foundation (WPF) ist zwar definitiv die Zukunft der Windows-Anwendungsentwicklung, aber Windows Forms hat eine glorreiche Geschichte. Es wird seit vielen Jahren erfolgreich genutzt. Viele Firmen betreiben nach wie vor eifrig die Windows Forms-Entwicklung, und das wird noch einige Zeit so bleiben. Für einen Windows-Entwickler in der heutigen Arbeitswelt ist es wichtig, dass er sich sowohl mit WPF als auch Windows Forms auskennt.

Lektion 1: Arbeiten mit Formularen und Containersteuerelementen

Diese Lektion beschreibt, wie Sie in einer Windows Forms-Anwendung Formulare und Containersteuerelemente erstellen und konfigurieren. Sie erfahren, wie Sie Formulare anlegen und im Programmcode darauf zugreifen, die optischen Eigenschaften der Formulare ändern und ihr Verhalten während der Laufzeit steuern. Sie lernen, wie Sie Steuerelemente zu einem Formular oder einem Containersteuerelement hinzufügen und unterschiedliche Arten von Containersteuerelementen konfigurieren, um dynamische und abwechslungsreiche Layouts für die Steuerelemente in Ihrem Formular zu entwerfen.

Am Ende dieser Lektion werden Sie in der Lage sein, die folgenden Aufgaben auszuführen:

- Ein Formular während des Entwurfs zu einem Projekt hinzufügen
- Ein neues Formular während der Laufzeit hinzufügen
- Die Größe eines Fensters während des Entwurfs oder der Laufzeit ändern
- Während der Laufzeit Eigenschaften ändern, die das Aussehen und Verhalten eines Formulars steuern
- Auf die Standardinstanz eines Formulars im Programmcode zugreifen
- Ein Steuerelement während des Entwurfs zu einem Formular oder Containersteuerelement hinzufügen
- Ein Steuerelement während der Laufzeit zu einem Formular oder Container hinzufügen
- Steuerelemente mit dem Steuerelement `Panel` zu Gruppen zusammenfassen und anordnen
- Steuerelemente mit dem Steuerelement `GroupBox` zu Gruppen zusammenfassen und anordnen
- Steuerelemente mit dem Steuerelement `TabControl` zu Gruppen zusammenfassen und anordnen
- Steuerelemente mit dem Steuerelement `FlowLayoutPanel` zu Gruppen zusammenfassen und anordnen
- Steuerelemente mit dem Steuerelement `TableLayoutPanel` zu Gruppen zusammenfassen und anordnen
- Dynamisch Containerbereiche mit dem Steuerelement `SplitContainer` erstellen

Veranschlagte Zeit für diese Lektion: 1 Stunde

Überblick über Windows Forms

Das Formular (form) von Windows Forms ist das Fundament der Benutzeroberfläche. Es stellt einen Container zur Verfügung, der Steuerelemente und Menüs aufnimmt, sodass Sie eine Anwendung in vertrautem und einheitlichem Stil darstellen können. Formulare können Benutzereingaben als Tastendrücke oder Mausaktionen entgegennehmen und dem Benutzer Daten in den enthaltenen Steuerelementen anzeigen. Es ist zwar möglich, Anwendungen zu erstellen, die keine Formulare enthalten, beispielsweise Konsolenanwendungen oder Dienste, aber die meisten Anwendungen, in denen der Benutzer Eingaben macht, enthalten mindestens ein Formular. Komplexe Anwendungen haben häufig mehrere Formulare, damit das Programm konsistent und logisch ausgeführt werden kann.

Wenn Sie ein neues Windows Forms-Projekt erstellen, wird in der Standardeinstellung ein Formular namens `Form1` zum Projekt hinzugefügt. Sie können Ihr Formular bearbeiten, indem Sie im Designer Steuerelemente und andere sichtbare Elemente hinzufügen. Der Designer stellt die sichtbaren Elemente (beispielsweise ein Formular) innerhalb der integrierten Entwicklungsumgebung (Integrated Development Environment, IDE) von Visual Studio grafisch dar und ermöglicht Ihnen, sie dort zu bearbeiten. Abbildung 4.1 zeigt die IDE von Visual Studio.

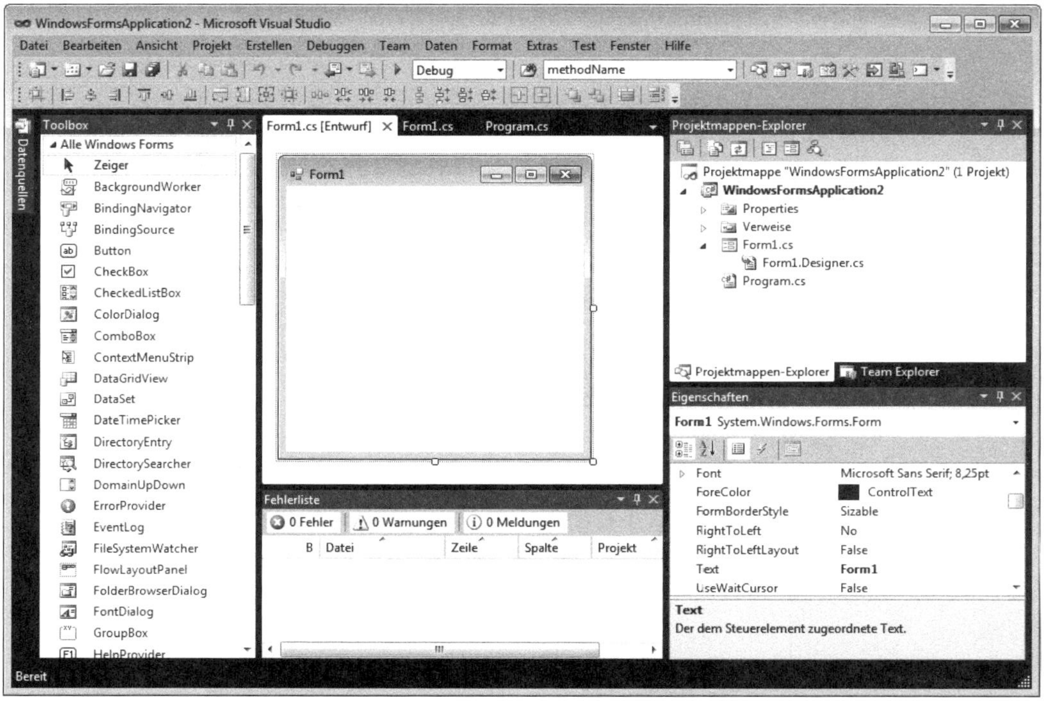

Abbildung 4.1 Das Formular eines Windows Forms-Projekts in der IDE von Visual Studio

Hinzufügen von Formularen zu einem Projekt

Die meisten Projekte brauchen mehrere Formulare. Sie können weitere Formulare während des Entwurfs hinzufügen und konfigurieren oder erst während der Laufzeit im Programmcode Instanzen von vorgefertigten Formularen erstellen.

Sie fügen während des Entwurfs ein neues Formular zu Ihrem Projekt hinzu, indem Sie zuerst im Menü *Projekt* den Befehl *Windows Form hinzufügen* wählen. Daraufhin öffnet sich das Dialogfeld *Neues Element hinzufügen*. Wählen Sie die Vorlage *Windows Form* aus und geben Sie im Feld *Name* einen Namen für das neue Formular ein. Klicken Sie auf *Hinzufügen*, um das Formular in die Entwicklungsumgebung einzufügen.

Sie können während des Entwurfs beliebig viele Formulare hinzufügen und konfigurieren, je nachdem, wie viele Ihre Anwendung benötigt. Sie können aber auch in Ihrem Programmcode neue Instanzen von Formularen anlegen. Diese Möglichkeit nutzen Sie gewöhnlich, wenn Sie ein Formular anzeigen wollen, das bereits entworfen wurde. In Visual Basic greifen Sie auf Standardinstanzen eines Formulars zu, indem Sie den Namen des Formulars angeben. Wenn Sie in Ihrer Anwendung beispielsweise ein Formular namens `Form1` haben, können Sie darauf direkt über den Namen `Form1` zugreifen. Wollen Sie während der Laufzeit auf die Standardinstanz eines Formulars zugreifen (nur in Visual Basic), müssen Sie den Klassennamen des Formulars angeben. Sie können in dieser Standardinstanz Methoden aufrufen oder auf ihre Eigenschaften zugreifen. Ein Beispiel:

' Visual Basic

```
Form1.Text = "Dies ist mein Formular"
Form1.Show()
```

// C#

```
Form1.Text = "Dies ist mein Formular";
Form1.Show();
```

Wenn Sie innerhalb des Codes eines Formulars auf das Formular selbst zugreifen, können Sie nicht die Standardinstanz benutzen. Um im Programmcode eines Formulars auf seine Methoden und Eigenschaften zuzugreifen, verwenden Sie das Schlüsselwort `Me` (Visual Basic) beziehungsweise `this` (C#):

' Visual Basic

```
Me.Text = "Coho Winery - Hauptseite"
```

// C#

```
this.Text = "Coho Winery - Hauptseite";
```

Sie können während der Laufzeit auch neue Instanzen von Formularen anlegen. Dazu deklarieren Sie eine Variable, die den Typ des gewünschten Formulars hat, und legen dann eine Instanz des Formulars an. Das folgende Beispiel setzt voraus, dass Sie bereits ein Formular namens `Form1` in Ihrem Projekt entworfen haben:

' Visual Basic

```
Dim myForm As Form1
myForm = New Form1()
' Zeigt das neue Formular an
myForm.Show()
```

// C#

```
Form1 myForm;
myForm = new Form1();
// Zeigt das neue Formular an
myForm.Show();
```

Eigenschaften von Formularen

Die optische Darstellung Ihrer Benutzeroberfläche ist ein wichtiges Element Ihrer Anwendung. Ist die Benutzeroberfläche schlecht entworfen, fällt Benutzern die Einarbeitung schwer, Aufwand und Kosten für die Schulung steigen. Sie können das Aussehen Ihrer Benutzeroberfläche mithilfe von Windows Forms-Eigenschaften ändern.

Windows Forms enthält eine Vielzahl von Eigenschaften, die das Aussehen und Verhalten der Formulare steuern. Sie können sich diese Eigenschaften im Eigenschaftenfenster des Designers ansehen (Abbildung 4.2).

Tabelle 4.1 fasst die Eigenschaften der Klasse `Form` zusammen, die für das Aussehen und Verhalten der Anwendung besonders wichtig sind. Das ist bei Weitem keine vollständige Liste aller Eigenschaften von `Form`, sondern lediglich ein kleiner Ausschnitt.

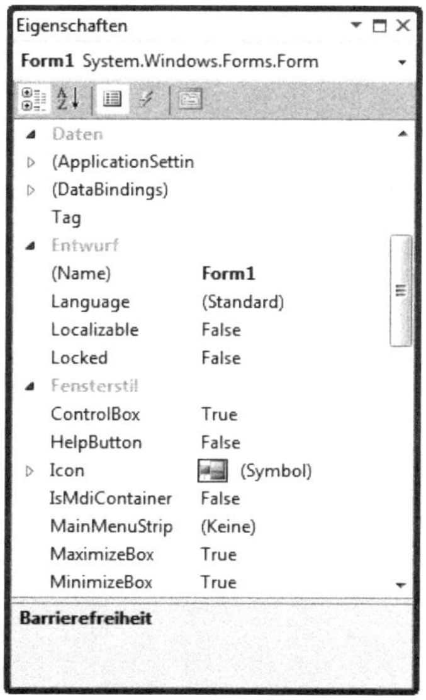

Abbildung 4.2 Das Eigenschaftenfenster für ein Formular

Tabelle 4.1 Wichtige Eigenschaften der Klasse `Form`

Eigenschaft	Beschreibung
(Name)	Der Name der `Form`-Klasse, die im Designer angezeigt wird. Diese Eigenschaft kann nur während des Entwurfs geändert werden.
`BackColor`	Die Hintergrundfarbe des Formulars
`BackgroundImage`	Das Hintergrundbild des Formulars
`BackgroundImageLayout`	Legt fest, wie das Bild aus der Eigenschaft `BackgroundImage` auf dem Formular angeordnet wird. Falls kein Hintergrundbild ausgewählt ist, hat diese Eigenschaft keine Wirkung.
`ControlBox`	Legt fest, ob das Formular Systemschaltflächen hat.
`Cursor`	Der Cursor, der erscheint, wenn die Maus über das Formular bewegt wird.
`Enabled`	Legt fest, ob das Formular Benutzereingaben entgegennehmen kann. Falls `Enabled` den Wert `False` hat, sind auch alle Steuerelemente innerhalb des Formulars deaktiviert.
`Font`	Die Standardschriftart für das Formular. Alle Steuerelemente innerhalb des Formulars übernehmen diese Schriftart, sofern nicht ihrer `Font`-Eigenschaft explizit eine andere Schrift zugewiesen ist.
`ForeColor`	Die Vordergrundfarbe des Formulars, also die Farbe, mit der Text angezeigt wird. Alle Steuerelemente innerhalb des Formulars übernehmen diese Farbe, sofern nicht ihrer `ForeColor`-Eigenschaft explizit eine andere Vordergrundfarbe zugewiesen ist.
`FormBorderStyle`	Legt das Aussehen und Verhalten von Rand und Titelzeile des Formulars fest.
`HelpButton`	Gibt an, ob das Formular eine *Hilfe*-Schaltfläche hat.
`Icon`	Das Symbol für dieses Formular.

►

Eigenschaft	Beschreibung
`Location`	Wenn die Eigenschaft `StartPosition` den Wert `Manual` hat, gibt diese Eigenschaft den Anfangspunkt des Formulars relativ zur oberen linken Ecke des Bildschirms an.
`MaximizeBox`	Gibt an, ob das Formular eine *Maximieren*-Schaltfläche hat.
`MaximumSize`	Legt die Maximalgröße für das Formular fest. Wenn in diese Eigenschaft die Größe (0,0) eingetragen ist, kann das Formular beliebig groß werden.
`MinimizeBox`	Gibt an, ob das Formular eine *Minimieren*-Schaltfläche hat.
`MinimumSize`	Die Mindestgröße, die der Benutzer für das Formular einstellen kann.
`Opacity`	Die Deckkraft beziehungsweise Transparenz des Formulars von 0% bis 100%. Ein Formular mit dem Wert 100% ist völlig undurchsichtig, beim Wert 0% ist es völlig transparent.
`Size`	Die Anfangsgröße des Formulars.
`StartPosition`	Die Position des Formulars, wenn es zum ersten Mal angezeigt wird.
`Text`	Die Titelzeile des Formulars.
`TopMost`	Legt fest, ob das Formular immer über allen anderen Formularen erscheint, bei denen diese Eigenschaft nicht den Wert `True` hat.
`Visible`	Legt fest, ob das Formular beim Ausführen sichtbar ist.
`WindowState`	Legt fest, ob das Formular, wenn es zum ersten Mal angezeigt wird, minimiert, maximiert oder mit der Größe aus der Eigenschaft `Size` geöffnet wird.

Ändern von Aussehen und Verhalten eines Formulars

Sie können Eigenschaften während des Entwurfs im Eigenschaftsfenster einstellen. Die Eigenschaften behalten die so eingestellten Werte, bis die Anwendung startet. Anschließend können die Eigenschaften im Programmcode geändert werden.

Die meisten Eigenschaften eines Formulars können Sie während der Laufzeit ändern. Den Wert einer einfachen Eigenschaft legen Sie fest, indem Sie ihr mit dem Zuweisungsoperator (=) den gewünschten Wert geben. Das folgende Beispiel zeigt, wie Sie der Eigenschaft `Text` eines Formulars einen Wert zuweisen:

' Visual Basic

```
Form1.Text = "Dies ist Form 1"
```

// C#

```
Form1.Text = "Dies ist Form 1";
```

Manche Eigenschaften, beispielsweise `Font` oder `Size`, sind komplexer. Ihr Wert ist die Instanz einer Klasse oder Struktur. Bei diesen Eigenschaften weisen Sie ihnen entweder eine vorhandene Instanz der Klasse zu oder Sie erstellen eine neue Instanz, wobei Sie die gewünschten Teilwerte angeben, und weisen der Eigenschaft dann diese Instanz zu. Das sieht zum Beispiel so aus:

' Visual Basic

```
PropertyY = New Class(value,value)
```

// C#

```
PropertyY = new Class(value,value);
```

Die Eigenschaft (Name), die den Namen der Form-Klasse enthält, ist eine Ausnahme. Diese Eigenschaft wird innerhalb des Namespaces benutzt, um die Klasse zu identifizieren, deren einzige Instanz ihr Form-Objekt ist, und um (im Fall von Visual Basic) auf die Standardinstanz des Formulars zuzugreifen.

Festlegen des Formulartitels

Der Name des Formulars ist die Bezeichnung, unter der die Form-Klasse oder die Standardinstanz eines Formulars (nur in Visual Basic) im Programmcode angesprochen wird. Es ist aber auch nützlich, wenn das Formular einen Titel hat, der den Benutzern angezeigt wird. Dieser Titel kann mit dem Namen des Formulars übereinstimmen, aber meist ist er eine Beschreibung des Formulars, zum Beispiel »Dateneingabe«. Der Titel kann Informationen für den Benutzer transportieren, zum Beispiel »Einträge verarbeiten – Meine Anwendung« oder »Neuen Kunden eingeben – Meine Anwendung«. Der Titel erscheint in der Titelzeile und der Taskleiste.

Sie können den Titel eines Formulars ändern, indem Sie der Eigenschaft Text den gewünschten Text zuweisen. Während des Entwurfs ändern Sie den Titel eines Formulars, indem Sie die Eigenschaft Text des Formulars im Eigenschaftsfenster bearbeiten. Während der Laufzeit ändern Sie den Titel eines Formulars, indem Sie der Eigenschaft Text im Programmcode einen neuen Wert zuweisen. Der folgende Codeausschnitt zeigt, wie das geht:

' Visual Basic

```
Form1.Text = "Bitte geben Sie Ihre Adresse ein"
```

// C#

```
Form1.Text = "Bitte geben Sie Ihre Adresse ein";
```

Einstellen des Randstils für ein Formular

Der Randstil eines Formulars legt fest, wie der Rand des Formulars aussieht. Einige Aspekte davon wirken sich auch auf das Verhalten des Formulars während der Laufzeit aus. Die Eigenschaft FormBorderStyle steuert, wie der Rand gezeichnet wird, ob der Benutzer die Größe des Formulars während der Laufzeit ändern kann und ob verschiedene Systemschaltflächen zur Verfügung gestellt werden (sie werden allerdings durch andere Formulareigenschaften gesteuert). Für die Eigenschaft FormBorderStyle stehen sieben Werte zur Auswahl, die in Tabelle 4.2 erklärt werden.

Tabelle 4.2 Werte für die Eigenschaft FormBorderStyle

Wert	Beschreibung
None	Das Formular hat keinen Rand, keine *Minimieren-*, *Maximieren-* und *Hilfe*-Schaltflächen und keine Systemschaltflächen.
FixedSingle	Das Formular hat einen einfachen Rand. Der Benutzer kann die Größe des Formulars nicht ändern. Das Formular kann *Minimieren-*, *Maximieren-* und *Hilfe*-Schaltflächen sowie Systemschaltflächen haben, dies wird von anderen Eigenschaften festgelegt.
Fixed3D	Das Formular hat einen dreidimensional dargestellten Rand. Der Benutzer kann die Größe des Formulars nicht ändern. Das Formular kann *Minimieren-*, *Maximieren-* und *Hilfe*-Schaltflächen sowie Systemschaltflächen haben, dies wird von anderen Eigenschaften festgelegt. ▶

Wert	Beschreibung
`FixedDialog`	Das Formular hat einen einfachen Rand. Der Benutzer kann die Größe des Formulars nicht ändern. Das Formular hat keine Systemschaltflächen. Es kann *Minimieren-*, *Maximieren-* und *Hilfe*-Schaltflächen haben, dies wird von anderen Eigenschaften festgelegt.
`Sizable`	Dies ist die Standardeinstellung für ein Formular. Der Benutzer kann die Größe des Formulars ändern. Das Formular kann *Minimieren-*, *Maximieren-* und *Hilfe*-Schaltflächen haben, dies wird von anderen Eigenschaften festgelegt.
`FixedToolWindow`	Das Formular hat einen einfachen Rand. Der Benutzer kann die Größe des Formulars nicht ändern. Das Fenster enthält außer der *Schließen*-Schaltfläche keine Systemschaltflächen.
`SizableToolWindow`	Das Formular hat einen einfachen Rand. Der Benutzer kann die Größe des Formulars ändern. Das Fenster enthält außer der *Schließen*-Schaltfläche keine Systemschaltflächen.

Sie können die Eigenschaft `FormBorderStyle` entweder während des Entwurfs oder der Laufzeit festlegen. Während des Entwurfs ändern Sie den Randstil eines Formulars, indem Sie die Eigenschaft `FormBorderStyle` im Eigenschaftsfenster einstellen. Während der Laufzeit weisen Sie der Eigenschaft `FormBorderStyle` im Programmcode den Wert für den gewünschten Randstil zu:

' Visual Basic

```
aForm.FormBorderStyle = FormBorderStyle.Fixed3D
```

// C#

```
aForm.FormBorderStyle = FormBorderStyle.Fixed3D;
```

Einstellen des Anfangszustands eines Formulars

Die Eigenschaft `WindowState` legt fest, in welchem Zustand das Formular angezeigt wird, wenn es zum ersten Mal geöffnet wird. Für diese Eigenschaft stehen drei Werte zur Auswahl: `Normal`, `Minimized` und `Maximized`. Die Standardeinstellung ist `Normal`. Wenn `WindowState` den Wert `Normal` hat, hat das Formular anfangs die Größe, die in der Eigenschaft `Size` eingetragen ist. Beim Wert `Minimized` erscheint das Formular anfangs minimiert in der Taskleiste. Und wenn die Eigenschaft den Wert `Maximized` hat, erscheint das Formular maximiert. Sie können diese Eigenschaft zwar während der Laufzeit festlegen, Sie sollten sie aber immer schon beim Entwurf im Eigenschaftsfenster auf einen sinnvollen Wert einstellen.

Ändern der Größe eines Formulars

Wenn die Eigenschaft `WindowState` den Wert `Normal` hat, wird das Formular in der Größe angezeigt, die in der Eigenschaft `Size` eingetragen ist. Diese Eigenschaft enthält eine Instanz der Struktur `Size`, die zwei Member hat: `Width` und `Height`. Sie ändern die Größe des Formulars, indem Sie die Eigenschaft `Size` im Eigenschaftsfenster einstellen. Stattdessen können Sie auch die Werte `Width` und `Height` einzeln bearbeiten, indem Sie den Eintrag für die Eigenschaft *Size* aufklappen. Daraufhin werden zwei Zeilen für die beiden Werte eingeblendet.

Sie können die Größe des Formulars auch ändern, indem Sie seine rechte untere Ecke oder den unteren oder den rechten Rand im Designer mit der Maus verschieben. Während Sie die Größe des Formulars im Designer einstellen, werden die neuen Werte automatisch in die Eigenschaft `Size` eingetragen.

Während der Laufzeit ändern Sie die Größe eines Formulars, indem Sie der Eigenschaft `Size` im Programmcode einen Wert zuweisen. Die Felder `Width` und `Height` der Eigenschaft `Size` sind auch als Eigenschaften des Formulars selbst verfügbar. Sie können daher entweder die Einzeleigenschaften `Width` und `Height` ändern oder der Eigenschaft `Size` eine neue Instanz der Struktur `Size` zuweisen. Das folgende Beispiel zeigt beide Möglichkeiten:

' Visual Basic

```
' Die Eigenschaften Width und Height einzeln ändern
aForm.Width = 300
aForm.Height = 200
' Der Eigenschaft Size eine neue Instanz der Struktur Size zuweisen
aForm.Size = New Size(300,200)
```

// C#

```
// Die Eigenschaften Width und Height einzeln ändern
aForm.Width = 300;
aForm.Height = 200;
// Der Eigenschaft Size eine neue Instanz der Struktur Size zuweisen
aForm.Size = new Size(300,200);
```

Wenn die Eigenschaft `StartPosition` des Formulars den Wert `WindowsDefaultBounds` hat, wird allerdings der Standardwert als Größe verwendet, nicht die Werte aus der Eigenschaft `Size`.

Festlegen der Anfangsposition eines Formulars

Die Anfangsposition eines Formulars wird durch die Kombination von zwei Eigenschaften bestimmt. Die erste ist die Eigenschaft `StartPosition`. Sie legt fest, wo sich das Formular auf dem Bildschirm befindet, wenn es zum ersten Mal gestartet wird. Sie können der Eigenschaft `StartPosition` einen der Werte aus der Enumeration `FormStartPosition` zuweisen. Tabelle 4.3 listet auf, welche Werte zur Auswahl stehen.

Tabelle 4.3 Mögliche Werte für die Eigenschaft `StartPosition`

Wert	Beschreibung
`Manual`	Die Anfangsposition des Formulars wird durch die Eigenschaft `Location` des Formulars festgelegt (siehe nächsten Abschnitt).
`CenterScreen`	Das Formular wird in der Mitte des Bildschirms geöffnet.
`WindowsDefaultLocation`	Das Formular befindet sich an der Windows-Standardposition, seine Größe wird durch die Eigenschaft `Size` festgelegt.
`WindowsDefaultBounds`	Das Formular befindet sich an der Windows-Standardposition, seine Größe wird durch die Windows-Standardgröße festgelegt.
`CenterParent`	Die Anfangsposition des Formulars liegt in der Mitte des übergeordneten Formulars.

Wenn die Eigenschaft `StartPosition` den Wert `Manual` hat, wird die Anfangsposition des Formulars aus der Eigenschaft `Location` des Formulars entnommen, die die Position der oberen linken Ecke angibt. Wollen Sie beispielsweise ein Formular in der oberen linken Ecke des Bildschirms öffnen, müssen Sie die Eigenschaft `StartPosition` auf `Manual` setzen und der Eigenschaft `Location` den Wert (`0,0`) zuweisen. Soll das Formular 400 Pixel rechts und 200 Pixel unter der oberen linken Ecke des Bildschirms beginnen, weisen Sie der Eigenschaft `Location` den Wert (`400,200`) zu.

Ein Formular immer ganz oben auf der Benutzeroberfläche anzeigen

Manchmal ist es sinnvoll, ein Formular zu entwerfen, das dauerhaft über den anderen Fenstern der Benutzeroberfläche angezeigt wird. Ein Beispiel ist ein Formular, das wichtige Informationen über die Ausführung des Programms anzeigt. Damit der Benutzer diese Daten immer im Blick hat, soll das Formular nicht verdeckt werden. Indem Sie die Eigenschaft `TopMost` auf den Wert `True` setzen, sorgen Sie dafür, dass ein Formular immer ganz oben in der Benutzeroberfläche erscheint. In diesem Fall liegt das Formular immer über allen anderen Formularen, bei denen die Eigenschaft `TopMost` den Wert `False` hat (das ist die Standardeinstellung). Wenn Sie allerdings mehrere Formulare haben, bei denen die Eigenschaft `TopMost` auf `True` gesetzt ist, überdecken sie sich bei entsprechender Anordnung.

Transparenz von Formularen

Mit der Eigenschaft `Opacity` können Sie interessante optische Effekte mit Ihrem Formular erzielen. Die Eigenschaft `Opacity` legt die Transparenz des Formulars fest. Wenn Sie die Einstellung im Eigenschaftsfenster vornehmen, reicht der Wertebereich von 0 bis 100 Prozent. Er gibt den Deckungsgrad an, das heißt, beim Wert 100 Prozent ist das Formular völlig undurchsichtig, während es beim Wert 0 Prozent völlig transparent, also durchsichtig ist. Werte zwischen 0 Prozent und 100 Prozent erzeugen ein teilweise transparentes Formular.

Sie können die Eigenschaft `Opacity` auch im Programmcode festlegen. In diesem Fall weisen Sie ihr einen Wert zu, der von 0 bis 1 reichen kann. Dabei bedeutet 0 völlige Transparenz (Durchsichtigkeit) und 1 vollständige Deckkraft. Das folgende Beispiel demonstriert, wie Sie die Transparenz eines Formulars auf 50 Prozent setzen:

' Visual Basic

```
aForm.Opacity = 0.5
```

// C#

```
aForm.Opacity = 0.5;
```

Die Eigenschaft `Opacity` ist oft nützlich, wenn Sie ein Formular ständig im Vordergrund halten, aber die Vorgänge in einem dahinter liegenden Formular überwachen wollen. Außerdem lassen sich damit interessante optische Effekte erzielen. Ein Steuerelement erbt normalerweise die Transparenz des Formulars, in dem es liegt.

Auswählen des Startformulars

Wenn Ihre Windows Forms-Anwendung mehrere Formulare enthält, müssen Sie eines zum Startformular machen. Das ist das Formular, das als erstes geöffnet wird, wenn der Benutzer Ihre Anwendung startet. Wie Sie das Startformular auswählen, hängt davon ab, ob Sie mit Visual Basic oder C# programmieren.

In Visual Basic wählen Sie ein Formular als Startformular aus, indem Sie die Projekteigenschaft *Startformular* ändern. Das erledigen Sie im Eigenschaftenfenster des Projekts (Abbildung 4.3):

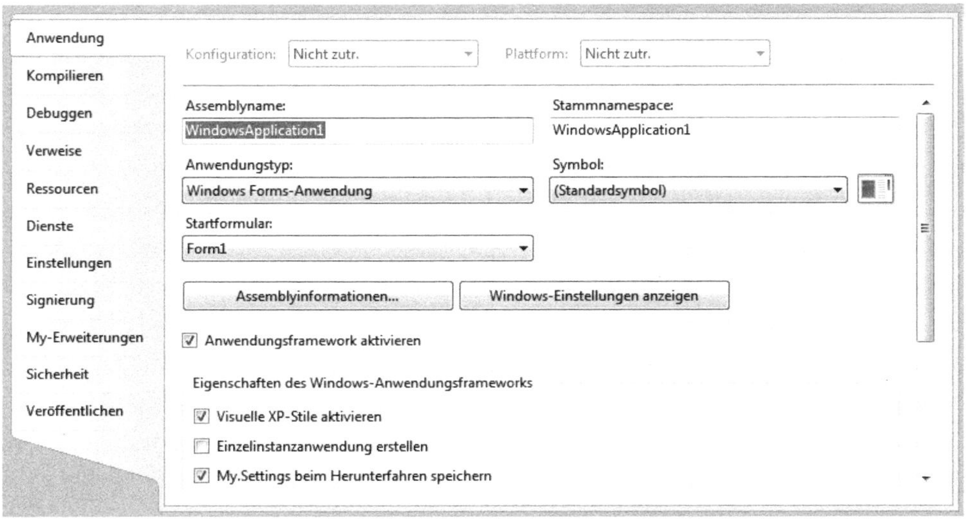

Abbildung 4.3 Das Eigenschaftenfenster für ein Visual Basic-Projekt

So legen Sie das Startformular in Visual Basic fest:

1. Klicken Sie im Projektmappen-Explorer auf den Namen Ihres Projekts. Der Projektname wird hervorgehoben.
2. Wählen Sie im Menü *Projekt* den Befehl *<Anwendungsname>-Eigenschaften*, wobei *<Anwendungsname>* für den Namen Ihres Projekts steht.
3. Wählen Sie auf der Registerkarte *Anwendung* unter *Startformular* das gewünschte Formular in der Dropdownliste aus.

In C# ist es etwas komplizierter, das Startformular einzustellen. Das Startobjekt wird in der Methode `Main` festgelegt. In der Standardeinstellung liegt diese Methode in der Klasse `Program`, die in der Datei *Program.cs* definiert ist. Visual Studio legt diese Datei und die Klasse automatisch an. Die Klasse `Program` enthält in der Standardeinstellung eine `Main`-Methode, die so aussieht:

```
static void Main()
{
    Application.EnableVisualStyles();
    Application.SetCompatibleTextRenderingDefault(false);
    Application.Run(new Form1());
}
```

Das Startobjekt wird in dieser Zeile festgelegt:

```
Application.Run(new Form1());
```

Sie wählen das Startformular für das Projekt aus, indem Sie diese Zeilen in der Klasse `Program` ändern und das Formular eintragen, mit dem die Anwendung starten soll. Wollen Sie zum Beispiel das Formular namens `myForm` als Startformular verwenden, müssen Sie die Zeile so ändern:

```
Application.Run(new myForm());
```

Gehen Sie folgendermaßen vor, um das Startformular in C# zu ändern:

1. Klicken Sie im Projektmappen-Explorer doppelt auf *Program.cs*, um den Programmcode anzuzeigen. Das Codefenster wird geöffnet.
2. Suchen Sie die Methode `Main` und darin die folgende Zeile:

   ```
   Application.Run(new Form1());
   ```

   Dabei steht `Form1` für den Namen des Formulars, das momentan als Startformular eingetragen ist.
3. Ersetzen Sie `Form1` durch den Namen des Formulars, das Sie als Startformular verwenden wollen.

Das Startformular unsichtbar machen

Manchmal wollen Sie das Startformular unsichtbar machen, während die Anwendung läuft. Nehmen Sie als Beispiel ein Formular, das mit der Abarbeitung eines sehr langen Prozesses beginnt, sobald es gestartet wird, aber nicht erscheinen soll, bevor dieser Prozess abgeschlossen ist. Die Eigenschaft `Visible` legt fest, ob ein Formular während der Laufzeit sichtbar ist. Sie können die Eigenschaft `Visible` entweder im Eigenschaftsfenster oder im Programmcode einstellen. Wenn Sie `Visible` im Eigenschaftsfenster auf `False` setzen, ist das Formular beim Start unsichtbar.

Um ein Formular während der Ausführung unsichtbar zu machen, können Sie der Eigenschaft `Visible` im Programmcode den Wert `False` zuweisen:

' Visual Basic

```
aForm.Visible = False
```

// C#

```
aForm.Visible = false;
```

Schnelltest

1. Wie legen Sie die Anfangsposition eines Formulars fest?
2. Wie wählen Sie das Startformular aus?

Antwort zum Schnelltest

1. Tragen Sie in die Eigenschaft `Form.StartPosition` die Anfangsposition des Formulars ein.
2. In Visual Basic legen Sie das Startformular fest, indem Sie es auf der Registerkarte *Anwendung* in den Projekteigenschaften auswählen. In C# müssen Sie den Aufruf der Methode `Application.Run` in der Methode `Main` suchen und das Startformular dort ändern.

Überblick über Containersteuerelemente

Containersteuerelemente (container control) sind spezialisierte Steuerelemente, die als flexible Container für andere Steuerelemente dienen. Beispiele für Containersteuerelemente sind `Panel`, `FlowLayoutPanel` und `SplitContainer`. Containersteuerelemente untergliedern Logik und Layout des Formulars, weil sie andere Steuerelemente zu einheitlichen Untergruppen zusammenfassen. Häufig liegen beispielsweise mehrere zusammengehörige `RadioButton`-Steuerelemente in einem `GroupBox`-Steuerelement. Mithilfe von Containersteuerelementen ist es einfacher, Stil oder Informationsfluss Ihrer Benutzeroberfläche logisch zu gestalten. Außerdem können Sie damit die enthaltenen Steuerelemente einheitlich ändern.

Wenn ein Containersteuerelement andere Steuerelemente enthält, können Änderungen an den Eigenschaften des Containersteuerelements sich auf die enthaltenen Steuerelemente auswirken. Wird beispielsweise die Eigenschaft `Enabled` eines `Panel`-Steuerelements auf `False` gesetzt, werden auch alle Steuerelemente deaktiviert, die sich in diesem `Panel`-Steuerelement befinden. Auch Eigenschaften, die sich auf die Darstellung beziehen, wie `BackColor`, `Visible` oder `Font`, werden auf die enthaltenen Steuerelemente angewendet. Beachten Sie, dass Sie alle Eigenschaften eines eingebetteten Steuerelements zwar von Hand ändern können, aber wenn der Container deaktiviert wird, werden auch alle Steuerelemente innerhalb dieses Containers deaktiviert, unabhängig von ihren jeweiligen Eigenschaftseinstellungen.

Die Auflistung *Controls*

Jedes Formular und jedes Containersteuerelement hat eine Eigenschaft namens `Controls`. Dies ist eine Auflistung aller Steuerelemente, die das Formular beziehungsweise Containersteuerelement enthält. Wenn Sie während des Entwurfs ein Steuerelement zu einem Formular oder Containersteuerelement hinzufügen, trägt der Designer es automatisch in die Auflistung `Controls` des Formulars oder Containersteuerelements ein und weist der Eigenschaft `Position` den passenden Wert zu. Sie können ein neues Steuerelement auch während der Laufzeit dynamisch hinzufügen, indem Sie es anlegen und in die Auflistung `Controls` einfügen.

Steuerelemente im Designer zu einem Formular oder Containersteuerelement hinzufügen

Es stehen vier Wege zur Auswahl, ein Steuerelement im Designer zu einem Formular oder Containersteuerelement hinzuzufügen:

- Ziehen Sie das Steuerelement aus der Toolbox auf die Oberfläche des Formulars oder Containersteuerelements.
- Wählen Sie ein Steuerelement in der Toolbox aus und zeichnen Sie es in der gewünschten Größe mit der Maus auf das Formular.
- Wählen Sie ein Steuerelement in der Toolbox aus und klicken Sie doppelt auf das Formular.
- Klicken Sie in der Toolbox doppelt auf das Steuerelement.

Steuerelemente während der Laufzeit zu einem Formular oder Containersteuerelement hinzufügen

Während der Laufzeit fügen Sie ein Steuerelement zu einem Formular oder Containersteuerelement hinzu, indem Sie eine neue Instanz des Steuerelements anlegen und sie zur Auflistung `Controls` des Formulars hinzufügen. Der nächste Codeausschnitt zeigt ein Beispiel. Sie müssen alle Eigenschaften des Steuerelements, beispielsweise `Location` oder `Text`, richtig einstellen, bevor Sie das Steuerelement zur Auflistung `Controls` hinzufügen. Der folgende Beispielcode setzt voraus, dass Sie bereits einen `Panel`-Container namens `Panel1` haben (`Panel`-Steuerelemente werden weiter unten in dieser Lektion im Abschnitt »Das Steuerelement `Panel`« genauer beschrieben):

' Visual Basic

```
Dim aButton As New Button()
' Legt die relative Position im übergeordneten Steuerelement oder Formular fest
aButton.Location = New Point(20,20)
aButton.Text = "Test-Schaltfläche"
' Fügt die Schaltfläche zum Panel-Steuerelement Panel1 hinzu
Panel1.Controls.Add(aButton)
' Fügt die Schaltfläche zum aktuellen Formular hinzu
Me.Controls.Add(aButton)
```

// C#

```
Button aButton = new Button();
// Legt die relative Position im übergeordneten Steuerelement oder Formular fest
aButton.Location = new Point(20,20);
aButton.Text = "Test-Schaltfläche";
// Fügt die Schaltfläche zum Panel-Steuerelement Panel1 hinzu
Panel1.Controls.Add(aButton);
// Fügt die Schaltfläche zum aktuellen Formular hinzu
this.Controls.Add(aButton);
```

Die Eigenschaft *Anchor*

Die Eigenschaften `Anchor` und `Dock` eines Steuerelements legen fest, wie es sich innerhalb eines Formulars oder übergeordneten Steuerelements verhält. Mit der Eigenschaft `Anchor` definieren Sie einen konstanten Abstand zwischen einem oder mehreren Rändern des Steuerelements und den Rändern eines Formulars oder anderen Containers. Wenn daher der Benutzer die Größe eines Formulars ändert, behalten die Steuerelementränder immer einen bestimmten Abstand von den Formularrändern. Die Standardeinstellung für die Eigenschaft `Anchor` ist *Top, Left*. Das bedeutet, dass die linke obere Ecke des Steuerelements immer einen festen Abstand von der linken oberen Ecke des Formulars einhält. Wenn Sie in der Eigenschaft `Anchor` dagegen die Einstellung *Bottom, Right* wählen, bewegt sich das Steuerelement automatisch, wenn der Benutzer die Größe des Formulars ändert. Es hält dabei immer den festgelegten Abstand zur rechten unteren Ecke des Formulars. Falls Sie in der Eigenschaft `Anchor` gegenüberliegende Ränder auswählen, zum Beispiel *Top, Bottom*, wird das Steuerelement gedehnt, damit seine Ränder einen konstanten Abstand von den Rändern des Formulars halten.

Sie können in die Eigenschaft `Anchor` eine beliebige Kombination der Werte `Top`, `Bottom`, `Left` und `Right` eintragen, auch ein leerer Wert ist möglich. Das Eigenschaftenfenster öffnet eine Bedienoberfläche (Abbildung 4.4), die Ihnen hilft, den Wert für die Eigenschaft `Anchor` einzustellen.

Die Eigenschaft *Dock*

Mithilfe der Eigenschaft `Dock` befestigen Sie Ihr Steuerelement am Rand eines übergeordneten Steuerelements, das ein Formular oder Containersteuerelement sein kann, etwa ein `Panel`- oder `TabControl`-Steuerelement.

Wie bei der Eigenschaft `Anchor` gibt es auch für `Dock` eine spezielle Bedienoberfläche, in der Sie ihren Wert grafisch festlegen können. Abbildung 4.5 zeigt diese Darstellung.

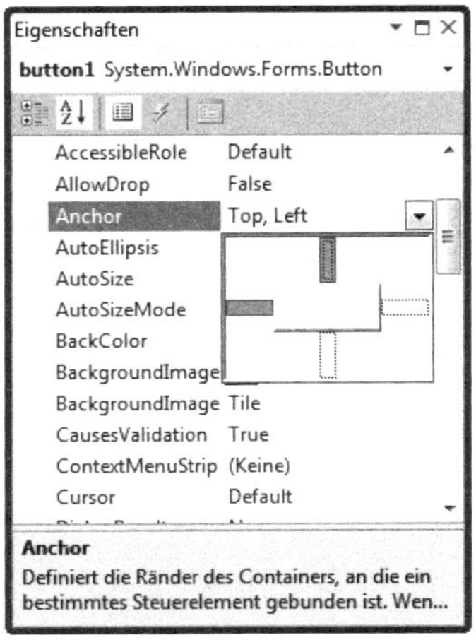

Abbildung 4.4 Festlegen der Eigenschaft `Anchor`

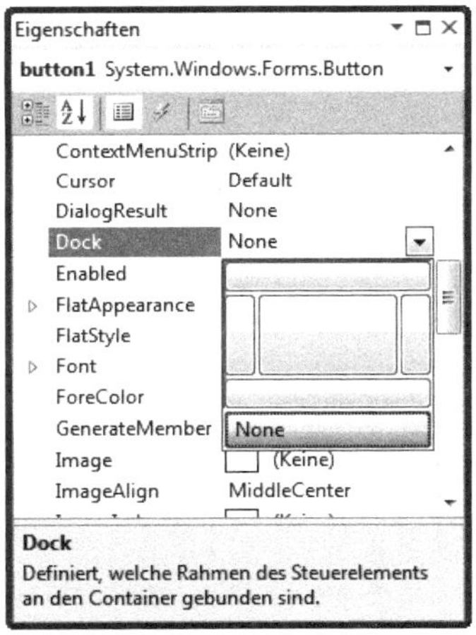

Abbildung 4.5 Festlegen der Eigenschaft `Dock`

Um die Eigenschaft `Dock` festzulegen, klicken Sie den Bereich der Darstellung an, an dem Sie Ihr Steuerelement andocken wollen. Zum Beispiel wird Ihr Steuerelement an der rechten Seite des Formulars angedockt, wenn Sie den rechten Bereich der Darstellung anklicken. Klicken Sie auf *None*, um das Andocken aufzuheben. Wenn Sie in die Mitte der Darstellung klicken, bekommt die Eigenschaft `Dock` den Wert `Fill` zugewiesen. In diesem Fall wird das Steuerelement an allen vier Seiten des Formulars angedockt und füllt das Steuerelement aus, in dem es liegt.

Das Steuerelement *GroupBox*

`GroupBox` ist ein Containersteuerelement, das als umrandeter Teilbereich des Formulars dargestellt wird. Es stellt im Gegensatz zum Steuerelement `Panel` keine Laufleisten zur Verfügung und besitzt auch keinerlei spezielle Layoutfähigkeiten. Ein `GroupBox`-Steuerelement kann eine Überschrift haben, die durch die Eigenschaft `Text` festgelegt wird. Es kann auch ohne Überschrift angezeigt werden, wenn die Eigenschaft `Text` eine Leerzeichenfolge enthält.

Am häufigsten wird `GroupBox` eingesetzt, um mehrere `RadioButton`-Steuerelemente zu einer Gruppe zusammenzufassen. Unter allen `RadioButton`-Steuerelementen, die innerhalb desselben `GroupBox`-Steuerelements liegen, kann immer nur ein einziges ausgewählt sein. Diese Einschränkung gilt nicht für `RadioButton`-Steuerelemente an anderer Stelle im Formular oder in anderen `GroupBox`-Steuerelementen. `RadioButton`-Steuerelemente werden weiter unten in diesem Kapitel genauer beschrieben. Tabelle 4.4 beschreibt `Text`, die wichtigste Eigenschaft des Steuerelements `GroupBox`.

Tabelle 4.4 Die wichtigste Eigenschaft des Steuerelements `GroupBox`

Eigenschaft	Beschreibung
`Text`	Legt die Überschrift des `GroupBox`-Rahmens fest. Soll keine Überschrift angezeigt werden, können Sie der Eigenschaft eine Leerzeichenfolge zuweisen.

Das Steuerelement *Panel*

Das Steuerelement `Panel` legt einen Unterbereich innerhalb des Formulars an, in dem es andere Steuerelemente aufnimmt. Ein `Panel`-Objekt kann so aussehen, dass es sich nicht von seinem Formular unterscheidet, oder es kann von einem Rand umgeben sein. Dies wird durch die Eigenschaft `BorderStyle` festgelegt. Wenn bei einem `Panel`-Objekt die Eigenschaft `BorderStyle` den Wert `None` hat, wird kein Rand angezeigt. Der Wert `FixedSingle` bedeutet, dass ein einfacher Rand um das `Panel`-Steuerelement gezeichnet wird. Und beim Wert `Fixed3D` wird ein Rand mit dreidimensionalem Aussehen gezeichnet.

`Panel` kann bei Bedarf horizontale und vertikale Schiebeleisten zur Verfügung stellen. Die Steuerelemente, die in einem `Panel`-Steuerelement enthalten sind, können außerhalb des sichtbaren Bereichs des Containers liegen. Wenn die Eigenschaft `AutoScroll` den Wert `True` hat, werden automatisch Schiebeleisten eingeblendet, falls irgendwelche Steuerelemente außerhalb des sichtbaren Bereichs liegen. Ist die Eigenschaft `AutoScroll` dagegen auf `False` gesetzt, kann der Benutzer nicht auf die Steuerelemente zugreifen, die außerhalb des sichtbaren Bereichs des `Panel`-Steuerelements liegen. Tabelle 4.5 zeigt die wichtigsten Eigenschaften des Steuerelements `Panel`.

Tabelle 4.5 Wichtige Eigenschaften des Steuerelements `Panel`

Eigenschaft	Beschreibung
`AutoScroll`	Legt fest, ob das `Panel`-Steuerelement Schiebeleisten anzeigt, wenn untergeordnete Steuerelemente außerhalb seines sichtbaren Bereichs liegen. Es werden Schiebeleisten angezeigt, wenn diese Eigenschaft den Wert `True` hat, andernfalls nicht.
`BorderStyle`	Bestimmt die optische Darstellung für den Rand des `Panel`-Steuerelements. Wenn diese Eigenschaft den Wert `None` hat, wird kein Rand angezeigt. Beim Wert `FixedSingle` wird ein einfacher Rand angezeigt, bei `Fixed3D` ein dreidimensional gezeichneter Rand.

Das Steuerelement *FlowLayoutPanel*

Die Klasse `FlowLayoutPanel` ist von `Panel` abgeleitet. Wie das Steuerelement `Panel` wird auch `FlowLayoutPanel` vor allem benutzt, um einen Teilbereich des Formulars zu definieren, in dem untergeordnete Steuerelemente angeordnet werden. Im Unterschied zum Steuerelement `Panel` ordnet `FlowLayoutPanel` aber die untergeordneten Steuerelemente dynamisch an, wenn sich seine Größe während des Entwurfs oder der Laufzeit verändert. Das ist eine große Hilfe beim

Entwurf der Benutzeroberfläche, weil die Position der Steuerelemente automatisch an die Größe und Lage des FlowLayoutPanel-Steuerelements angepasst wird. So wird die Benutzeroberfläche dynamisch angepasst, wenn sich die Größe des FlowLayoutPanel-Steuerelements während der Ausführung ändert (ähnlich wie bei einer HTML-Seite).

Wie Panel stellt auch FlowLayoutPanel bei Bedarf Schiebeleisten zur Verfügung. Die Schiebeleisten sind aktiviert, wenn AutoScroll den Wert True hat. Hat die Eigenschaft dagegen den Wert False, sind sie deaktiviert.

In der Standardeinstellung arbeitet FlowLayoutPanel mit einer Fließrichtung von links nach rechts. Das heißt, dass das erste Steuerelement in einem FlowLayoutPanel-Steuerelement in der oberen linken Ecke liegt, die weiteren werden rechts angefügt, bis der Rand des Containers erreicht ist. Die Eigenschaft FlowDirection steuert dieses Verhalten. Für die Eigenschaft FlowDirection stehen vier Werte zur Auswahl: LeftToRight, dies ist die Standardeinstellung, RightToLeft, damit werden die Steuerelement von rechts nach links angeordert. TopDown, damit werden die Steuerelemente von oben nach unten angeordnet, und BottomUp, damit werden die Steuerelemente von unten nach oben angeordnet.

Ist das Ende einer Zeile (sofern FlowDirection den Wert LeftToRight oder RightToLeft hat) oder Spalte (bei den Werten TopDown und BottomUp) erreicht, kann die Reihe der Steuerelemente umbrochen werden. Ob das der Fall ist, bestimmt die Eigenschaft WrapContents. Hat WrapContents den Wert True (das ist der Standardwert), werden die Steuerelemente automatisch in die nächste Spalte beziehungsweise Zeile umbrochen. Hat sie den Wert False, werden die Steuerelemente nicht automatisch umbrochen.

Sie können von Hand einen Umbruch der Steuerelemente erzwingen, ähnlich wie bei einem Zeilenumbruch in Text. Wenn die Eigenschaft WrapContents eines FlowLayoutPanel-Steuerelements den Wert False hat, müssen Sie die Anordnung von Hand umbrechen. Aber auch, wenn WrapContents den Wert True hat, können Sie bei Bedarf explizit Umbrüche einfügen. Sie erzwingen einen Umbruch für ein Steuerelement, indem Sie die Methode SetFlowBreak des FlowLayoutPanel-Objekts aufrufen.

Das folgende Beispiel zeigt, wie Sie einen Umbruch einfügen, indem Sie die Methode SetFlowBreak des FlowLayoutPanel-Steuerelements aufrufen (dabei wird vorausgesetzt, dass bereits ein FlowLayoutPanel-Steuerelement namens Flp und ein Button-Steuerelement namens aButton erstellt wurden):

' Visual Basic

```
Flp.SetFlowBreak(aButton, True)
```

// C#

```
Flp.SetFlowBreak(aButton, true);
```

Selbst wenn im FlowLayoutPanel-Steuerelement noch genug Platz für die weiteren Steuerelemente vorhanden ist, wird eine neue Zeile (oder Spalte, abhängig vom Wert der Eigenschaft FlowDirection) begonnen, wenn für ein Steuerelement mit dieser Methode ein Umbruch erzwungen wird.

Sie können ermitteln, ob für ein bestimmtes Steuerelement ein Umbruch festgelegt ist, indem Sie die Methode GetFlowBreak aufrufen:

' Visual Basic

```
If Flp.GetFlowBreak(aButton) Then
    ' Weitere Verarbeitung
End If
```

// C#

```
if (Flp.GetFlowBreak(aButton))
{
// Weitere Verarbeitung
}
```

Tabelle 4.6 listet wichtige Eigenschaften und Methoden des Steuerelements `FlowLayoutPanel` auf.

Tabelle 4.6 Wichtige Member des Steuerelements `FlowLayoutPanel`

Name	Eigenschaft/ Methode	Beschreibung
`AutoScroll`	Eigenschaft	Legt fest, ob das `FlowLayoutPanel`-Steuerelement Schiebeleisten anzeigt, wenn untergeordnete Steuerelemente außerhalb seines sichtbaren Bereichs liegen. Die Schiebeleisten werden angezeigt, wenn die Eigenschaft den Wert `True` hat. Wenn sie den Wert `False` hat, werden keine Schiebeleisten angezeigt.
`BorderStyle`	Eigenschaft	Bestimmt die optische Darstellung für den Rand des `FlowLayoutPanel`-Steuerelements. Wenn diese Eigenschaft den Wert `None` hat, wird kein Rand angezeigt. Beim Wert `FixedSingle` wird ein einfacher Rand angezeigt, bei `Fixed3D` ein dreidimensional gezeichneter Rand.
`FlowDirection`	Eigenschaft	Legt fest, in welcher Richtung untergeordnete Steuerelemente in das `FlowLayoutPanel`-Steuerelement eingefügt werden. Mögliche Werte sind `LeftToRight`, `RightToLeft`, `TopDown` und `BottomUp`.
`WrapContents`	Eigenschaft	Legt fest, ob Steuerelemente automatisch in die nächste Spalte beziehungsweise Zeile umbrochen werden, wenn sie nicht mehr in die aktuelle Zeile/Spalte passen.
`GetFlowBreak`	Methode	Liefert einen booleschen Wert zurück, der angibt, ob für ein bestimmtes Steuerelement ein Umbruch erzwungen wird.
`SetFlowBreak`	Methode	Erzwingt einen Umbruch für ein Steuerelement, das im `FlowLayoutPanel`-Steuerelement enthalten ist.

Das Steuerelement *TableLayoutPanel*

Wie `FlowLayoutPanel` ist auch das Steuerelement `TableLayoutPanel` ein spezialisiertes Bereichssteuerelement, das bei Entwurf und Layout der Benutzeroberfläche hilft. `TableLayoutPanel` ist im Wesentlichen eine Tabelle, in deren Zellen Sie einzelne Steuerelemente unterbringen. Wie andere Bereichssteuerelemente stellt der Container Schiebeleisten zur Verfügung, wenn die Eigenschaft `AutoScroll` den Wert `True` hat.

Während des Entwurfs wird `TableLayoutPanel` auf dem Formular als Tabelle mit einzelnen Zellen angezeigt. Sie können Steuerelemente aus der Toolbox in die einzelnen Zellen ziehen. Im Allgemeinen sollte pro Zelle nur ein Steuerelement liegen. Bei komplizierten Benutzeroberflächendesigns können Sie allerdings weitere Containersteuerelemente in `TableLayoutPanel`-Zellen einfügen, die ihrerseits mehrere Steuerelemente aufnehmen.

Während der Laufzeit legt die Eigenschaft `CellBorderStyle` das Aussehen der Zellen fest. Sie können diese Eigenschaft auf den Wert `None` setzen, damit keine Trennlinien zwischen den Zellen angezeigt werden. Andere mögliche Werte sind `Single`, `Inset`, `InsetDouble`, `Outset`,

`OutsetDouble` und `OutsetPartial`, die den Tabellenzellen ein jeweils anderes Verhalten und Aussehen geben.

Die Auflistungen `ColumnStyles` und `RowStyles` verwalten die Spalten und Zeilen des `TableLayoutPanel`-Steuerelements. Beim Entwurf stellen Sie die Stile der Zeilen und Spalten ein, indem Sie im Eigenschaftsfenster auf die Einträge *Columns* oder *Rows* klicken und so den Editor *Spalten- und Zeilenstile* öffnen (Abbildung 4.6).

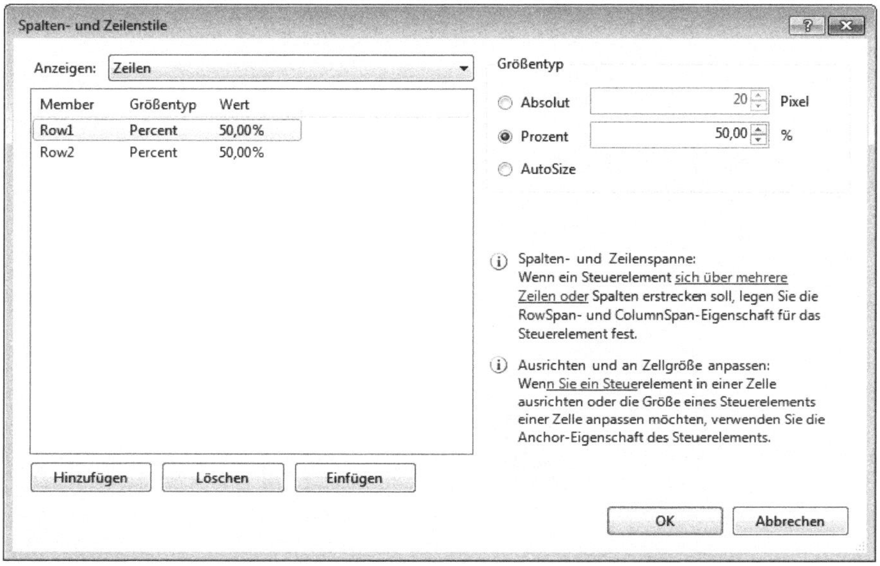

Abbildung 4.6 Der Editor *Spalten- und Zeilenstile*

In diesem Editor bearbeiten Sie den Größentyp der Spalten und Zeilen. Sie können für den Größentyp die Option *Absolut* wählen, wenn die Größe in der Einheit Pixel festgelegt werden soll. Ist die Option *Prozent* ausgewählt, wird die Größe aller entsprechenden Spalten oder Zeilen als Prozentwert interpretiert. Außerdem steht die Option *AutoSize* zur Verfügung, die Spalten und Zeilen werden dann automatisch auf eine passende Größe gesetzt.

Spalten- und Zeilenstile können auch von Hand im Programmcode eingestellt werden. Dazu greifen Sie auf die Auflistungen `ColumnStyles` und `RowStyles` zu. Den Stil für eine bestimmte Spalte oder Zeile rufen Sie ab, indem Sie ihren Index angeben. Das folgende Beispiel zeigt, wie Stile festgelegt werden:

' Visual Basic

```
TableLayoutPanel1.ColumnStyles(0).SizeType = SizeType.Absolute
TableLayoutPanel1.ColumnStyles(0).Width = 20
TableLayoutPanel1.RowStyles(0).SizeType = SizeType.Percent
TableLayoutPanel1.RowStyles(0).Height = 50
```

// C#

```
TableLayoutPanel1.ColumnStyles[0].SizeType = SizeType.Absolute;
TableLayoutPanel1.ColumnStyles[0].Width = 20;
TableLayoutPanel1.RowStyles[0].SizeType = SizeType.Percent;
TableLayoutPanel1.RowStyles[0].Height = 50;
```

Falls Sie für einen Zeilen- oder Spaltenstil einen anderen Wert als `SizeType.Absolute` zuweisen, können Sie auch die Eigenschaften `Width` (für Spalten) oder `Height` (für Zeilen) einstellen. Diese Werte werden entweder in der Einheit Pixel oder als Prozentwerte ausgewertet, abhängig von der Eigenschaft `SizeType` des jeweiligen `ColumnStyles`-Elements.

Wenn Sie während der Laufzeit neue Steuerelemente zu einem `TableLayoutPanel`-Steuerelement hinzufügen, können Sie eine der beiden Überladungen der Methode `TableLayoutPanel.Controls.Add` aufrufen. Die erste ist die Standardmethode:

' Visual Basic

```
TableLayoutPanel1.Controls.Add(aButton)
```

// C#

```
TableLayoutPanel1.Controls.Add(aButton);
```

Diese Methode fügt einfach das Steuerelement zur Auflistung `Controls` des `TableLayoutPanel`-Steuerelements hinzu. Das Steuerelement wird dabei in die nächste freie Zelle der Tabelle gelegt. Was passiert, wenn keine Zellen mehr frei sind, wird durch den Wert der Eigenschaft `GrowStyle` gesteuert. Hat diese Eigenschaft den Wert `AddRows`, werden weitere Zeilen hinzugefügt, um neue Steuerelemente aufzunehmen. Hat die Eigenschaft `GrowStyle` den Wert `AddColumns`, werden bei Bedarf neue Spalten hinzugefügt. Und wenn die Eigenschaft `GrowStyle` den Wert `FixedSize` hat, werden keine neuen Zellen hinzugefügt. Wenn Sie versuchen, ein Steuerelement zu einem vollen `TableLayoutPanel`-Steuerelement hinzuzufügen, bei dem `GrowStyle` den Wert `FixedSize` hat, wird eine Ausnahme ausgelöst.

Sie können mit der Methode `Controls.Add` auch ein Steuerelement in eine bestimmte Zelle einfügen:

' Visual Basic

```
TableLayoutPanel1.Controls.Add(aButton,3,3)
```

// C#

```
TableLayoutPanel1.Controls.Add(aButton,3,3);
```

Die erste Spalte in `TableLayoutPanel` hat den Index 1, die erste Zeile dagegen den Index 0. Im letzten Beispiel wird `aButton` in die Zelle von Spalte 3, Zeile 3 eingefügt. Das ist also die dritte Spalte der vierten Zeile in der Tabelle. Befindet sich allerdings schon ein Steuerelement in der angegebenen Zelle, wird Ihr Steuerelement unter Umständen nicht zu dieser Zelle hinzugefügt. Steuerelemente, die Zellen während des Entwurfs zugeordnet wurden, haben im Allgemeinen Vorrang gegenüber Steuerelementen, die erst während der Laufzeit hinzugefügt werden. In solchen Fällen wird das Steuerelement einfach in die nächste freie Zelle gelegt. Wenn Sie das Steuerelement in eine Zelle einzufügen versuchen, die bereits ein anderes Steuerelement enthält, das ebenfalls während der Laufzeit hinzugefügt wurde, wird das vorhandene Steuerelement normalerweise in die nächste freie Zelle verschoben und durch das neue Steuerelement ersetzt. Wie immer gilt, dass Sie Ihre Anwendung sorgfältig testen sollten.

So fügen Sie ein Steuerelement während der Laufzeit zu einem `TableLayoutPanel`-Steuerelement hinzu:

1. Deklarieren Sie im Programmcode ein Steuerelement und legen Sie eine neue Instanz davon an.
2. Rufen Sie die Methode `TableLayoutPanel.Controls.Add` auf, um das Steuerelement hinzuzufügen:

' Visual Basic

```
Dim aButton As New Button()
' Fügt die Schaltfläche in die nächste freie Zelle ein
TableLayoutPanel1.Controls.Add(aButton)
' Fügt die Schaltfläche in die Zelle (2,2) ein
TableLayoutPanel1.Controls.Add(aButton, 2, 2)
```

// C#

```
Button aButton = new Button();
// Fügt die Schaltfläche in die nächste freie Zelle ein
TableLayoutPanel1.Controls.Add(aButton);
// Fügt die Schaltfläche in die Zelle (2,2) ein
TableLayoutPanel1.Controls.Add(aButton, 2, 2);
```

Tabelle 4.7 listet die wichtigsten Eigenschaften und Methoden des Steuerelements `TableLayoutPanel` auf.

Tabelle 4.7 Wichtige Member des Steuerelements `TableLayoutPanel`

Name	Eigenschaft/ Methode	Beschreibung
`AutoScroll`	Eigenschaft	Legt fest, ob das `TableLayoutPanel`-Steuerelement Schiebeleisten anzeigt, wenn untergeordnete Steuerelemente außerhalb seines sichtbaren Bereichs liegen. Die Schiebeleisten werden angezeigt, wenn die Eigenschaft den Wert `True` hat. Wenn sie den Wert `False` hat, werden keine Schiebeleisten angezeigt.
`CellBorderStyle`	Eigenschaft	Legt den Stil der Zellenränder fest. Diese Eigenschaft kann auf `None` gesetzt werden, wenn keine Zellenränder angezeigt werden sollen. Die anderen Werte zeigen unterschiedliche optische Stile an.
`ColumnCount`	Eigenschaft	Die Zahl der Spalten. Sie können Spalten hinzufügen oder entfernen, indem Sie den Wert dieser Eigenschaft erhöhen oder verringern.
`Columns`	Eigenschaft	Die Auflistung der Spalten. Diese Eigenschaft steht nur während des Entwurfs zur Verfügung. Wenn Sie diesen Eintrag anklicken, wird der Editor *Spalten- und Zeilenstile* geöffnet.
`ColumnStyles`	Eigenschaft	Die Auflistung der Spaltenstile. Diese Eigenschaft steht nur während der Laufzeit zur Verfügung.
`GrowStyle`	Eigenschaft	Legt fest, wie das `TableLayoutPanel`-Steuerelement wächst, wenn neue Steuerelemente hinzugefügt werden. Mögliche Werte sind `AddColumns`, `AddRows` oder `FixedSize`.
`RowCount`	Eigenschaft	Die Zahl der Zeilen. Sie können Zeilen hinzufügen oder entfernen, indem Sie den Wert dieser Eigenschaft erhöhen oder verringern.
`Rows`	Eigenschaft	Die Auflistung der Zeilen. Diese Eigenschaft steht nur während des Entwurfs zur Verfügung. Wenn Sie diesen Eintrag anklicken, wird der Editor *Spalten- und Zeilenstile* geöffnet.
`RowStyles`	Eigenschaft	Die Auflistung der Zeilenstile. Diese Eigenschaft steht nur während der Laufzeit zur Verfügung
`Controls.Add`	Methode	Eine Methode der Auflistung `Controls`. Sie können damit ein Steuerelement entweder in die nächste freie Zelle oder eine bestimmte Zelle einfügen, die Sie über ihre Spalte und Zeile angeben.

Das Steuerelement *TabControl*

Mit dem Steuerelement TabControl fassen Sie Gruppen aus Steuerelementen in Registerkarten zusammen, ähnlich wie Hängeakten in einem Schrank oder Register in einem Adressbuch. Sie können beispielsweise Eigenschaftsseiten für eine Anwendung erstellen, wobei jede Seite die Eigenschaften einer bestimmten Komponente enthält. TabControl nimmt eine oder mehrere TabPage-Steuerelemente auf, die wiederum andere Steuerelemente enthalten. Der Benutzer schaltet zwischen den Registerkarten (und den darin angeordneten Steuerelementen) um, indem er die Registerkarten des TabControl-Steuerelements anklickt.

Die wichtigste Eigenschaft von TabControl ist TabPages. TabPage-Steuerelemente sind spezialisierte Containersteuerelemente, die ausschließlich in TabControl-Steuerelemente eingebettet werden. Jedes TabPage-Steuerelement hat seinen eigenen Satz Eigenschaften, und auf diese Eigenschaften greifen Sie während des Entwurfs zu, indem Sie die Eigenschaft TabPages bearbeiten. Daraufhin wird der *TabPage-Auflistungs-Editor* geöffnet (Abbildung 4.7).

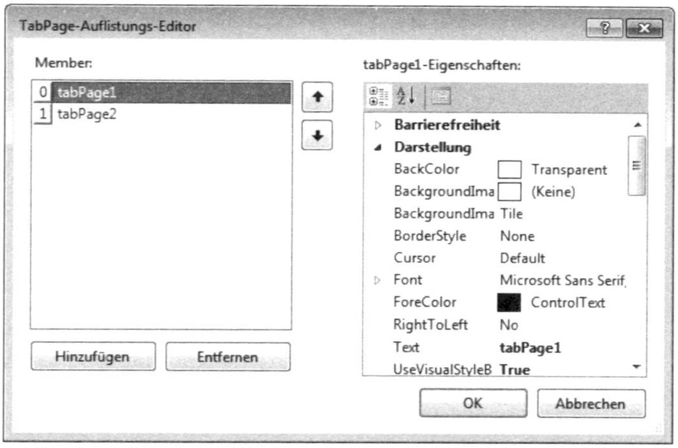

Abbildung 4.7 Der TabPage-Auflistungs-Editor

Die einzelnen TabPage-Steuerelemente ähneln Panel-Steuerelementen. Sie zeigen bei Bedarf Schiebeleisten an, sofern die Eigenschaft AutoScroll auf True gesetzt ist. TabPage hat außerdem die Eigenschaft Text, die festlegt, welcher Titel in der entsprechenden Registerkarte angezeigt wird. Wie bei Panel gibt es auch bei TabPage die Eigenschaft BorderStyle. Mögliche Werte sind None, FixedSingle und Fixed3D, die Ergebnisse sind ähnlich wie bei Panel.

TabControl hat mehrere Eigenschaften, mit denen Sie das Verhalten und Aussehen des Steuerelements anpassen können. Die Eigenschaft Appearance legt fest, wie die Registerkarten aussehen. Für diese Eigenschaft stehen die Werte Normal, Buttons und FlatButtons zur Auswahl. Jeder dieser Werte erzeugt einen anderen optischen Stil. Die Eigenschaft Alignment bestimmt, ob die Registerkarten oben, unten, links oder rechts im TabControl-Steuerelement erscheinen. TabControl hat außerdem die Eigenschaft Multiline, die angibt, ob mehrzeilige Register erlaubt sind. Hat sie den Wert True, können sich die Register über mehrere Zeilen verteilen. Hat sie dagegen den Wert False, ist nur eine einzige Registerzeile erlaubt. Die Tabellen 4.8 und 4.9 listen wichtige Eigenschaften der Steuerelemente TabControl beziehungsweise TabPage auf.

Tabelle 4.8 Wichtige Eigenschaften des Steuerelements TabControl

Eigenschaft	Beschreibung
Appearance	Legt den optischen Stil des TabControl-Steuerelements fest.
Alignment	Legt fest, ob die Registerkarten oben, unten, links oder rechts im TabControl-Steuerelement angezeigt werden.
Multiline	Legt fest, ob im TabControl-Steuerelement mehrzeilige Register erlaubt sind.
TabPages	Die Auflistung der TabPage-Steuerelemente, die das TabControl verwaltet.

Tabelle 4.9 Wichtige Eigenschaften des Steuerelements TabPage

Eigenschaft	Beschreibung
AutoScroll	Legt fest, ob das TabPage-Steuerelement Schiebeleisten anzeigt, wenn untergeordnete Steuerelemente außerhalb seines sichtbaren Bereichs liegen. Die Schiebeleisten werden angezeigt, wenn die Eigenschaft den Wert True hat. Wenn sie den Wert False hat, werden keine Schiebeleisten angezeigt.
BorderStyle	Bestimmt die optische Darstellung für das TabPage-Steuerelement. Wenn diese Eigenschaft den Wert None hat, wird kein Rand angezeigt. Beim Wert FixedSingle wird ein einfacher Rand angezeigt, bei Fixed3D ein dreidimensional gezeichneter Rand.
Text	Der Text, der im Register des TabControl-Steuerelements für dieses TabPage-Steuerelement angezeigt wird.

Das Steuerelement *SplitContainer*

Das Steuerelement SplitContainer erstellt einen Unterbereich auf dem Formular, in dem ein Splitter-Element das SplitContainer-Steuerelement in zwei SplitterPanel-Steuerelemente aufteilt, die ähnlich wie Panel-Steuerelemente funktionieren. Der Benutzer kann das Splitter-Element mit der Maus verschieben und so die relative Größe der beiden SplitterPanel-Steuerelemente ändern. Die Eigenschaft SplitContainer.Dock hat in der Standardeinstellung den Wert Fill, weil SplitContainer meist eingesetzt wird, um unterteilte Formulare zu erstellen.

SplitContainer ermöglicht den Zugriff auf seine zwei untergeordneten SplitterPanel-Steuerelemente über die Eigenschaften Panel1 und Panel2. Über diese Eigenschaften greifen Sie auf die Eigenschaften der enthaltenen SplitterPanel-Steuerelemente zu.

Alle SplitterPanel-Steuerelemente, die in einem SplitContainer-Steuerelement enthalten sind, funktionieren praktisch genauso wie ein Panel-Steuerelement. Ein SplitterPanel-Steuerelement kann Steuerelemente aufnehmen und ist vom übrigen Formular getrennt. Es kann Schiebeleisten einblenden, wenn die Eigenschaft AutoScroll den Wert True hat. Die einzelnen SplitterPanel-Steuerelemente eines SplitContainer-Steuerelements haben keine eigenen Ränder, daher haben sie im Unterschied zu eigenständigen Panel-Steuerelementen nicht die Eigenschaft BorderStyle. Das SplitContainer-Steuerelement hat dagegen die Eigenschaft BorderStyle. Wie bei Panel können Sie der Eigenschaft BorderStyle die Werte None, FixedSingle oder Fixed3D zuweisen. Wenn ein Wert für die Eigenschaft BorderStyle eingestellt ist, wirkt er sich auch auf das Aussehen des Splitter-Elements aus.

Die Ausrichtung des Splitter-Steuerelements wird durch die Eigenschaft Orientation festgelegt. Hat die Eigenschaft den Wert Vertical, durchtrennt das Splitter-Element sein SplitContainer-Steuerelement von oben nach unten. Wenn die Eigenschaft dagegen den Wert Horizontal hat, läuft das Splitter-Element von links nach rechts.

Mit der Eigenschaft FixedPanel können Sie festlegen, dass ein Panel im SplitContainer-Steuerelement seine Größe beibehält, wenn das gesamte Steuerelement vergrößert oder verkleinert wird. Wenn diese Eigenschaft den Wert Panel1 hat, wird nur die Größe von Panel2 geändert, hat sie den Wert Panel2, wird nur die Größe von Panel1 geändert, und beim Wert None werden beide Panels gleichmäßig vergrößert oder verkleinert, wenn sich die Größe des Steuerelements ändert. Beachten Sie, dass ein Panel nur dann durch die Eigenschaft FixedPanel fixiert wird, wenn sich die Größe des SplitContainter-Steuerelements ändert. Der Benutzer kann die Panels nach wie vor vergrößern oder verkleinern, indem er das Splitter-Element mit der Maus verschiebt.

Über die Eigenschaft IsSplitterFixed können Sie verhindern, dass der Benutzer das Splitter-Element verschiebt. Wenn diese Eigenschaft den Wert True hat, ist die Position des Splitter-Elements verriegelt, sodass der Benutzer es nicht verschieben kann. Sie können das Splitter-Element dann trotzdem im Programmcode verschieben, indem Sie die Eigenschaft SplitterDistance verändern. Diese Eigenschaft gibt den Abstand (in der Einheit Pixel) des Splitter-Elements vom linken (wenn Orientation den Wert Horizontal hat) oder oberen Rand (wenn Orientation den Wert Vertical hat) an. Die Dicke des Splitter-Elements stellen Sie mit der Eigenschaft SplitterWidth ein, ebenfalls in der Einheit Pixel.

Sie können eines der Panels im SplitContainer-Steuerelement ausblenden, indem Sie die Eigenschaft Panel1Collapsed beziehungsweise Panel2Collapsed auf den Wert True setzen. Hat eine dieser Eigenschaften den Wert True, wird das entsprechende Panel vollständig eingeklappt und das andere füllt das SplitContainer-Steuerelement ganz aus. Beachten Sie, dass Sie nicht beide Eigenschaften gleichzeitig auf True setzen können. Wenn Sie Panel1Collapsed auf True setzen, obwohl Panel2Collapsed schon den Wert True hat, wird Panel2Collapsed automatisch auf False gesetzt.

Mit den Eigenschaften Panel1MinSize und Panel2MinSize legen Sie eine Mindestgröße für das jeweilige Panel fest. Diese Eigenschaften geben an, wie viele Pixel das Panel mindestens groß sein muss. Tabelle 4.10 beschreibt die wichtigsten Eigenschaften des Steuerelements SplitContainer.

Tabelle 4.10 Wichtige Eigenschaften des Steuerelements SplitContainer

Eigenschaft	Beschreibung
BorderStyle	Bestimmt die optische Darstellung für das SplitContainer-Steuerelement. Wenn diese Eigenschaft den Wert None hat, wird kein Rand angezeigt. Beim Wert FixedSingle wird ein einfacher Rand angezeigt, bei Fixed3D ein dreidimensional gezeichneter Rand.
FixedPanel	Legt fest, welches Panel im SplitContainer-Steuerelement eine feste Größe hat. Diese Eigenschaft kann den Wert Panel1, Panel2 oder None haben (dann ist bei keinem Panel die Größe fixiert).
IsSplitterFixed	Legt fest, ob die Position des Splitter-Elements fixiert ist und vom Benutzer nicht verschoben werden kann.
Orientation	Legt fest, ob das Splitter-Element horizontal oder vertikal im SplitContainer-Steuerelement angeordnet ist. Mögliche Werte sind Horizontal und Vertical.
Panel1	Ermöglicht den Zugriff auf die Eigenschaften des SplitContainer-Steuerelements Panel1.

▶

Eigenschaft	Beschreibung
`Panel1Collapsed`	Legt fest, ob `Panel1` eingeklappt oder normal groß ist. Das Panel ist vollständig verborgen, wenn diese Eigenschaft den Wert `True` hat.
`Panel1MinSize`	Die Mindestgröße für `Panel1`.
`Panel2`	Ermöglicht den Zugriff auf die Eigenschaften des `SplitContainer`-Steuerelements `Panel2`.
`Panel2Collapsed`	Legt fest, ob `Panel2` eingeklappt oder normal groß ist. Das Panel ist vollständig verborgen, wenn diese Eigenschaft den Wert `True` hat.
`Panel2MinSize`	Die Mindestgröße für `Panel2`.
`SplitterDistance`	Der Abstand des `Splitter`-Elements vom oberen oder linken Rand des Formulars (abhängig vom Wert der Eigenschaft `Orientation`).
`SplitterWidth`	Die Breite des `Splitter`-Elements in der Einheit Pixel.

Schnelltest

1. Welche Aufgabe hat die Eigenschaft `Dock`?
2. Was sind Container und wofür werden sie benutzt?

Antworten zum Schnelltest

1. Mit der Eigenschaft `Dock` können Sie ein Steuerelement an einem Rand des Formulars andocken oder den gesamten verfügbaren Platz im Formular ausfüllen.
2. Container sind spezialisierte Steuerelemente, die andere Steuerelemente aufnehmen. Sie stellen viele unterschiedliche Layoutmöglichkeiten zum Anzeigen von Steuerelementen zur Verfügung.

Übung Arbeiten mit Containersteuerelementen

In dieser Übung erstellen Sie in einer Windows Forms-Anwendung ein Formular, das unterschiedliche Containersteuerelemente enthält.

Übung Verwenden von Containersteuerelementen

1. Öffnen Sie Visual Studio und legen Sie ein neues Windows Forms-Projekt an.
2. Ziehen Sie aus der Toolbox ein `TabControl`-Steuerelement auf die Oberfläche des Formulars. Setzen Sie im Eigenschaftsfenster die Eigenschaft `Dock` auf den Wert `Fill`.
3. Wählen Sie im Eigenschaftsfenster die Eigenschaft `TabPages` aus, um den *TabPage-Auflistungs-Editor* zu öffnen. Fügen Sie weitere Registerkartenseiten hinzu, bis insgesamt vier Seiten vorhanden sind. Tragen Sie in die Eigenschaft `Text` dieser vier `TabPage`-Steuerelemente jeweils die Texte **GroupBox**, **FlowLayoutPanel**, **TableLayoutPanel** und **SplitContainer** ein. Klicken Sie auf *OK*.
4. Wählen Sie im Formular die Registerkarte *GroupBox* aus. Ziehen Sie aus der Toolbox ein `GroupBox`-Steuerelement auf die Oberfläche des `TabPage`-Steuerelements.
5. Ziehen Sie zwei `RadioButton`-Steuerelemente in das `GroupBox`-Steuerelement.
6. Wählen Sie im Formular die Registerkarte *FlowLayoutPanel* aus. Ziehen Sie aus der Toolbox ein `FlowLayoutPanel`-Steuerelement auf die Oberfläche des `TabPage`-Steuerelements. Setzen Sie die Eigenschaft `Dock` des `FlowLayoutPanel`-Steuerelements auf den Wert `Fill`.

7. Fügen Sie aus der Toolbox vier `Button`-Steuerelemente in das `FlowLayoutPanel`-Steuerelement ein.
8. Klicken Sie doppelt auf *Button1* und fügen Sie folgenden Code in den `Click`-Ereignishandler ein:

   ' Visual Basic
   ```
   FlowLayoutPanel1.SetFlowBreak(Button3, True)
   ```
   // C#
   ```
   flowLayoutPanel1.SetFlowBreak(button3, true);
   ```
9. Wechseln Sie wieder zum Designer des Formulars. Wählen Sie im Formular die Registerkarte *TableLayoutPanel* aus. Fügen Sie aus der Toolbox ein `TableLayoutPanel`-Steuerelement in das `TabPage`-Steuerelement ein. Setzen Sie die Eigenschaft `CellBorderStyle` auf den Wert `Inset` und die Eigenschaft `AutoScroll` auf den Wert `True`.
10. Fügen Sie aus der Toolbox ein `Button`-Steuerelement in die obere linke Zelle des `TableLayoutPanel`-Steuerelements ein.
11. Klicken Sie doppelt auf die Schaltfläche und fügen Sie den folgenden Code in den `Click`-Ereignishandler ein:

    ' Visual Basic
    ```
    Dim aButton As New Button
    TableLayoutPanel1.Controls.Add(aButton, 1, 1)
    ```
    // C#
    ```
    Button aButton = new Button();
    tableLayoutPanel1.Controls.Add(aButton, 1, 1);
    ```
12. Wählen Sie im Designer die Registerkarte *SplitContainer* aus. Fügen Sie aus der Toolbox ein `SplitContainer`-Steuerelement in diese Registerkartenseite ein. Setzen Sie die Eigenschaft `BorderStyle` auf den Wert `Fixed3D`.
13. Ziehen Sie aus der Toolbox zwei `Button`-Steuerelemente auf `Panel1` des `SplitContainer`-Steuerelements. Tragen Sie bei diesen Schaltflächen **Panel1 fixieren/freigeben** beziehungsweise **Splitter fixieren/freigeben** in die Eigenschaft `Text` ein. Passen Sie die Größe von Formular, `Panel1` und Schaltflächen bei Bedarf an, damit der vollständige Text sichtbar ist.
14. Fügen Sie ein `Button`-Steuerelement in `Panel2` ein und setzen Sie seine Eigenschaft `Text` auf den Wert **Panel1 zu-/aufklappen**. Passen Sie die Größe der Schaltfläche bei Bedarf an, damit der Text sichtbar ist.
15. Klicken Sie doppelt auf die Schaltfläche *Panel1 fixieren/freigeben* und fügen Sie den folgenden Code in den `Click`-Ereignishandler ein:

    ' Visual Basic
    ```
    If SplitContainer1.FixedPanel = FixedPanel.Panel1 Then
          SplitContainer1.FixedPanel = FixedPanel.None
    Else
          SplitContainer1.FixedPanel = FixedPanel.Panel1
    End If
    ```

// C#

```
if (splitContainer1.FixedPanel == FixedPanel.Panel1)
{
    splitContainer1.FixedPanel = FixedPanel.None;
}
else
{
    splitContainer1.FixedPanel = FixedPanel.Panel1;
}
```

16. Klicken Sie doppelt auf die Schaltfläche *Splitter fixieren/freigeben* und fügen Sie den folgenden Code in den `Click`-Ereignishandler ein:

    ' Visual Basic

    ```
    SplitContainer1.IsSplitterFixed = Not SplitContainer1.IsSplitterFixed
    ```

    // C#

    ```
    splitContainer1.IsSplitterFixed = !(splitContainer1.IsSplitterFixed);
    ```

17. Klicken Sie doppelt auf die Schaltfläche *Panel1 zu-/aufklappen* und fügen Sie den folgenden Code in den `Click`-Ereignishandler ein:

    ' Visual Basic

    ```
    SplitContainer1.Panel1Collapsed = Not SplitContainer1.Panel1Collapsed
    ```

    // C#

    ```
    splitContainer1.Panel1Collapsed = !(splitContainer1.Panel1Collapsed);
    ```

18. Drücken Sie F5, um die Anwendung auszuführen.
19. Wählen Sie auf der Registerkarte *GroupBox* nacheinander die beiden Optionsschaltflächen an. Wie Sie sehen, kann immer nur eine ausgewählt sein.
20. Wählen Sie die Registerkarte *FlowLayoutPanel* und ändern Sie die Größe des Formulars mit der Maus. Beobachten Sie, wie sich das Layout automatisch anpasst. Vergrößern Sie das Formular so, dass alle Schaltflächen in eine Zeile passen. Klicken Sie nun auf *Button1* und beobachten Sie, wie ein Umbruch hinter *Button3* eingefügt wird.
21. Klicken Sie auf der Registerkarte *TableLayoutPanel* mehrmals auf *Button5* und sehen Sie sich an, wie neue Steuerelemente in das `TableLayoutPanel`-Steuerelement eingefügt werden.
22. Wählen Sie die Registerkarte *SplitContainer* aus. Ändern Sie die Größe des Formulars und der Panels, indem Sie das `Splitter`-Element verschieben. Klicken Sie auf die verschiedenen Schaltflächen und sehen Sie sich an, was sich dadurch an der automatischen Größenanpassung des `SplitContainer`-Steuerelements ändert.

Zusammenfassung der Lektion

- Mit den Eigenschaften von `Form` können Sie das Aussehen und Verhalten eines Formulars verändern. Eigenschaften wie `Text`, `FormBorderStyle`, `WindowState`, `Size`, `StartPosition`, `TopMost`, `Visible` und `Opacity` bieten die Möglichkeit, viele unterschiedliche optische Stile und Effekte zu erzeugen.
- In Visual Basic wählen Sie das Startformular im Eigenschaftenfenster des Projekts aus, in C# bearbeiten Sie dazu die Methode `Main`. Die Methode `Main` befindet sich normalerweise in der Klasse `Program`, die automatisch generiert wird.

- Mit Containersteuerelementen können Sie die Steuerelemente auf einem Formular gruppieren und anordnen. Beispiele für Containersteuerelemente sind `Panel`, `GroupBox`, `FlowLayoutPanel`, `TableLayoutPanel` und `SplitContainer`.
- `GroupBox`-Steuerelemente werden normalerweise benutzt, um `RadioButton`-Steuerelemente zu einer Gruppe zusammenzufassen.
- `Panel`-Steuerelemente definieren Teilbereiche innerhalb eines Formulars. Die Steuerelemente `FlowLayoutPanel` und `TableLayoutPanel` sind von `Panel` abgeleitet und erweitern dessen Layoutfähigkeiten.
- `SplitContainer` kapselt zwei `SplitterPanel`- und ein `Splitter`-Steuerelement. Der Benutzer kann die Größe der Panels ändern, indem er das `Splitter`-Steuerelement verschiebt.
- Das Steuerelement `TabControl` verwaltet eine Auflistung mit `TabPage`-Steuerelementen, die ähnlich wie einzelne Panels funktionieren. Der Benutzer kann ein Register im `TabControl`-Steuerelement auswählen, um die entsprechende Registerkarte anzuzeigen.

Lernzielkontrolle

Mit den folgenden Fragen können Sie Ihr Wissen zu den Informationen aus Lektion 1, »Arbeiten mit Formularen und Containersteuerelementen«, überprüfen. Die Fragen finden Sie (in englischer Sprache) auch auf der Begleit-CD, Sie können sie also auch auf dem Computer im Rahmen eines Übungstests beantworten.

Hinweis Die Antworten

Die Antworten auf diese Fragen mit Erklärungen, warum die jeweiligen Auswahlmöglichkeiten richtig oder falsch sind, finden Sie im Abschnitt »Antworten« am Ende dieses Buchs.

1. Welches der folgenden Codebeispiele fügt in einer Windows Forms-Anwendung während der Laufzeit eine neue Instanz des Formulars `Form1` hinzu?

   A.

   ' Visual Basic
   ```
   Dim myForm As Form1
   myForm = Form1.CreateForm()
   ```
   // C#
   ```
   Form1 myForm;
   myForm = Form1.CreateForm();
   ```

   B.

   ' Visual Basic
   ```
   Dim myForm As Form1
   myForm.Show()
   ```
   // C#
   ```
   Form1 myForm;
   myForm.Show();
   ```

C.

' Visual Basic

```
myForm = Form1
myForm.Show()
```

// C#

```
myForm = Form1;
myForm.Show();
```

D.

' Visual Basic

```
Dim myForm As Form1
myForm = New Form1()
```

// C#

```
Form1 myForm;
myForm = new Form1();
```

2. Welches der folgenden Codebeispiele stellt Titel, Randstil, Größe und Transparenz eines Formulars richtig ein?

A.

' Visual Basic

```
Me.Text = "My Form"
Me.FormBorderStyle = FormBorderStyle.Fixed3D
Me.Size = New Size(300, 300)
Me.Opacity = 0.5
```

// C#

```
this.Text = "My Form";
this.FormBorderStyle = FormBorderStyle.Fixed3D;
this.Size = new Size(300, 300);
this.Opacity = 0.5;
```

B.

' Visual Basic

```
Me.Text = "My Form"
Me.BorderStyle = "Fixed3D"
Me.Size = New Size(300, 300)
Me.Opacity = 0.5
```

// C#

```
this.Text = "My Form";
this.BorderStyle = "Fixed3D";
this.Size = new Size(300, 300);
this.Opacity = 0.5;
```

C.

' Visual Basic

```
Me.Text = "My Form"
Me.FormBorderStyle = FormBorderStyle.Fixed3D
Me.Size = (300,300)
Me.Opacity = "100%"
```

```
// C#
this.Text = "My Form";
this.FormBorderStyle = FormBorderStyle.Fixed3D;
this.Size = (300,300);
this.Opacity = "100%";
```

D.

```
' Visual Basic
Me.Title = "My Form"
Me.FormBorderStyle = FormBorderStyle.Fixed3D
Me.Size = New Size(300,300)
Me.Opacity = "100%"
```

```
// C#
this.Title = "My Form";
this.FormBorderStyle = FormBorderStyle.Fixed3D;
this.Size = new Size(300,300);
this.Opacity = "100%";
```

3. Welches der folgenden Codebeispiele fügt in einem `FlowLayoutPanel`-Steuerelement namens `FLPanel1` einen Umbruch für das Steuerelement `aButton` ein?

   A.

```
' Visual Basic
aButton.SetFlowBreak()
```

```
// C#
aButton.SetFlowBreak();
```

   B.

```
' Visual Basic
aButton.SetFlowBreak(FLPanel1)
```

```
// C#
aButton.SetFlowBreak(FLPanel1);
```

   C.

```
' Visual Basic
FLPanel1.SetFlowBreak(aButton, True)
```

```
// C#
FLPanel1.SetFlowBreak(aButton, true);
```

   D.

```
' Visual Basic
FLPanel1.aButton.SetFlowBreak
```

```
// C#
FLPanel1.aButton.SetFlowBreak();
```

4. Sie entwerfen eine Anwendung, die eine Eigenschaftenseite hat, damit der Benutzer Eigenschaften der Anwendung konfigurieren kann. Diese Eigenschaften sind in drei Kategorien unterteilt: Aussehen, Ausführung und Speicherverwaltung. Welches Containersteuerelement eignet sich am besten als Basis für die Benutzeroberfläche?

A. `TableLayoutPanel`

B. `FlowLayoutPanel`

C. `GroupBox`

D. `TabControl`

5. Wie können Sie während des Entwurfs ein Steuerelement zu einem Formular hinzufügen? (Wählen Sie alle zutreffenden Antworten aus.)

A. Wählen Sie in der Toolbox ein Steuerelement aus und klicken Sie doppelt auf das Formular.

B. Wählen Sie in der Toolbox ein Steuerelement aus und zeichnen Sie es in der gewünschten Größe auf das Formular.

C. Klicken Sie in der Toolbox doppelt auf das Steuerelement.

D. Wählen Sie das Steuerelement in der Toolbox aus und ziehen Sie es auf das Formular.

6. Welches der folgenden Codebeispiele fügt während der Laufzeit ein `Button`-Steuerelement zu einem Formular namens `Form1` hinzu?

A.

' Visual Basic
```
Form1.Controls.Add(Button)
```
// C#
```
Form1.Controls.Add(Button);
```

B.

' Visual Basic
```
Dim aButton As New Button
Form1.Controls.Add(aButton)
```
// C#
```
Button aButton = new Button();
Form1.Controls.Add(aButton);
```

C.

' Visual Basic
```
Dim aButton As New Button
Form1.Add(aButton)
```
// C#
```
Button aButton = new Button();
Form1.Add(aButton);
```

D.

' Visual Basic
```
Form1.Add(New Button)
```
// C#
```
Form1.Add(new Button);
```

7. Welches Codebeispiel fügt ein neues Panel zu einem `SplitContainer`-Steuerelement namens `SpC1` hinzu?

   A.

   ' Visual Basic
   ```
   SpC1.Controls.Add(New Panel)
   ```
   // C#
   ```
   SpC1.Controls.Add(new Panel());
   ```

   B.

   ' Visual Basic
   ```
   SpC1.Controls.Add(New SplitterPanel)
   ```
   // C#
   ```
   SpC1.Controls.Add(new SplitterPanel());
   ```

   C.

   ' Visual Basic
   ```
   SpC1.Add(New SplitterPanel)
   ```
   // C#
   ```
   SpC1.Add(new SplitterPanel());
   ```

   D. Keine dieser Antworten

Lektion 2: Konfigurieren von Steuerelementen in Windows Forms

Diese Lektion beschreibt allgemeine Prinzipien beim Erstellen und Konfigurieren von Steuerelementen und erklärt danach genauer, wie Sie Steuerelemente erstellen und Ihre Benutzeroberfläche entwerfen. Steuerelemente sind grafische Komponenten, die einen vertrauten Funktionsumfang zur Verfügung stellen. Daher ist es möglich, die Bedienung unterschiedlicher Anwendungen konsistent zu gestalten. Microsoft Visual Studio stellt Steuerelemente für Informationsanzeigen, Dateneingabe, Benutzerinteraktion und andere Spezialaufgaben zur Verfügung.

Am Ende dieser Lektion werden Sie in der Lage sein, die folgenden Aufgaben auszuführen:

- Beschreiben der gemeinsamen Eigenschaften von Steuerelementen
- Ändern der Eigenschaften von Steuerelementen während des Entwurfs oder der Laufzeit
- Einstellen des Layouts Ihrer Steuerelemente
- Schnelles ändern von Steuerelementen mit verschiedenen Mechanismen der IDE
- Entwerfen der Benutzeroberfläche, damit sie sich an den empfohlenen Vorgehensweisen orientiert

Veranschlagte Zeit für diese Lektion: 1 Stunde

Überblick über Steuerelemente

Steuerelemente sind Komponenten, die eine grafische Benutzeroberfläche mit vorgefertigten Funktionen kombinieren. Es sind wiederverwendbare Codeeinheiten, die für bestimmte Aufgaben entwickelt wurden. Zum Beispiel dient das Steuerelement `TextBox` dazu, Text anzuzeigen und Texteingaben des Benutzers entgegenzunehmen. Es stellt Eigenschaften, Methoden und Ereignisse für diese Aufgaben zur Verfügung.

Alle Steuerelemente sind von der Basisklasse `Control` abgeleitet. Daher haben sie viele gemeinsame Eigenschaften, die Größe, Position und andere allgemeine Aspekte von Steuerelementen festlegen. Tabelle 4.11 beschreibt einige der gemeinsamen Eigenschaften vieler Steuerelemente.

Tabelle 4.11 Allgemeine Eigenschaften von Steuerelementen

Eigenschaft	Beschreibung
`Anchor`	Legt fest, wie das Steuerelement am übergeordneten Formular oder Containersteuerelement verankert wird.
`BackColor`	Die Hintergrundfarbe des Steuerelements.
`BackgroundImage`	Das Bild, das als Hintergrund des Steuerelements verwendet wird.
`CausesValidation`	Gibt an, ob das Steuerelement eine Überprüfung auslöst. Mithilfe der Überprüfung stellen Sie sicher, dass Formatierung und Wert der Benutzereingabe bestimmte Anforderungen erfüllen.
`ContainsFocus`	Legt fest, ob dieses Steuerelement oder eines seiner untergeordneten Steuerelemente den Fokus hat.

▶

Eigenschaft	Beschreibung
`Controls`	Die Auflistung der Steuerelemente, die in diesem Steuerelement enthalten sind. Wird nur für Container verwendet.
`Cursor`	Der verwendete Mauszeiger, während sich der Zeiger über diesem Steuerelement befindet.
`Dock`	Legt fest, wie das Steuerelement im übergeordneten Formular oder Containersteuerelement angedockt wird.
`Enabled`	Legt fest, ob das Steuerelement aktiviert ist. Ist ein Steuerelement nicht aktiviert, wird es abgeblendet dargestellt und kann nicht ausgewählt oder benutzt werden.
`Font`	Die Schriftart, mit der dieses Steuerelement Text anzeigt.
`ForeColor`	Die Farbe für den Vordergrund des Steuerelements. Wird in erster Linie zum Anzeigen von Text verwendet.
`HasChildren`	Gibt an, ob dieses Steuerelement untergeordnete Steuerelemente hat.
`Height`	Die Höhe des Steuerelements in Pixeln.
`Location`	Die Position der oberen linken Ecke dieses Steuerelements relativ zur oberen linken Ecke des übergeordneten Formulars oder Containersteuerelements.
`MaximumSize`	Die Maximalgröße für das Steuerelement.
`MinimumSize`	Die Mindestgröße für das Steuerelement.
`Name`	Der Name, unter dem im Programmcode auf das Steuerelement verwiesen wird. Diese Eigenschaft kann nur während des Entwurfs geändert werden, während der Laufzeit nicht mehr.
`Parent`	Das übergeordnete Formular oder Containersteuerelement dieses Steuerelements. Wenn Sie diese Eigenschaft ändern, fügen Sie das Steuerelement zur `Controls`-Auflistung des neuen übergeordneten Steuerelements hinzu.
`Region`	Die Fensterregion für das Steuerelement.
`Size`	Die Größe des Steuerelements in der Einheit Pixel.
`TabIndex`	Legt fest, in welcher Reihenfolge das Steuerelement ausgewählt wird, wenn der Benutzer mit der TABULATORTASTE durch die Steuerelemente wechselt.
`Tag`	In dieser Eigenschaft kann der Programmierer einen Wert oder ein Objekt speichern, das mit dem Steuerelement verknüpft ist.
`Text`	Der Text, der mit dem Steuerelement verknüpft ist. Ob dieser Text angezeigt wird, hängt vom Typ des Steuerelements und dem Wert anderer Eigenschaften ab.
`Visible`	Legt fest, ob das Steuerelement sichtbar ist.
`Width`	Die Breite des Steuerelements in der Einheit Pixel.

Konfigurieren von Steuerelementen während des Entwurfs

Während des Entwurfs fügen Sie ein Steuerelement zu einem Formular oder Containersteuerelement hinzu, indem Sie es aus der Toolbox ziehen, es in der Toolbox auswählen und dann auf das Formular klicken oder in der Toolbox doppelt auf das Steuerelement klicken. Sobald das Steuerelement im Designer angezeigt wird, können Sie seine Eigenschaften ändern. Sie können viele Eigenschaften eines Steuerelements im Designer mithilfe der Maus ändern. Andere Eigenschaften können Sie über Einträge im Eigenschaftenfenster ändern.

Größe und Position von Steuerelementen

Die Methode, Steuerelemente mit der Maus zu bearbeiten, ist intuitiv. Sie können das Steuerelement dabei genau auf die gewünschte Größe bringen. Bevor Sie die Größe eines Steuerelements mit der Maus anpassen können, müssen Sie es auswählen. Normalerweise klicken Sie es dazu einfach im Designer an. Daraufhin wird das Steuerelement durch einen gepunkteten Rahmen mit weißen Quadraten markiert (Abbildung 4.8).

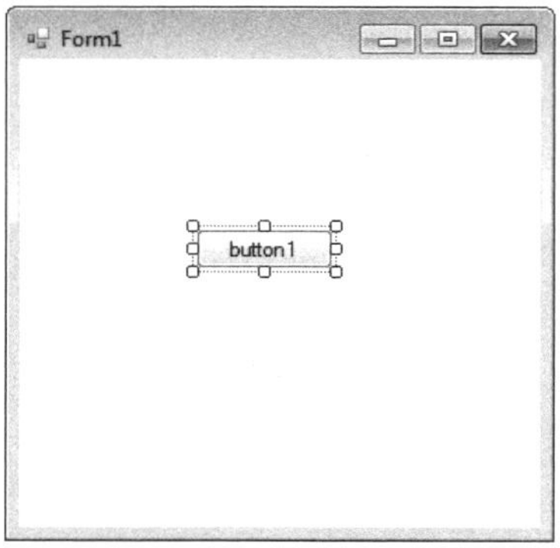

Abbildung 4.8 Ein ausgewähltes `Button`-Steuerelement im Designer

Ist das Steuerelement ausgewählt, können Sie seine Größe im Designer ändern, indem Sie eine Ecke oder seinen Rand mit der Maus ziehen.

Sie können die Größe eines Steuerelements auch im Eigenschaftenfenster ändern, indem Sie die Eigenschaft `Size` bearbeiten. Sie hat zwei Komponenten, `Width` und `Height`, die die Breite und Höhe des Steuerelements in der Einheit Pixel angeben. Sie können diese Einzelkomponenten ändern, indem Sie den Eintrag der Eigenschaft *Size* aufklappen und einen neuen Wert für eine der Komponenten im Eigenschaftenfenster eingeben. Stattdessen können Sie die Eigenschaft `Size` auch direkt ändern. Das Steuerelement wird entsprechend vergrößert oder verkleinert.

Ihnen stehen somit zwei Möglichkeiten zur Auswahl, um während des Entwurfs die Größe eines Steuerelements zu ändern:

- Wählen Sie das Steuerelement aus und ziehen Sie dann einen Rand oder eine Ecke auf die gewünschte Größe.
- Ändern Sie die Eigenschaft `Size` im Eigenschaftenfenster, indem Sie entweder die Eigenschaft `Size` direkt bearbeiten oder den Eintrag der Eigenschaft *Size* aufklappen und dann `Height` oder `Width` ändern.

Der Designer bietet auch eine einfache Möglichkeit, die Position eines Steuerelements auf einem Formular oder Containersteuerelement einzustellen. Dazu brauchen Sie das Steuerelement lediglich in der Mitte mit der Maus zu packen und es an die neue Position zu schieben.

Sie können die Position eines Steuerelements auch einstellen, indem Sie die Eigenschaft `Location` im Eigenschaftenfenster bearbeiten. Diese Eigenschaft gibt die Koordinaten der oberen linken Ecke des Steuerelements relativ zur oberen linken Ecke des übergeordneten Formulars oder Containersteuerelements an. Die Eigenschaft `Location` hat zwei Komponenten, `X` und `Y`. Sie können die Eigenschaft `Location` direkt im Eigenschaftenfenster bearbeiten oder den Eintrag der Eigenschaft *Location* aufklappen und die Werte für X und Y getrennt einstellen. Das Steuerelement wird daraufhin sofort an die angegebene Position verschoben.

Ihnen stehen somit zwei Möglichkeiten zur Auswahl, um die Position eines Steuerelements während des Entwurfs zu ändern:

- Packen Sie das Steuerelement in der Mitte mit der Maus und ziehen Sie es an die gewünschte Position.
- Stellen Sie die Eigenschaft `Location` des Steuerelements im Eigenschaftenfenster ein, indem Sie entweder die Eigenschaft `Location` direkt bearbeiten oder den Eintrag der Eigenschaft *Location* aufklappen und dann X und Y ändern.

Sie können auch eine ganze Gruppe von Steuerelementen mit der Maus verschieben. Dazu müssen Sie zuerst alle Steuerelemente auswählen, die Sie verschieben wollen. Ziehen Sie dazu mit der Maus ein Auswahlrechteck um alle gewünschten Steuerelemente oder halten Sie die STRG-Taste gedrückt, während Sie alle Steuerelemente nacheinander anklicken. Abbildung 4.9 zeigt eine Gruppe ausgewählter Steuerelemente.

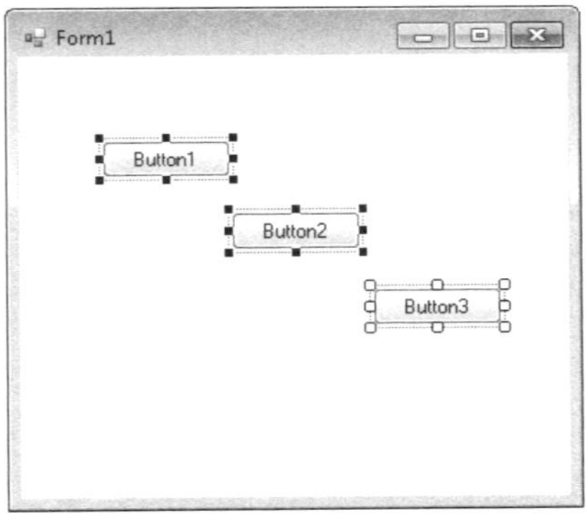

Abbildung 4.9 Eine Gruppe ausgewählter Steuerelemente im Designer

Sobald die Gruppe der Steuerelemente ausgewählt ist, können Sie alle diese Steuerelemente verschieben, indem Sie ein Steuerelement mit der Maus in der Mitte packen und sie dann verschieben. Sie können auch die Eigenschaftswerte mehrerer Steuerelemente gleichzeitig bearbeiten, indem Sie die gewünschten Steuerelemente auswählen und dann den Wert der Eigenschaft im Eigenschaftenfenster ändern.

Ausrichtungslinien

Ausrichtungslinien (snapline) sind eine optische Hilfe, die nützlich ist, wenn Sie Steuerelemente auf einem Formular oder innerhalb eines Containersteuerelements anordnen. Wenn Sie ein Steuerelement auf ein Formular oder Containersteuerelement ziehen, erscheinen Ausrichtungslinien, die optische Hinweise zur Ausrichtung der Steuerelemente geben.

Wenn Sie ein Steuerelement nahe an den Rand eines Formulars, Containersteuerelements oder anderen Steuerelements ziehen, erscheint eine Ausrichtungslinie, die den in der Eigenschaft `Margin` eingetragenen Abstand angibt. Außerdem erscheinen Ausrichtungslinien, die die vertikale und horizontale Ausrichtung des Steuerelements angeben, sobald ein Steuerelement an einem benachbarten Steuerelement ausgerichtet wird. Sobald eine Ausrichtungslinie erscheint, brauchen Sie das Steuerelement nur loszulassen, dann erhalten Sie eine ausgerichtete Benutzeroberfläche. Abbildung 4.10 zeigt horizontale, vertikale und Randabstand-Ausrichtungslinien.

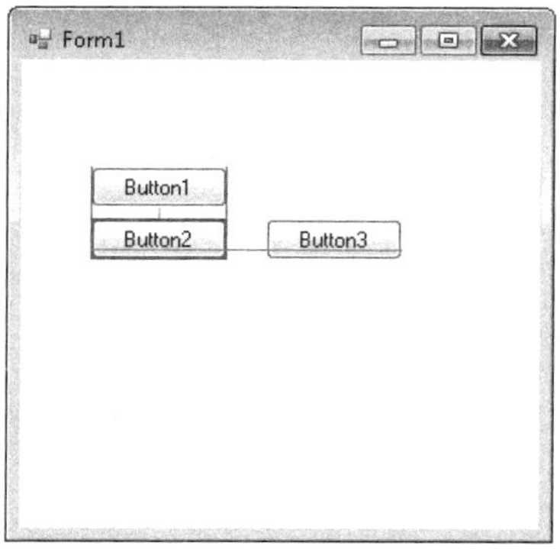

Abbildung 4.10 Ausrichtungslinien

Falls Ausrichtungslinien deaktiviert sind, können Sie sie im Dialogfeld *Optionen* wieder aktivieren. Gehen Sie dazu folgendermaßen vor:

1. Wählen Sie im Menü *Extras* den Befehl *Optionen*, um das Dialogfeld *Optionen* zu öffnen.
2. Erweitern Sie im linken Fensterabschnitt den Zweig *Windows Forms-Designer* und wählen Sie *Allgemein* aus.
3. Wählen Sie im rechten Fensterabschnitt für den Eintrag *LayoutMode* die Einstellung *SnapLines* aus.
4. Klicken Sie auf *OK*.

Schnelltest

- Welche Aufgabe haben Ausrichtungslinien?

Antwort zum Schnelltest

- Ausrichtungslinien erscheinen während des Entwurfs. Sie helfen Ihnen, Steuerelemente am Formular oder aneinander auszurichten.

Ändern von Steuerelementeigenschaften während des Entwurfs

Eigenschaften der Steuerelemente, beispielsweise Position und Größe, können Sie ändern, indem Sie das Steuerelement direkt im Designer bearbeiten. Es gibt aber noch andere Möglichkeiten, die Eigenschaften eines Steuerelements im Designer festzulegen, darunter das Eigenschaftenfenster, Smarttags und Dokumentgliederungsfenster.

Das Eigenschaftenfenster

Die wichtigste Benutzeroberfläche zum Einstellen von Steuerelementeigenschaften ist das Eigenschaftenfenster. Es zeigt die Eigenschaften eines Formulars, einer Komponente oder eines Steuerelements an, die während des Entwurfs eingestellt werden können. Die Eigenschaftswerte für die meisten Eigenschaften können Sie ändern, indem Sie die Eigenschaft im Eigenschaftenfenster auswählen und den gewünschten neuen Wert eingeben. Bei manchen

Eigenschaften, etwa `Dock` und `Anchor`, stellt das Eigenschaftenfenster spezielle grafische Benutzeroberflächen zur Verfügung, die Ihnen beim Eingeben des Werts helfen. Abbildung 4.11 zeigt das Eigenschaftenfenster.

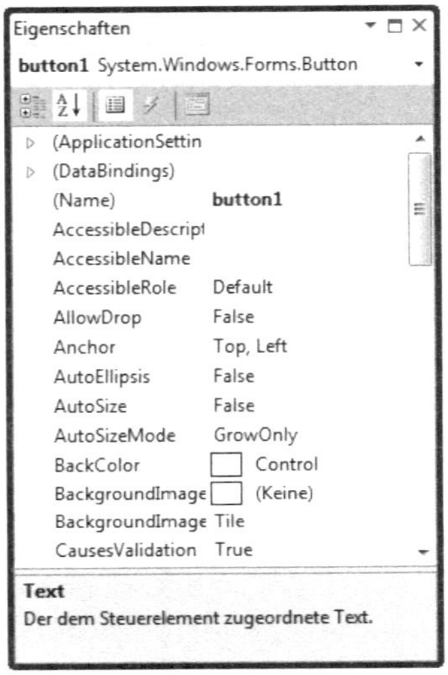

Abbildung 4.11 Das Eigenschaftenfenster

Falls das Eigenschaftenfenster nicht sichtbar ist, können Sie es folgendermaßen öffnen:

- Wählen Sie im Menü *Ansicht* den Befehl *Eigenschaftenfenster* oder drücken Sie F4.

So ändern Sie eine Eigenschaft im Eigenschaftenfenster:

1. Klicken Sie auf die Eigenschaft, die Sie einstellen wollen.
2. Geben Sie den neuen Wert für die Eigenschaft ein oder verwenden Sie die spezielle Benutzeroberfläche, sofern die Eigenschaft eine zur Verfügung stellt.

Das Steuerelement *Button*

Eines der bekanntesten Steuerelemente in der Toolbox ist `Button`, eine Schaltfläche. Es ist das wichtigste Steuerelement für die Aufgabe, dem Benutzer das Ausführen von Aktionen zu ermöglichen. Die Schaltfläche kann auf ihrer Oberfläche eine kurze Zeichenfolge anzeigen und reagiert, wenn der Benutzer sie anklickt. Das `Button`-Steuerelement zeigt optisch an, wenn es angeklickt wird. Es hat einen *Ereignishandler* (event handler), mit dem der Entwickler Code schreiben kann, der beim Anklicken der Schaltfläche ausgeführt wird.

Das Steuerelement `Button` hat mehrere Eigenschaften, mit denen Sie sein Aussehen und Verhalten anpassen können. Tabelle 4.12 zeigt wichtige Eigenschaften des Steuerelements `Button`.

Tabelle 4.12 Wichtige Eigenschaften des Steuerelements `Button`

Eigenschaft	Beschreibung
`AutoEllipsis`	Aktiviert die automatische Kürzung von Text, der über das Ende der Schaltfläche hinausragt.
`DialogResult`	Ein `DialogResult`-Wert, den Sie mit der Schaltfläche verknüpfen, zum Beispiel `DialogResult.OK` oder `DialogResult.Cancel`.
`FlatAppearance`	Definiert Stile, die festlegen, wie die Schaltfläche dargestellt wird und sich verhält, wenn die Eigenschaft `FlatStyle` den Wert `Flat` hat.
`FlatStyle`	Legt den optischen Stil der Schaltfläche fest, wenn der Benutzer sie mit der Maus anklickt.
`Text`	Der Text, der auf der Schaltfläche angezeigt wird.
`TextAlign`	Legt fest, wie der Text, der auf der Schaltfläche erscheint, ausgerichtet wird.

Reagieren auf Mausklicks

Ein `Button`-Steuerelement wird vor allem in die Benutzeroberfläche eingearbeitet, damit der Benutzer es mit der Maus anklicken kann. Wenn das geschieht, wird üblicherweise Code ausgeführt. So gibt es oft eine *OK*-Schaltfläche, die veranlasst, dass die Anwendung die Ausführung fortsetzt, nachdem der Benutzer die erforderlichen Informationen eingegeben hat. Oder der Benutzer betätigt die Schaltfläche *Abbrechen*, die die Ausführung auf einen früheren Schritt zurücksetzt.

Den Code, der beim Anklicken einer Schaltfläche ausgeführt wird, schreiben Sie mithilfe des Ereignishandlers `Button.Click`. Dabei wird eine Methode aufgerufen, sobald die Schaltfläche angeklickt wird. Die Methode führt dann den gewünschten Code aus.

So schreiben Sie Code für den Ereignishandler `Button.Click`:

1. Klicken Sie im Designer doppelt auf die Schaltfläche, für die Sie Code schreiben wollen.

   Visual Studio generiert automatisch eine Methodendeklaration namens `Button_Click` und fügt hinter den Kulissen Code ein, um die Methode zu konfigurieren, die das Ereignis `Button.Click` verarbeitet. Visual Studio zeigt die neue `Button_Click`-Methode an, die ausgeführt wird, sobald der Benutzer die Schaltfläche anklickt.

2. Fügen Sie den benötigten Code in diese Methode ein.

   Während der Laufzeit wird dieser Code ausgeführt, wenn der Benutzer die Schaltfläche anklickt. Der folgende Code zeigt ein Beispiel für eine vollständige `Button_Click`-Methode:

   ' Visual Basic

   ```
   Private Sub Button1_Click(ByVal sender As System.Object, ByVal e As _
       System.EventArgs) _
       Handles Button1.Click
       MsgBox("Schaltfläche wurde angeklickt!")
   End Sub
   ```

   // C#

   ```
   private void button1_Click(object sender, EventArgs e)
   {
       MessageBox.Show("Schaltfläche wurde angeklickt!");
   }
   ```

Reagieren auf andere Klickereignisse

Der Ereignishandler `Button.Click` ist zwar nützlich, um auf simple Klicks zu reagieren, Sie können eine Schaltfläche oder ein anderes Steuerelement aber auch so konfigurieren, dass sie auf andere Mausklicks reagieren. Das kann beispielsweise ein Klick mit der rechten Maustaste sein. Auf solche Klicks können Sie mit dem Ereignis `MouseDown` reagieren.

Eines der Argumente, das an den Ereignishandler `Button.MouseDown` übergeben wird, ist eine Instanz von `MouseEventArgs`. Dieses Argument enthält detaillierte Informationen über die Position und den Zustand der Maus. Sie können damit zwischen Linksklicks, Rechtsklicks, Doppelklicks und anderen Mausaktionen unterscheiden. Tabelle 4.13 beschreibt die Eigenschaften der Klasse `MouseEventArgs`.

Tabelle 4.13 Eigenschaften von `MouseEventArgs`

Eigenschaft	Beschreibung
`Button`	Gibt an, welche Maustaste gedrückt wurde. Mögliche Werte sind `Left`, `Right`, `Middle`, `None`, `XButton1` und `XButton2`.
`Clicks`	Gibt an, wie oft die Taste gedrückt und losgelassen wurde.
`Delta`	Gibt an, wie viele Raststufen das Mausrad gedreht wurde.
`Location`	Die aktuelle Position des Mauszeigers.
`X`	Die X-Koordinate des Mauszeigers.
`Y`	Die Y-Koordinate des Mauszeigers.

Anhand der Werte aus der `MouseEventArgs`-Instanz können Sie feststellen, welche Taste gedrückt wurde und welche Position das Mausrad hat. Wenn der Benutzer mit einer anderen Taste als der linken auf ein Steuerelement klickt, gibt das Steuerelement keine optische Rückmeldung (den »Klick« in der Benutzeroberfläche), die Sie bei einer Schaltfläche kennen.

Gehen Sie folgendermaßen vor, um auf verschiedene Mausklicks zu reagieren:

1. Wählen Sie im Designer das `Button`-Steuerelement aus, für das Sie Code schreiben wollen.
2. Klicken Sie in der Symbolleiste des Eigenschaftenfensters auf die Schaltfläche *Ereignisse* (mit dem Blitzsymbol, siehe Abbildung 4.12), um sich die Ereignisse des `Button`-Steuerelements anzusehen.

Abbildung 4.12 Die Schaltfläche *Ereignisse* in der Symbolleiste des Eigenschaftenfensters

3. Klicken Sie im Eigenschaftenfenster doppelt auf die Zelle rechts neben *MouseDown*, damit Visual Studio einen Ereignishandler für `Button.MouseDown` generiert und anzeigt.
4. Fügen Sie Code in diesen Ereignishandler ein, der auf den gewünschten Mausklick reagiert. Das folgende Beispiel zeigt, wie Sie zwischen linker und rechter Maustaste unterscheiden:

' Visual Basic

```
Private Sub Button1_MouseDown(ByVal sender As System.Object, ByVal e As _
  System.Windows.Forms.MouseEventArgs) Handles Button1.MouseDown
    Select Case e.Button
        Case Windows.Forms.MouseButtons.Left
            MsgBox("Linke Taste wurde geklickt")
        Case Windows.Forms.MouseButtons.Right
            MsgBox("Rechte Taste wurde geklickt")
        Case Else
            MsgBox("Andere Taste wurde geklickt")
    End Select
End Sub
```

// C#

```
private void button1_MouseDown(object sender, MouseEventArgs e)
{
    switch (e.Button)
    {
        case MouseButtons.Left:
            MessageBox.Show("Linke Taste wurde geklickt");
            break;
        case MouseButtons.Right:
            MessageBox.Show("Rechte Taste wurde geklickt");
            break;
        default:
            MessageBox.Show("Andere Taste wurde geklickt");
            break;
    }
}
```

FlatStyle und *FlatAppearance*

Die Eigenschaft `FlatStyle` legt fest, ob die Schaltfläche ein dreidimensionales Aussehen bekommt oder flach gezeichnet wird. Sie geben einer Schaltfläche ein flaches Aussehen, indem Sie die Eigenschaft `FlatStyle` auf den Wert `Flat` setzen.

Wenn die Eigenschaft `FlatStyle` den Wert `Flat` hat, legt die Eigenschaft `FlatAppearance` fest, wie die Schaltfläche aussieht und sich in der Benutzeroberfläche verhält. Die Eigenschaft `FlatAppearance` ist eine Instanz einer Struktur, deren Eigenschaften in Tabelle 4.14 beschrieben sind.

Tabelle 4.14 Eigenschaften von `FlatAppearance`

Eigenschaft	Beschreibung
`BorderColor`	Die Farbe für den Rand der Schaltfläche.
`BorderSize`	Die Größe des Rands der Schaltfläche.
`MouseDownBackColor`	Die Farbe der Schaltfläche, wenn sie mit der linken Maustaste angeklickt wird.
`MouseOverBackColor`	Die Farbe der Schaltfläche, wenn sich der Mauszeiger darüber befindet.

Hat `FlatStyle` den Wert `Flat`, werden weniger optische Rückmeldungen angezeigt, wenn der Benutzer die Schaltfläche bedient. Sie können zusätzliche Rückmeldungen aktivieren, indem Sie einen entsprechenden Wert in die Eigenschaft `FlatAppearance` eintragen. Die folgende Anleitung beschreibt, wie Sie die Hintergrundfarbe der Schaltfläche ändern, während sich die Maus darüber befindet:

1. Stellen Sie im Eigenschaftenfenster für die Eigenschaft `FlatStyle` den Wert `Flat` ein.
2. Erweitern Sie den Eintrag der Eigenschaft *FlatAppearance*.
3. Wählen Sie unter *FlatAppearance* für die Eigenschaft `MouseOverBackColor` die Farbe aus, in der die Schaltfläche angezeigt werden soll, während sich die Maus darüber befindet.

OK- und *Abbrechen*-Schaltflächen

Beim Entwurf von Dialogen werden häufig *OK*- oder *Abbrechen*-Schaltflächen auf das Formular gelegt, die den entsprechenden `DialogResult`-Wert liefern, wenn sie angeklickt werden. Sie können die Eigenschaft `DialogResult` eines `Button`-Steuerelements verwenden, um *OK*- oder *Abbrechen*-Schaltflächen zu erstellen.

Gehen Sie folgendermaßen vor, um eine *OK*- oder *Abbrechen*-Schaltfläche zu erstellen:

1. Ziehen Sie aus der Toolbox eine Schaltfläche auf das Formular und tragen Sie eine passende Beschriftung in die Eigenschaft `Text` ein (zum Beispiel *OK*).
2. Setzen Sie im Eigenschaftenfenster die Eigenschaft `DialogResult` auf den Wert `OK`, wenn es sich um eine *OK*-Schaltfläche handelt, beziehungsweise auf *Abbrechen*, wenn es sich um eine *Abbrechen*-Schaltfläche handelt.
3. Klicken Sie im Designer doppelt auf die Schaltfläche, um das Codefenster zu öffnen.
4. Schließen Sie im `Button_Click`-Ereignishandler das Formular:

   ' Visual Basic
   ```
   Me.Close()
   ```
   // C#
   ```
   this.Close();
   ```

Wird ein Formular mit der Methode `ShowDialog` angezeigt, gibt es automatisch das Ergebnis aus der Eigenschaft `DialogResult` der Schaltfläche zurück, die angeklickt wurde. Das nächste Beispiel zeigt, wie Sie ein solches Formular benutzen. Das hypothetische Formular in diesem Beispiel hat den Namen `DialogForm`.

' Visual Basic
```
Dim aForm As New DialogForm
Dim aResult As System.Windows.Forms.DialogResult
aResult = aForm.ShowDialog
If aResult = DialogResult.Ok Then
   ' Etwas tun
   Else
   ' Etwas anderes tun
End If
```

// C#

```
Form aForm = new DialogForm();
System.Windows.Forms.DialogResult aResult;
aResult = aForm.ShowDialog();
if (aResult == DialogResult.OK)
{
   // Etwas tun
}
else
{
   // Etwas anderes tun
}
```

Das Steuerelement *Label*

Das Steuerelement `Label` dient vor allem dazu, dem Benutzer unveränderliche Textinformationen anzuzeigen. `Label`-Steuerelemente werden beispielsweise häufig eingesetzt, um einen informativen Text neben einem Steuerelement anzuzeigen, etwa »Vorname« neben einem `TextBox`-Steuerelement, in das der Benutzer seinen Vornamen eingeben soll. `Label`-Steuerelemente können auch benutzt werden, um Zugriffstasten für andere Steuerelemente zu definieren.

Der Text, der in einem `Label`-Steuerelement angezeigt wird, steht in der Eigenschaft `Text`. Wenn Sie die Eigenschaft `AutoSize` des `Label`-Steuerelements auf `True` setzen, passt es seine Größe an die Ausdehnung des Textes an. Wenn die Eigenschaft `AutoSize` den Wert `False` hat, können Sie die Größe des `Label`-Steuerelements einstellen, indem Sie seine Ränder im Designer mit der Maus verschieben.

Sie können `Label`-Steuerelemente verwenden, um *Zugriffstasten* (access key) für andere Steuerelemente zu definieren. Wird eine solche Zugriffstaste in Kombination mit der ALT-Taste gedrückt, verschiebt sich der Fokus auf das entsprechende Steuerelement. Die folgende Anleitung beschreibt, wie Sie mit einem `Label`-Steuerelement eine Zugriffstaste für ein anderes Steuerelement definieren:

1. Ziehen Sie ein `Label`-Steuerelement aus der Toolbox auf das Formular und legen Sie es in die Nähe des Steuerelements, für das Sie die Zugriffstaste definieren wollen (etwa ein `TextBox`-Steuerelement).
2. Tragen Sie im Eigenschaftenfenster einen aussagekräftigen Namen für das Steuerelement in die Eigenschaft `Text` ein. Stellen Sie vor das Zeichen, das Sie als Zugriffstaste verwenden wollen, ein kaufmännisches Und (&). Wenn Sie zum Beispiel V als Zugriffstaste verwenden wollen, geben Sie **&Vorname** in die Eigenschaft `Text` des `Label`-Steuerelements ein.
3. Setzen Sie im Eigenschaftenfenster die Eigenschaft `UseMnemonic` auf den Wert `True` (Standardwert).
4. Setzen Sie im Eigenschaftenfenster die Eigenschaft `TabIndex` auf einen Wert, der um 1 kleiner ist als die Eigenschaft `TabIndex` des Steuerelements, für das Sie die Zugriffstaste definieren. Stellen Sie sicher, dass keine Steuerelemente denselben `TabIndex`-Wert haben.

Zugriffstasten für Steuerelemente definieren, ohne *Label*-Steuerelemente zu verwenden

Mit Zugriffstasten kann der Benutzer den Fokus auf ein bestimmtes Steuerelement verschieben, indem er die ALT-Taste zusammen mit der Zugriffstaste drückt, die Sie für ein bestimmtes Steuerelement definiert haben. Die folgende Anleitung beschreibt, wie Sie Zugriffstasten für einzelne Steuerelemente erstellen.

Hinweis Erstellen einer Zugriffstaste für ein Steuerelement

Sie können auf die hier beschriebene Weise nur eine Zugriffstaste für ein Steuerelement erstellen, das in der Lage ist, den Fokus zu empfangen, und die Eigenschaften `Text` sowie `UseMnemonic` hat. Falls das Steuerelement zwar den Fokus empfangen kann, aber nicht die Eigenschaft `UseMnemonic` hat, müssen Sie das Verfahren aus dem letzten Abschnitt einsetzen und die Zugriffstaste über ein `Label`-Steuerelement definieren. Kann das Steuerelement nicht den Fokus empfangen, gibt es überhaupt keine Möglichkeit, dafür eine Zugriffstaste zu definieren.

Gehen Sie folgendermaßen vor, um eine Zugriffstaste für ein Steuerelement zu erstellen:

1. Tragen Sie in die Eigenschaft `Text` den Text an, den das Steuerelement anzeigen soll.
2. Fügen Sie in der Eigenschaft `Text` vor dem Zeichen, das Sie als Zugriffstaste verwenden wollen, das Symbol »&« ein.
3. Setzen Sie im Eigenschaftenfenster die Eigenschaft `UseMnemonic` auf den Wert `True`. Das Zeichen, vor dem das Symbol & steht, wird unterstrichen. Während der Laufzeit kann der Benutzer den Fokus auf das Steuerelement verschieben, indem er die ALT-Taste zusammen mit dem unterstrichenen Zeichen drückt.

Schnelltest

1. Welche Ereignisse des `Button`-Steuerelements können Sie behandeln, um auf Mausklicks zu reagieren?
2. Welche Aufgabe haben Zugriffstasten?

Antworten zum Schnelltest

1. Das Ereignis `Click` wird bei einem Klick der linken Maustaste ausgelöst, und mit dem Ereignis `MouseDown` können Sie auf andere Tastenklicks reagieren.
2. Mithilfe von Zugriffstasten kann der Benutzer Tastenkombinationen eingeben, um den Fokus auf ein Steuerelement mit der passenden Zugriffstaste zu verschieben.

Das Steuerelement *TextBox*

Das Steuerelement `TextBox` (Textfeld) ist das wichtigste Steuerelement für Texteingaben des Benutzers. Sie können darin Text vom Benutzer eingeben lassen und Text anzeigen. Sie können mehrzeilige Textfelder erstellen und Textfelder, die statt des tatsächlichen Textes Kennwortsymbole anzeigen.

Das Steuerelement `TextBox` stellt mehrere Eigenschaften zur Verfügung, mit denen Sie sein Verhalten konfigurieren können. Tabelle 4.15 beschreibt die wichtigsten Eigenschaften des Steuerelements `TextBox`.

Tabelle 4.15 Wichtige Eigenschaften des Steuerelements `TextBox`

Eigenschaft	**Beschreibung**
`AutoCompleteCustom-Source`	Eine Auflistung mit Zeichenfolgen, die als Quelle für die Autovervollständigung verwendet werden. Wird nur verwendet, wenn `AutoCompleteMode` einen anderen Wert als `None` und `AutoCompleteSource` den Wert `Custom` hat.
`AutoCompleteMode`	Legt den Autovervollständigungsmodus für das Steuerelement fest. Zur Auswahl stehen die Werte `None`, `Append`, `Suggest` und `SuggestAppend`.
`AutoCompleteSource`	Legt die Quelle für die Autovervollständigungsdaten fest. Sie können hier verschiedene Systemquellen oder den Wert `Custom` eintragen, damit die Eigenschaft `AutoCompleteCustomSource` als Quelle benutzt wird.
`CharacterCasing`	Legt die Regeln für Groß- und Kleinschreibung der Zeichen im `TextBox`-Steuerelement fest. Mögliche Werte sind `Normal`, `Upper` und `Lower`.
`Lines`	Ein Zeichenfolgenarray mit den einzelnen Zeilen des Textfelds. Diese Eigenschaft ist nützlich, wenn `Multiline` den Wert `True` hat. Beachten Sie, dass eine Zeile als Zeichenfolge definiert ist, die durch ein Absatzzeichen beendet wird. Es besteht kein direkter Zusammenhang mit den sichtbaren Zeilen in der Benutzeroberfläche (die angezeigt werden, wenn die Eigenschaft `WordWrap` den Wert `True` hat).
`MaxLength`	Gibt an, wie viele Zeichen höchstens in das Textfeld eingegeben werden dürfen.
`Multiline`	Legt fest, ob das Textfeld nur eine einzelne oder mehrere Textzeilen enthält.
`PasswordChar`	Das Kennwortzeichen, das statt des tatsächlichen Textes im Textfeld angezeigt wird.
`ReadOnly`	Steuert, ob der Benutzer den Text im Textfeld verändern darf.
`ScrollBars`	Legt fest, ob Schiebeleisten im Textfeld angezeigt werden, wenn die Eigenschaft `Multiline` den Wert `True` hat.
`Text`	Der Text, der im Textfeld angezeigt wird.
`UseSystemPasswordChar`	Steuert, ob statt des tatsächlichen Textes das Systemkennwortzeichen im Textfeld angezeigt wird.
`WordWrap`	Legt fest, ob Wörter automatisch von einer Zeile zur nächsten umbrochen werden, wenn die Eigenschaft `Multiline` den Wert `True` hat.

`TextBox`-Steuerelemente werden vor allem als Container für editierbaren Text eingesetzt. Der Benutzer kann Text in ein Textfeld eingeben oder Textdaten bearbeiten, die von der Anwendung angezeigt werden. Auf den Text, der im `TextBox`-Steuerelement angezeigt wird, greifen Sie über die Eigenschaft `Text` zu. Der Text kann vom Benutzer editiert werden, wenn die

Eigenschaft ReadOnly den Wert False hat (das ist der Standardwert). Hat die Eigenschaft ReadOnly dagegen den Wert True, kann der Benutzer den angezeigten Text nicht verändern.

Erstellen mehrzeiliger *TextBox*-Steuerelemente

TextBox-Steuerelemente sind in der Standardeinstellung einzeilig. Sie können aber auch mehrzeilige TextBox-Steuerelemente erstellen, indem Sie die Eigenschaft Multiline auf den Wert True setzen. Dann können Sie die Größe des TextBox-Steuerelements sowohl vertikal als auch horizontal verändern.

Wenn die Eigenschaft Multiline den Wert True hat, werden einige andere Eigenschaften wichtig. Die Eigenschaft Lines verwaltet ein Zeichenfolgenarray, das die einzelnen Zeilen des TextBox-Steuerelements enthält. Die Eigenschaft ScrollBars legt fest, ob horizontale, vertikale, beide oder gar keine Schiebeleisten für das Textfeld angezeigt werden. Und die Eigenschaft WordWrap steuert, ob Wörter automatisch von einer Zeile zur nächsten umbrochen werden. Wenn die Eigenschaft WordWrap den Wert True hat, werden allerdings niemals horizontale Schiebeleisten angezeigt, selbst wenn die Eigenschaft ScrollBars den Wert Horizontal hat.

TextBox-Steuerelemente für die Kennworteingabe

Mit den Eigenschaften PasswordChar oder UseSystemPasswordChar erstellen Sie ein Textfeld, in das der Benutzer Text eingeben kann, der aber nicht direkt, sondern als Maskenzeichen angezeigt wird. Auf diese Weise wird verhindert, dass Beobachter den eingetippten Text am Bildschirm ablesen können. Diese Funktion wird meist eingesetzt, um Textfelder für die Kennworteingabe zu erstellen. Wenn Sie der Eigenschaft PasswordChar ein Zeichen (zum Beispiel »*«) zuordnen, wird statt der Zeichen, die der Benutzer ins Textfeld eintippt, immer dieses Zeichen angezeigt. In der Eigenschaft Text werden die tatsächlich vom Benutzer eingetippten Zeichen gespeichert, es ändert sich nur die Darstellung der Zeichen in der Benutzeroberfläche. Sie können stattdessen auch die Eigenschaft UseSystemPasswordChar auf den Wert True setzen, dann wird jedes im Textfeld eingetippte Zeichen durch das Kennwortzeichen ersetzt, das vom System definiert wird. Wenn UseSystemPasswordChar den Wert True hat und gleichzeitig PasswordChar ein Zeichen zugewiesen ist, wird das Systemkennwortzeichen verwendet.

Das Steuerelement *MaskedTextBox*

MaskedTextBox ist ein erweitertes TextBox-Steuerelement, mit dem Sie ein vorgegebenes Muster festlegen können, das definiert, welche Benutzereingaben angenommen oder zurückgewiesen werden. Mit der Eigenschaft Mask legen Sie die erforderlichen oder optionalen Zeichen fest, geben an, ob Eingabezeichen Buchstaben oder Zahlen sind, und wenden Formatierungsvorgaben zum Anzeigen der Zeichenfolgen an. Tabelle 4.16 zeigt wichtige Eigenschaften des Steuerelements MaskedTextBox.

Tabelle 4.16 Wichtige Eigenschaften des Steuerelements `MaskedTextBox`

Eigenschaft	Beschreibung
`AllowPromptAsInput`	Legt fest, ob das Eingabeaufforderungszeichen aus `PromptChar` als Eingabe erlaubt ist.
`AsciiOnly`	Legt fest, ob nur ASCII-Zeichen als gültige Eingabe erlaubt sind. Hat diese Eigenschaft den Wert `True`, werden nur A–Z und a–z als Eingaben angenommen.
`BeepOnError`	Legt fest, ob das `MaskedTextBox`-Steuerelement jedes Mal, wenn es ein Eingabezeichen zurückweist, einen Warnton ausgibt.
`CutCopyMaskFormat`	Legt fest, ob beim Kopieren und Ausschneiden von Text die Literale und Eingabeaufforderungszeichen enthalten sind.
`HidePromptOnLeave`	Legt fest, ob Eingabeaufforderungszeichen verborgen werden, wenn das `MaskedTextBox`-Steuerelement den Fokus verliert.
`InsertKeyMode`	Der Texteinfügemodus für das `MaskedTextBox`-Steuerelement.
`Mask`	Die Eingabemaske für das `MaskedTextBox`-Steuerelement (mehr dazu im folgenden Abschnitt).
`PromptChar`	Das Zeichen, das als Eingabeaufforderung verwendet wird.
`RejectInputOnFirstFailure`	Legt fest, ob das Auswerten der Benutzereingabe abgebrochen wird, sobald das erste ungültige Zeichen erreicht ist.
`ResetOnPrompt`	Steuert, wie ein Eingabezeichen verarbeitet wird, das dem Eingabeaufforderungszeichen entspricht.
`ResetOnSpace`	Legt fest, wie ein Leerzeichen verarbeitet wird.
`SkipLiterals`	Gibt an, ob Literale in der Maske erneut eingegeben oder übersprungen werden.
`TextMaskFormat`	Legt fest, ob in dem Text Eingabeaufforderungszeichen und Literalzeichen enthalten sind, die von der Eigenschaft `Text` zurückgegeben werden.

Die Eigenschaft *Mask*

Die wichtigste Eigenschaft des Steuerelements `MaskedTextBox` ist `Mask`. Mit ihr definieren Sie eine Zeichenfolge, die das geforderte Format einer Eingabezeichenfolge im `MaskedTextBox`-Steuerelement festlegt. Die Klasse `MaskedTextProvider` stellt das Parsingmodul für die Maske in der Eigenschaft `Mask` zur Verfügung. Tabelle 4.17 beschreibt, welche Codezeichen `MaskedTextProvider` standardmäßig verwendet.

Tabelle 4.17 Maskenelemente der Klasse `MaskedTextProvider`

Maskenelement	Beschreibung
0	Steht für eine erforderliche Ziffer von 0 bis 9.
9	Steht für eine optionale Ziffer von 0 bis 9.
#	Steht für eine optionale Ziffer von 0 bis 9 oder ein Leerzeichen. Auch die Zeichen Plus (+) und Minus (–) sind erlaubt.
L	Steht für einen erforderlichen Buchstaben, entweder in Groß- oder Kleinschreibung (A–Z, a–z).
?	Steht für einen optionalen Buchstaben, entweder in Groß- oder Kleinschreibung (A–Z, a–z).

▶

<table>
<tr><th>Masken-element</th><th>Beschreibung</th></tr>
<tr><td>&</td><td>Steht für ein erforderliches Zeichen. Wenn `AsciiOnly` den Wert `True` hat, verhält sich dieses Element wie das Maskenzeichen »L«.</td></tr>
<tr><td>C</td><td>Steht für ein optionales Zeichen. Wenn `AsciiOnly` den Wert `True` hat, verhält sich dieses Element wie das Maskenzeichen »?«.</td></tr>
<tr><td>A, a</td><td>Steht für ein optionales alphanumerisches Zeichen. Wenn `AsciiOnly` den Wert `True` hat, sind nur A–Z und a–z erlaubt.</td></tr>
<tr><td>.</td><td>Platzhalter für das Dezimaltrennzeichen. Das tatsächlich verwendete Zeichen wird vom zuständigen `FormatProvider`-Objekt des Steuerelements bestimmt.</td></tr>
<tr><td>,</td><td>Platzhalter für das Tausendertrennzeichen. Das tatsächlich verwendete Zeichen wird vom zuständigen `FormatProvider`-Objekt des Steuerelements bestimmt.</td></tr>
<tr><td>:</td><td>Steht für ein Zeittrennzeichen. Das tatsächlich verwendete Zeichen wird vom zuständigen `FormatProvider`-Objekt des Steuerelements bestimmt.</td></tr>
<tr><td>/</td><td>Steht für ein Datumstrennzeichen. Das tatsächlich verwendete Zeichen wird vom zuständigen `FormatProvider`-Objekt des Steuerelements bestimmt.</td></tr>
<tr><td>$</td><td>Steht für ein Währungssymbol. Das tatsächlich verwendete Zeichen wird vom zuständigen `FormatProvider`-Objekt des Steuerelements bestimmt.</td></tr>
<tr><td><</td><td>Umschaltung auf Kleinbuchstaben. Konvertiert alle folgenden Zeichen in Kleinbuchstaben.</td></tr>
<tr><td>></td><td>Umschaltung auf Großbuchstaben. Konvertiert alle folgenden Zeichen in Großbuchstaben.</td></tr>
<tr><td>|</td><td>Deaktiviert eine vorhergehende Umschaltung auf Groß- oder Kleinbuchstaben.</td></tr>
<tr><td>\</td><td>Escapezeichen für ein Maskenzeichen, sodass es als Literalzeichen interpretiert wird. Der doppelte Schrägstrich (\\) ist die Escape-Sequenz für den umgedrehten Schrägstrich (Backslash).</td></tr>
<tr><td>Andere Zeichen</td><td>Alle anderen Zeichen werden unverändert im `MaskedTextBox`-Steuerelement angezeigt, der Benutzer kann sie nicht verschieben oder löschen.</td></tr>
</table>

Sie entwerfen eine Maske für ein `MaskedTextBox`-Steuerelement, indem Sie die Zeichenfolge aus den in Tabelle 4.17 beschriebenen Zeichen zusammenstellen. Sobald Sie diese Zeichenfolge der Eigenschaft `Mask` des `MaskedTextBox`-Steuerelements zugewiesen haben, werden die Eingaben auf das Format beschränkt, das in der Maskenzeichenfolge definiert ist. Tabelle 4.18 zeigt einige Beispiele für Maskenzeichenfolgen, jeweils mit den Eingabezeichenfolgen und den Ausgabezeichenfolgen, die im Steuerelement angezeigt werden.

Tabelle 4.18 Beispiele für Maskenzeichenfolgen

<table>
<tr><th>Maskenzeichenfolge</th><th>Eingabetext</th><th>Angezeigter Text</th></tr>
<tr><td>(999)-000-0000</td><td>1234567890</td><td>(123)-456-7890</td></tr>
<tr><td>00/00/0000</td><td>14071969</td><td>14.07.1969: Beachten Sie, dass das `FormatProvider`-Objekt des Steuerelements festlegt, welches Zeichen auf dem System des Benutzers als Datumstrennzeichen verwendet wird.</td></tr>
<tr><td>$99,999.00</td><td>1234567</td><td>12.345,67 €: Beachten Sie, dass das `FormatProvider`-Objekt des Steuerelements festlegt, welche Währungssymbole, Tausendertrennzeichen und Dezimaltrennzeichen auf dem System des Benutzers verwendet werden.</td></tr>
<tr><td>LL>L|LLL<LL</td><td>abcdABCD</td><td>abCdABcd</td></tr>
</table>

Konfigurieren des *MaskedTextBox*-Steuerelements für Benutzereingaben

Neben der Eigenschaft `Mask` beeinflussen beim Steuerelement `MaskedTextBox` noch mehrere andere Eigenschaften, wie sich das Steuerelement verhält, wenn es Benutzereingaben annimmt. Die Eigenschaft `AsciiOnly` steuert, ob nur ASCII-Zeichen als Eingabe erlaubt sind. Hat diese Eigenschaft den Wert `True`, sind nur A–Z und a–z als Eingabe erlaubt. Andere Eingaben werden zurückgewiesen. Indem Sie die Eigenschaft `BeepOnError` auf `True` setzen, können Sie das Steuerelement so konfigurieren, dass es Benutzer warnt, wenn ein Eingabefehler aufgetreten ist. Die Eigenschaft `SkipLiterals` legt fest, ob Literalzeichen vom Benutzer erneut eingegeben werden müssen (Wert `False`) oder im maskierten Textfeld übersprungen werden (Wert `True`).

Die Eigenschaft `RejectInputOnFirstFailure` steuert, wie Text verarbeitet wird, der über die Zwischenablage in das `MaskedTextBox`-Steuerelement eingefügt wird. Wird eine Zeichenfolge, die nicht dem Format aus `Mask` entspricht, in das `MaskedTextBox`-Steuerelement eingefügt, weist das Steuerelement die gesamte Zeichenfolge zurück, wenn `RejectInputOnFirstFailure` den Wert `True` hat. Ist diese Eigenschaft dagegen auf `False` gesetzt, nimmt `MaskedTextBox` alle Zeichen aus der Zeichenfolge an, die dem Format aus `Mask` entsprechen.

Die Eigenschaft `PromptChar` legt fest, welche Zeichen im `MaskedTextBox`-Steuerelement angezeigt werden, wenn für eine bestimmte Position nichts eingegeben wurde. Der Standardwert für das Eingabeaufforderungszeichen ist der Unterstrich (_). Mit den Eigenschaften `AllowPromptAsInput` und `ResetOnPrompt` legen Sie fest, wie das Eingabeaufforderungszeichen behandelt wird, wenn es vom Benutzer als Eingabe eingetippt wird. Wenn die Eigenschaft `ResetOnPrompt` den Wert `True` hat, werden Eingabeaufforderungszeichen akzeptiert; die Maske für diese Zeichenposition wird zurückgesetzt und der Cursor springt zur nächsten Stelle. Wenn die Eigenschaft `ResetOnPrompt` den Wert `False` und die Eigenschaft `AllowPromptAsInput` den Wert `True` hat, wird das Eingabeaufforderungszeichen als normale Eingabe verarbeitet. Sind beide Eigenschaften `False`, wird das Eingabeaufforderungszeichen zurückgewiesen. Die Eigenschaft `ResetOnSpace` steuert die Behandlung von Leerzeichen, sie funktioniert genauso wie die Eigenschaft `ResetOnPrompt` bei der Behandlung von Eingabeaufforderungszeichen.

Ändern von Text in einem *MaskedTextBox*-Steuerelement

Der in einem `MaskedTextBox`-Steuerelement angezeigte Text unterscheidet sich möglicherweise von dem Text, den der Benutzer beim Ausschneiden und Einfügen erhält oder den die Anwendung abruft, wenn sie vom Programmcode aus darauf zugreift. `CutCopyMaskFormat` legt fest, wie Text in einem `MaskedTextBox`-Steuerelement behandelt wird, wenn der Benutzer ihn ausschneidet oder kopiert. Der Standardwert für diese Eigenschaft ist `IncludeLiterals`, das heißt, dass Literale aus der Maske mit übernommen werden, wenn der Text ausgeschnitten oder kopiert wird, aber keine Eingabeaufforderungszeichen übernommen werden. Sie können diese Eigenschaft auch auf `ExcludePromptAndLiterals` setzen, dann werden sowohl Literale als auch Eingabeaufforderungszeichen ausgeschlossen. Der Wert `IncludePrompt` übernimmt Eingabeaufforderungszeichen, aber keine Literale. Und bei `IncludePromptAndLiterals` werden sowohl Eingabeaufforderungszeichen als auch Literale übernommen. Für die Eigenschaft `TextMaskFormat` stehen dieselben Werte zur Auswahl. Sie haben dieselbe Bedeutung, beziehen sich aber auf den Text, der von der Eigenschaft `Text` zurückgegeben wird.

Schnelltest

1. Wie erstellen Sie ein TextBox-Steuerelement mit mehreren Zeilen?
2. Welche Aufgabe hat das Steuerelement MaskedTextBox?

Antworten zum Schnelltest

1. Sie erstellen ein mehrzeiliges TextBox-Steuerelement, indem Sie die Eigenschaft Multiline auf den Wert True setzen.
2. Das Steuerelement MaskedTextBox wird benutzt, um dem Benutzer ein Format für die Dateneingabe anzuzeigen oder zu überprüfen, ob die eingetippten Daten das richtige Format haben.

Übung Verwenden von Steuerelementen für die Textanzeige

In dieser Übung fügen Sie Steuerelemente zu einem Projektgerüst hinzu. Sie verwenden ein mehrzeiliges Textfeld, in das der Benutzer eine Adresse eingibt, und ein MaskedTextBox-Steuerelement für eine Telefonnummer.

Übung Hinzufügen von Steuerelementen für die Textanzeige

1. Öffnen Sie in Visual Studio die Lösung aus dem Unterverzeichnis *Partial* zu dieser Lektion.
2. Klicken Sie im Projektmappen-Explorer doppelt auf *Form2*, um den Designer für Form2 zu öffnen.
3. Ziehen Sie aus der Toolbox ein TextBox-Steuerelement auf das Formular. Ziehen Sie dann ein Label-Steuerelement auf das Formular und legen Sie es neben das TextBox-Steuerelement.
4. Setzen Sie beim Label-Steuerelement die Eigenschaft Text auf **Adresse**.
5. Setzen Sie beim TextBox-Steuerelement die Eigenschaft Multiline auf den Wert True und die Eigenschaft WordWrap auf den Wert False. Setzen Sie die Eigenschaft ScrollBars auf den Wert Both. Machen Sie das TextBox-Steuerelement so groß, dass es Platz für eine Adresse bietet.
6. Ziehen Sie aus der Toolbox ein MaskedTextBox-Steuerelement und ein Label-Steuerelement auf das Formular.
7. Setzen Sie die Eigenschaft Text des Label-Steuerelements auf **Telefonnummer**.
8. Tragen Sie in die Eigenschaft Mask des MaskedTextBox-Steuerelements die Maske **(999)-000-0000** ein.
9. *Nur in C#*: Setzen Sie die Eigenschaft Modifiers der TextBox- und MaskedTextBox-Steuerelemente auf den Wert Internal.
10. Klicken Sie im Projektmappen-Explorer mit der rechten Maustaste auf *Form1* und wählen Sie den Befehl *Code anzeigen*.

11. Fügen Sie im Ereignishandler `LinkLabel1_LinkClicked` am Ende des `If`-Blocks den folgenden Code ein:

' Visual Basic

```
MsgBox("Ihre Adresse ist " & Form2.TextBox3.Text)
MsgBox("Ihre Telefonnummer ist " & Form2.MaskedTextBox1.Text)
```

// C#

```
MessageBox.Show("Ihre Adresse ist " + aForm.textBox3.Text);
MessageBox.Show("Ihre Telefonnummer ist " + aForm.maskedTextBox1.Text);
```

12. Drücken Sie F5, um die Anwendung auszuführen und zu testen.

Zusammenfassung der Lektion

- Sie können einzelne Eigenschaften von Steuerelementen im Eigenschaftenfenster ändern. Manche Eigenschaften stellen spezielle grafische Benutzeroberflächen zur Verfügung, in denen Sie den Eigenschaftswert einstellen.
- Mit den Eigenschaften `Anchor` und `Dock` legen Sie die Verhaltensweise der Steuerelemente in Ihrem Formular fest.
- Das Steuerelement `Button` ist das wichtigste Befehlssteuerelement für die Benutzeroberfläche. Der Ereignishandler `Button_Click` ist eine Methode, die ausgeführt wird, wenn der Benutzer die Schaltfläche anklickt. Die Schaltfläche kann über das Ereignis `MouseDown` auch auf andere Maustastenklicks reagieren.
- Die Eigenschaft `FlatAppearance` bestimmt, wie eine Schaltfläche aussieht und sich verhält, wenn die Eigenschaft `FlatStyle` den Wert `Flat` hat.
- Indem Sie einen Wert in die Eigenschaft `DialogResult` eines `Button`-Steuerelements eintragen, können Sie eine *Abbrechen*- oder *OK*-Schaltfläche erstellen. Anschließend können Sie das Ergebnis des Formulars wie bei einem Standarddialogfeld auswerten.
- Das `Label`-Steuerelement zeigt dem Benutzer schreibgeschützte Informationen an. Sie können mit `Label` eine Zugriffstaste definieren, indem Sie den Eigenschaften `Text`, `TabIndex` und `UseMnemonic` die gewünschten Werte zuweisen.
- Mit dem `TextBox`-Steuerelement kann der Benutzer Text eingeben. Den eingetippten Text rufen Sie über die Eigenschaft `Text` ab.
- `TextBox`-Steuerelemente können einzeilig oder mehrzeilig sein, das wird vom Wert der Eigenschaft `Multiline` festgelegt.
- Das Steuerelement `MaskedTextBox` kann für formatierte Textanzeige und -eingabe konfiguriert werden.
- Die Eigenschaft `Mask` legt das Format des Textes in einem `MaskedTextBox`-Steuerelement fest.

Lernzielkontrolle

Mit den folgenden Fragen können Sie Ihr Wissen zu den Informationen aus Lektion 2, »Konfigurieren von Steuerelementen in Windows Forms«, überprüfen. Die Fragen finden Sie (in englischer Sprache) auch auf der Begleit-CD, Sie können sie also auch auf dem Computer im Rahmen eines Übungstests beantworten.

Hinweis Die Antworten

Die Antworten auf diese Fragen mit Erklärungen, warum die jeweiligen Auswahlmöglichkeiten richtig oder falsch sind, finden Sie im Abschnitt »Antworten« am Ende dieses Buchs.

1. Wie können Sie während des Entwurfs die Größe eines Steuerelements auf einem Formular einstellen? (Wählen Sie alle zutreffenden Antworten aus.)
   A. Ziehen Sie die Ränder des Steuerelements mit der Maus.
   B. Ändern Sie die Steuerelementgröße im Menü *Ansicht*.
   C. Klicken Sie auf das Smarttag und geben Sie die neue Größe für das Steuerelement ein.
   D. Bearbeiten Sie die Eigenschaft `Size` im Eigenschaftenfenster.
2. Wie können Sie während des Entwurfs die Position der Steuerelemente auf einem Formular einstellen? (Wählen Sie alle zutreffenden Antworten aus.)
   A. Ändern Sie die Eigenschaft `Location` im Eigenschaftenfenster.
   B. Ziehen Sie das Steuerelement mit der Maus.
   C. Passen Sie die Anordnung der Steuerelemente in der Layoutsymbolleiste an.
   D. Legen Sie die Position der Steuerelemente im Fenster *Position* grafisch fest.
3. Bei welcher Einstellung der Eigenschaft `Anchor` können Steuerelemente sich frei bewegen, wenn die Größe des Formulars geändert wird?
   A. `Top`
   B. `Top, Bottom`
   C. `None`
   D. `Right, Left`
4. Bei welcher Einstellung der Eigenschaft `Dock` füllt das Steuerelement sein Formular oder Containersteuerelement aus?
   A. `Top`
   B. `Fill`
   C. `Top, Left, Right, Bottom`
   D. Keine, Sie müssen die Eigenschaft `Anchor` verwenden
5. Mit welchen `Button`-Ereignissen können Sie auf Mausklicks reagieren? (Wählen Sie alle zutreffenden Antworten aus.)
   A. `Button.Click`
   B. `Button.LinkClicked`
   C. `Button.MouseDown`
   D. `Button.MouseOver`
6. Welche Eigenschaft legt *nicht* fest, wie eine Schaltfläche aussieht oder sich verhält, wenn die Eigenschaft `FlatStyle` den Wert `Flat` hat?
   A. `FlatAppearance.MouseOverBackColor`
   B. `FlatAppearance.MouseDownBackColor`
   C. `FlatAppearance.BorderSize`
   D. `FlatAppearance.Text`

7. Was müssen Sie tun, um eine Zugriffstaste mit einem `Label`-Steuerelement zu definieren? (Wählen Sie alle zutreffenden Antworten aus.)
   A. Weisen Sie der Eigenschaft `TabIndex` einen passenden Wert zu, damit das Steuerelement für die Zugriffstaste unmittelbar hinter dem `Label`-Steuerelement folgt.
   B. Setzen Sie die Eigenschaft `UseMnemonic` auf den Wert `True`.
   C. Fügen Sie in die Beschriftung der Eigenschaft `Text` vor der gewünschten Zugriffstaste ein &-Zeichen ein.
   D. Setzen Sie die Eigenschaft `CausesValidation` auf den Wert `True`.
8. Welcher der folgenden Eigenschaften eines `TextBox`-Steuerelements müssen Sie den angegebenen Wert zuweisen, wenn Sie sicherstellen wollen, dass das Textfeld eine 10.000 Zeichen lange Zeichenfolge aufnehmen kann?
   A. `Multiline = True`
   B. `WordWrap = True`
   C. `ScrollBars = True`
   D. `MaxLength = 10000`
9. Welche der folgenden Einstellungen der Eigenschaft `Mask` konfiguriert ein `MaskedTextBox`-Steuerelement für die Eingabe einer Sozialversicherungsnummer, die aus drei Ziffern, gefolgt von einem Bindestrich, dann zwei Ziffern, gefolgt von einem weiteren Bindestrich, und zuletzt vier Ziffern besteht?
   A. `999-99-9999`
   B. `999/00/0000`
   C. `000-00-0000`
   D. `000/00/0000`
10. Sie haben ein `MaskedTextBox`-Steuerelement, bei dem der Eigenschaft `Mask` der Wert `000-0000` zugewiesen ist, damit eine siebenstellige Telefonnummer eingegeben werden kann. Sie wollen den Benutzern ermöglichen, die gesamte Zeichenfolge über die Zwischenablage zu kopieren und einzufügen, inklusive des Bindestrichs. Wenn aber der Programmcode auf das `MaskedTextBox`-Steuerelement zugreift, soll der Bindestrich weggelassen werden. Wie konfigurieren Sie `MaskedTextBox`, damit es wie beschrieben arbeitet?
    A. Setzen Sie die Eigenschaft `CutCopyMaskFormat` auf den Wert `ExcludePromptAndLiterals` und `TextMaskFormat` auf den Wert `IncludeLiterals`.
    B. Setzen Sie die Eigenschaft `CutCopyMaskFormat` auf den Wert `IncludeLiterals` und `TextMaskFormat` auf den Wert `ExcludePromptAndLiterals`.
    C. Setzen Sie die Eigenschaft `CutCopyMaskFormat` auf den Wert `ExcludePromptAndLiterals` und `TextMaskFormat` auf den Wert `IncludePrompt`.
    D. Setzen Sie die Eigenschaft `CutCopyMaskFormat` auf den Wert `IncludeLiterals` und `TextMaskFormat` auf den Wert `IncludeLiterals`.

Lektion 3: Verwenden von Steuerelementen für Listenanzeige und spezielle Aufgaben

Diese Lektion setzt die Themen aus der Lektion 2 fort und stellt die Details weiterer Windows Forms-Steuerelemente vor. Sie erfahren in dieser Lektion, wie Sie Steuerelemente erstellen und konfigurieren, die Listen anzeigen, Werte und Datumsangaben einstellen und Bilder anzeigen.

Am Ende dieser Lektion werden Sie in der Lage sein, die folgenden Aufgaben auszuführen:

- Im Programmcode festlegen, welches Element einer Liste an welcher Position erscheint
- Hinzufügen oder Entfernen von Elementen in einem Listensteuerelement
- Binden eines Listensteuerelements an eine Datenquelle
- Sortieren von Listendaten
- Anzeigen von Daten in einem Dropdown-Kombinationsfeld
- Auswählen von Elementen in einer vordefinierten Liste
- Anzeigen einer Elementliste mit Symbolen in einem `ListView`-Steuerelement
- Anzeigen einer Elementliste als hierarchische Struktur in einem `TreeView`-Steuerelement
- Konfigurieren des Steuerelements `DomainUpDown`, damit es eine Liste mit Zeichenfolgen anzeigt
- Konfigurieren des Steuerelements `NumericUpDown`, damit es eine Liste mit Zahlen anzeigt
- Auswählen von Optionen in der Benutzeroberfläche mit `RadioButton`
- Mit dem Steuerelement `CheckBox` anzeigen, ob eine Bedingung an oder aus ist
- Ermöglichen der Navigation durch umfangreiche Informationen oder Anpassen einer numerischen Einstellung mit `TrackBar`
- Auswählen eines einzelnen Elements aus einer Liste mit Datums- oder Zeitangaben mit dem Steuerelement `DateTimePicker`
- Entwerfen einer intuitiven grafischen Benutzeroberfläche, in der die Benutzer mit `MonthCalendar` Datumsangaben ansehen und auswählen können
- Hinzufügen und Entfernen von Bildern in `ImageList`
- Anzeigen von Grafiken mit dem Steuerelement `PictureBox`

Veranschlagte Zeit für diese Lektion: 60 Minuten

Grundlagen von Listensteuerelementen

Die wichtigsten Listensteuerelemente sind `ListBox`, `ComboBox` und `CheckedListBox`. Sie unterscheiden sich zwar in Aussehen und Funktion, organisieren aber alle auf dieselbe Weise Listen, die Daten enthalten. Jedes enthält die Auflistung `Items`, in der die Elemente verwaltet werden, die das Listensteuerelement anzeigt.

Die Auflistung `Items` ist im Wesentlichen eine Auflistung von Objekten. Diese Objekte sind oft, aber nicht immer Zeichenfolgen. Enthält eine Auflistung eine Zeichenfolge, wird allerdings immer die Zeichenfolgendarstellung des Objekts im Steuerelement angezeigt.

Das Steuerelement *ListBox*

Das Steuerelement `ListBox` (Listenfeld) ist das einfachste Listensteuerelement. Es dient in erster Linie dazu, eine simple Liste der Elemente anzuzeigen und dem Benutzer eine einfach bedienbare Benutzeroberfläche zur Verfügung zu stellen, in der er ein oder mehrere Elemente auswählen kann. Tabelle 4.19 beschreibt die wichtigsten Eigenschaften des Steuerelements `ListBox`.

Tabelle 4.19 Wichtige Eigenschaften des Steuerelements `ListBox`

Eigenschaft	Beschreibung
`DataSource`	Legt die Quelle für die Datenbindung in diesem Steuerelement fest.
`DisplayMember`	Das Datenmember, das in diesem Steuerelement angezeigt wird.
`FormatString`	Eine Formatzeichenfolge, die benutzt wird, um die Einträge im Steuerelement zu formatieren, wenn `FormattingEnabled` den Wert `True` hat.
`FormattingEnabled`	Legt fest, ob die Einträge im Steuerelement mit `FormatString` formatiert werden.
`Items`	Gibt die Auflistung der Elemente zurück, die in diesem Steuerelement enthalten sind.
`MultiColumn`	Legt fest, ob dieses Steuerelement mehrere Elementspalten anzeigt.
`SelectedIndex`	Der Index des ausgewählten Elements oder, falls die Eigenschaft `SelectionMode` den Wert `MultiSimple` oder `MultiExtended` hat, der Index irgendeines ausgewählten Elements.
`SelectedIndices`	Gibt eine Auflistung mit den Indizes aller ausgewählten Elemente zurück.
`SelectedItem`	Gibt das ausgewählte Element zurück oder, falls die Eigenschaft `SelectionMode` den Wert `MultiSimple` oder `MultiExtended` hat, irgendein ausgewähltes Element.
`SelectedItems`	Gibt eine Auflistung aller ausgewählten Elemente zurück.
`SelectedValue`	Gibt bei einem datengebundenen Steuerelement den Wert zurück, der mit dem ausgewählten Element verknüpft ist. Wenn das Steuerelement nicht datengebunden ist oder `ValueMember` kein Wert zugewiesen ist, gibt diese Eigenschaft den `ToString`-Wert des ausgewählten Elements zurück.
`SelectionMode`	Legt fest, wie viele Elemente im Listenfeld ausgewählt werden dürfen. Mögliche Werte sind `None`, `One`, `MultiSimple` und `MultiExtended`. `MultiSimple` erlaubt die Auswahl mehrerer Objekte. Bei `MultiExtended` kann der Benutzer die UMSCHALT- oder STRG-Taste verwenden, um mehrere Elemente auszuwählen.
`ValueMember`	Das Datenmember, das die Werte für das `ListBox`-Steuerelement liefert.

Das Steuerelement *ComboBox*

Das Steuerelement `ComboBox` (Kombinationsfeld) ähnelt `ListBox`, der Benutzer kann damit aber nicht nur Elemente aus einer Liste auswählen, sondern auch neue Daten eintippen. Außerdem können Sie ein `ComboBox`-Steuerelement so konfigurieren, dass es die Optionen entweder als Liste oder als Dropdownliste anzeigt. Tabelle 4.20 beschreibt die wichtigsten Eigenschaften des Steuerelements `ComboBox`.

Tabelle 4.20 Wichtige Eigenschaften des Steuerelements `ComboBox`

Eigenschaft	Beschreibung
`DataSource`	Legt die Quelle für die Datenbindung in diesem Steuerelement fest.
`DisplayMember`	Das Datenmember, das in diesem Steuerelement angezeigt wird.
`DropDownHeight`	Legt die maximale Höhe für das Dropdownfeld fest.
`DropDownStyle`	Legt den Stil des Kombinationsfelds fest. Beim Wert `Simple` ähnelt das Steuerelement einem `ListBox`-Steuerelement. `DropDown` ist der Standardwert. Und `DropDownList` ähnelt `DropDown`, der Benutzer kann dabei aber keine neuen Werte eintippen.
`DropDownWidth`	Die Breite des Dropdown-Abschnitts im Kombinationsfeld.
`FormatString`	Eine Formatzeichenfolge, die benutzt wird, um die Einträge im Steuerelement zu formatieren, wenn `FormattingEnabled` den Wert `True` hat.
`FormattingEnabled`	Legt fest, ob die Einträge im Steuerelement mit `FormatString` formatiert werden.
`Items`	Gibt die Auflistung der Elemente zurück, die in diesem Steuerelement enthalten sind.
`SelectedIndex`	Liefert den Index des ausgewählten Elements.
`SelectedItem`	Gibt das ausgewählte Element zurück.
`SelectedValue`	Gibt bei einem datengebundenen Steuerelement den Wert zurück, der mit dem ausgewählten Element verknüpft ist. Wenn das Steuerelement nicht datengebunden ist oder `ValueMember` kein Wert zugewiesen ist, gibt diese Eigenschaft den `ToString`-Wert des ausgewählten Elements zurück.
`ValueMember`	Das Datenmember, das die Werte für das `ComboBox`-Steuerelement liefert.

Tabelle 4.21 Wichtige Eigenschaften des Steuerelements `CheckedListBox`

Eigenschaft	Beschreibung
`CheckedIndices`	Gibt eine Auflistung mit den Indizes aller aktivierten Elemente zurück.
`CheckedItems`	Gibt eine Auflistung mit allen aktivierten Elementen des Steuerelements zurück.
`FormatString`	Eine Formatzeichenfolge, die benutzt wird, um die Einträge im Steuerelement zu formatieren, wenn `FormattingEnabled` den Wert `True` hat.
`FormattingEnabled`	Legt fest, ob die Einträge im Steuerelement mit `FormatString` formatiert werden.
`Items`	Gibt die Auflistung der Elemente zurück, die in diesem Steuerelement enthalten sind.
`MultiColumn`	Legt fest, ob dieses Steuerelement mehrere Elementspalten anzeigt.
`SelectedIndex`	Liefert den Index des ausgewählten Elements oder, falls die Eigenschaft `SelectionMode` den Wert `MultiSimple` oder `MultiExtended` hat, irgendeines ausgewählten Elements.
`SelectedItem`	Gibt das ausgewählte Element zurück oder, falls die Eigenschaft `SelectionMode` den Wert `MultiSimple` oder `MultiExtended` hat, irgendein ausgewähltes Element.

Das Steuerelement *CheckedListBox*

`CheckedListBox` zeigt dem Benutzer eine Liste mit Elementen an, in der er mehrere Elemente auswählt, indem er Kontrollkästchen aktiviert, die neben den Elementen gezeichnet werden. Es können beliebig viele Elemente über ihr Kontrollkästchen aktiviert werden, aber es kann immer nur jeweils ein Element ausgewählt sein. Die Auflistung, in der alle aktivierten Elemente enthalten sind, erhalten Sie aus der Eigenschaft `CheckedItems`. Eine Auflistung mit den Indizes der aktivierten Elemente liefert die Eigenschaft `CheckedIndices`. Tabelle 4.21 beschreibt die wichtigsten Eigenschaften des Steuerelements `CheckedListBox`.

Sie aktivieren oder deaktivieren ein Element, indem Sie die Methode `SetItemChecked` aufrufen:

' Visual Basic

```
CheckedListBox.SetItemChecked(0, True)
```

// C#

```
checkedListBox.SetItemChecked(0, true);
```

Und mit der Methode `SetItemCheckState` legen Sie den `CheckState`-Wert eines Elements fest:

' Visual Basic

```
CheckedListBox.SetItemCheckState(0, CheckState.Indeterminate)
```

// C#

```
checkedListBox.SetItemCheckState(0, CheckState.Indeterminate);
```

Hinzufügen und Entfernen von Elementen in einem Listensteuerelement

Sie können Elemente in einem Listensteuerelement entweder während des Entwurfs im Designer oder während der Laufzeit im Programmcode hinzufügen oder entfernen.

Sie fügen Elemente während des Entwurfs zu einem Listensteuerelement hinzu, indem Sie das Steuerelement im Designer auswählen und dann im Eigenschaftenfenster die Eigenschaft `Items` anklicken. Daraufhin öffnet sich der *Zeichenfolgen-Editor* (Abbildung 4.13). Er zeigt alle Elemente an, die momentan im Steuerelement eingetragen sind. Hier können Sie Elemente in der Liste hinzufügen oder entfernen.

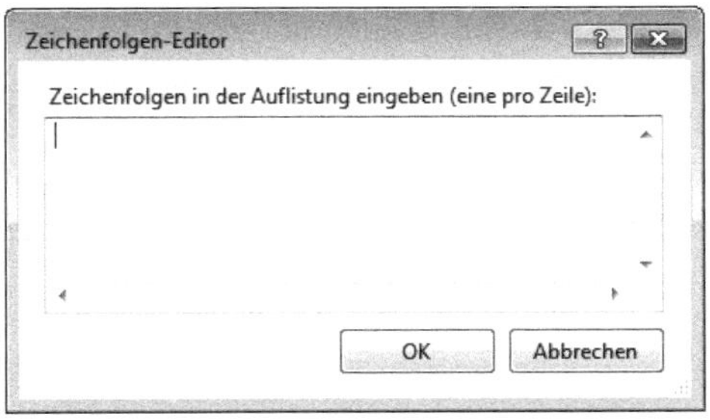

Abbildung 4.13 Der Zeichenfolgen-Editor

Sie können Elemente auch vom Programmcode aus im Steuerelement hinzufügen und entfernen. Mit der Methode `Items.Add` fügen Sie ein Element hinzu. Der folgende Codeausschnitt zeigt ein Beispiel:

' Visual Basic

```
ListBox1.Items.Add("Diese Zeichenfolge wird zur Liste hinzugefügt")
```

// C#

```
listBox1.Items.Add("Diese Zeichenfolge wird zur Liste hinzugefügt");
```

Wollen Sie mehrere Elemente auf einmal hinzufügen, können Sie die Methode `AddRange` aufrufen und ein Array mit Elementen zum Steuerelement hinzufügen:

' Visual Basic

```
ListBox1.Items.AddRange(New String() {"Item1", "Item2", "Item3"})
```

// C#

```
listBox1.Items.AddRange(new String[] {"Item1", "Item2", "Item3"});
```

Mit der Methode `Items.Insert` fügen Sie ein Element an einem bestimmten Index in die Liste ein. Das erste Element des Steuerelements hat den Index 0. Wenn Sie ein Element an einem Index einfügen, in dem sich bereits ein Element befindet, werden dieses und alle nachfolgenden Elemente um eine Stelle nach hinten geschoben. Das folgende Codebeispiel zeigt, wie Sie ein Element an dritter Stelle in der angezeigten Liste einfügen, sofern bereits mehrere Elemente in das Steuerelement `ListBox1` eingetragen sind:

' Visual Basic

```
ListBox1.Items.Insert(2, "Dies ist das dritte Element")
```

// C#

```
listBox1.Items.Insert(2, "Dies ist das dritte Element");
```

Die Methode `Items.Remove` löscht ein Element aus der Liste. Beim Aufruf dieser Methode brauchen Sie einen Verweis auf das Objekt, das Sie aus der Auflistung entfernen wollen. Wenn Ihr Steuerelement eine Auflistung mit Objekten enthält, die keine Zeichenfolgen sind, müssen Sie einen Verweis auf das Objekt selbst übergeben – und nicht lediglich die Zeichenfolgendarstellung, die im Steuerelement angezeigt wird. Das folgende Beispiel demonstriert die Methode `Items.Remove`:

' Visual Basic

```
ListBox1.Items.Remove("Diese Zeichenfolge wird entfernt")
```

// C#

```
listBox1.Items.Remove("Diese Zeichenfolge wird entfernt");
```

Falls Sie das eigentliche Element, das Sie während der Laufzeit entfernen wollen, nicht direkt zur Verfügung haben, aber den Index des Elements wissen, können Sie die Methode `Items.RemoveAt` verwenden. Sie löscht das Element am angegebenen Index und passt die Indizes der nachfolgenden Elemente entsprechend an. Das nächste Codebeispiel zeigt die Methode `Items.RemoveAt`:

' Visual Basic

```
' Löscht das dritte Element in der Liste
ListBox1.Items.RemoveAt(2)
```

// C#

```
// Löscht das dritte Element in der Liste
listBox1.Items.RemoveAt(2);
```

Die Methode `Items.Clear` löscht alle Elemente aus einem Listensteuerelement:

' Visual Basic
```
ListBox1.Items.Clear()
```
// C#
```
listBox1.Items.Clear();
```

Ermitteln, wo ein Element in der Liste eingeordnet ist

Wenn Sie vom Programmcode aus ermitteln wollen, wo ein Element innerhalb einer Liste angeordnet ist, können Sie dafür die Methode `Items.IndexOf` verwenden. Sie übergeben dieser Methode das Element, das Sie finden wollen, als Argument. Als Ergebnis erhalten Sie einen Integer, der den Index dieses Elements angibt. Wird das Element nicht in der `Items`-Auflistung gefunden, gibt die Methode `IndexOf` den Wert –1 zurück. Hier ein Beispiel für die Methode `IndexOf`:

' Visual Basic
```
Dim anIndex As Integer
anIndex = ListBox1.Items.IndexOf("Eine Zeichenfolge")
```
// C#
```
int anIndex;
anIndex = listBox1.Items.IndexOf("Eine Zeichenfolge");
```
Sie können auch vom Programmcode aus den Index eines Elements ermitteln, das der Benutzer ausgewählt hat. Dazu lesen Sie die Eigenschaft `SelectedIndex` aus. Diese Eigenschaft gibt den Index des Elements zurück, das während der Laufzeit in der Benutzeroberfläche ausgewählt wurde. Sind mehrere Elemente ausgewählt, liefert die Eigenschaft `SelectedIndex` den Index irgendeines der ausgewählten Elemente. Das nächste Beispiel zeigt die Eigenschaft `SelectedIndex`:

' Visual Basic
```
Dim anIndex As Integer
anIndex = ListBox1.SelectedIndex
```
// C#
```
int anIndex;
anIndex = listBox1.SelectedIndex;
```
Bei Steuerelementen, in denen die Eigenschaft `SelectionMode` den Wert `MultiSimple` oder `MultiExtended` hat, können Sie alle ausgewählten Indizes über die Eigenschaft `SelectedIndices` abrufen:

' Visual Basic
```
For Each i As Integer In ListBox1.SelectedIndices
   Console.WriteLine(ListBox1.Items(i).ToString)
Next
```
// C#
```
foreach (int i in listBox1.SelectedIndices)
{
   Console.WriteLine(listBox1.Items[i].ToString());
}
```

Listensteuerelemente an Datenquellen binden

Es kommt häufig vor, dass Sie dem Benutzer Daten in Listensteuerelementen anzeigen. Sie können `ListBox`- und `ComboBox`-Steuerelemente (aber keine `CheckedListBox`-Steuerelemente) an eine Datenquelle binden. Dabei verwenden Sie die Eigenschaften `DataSource`, `DisplayMember` und `ValueMember`, um ein Listensteuerelement an die Datenspalte in einer Datentabelle zu binden.

So binden Sie ein Listensteuerelement an eine Datenquelle:

1. Wählen Sie im Designer das Listensteuerelement aus, das Sie an eine Datenquelle binden wollen.
2. Klicken Sie im Eigenschaftenfenster auf die Eigenschaft *DataSource*, um die Benutzeroberfläche zur Datenquellenkonfiguration zu öffnen (Abbildung 4.14). Weisen Sie der Eigenschaft `DataSource` eine Tabelle zu, die in einer der Datenquellen Ihres Projekts enthalten ist.

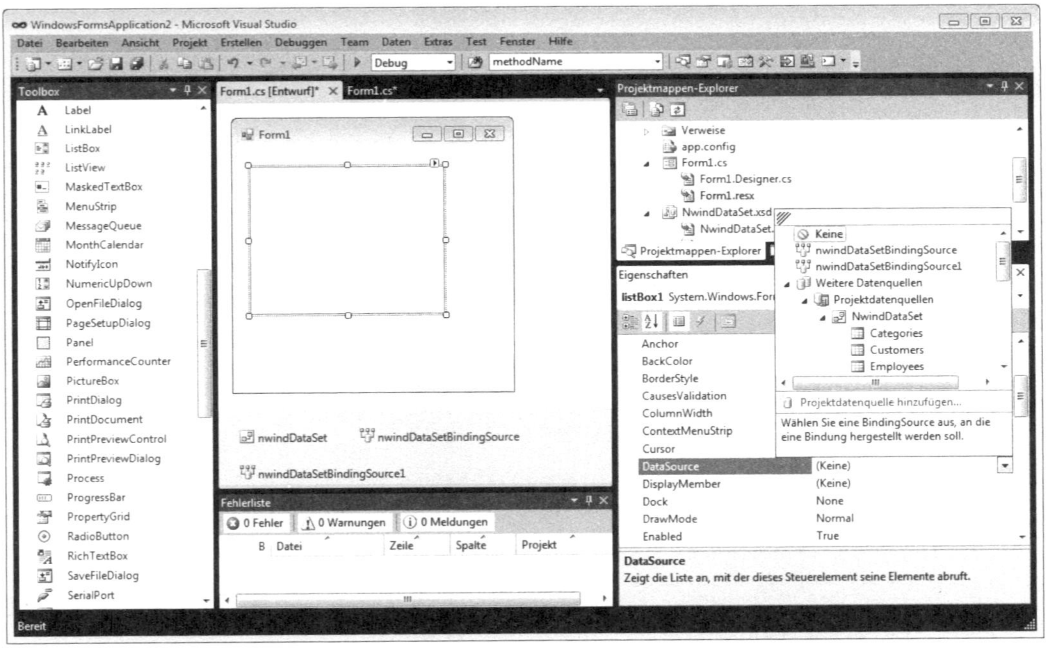

Abbildung 4.14 Einstellen der Eigenschaft `DataSource`

3. Klicken Sie im Eigenschaftenfenster auf die Eigenschaft *DisplayMember*. Visual Studio zeigt die Spalten der ausgewählten Tabelle an. Die Zeilen aus dieser Spalte werden im Steuerelement angezeigt.
4. Klicken Sie im Eigenschaftenfenster auf die Eigenschaft *ValueMember*. Wählen Sie den Namen einer Spalte aus, an die das Steuerelement gebunden werden soll. Die Einträge dieser Spalte liefern den Wert, der als ausgewähltes Element im Steuerelement zurückgegeben wird.

Die Eigenschaft `DataSource` gibt die Datenquelle (normalerweise eine Datentabelle) an, deren Daten im Steuerelement angezeigt werden. Die Eigenschaft `DisplayMember` wählt die Spalte innerhalb der Datenquelle aus, die der Benutzer im Steuerelement angezeigt bekommt. Und mit der Eigenschaft `ValueMember` können Sie eine zusätzliche Spalte auswählen, deren Werte das Steuerelement verwaltet. Beispielsweise können Sie in die Eigenschaft `DisplayMember` die Spalte *Produkte* eintragen, um dem Benutzer eine Liste der Produkte anzuzeigen, aber in `ValueMember` die Spalte *Produktcode* eintragen, die eine Bestellnummer für das Produkt enthält. Wenn der Benutzer in diesem Beispiel ein Element auswählt, gibt die Eigenschaft `SelectedItem` das Element zurück, das im Listenfeld angezeigt wird, während die Eigenschaft `SelectedValue` das entsprechende Element aus der Spalte *Produktcode* liefert.

Sortieren von Listensteuerelementen

Sie können die Objekte, die in einem Listensteuerelement angezeigt werden, sortieren, indem Sie die Eigenschaft `Sorted` auf den Wert `True` setzen:

' Visual Basic

```
ListBox1.Sorted = True
```

// C#

```
listBox1.Sorted = true;
```

Einstellen des Formats für die Elemente in einem Listensteuerelement

Sie können das Format der Elemente festlegen, die Sie in einem Listensteuerelement anzeigen. Wenn Sie beispielsweise eine Liste mit Geldbeträgen anzeigen, können Sie sie alle als Währungsangaben formatieren. Dann werden sie automatisch im Währungsformat der Regionaleinstellung angezeigt, unter der die Anwendung läuft.

Während des Entwurfs legen Sie das Format für ein Listensteuerelement fest, indem Sie der Eigenschaft `FormatString` den gewünschten Wert zuweisen. Klicken Sie die Eigenschaft *FormatString* im Eigenschaftenfenster an, um das Dialogfeld *Formatierungszeichenfolge* zu öffnen (Abbildung 4.15).

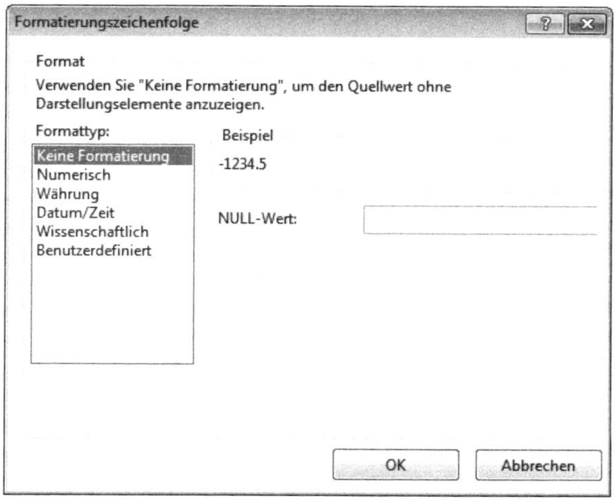

Abbildung 4.15 Das Dialogfeld *Formatierungszeichenfolge*

Die Eigenschaft `FormattingEnabled` steuert, ob die in `FormatString` eingetragene Formatierung angewendet wird. Wenn die Eigenschaft `FormattingEnabled` den Wert `True` hat, werden die Einträge im Steuerelement in dem Format angezeigt, das die Eigenschaft `FormatString` vorschreibt.

Sofern sich für ein Element keine der vordefinierten Formatierungszeichenfolgen eignet, können Sie auch eine benutzerdefinierte Formatierungszeichenfolge zusammenstellen. Tabelle 4.22 beschreibt, welche Zeichen zur Verfügung stehen, um eine benutzerdefinierte Formatierungszeichenfolge zu erstellen.

Tabelle 4.22 Zeichen für benutzerdefinierte Formatierungszeichenfolgen

Zeichen	Beschreibung
0	Platzhalter für Null. Wenn der formatierte Wert eine Ziffer an der Stelle hat, an der innerhalb der Formatierungszeichenfolge »0« erscheint, wird die Ziffer in die Ergebniszeichenfolge kopiert. Die Stelle der ersten »0« vor dem Dezimaltrennzeichen und die Stelle nach dem letzten »0« hinter dem Dezimaltrennzeichen legen fest, wie viele Stellen immer in Ergebniszeichenfolge vorhanden sind. Beachten Sie, dass »00« bewirkt, dass der Wert auf die nächste Ziffer vor dem Dezimaltrennzeichen gerundet wird, wobei positive Zahlen aufgerundet, negative abgerundet werden. Wenn Sie zum Beispiel den Wert 34,5 mit »00« formatieren, lautet das Ergebnis 35.
#	Platzhalter für Ziffer. Wenn der formatierte Wert eine Ziffer an der Stelle hat, an der innerhalb der Formatierungszeichenfolge »#« erscheint, wird die Ziffer in die Ergebniszeichenfolge kopiert. Andernfalls wird nichts in diese Stelle der Ergebniszeichenfolge geschrieben. Beachten Sie, dass dieser Platzhalter niemals eine führende Ziffer »0« anzeigt, selbst wenn diese »0« die einzige Ziffer in der Zeichenfolge ist. In hinteren Stellen einer Zahl wird das Zeichen »0« angezeigt. Die Formatierungszeichenfolge »##« bewirkt, dass der Wert auf die nächste Ziffer vor dem Dezimaltrennzeichen gerundet wird, wobei positive Zahlen aufgerundet, negative abgerundet werden. Wenn Sie zum Beispiel den Wert 34,5 mit »##« formatieren, lautet das Ergebnis 35.
.	Dezimaltrennzeichen. Das erste ».«-Zeichen legt fest, an welcher Stelle das erste Dezimaltrennzeichen im formatierten Wert erscheint. Weitere ».«-Zeichen werden ignoriert. Beachten Sie, dass das aktuelle Gebietsschema bestimmt, welches Zeichen tatsächlich als Dezimaltrennzeichen verwendet wird.
,	Tausendertrennzeichen. Wenn die Formatierungszeichenfolge ein »,«-Zeichen zwischen zwei Ziffernplatzhaltern (0 oder #) und links vom Dezimaltrennzeichen enthält (sofern vorhanden), wird in der Ausgabe links vom Dezimaltrennzeichen jeweils vor jeder Gruppe aus drei Ziffern ein Tausendertrennzeichen eingefügt. Welches Zeichen in der Ergebniszeichenfolge als Dezimaltrennzeichen verwendet wird, bestimmt die Eigenschaft `NumberGroupSeparator` der aktuellen `NumberFormatInfo`-Eigenschaft, die die Formatierung steuert. Wenn die Formatierungszeichenfolge ein oder mehrere »,«-Zeichen unmittelbar links neben dem Dezimaltrennzeichen enthält, wird die Zahl durch die Anzahl der »,«-Zeichen multipliziert mit 1000 geteilt, bevor sie formatiert wird. Ein Beispiel: Mit der Formatierungszeichenfolge »0,,.« wird der Wert 100 Millionen einfach als »100« angezeigt.
%	Platzhalter für Prozentwerte. Ist das Symbol % vorhanden, wird die angegebene Zahl mit 100 multipliziert, bevor sie formatiert wird. Das Symbol % erscheint an der Stelle, an der es in der Formatierungszeichenfolge steht. ▶

Zeichen	Beschreibung
E0, E+0, E-0, e0, e+0, e-0	Wissenschaftliche Notation. Taucht eine der Zeichenfolgen »E,« »E+«, »E-«, »e«, »e+« oder »e-« in der Formatierungszeichenfolge auf, unmittelbar gefolgt von mindestens einem »0«-Zeichen, wird die Zahl in wissenschaftlicher Notation formatiert, wobei ein »E« oder »e« zwischen die Zahl und den Exponenten eingefügt wird. Die Anzahl der »0«-Zeichen, die auf das Zeichen für die wissenschaftliche Notation folgen, legt fest, wie viele Ziffern der Exponent in der Ausgabe mindestens enthält. Die Formate »E+« und »e+« legen fest, dass immer ein Plus- oder Minuszeichen vor dem Exponent steht. Die Formate »E«, »E-«, »e« und »e-« legen fest, dass nur vor negativen Exponenten das Minuszeichen steht.
\	Escapezeichen. In C# legt dieses Zeichen fest, dass das unmittelbar auf »\« folgende Zeichen als Escape-Sequenz interpretiert wird. In Visual Basic hat dieses Zeichen keine Wirkung.
"ABC", 'ABC'	Zeichenfolgenliterale. In " " oder ' ' eingeschlossene Zeichen werden als Literale innerhalb der formatierten Zeichenfolge angezeigt.
;	Abschnittstrennzeichen. Das Zeichen »;« trennt Abschnitte für positive, negative und Nullwerte in der Formatierungszeichenfolge. Sie können bis zu drei Abschnitte in einer Formatierungszeichenfolge bereitstellen, die jeweils ein anderes Format definieren. Diese Abschnitte müssen durch das Zeichen »;« getrennt werden. Sie werden nacheinander auf positive, negative und Nullwerte angewendet.
Andere Zeichen	Andere Zeichen in der Formatierungszeichenfolge werden als Zeichenfolgenliterale angezeigt.

Auswählen von Elementen in einem Listensteuerelement

Mit den Eigenschaften `SelectedItem` oder `SelectedIndex` wählen Sie im Programmcode Elemente in einem Listensteuerelement aus:

' Visual Basic

```
ListBox1.SelectedItem = "Dieses Element wird ausgewählt"
```

// C#

```
listBox1.SelectedItem = "Dieses Element wird ausgewählt";
```

Wenn Sie der Eigenschaft `SelectedItem` ein Element zuweisen, das nicht im Steuerelement enthalten ist, hat das keine Wirkung und es wird kein Element ausgewählt.

Wenn die Eigenschaft `SelectionMode` den Wert `MultiSimple` oder `MultiExtended` (nur vom Steuerelement `ListBox` unterstützt) hat, erlaubt ein Steuerelement die Auswahl mehrerer Elemente. In diesem Fall können Sie mehrere Elemente auswählen, indem Sie die gewünschten Elemente nacheinander der Eigenschaft `SelectedItem` zuweisen. Wenn ein Element ausgewählt wurde, bleibt es so lange ausgewählt, bis der Benutzer die Auswahl wieder entfernt. Ein Beispiel:

' Visual Basic

```
ListBox1.SelectedItem = "Dieses Element wird ausgewählt"
ListBox1.SelectedItem = "Dieses Element wird ebenfalls ausgewählt"
```

// C#

```
listBox1.SelectedItem = "Dieses Element wird ausgewählt";
listBox1.SelectedItem = "Dieses Element wird ebenfalls ausgewählt";
```

Die Eigenschaft `SelectedIndex` funktioniert ähnlich wie `SelectedItem`, allerdings verwenden Sie dabei einen Wert vom Typ `Integer`, der den Index des Elements in der Liste angibt. Sie wählen ein Element im Steuerelement aus, indem Sie den Index des Elements in die Eigenschaft `SelectedIndex` eintragen. Sie können auch mehrere Elemente auswählen, indem Sie der Eigenschaft nacheinander die gewünschten Indizes zuweisen. Der Hauptunterschied zwischen dem Verhalten der Eigenschaften `SelectedItem` und `SelectedIndex` ist, dass `SelectedIndex` eine Ausnahme auslöst, wenn Sie versuchen, einen nicht vorhandenen Index auszuwählen.

Das Steuerelement *ListView*

Mit dem Steuerelement `ListView` zeigen Sie Listen an, deren Elementen optional Symbole zugeordnet sind. Der Windows-Explorer arbeitet auf diese Weise. Sie können in einem `ListView`-Steuerelement Elemente mit großen zugehörigen Symbolen, kleinen zugehörigen Symbolen oder zusätzlichen Details über das Element anzeigen. Tabelle 4.23 zeigt wichtige Eigenschaften des Steuerelements `ListView`.

Tabelle 4.23 Wichtige Eigenschaften des Steuerelements `ListView`

Eigenschaft	Beschreibung
`Columns`	Enthält die Auflistung der Spalten, die angezeigt werden, wenn die Eigenschaft `View` den Wert `Details` hat.
`Groups`	Enthält eine optionale Auflistung der Gruppen, mit denen Sie die Elemente aus der Auflistung `Items` in Kategorien einteilen können.
`Items`	Eine Auflistung mit `ListViewItem`-Objekten, die im `ListView`-Steuerelement angezeigt werden.
`LargeImageList`	Die `ImageList`-Komponente, aus der Bilder für `ListViewItem`-Objekte entnommen werden, wenn die Eigenschaft `View` den Wert `LargeIcon` hat.
`ShowGroups`	Legt fest, ob die Gruppen in der Auflistung `Groups` angezeigt werden.
`SmallImageList`	Die `ImageList`-Komponente, aus der Bilder für `ListViewItem`-Objekte entnommen werden, wenn die Eigenschaft `View` den Wert `SmallIcon` hat.
`View`	Legt fest, auf welche Weise die `ListViewItem`-Objekte angezeigt werden.

Die wichtigste Eigenschaft im Steuerelement `ListView` ist `Items`. Sie enthält eine Auflistung mit `ListViewItem`-Objekten. Im Unterschied zu den bereits vorgestellten Listensteuerelementen sind die Einträge eines `ListView`-Steuerelements spezielle Objekte der Klasse `ListViewItem`, die zusätzliche Informationen über die angezeigten Einträge verwalten, darunter die Symbole, die im Steuerelement angezeigt werden. Tabelle 4.24 beschreibt wichtige Eigenschaften der Klasse `ListViewItem`.

Sie können `ListViewItem`-Elemente zu einem `ListView`-Steuerelement hinzufügen und die Eigenschaften einzelner Elemente bearbeiten, indem Sie die Eigenschaft *Items* des `ListView`-Steuerelements anklicken. Daraufhin öffnet sich der *ListViewItem-Auflistungs-Editor* (Abbildung 4.16).

Tabelle 4.24 Wichtige Eigenschaften der Klasse `ListViewItem`

Eigenschaft	Beschreibung
`Group`	Die Gruppe (sofern definiert) in der Auflistung `Groups` des `ListView`-Steuerelements, zu der dieses `ListViewItem`-Objekt gehört.
`ImageIndex`	Der Index (sofern vorhanden) des Bilds, das zu diesem Element angezeigt wird, wenn die Eigenschaft `View` den Wert `LargeIcon` oder `SmallIcon` hat. Wenn ein Wert in die Eigenschaft `ImageIndex` eingetragen ist, wird die Eigenschaft `ImageKey` auf ».« gesetzt.
`ImageKey`	Der Schlüssel des Bilds (sofern vorhanden), das zu diesem Element angezeigt wird, wenn die Eigenschaft `View` den Wert `LargeIcon` oder `SmallIcon` hat. Wenn ein Wert in die Eigenschaft `ImageKey` eingetragen ist, wird die Eigenschaft `ImageIndex` auf –1 gesetzt.
`SubItems`	Enthält die Untereinträge, die angezeigt werden, wenn die Eigenschaft `View` den Wert `Details` hat. Diese Elemente müssen den Spalten in der Auflistung `Columns` des `ListView`-Steuerelements zugeordnet sein.
`Text`	Der Text, der im `ListView`-Steuerelement angezeigt wird.

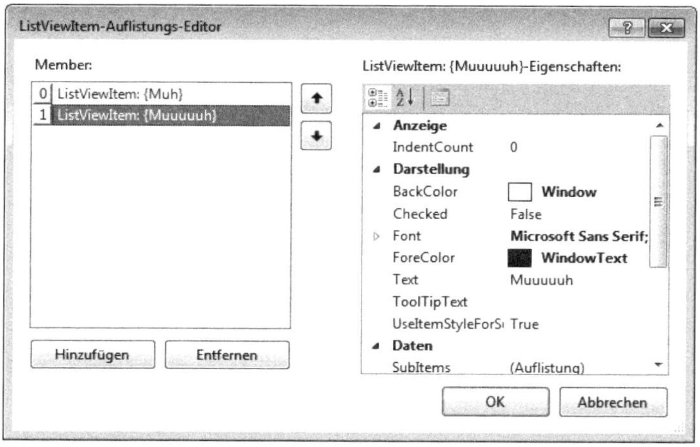

Abbildung 4.16 Der ListViewItem-Auflistungs-Editor

Das `ListView`-Steuerelement organisiert die Bilder, die den `ListViewItem`-Einträgen zugeordnet sind, mithilfe von `ImageList`-Objekten, die in die Eigenschaften `SmallImageList` und `LargeImageList` eingetragen sind. Die Klasse `ImageList` wird weiter unten in dieser Lektion genauer beschrieben. Welche Bilder mit einem bestimmten `ListViewItem`-Eintrag verknüpft sind, legen Sie fest, indem Sie einen Wert in die Eigenschaft `ImageIndex` oder `ImageKey` des jeweiligen Elements eintragen. Die Eigenschaft `View` steuert, ob die `ListViewItem`-Einträge mit großen Symbolen, kleinen Symbolen oder in einer Ansicht angezeigt werden, bei der die Untereinträge der `ListViewItem`-Einträge sichtbar werden.

So zeigen Sie die Liste der Elemente mit den zugehörigen Symbolen in einem `ListView`-Steuerelement an:

1. Ziehen Sie im Designer ein `ImageList`-Steuerelement aus der Toolbox auf eine Entwurfsoberfläche, die bereits ein `ListView`-Steuerelement enthält.
2. Klicken Sie im Eigenschaftenfenster des `ImageList`-Elements die Eigenschaft *Images* an und fügen Sie Bilder zur Auflistung `Images` hinzu.

3. Wählen Sie im Designer das `ListView`-Steuerelement aus. Weisen Sie im Eigenschaftenfenster der Eigenschaft `SmallImageList`, der Eigenschaft `LargeImageList` oder beiden das `ImageList`-Objekt zu.
4. Klicken Sie im Eigenschaftenfenster auf *Items*, um `ListViewItem`-Einträge zum `ListView`-Steuerelement hinzuzufügen. Weisen Sie im `ListViewItem`-Auflistungs-Editor jedem `ListViewItem`-Eintrag über die Eigenschaft `ImageIndex` oder `ImageKey` das gewünschte Bild aus dem `ImageList`-Objekt zu. Stellen Sie außerdem andere benötigte Eigenschaften ein, zum Beispiel `Text`.
5. Wählen Sie im Designer das `ListView`-Steuerelement aus. Setzen Sie im Eigenschaftenfenster die Eigenschaft `View` auf `LargeIcon` oder `SmallIcon`.

Das Steuerelement *TreeView*

Mit dem Steuerelement `TreeView` zeigen Sie eine hierarchisch strukturierte Liste von Objekten an. Jedes Objekt im `TreeView`-Steuerelement ist eine Instanz der Klasse `TreeNode`, die Informationen über die Position des Knotens innerhalb des `TreeView`-Steuerelements enthält. Knoten im `TreeView`-Steuerelement, die ihrerseits untergeordnete Knoten enthalten, können auf- und zugeklappt werden. Abbildung 4.17 zeigt ein `TreeView`-Steuerelement in einem Formular.

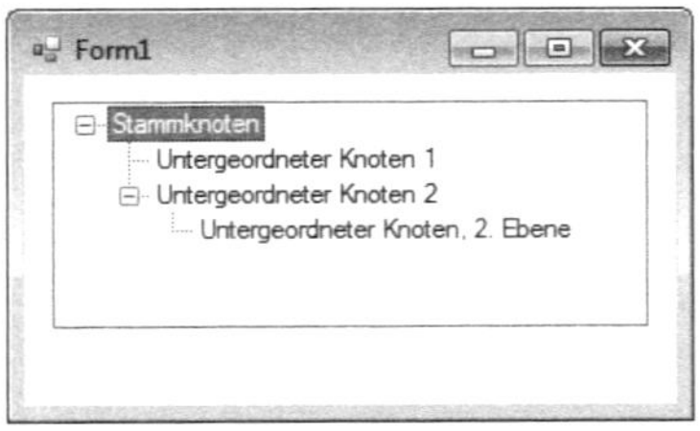

Abbildung 4.17 Das Steuerelement `TreeView`

Tabelle 4.25 Wichtige Eigenschaften der Klasse `TreeNode`

Eigenschaft	Beschreibung
`FirstNode`	Der erste Knoten in der aktuellen Gruppe untergeordneter Knoten.
`LastNode`	Der letzte Knoten in der aktuellen Gruppe untergeordneter Knoten.
`NextNode`	Der nächste Knoten, der auf derselben Ebene in der Hierarchie liegt.
`NextVisibleNode`	Der nächste sichtbare Knoten.
`Nodes`	Die Auflistung der untergeordneten Knoten, die zu diesem Knoten gehören.
`Parent`	Der übergeordnete Knoten des aktuellen Knotens. Falls der aktuelle Knoten ein Stammknoten im `TreeView`-Steuerelement ist, gibt diese Eigenschaft den Wert null zurück.
`PrevNode`	Der vorherige Knoten, der auf derselben Ebene in der Hierarchie liegt.
`PrevVisibleNode`	Der vorherige sichtbare Knoten.
`TreeView`	Ein Verweis auf das `TreeView`-Steuerelement, in dem das `TreeNode`-Objekt angezeigt wird.

Die wichtigste Eigenschaft von `TreeView` ist `Nodes`. Diese Eigenschaft enthält die Auflistung aller Strukturknoten, die Stammobjekte im `TreeView`-Steuerelement sind. Jedes `TreeNode`-Objekt enthält seine eigene Auflistung mit Strukturknoten, die untergeordnete Knoten dieses übergeordneten Knotens definiert. Tabelle 4.25 beschreibt einige wichtige Eigenschaften der Klasse `TreeNode`.

Hinzufügen und Entfernen von Knoten in einem *TreeView*-Steuerelement

Während des Entwurfs fügen Sie Knoten zu einem `TreeView`-Steuerelement hinzu, indem Sie im Eigenschaftenfenster auf die Eigenschaft *Nodes* klicken, um den *TreeNode-Editor* zu öffnen (Abbildung 4.18). Hier können Sie neue Stammknoten oder untergeordnete Knoten hinzufügen und die Eigenschaften der Strukturknoten einstellen.

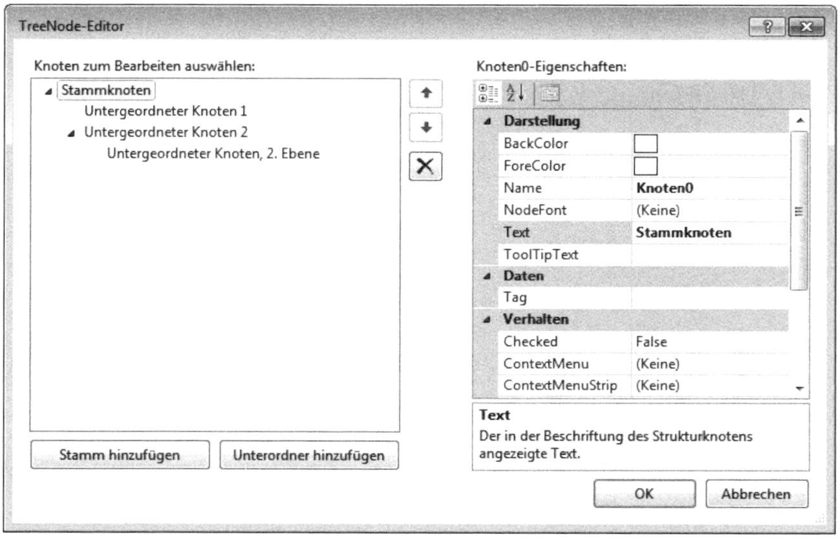

Abbildung 4.18 Der TreeNode-Editor

Auch während der Laufzeit können Sie neue `TreeNode`-Objekte anlegen und sie entweder als Stammknoten zum `TreeView`-Steuerelement oder als untergeordnete Knoten zu einem anderen `TreeNode`-Objekt hinzufügen. In beiden Fällen benutzen Sie die Methode `Nodes.Add`:

' Visual Basic

```
Dim aNode As New TreeNode("New Node")
' Untergeordneten Knoten zum neuen Knoten hinzufügen
aNode.Nodes.Add(New TreeNode("Neuer untergeordneter Knoten"))
' aNode und seine untergeordneten Knoten als neuen Stammknoten
'  zum TreeView-Steuerelement TreeView1 hinzufügen
TreeView1.Nodes.Add(aNode)
' Zweiten untergeordneten Knoten zum ersten Knoten in TreeView1 hinzufügen
TreeView1.Nodes(0).Nodes.Add(New TreeNode("Zweiter untergeordneter Knoten"))
```

// C#

```
TreeNode aNode = new TreeNode("Neuer Knoten");
// Untergeordneten Knoten zum neuen Knoten hinzufügen
aNode.Nodes.Add(new TreeNode("Neuer untergeordneter Knoten"));
```

```
// aNode und seine untergeordneten Knoten als neuen Stammknoten
//  zum TreeView-Steuerelement TreeView1 hinzufügen
treeView1.Nodes.Add(aNode);
// Zweiten untergeordneten Knoten zum ersten Knoten in TreeView1 hinzufügen
treeView1.Nodes[0].Nodes.Add(new TreeNode("Zweiter untergeordneter Knoten"));
```

Um Knoten aus der Auflistung `Nodes` zu entfernen, stehen die Methoden `Remove` und `RemoveAt` zur Verfügung. Der Methode `Remove` übergeben Sie einen Verweis auf einen bestimmten Knoten als Argument, woraufhin sie diesen Eintrag aus der Auflistung löscht (sofern er darin enthalten ist). Gibt es den angegebenen Knoten nicht in der Auflistung, wird der Methodenaufruf ignoriert. Die Methode `RemoveAt` löscht den Knoten am angegebenen Index. Falls es am angegebenen Index keinen Knoten in der Auflistung `Nodes` gibt, wird eine Ausnahme des Typs `ArgumentOutOfRangeException` ausgelöst. Das folgende Beispiel zeigt die Methoden `Remove` und `RemoveAt`:

' Visual Basic

```
' Den Knoten aNode aus der Auflistung entfernen
TreeView1.Nodes.Remove(aNode)
' Den Knoten mit dem Index 3 aus der Auflistung entfernen
TreeView1.Nodes.RemoveAt(3)
```

// C#

```
// Den Knoten aNode aus der Auflistung entfernen
treeView1.Nodes.Remove(aNode);
// Den Knoten mit dem Index 3 aus der Auflistung entfernen
treeView1.Nodes.RemoveAt(3);
```

Auf- und Zuklappen von Knoten

Das Steuerelement `TreeView` zeigt die Knoten in einer hierarchischen Struktur an. Dabei kann der Benutzer Knoten auf- und zuklappen, um die jeweils untergeordneten Knoten anzuzeigen oder zu verbergen. Sie können untergeordnete Knoten auch während der Laufzeit vom Programmcode aus auf- und zuklappen. Dazu verwenden Sie die Methoden `Expand` und `Collapse`:

' Visual Basic

```
' Klappt die untergeordneten Knoten des Knotens aNode auf
aNode.Expand()
' Klappt die untergeordneten Knoten des Knotens aNode ein
aNode.Collapse()
```

// C#

```
// Klappt die untergeordneten Knoten des Knotens aNode auf
aNode.Expand();
// Klappt die untergeordneten Knoten des Knotens aNode ein
aNode.Collapse();
```

Das Steuerelement *NumericUpDown*

Mit dem Steuerelement `NumericUpDown` kann der Benutzer einen Wert aus einem vorgegebenen Zahlenbereich auswählen. Das Steuerelement definiert einen Wertebereich, und der Benutzer klickt auf kleine Pfeilschaltflächen, um die Zahl zu vergrößern oder zu verkleinern. Tabelle 4.26 zeigt wichtige Eigenschaften des Steuerelements `NumericUpDown`.

Tabelle 4.26 Wichtige Eigenschaften des Steuerelements `NumericUpDown`

Eigenschaft	Beschreibung
`Hexadecimal`	Legt fest, ob der numerische Wert im Hexadezimalformat angezeigt wird.
`Increment`	Legt fest, um welchen Betrag der Wert bei jedem Klick auf eine Schaltfläche erhöht oder verringert wird.
`Maximum`	Der höchste Wert im Steuerelement.
`Minimum`	Der kleinste Wert im Steuerelement.
`ThousandsSeparator`	Das Tausendertrennzeichen, das verwendet wird, um Werte größer als 1000 anzuzeigen.
`Value`	Der aktuelle Wert des Steuerelements.

So konfigurieren Sie ein `NumericUpDown`-Steuerelement:

1. Weisen Sie der Eigenschaft `Minimum` den kleinstmöglichen numerischen Wert für das Steuerelement zu.
2. Weisen Sie der Eigenschaft `Maximum` den größtmöglichen numerischen Wert für das Steuerelement zu.
3. Tragen Sie in die Eigenschaft `Increment` ein, um welchen Betrag der Wert bei jedem Anklicken der Pfeilschaltflächen erhöht oder verringert wird.
4. Weisen Sie bei Bedarf der Eigenschaft `Value` einen Standardwert zu.

Das Steuerelement *DomainUpDown*

Das Steuerelement `DomainUpDown` ähnelt `NumericUpDown`. Der Benutzer geht damit ebenfalls einen vorgegebenen Datenbereich durch und legt einen Wert für das Steuerelement fest. Statt numerischer Werte wählt der Benutzer im Steuerelement `DomainUpDown` aber einen Eintrag aus einer Zeichenfolgenauflistung aus. Tabelle 4.27 beschreibt die wichtigsten Eigenschaften des Steuerelements `DomainUpDown`.

Tabelle 4.27 Wichtige Eigenschaften des Steuerelements `DomainUpDown`

Eigenschaft	Beschreibung
`Items`	Enthält die Auflistung der Zeichenfolgen, die im `DomainUpDown`-Steuerelement angezeigt werden.
`ReadOnly`	Legt fest, ob der Benutzer die Eigenschaft `Text` des Steuerelements ändern kann.
`Text`	Der Text des Steuerelements.

Die Auflistung `Items` enthält die Zeichenfolgen, die im `DomainUpDown`-Steuerelement angezeigt werden. Sie fügen Zeichenfolgen hinzu, indem Sie im Eigenschaftenfenster die Eigenschaft *Items* anklicken. Daraufhin öffnet sich der *Zeichenfolgen-Editor*. Wenn `ReadOnly` den Wert `False` hat, kann der Benutzer im `DomainUpDown`-Steuerelement auch eine Zeichenfolge eintippen, statt eine vorgegebene Zeichenfolge auszuwählen. Vom Benutzer eingetippte Zeichenfolgen werden aber nicht zur Auflistung `Items` hinzugefügt. Beachten Sie außerdem, dass die Eigenschaft `Text` den Standardwert für das Steuerelement definiert, aber nicht für die Auflistung `Items`.

Schnelltest

1. Welche Aufgabe hat das Steuerelement `TreeView`?
2. Welche Aufgabe hat das Steuerelement `ListView` und wann setzen Sie es ein?

Antworten zum Schnelltest

1. Im Steuerelement `TreeView` zeigen Sie eine hierarchisch strukturierte Datenliste an.
2. Das Steuerelement `ListView` ist flexibel konfigurierbar. Sie können damit Datenlisten auf unterschiedliche Arten anzeigen. Sie können ein `ListView`-Steuerelement einsetzen, wenn Sie dem Benutzer unterschiedliche Optionen zum Anzeigen von Listendaten zur Verfügung stellen wollen. Sie können dabei unter anderem Symbole oder Details zu den Daten anzeigen.

Steuerelemente zum Einstellen von Werten

In Steuerelementen zum Einstellen von Werten legt der Benutzer Werte fest oder wählt Optionen aus einer vorgefertigten Liste aus. Im Steuerelement `CheckBox` kann der Benutzer bestimmte Optionen in beliebigen Kombinationen aktivieren oder deaktivieren. Mit `RadioButton`-Steuerelementen können Sie dem Benutzer eine Reihe von Optionen anbieten, aus denen er immer genau eine auswählen kann. Das Steuerelement `TrackBar` ermöglicht es dem Benutzer, schnell einen Wert in einer grafischen Benutzeroberfläche einzustellen.

Das Steuerelement *CheckBox*

Praktisch allen Benutzern dürfte das Steuerelement `CheckBox` (Kontrollkästchen) sehr vertraut sein. Der Benutzer kann damit ein Kontrollkästchen aktivieren oder deaktivieren, das neben einer Beschriftung angezeigt wird. Damit legt er fest, ob er die zugehörige Option annimmt. `CheckBox`-Steuerelemente lassen beliebige Kombinationen von Einstellungen zu. Sie können also mehrere `CheckBox`-Steuerelemente auf dasselbe Formular legen, und der Benutzer kann jede beliebige Kombination aktivierter und deaktivierter Kontrollkästchen einstellen. Tabelle 4.28 fasst die wichtigsten Eigenschaften des Steuerelements `CheckBox` zusammen.

Tabelle 4.28 Wichtige Eigenschaften des Steuerelements `CheckBox`

Eigenschaft	Beschreibung
`AutoCheck`	Legt fest, ob das `CheckBox`-Steuerelement automatisch aktiviert wird, wenn der Benutzer den Text anklickt.
`Checked`	Legt fest, ob das Kontrollkästchen aktiviert ist.
`CheckState`	Gibt den Zustand des Steuerelements zurück. Die Eigenschaft kann die Werte `Checked`, `Unchecked` oder `Indeterminate` haben.
`Text`	Der Text, der neben dem Kontrollkästchen angezeigt wird.
`ThreeState`	Legt fest, ob das Kontrollkästchen zwei oder drei Zustände erlaubt.

`CheckBox` wird meist eingesetzt, damit der Benutzer eine Ja/Nein-Entscheidung zu einer Option treffen kann, indem er das Kontrollkästchen entweder aktiviert oder deaktiviert. Das Kontrollkästchen wird meist für Optionen verwendet, die sich nicht auf den Zustand der Optionen in anderen Kontrollkästchen auswirkt. Abbildung 4.19 zeigt ein Beispiel für ein Pizzabestellformular. Optionsschaltflächen dienen dazu, die Entscheidung zwischen Pizza und Calzone zu treffen; der Benutzer muss sich für eine der beiden entscheiden. Mit den `CheckBox`-Steuerelementen wählt der Benutzer Beläge für die ausgewählte Pizza beziehungsweise Calzone aus.

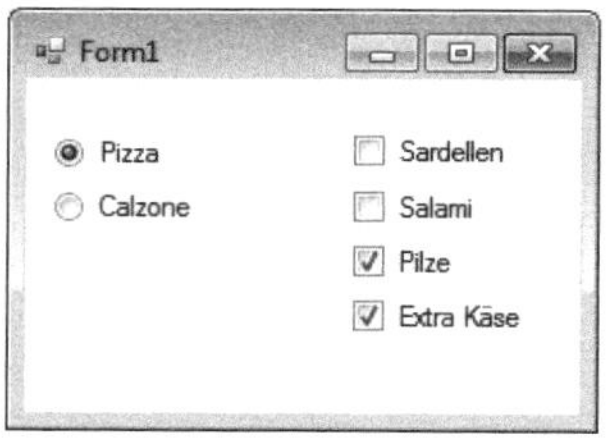

Abbildung 4.19 Beispiele für die Steuerelemente `CheckBox` und `RadioButton`

Mit der Eigenschaft `Checked` stellen Sie im Programmcode fest, ob ein Kontrollkästchen aktiviert ist. Diese Eigenschaft gibt `True` zurück, wenn das Kontrollkästchen aktiviert ist, oder `False`, wenn das Kontrollkästchen deaktiviert oder unbestimmt ist.

Seltener wird die Möglichkeit genutzt, den Benutzer in einem `CheckBox`-Steuerelement zwischen drei Einstellungen auswählen zu lassen: `Checked` (aktiviert), `Unchecked` (deaktiviert) oder `Indeterminate` (unbestimmt). Das kann nützlich sein, um dem Benutzer deutlich zu machen, dass er für jede Option eine bewusste Entscheidung treffen muss und nicht einfach eine Standardeinstellung übernehmen kann. Sie ermöglichen drei Zustände für ein `CheckBox`-Steuerelement, indem Sie die Eigenschaft `ThreeState` auf den Wert `True` setzen. Dann kann der Benutzer durch drei Zustände des Kontrollkästchens wechseln statt nur durch zwei. Den Zustand des Kontrollkästchens erfahren Sie aus der Eigenschaft `CheckState`.

Beachten Sie, dass Sie die Eigenschaft `CheckState` während des Entwurfs sogar dann auf den Wert `Indeterminate` setzen können, wenn die Eigenschaft `ThreeState` den Wert `False` hat. In diesem Fall beginnt das `CheckBox`-Steuerelement im unbestimmten Zustand, aber sobald der Benutzer einmal eine Auswahl getroffen hat, muss das Kontrollkästchen entweder aktiviert oder deaktiviert sein. Der Benutzer kann das Kontrollkästchen also nicht mehr in den Zustand `Indeterminate` zurücksetzen.

Das Steuerelement *RadioButton*

Das Steuerelement `RadioButton` (Optionsschaltfläche) wird benutzt, um dem Benutzer Optionen anzubieten, die sich gegenseitig ausschließen. Beim Pizzabestellformular aus Abbildung 4.19 kann der Benutzer mit den `RadioButton`-Steuerelementen auswählen, ob er eine Pizza oder ein Calzone haben möchte. Er muss sich aber für eine der beiden Möglichkeiten entscheiden, beides gleichzeitig geht nicht. Tabelle 4.29 zeigt wichtige Eigenschaften des Steuerelements `RadioButton`.

Tabelle 4.29 Wichtige Eigenschaften des Steuerelements `RadioButton`

Eigenschaft	Beschreibung
`Checked`	Gibt an, ob das `RadioButton`-Steuerelement ausgewählt ist.
`Text`	Der Text, der neben der Optionsschaltfläche angezeigt wird.

Ob ein bestimmtes `RadioButton`-Steuerelement ausgewählt ist, finden Sie heraus, indem Sie seine Eigenschaft `Checked` prüfen. Hat sie den Wert `True`, ist das Steuerelement ausgewählt.

Alle RadioButton-Steuerelemente, die im selben Containersteuerelement liegen, schließen sich gegenseitig aus. Das bedeutet, dass alle anderen RadioButton-Steuerelemente abgewählt werden, wenn eines ausgewählt wird. Der Benutzer kann somit immer nur eine einzige Option aus der gesamten Gruppe auswählen.

Wenn Sie mehrere Gruppen mit RadioButton-Steuerelementen brauchen, werden Sie die zusammengehörigen Steuerelemente normalerweise in unterschiedlichen GroupBox-Steuerelementen zusammenfassen. In jeder Gruppe aus RadioButton-Steuerelementen, die in einem bestimmten Gruppenfeld liegen, kann immer nur ein einziges ausgewählt sein. Aber es besteht keine Verbindung zu den RadioButton-Steuerelementen in anderen GroupBox-Containern. Abbildung 4.20 zeigt einige RadioButton-Steuerelemente, die in GroupBox-Containern liegen.

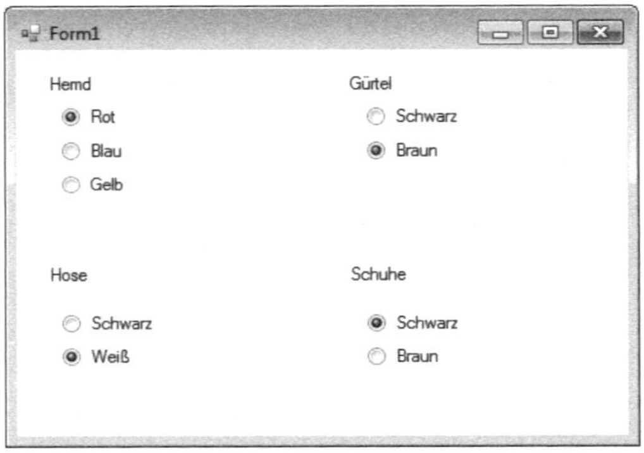

Abbildung 4.20 RadioButton-Steuerelemente, die in mehrere Gruppen untergliedert sind

Das Steuerelement *TrackBar*

Das Steuerelement TrackBar stellt eine simple Oberfläche zur Verfügung, in der ein Benutzer einen Wert aus einem vorgegebenen Wertebereich auswählen kann. Dazu verschiebt er mit der Maus oder mit Tastaturbefehlen einen Schieberegler, sodass er schnell einen Wert aus einem möglicherweise sehr großen Bereich auswählen kann. Tabelle 4.30 zeigt die wichtigsten Eigenschaften des Steuerelements TrackBar.

Tabelle 4.30 Wichtige Eigenschaften des Steuerelements TrackBar

Eigenschaft	Beschreibung
LargeChange	Legt fest, um wie viele Positionen der Schieberegler versetzt wird, wenn der Benutzer mit der Maus klickt oder die BILD-HOCH- oder BILD-RUNTER-Tasten drückt.
Maximum	Der größtmögliche Wert für das TrackBar-Steuerelement.
Minimum	Der kleinstmögliche Wert für das TrackBar-Steuerelement.
SmallChange	Legt fest, um wie viele Positionen der Schieberegler versetzt wird, wenn der Benutzer eine der Pfeiltasten drückt.
TickFrequency	Die Zahl der Positionen zwischen zwei Markierungsstrichen auf dem TrackBar-Steuerelement.
TickStyle	Legt fest, wo Markierungsstriche auf dem TrackBar-Steuerelement gezeichnet werden.
Value	Der Wert des TrackBar-Steuerelements.

Abbildung 4.21 zeigt das Steuerelement TrackBar.

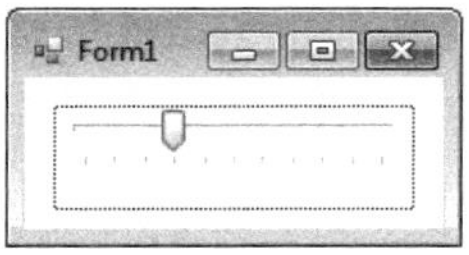

Abbildung 4.21 Das Steuerelement `TrackBar`

Das Steuerelement `TrackBar` gibt einen Integerwert aus dem Wertebereich zurück, der durch die Eigenschaften `Minimum` und `Maximum` begrenzt wird. Der Benutzer wählt diesen Wert, indem er den Schieberegler bewegt. Wenn er mit der Maus links oder rechts neben den Schieberegler klickt oder die BILD-HOCH- oder BILD-RUNTER-Tasten drückt, während das Steuerelement ausgewählt ist, wird der Wert um den Betrag geändert, der in der Eigenschaft `LargeChange` festgelegt ist. Drückt der Benutzer die Pfeiltasten, während das Steuerelement ausgewählt ist, wird der Wert um den Betrag aus der Eigenschaft `SmallChange` vergrößert oder verkleinert. Der Benutzer kann den Schieberegler auch mit der Maus greifen und an die gewünschte Position verschieben. Die Eigenschaft `Value` gibt den aktuellen Wert des Schiebereglers an.

Auswählen von Datum und Uhrzeit

Benutzeroberflächen bieten den Benutzern häufig die Möglichkeit, ein Datum oder eine Uhrzeit einzugeben. Nehmen Sie als Beispiel eine Anwendung, in der die Benutzer eine Reservierung vornehmen, bei der sie das gewünschte Datum eingeben. Windows Forms stellt zwei Steuerelemente zur Verfügung, mit denen der Benutzer Datum und Uhrzeit auswählen kann: `DateTimePicker` und `MonthCalendar`.

Das Steuerelement *DateTimePicker*

Im Steuerelement `DateTimePicker` kann der Benutzer ein Datum, eine Uhrzeit oder beides eingeben. Die grafische Benutzeroberfläche ist simpel und ähnelt dem Steuerelement `ComboBox`. Der Benutzer kann das Dropdownfeld des `DateTimePicker`-Steuerelements anklicken, um eine Kalenderoberfläche auszuklappen, in der er einen Tag auswählt, oder eine Uhrzeit in den Textbereich eintippen. Das gewählte Datum oder die Uhrzeit wird dann im Textbereich des `DateTimePicker`-Steuerelements angezeigt, und das gewählte Datum sowie die Uhrzeit werden in die Eigenschaft `Value` eingetragen. Tabelle 4.31 beschreibt die wichtigsten Eigenschaften des Steuerelements `DateTimePicker`.

Tabelle 4.31 Wichtige Eigenschaften des Steuerelements `DateTimePicker`

Eigenschaft	Beschreibung
`CustomFormat`	Das benutzerdefinierte `DateTime`-Format, das verwendet wird, wenn die Eigenschaft `Format` den Wert `Custom` hat.
`Format`	Legt das `DateTime`-Format fest, das im `DateTimePicker`-Steuerelement angezeigt wird. Mögliche Werte sind `Long`, das den Wert im langen Datumsformat anzeigt, `Short`, das den Wert im kurzen Datumsformat anzeigt, `Time`, das nur die Uhrzeit anzeigt, und `Custom`, das das benutzerdefinierte `DateTime`-Format in der Eigenschaft `CustomFormat` verwendet.
`MaxDate`	Der höchste `DateTime`-Wert, den das `DateTimePicker`-Steuerelement erlaubt.
`MinDate`	Der niedrigste `DateTime`-Wert, den das `DateTimePicker`-Steuerelement erlaubt.
`Value`	Der `DateTime`-Wert, der momentan im `DateTimePicker`-Steuerelement eingestellt ist.

Wenn die Eigenschaft Format den Wert Long oder Short hat, wird nur das Datum angezeigt, und der Benutzer kann auch nur das Datum in der grafischen Benutzeroberfläche einstellen. Hat die Eigenschaft Format den Wert Time, kann der Benutzer einen neuen Zeitwert in den Textbereich des DateTimePicker-Steuerelements eintippen. Der Benutzer kann außerdem einen Tag über den Dropdownkalender auswählen. Dieses Datum wird zwar in die Eigenschaft Value eingetragen, aber nicht im Steuerelement angezeigt, wenn die Eigenschaft Format den Wert Time hat.

Das Steuerelement *MonthCalendar*

MonthCalendar ist ein flexibel konfigurierbares Steuerelement, in dem der Benutzer in einer sehr intuitiven Oberfläche einen Datumsbereich auswählen kann. Tabelle 4.32 listet die wichtigsten Eigenschaften des Steuerelements MonthCalendar auf.

Tabelle 4.32 Wichtige Eigenschaften des Steuerelements MonthCalendar

Eigenschaft	Beschreibung
AnnuallyBoldedDates	Enthält ein Array mit Datums- und Zeitwerten, die jedes Jahr fett hervorgehoben werden.
BoldedDates	Enthält ein Array mit Datums- und Zeitwerten, die fett hervorgehoben werden.
FirstDayOfWeek	Legt fest, welcher Wochentag im MonthCalendar-Steuerelement als Wochenanfang interpretiert wird.
MaxDate	Das späteste Datum, das im MonthCalendar-Steuerelement ausgewählt werden kann.
MinDate	Das früheste Datum, das im MonthCalendar-Steuerelement ausgewählt werden kann.
MaxSelectionCount	Legt fest, wie viele Tage höchstens im MonthCalendar-Steuerelement ausgewählt werden dürfen.
MonthlyBoldedDates	Enthält ein Array mit Datums- und Zeitwerten, die jeden Monat im MonthCalendar-Steuerelement fett hervorgehoben werden.
SelectionEnd	Datum und Uhrzeit des Zeitpunkts, an dem der Bereich in der Eigenschaft SelectionRange endet.
SelectionRange	Der Datumsbereich, den der Benutzer ausgewählt hat.
SelectionStart	Datum und Uhrzeit des Zeitpunkts, an dem der Bereich in der Eigenschaft SelectionRange beginnt.

Der Benutzer kann ein einzelnes Datum auswählen, indem er den gewünschten Tag im MonthCalendar-Steuerelement anklickt, oder einen fortlaufenden Datumsbereich, indem er die UMSCHALTTASTE gedrückt hält, während er Anfangs- und Enddatum anklickt. Der ausgewählte Datumsbereich darf nicht länger sein als die Zahl der Tage, die in der Eigenschaft MaxSelectionCount festgelegt sind.

Während der Laufzeit ermitteln Sie den ausgewählten Datumsbereich, indem Sie die Eigenschaften SelectionStart und SelectionEnd auslesen. Sie geben Ihnen Zugriff auf die Eigenschaften Start und End der Eigenschaft SelectionRange. Das folgende Beispiel demonstriert, wie Sie auf die Eigenschaften SelectionStart und SelectionEnd zugreifen:

' Visual Basic

```
MsgBox("Ihr Urlaub beginnt am " & _
   MonthCalendar1.SelectionStart.ToLongDateString & _
   " und endet am " & MonthCalendar1.SelectionEnd.ToLongDateString)
```

// C#

```
MessageBox.Show("Ihr Urlaub beginnt am " +
   monthCalendar1.SelectionStart.ToLongDateString() + " und endet am " +
    monthCalendar1.SelectionEnd.ToLongDateString());
```

Arbeiten mit Bildern

Mit Bildern können Sie Ihre Benutzeroberfläche aufwerten und dem Benutzer wichtige Informationen anzeigen. Windows Forms enthält mehrere Komponenten und Steuerelemente, die Ihnen den Umgang mit Bildern erleichtern. `PictureBox` ist ein universelles Steuerelement, das Bilder in unterschiedlichen Formaten anzeigt. Die Komponente `ImageList` verwaltet und organisiert eine Auflistung aus Bildern. Sie können damit Bilder in einem `ListView`-Steuerelement anzeigen oder Bilder für andere Steuerelemente verwalten.

Das Steuerelement *PictureBox*

`PictureBox` ist das Basissteuerelement zum Anzeigen von Bildern in der Benutzeroberfläche. Es ist in der Lage, viele unterschiedliche Formate anzuzeigen, darunter *.bmp*, *.jpg*, *.gif*, Metadateien und Symbole. Sie können Bilder anzeigen, die in Anwendungsressourcendateien liegen oder kompiliert in der Anwendung vorliegen. Oder Sie laden die Bilder aus einer Web- oder Laufwerksadresse. Tabelle 4.33 beschreibt die wichtigsten Eigenschaften des Steuerelements `PictureBox`.

Tabelle 4.33 Wichtige Eigenschaften des Steuerelements `PictureBox`

Eigenschaft	Beschreibung
`ErrorImage`	Das Bild, das angezeigt wird, falls das ausgewählte Bild nicht geladen werden kann.
`Image`	Das Bild, das in das `PictureBox`-Steuerelement geladen werden soll.
`ImageLocation`	Eine Web- oder Laufwerksadresse, von der das Bild geladen wird.
`InitialImage`	Das Bild, das im `PictureBox`-Steuerelement angezeigt wird, während das Bild geladen wird.
`SizeMode`	Legt fest, wie das Steuerelement die Anordnung und Größe des Bilds festlegt.

Sie können der Eigenschaft `Image` während des Entwurfs ein Bild zuweisen, indem Sie im Eigenschaftenfenster auf den Eintrag der Eigenschaft klicken. Daraufhin öffnet sich das Dialogfeld *Ressource auswählen* (Abbildung 4.22).

Sie können eine Bildressource auswählen, die bereits in einer Projektressourcendatei vorliegt, indem Sie die Option *Projektressourcendatei* auswählen und dann die *.resx*-Datei auswählen, die das Bild enthält. Oder Sie importieren ein neues Bild in eine Ressourcendatei, indem Sie auf die Schaltfläche *Importieren* klicken und das Bild auswählen, das Sie importieren wollen. Das so ausgewählte Bild wird zur ausgewählten *.resx*-Datei hinzugefügt. Sie können das Bild auch als lokale Ressource importieren, indem Sie die Option *Lokale Ressource* auswählen, auf die Schaltfläche *Importieren* klicken und das Bild auswählen, das Sie importieren wollen. Wenn Sie ein Bild als lokale Ressource importieren, steht es nur dem

PictureBox-Steuerelement zur Verfügung. Andere Elemente der Anwendung können nicht darauf zugreifen.

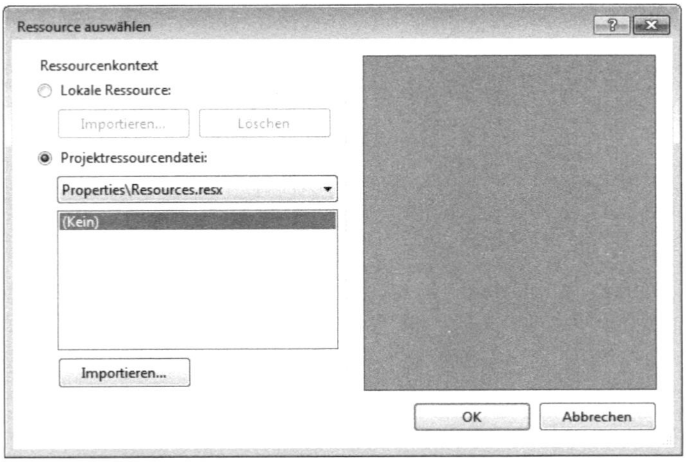

Abbildung 4.22 Das Dialogfeld *Ressource auswählen*

Statt ein Bild aus einer Ressource zu laden, können Sie auch eine URL angeben, von der das Bild geladen wird. Dazu tragen Sie die Adresse in die Eigenschaft `ImageLocation` ein. Wenn der Eigenschaft `ImageLocation` ein Wert zugewiesen ist, lädt das Steuerelement das Bild von der angegebenen Adresse und trägt es in die Eigenschaft `Image` ein.

Während der Laufzeit können Sie der Eigenschaft `Image` eine Instanz eines Bilds zuweisen. Hier ein Beispiel:

' Visual Basic

```
Dim anImage As New System.Drawing.Bitmap("C:\anImage.bmp")
PictureBox1.Image = anImage
```

// C#

```
System.Drawing.Bitmap anImage = new System.Drawing.Bitmap(@"C:\anImage.bmp");
pictureBox1.Image = anImage;
```

Die Komponente *ImageList*

Die Komponente `ImageList` ist kein Steuerelement, aber Sie können damit mehrere Bilder verwalten. Sie hat zwar selbst keine optische Darstellung, kann aber anderen Steuerelementen wie `ListView` Bilder zur Verfügung stellen. Außerdem wird sie oft als Container für Bilder eingesetzt, die in ein `PictureBox`-Steuerelement geladen werden. Sie können die Größe und Farbtiefe der Bilder einstellen und sie wie in einer Auflistung durchgehen. Tabelle 4.34 zeigt wichtige Eigenschaften der Komponente `ImageList`.

Tabelle 4.34 Wichtige Eigenschaften der Komponente `ImageList`

Eigenschaft	Beschreibung
`ColorDepth`	Die Farbtiefe der Bilder, die in der `ImageList`-Komponente enthalten sind.
`Images`	Die Auflistung der Bilder, die von der `ImageList`-Komponente verwaltet werden.
`ImageSize`	Die Größe der Bilder in der `ImageList`-Komponente.

Neue Bilder fügen Sie zu einer `ImageList`-Komponente hinzu, indem Sie im Eigenschaftenfenster den Eintrag der Eigenschaft *Images* anklicken. Daraufhin öffnet sich der *Bildauflistungs-Editor* (Abbildung 4.23).

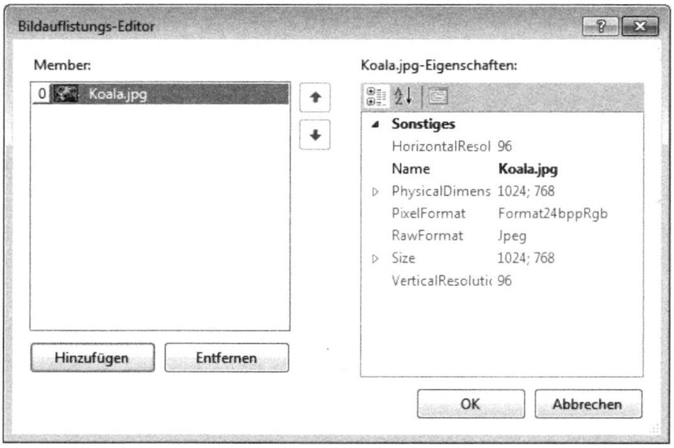

Abbildung 4.23 Der *Bildauflistungs-Editor*

Im *Bildauflistungs-Editor* können Sie Bilder hinzufügen oder entfernen. Sie können auch ihre Reihenfolge ändern. Sobald Sie Bilder zur `ImageList`-Komponente hinzugefügt haben, können Sie die Farbtiefe für jedes Bild einstellen, indem Sie den gewünschten Wert in die Eigenschaft `ColorDepth` eintragen. Außerdem können Sie alle Bilder auf eine einheitliche Größe setzen, indem Sie die Größe in die Eigenschaft `ImageSize` eintragen.

Während der Laufzeit greifen Sie über die Auflistung `Images` auf die Bilder zu, die im `ImageList`-Objekt enthalten sind:

' Visual Basic

```
PictureBox1.Image = ImageList1.Images(0)
```

// C#

```
pictureBox1.Image = imageList1.Images[0];
```

Sie können mit `ImageList`-Komponenten Bilder für andere Steuerelemente in Ihrer Benutzeroberfläche zur Verfügung stellen. Mehrere Steuerelemente, beispielsweise `Button`, `CheckBox` oder `RadioButton`, haben die Eigenschaften `ImageList`, `ImageKey` und `ImageIndex`. Sie stellen solchen Steuerelementen Bilder aus einer `ImageList`-Komponente zur Verfügung, indem Sie die Eigenschaften folgendermaßen einstellen:

1. Weisen Sie der Eigenschaft `ImageList` des Steuerelements das `ImageList`-Objekt zu, in dem sich das gewünschte Bild befindet.
2. Tragen Sie das gewünschte Bild aus dem `ImageList`-Objekt entweder in die Eigenschaft `ImageIndex` oder die Eigenschaft `ImageKey` ein.

Schnelltest

1. Welcher Unterschied besteht zwischen dem Einsatz von `RadioButton`- und `CheckBox`-Steuerelementen?
2. Welche Aufgabe hat die Komponente `ImageList` und wie wird sie benutzt?

Antworten zum Schnelltest

1. Mit `RadioButton`-Steuerelementen wählt der Benutzer eine einzige Option aus einer Gruppe zusammengehöriger Optionen aus. Mit `CheckBox`-Steuerelementen kann der Benutzer mehrere Optionen aktivieren, unabhängig davon, welche anderen Optionen der Gruppe ebenfalls aktiviert sind.
2. Ein `ImageList`-Objekt verwaltet einen Satz zusammengehöriger Bilder. Meist stellt es seine Bilder den Steuerelementen auf einem Formular zur Verfügung. Sie können der Eigenschaft `ImageList` der Steuerelemente auf einem Formular eine Instanz von `ImageList` zuweisen und dann in die Eigenschaft `ImageIndex` oder `ImageKey` das gewünschte Bild eintragen.

Übung Reservierungsformular für Skilehrer

In dieser Übung wenden Sie an, was Sie in dieser Lektion gelernt haben, und erweitern den Funktionsumfang einer einfachen Anwendung, mit der Kunden einen Skilehrer reservieren können. Sie fügen ein `ComboBox`-Steuerelement hinzu, mit dem der Benutzer den Hang auswählt, auf dem er Ski laufen will. In einem `ListView`-Steuerelement wählt er dann einen Skilehrer aus, und mit einem `NumericUpDown`-Steuerelement die Dauer des Unterrichts. Sie fügen eine Gruppe mit `CheckBox`-Steuerelementen hinzu, in denen der Benutzer bei Bedarf angibt, welche Skiausrüstung er mieten will, und eine Gruppe `RadioButton`-Steuerelemente, mit denen der Benutzer seine Vorkenntnisse angibt. Schließlich fügen Sie eine `ImageList`-Komponente ein, die im `ListView`-Steuerelement verwendet wird, damit der Benutzer Bilder der Skilehrer zu sehen bekommt.

Übung Das Reservierungsformular für Skilehrer

1. Öffnen Sie in Visual Studio die Lösung aus dem Unterverzeichnis *Partial* zu dieser Lektion.
2. Fügen Sie in `Form1` unter dem Textfeld *Name* ein `Label`-Steuerelement und ein `ComboBox`-Steuerelement ein. Tragen Sie in die Eigenschaft `Text` des `Label`-Steuerelements die Beschriftung **Skihang auswählen** ein.
3. Setzen Sie die Eigenschaft `DropDownStyle` des `ComboBox`-Steuerelements auf `DropDownList`.
4. Fügen Sie folgende Elemente zur Eigenschaft `Items` des `ComboBox`-Steuerelements hinzu: **Camelback**, **Powder Point** und **The Plunge**.
5. Fügen Sie ein `Label`- und ein `NumericUpDown`-Steuerelement zum Formular hinzu. Tragen Sie in die Eigenschaft `Text` des `Label`-Steuerelements die Beschriftung **Länge der Lektion** ein.
6. Setzen Sie die Eigenschaft `Minimum` des `NumericUpDown`-Steuerelements auf **1** und die Eigenschaft `Maximum` auf **3**.
7. Fügen Sie ein `Label`- und ein `ListView`-Steuerelement zum Formular hinzu. Tragen Sie in die Eigenschaft `Text` des `Label`-Steuerelements die Beschriftung **Lehrer auswählen** ein.

8. Setzen Sie im Eigenschaftenfenster die Eigenschaft `View` des `ListView`-Steuerelements auf `SmallIcon`. Weiter unten in dieser Übung verknüpfen Sie die Elemente dieser Liste mit Bildern.
9. Klicken Sie im Eigenschaftenfenster auf die Eigenschaft *Items* und fügen Sie vier `ListViewItem`-Einträge zum `ListView`-Steuerelement hinzu. Tragen Sie im *ListViewItem-Auflistungs-Editor* für ihre `Text`-Eigenschaften die Namen **Sandy**, **Jack**, **Libby** und **Christa** ein.
10. Fügen Sie ein `Button`-Steuerelement zum Formular hinzu und tragen Sie in seine Eigenschaft `Text` die Beschriftung **Reservieren** ein.
11. Klicken Sie im Designer doppelt auf die Schaltfläche und fügen Sie folgenden Code in den `Button_Click`-Ereignishandler ein:

' Visual Basic

```
If  ListView1.SelectedItems.Count > 0 Then
   MsgBox("Ihre Reservierung bei " &  listView1.SelectedItems(0).Text & _
      " ist bestätigt.")
End If
```

// C#

```
if (listView1.SelectedItems.Count > 0)
{
   MessageBox.Show("Ihre Reservierung bei " + listView1.SelectedItems[0].Text +
      " ist bestätigt.");
}
```

12. Ziehen Sie einen `GroupBox`-Container auf das Formular. Tragen Sie in die Eigenschaft `Text` des `GroupBox`-Steuerelements die Überschrift **Mietausrüstung** ein.
13. Ziehen Sie drei `CheckBox`-Steuerelemente in das `GroupBox`-Steuerelement. Tragen Sie in die `Text`-Eigenschaften der `CheckBox`-Steuerelemente die Beschriftungen **Ski**, **Stöcke** und **Stiefel** ein.
14. Ziehen Sie einen `GroupBox`-Container auf das Formular. Tragen Sie in die Eigenschaft `Text` des `GroupBox`-Steuerelements die Überschrift **Vorkenntnisse** ein.
15. Ziehen Sie drei `RadioButton`-Steuerelemente in das `GroupBox`-Steuerelement. Tragen Sie in die `Text`-Eigenschaften der `RadioButton`-Steuerelemente die Beschriftungen **Anfänger**, **Mittel** und **Fortgeschritten** ein.
16. Ziehen Sie ein `Label`- und ein `DateTimePicker`-Steuerelement auf das Formular. Tragen Sie in die Eigenschaft `Text` des `Label`-Steuerelements die Beschriftung **Unterrichtszeit auswählen** ein.
17. Setzen Sie die Eigenschaft `Format` des `DateTimePicker`-Steuerelements auf den Wert `Time`.
18. Ziehen Sie eine `ImageList`-Komponente aus der Toolbox auf das Formular.
19. Setzen Sie im Eigenschaftenfenster die Eigenschaft `ImageSize` der `ImageList`-Komponente auf **32;32** und die Eigenschaft `ColorDepth` auf `Depth16Bit`.
20. Klicken Sie im Eigenschaftenfenster auf *Images* und fügen Sie vier Bilder zur `ImageList`-Komponente hinzu. Beispielbilder finden Sie auf der Begleit-CD im Unterordner *Images* des Ordners für Kapitel 4.
21. Wählen Sie im Designer das `ListView`-Steuerelement aus. Setzen Sie im Eigenschaftenfenster seine Eigenschaft `SmallImageList` auf den Wert **ImageList1**.

22. Klicken Sie im Eigenschaftenfenster auf *Items*, um den `ListViewItem`-Auflistungs-Editor zu öffnen. Setzen Sie im `ListViewItem`-Auflistungs-Editor die Eigenschaft `ImageIndex` für die `ListViewItem`-Einträge 0, 1, 2 und 3 auf **0**, **1**, **2** beziehungsweise **3**. Nun müssten im `ListView`-Steuerelement Bilder neben den Namen angezeigt werden.
23. Drücken Sie F5, um Ihre Anwendung zu erstellen und zu testen.

Zusammenfassung der Lektion

- Listensteuerelemente werden eingesetzt, um Datenlisten zu verwalten und für den Benutzer anzuzeigen. Die Steuerelemente `ListBox`, `ComboBox` und `CheckedListBox` verwalten Elemente in der Eigenschaft `Items`. Sie stellen viele gemeinsame Methoden und Eigenschaften zur Verfügung.
- Mit dem Steuerelement `ListBox` können Sie dem Benutzer eine Auswahl aus Elementen anzeigen, aus denen er eines oder mehrere Elemente auswählen kann.
- Das Steuerelement `ComboBox` kann ähnlich aussehen wie ein `ListBox`-Steuerelement, aber auch als Dropdownliste angezeigt werden. Der Benutzer kann einen Eintrag aus einer Liste auswählen oder einen neuen Eintrag eintippen, der noch nicht in der Liste steht.
- Das Steuerelement `CheckedListBox` zeigt eine Liste mit Elementen an, neben denen Kontrollkästchen liegen. Der Benutzer kann darin beliebig viele Elemente aktivieren. Es können zwar mehrere Elemente aktiviert sein, aber im `CheckedListBox`-Steuerelement kann jeweils nur ein einziges Element ausgewählt sein.
- Das Steuerelement `ListView` stellt spezielle Anzeigemöglichkeiten für Elementlisten zur Verfügung. Elemente können zusammen mit Symbolen angezeigt werden, die von einer `ImageList`-Komponente bereitgestellt werden, oder mit zusätzlichen Spalten für Untereinträge.
- Im Steuerelement `TreeView` zeigen Sie hierarchisch strukturierte Elementlisten an. Jeder Knoten enthält eine Auflistung untergeordneter Knoten, die wiederum untergeordnete Knoten haben können. Der Benutzer kann die einzelnen Knoten auf- und zuklappen.
- Das Steuerelement `NumericUpDown` bietet dem Benutzer die Möglichkeit, einen numerischen Wert auszuwählen, indem er Pfeilschaltflächen anklickt. Im Steuerelement `DomainUpDown` betätigt der Benutzer Pfeilschaltflächen, um einen Eintrag aus einem vorgegebenen Satz Optionen auszuwählen.
- Mit dem Steuerelement `CheckBox` kann der Benutzer Optionen aktivieren, die nicht voneinander abhängig sind. Sie können `CheckBox`-Steuerelemente zu Gruppen zusammenfassen, damit der Benutzer mehrere Optionen aktivieren kann.
- Mit dem Steuerelement `RadioButton` stellen Sie dem Benutzer eine Gruppe Optionen zur Verfügung, aus denen er immer nur eine einzige auswählen kann. Sie können mehrere `RadioButton`-Steuerelemente zu einer Gruppe zusammenfassen, aus deren Optionen der Benutzer genau eine auswählen muss.
- Mit dem Steuerelement `TrackBar` kann der Benutzer schnell einen numerischen Wert einstellen, indem er einen Schieberegler mit der Maus oder mit Tastaturbefehlen verschiebt.
- Im Steuerelement `DateTimePicker` wählt der Benutzer ein Datum oder eine Uhrzeit aus. Wenn das Format `Time` eingestellt ist, kann der Benutzer die gewünschte Uhrzeit im `DateTimePicker`-Steuerelement eintippen. Einen Tag kann er im Dropdownkalender auswählen.

- Das Steuerelement `MonthCalendar` ist sehr flexibel konfigurierbar. Der Benutzer wählt in einer intuitiven Benutzeroberfläche einen Datumsbereich aus. Sie können Tage fett hervorheben und eine maximale Länge für den ausgewählten Datumsbereich einstellen.
- `PictureBox` ist ein vielseitiges Steuerelement zum Anzeigen von Bildern in der Benutzeroberfläche. Es kann Bilder in vielen unterschiedlichen Formaten anzeigen. Die Komponente `ImageList` verwaltet eine Auflistung mit Bildern und kann Bilder in einheitlicher Größe und Farbtiefe zur Verfügung stellen.

Lernzielkontrolle

Mit den folgenden Fragen können Sie Ihr Wissen zu den Informationen aus Lektion 3, »Verwenden von Steuerelementen für Listenanzeige und spezielle Aufgaben «, überprüfen. Die Fragen finden Sie (in englischer Sprache) auch auf der Begleit-CD, Sie können sie also auch auf dem Computer im Rahmen eines Übungstests beantworten.

Hinweis Die Antworten

Die Antworten auf diese Fragen mit Erklärungen, warum die jeweiligen Auswahlmöglichkeiten richtig oder falsch sind, finden Sie im Abschnitt »Antworten« am Ende dieses Buchs.

1. Mit welchen der folgenden Eigenschaften und Methoden können Sie den Index des ausgewählten Elements in einem `ListBox`-Steuerelement ermitteln? (Wählen Sie alle zutreffenden Antworten aus.)

   A. `ListBox.IndexOf`

   B. `ListBox.SelectedIndex`

   C. `ListBox.SelectedIndices`

   D. `ListBox.Select`

2. Mit welcher der folgenden Methoden können Sie *nicht* ein Element zur Auflistung `Items` eines `ComboBox`-, `ListBox`- oder `CheckedListBox`-Steuerelements hinzufügen?

   A. `Items.Add`

   B. `Items.Insert`

   C. `Items.AddRange`

   D. `Items.Contains`

3. Welche der folgenden Einstellungen können Sie der Eigenschaft `View` eines `ListView`-Steuerelements *nicht* zuweisen?

   A. `LargeIcon`

   B. `Details`

   C. `Tree`

   D. `SmallIcon`

4. Welche der folgenden Werte können Sie der Eigenschaft `Checked` eines `CheckBox`-Steuerelements zuweisen? (Wählen Sie alle zutreffenden Antworten aus.)
   A. `Checked`
   B. `False`
   C. `Indeterminate`
   D. `Unchecked`
   E. `True`
   F. `NotChecked`
5. Sie entwerfen eine Anwendung, in der die Benutzer innerhalb eines bestimmten Monats einen Zeitraum von 1 bis 7 Tagen auswählen. Welche der folgenden Konfigurationen für ein `MonthCalendar`-Steuerelement eignen sich am besten für diese Aufgabe? (Wählen Sie alle zutreffenden Antworten aus.)
   A. Setzen Sie die Eigenschaft `MaxSelectionCount` auf den Wert 7.
   B. Tragen Sie in die Eigenschaft `SelectionRange` den ersten und letzten Tag des jeweiligen Monats ein.
   C. Tragen Sie in die Eigenschaft `MaxDate` den letzten Tag des jeweiligen Monats ein.
   D. Tragen Sie in die Eigenschaft `MinDate` den ersten Tag des jeweiligen Monats ein.
6. Welche der folgenden Codebeispiele verknüpfen ein Bild aus einem `ImageList`-Objekt mit einem `Button`-Steuerelement? Das `ImageList`-Objekt heißt `ImageList1` und das `Button`-Steuerelement `Button1`. (Wählen Sie alle zutreffenden Antworten aus.)

   A.

   ' Visual Basic
   ```
   Button1.Image = ImageList1
   ```
   // C#
   ```
   button1.Image = imageList1;
   ```

   B.

   ' Visual Basic
   ```
   Button1.ImageList = ImageList1
   Button1.ImageKey = ImageList1.Images(0)
   ```
   // C#
   ```
   button1.ImageList = imageList1;
   button1.ImageKey = imageList1.Images(0);
   ```

   C.

   ' Visual Basic
   ```
   Button1.ImageList = ImageList1
   Button1.ImageIndex = 0
   ```
   // C#
   ```
   button1.ImageList = imageList1;
   button1.ImageIndex = 0;
   ```

D.

' Visual Basic

```
Button1.ImageList = ImageList1
Button1.ImageKey = "myImage"
```

// C#

```
button1.ImageList = imageList1;
button1.ImageKey = "myImage";
```

Lektion 4: Verwenden von Symbolleisten und Menüs

Das Steuerelement ToolStrip bildet die Basis zum Erstellen eigener Symbolleisten, die sich wie ihre Vorbilder in Office und Microsoft Internet Explorer verhalten. Mit dem Steuerelement ToolStrip können Sie flexibel konfigurierbare, professionell aussehende Symbolleisten schnell entwickeln, um Ihre jeweils benötigten Funktionen zur Verfügung zu stellen. Menüs sind schon immer eine Komponente von Windows Forms-Anwendungen. Sie bieten dem Benutzer in einer intuitiven und einfach bedienbaren Oberfläche schnellen und einfachen Zugriff auf wichtige Anwendungsbefehle. Mit den MenuStrip-Steuerelementen können Sie sowohl Formularmenüs als auch Kontextmenüs (die sich öffnen, wenn der Benutzer mit der rechten Maustaste auf ein Objekt klickt) schnell zusammenstellen.

Am Ende dieser Lektion werden Sie in der Lage sein, die folgenden Aufgaben auszuführen:

- Erstellen von Symbolleisten, Menüs und Kontextmenüs
- Konfigurieren dieser Elemente für Ihre Anwendung

Veranschlagte Zeit für diese Lektion: 60 Minuten

Grundlagen des Steuerelements *ToolStrip*

Mit dem Steuerelement ToolStrip erstellen Sie Symbolleisten, die ein professionelles und einheitliches Verhalten und Aussehen bieten. ToolStrip-Steuerelemente sind Container für ToolStripItem-Steuerelemente, die innerhalb einer Symbolleiste liegen. Mithilfe der ToolStripItem-Steuerelemente können Sie dem Benutzer eine Vielzahl von Optionen und Funktionen zur Verfügung stellen.

ToolStrip-Steuerelemente kapseln die meisten Funktionen, die zum Verwalten einer Symbolleiste gebraucht werden. Sie verwalten das Layout und die Anordnung der enthaltenen Steuerelemente, ermöglichen es dem Benutzer, die Symbolleistenelemente neu anzuordnen, verwalten die Darstellung und erstellen Überlaufschaltflächen, wenn nicht alle Elemente auf die Symbolleiste passen. Tabelle 4.35 beschreibt einige wichtige Eigenschaften des Steuerelements ToolStrip.

Tabelle 4.35 Wichtige Eigenschaften des Steuerelements ToolStrip

Eigenschaft	Beschreibung
AllowItemReorder	Legt fest, ob der Benutzer die Anordnung der Elemente ändern darf. Wenn diese Eigenschaft den Wert True hat, kann der Benutzer die enthaltenen Symbolleistenelemente neu anordnen, indem er die ALT-Taste gedrückt hält und ein Element mit der Maus verschiebt.
AllowMerge	Gibt an, ob diese Symbolleiste mit anderen Symbolleisten zusammengeführt werden kann.
CanOverflow	Gibt an, ob Symbolleistenelemente bei Bedarf automatisch in die Überlaufschaltfläche verschoben werden.
Dock	Legt fest, wie die Symbolleiste angedockt ist. ToolStrip-Steuerelemente können zwar frei auf dem Formular liegen, normalerweise sind sie aber an einem Rand angedockt.

▶

Eigenschaft	Beschreibung
LayoutStyle	Legt fest, wie die Steuerelemente auf der Symbolleiste angeordnet sind. Der Wert HorizontalStackWithOverflow bedeutet, dass die Elemente horizontal angeordnet und bei Bedarf in den Überlaufbereich verschoben werden. VerticalStackWithOverflow bedeutet, dass die Elemente vertikal angeordnet und bei Bedarf in den Überlaufbereich verschoben werden. StackWithOverflow bedeutet, dass die Anordnung aus der Eigenschaft Dock der Symbolleiste abgeleitet wird. Beim Wert Flow werden die Elemente nach Bedarf horizontal oder vertikal angeordnet. Und der Wert Table bedeutet, dass alle Elemente linksbündig angeordnet werden.
RenderMode	Legt fest, wie die Symbolleistenelemente angezeigt werden. Beim Wert System werden die Systemeinstellungen verwendet, Professional stellt einen Office-Stil ein und ManagerRenderMode ermittelt die Einstellung automatisch.
ShowItemToolTips	Gibt an, ob Tooltips für einzelne Symbolleistenelemente angezeigt werden.
Stretch	Wenn die Symbolleiste in einem ToolStripContainer liegt, gibt diese Eigenschaft an, ob die Symbolleiste die ganze Länge des ToolStrip-Bereichssteuerelements überdeckt.
TextDirection	Die Richtung der Texte in Steuerelementen, die in dieser Symbolleiste liegen.

Das Steuerelement StatusStrip (Statusleiste) ähnelt ToolStrip. Es kann dieselben Steuerelemente aufnehmen wie ToolStrip. Der wichtigste Unterschied ist die Standardeinstellung der Eigenschaften. StatusStrip-Steuerelemente werden normalerweise unten an einem Formular angedockt, und der Benutzer bekommt darin Statusangaben angezeigt. Ihre Eigenschaften haben Standardwerte, die auf diese Aufgabe zugeschnitten sind. ToolStrip-Steuerelemente sind dagegen für eine Vielzahl von Aufgaben ausgelegt, ihre Eigenschaften Daten haben daher Standardwerte, die keine so spezialisierte Rolle erzwingen.

Hinzufügen von Elementen zu einer Symbolleiste

Während des Entwurfs fügen Sie Elemente zu einer Symbolleiste hinzu, indem Sie die gewünschten Elemente im Dropdownmenü des Designers auswählen (Abbildung 4.24).

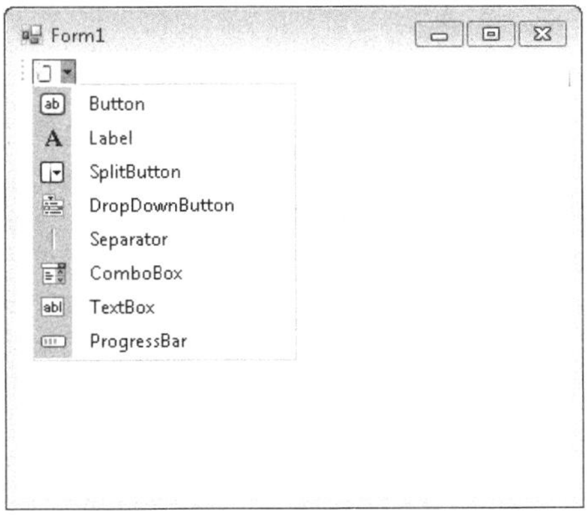

Abbildung 4.24 Hinzufügen von Symbolleistenelementen während des Entwurfs

Das Element, das Sie im Menü auswählen, wird in die Symbolleiste eingefügt. Außerdem wird eine Instanz davon zu Ihrer Anwendung hinzugefügt. Sie können nun Eigenschaften für das Element im Eigenschaftenfenster einstellen und im Programmcode auf das Element zugreifen.

Während der Laufzeit können Sie die Methode `ToolStrip.Items.Add` aufrufen, um Elemente dynamisch zu einer Symbolleiste hinzuzufügen. Sie übergeben dieser Methode entweder einen Verweis auf ein vorhandenes Symbolleistenelement, das zur Symbolleiste hinzugefügt wird, oder übergeben einen Text oder ein Bild, damit die Methode ein neues Symbolleistenelement anlegt und hinzufügt. Hier ein Beispiel:

' Visual Basic

```
Dim aToolStripItem As ToolStripItem
Dim bToolStripItem As ToolStripItem
aToolStripItem = myToolStrip.Items.Add("Neues Element")
bToolStripItem = myToolStrip.Items.Add(anImage)
```

// C#

```
ToolStripItem aToolStripItem;
ToolStripItem bToolStripItem;
aToolStripItem = myToolStrip.Items.Add("Neues Element");
bToolStripItem = myToolStrip.Items.Add(anImage);
```

In diesem Beispiel werden zwei neue Symbolleistenelemente hinzugefügt, indem ein Text beziehungsweise ein Bild an die Methode `Add` übergeben wird. Wenn Sie Elemente auf diese Weise hinzufügen, erhalten Sie immer ein `ToolStripButton`-Objekt. Die Methode `ToolStrip.Items.Add` gibt einen Verweis auf das neue Element zurück, daher können Sie während der Laufzeit auf seine Eigenschaften und Ereignisse zugreifen.

Sie können ein neues Symbolleistenelement auch selbst anlegen und dann direkt hinzufügen:

' Visual Basic

```
Dim aComboBox As New ToolStripComboBox()
myToolStrip.Items.Add(aComboBox)
```

// C#

```
ToolStripComboBox aComboBox = new ToolStripComboBox();
myToolStrip.Items.Add(aComboBox);
```

Mit diesem Schema können Sie während der Laufzeit ein Symbolleistenelement beliebigen Typs anlegen und es zur Symbolleiste hinzufügen.

Symbolleistenelemente

Windows Forms stellt verschiedene Elemente zur Verfügung, die Sie in Symbolleisten einbetten können. Steuerelemente wie `ToolStripLabel`, `ToolStripButton`, `ToolStripTextBox`, `ToolStripComboBox` und `ToolStripProgressBar` ähneln `Label`, `Button`, `TextBox`, `ComboBox` und `ProgressBar`, wurden aber so entworfen, dass sie sich optimal in Symbolleisten einbetten lassen. `ToolStripSplitButton`, `ToolStripDropDownButton` und `ToolStripSeparator` stellen Funktionen zur Verfügung, die speziell in Symbolleisten gebraucht werden.

Allgemeine Eigenschaften der Symbolleistenelemente

Symbolleistenelemente haben einige Eigenschaften gemeinsam, die ihr Verhalten in der Symbolleiste steuern. Tabelle 4.36 beschreibt die wichtigsten der Eigenschaften, die sich alle Symbolleistenelemente teilen.

Tabelle 4.36 Wichtige Eigenschaften von Symbolleistenelementen

Eigenschaft	Beschreibung
`MergeAction`	Legt fest, wie sich ein Symbolleistenelement in seiner Symbolleiste verhält, wenn sie mit anderen Symbolleisten zusammengeführt wird. Mögliche Werte sind `Append`, `Insert`, `MatchOnly`, `Remove` und `Replace`. Das Zusammenführen von Symbolleisten wird weiter unten in dieser Lektion beschrieben.
`MergeIndex`	Legt fest, wo ein Symbolleistenelement in einer zusammengeführten Symbolleiste erscheint, wenn die Eigenschaft `MergeAction` den Wert `Insert` hat.
`ToolTipText`	Der Text, der in einem Tooltip angezeigt wird, während die Maus über dem Symbolleistenelement steht. Das Tooltip erscheint nur, wenn die Eigenschaft `ToolStrip.ShowItemToolTips` den Wert `True` hat. Beachten Sie, dass diese Eigenschaft im Steuerelement `ToolStripSeparator` nicht zur Verfügung steht.

ToolStripLabel

Das Steuerelement `ToolStripLabel` vereint die Funktionen der Steuerelemente `Label` und `LinkLabel`. Wenn die Eigenschaft `IsLink` den Wert `False` hat, zeigt `ToolStripLabel` den Text aus seiner Eigenschaft `Text` in der Symbolleiste an und verhält sich ähnlich wie ein einfaches `Label`-Steuerelement. Hat die Eigenschaft `IsLink` den Wert `True`, verhält sich das Steuerelement wie ein `LinkLabel`-Steuerelement. Im Ereignishandler `ToolStripLabel.Click` können Sie Aktionen programmieren, die ausgeführt werden, wenn der Benutzer das Steuerelement anklickt.

ToolStripButton

Das Steuerelement `ToolStripButton` verhält sich wie das vertraute Steuerelement `Button`. Es erscheint als Schaltfläche in der Symbolleiste, normalerweise zeigt es dabei ein Symbol an, das seine Funktion verrät. Der Benutzer kann die Schaltfläche anklicken, um eine Aktion auszuführen. Wenn Sie die Schaltfläche anklicken, wird der Code aus dem Ereignishandler `ToolStripButton.Click` ausgeführt.

ToolStripSeparator

Das Steuerelement `ToolStripSeparator` trennt Elemente in einer Symbolleiste optisch voneinander. Es kann zwar auf Mausklicks reagieren, weil es den Ereignishandler `ToolStripSeparator.Click` definiert, im Allgemeinen dient es aber nur dazu, die Darstellung übersichtlicher machen.

ToolStripComboBox

Das Steuerelement `ToolStripComboBox` ähnelt `ComboBox`, wird aber in eine Symbolleiste eingebettet. Wie das Steuerelement `ComboBox` kann es die Stile `Simple`, `DropDown` oder `DropDownList` haben, und es verwaltet seine Listenelemente in der Auflistung `Items`. Wenn der Benutzer ein Element im `ToolStripComboBox`-Steuerelement auswählt oder eintippt, können Sie über die Eigenschaft `Text` darauf zugreifen.

ToolStripTextBox

`ToolStripTextBox` ähnelt dem Standardsteuerelement `TextBox`. Der Benutzer kann eine Zeichenfolge in das Textfeld eintippen, auf die Sie im Programmcode über die Eigenschaft

ToolStripTextBox.Text zugreifen. Der Hauptunterschied bezüglich des Funktionsumfangs ist, dass ToolStripTextBox nicht die Eigenschaft Multiline hat. Daher ist es immer einzeilig.

ToolStripProgressBar

ToolStripProgressBar ist ein Steuerelement, das dem Benutzer den Fortschritt einer zeitaufwendigen Aufgabe anzeigt. Es arbeitet ganz ähnlich wie das Steuerelement ProgressBar. Die Eigenschaften Minimum und Maximum legen die Mindest- und Höchstwerte fest, und die Eigenschaft Value enthält die aktuelle Einstellung. Die optische Darstellung wird durch die Eigenschaft Style gesteuert. Wenn Style den Wert Blocks oder Continuous hat, wird der Wert der Eigenschaft Value in der Bedienoberfläche als Prozentwert angezeigt, indem der Balken der Statusanzeige entsprechend weit gefüllt wird. Hat die Eigenschaft Style den Wert Marquee, bewegen sich gleichmäßig Kästchen über die Statusanzeige. Ihre Geschwindigkeit wird von der Eigenschaft MarqueeAnimationSpeed festgelegt. Während der Laufzeit erhöhen Sie den Wert eines ToolStripProgressBar-Steuerelements, indem Sie entweder der Eigenschaft Value direkt einen Wert zuweisen oder die Methoden Increment und PerformStep aufrufen.

ToolStripDropDownButton

ToolStripDropDownButton erstellt ein Dropdownmenü, das sich öffnet, wenn der Benutzer die Schaltfläche anklickt. Während des Entwurfs erstellen Sie das Menü, indem Sie den Text der Menüelemente im Menüdesigner eintippen.

Jedes Menüelement hat sein eigenes ToolStripMenuItem.Click-Ereignis, auf das Sie reagieren können.

ToolStripSplitButton

Das Steuerelement ToolStripSplitButton kombiniert die Funktionen von ToolStripButton und ToolStripDropDownButton. Es zeigt eine Schaltfläche an, die der Benutzer anklicken kann, um Code auszuführen. Zusätzlich stellt es ein Dropdownmenü im Stil des Steuerelements ToolStripDropDownButton zur Verfügung. Sie können das Ereignis ToolStripSplitButton.Click behandeln, um im Code auf Schaltflächenklicks zu reagieren, oder die unterschiedlichen ToolStripMenuItem.Click-Ereignisse behandeln.

Anzeigen von Bildern in Symbolleistenelementen

Die Steuerelemente ToolStripButton, ToolStripDropDownButton und ToolStripSplitButton können Text, Bilder oder eine Kombination aus beiden anzeigen. Tabelle 4.37 zeigt, wie die Eigenschaften dieser Steuerelemente die Anzeige von Bildern steuern.

Tabelle 4.37 Eigenschaften zum Anzeigen von Bildern in ToolStripButton-Steuerelementen

Eigenschaft	Beschreibung
DisplayStyle	Legt fest, ob das Steuerelement mit Text, Bild oder beiden angezeigt wird.
Image	Das Bild, das diesem Steuerelement zugeordnet ist.
ImageAlign	Gibt an, wie das Bild im Steuerelement ausgerichtet wird.
ImageScaling	Legt fest, ob die Größe des Bilds an das Steuerelement angepasst wird.
ImageTransparentColor	Die Farbe innerhalb des Bilds, die als transparent interpretiert wird, wenn es in der Benutzeroberfläche gezeichnet wird.

So zeigen Sie ein Bild in einer Symbolleiste an:

1. Wählen Sie das Steuerelement aus. Stellen Sie im Eigenschaftenfenster sicher, dass die Eigenschaft `DisplayStyle` den Wert `Image` oder `ImageAndText` hat.
2. Wählen Sie im Eigenschaftenfenster das Bild für das Steuerelement aus, indem Sie auf die Eigenschaft *Image* klicken und das gewünschte Bild im Dialogfeld *Ressource auswählen* wählen.

Die Klasse *ToolStripContainer*

Die Klasse `ToolStripContainer` ist ein Containersteuerelement, das darauf spezialisiert ist, Symbolleisten aufzunehmen und das sogenannte Rafting zu ermöglichen, bei dem der Benutzer eine Symbolleiste greifen und von einem Rand des Containers an einen anderen verschieben kann.

`ToolStripContainer` enthält fünf Bereichssteuerelemente: vier `ToolStrip`-Bereichssteuerelemente (eines für jeden Rand des Formulars) und ein `Content`-Bereichssteuerelement. Am häufigsten setzen Sie `ToolStripContainer` ein, indem Sie es zu einem Formular hinzufügen und seiner Eigenschaft `Dock` den Wert `Fill` zuweisen. Daraufhin füllt das `ToolStripContainer`-Steuerelement das gesamte Formular aus, sodass die Symbolleistenbereiche an allen Seiten zur Verfügung stehen.

Während des Entwurfs fügen Sie eine Symbolleiste zu einem Symbolleistencontainer hinzu, indem Sie sie aus der Toolbox auf einen der Symbolleistenbereiche ziehen. Welche Symbolleistenbereiche dem Benutzer zur Verfügung stehen, legen Sie fest, indem Sie die Eigenschaften `TopToolStripPanelVisible`, `BottomToolStripPanelVisible`, `LeftToolStripPanelVisible` und `RightToolStripPanelVisible` einstellen. Wenn diese Eigenschaften den Wert `True` haben, steht der entsprechende Bereich während der Laufzeit für das Rafting der Symbolleiste zur Verfügung. Haben sie den Wert `False`, ist der entsprechende Bereich nicht verfügbar.

Zusammenführen von Symbolleisten

Sie können `ToolStrip`-Steuerelemente während der Laufzeit zusammenführen (merge) und ihre Elemente in einer einzigen Symbolleiste zusammenfassen. Sie führen Symbolleisten zusammen, indem Sie die Methode `ToolStripManager.Merge` aufrufen:

' Visual Basic

```
ToolStripManager.Merge(sourceToolStrip, targetToolStrip)
```

// C#

```
ToolStripManager.Merge(sourceToolStrip, targetToolStrip);
```

`ToolStripManager` ist eine statische Klasse, die Layout und Darstellung der Symbolleisten auf einem Formular verwaltet. Weil es sich um eine statische Klasse handelt, brauchen Sie keine Instanz davon anzulegen; Sie können ihre Methoden direkt aufrufen.

Das letzte Beispiel führt die erste Symbolleiste, `sourceToolStrip`, mit der zweiten, `targetToolStrip`, zusammen. Die Symbolleistenelemente in `sourceToolStrip` werden daraufhin mit den Elementen in `targetToolStrip` zusammengeführt. Auf welche Weise das geschieht, legt die Eigenschaft `MergeAction` fest. Tabelle 4.38 beschreibt die verfügbaren Werte für die Eigenschaft `MergeAction`.

Tabelle 4.38 Mögliche Werte für die Eigenschaft `MergeAction` eines `ToolStripItem`-Steuerelements

Wert in `MergeAction`	**Ausgeführte Aktion**
`Append`	Hängt das Element an das Ende der Elementliste an.
`Insert`	Fügt das Element an der Position ein, die in der Eigenschaft `MergeIndex` angegeben ist.
`MatchOnly`	Sucht nach einer Übereinstimmung, führt aber keine Aktion aus.
`Remove`	Falls ein gleichartiges Symbolleistenelement gefunden wird, wird dieses Element aus der neuen Symbolleiste entfernt.
`Replace`	Falls ein gleichartiges Symbolleistenelement gefunden wird, wird es durch das Element dieser Symbolleiste ersetzt.

Beim Zusammenführen von Symbolleisten wird jedes Symbolleistenelement in der Quellsymbolleiste mit jedem Symbolleistenelement in der Zielsymbolleiste verglichen. Der Vergleich wird anhand der Eigenschaft `Text` der Symbolleistenelemente ausgeführt. Haben zwei Symbolleistenelemente dieselbe Beschriftung in der Eigenschaft `Text`, wird das als Übereinstimmung gewertet, selbst wenn es sich um unterschiedliche Typen handelt. (Ein Beispiel: Ein `ToolStripLabel`-Element und ein `ToolStripButton`-Element, bei denen die Eigenschaft `Text` jeweils den Inhalt *Ausführen* hat, werden als Übereinstimmung betrachtet.) Wenn eine Übereinstimmung gefunden wird und die Eigenschaft `MergeAction` des Elements in der Quellsymbolleiste den Wert `MatchOnly`, `Remove` oder `Replace` hat, wird die entsprechende Aktion ausgeführt. Andernfalls wird das Symbolleistenelement angehängt oder eingefügt, wie von der Eigenschaft `MergeAction` festgelegt.

Symbolleisten können nur zusammengeführt werden, wenn ihre Eigenschaft `AllowMerge` den Wert `True` hat.

Schnelltest

1. Welche Aufgabe hat das Steuerelement `ToolStrip`?
2. Welche Arten von `ToolStripItem`-Steuerelementen können in ein `ToolStrip`-Steuerelement eingebettet sein?

Antworten zum Schnelltest

1. Ein `ToolStrip`-Steuerelement nimmt `ToolStripItem`-Steuerelemente auf, die häufig benötigte Befehle oder Funktionen zur Verfügung stellen. Der Benutzer kann die Konfiguration dabei während der Laufzeit flexibel an seine Vorlieben anpassen.
2. `ToolStrip` kann beliebige `ToolStripItem`-Objekte aufnehmen, darunter `ToolStripMenuItem`-Steuerelemente.

Grundlagen des Steuerelements *MenuStrip*

Das Steuerelement `MenuStrip` (Menüleiste) ist im Wesentlichen ein `ToolStrip`-Steuerelement, das auf die Anzeige von `ToolStripMenu`-Elementen optimiert ist. `MenuStrip` ist von `ToolStrip` abgeleitet. Es kann daher alle Symbolleistenelemente einbetten, die im letzten Abschnitt beschrieben wurden. Seine Hauptaufgabe besteht aber darin, `ToolStripMenuItem`-Objekte aufzunehmen.

ToolStripMenuItem-Steuerelemente stellen die Einträge in einem Menü optisch dar. Sie können als Text, Bild oder beides angezeigt werden. Und sie führen den Code aus ihren ToolStripMenuItem.Click-Ereignishandlern aus, wenn sie angeklickt werden. Jedes ToolStripMenuItem-Steuerelement kann wiederum einen Satz Menüelemente enthalten, sodass Sie verschachtelte Menüs aufbauen können.

Das Steuerelement MenuStrip stellt viele Eigenschaften zur Verfügung, die das Verhalten der eingebetteten ToolStripMenuItem-Einträge steuern. Tabelle 4.39 beschreibt die wichtigsten Eigenschaften des Steuerelements MenuStrip.

Tabelle 4.39 Wichtige Eigenschaften des Steuerelements MenuStrip

Eigenschaft	Beschreibung
AllowItemReorder	Legt fest, ob der Benutzer die Anordnung der Elemente ändern darf. Wenn diese Eigenschaft den Wert True hat, kann der Benutzer die enthaltenen Menüeinträge neu anordnen, indem er die ALT-Taste gedrückt hält und ein Element mit der Maus verschiebt.
AllowMerge	Gibt an, ob diese Menüleiste mit anderen Menüleisten zusammengeführt werden kann.
Dock	Legt fest, wie die Menüleiste angedockt ist. MenuStrip-Steuerelemente können zwar frei auf dem Formular liegen, normalerweise sind sie aber an einem Rand angedockt.
LayoutStyle	Legt fest, wie die Steuerelemente auf der Menüleiste angeordnet sind. Der Wert HorizontalStackWithOverflow bedeutet, dass die Elemente horizontal angeordnet und bei Bedarf in den Überlaufbereich verschoben werden. VerticalStackWithOverflow bedeutet, dass die Elemente vertikal angeordnet und bei Bedarf in den Überlaufbereich verschoben werden. StackWithOverflow bedeutet, dass die Anordnung aus der Eigenschaft Dock der Menüleiste abgeleitet wird. Beim Wert Flow werden die Elemente nach Bedarf horizontal oder vertikal angeordnet. Und der Wert Table bedeutet, dass alle Elemente linksbündig angeordnet werden.
RenderMode	Legt fest, wie die Menüleistenelemente angezeigt werden. Beim Wert System werden die Systemeinstellungen verwendet, Professional stellt einen Office-Stil ein und ManagerRenderMode ermittelt die Einstellung automatisch.
ShowItemToolTips	Gibt an, ob Tooltips für einzelne Menüleistenelemente angezeigt werden.
Stretch	Wenn die Menüleiste in einem ToolStripContainer liegt, gibt diese Eigenschaft an, ob die Menüleiste die ganze Länge des ToolStripPanel-Steuerelements überdeckt.
TextDirection	Die Richtung der Texte in Steuerelementen, die in dieser Menüleiste liegen.

Wie Sie sehen, hat das Steuerelement MenuStrip ganz ähnliche Eigenschaften wie ToolStrip. Weil MenuStrip von ToolStrip abgeleitet ist, stellt es praktisch alle Eigenschaften aus ToolStrip zur Verfügung und kapselt denselben Funktionsumfang.

ToolStripMenuItem-Steuerelemente stellen alle Funktionen zur Verfügung, die Sie von Menüs erwarten. Tabelle 4.40 beschreibt einige der wichtigsten Eigenschaften des Steuerelements ToolStripMenuItem.

Tabelle 4.40 Wichtige Eigenschaften des Steuerelements `ToolStripMenuItem`

Eigenschaft	Beschreibung
`AutoSize`	Legt fest, ob die Größe des Menüelements automatisch an den Text angepasst wird.
`Checked`	Legt fest, ob das Menüelement ausgewählt angezeigt wird.
`CheckOnClick`	Legt fest, ob das Menüelement automatisch ausgewählt wird, wenn der Benutzer es anklickt.
`CheckState`	Gibt den `CheckState`-Wert des Menüelements zurück. Mögliche Werte sind `Checked`, `Unchecked` und `Indeterminate`.
`DisplayStyle`	Legt fest, wie das Menüelement angezeigt wird. Wenn diese Eigenschaft den Wert `None` hat, wird der Eintrag nicht angezeigt. Der Wert `Text` bedeutet, dass nur Text angezeigt wird. Beim Wert `Image` wird das Element nur mit einem Bild angezeigt, und beim Wert `ImageAndText` sowohl mit Bild als auch danebenliegendem Text.
`DoubleClickEnabled`	Legt fest, ob das Ereignis `DoubleClick` ausgelöst wird.
`DropDownItems`	Enthält eine Auflistung der Menüleistenelemente (normalerweise, aber nicht immer `ToolStripMenuItem`-Objekte), die in der Dropdownliste angezeigt werden, wenn der Benutzer dieses Element auswählt.
`Enabled`	Legt fest, ob das Menüelement aktiviert ist.
`Image`	Das Bild, das mit diesem `ToolStripMenuItem`-Objekt verknüpft ist.
`MergeAction`	Legt fest, welche Aktion dieses `ToolStripMenuItem`-Objekt ausführt, wenn die Menüs zusammengeführt werden.
`MergeIndex`	Legt die Reihenfolge der Elemente im neuen Menü fest, wenn Menüs zusammengeführt werden.
`ShortcutKeyDisplayString`	Eine benutzerdefinierte Zeichenfolge für die Zugriffstaste, die neben dem Menüelement angezeigt wird. Falls die Zugriffstasten aktiviert sind, diese Eigenschaft aber leer ist, wird die tatsächliche Tastenkombination angezeigt.
`ShortcutKeys`	Die Tastenkombination, die als Zugriffstaste für den Menübefehl verwendet wird.
`ShowShortcutKeys`	Legt fest, ob Zugriffstasten angezeigt werden.
`Text`	Der Text, der im Menüelement angezeigt wird.
`TextImageRelation`	Legt fest, wie Text und Bild zusammen angezeigt werden, wenn die Eigenschaft `DisplayStyle` den Wert `ImageAndText` hat.

Erstellen von Menüleisten und Menüeinträgen

Während des Entwurfs erstellen Sie ein `MenuStrip`-Steuerelement genauso wie jedes andere Steuerelement: Sie ziehen es aus der Toolbox auf die Entwurfsoberfläche. Sobald es zur Entwurfsoberfläche hinzugefügt wurde, erscheint eine Oberfläche zum Erstellen von `ToolStripMenuItem`-Objekten. Geben Sie eine Zeichenfolge in das Feld der Menüleiste ein, um einen neuen `ToolStripMenuItem`-Eintrag zu erstellen. Wenn Sie ein neues Element erstellt haben, erscheinen zusätzliche Elemente rechts und unter dem neuen `ToolStripMenuItem`-Eintrag, mit denen Sie weitere Elemente oder Untereinträge des ersten Elements definieren können. Diese Oberfläche verschwindet, sobald Sie ein anderes Element im Designer auswählen, aber Sie können es jederzeit wieder anzeigen, indem Sie erneut auf das `ToolStrip`-

MenuItem-Objekt klicken. Abbildung 4.25 zeigt die Benutzeroberfläche, in der Sie ToolStrip-MenuItem-Einträge erstellen.

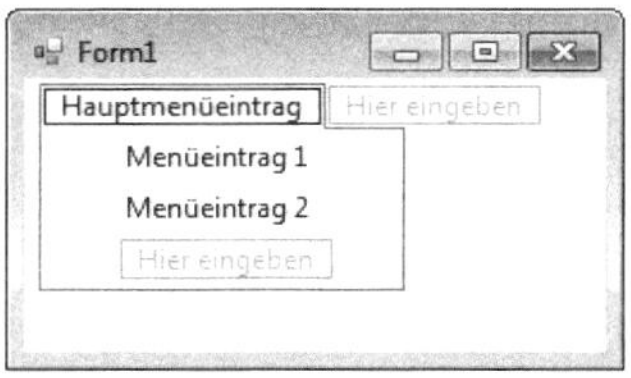

Abbildung 4.25 Die Benutzeroberfläche zum Erstellen von Menüeinträgen

Beachten Sie, dass sich das Standardnamensschema für das Steuerelement ToolStripMenuItem vom üblichen Namensschema anderer Steuerelemente unterscheidet. An die Namen von Steuerelementen wie Button wird eine Zahl angehängt, wenn sie auf das Formular gezogen werden (zum Beispiel Button1). Dagegen wird dem Namen von ToolStripMenuItem-Objekten der Text des Menüelements vorangestellt. Wenn Sie also das Menüelement *Datei* erstellen, bekommt es standardmäßig den Namen dateiToolStripMenuItem. Sie können ein Menüelement umbenennen, indem Sie seine Eigenschaft Name im Eigenschaftenfenster ändern.

Ändern der Eigenschaften für mehrere Menüeinträge gleichzeitig

Manchmal ist es nützlich, die Eigenschaften mehrerer Menüelemente (oder sonstiger Steuerelemente) gleichzeitig zu bearbeiten. Auf diese Weise stellen Sie sicher, dass alle ausgewählten Steuerelemente dieselbe Einstellung in einer bestimmten Eigenschaft haben. Wenn Sie unterschiedliche Steuerelementtypen ausgewählt haben, zeigt das Eigenschaftenfenster nur die Eigenschaften und Ereignisse an, die alle diese Steuerelemente gemeinsam haben.

Gehen Sie folgendermaßen vor, um die Eigenschaften mehrerer Menüelemente gleichzeitig zu ändern:

1. Halten Sie die STRG-Taste gedrückt und klicken Sie alle Menüelemente an, die Sie bearbeiten wollen.
2. Nehmen Sie die gewünschten Änderungen im Eigenschaftenfenster vor. Die neuen Einstellungen gelten für alle ausgewählten Menüelemente.

Sie können ToolStripMenuItem-Objekte auch vom Programmcode aus zu Menüleisten hinzufügen. Dabei haben Sie die Wahl, ob Sie ein vorhandenes Menüelement (zum Beispiel ein Element aus einer anderen Menüleiste) verwenden oder ein neues Menüelement anlegen und zur Menüleiste hinzufügen. Das folgende Codebeispiel demonstriert beide Techniken:

' Visual Basic

```
' Fügt ein vorhandenes ToolStripMenuItem-Objekt zum MenuStrip-Steuerelement hinzu
MenuStrip1.Items.Add(OpenToolStripMenuItem)
' Erstellt ein neues ToolStripMenuItem-Obj. und fügt es zum MenuStrip-Steuerelement hinzu
Dim HelpToolStripMenuItem As New ToolStripMenuItem("Hilfe")
MenuStrip1.Items.Add(HelpToolStripMenuItem)
```

// C#

```
// Fügt ein vorhandenes ToolStripMenuItem-Objekt zum MenuStrip-Steuerelement hinzu
menuStrip1.Items.Add(OpenToolStripMenuItem);
```

```
// Erstellt ein neues ToolStripMenuItem-Obj. und fügt es zum MenuStrip-Steuerelement hinzu
ToolStripMenuItem HelpToolStripMenuItem = new ToolStripMenuItem("Hilfe");
menuStrip1.Items.Add(HelpToolStripMenuItem);
```

Sie können die Methode `MenuStrip.Items.Add` auch aufrufen, um neue `ToolStripMenuItem`-Objekte hinzuzufügen, wenn Sie keinen Verweis auf ein vorhandenes `ToolStripMenuItem`-Objekt haben. Das folgende Beispiel zeigt, wie Sie einen Text oder ein Bild übergeben, um ein `ToolStripMenuItem`-Objekt zu erstellen und einen Verweis darauf zu erhalten:

' Visual Basic

```
Dim newMenuItem1 As ToolStripMenuItem
Dim newMenuItem2 As ToolStripMenuItem
' Fügt einen neuen Menüeintrag mit dem angegebenen Text hinzu
newMenuItem1 = MenuStrip1.Items.Add("Datei")
' Fügt einen neuen Menüeintrag mit dem angegebenen Bild hinzu
newMenuItem2 = MenuStrip1.Items.Add(anImage)
```

// C#

```
ToolStripMenuItem newMenuItem1;
ToolStripMenuItem newMenuItem2;
// Fügt einen neuen Menüeintrag mit dem angegebenen Text hinzu
newMenuItem1 = MenuStrip1.Items.Add("Datei");
// Fügt einen neuen Menüeintrag mit dem angegebenen Bild hinzu
newMenuItem2 = MenuStrip1.Items.Add(anImage);
```

Auf ähnliche Weise fügen Sie neue oder vorhandene `ToolStripMenuItem`-Objekte zu Dropdownelementen eines vorhandenen `ToolStripMenuItem`-Eintrags hinzu. Damit legen Sie neue Einträge in einem Untermenü an. Das folgende Codebeispiel zeigt, wie Sie ein `ToolStripMenuItem`-Objekt zur Auflistung `DropDownItems` eines vorhandenen `ToolStripMenuItem`-Objekts hinzufügen:

' Visual Basic

```
Dim newMenuItem1 As ToolStripMenuItem
Dim newMenuItem2 As ToolStripMenuItem
' Fügt ein vorhandenes ToolStripMenuItem-Eintrag zu einem anderen
'  vorhandenen ToolStripMenuItem-Eintrag hinzu
FileToolStripMenuItem.DropDownItems.Add(OpenToolStripMenuItem)
' Erstellt ein neues ToolStripMenuItem-Obj. und fügt es zum MenuStrip-Steuerelement hinzu
Dim HelpToolStripMenuItem As New ToolStripMenuItem("Hilfe")
FileToolStripMenuItem.DropDownItems.Add(HelpToolStripMenuItem)
' Fügt einen neuen Menüeintrag mit dem angegebenen Text hinzu
newMenuItem1 = FileToolStripMenuItem.DropDownItems.Add("Öffnen")
' Fügt einen neuen Menüeintrag mit dem angegebenen Bild hinzu
newMenuItem2 = FileToolStripMenuItem.DropDownItems.Add(anImage)
```

// C#

```
ToolStripMenuItem newMenuItem1;
ToolStripMenuItem newMenuItem2;
// Fügt ein vorhandenes ToolStripMenuItem-Eintrag zu einem anderen
//  vorhandenen ToolStripMenuItem-Eintrag hinzu
FileToolStripMenuItem.DropDownItems.Add(OpenToolStripMenuItem);
```

```
// Erstellt ein neues ToolStripMenuItem-Obj. und fügt es zum MenuStrip-Steuerelement hinzu
ToolStripMenuItem HelpToolStripMenuItem = new ToolStripMenuItem("Hilfe");
FileToolStripMenuItem.DropDownItems.Add(HelpToolStripMenuItem);
// Fügt einen neuen Menüeintrag mit dem angegebenen Text hirzu
newMenuItem1 = (ToolStripMenuItem)FileToolStripMenuItem.DropDownItems.Add("Öffnen");
// Fügt einen neuen Menüeintrag mit dem angegebenen Bild hinzu
newMenuItem2 = (ToolStripMenuItem)FileToolStripMenuItem.DropDownItems.Add(anImage);
```

Kopieren von Menüeinträgen während des Entwurfs

Gelegentlich müssen Sie Menüelemente von einer Stelle an eine andere kopieren. Wenn Sie beispielsweise unterschiedliche Menüs erstellen, aber in beiden ein Satz gemeinsamer Grundelemente vorkommt, können Sie die Menüelemente ganz einfach im Designer kopieren und einfügen. Gehen Sie dazu folgendermaßen vor:

1. Klicken Sie im Designer mit der rechten Maustaste auf das Menüelement, das Sie kopieren wollen, und wählen Sie im Kontextmenü den Befehl *Kopieren.*
2. Klicken Sie im Designer mit der rechten Maustaste auf das Menüelement, in das Sie den Eintrag kopieren wollen, und wählen Sie im Kontextmenü den Befehl *Einfügen.* Das Menüelement wird nun an die neue Stelle kopiert.

Mit dieser Methode können Sie Toplevel-Elemente in untergeordnete Elemente, untergeordnete Elemente in Toplevel-Elemente, Toplevel-Elemente in andere Toplevel-Elemente oder untergeordnete Elemente in andere untergeordnete Elemente kopieren.

Erweiterte Funktionen in Menüs

Menüs können viele Erweiterungen implementieren, um dem Benutzer die Bedienung zu erleichtern. Dieser Abschnitt beschreibt, wie Sie Häkchen, Zugriffstasten, Trennstriche und Tastenkombinationen für Menüelemente erstellen.

Hinzufügen von Häkchen zu Menüeinträgen

Sie können Häkchen neben allen untergeordneten Menüelementen anzeigen, aber nicht neben Toplevel-Menüelementen. Das ist nützlich, wenn Sie deutlich machen wollen, dass der Benutzer eine Option ein- oder ausschalten kann. Sie zeigen ein Häkchen neben einem Menüelement an, indem Sie der Eigenschaft `Checked` den Wert `True` zuweisen:

' Visual Basic

```
OptionToolStripMenuItem.Checked = True
```

// C#

```
optionToolStripMenuItem.Checked = true;
```

Stattdessen können Sie auch einstellen, ob das Menüelement aktiviert ist, indem Sie der Eigenschaft `CheckState` den Wert `Checked` zuweisen:

' Visual Basic

```
OptionToolStripMenuItem.CheckState = CheckState.Checked
```

// C#

```
optionToolStripMenuItem.CheckState = CheckState.Checked;
```

Die boolesche Eigenschaft `Checked` gibt an, ob ein Element aktiviert ist. Ist das der Fall, gibt die Eigenschaft `Checked` den Wert `True` zurück. Befindet sich das Element in einem anderen Zustand, gibt die Eigenschaft `Checked` den Wert `False` zurück. Die Eigenschaft `CheckState` enthält dagegen den tatsächlichen Zustand des Menüelements und gibt die Werte `CheckState.Checked`, `CheckState.Unchecked` oder `CheckState.Indeterminate` zurück.

Wenn Sie wollen, dass ein Menüelement aktiviert angezeigt wird, nachdem der Benutzer es angeklickt hat, können Sie die Eigenschaft `CheckOnClick` auf den Wert `True` setzen. Daraufhin wird das Häkchen neben dem Menüelement jedes Mal, wenn der Benutzer das Menüelement anklickt, ein- beziehungsweise ausgeschaltet. Über die Eigenschaften `ToolStripMenuItem.CheckState` oder `ToolStripMenuItem.Checked` können Sie den Zustand vom Programmcode aus ändern oder ermitteln, ob das Menüelement ausgewählt ist.

Hinzufügen von Trennstrichen zu Menüs

Menüs werden oft übersichtlicher, wenn Sie Trennstriche einfügen und auf diese Weise Menüeinträge zu Gruppen zusammenfassen. Während des Entwurfs fügen Sie einen Trennstrich in ein Untermenü ein, indem Sie im Designer den Eintrag *Separator* aus dem Dropdownfeld eines Menüelements auswählen.

Wenn Sie einen Trennstrich zu einem Toplevelmenü hinzufügen wollen, müssen Sie das vom Programmcode aus tun, indem Sie eine neue Instanz von `ToolStripSeparator` anlegen und sie an der gewünschten Stelle in die Auflistung `MenuStrip.Items` einfügen:

' Visual Basic

```
Dim aSeparator As New ToolStripSeparator
MenuStrip1.Items.Insert(1, aSeparator)
```

// C#

```
ToolStripSeparator aSeparator = new ToolStripSeparator();
menuStrip1.Items.Insert(1, aSeparator);
```

Definieren von Zugriffstasten

Mit Zugriffstasten (access key) kann der Benutzer auf Menüeinträge zugreifen, indem er die jeweilige Taste zusammen mit der ALT-Taste drückt. Ist zum Beispiel für das Menü *Datei* die Zugriffstaste D definiert, öffnet sich dieses Menü, wenn der Benutzer die Tastenkombination ALT+D drückt. Menüs, die Untermenüs enthalten, werden geöffnet, wenn der Benutzer die Zugriffstastenkombination drückt. Menüeinträge, die einen Befehl enthalten, führen den jeweiligen Befehl aus. Beachten Sie, dass die Zugriffstaste nur funktioniert, während das Menüelement sichtbar ist. Wenn Sie daher eine Zugriffstaste für das Menüelement *Speichern* im Menü *Datei* definieren, muss das *Datei*-Menü bereits geöffnet sein, damit die Zugriffstastenkombination funktioniert.

Sie definieren eine Zugriffstaste für ein Menü, indem Sie dem Zeichen, das Sie als Zugriffstaste verwenden wollen, das Symbol »&« voranstellen. Wenn Sie beispielsweise die Zugriffstastenkombination ALT+D für das *Datei*-Menü definieren wollen, tragen Sie in die Eigenschaft `Text` des entsprechenden `ToolStripMenuItem`-Objekts die Beschriftung `&Datei` ein.

Definieren von Tastenkombinationen

Im Unterschied zu Zugriffstasten sind Tastenkombinationen (shortcut key) eine Kombination aus Tastendrücken, mit denen der Benutzer ein Menüelement direkt aufrufen kann, unabhängig davon, ob das Menüelement sichtbar ist oder nicht. Sie können zum Beispiel die Tastenkombination STRG+S als Zugriffstaste für den Menübefehl *Speichern* im Menü *Datei* definieren. Selbst wenn das *Datei*-Menü nicht offen ist, wird der *Speichern*-Befehl ausgeführt, wenn der Benutzer die Tastenkombination STRG+S drückt. Ein weiterer Unterschied zu Zugriffstasten ist, dass Sie keine Tastenkombinationen für Toplevelmenüs definieren können, sondern nur für Elemente in Untermenüs.

Während des Entwurfs erstellen Sie eine Zugriffstaste, indem Sie die Eigenschaft `ShortcutKeys` im Eigenschaftenfenster einstellen. Wenn Sie auf die Eigenschaft *ShortcutKeys* klicken, wird ein Fenster geöffnet, in dem Sie die gewünschte Tastenkombination definieren. Abbildung 4.26 zeigt diese Benutzeroberfläche.

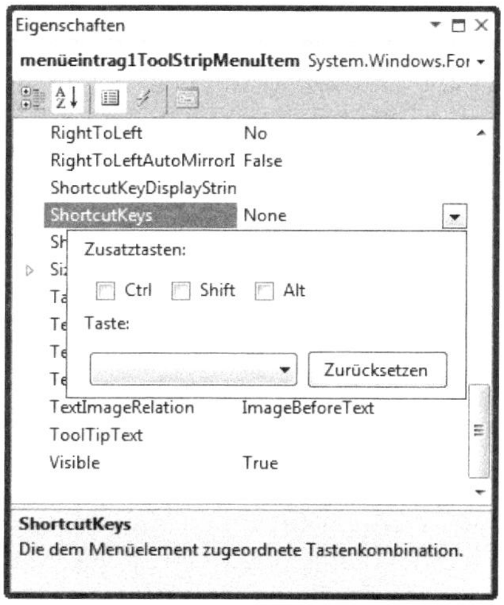

Abbildung 4.26 Der Editor für die Eigenschaft `ShortcutKeys`

Wenn Sie die Tastenkombination neben dem Menüelement anzeigen wollen, können Sie die Eigenschaft `ShowShortcutKeys` des `ToolStripMenuItem`-Steuerelements auf den Wert `True` setzen. Sie können statt der Tastenkombination auch benutzerdefinierten Text anzeigen lassen. In diesem Fall tragen Sie den gewünschten Text in die Eigenschaft `ShortcutKeyDisplayString` ein.

Elemente zwischen Menüs verschieben

Sie können Elemente während der Laufzeit von einem Menü in ein anderes verschieben. Auf diese Weise können Sie Ihre Menüs dynamisch an besondere Zwecke anpassen. Sie verschieben ein Menüelement in eine andere Menüleiste, indem Sie die Methode `MenuStrip.Items.Add` aufrufen, um das Element zum neuen `MenuStrip`-Steuerelement hinzuzufügen. Es wird daraufhin automatisch aus dem bisherigen `MenuStrip`-Steuerelement entfernt. Wenn Sie das Menüelement an einer bestimmten Stelle in der neuen Menüleiste einfügen wollen, können Sie die Methode `Insert` aufrufen und den gewünschten Index angeben. Hier einige Beispiele:

' Visual Basic

```
' Fügt FileToolStripMenuItem hinzu
MenuStrip2.Items.Add(FileToolStripMenuItem)
' Fügt FileToolStripMenuItem an Index 1 ein
MenuStrip2.Items.Insert(1, FileToolStripMenuItem)
```

// C#

```
// Fügt FileToolStripMenuItem hinzu
menuStrip2.Items.Add(FileToolStripMenuItem);
// Fügt FileToolStripMenuItem an Index 1 ein
menuStrip2.Items.Insert(1, FileToolStripMenuItem);
```

Mit den entsprechenden Methoden der Eigenschaft `ToolStripMenuItem.DropDownItems` können Sie Elemente aus einem Menü in ein anderes verschieben:

' Visual Basic

```
' Fügt FileToolStripMenuItem hinzu
AppToolStripMenuItem.DropDownItems.Add(FileToolStripMenuItem)
' Fügt FileToolStripMenuItem an Index 1 ein
AppToolStripMenuItem.DropDownItems.Insert(1, FileToolStripMenuItem)
```

// C#

```
// Fügt FileToolStripMenuItem hinzu
AppToolStripMenuItem.DropDownItems.Add(FileToolStripMenuItem);
// Fügt FileToolStripMenuItem an Index 1 ein
AppToolStripMenuItem.DropDownItems.Insert(1, FileToolStripMenuItem);
```

Deaktivieren, Verbergen und Löschen von Menüeinträgen

Manchmal müssen Sie bestimmte Einträge aus einem Menü entfernen. Oder Sie deaktivieren ein Menüelement, wenn es nicht aufgerufen werden kann. Vielleicht wollen Sie ein Menüelement, das nicht angezeigt werden soll, auch nur zeitweise verbergen. Und Sie können ein Menüelement natürlich auch ganz löschen.

Sie deaktivieren ein Menüelement, indem Sie seine Eigenschaft `Enabled` auf den Wert `False` setzen. Daraufhin wird das Menüelement abgeblendet dargestellt. Es ist für den Benutzer nach wie vor sichtbar, er kann es aber nicht mit der Maus oder einer Taste auswählen.

Wollen Sie ein Menüelement verbergen, können Sie seine Eigenschaft `Visible` auf den Wert `False` setzen. Das Menüelement wird dann nicht mehr im Menü angezeigt. Beachten Sie aber, dass das Menüelement dadurch nicht deaktiviert wird. Wenn die Eigenschaft `Enabled` den Wert `True` hat, kann der Benutzer das Menüelement weiterhin über Zugriffstasten auslösen, sofern welche dafür definiert sind. Sie sollten Menüelemente nur in Ausnahmefällen verbergen. Wenn ein Benutzer nach einem bestimmten Menüelement sucht, ist es im Allgemeinen besser, wenn es abgeblendet dargestellt wird, weil seine Eigenschaft `Enabled` den Wert `False` hat. Andernfalls sucht der Benutzer möglicherweise in anderen Menüs nach dem verborgenen Menüelement.

Wenn Sie ein Menüelement ganz aus einem Menü löschen müssen, können Sie die Methoden `MenuStrip.Items.Remove` und `MenuStrip.Items.RemoveAt` aufrufen, wenn es sich um das Element eines Toplevelmenüs handelt. Bei einem Element in einem Untermenü rufen Sie stattdessen die Methoden `ToolStripMenuItem.DropDownItems.Remove` oder `ToolStripMenuItem.DropDownItems.RemoveAt` auf. Der folgende Ausschnitt zeigt die verschiedenen Varianten:

' Visual Basic

```
' Entfernt FileToolStripMenuItem aus menuStrip1
MenuStrip1.Items.Remove(FileToolStripMenuItem)
' Entfernt FileToolStripMenuItem aus AppToolStripMenuItem
AppToolStripMenuItem.DropDownItems.Remove(FileToolStripMenuItem)
```

```
' Entfernt das ToolStripMenuItem-Objekt mit dem Index 4 aus MenuStrip1
MenuStrip1.Items.RemoveAt(4)
' Entfernt das ToolStripMenuItem-Objekt mit dem Index 4 aus AppToolStripMenuItem
AppToolStripMenuItem.DropDownItems.RemoveAt(4)
```

// C#

```
// Entfernt FileToolStripMenuItem aus menuStrip1
menuStrip1.Items.Remove(FileToolStripMenuItem);
// Entfernt FileToolStripMenuItem aus AppToolStripMenuItem
AppToolStripMenuItem.DropDownItems.Remove(FileToolStripMenuItem);
// Entfernt das ToolStripMenuItem-Objekt mit dem Index 4 aus MenuStrip1
menuStrip1.Items.RemoveAt(4);
// Entfernt das ToolStripMenuItem-Objekt mit dem Index 4 aus AppToolStripMenuItem
AppToolStripMenuItem.DropDownItems.RemoveAt(4);
```

Zusammenführen von Menüs

Sie können Menüs und ihre Elemente während der Laufzeit zu einem einzigen Menü zusammenführen. Sie können MenuStrip- und ContextMenuStrip-Steuerelemente (mehr dazu weiter unten in dieser Lektion) zusammenführen, und zwar in beliebigen Kombinationen. Sie können sogar MenuStrip-Steuerelemente mit ToolStrip-Steuerelementen zusammenführen. Wie Symbolleisten führen Sie Menüleisten zusammen, indem Sie die Methode ToolStripManager.Merge der statischen Klasse ToolStripManager aufrufen:

' Visual Basic

```
ToolStripManager.Merge(sourceMenuStrip, targetMenuStrip)
```

// C#

```
ToolStripManager.Merge(sourceMenuStrip, targetMenuStrip);
```

In diesem Beispiel wird die erste Menüleiste, sourceMenuStrip, mit der zweiten, targetMenuStrip, zusammengeführt. Wie die ToolStripMenuItem-Objekte aus sourceMenuStrip dabei mit den Elementen in targetMenuStrip zusammengeführt werden, legt ihre jeweilige MergeAction-Eigenschaft fest. Tabelle 4.41 beschreibt, welche Zusammenführungsaktionen die Werte der Eigenschaft MergeAction auslösen.

Tabelle 4.41 Mögliche Werte für die Eigenschaft MergeAction eines ToolStripMenuItem-Steuerelements

Wert in MergeAction	Ausgeführte Aktion
Append	Hängt das Element an das Ende der Elementliste an.
Insert	Fügt das Element an der Position ein, die in der Eigenschaft MergeIndex angegeben ist.
MatchOnly	Sucht nach einer Übereinstimmung, führt aber keine Aktion aus.
Remove	Falls ein gleichartiges Menüleistenelement gefunden wird, wird dieses Element aus der neuen Menüleiste entfernt.
Replace	Falls ein gleichartiges Menüleistenelement gefunden wird, wird es durch das Element dieser Menüleiste ersetzt.

Beim Zusammenführen von Menüleisten wird jedes `ToolStripMenuItem`-Objekt in der Quellmenüleiste mit jedem `ToolStripMenuItem`-Objekt in der Zielmenüleiste verglichen. Der Vergleich wird anhand der Eigenschaft `Text` der Menüleistenelemente ausgeführt. Haben zwei Menüleistenelemente dieselbe Beschriftung in der Eigenschaft `Text`, wird das als Übereinstimmung gewertet. Wenn eine Übereinstimmung gefunden wird und die Eigenschaft `MergeAction` des `ToolStripMenuItem`-Objekts in der Quellmenüleiste den Wert `MatchOnly`, `Remove` oder `Replace` hat, wird die entsprechende Aktion ausgeführt. Andernfalls wird das `ToolStripMenuItem`-Objekt angehängt oder eingefügt, wie von der Eigenschaft `MergeAction` festgelegt.

Menüleisten können nur zusammengeführt werden, wenn ihre Eigenschaft `AllowMerge` den Wert `True` hat.

Im Programmcode zwischen *MenuStrip*-Steuerelementen umschalten

Wenn sich die Bedingungen innerhalb einer Anwendung ändern, reicht es unter Umständen nicht aus, einzelne Menüelemente hinzuzufügen oder zu entfernen. Es kann sein, dass Sie eine Menüleiste komplett durch eine andere Menüleiste ersetzen müssen. Sie können ein `MenuStrip`-Steuerelement ganz von einem Formular entfernen, indem Sie es aus der Auflistung `Controls` des Formulars lösen. Genauso können Sie ein neues `MenuStrip`-Steuerelement hinzufügen, indem Sie es zur Auflistung `Controls` des Formulars hinzufügen. Das folgende Beispiel demonstriert, wie Sie `MenuStrip1` während der Laufzeit vom Formular entfernen und durch `MenuStrip2` ersetzen:

' Visual Basic

```
Me.Controls.Remove(MenuStrip1)
Me.Controls.Add(MenuStrip2)
```

// C#

```
this.Controls.Remove(MenuStrip1);
this.Controls.Add(MenuStrip2);
```

Beachten Sie, dass die Menüleiste, die Sie hinzufügen, noch kein Member der `Controls`-Auflistung des Formulars sein darf.

Kontextmenüs und das Steuerelement *ContextMenuStrip*

Kontextmenüs sind allen Benutzern von Windows Forms-Anwendungen vertraut. Sie werden angezeigt, wenn der Benutzer mit der rechten Maustaste auf ein Objekt klickt. Mit dem Steuerelement `ContextMenuStrip` erstellen Sie Kontextmenüs, die Sie anschließend mit dem gewünschten Objekt verknüpfen.

Das Steuerelement `ContextMenuStrip` ähnelt `MenuStrip`. Beide Steuerelemente stellen eine intuitive Entwurfsoberfläche bereit, in der Sie die Menüeinträge in Form von `ToolStripMenuItem`-Objekten schnell zusammenstellen. Außerdem verwalten beide eine Auflistung mit `ToolStripMenuItem`-Objekten in der Eigenschaft `Items`. Der Hauptunterschied zwischen `ContextMenuStrip` und `MenuStrip` ist, dass ein `ContextMenuStrip`-Steuerelement kein Toplevelmenü hat und während der Laufzeit erst sichtbar wird, wenn der Benutzer mit der rechten Maustaste auf das Steuerelement klickt, mit dem das Kontextmenü verknüpft ist.

Hinzufügen und Entfernen von Kontextmenüeinträgen

Sie können Elemente in einem Kontextmenü ganz einfach hinzufügen und entfernen, indem Sie die Methoden `ContextMenuStrip.Items.Add` und `ContextMenuStrip.Items.Remove` aufrufen:

' Visual Basic

```
' Ein Element zum ContextMenuStrip-Steuerelement hinzufügen
ContextMenuStrip1.Items.Add(ExitToolStripMenuItem)
' Ein Element aus dem ContextMenuStrip-Steuerelement entfernen
ContextMenuStrip1.Items.Remove(ExitToolStripMenuItem)
```

// C#

```
// Ein Element zum ContextMenuStrip-Steuerelement hinzufügen
contextMenuStrip1.Items.Add(ExitToolStripMenuItem);
// Ein Element aus dem ContextMenuStrip-Steuerelement entfernen
contextMenuStrip1.Items.Remove(ExitToolStripMenuItem);
```

Ein *ContextMenuStrip*-Steuerelement mit einem Steuerelement verknüpfen

Alle Steuerelemente, die ein Kontextmenü anzeigen können, haben die Eigenschaft `ContextMenuStrip`. Sie verweist auf das Kontextmenü, das mit diesem Steuerelement verknüpft ist. Wenn dieser Eigenschaft ein gültiges `ContextMenuStrip`-Steuerelement zugewiesen ist, erscheint das Kontextmenü, sobald der Benutzer mit der rechten Maustaste auf das Steuerelement klickt. Während des Entwurfs können Sie diese Eigenschaft im Eigenschaftenfenster einstellen.

Sie können die Eigenschaft `ContextMenuStrip` eines Steuerelements auch während der Laufzeit ändern. Das folgende Beispiel zeigt, wie Sie ein Kontextmenü dynamisch aus bereits vorhandenen Menüelementen zusammenbauen und dann mit einem Steuerelement verknüpfen:

' Visual Basic

```
ContextMenuStrip1.Items.Add(ExitToolStripMenuItem)
ContextMenuStrip1.Items.Add(OpenToolStripMenuItem)
Button1.ContextMenuStrip = ContextMenuStrip1
```

// C#

```
contextMenuStrip1.Items.Add(ExitToolStripMenuItem);
contextMenuStrip1.Items.Add(OpenToolStripMenuItem);
button1.ContextMenuStrip = contextMenuStrip1;
```

Menüeinträge während der Laufzeit aus vorhandenen Kontextmenüs kopieren

Sie werden häufig Kontextmenüs zusammenstellen, die dieselben Einträge haben wie normale Menüs. Ein `ToolStripMenuItem`-Objekt kann zwar immer nur zu einer einzigen Menüleiste gehören, es ist aber ganz einfach, während der Laufzeit eine Kopie eines Menüelements zu erstellen. Der Konstruktor von `ToolStripMenuItem` ist mehrfach überladen, sodass Sie den Text, das Bild und einen `Click`-Ereignishandler angeben können. Das folgende Beispiel demonstriert, wie Sie ein vorhandenes `ToolStripMenuItem`-Objekt namens `ExitToolStripMenuItem` kopieren und die Kopie zu einem `ContextMenuStrip`-Steuerelement namens `ContextMenuStrip1` hinzufügen. Dieses Beispiel setzt voraus, dass bereits eine Methode namens `ExitToolStripMenuItem_Click` vorhanden ist, die als Ereignishandler für das Ereignis `ExitToolStripMenuItem.Click` definiert ist.

```
' Visual Basic
Dim anItem As ToolStripMenuItem
anItem = New ToolStripMenuItem(ExitToolStripMenuItem.Text, _
   ExitToolStripMenuItem.Image, New EventHandler(addressof  ExitToolStripMenuItem_Click))
ContextMenuStrip1.Items.Add(anItem)

// C#
ToolStripMenuItem anItem;
anItem = new ToolStripMenuItem(ExitToolStripMenuItem.Text,
   ExitToolStripMenuItem.Image, new EventHandler(ExitToolStripMenuItem_Click));
ContextMenuStrip1.Items.Add(anItem);
```

Schnelltest

1. Wodurch unterscheiden sich die Steuerelemente `MenuStrip` und `ContextMenuStrip`?
2. Wie verknüpfen Sie ein `ContextMenuStrip`-Steuerelement mit einem Steuerelement?

Antworten zum Schnelltest

1. Ein `ContextMenuStrip`-Steuerelement wird dem Benutzer angezeigt, wenn er ein Steuerelement mit der rechten Maustaste anklickt. Daher enthält es keine Toplevel-Elemente und ist unsichtbar, bevor der Benutzer es mit seinem Rechtsklick öffnet.
2. Sie verknüpfen ein `ContextMenuStrip`-Steuerelement mit einem Steuerelement, indem Sie der Eigenschaft `ContextMenuStrip` des Steuerelements das `ContextMenuStrip`-Objekt zuweisen.

Übung Erstellen eines Webbrowsers mit *ToolStrip*

In dieser Übung erforschen Sie den Funktionsumfang der Steuerelemente `ToolStrip` und `ToolStripItem`, indem Sie einen einfachen Webbrowser erstellen, dessen Funktionen über `ToolStripItem`-Steuerelemente zugänglich gemacht werden. In der ersten Übung fügen Sie eine Symbolleiste hinzu, die die grundlegenden Webbrowserfunktionen zur Verfügung stellt. In der zweiten Übung fügen Sie eine Symbolleiste hinzu, in der ein Benutzer das Web durchsuchen kann. Und in der dritten Übung bauen Sie die Fähigkeiten des Webbrowsers aus, indem Sie ein Menü mit Menüelementen hinzufügen, über die der Benutzer eine Datei aufrufen, drucken oder speichern kann.

Übung 1 Erstellen eines Webbrowsers

1. Legen Sie ein neues Windows Forms-Projekt an.
2. Ziehen Sie aus der Toolbox ein `ToolStripContainer`-Steuerelement auf das Formular. Setzen Sie seine Eigenschaft `Dock` auf den Wert `Fill`.
3. Vergrößern Sie das Formular, damit es sich als Webbrowser eignet.
4. Ziehen Sie aus der Toolbox ein `WebBrowser`-Steuerelement in die Mitte des `ToolStripContainer`-Steuerelements.
5. Ziehen Sie aus der Toolbox ein `ToolStrip`-Steuerelement in den oberen Bereich des `ToolStripContainer`-Steuerelements.
6. Fügen Sie über das Dropdownmenü der Symbolleiste die folgenden Steuerelemente in die Symbolleiste ein, und zwar in dieser Reihenfolge: zwei `ToolStripButton`-Steuerele-

mente, ein `ToolStripComboBox`-Steuerelement und zwei weitere `ToolStripButton`-Steuerelemente.

7. Stellen Sie im Eigenschaftenfenster die Eigenschaften `Name`, `Image` und `ToolTipText` der `ToolStripButton`-Steuerelemente ein, wie in der folgenden Tabelle angegeben. Sie finden geeignete Bilddateien im Unterordner *ButtonImages* in den Dateien zu Kapitel 4, die Sie von der Begleit-CD installiert haben.

Standardname	Neuer Name	Bild	Tooltiptext
`ToolStripButton1`	`BackButton`	*Back.bmp*	*Zurück*
`ToolStripButton2`	`ForwardButton`	*Forward.bmp*	*Vorwärts*
`ToolStripButton3`	`GoButton`	*Go.bmp*	*Gehe zu*
`ToolStripButton4`	`StopButton`	*Stop.bmp*	*Navigation abbrechen*

8. Klicken Sie doppelt auf die Schaltfläche `BackButton` und fügen Sie folgenden Code in den Ereignishandler `BackButton_Click` ein:

' Visual Basic

```
WebBrowser1.GoBack()
```

// C#

```
webBrowser1.GoBack();
```

9. Klicken Sie doppelt auf die Schaltfläche `ForwardButton` und fügen Sie folgenden Code in den Ereignishandler `ForwardButton_Click` ein:

' Visual Basic

```
WebBrowser1.GoForward()
```

// C#

```
webBrowser1.GoForward();
```

10. Klicken Sie doppelt auf die Schaltfläche `GoButton` und fügen Sie folgenden Code in den Ereignishandler `GoButton_Click` ein:

' Visual Basic

```
If Not ToolStripComboBox1.Text = "" Then
   WebBrowser1.Navigate(ToolStripComboBox1.Text)
   ToolStripComboBox1.Items.Add(ToolStripComboBox1.Text)
   If ToolStripComboBox1.Items.Count = 11 Then
       ToolStripComboBox1.Items.RemoveAt(0)
   End If
End If
```

// C#

```
if (!(toolStripComboBox1.Text == ""))
{
   webBrowser1.Navigate(toolStripComboBox1.Text);
   toolStripComboBox1.Items.Add(toolStripComboBox1.Text);
   if (toolStripComboBox1.Items.Count == 11)
   {
      toolStripComboBox1.Items.RemoveAt(0);
   }
}
```

11. Klicken Sie doppelt auf die Schaltfläche `StopButton` und fügen Sie folgenden Code in den Ereignishandler `StopButton_Click` ein:

    ' Visual Basic
    ```
    WebBrowser1.Stop()
    ```
    // C#
    ```
    webBrowser1.Stop();
    ```
12. Drücken Sie F5, um Ihre Anwendung zu testen.

Übung 2 Hinzufügen einer Suchleiste

1. Ziehen Sie aus der Toolbox ein zweites `ToolStrip`-Steuerelement in den oberen Abschnitt des `ToolStripContainer`-Steuerelements.
2. Fügen Sie im ToolStrip-Designer ein `ToolStripTextBox`- und ein `ToolStripButton`-Steuerelement zur neuen Symbolleiste hinzu.
3. Tragen Sie im Eigenschaftenfenster für die Eigenschaft `Text` des `ToolStripButton`-Steuerelements die Beschriftung **Bing-Suche** ein und setzen Sie die Eigenschaft `DisplayStyle` auf den Wert `Text`.
4. Klicken Sie doppelt auf die Symbolleistenschaltfläche und fügen Sie folgenden Code in ihren Ereignishandler ein:

    ' Visual Basic
    ```
    WebBrowser1.Navigate("http://search.msn.com/results.aspx?q=" & _
        ToolStripTextBox1.Text)
    ```
    // C#
    ```
    webBrowser1.Navigate(@"http://search.msn.com/results.aspx?q=" +
        toolStripTextBox1.Text);
    ```
5. Drücken Sie F5, um Ihre Anwendung zu testen. Probieren Sie aus, wie Sie die beiden Symbolleisten individuell anordnen und in andere Abschnitte des `ToolStripContainer`-Steuerelements verschieben können.

Übung 3 Hinzufügen eines Menüs

1. Öffnen Sie `Form1`. Ziehen Sie im Designer ein `MenuStrip`-Steuerelement aus der Toolbox in den oberen Abschnitt des `ToolStripContainer`-Steuerelements.
2. Fügen Sie auf der obersten Ebene einen Menüeintrag namens **&Datei** in die Menüleiste ein.
3. Fügen Sie folgende Untermenüelemente in das *Datei*-Menü ein: **Ö&ffnen**, **&Drucken**, **D&ruckvorschau**, **&Speichern** und **&Beenden**.
4. Ziehen Sie aus der Toolbox eine `OpenFileDialog`-Komponente auf das Formular.
5. Klicken Sie im Designer doppelt auf das `ToolStripMenuItem`-Objekt *Öffnen*, um das Codefenster mit dem Ereignishandler `öffnenToolStripMenuItem_Click` zu öffnen. Fügen Sie den folgenden Code in diese Methode ein:

    ' Visual Basic
    ```
    Dim result As DialogResult
    result = OpenFileDialog1.ShowDialog()
    ```

```
If result = System.Windows.Forms.DialogResult.OK Then
   WebBrowser1.Navigate(OpenFileDialog1.FileName)
End If
```

// C#

```
DialogResult result;
result = openFileDialog1.ShowDialog();
if (result == System.Windows.Forms.DialogResult.OK)
    webBrowser1.Navigate(openFileDialog1.FileName);
```

6. Klicken Sie im Designer doppelt auf das `ToolStripMenuItem`-Objekt *Drucken* und fügen Sie den folgenden Code in seinen `Click`-Ereignishandler ein:

   ' Visual Basic

   ```
   WebBrowser1.ShowPrintDialog()
   ```

   // C#

   ```
   webBrowser1.ShowPrintDialog();
   ```

7. Klicken Sie im Designer doppelt auf das `ToolStripMenuItem`-Objekt *Druckvorschau* und fügen Sie die folgende Zeile in seinen `Click`-Ereignishandler ein:

   ' Visual Basic

   ```
   WebBrowser1.ShowPrintPreviewDialog()
   ```

   // C#

   ```
   webBrowser1.ShowPrintPreviewDialog();
   ```

8. Klicken Sie im Designer doppelt auf das `ToolStripMenuItem`-Objekt *Speichern* und fügen Sie die folgende Zeile in seinen `Click`-Ereignishandler ein:

   ' Visual Basic

   ```
   WebBrowser1.ShowSaveAsDialog()
   ```

   // C#

   ```
   webBrowser1.ShowSaveAsDialog();
   ```

9. Klicken Sie im Designer doppelt auf das `ToolStripMenuItem`-Objekt *Beenden* und fügen Sie die folgende Zeile in seinen `Click`-Ereignishandler ein:

   ' Visual Basic

   ```
   Application.Exit()
   ```

   // C#

   ```
   Application.Exit();
   ```

10. Tragen Sie im Eigenschaftenfenster des `ToolStripMenuItem`-Objekts *Beenden* in der Eigenschaft `ShortcutKeys` die Tastenkombination STRG+E ein.
11. Drücken Sie F5 und rufen Sie eine Webseite auf.

Zusammenfassung der Lektion

- Das Steuerelement `ToolStrip` nimmt `ToolStripMenuItem`-Steuerelemente auf, mit denen Sie für Ihre Formulare Symbolleistenfunktionen zur Verfügung stellen. `ToolStrip` bietet Unterstützung für das Verschieben von Elementen, Rafting und Auslagern von Elementen in die Überlaufschaltfläche.

- Viele Symbolleistenelemente bieten dieselbe Funktion wie die entsprechenden Windows Forms-Steuerelemente, zum Beispiel `ToolStripLabel`, `ToolStripButton`, `ToolStripTextBox`, `ToolStripComboBox` und `ToolStripProgressBar`. Symbolleistensteuerelemente, zu denen es kein normales Windows Forms-Gegenstück gibt, sind `ToolStripSeparator`, `ToolStripDropDownButton` und `ToolStripSplitButton`.
- Mithilfe der Eigenschaft `Image` können Sie Bilder in `ToolStripItem`-Steuerelementen anzeigen.
- Mit dem Steuerelement `ToolStripContainer` können Sie Formulare erstellen, die Unterstützung für das Rafting von Symbolleisten bieten.
- `ToolStripManager` ist eine statische Klasse, die Methoden für das Verwalten von Symbolleisten zur Verfügung stellt. Mit der Methode `ToolStripManager.Merge` können Sie Symbolleisten zusammenführen.
- Das Steuerelement `MenuStrip` nimmt `ToolStripMenuItem`-Objekte auf, die einzelnen Menüelementen entsprechen. Die Toplevel-Menüelemente in einem `MenuStrip`-Steuerelement sind in seiner `Items`-Auflistung enthalten.
- `ToolStripMenuItem`-Objekte können ihrerseits Untermenüs enthalten, die in ihrer Auflistung `DropDownItems` enthalten sind.
- Sie können neben ausgewählten Menüelementen Häkchen anzeigen und Zugriffstasten sowie Tastenkombinationen definieren, um die Tastaturbedienung zu erleichtern.
- Menüs können mit der Methode `ToolStripManager.Merge` zusammengeführt werden. Die Konfiguration des dabei entstandenen Menüs wird durch die Eigenschaften `ToolStripMenuItem`, `MergeAction` und `MergeIndex` gesteuert.
- Mit dem Steuerelement `ContextMenuStrip` können Sie Kontextmenüs für Ihre Anwendung erstellen. Menüs, die mit dem Steuerelement `ContextMenuStrip` erstellt werden, sind während der Laufzeit nicht sichtbar und haben kein Toplevelmenü. Davon abgesehen verhalten sie sich wie `MenuStrip`-Steuerelemente. Sie verknüpfen ein `ContextMenuStrip`-Objekt mit einem Steuerelement, indem Sie es der Eigenschaft `ContextMenuStrip` des gewünschten Steuerelements zuweisen.

Lernzielkontrolle

Mit den folgenden Fragen können Sie Ihr Wissen zu den Informationen aus Lektion 4, »Verwenden von Symbolleisten und Menüs«, überprüfen. Die Fragen finden Sie (in englischer Sprache) auch auf der Begleit-CD, Sie können sie also auch auf dem Computer im Rahmen eines Übungstests beantworten.

> **Hinweis Die Antworten**
>
> Die Antworten auf diese Fragen mit Erklärungen, warum die jeweiligen Auswahlmöglichkeiten richtig oder falsch sind, finden Sie im Abschnitt »Antworten« am Ende dieses Buchs.

1. Was müssen Sie tun, um eine Zugriffstaste für ein Menüelement zu definieren?

   A. Setzen Sie die Eigenschaft `UseMnemonic` des `ToolStripMenuItem`-Objekts auf den Wert `True`.

   B. Tragen Sie die gewünschte Taste in die Eigenschaft `AccessKeys` ein.

C. Fügen Sie in der Eigenschaft `Text` vor der Zugriffstaste das Zeichen »&« ein.

D. Tragen Sie in die Eigenschaft `ShortcutKeys` die Kombination aus STRG plus dem Zeichen der Zugriffstaste ein.

2. Welches der folgenden Codebeispiele fügt während der Laufzeit ein neues Menü namens `Menu1` zu einem Formular hinzu?

A.

```
' Visual Basic
ToolStripManager.Menus.Add(Menu1)
// C#
ToolStripManager.Menus.Add(Menu1);
```

B.

```
' Visual Basic
ToolStripManager.Merge(Form1, Menu1)
// C#
ToolStripManager.Merge(Form1, Menu1);
```

C.

```
' Visual Basic
ToolStripManager.Controls.Add(Menu1)
// C#
ToolStripManager.Controls.Add(Menu1);
```

D.

```
' Visual Basic
Me.Controls.Add(Menu1)
// C#
this.Controls.Add(Menu1);
```

3. Wie gehen Sie vor, um eine Kontextmenüleiste namens `ContextMenu1` mit einer Schaltfläche namens `Button1` zu verknüpfen und sie zu aktivieren?

A. Tragen Sie `ContextMenu1` in die Eigenschaft `ContextMenuStrip` von `Button1` ein.

B. Setzen Sie die Eigenschaft `ShowPopUp` von `Button1` auf den Wert `True`.

C. Rufen Sie im `RightClick`-Ereignishandler von `Button1` die Methode `ContextMenu1.ShowPopUp` auf.

D. Tragen Sie `Button1` in die Eigenschaft `ContextMenu1.Control` ein.

4. Welches der folgenden Codebeispiele führt zwei Symbolleisten namens `aToolStrip` und `bToolStrip` zusammen?

A.

```
' Visual Basic
aToolStrip.Merge(bToolStrip)
// C#
aToolStrip.Merge(bToolStrip);
```

B.

' Visual Basic
```
ToolStripManager.Merge(aToolStrip, bToolStrip)
```
// C#
```
ToolStripManager.Merge(aToolStrip, bToolStrip);
```

C.

' Visual Basic
```
Dim aManager As New ToolStripManager()
aManager.Merge(aToolStrip, bToolStrip)
```
// C#
```
ToolStripManager aManager = new ToolStripManager();
aManager.Merge(aToolStrip, bToolStrip);
```

D.

' Visual Basic
```
ToolStrip.Merge(aToolStrip, bToolStrip)
```
// C#
```
ToolStrip.Merge(aToolStrip, bToolStrip);
```

5. Welches der folgenden Codebeispiele fügt ein neues `ToolStripButton`-Steuerelement in eine Symbolleiste namens `aToolStrip` ein?

A.

' Visual Basic
```
aToolStrip.Items.Add(New ToolStripButton("Klick mich an"))
```
// C#
```
aToolStrip1.Items.Add(new ToolStripButton("Klick mich an"));
```

B.

' Visual Basic
```
ToolStripManager.Add(aToolStrip, New ToolStripButton("Klick mich an"))
```
// C#
```
ToolStripManager.Add(aToolStrip, new ToolStripButton("Klick mich an"));
```

C.

' Visual Basic
```
aToolStrip.Buttons.Add(New ToolStripButton("Klick mich an"))
```
// C#
```
aToolStrip.Buttons.Add(new ToolStripButton("Klick mich an"));
```

D.

' Visual Basic
```
aToolStrip.Items.NewItem(Items.ToolStripButton("Klick mich an"))
```
// C#
```
aToolStrip.Items.NewItem(Items.ToolStripButton("Klick mich an"));
```

Übungen mit Fallbeispiel

In den folgenden Übungen mit Fallbeispiel wenden Sie an, was Sie über Windows Forms und Windows Forms-Steuerelemente gelernt haben. Die Lösungen zu den Fragen finden Sie im Abschnitt »Antworten« hinten in diesem Buch.

Übung mit Fallbeispiel 1: Entwerfen einer einfachen Benutzeroberfläche

Ihre Firma, Humongous Insurance, entwickelt eine Anwendung, mit der Kunden den künftigen Wert ihrer Geldanlagen berechnen können. Als neuer Angestellter wurde Ihnen eine einfache Aufgabe übertragen: Erstellen Sie die Benutzeroberfläche und bereiten Sie die Benutzereingaben so vor, dass sie vom Berechnungsmodul verarbeitet werden können, das gerade von einem anderen Entwicklungsteam geschrieben wird. Sie sehen sich zuerst die technischen Anforderungen an, die folgendermaßen lauten:

Erstellen Sie eine Benutzeroberfläche, in der Benutzer die folgenden Informationen einfach eingeben können:

- Aktueller Wert der Geldanlagen
- Prognostizierter Zinssatz
- Zeitraum in Jahren

Beantworten Sie Ihrem Manager folgende Fragen:

1. Wie stellen Sie eine einfach bedienbare Benutzeroberfläche zusammen, die dem Benutzer optische Hinweise gibt, bei Bedarf deutlich die Währung anzeigt und Benutzereingaben zu allen drei beschriebenen Faktoren entgegennimmt?
2. Wie stellen Sie eine Möglichkeit zur Tastaturbedienung bereit, die Benutzer statt der Maus verwenden können?

Übung mit Fallbeispiel 2: Entwerfen einer Benutzeroberfläche

Ihr Unternehmen wurde beauftragt, ein Reservierungssystem für ein Skihotel zu entwerfen und zu implementieren. Sie haben die Aufgabe, eine Seite zu entwickeln, in der die Daten der Gäste eingegeben und angezeigt werden. Sie sehen sich zuerst die technischen Anforderungen an, die folgendermaßen lauten:

Erstellen Sie eine Benutzeroberfläche, in der die Benutzer folgende Daten einfach und schnell eingeben können:

- Vor- und Nachname
- Straße und Hausnummer
- Stadt und Postleitzahl
- Kreditkartennummer
- Ein allgemeines Feld für Bemerkungen über den Kunden

Ganz unten in den technischen Anforderungen finden Sie eine Notiz des Managers, der für Sicherheitsfragen zuständig ist: »Wir müssen besonders gut auf die Kreditkartendaten unserer Kunden aufpassen. Stellen Sie sicher, dass sie nicht zusammen mit den übrigen Daten angezeigt werden.«

Beantworten Sie Ihrem Manager folgende Fragen:

1. Welche Steuerelemente eignen sich am besten für den Entwurf der Benutzeroberfläche?
2. Wie können Sie verhindern, dass die Kreditkartennummern der Kunden angezeigt werden, aber trotzdem ermöglichen, sie einzutippen?

Vorgeschlagene Übungen

Sie sollten die folgenden Aufgaben durcharbeiten, wenn Sie das in diesem Kapitel behandelte Prüfungsziel meistern wollen.

- **Übung 1** Erstellen Sie eine Anwendung, die den Funktionsumfang des Windows-Explorers nachbildet. Zeigen Sie dabei in einem Fensterabschnitt eine Verzeichnisstruktur und im anderen die Dateien aus einem bestimmten Verzeichnis an.
- **Übung 2** Erstellen Sie eine Anwendung, die einen Terminkalender zur Verfügung stellt. Sie soll dem Benutzer ermöglichen, Datum und Uhrzeit auszuwählen, Informationen über den Termin hinzuzufügen, Details zu einem Termin zu verfolgen und anzuzeigen und in einem `MonthCalendar`-Steuerelement deutlich zu machen, an welchen Tagen Termine vereinbart sind.
- **Übung 3** Erstellen Sie mehrere Symbolleisten mit ähnlichen Einträgen und probieren Sie aus, wie sie sich zusammenführen lassen. Ändern Sie dabei versuchsweise die Eigenschaften `MergeIndex` und `MergeAction` in den Symbolleistenelementen.

Machen Sie einen Übungstest

Die Übungstests (in englischer Sprache) auf der Begleit-CD zu diesem Buch bieten zahlreiche Möglichkeiten. Zum Beispiel können Sie einen Test machen, der ausschließlich die Themen aus einem Prüfungslernziel behandelt, oder Sie können sich selbst mit dem gesamten Inhalt der Prüfung 70-511 testen. Sie können den Test so konfigurieren, dass er dem Ablauf einer echten Prüfung entspricht, oder Sie können einen Lernmodus verwenden, in dem Sie sich nach dem Beantworten einer Frage jeweils sofort die richtige Antwort und Erklärungen ansehen können.

Weitere Informationen Übungstests

Einzelheiten zu allen Optionen, die bei den Übungstests zur Verfügung stehen, finden Sie im Abschnitt »So benutzen Sie die Übungstests« in der Einführung am Anfang dieses Buchs.

KAPITEL 5

Verwenden von benutzerdefinierten Steuerelementen

Sowohl Windows Presentation Foundation (WPF) als auch Windows Forms bieten die Möglichkeit, eigene Steuerelemente zu erstellen, wenn die integrierten Steuerelemente den für Ihre Anwendung benötigten Funktionsumfang nicht bieten. In diesem Kapitel lernen Sie, wie Sie benutzerdefinierte Steuerelemente (custom control) in Windows Forms und WPF erstellen, Benutzersteuerelemente (user control) in Windows Forms erstellen und vorhandene Steuerelemente mithilfe der Vererbung erweitern. Außerdem erfahren Sie, wie Sie das Aussehen der WPF-Standardelemente anpassen, indem Sie neue Steuerelementvorlagen bereitstellen, die Aussehen und Verhalten der Steuerelemente verändern, aber ihre grundsätzlichen Funktionen nicht beeinflussen. Und schließlich erklärt diese Lektion, wie Sie benutzerdefinierte WPF-Steuerelemente von Grund auf neu erstellen.

In diesem Kapitel abgedeckte Prüfungsziele:

- Implementieren benutzerdefinierter Steuerelemente
- Erstellen und Anwenden von Steuerelementvorlagen in WPF
- Erstellen und Anwenden von Stilen und Designs (in diesem Kapitel nur Designs)
- Implementieren von Abhängigkeitseigenschaften

Lektionen in diesem Kapitel:

Bevor Sie beginnen

Um die Lektionen in diesem Kapitel durcharbeiten zu können, müssen Sie folgende Vorbereitungen getroffen haben:

- Ihnen steht ein Computer zur Verfügung, der die im Abschnitt »Einführung« am Anfang dieses Buchs aufgelisteten Hardwarevoraussetzungen erfüllt.
- Auf Ihrem Computer ist Microsoft Visual Studio 2010 Professional Edition installiert.
- Sie sind mit der Syntax von Visual Basic oder C# sowie dem Microsoft .NET Framework 4 vertraut.
- Sie besitzen Grundkenntnisse zu XAML.

Praxistipp

Matthew Stoecker

WPF stellt die meisten Steuerelemente zur Verfügung, die ich für meine Anwendungen brauche. Es gibt aber ein paar Ausnahmen, besonders im Bereich von Dateidialogfeldern und einigen stark spezialisierten Windows Forms-Steuerelementen. Glücklicherweise ist es einfach, die benötigten Funktionen in meine Anwendungen zu integrieren. Ich brauche daher nicht Stunden damit zu verschwenden, Windows Forms-Steuerelemente ganz neu zu entwickeln oder komplexe Notlösungen zu entwerfen.

Lektion 1: Erstellen von Steuerelementen in Windows Forms

Zusammengesetzte Steuerelemente (composite control) sind die einfachsten selbsterstellten Steuerelemente. Der Designer für zusammengesetzte Steuerelemente stellt eine grafische Benutzeroberfläche zur Verfügung, auf der Sie ähnlich wie bei einem Formular mehrere vordefinierte Steuerelemente und Komponenten kombinieren können. Anschließend binden Sie diese Einzelkomponenten zu einer einzigen funktionellen Einheit zusammen. In dieser Lektion lernen Sie einige grundlegende Methoden für die Entwicklung von Steuerelementen kennen und erfahren, wie Sie ein zusammengesetztes Steuerelement erstellen.

Am Ende dieser Lektion werden Sie in der Lage sein, die folgenden Aufgaben auszuführen:

- Entwickeln eines (zusammengesetzten) Windows Forms-Benutzersteuerelements
- Erstellen von Eigenschaften, Methoden und Ereignissen für Windows Forms-Steuerelemente
- Eigenschaften konstituierender Steuerelemente verfügbar machen
- Konfigurieren eines Steuerelements, damit es während der Laufzeit unsichtbar ist
- Konfigurieren eines Steuerelements, damit es einen transparenten Hintergrund hat
- Bereitstellen einer Toolboxbitmap für ein Steuerelement
- Entwickeln eines erweiterten Steuerelements (abgeleitet von einem vorhandenen Windows Forms-Steuerelement)

Veranschlagte Zeit für diese Lektion: 45 Minuten

Grundlagen von zusammengesetzten Steuerelementen

Zusammengesetzte Steuerelemente werden auch als *Benutzersteuerelemente* (user control) bezeichnet. Ihr Name verrät bereits, um was es sich handelt: Steuerelemente, die aus anderen Steuerelementen zusammengesetzt sind. Zusammengesetzte Steuerelemente sind von der Klasse `UserControl` abgeleitet, die grundlegende Funktionen zur Verfügung stellt. Sie bauen darauf auf, indem Sie andere Steuerelemente sowie zusätzliche Eigenschaften, Methoden und Ereignisse hinzufügen. Die Klasse `UserControl` hat einen eigenen Designer in der integrierten Entwicklungsumgebung (Integrated Development Environment, IDE) von Visual Studio, in dem Sie weitere Steuerelemente aus der Toolbox auf die Entwurfsoberfläche ziehen und konfigurieren können. Abbildung 5.1 zeigt den Designer für Benutzersteuerelemente.

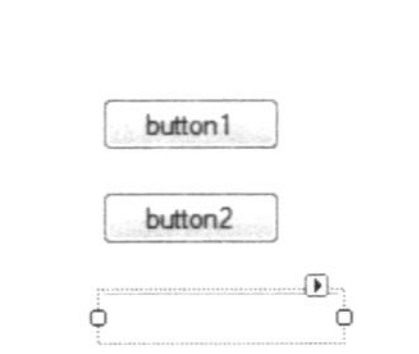

Abbildung 5.1 Der Designer für Benutzersteuerelemente

Gehen Sie folgendermaßen vor, um während des Entwurfs ein zusammengesetztes Steuerelement zu einer Projektmappe hinzuzufügen:

1. Wählen Sie im Menü *Projekt* den Befehl *Benutzersteuerelement hinzufügen*. Daraufhin öffnet sich das Dialogfeld *Neues Element hinzufügen*.
2. Geben Sie einen Namen für Ihr Steuerelement ein und klicken Sie auf *Hinzufügen*. Das neue Steuerelement wird zum Projekt hinzugefügt und für die Bearbeitung im Designer geöffnet.

Im Programmcode erstellen Sie ein zusammengesetztes Steuerelement, indem Sie eine Klasse von `UserControl` ableiten:

' Visual Basic

```
Public Class myControl
   Inherits UserControl
   ' Implementierung hier einfügen
End Class
```

// C#

```
public class myControl : UserControl
{
   // Implementierung hier einfügen
}
```

Die einzelnen Steuerelemente, aus denen das zusammengesetzte Steuerelement entsteht, werden als konstituierende Steuerelemente (constituent control) bezeichnet. Sie fügen konstituierende Steuerelemente genauso zu Ihrem zusammengesetzten Steuerelement hinzu wie Steuerelemente zu einem Formular: Sie ziehen sie aus der Toolbox auf die Entwurfsoberfläche. Anschließend konfigurieren Sie die konstituierenden Steuerelemente genauso, wie Sie die Steuerelemente auf einem Formular konfigurieren: indem Sie Eigenschaften einstellen, das Aussehen ändern und Methoden erstellen, die Steuerelementereignisse behandeln. Wenn das zusammengesetzte Steuerelement erstellt ist, ist der Funktionsumfang, den Sie programmiert haben, darin eingebettet.

Hinzufügen von Methoden, Eigenschaften und Ereignissen zu Steuerelementen

Sie können nicht nur konstituierende Steuerelemente zu Ihrem neuen Steuerelement hinzufügen, sondern auch Funktionen in Form von Methoden, Eigenschaften und Ereignissen einbauen.

Hinweis Klassen, Steuerelemente und zusammengesetzte Steuerelemente

Die Informationen in diesem Abschnitt betreffen Klassen und Steuerelemente aller Typen, nicht nur zusammengesetzte Steuerelemente.

Hinzufügen von Methoden zu einem Steuerelement

Eine Methode fügen Sie genauso zu einem Steuerelement hinzu wie eine Methode zu einem Formular oder irgendeiner anderen Klasse. Fügen Sie innerhalb der Klassendeklaration im Codefenster die Methodendeklaration und den Methodenbody ein. Gibt die Methode keinen Wert zurück, können Sie eine `Sub`- (Visual Basic) beziehungsweise `void`-Methode (C#) erstellen:

' Visual Basic

```
Public Sub DisplayString(ByVal aString As String)
   Msgbox(aString)
End Sub
```

// C#

```
public void DisplayString(string aString)
{
   MessageBox.Show(aString);
}
```

Für Methoden, die einen Wert zurückgeben, erstellen Sie eine `Function`-Methode (Visual Basic) oder geben den Rückgabetyp an (C#):

' Visual Basic

```
Public Function DisplayString(ByVal aString As String, ByVal bString As String) As String
   Return aString & bString
End Function
```

// C#

```
public string DisplayString(string aString, string bString)
{
   return aString + bString;
}
```

Hinzufügen von Eigenschaften zu einem Steuerelement

Eine Eigenschaft fügen Sie ähnlich wie eine Methode hinzu. Sie erstellen eine Eigenschaftsdefinition und implementieren dann die Funktionen, die den Wert zurückgeben oder ändern, der von der Eigenschaft verwaltet wird. Normalerweise wird der zugrunde liegende Wert für die Eigenschaft in einer privaten Membervariablen gespeichert. In Visual Basic verwenden Sie das Schlüsselwort `Property`, um eine Eigenschaft anzulegen. In C# implementieren Sie einfach die Getter und Setter für die Eigenschaft. Das folgende Beispiel zeigt, wie Sie eine Eigenschaft implementieren, die ihren Wert in einer Membervariablen speichert:

' Visual Basic

```
Private mUnitsOnHand
Public Property UnitsOnHand() As Integer
   Get
      Return mUnitsOnHand
   End Get
   Set(ByVal value As Integer)
      mUnitsOnHand = value
   End Set
End Property
```

// C#

```
private int mUnitsOnHand;
public int UnitsOnHand
{
   get { return mUnitsOnHand; }
   set { mUnitsOnHand = value; }
}
```

Eine schreibgeschützte Eigenschaft erstellen Sie in Visual Basic mit dem Schlüsselwort `ReadOnly`, in C# lassen Sie dafür einfach den Setter, also das `set`-Element weg:

' Visual Basic

```
Private mUnitsOnHand
Public ReadOnly Property UnitsOnHand() As Integer
   Get
      Return mUnitsOnHand
   End Get
End Property
```

// C#

```
private int mUnitsOnHand;
public int UnitsOnHand
{
   get { return mUnitsOnHand; }
}
```

Wenn Sie eine schreibgeschützte Eigenschaft erstellen, müssen Sie der Membervariablen, die den Wert der Eigenschaft speichert, im Programmcode einen Wert zuweisen.

Hinzufügen von Ereignissen zu einem Steuerelement

Sie können zu einem Steuerelement Ereignisse hinzufügen, die ausgelöst werden, um die übrige Anwendung darüber zu informieren, dass etwas Interessantes passiert ist. Sobald Sie ein Ereignis zu einer Klasse oder einem Steuerelement hinzugefügt haben, kann es im Programmcode ausgelöst werden, um eine Benachrichtigung an die übrige Anwendung zu senden.

In Visual Basic erstellen Sie ein Ereignis mit dem Schlüsselwort `Event`. Dabei geben Sie den Namen und die Signatur des Ereignisses an:

' Visual Basic

```
Public Event Bang(ByVal decibels As Integer)
```

In C# brauchen Sie dagegen einen expliziten Delegaten, der die Signatur festlegt. Erst dann können Sie mit dem Schlüsselwort `event` das neue Ereignis erstellen. Das folgende Beispiel zeigt, wie Sie ein Ereignis in C# erstellen:

// C#

```
public delegate void Sound(int decibels);
public event Sound Bang;
```

Beachten Sie, dass Sie den Delegaten selbst angeben, nicht eine Instanz des Delegaten.

In Visual Basic lösen Sie ein Ereignis im Programmcode mit dem Schlüsselwort `RaiseEvent` aus. In C# rufen Sie dagegen das Ereignis wie eine Methode auf. Hier ein Beispiel:

' Visual Basic

```
RaiseEvent Bang(100)
```

// C#

```
this.Bang(100);
```

Die Eigenschaften der konstituierenden Steuerelemente verfügbar machen

Wenn konstituierende Steuerelemente zu einem zusammengesetzten Steuerelement hinzugefügt werden, bekommen sie standardmäßig die Zugriffsebene `Friend` in Visual Basic beziehungsweise `private` in C#. In beiden Fällen können Klassen aus anderen Assemblys nicht auf die konstituierenden Steuerelemente zugreifen. Wenn Sie es anderen Assemblys ermöglichen wollen, Teile der konstituierenden Steuerelemente zu konfigurieren, müssen Sie deren Eigenschaften verfügbar machen. Dazu verpacken Sie die Eigenschaften der konstituierenden Steuerelemente in eine Eigenschaftsdeklaration und schreiben dann Code in der Eigenschaft des zusammengesetzten Steuerelements, der den Wert der Eigenschaft im konstituierenden Steuerelement abruft oder ändert. Nehmen wir an, Sie wollen die Eigenschaft `BackColor` einer konstituierenden Schaltfläche verfügbar machen. Sie erstellen nun im zusammengesetzten Steuerelement eine Eigenschaft namens `ButtonBackColor`, in deren Getter Sie den Wert der Eigenschaft `BackColor` in der konstituierenden Schaltfläche auslesen und in deren Setter Sie den Wert in die Eigenschaft `BackColor` der konstituierenden Schaltfläche eintragen. Das folgende Beispiel, wie Sie das implementieren:

' Visual Basic

```
Public Property ButtonBackColor() As System.Drawing.Color
   Get
      Return Button1.BackColor
   End Get
   Set(ByVal value As System.Drawing.Color)
      Button1.BackColor = value
   End Set
End Property
```

// C#

```
public System.Drawing.Color ButtonBackColor
{
   get { return Button1.BackColor; }
   set { Button1.BackColor = value; }
}
```

Konfigurieren eines Steuerelements, damit es während der Laufzeit unsichtbar ist

Manchmal ist es nötig, dass Ihr Steuerelement während der Laufzeit unsichtbar ist. Sie können ein unsichtbares Steuerelement erstellen, indem Sie seine Eigenschaft `Visible` auf den Wert `False` setzen. Unsichtbare Steuerelemente kann der Benutzer nicht in der Benutzeroberfläche bedienen, sie können aber trotzdem mit der Anwendung und anderen Steuerelementen interagieren. Das folgende Beispiel zeigt, wie Sie die Eigenschaft `Visible` auf den Wert `False` setzen:

' Visual Basic

```
myUserControl.Visible = False
```

// C#

```
myUserControl.Visible = false;
```

Beachten Sie, dass Sie die Eigenschaft `Visible` nur während der Laufzeit ändern können. Soll ein Steuerelement von Anfang an unsichtbar sein, können Sie die Eigenschaft `Visible` im `Load`-Ereignishandler des Steuerelements auf `False` setzen.

Konfigurieren eines Steuerelements, damit es einen transparenten Hintergrund hat

Wenn Sie Ihr Steuerelement so konfigurieren, dass es einen transparenten Hintergrund hat, müssen Sie zwei Transparenzarten berücksichtigen. Erstens kann ein Steuerelement transparent sein, sodass das Aussehen des darunter liegenden Formulars zu sehen ist. Zweitens kann ein Steuerelement als transparentes Fenster durch das Formular hindurch agieren, sodass der Desktop durch das Steuerelement und das Formular hindurch zu sehen ist.

Um ein Steuerelement mit transparenter Hintergrundfarbe zu erstellen, brauchen Sie lediglich seiner Eigenschaft `BackColor` den Wert `Color.Transparent` zuzuweisen. Was immer unter dem Steuerelement auf dem Formular angezeigt wird, ist dann durch den Hintergrund des Steuerelements zu sehen. Sie können `BackColor` während des Entwurfs im Eigenschaftenfenster auf `Transparent` setzen oder der Eigenschaft im Programmcode den Wert zuweisen:

' Visual Basic

```
Me.BackColor = Color.Transparent
```

// C#

```
this.BackColor = Color.Transparent;
```

Etwas schwieriger ist es, ein transparentes Steuerelement zu erstellen, das als Fenster durch das Formular hindurch wirkt. Jedes Formular hat eine Eigenschaft namens `TransparencyKey`. Sie gibt an, welche Farbe als transparent interpretiert wird, wenn sie auf dem Formular vorkommt. Wenn Sie der Eigenschaft `BackColor` des Steuerelements dieselbe Farbe wie der Eigenschaft `TransparencyKey` des Formulars zuweisen, können Sie ein transparentes Fenster durch das Formular hindurch erstellen. Sie können die Eigenschaft `TransparencyKey` des Formulars und die Eigenschaft `BackColor` des Steuerelements während des Entwurfs im Designer oder später im Programmcode einstellen:

' Visual Basic

```
Form1.TransparencyKey = Color.Red
myUserControl.BackColor = Color.Red
```

// C#

```
Form1.TransparencyKey = Color.Red;
myUserControl.BackColor = Color.Red;
```

Bereitstellen einer Toolboxbitmap für Ihr Steuerelement

Wenn Sie Ihr Steuerelement erstellt haben, erscheint es automatisch in der Toolbox, sofern Sie es in derselben Projektmappe verwenden. Haben Sie das Steuerelement in einem anderen Projekt erstellt, können Sie es zur Toolbox hinzufügen. Wenn Sie ein Steuerelement zur Toolbox hinzufügen, wird es unter seinem Namen angezeigt, neben dem ein Symbol erscheint. Ist kein Symbol angegeben, wird ein allgemeines Symbol verwendet. Sie können das Symbol, das neben dem Namen Ihres Steuerelements angezeigt wird, mithilfe von `ToolboxBitmapAttribute` bereitstellen. Sie können Instanzen der Klasse `ToolboxBitmapAttribute` mit Ihrer Steuerelementdeklaration verknüpfen und damit eine 16×16 Pixel große Bitmap festlegen, die Ihr Steuerelement in der Toolbox darstellt.

Es stehen drei Möglichkeiten zur Auswahl, die Toolboxbitmap festzulegen. Am einfachsten ist es, den Pfad der gewünschten Bitmap anzugeben:

' Visual Basic

```
<ToolboxBitmap("C:\myToolboxBitmap.bmp")> Class myControl
   Inherits UserControl
   ' Implementierung gekürzt
End Class
```

// C#

```
[ToolboxBitmap(@"C:\myToolboxBitmap.bmp")]
class myControl : UserControl
{}
```

Sie können auch `ToolboxBitmap` aus einem vorhandenen Typ verwenden. Zum Beispiel können Sie dieselbe Toolboxbitmap verwenden, die das `Button`-Steuerelement darstellt:

' Visual Basic

```
<ToolboxBitmap(GetType(System.Windows.Forms.Button))> Class myControl
   Inherits UserControl
   ' Implementierung gekürzt
End Class
```

// C#

```
[ToolboxBitmap(typeof(System.Windows.Forms.Button))]
class myControl : UserControl
{}
```

Und schließlich können Sie eine Assembly angeben, indem Sie auf einen in dieser Assembly definierten Typ verweisen, und dann eine Symbolressource laden, die über ihren Zeichenfolgennamen angegeben ist:

' Visual Basic

```
<ToolboxBitmap(GetType(myControl), "myControl.bmp")> Class myControl
   Inherits UserControl
   ' Implementierung gekürzt
End Class
```

// C#

```
[ToolboxBitmap(typeof(myControl), "myControl.bmp")]
class myControl : UserControl
{}
```

Schnelltest

1. Definieren Sie kurz, was ein zusammengesetztes Steuerelement ist.
2. Wie können Sie Eigenschaften von konstituierenden Steuerelementen für Entwickler zugänglich machen?

Antworten zum Schnelltest

1. Ein zusammengesetztes Steuerelement, auch als Benutzersteuerelement bezeichnet, besteht aus vordefinierten Steuerelementen (den sogenannten konstituierenden Steuerelementen), die in einer gemeinsamen Oberfläche kombiniert werden. Zusammengesetzte Steuerelemente können zusätzliche Funktionen implementieren, die es den konstituierenden Steuerelementen ermöglicht zusammenzuarbeiten.
2. Sie stellen Entwicklern die Eigenschaften konstituierender Steuerelemente zur Verfügung, indem Sie die gewünschten Eigenschaften in Eigenschaften des Benutzersteuerelements kapseln.

Erstellen erweiterter Steuerelemente

Erweiterte Steuerelemente (extended control) sind selbsterstellte Steuerelemente, die ein vorhandenes .NET Framework-Steuerelement erweitern. Indem Sie vorhandene Steuerelemente erweitern, behalten Sie den gesamten Funktionsumfang des ursprünglichen Steuerelements, ergänzen es aber um Eigenschaften und Methoden. Bei Bedarf können Sie auch die Darstellung des Steuerelements verändern.

Erweitern eines Steuerelements

Sie erstellen ein erweitertes Steuerelement, indem Sie eine Klasse vom gewünschten Steuerelement ableiten. Das folgende Beispiel zeigt, wie Sie ein Steuerelement erstellen, das von der Klasse `Button` abgeleitet ist:

' Visual Basic

```
Public Class ExtendedButton
   Inherits System.Windows.Forms.Button
End Class
```

// C#

```
public class ExtendedButton : System.Windows.Forms.Button
{}
```

Die in diesem Beispiel erstellte Klasse `ExtendedButton` hat dasselbe Aussehen, dasselbe Verhalten und dieselben Eigenschaften wie die Klasse `Button`. Sie können dessen Funktion nun aber erweitern, indem Sie neue Eigenschaften oder Methoden hinzufügen. So demonstriert das folgende Beispiel, wie eine Eigenschaft namens `ButtonValue` hinzugefügt wird, die einen Integer zurückgibt:

' Visual Basic

```
Public Class ExtendedButton
   Inherits System.Windows.Forms.Button
   Private mValue As Integer
   Public Property ButtonValue() As Integer
      Get
         Return mValue
      End Get
      Set(ByVal Value As Integer)
         mValue = Value
      End Set
   End Property
End Class
```

// C#

```
public class ExtendedButton : System.Windows.Forms.Button
{
   int mValue;
   public int ButtonValue
   {
      get
      {
         return mValue;
      }
```

```
        set
        {
            mValue = value;
        }
    }
}
```

Überschreiben von Methoden

Sie können nicht nur neue Methoden und Eigenschaften zu Ihrem Steuerelement hinzufügen, sondern auch eine neue Implementierung für vorhandene Methoden bereitstellen. Das wird als Überschreiben bezeichnet. Sie ersetzen beim Überschreiben die Basisimplementierung einer Methode durch Ihre eigene Version oder ergänzen die vorhandene Implementierung durch Ihre eigene, zusätzliche Methode. Das folgende Beispiel zeigt, wie Sie die Methode `OnClick` in einer Klasse überschreiben, die von `Button` abgeleitet ist. Die neue Implementierung inkrementiert eine Variable namens `Clicks` und ruft dann die Basisimplementierung von `OnClick` auf:

' Visual Basic

```
Protected Overrides Sub OnClick(ByVal e As System.EventArgs)
   Clicks += 1
   MyBase.OnClick(e)
End Sub
```

// C#

```
protected override void OnClick(System.EventArgs e)
{
   Clicks++;
   base.OnClick(e);
}
```

Das Aussehen eines abgeleiteten Steuerelements ändern

Sie können die optische Darstellung einiger Steuerelemente ändern, indem Sie die Methode `OnPaint` überschreiben. Auf diese Weise können Sie die Darstellungslogik des Steuerelements entweder erweitern oder ganz ersetzen. Wenn Sie die Darstellung des Steuerelements lediglich etwas ergänzen wollen, können Sie die Methode `MyBase.OnPaint` (Visual Basic) beziehungsweise `base.OnPaint` (C#) der Basisklasse aufrufen und zusätzlich Ihren eigenen Darstellungscode ausführen. Wenn Sie das Steuerelement vollständig selbst zeichnen wollen, können Sie den Aufruf der Basisklassenmethode `OnPaint` weglassen. Das folgende Beispiel zeigt, wie Sie eine simple elliptische Schaltfläche erstellen. Beachten Sie aber, dass sich dadurch nur die Form des Steuerelements ändert. Komplexere Aspekte der Anzeige, etwa der Rand, bleiben unverändert.

' Visual Basic

```
Protected Overrides Sub OnPaint(ByVal pevent As System.Windows.Forms.PaintEventArgs)
   Dim x As New System.Drawing.Drawing2D.GraphicsPath
   x.AddEllipse(0, 0, Me.Width, Me.Height)
   Me.Region = New Region(x)
   MyBase.OnPaint(pevent)
End Sub
```

// C#

```
protected override void OnPaint(System.Windows.Forms.PaintEventArgs pevent)
{
   System.Drawing.Drawing2D.GraphicsPath x = new System.Drawing.Drawing2D.
      GraphicsPath();
   x.AddEllipse(0, 0, this.Width, this.Height);
   this.Region = new Region(x);
   base.OnPaint(pevent);
}
```

Übung Erstellen eines zusammengesetzten Steuerelements

In dieser Übung erstellen Sie ein zusammengesetztes Steuerelement, das eine Digitaluhr anzeigt. Sie fügen ein `Label`-Steuerelement zu Ihrem zusammengesetzten Steuerelement hinzu, das die Uhrzeit anzeigt, und eine `Timer`-Komponente, die dieses `Label`-Steuerelement jede Sekunde aktualisiert. Zuletzt machen Sie die Eigenschaft `Enabled` des `Timer`-Steuerelements in Ihrem zusammengesetzten Steuerelement verfügbar, damit Benutzer die Uhr aktivieren und deaktivieren können.

Übung Erstellen einer Digitaluhr

1. Legen Sie in Visual Studio eine neue Windows Forms-Anwendung an.
2. Wählen Sie im Menü *Projekt* den Befehl *Benutzersteuerelement hinzufügen* und klicken Sie im Dialogfeld *Neues Element hinzufügen* auf *Hinzufügen*. Daraufhin wird ein neues Benutzersteuerelement zu Ihrem Projekt hinzugefügt und im Designer geöffnet.
3. Ziehen Sie aus der Toolbox ein `Label`-Steuerelement auf das Benutzersteuerelement. Passen Sie die Größe des Benutzersteuerelements so an, dass es etwa so groß ist wie das `Label`-Steuerelement.
4. Ziehen Sie aus der Toolbox eine `Timer`-Komponente auf das Benutzersteuerelement.
5. Weisen Sie im Eigenschaftenfenster der Eigenschaft `Interval` der `Timer`-Komponente den Wert **1000** zu und setzen Sie die Eigenschaft `Enabled` auf den Wert `True`.
6. Klicken Sie doppelt auf die `Timer`-Komponente, um das Codefenster mit dem Standardereignishandler für das Ereignis `Timer.Tick` zu öffnen. Fügen Sie darin die folgende Codezeile ein:

   ' Visual Basic

   ```
   Label1.Text = Now.ToLongTimeString
   ```

   // C#

   ```
   label1.Text = DateTime.Now.ToLongTimeString();
   ```

7. Fügen Sie im Codefenster die folgende Eigenschaftsdeklaration ein:

   ' Visual Basic

   ```
   Public Property TimeEnabled() As Boolean
      Get
         Return Timer1.Enabled
      End Get
   ```

```
    Set(ByVal value As Boolean)
      Timer1.Enabled = value
    End Set
End Property
```

// C#

```
public bool TimeEnabled
{
    get { return timer1.Enabled; }
    set { timer1.Enabled = value; }
}
```

8. Wählen Sie im Menü *Datei* den Befehl *Alle speichern*, um Ihre Projektmappe zu speichern.
9. Erstellen Sie Ihre Projektmappe über das Menü *Erstellen*.
10. Öffnen Sie `Form1` im Projektmappen-Explorer. Ziehen Sie im Designer `UserControl1` aus der Toolbox auf das Formular. Nun wird eine Instanz Ihres Benutzersteuerelements zum Formular hinzugefügt. Sie beginnt sofort damit, jede Sekunde die aktuelle Zeit anzuzeigen. Beachten Sie, dass Sie die Uhr anhalten können, indem Sie die Eigenschaft `TimeEnabled` im Eigenschaftenfenster auf `False` setzen.
11. Drücken Sie F5, um Ihre Anwendung zu erstellen und auszuführen. Wie Sie sehen, verhält sich das Benutzersteuerelement während der Laufzeit genauso wie im Designer.

Zusammenfassung der Lektion

- Zusammengesetzte Steuerelemente, auch als Benutzersteuerelemente bezeichnet, bestehen aus bereits vorhandenen Windows Forms-Steuerelementen und -Komponenten, die in einer gemeinsamen Benutzeroberfläche kombiniert werden. Die einzelnen Steuerelemente, die in einem zusammengesetzten Steuerelement enthalten sind, werden als konstituierende Steuerelemente bezeichnet. Sie können Methoden, Eigenschaften und Ereignisse zu einem zusammengesetzten Steuerelement hinzufügen, um seinen Funktionsumfang auszubauen.
- Entwickler können im Allgemeinen nicht auf die Eigenschaften konstituierender Steuerelemente zugreifen. Sie können die Eigenschaften der konstituierenden Steuerelemente zugänglich machen, indem Sie sie in neue Eigenschaften des zusammengesetzten Steuerelements kapseln.
- Sie können ein Steuerelement so konfigurieren, dass es während der Laufzeit unsichtbar ist, indem Sie die Eigenschaft `Visible` auf `False` setzen. Sie können ein Steuerelement mit transparentem Hintergrund erstellen, indem Sie seiner Eigenschaft `BackColor` den Wert `Color.Transparent` zuweisen. Sie können ein Fenster durch das Steuerelement und sein Formular hindurch erstellen, indem Sie in die Eigenschaft `BackColor` des Steuerelements dieselbe Farbe eintragen wie in die Eigenschaft `TransparencyKey` des Formulars.
- Sie können eine Toolboxbitmap für ein Steuerelement zur Verfügung stellen, indem Sie das Attribut `ToolboxBitmap` konfigurieren.
- Ein erweitertes Steuerelement erstellen Sie, indem Sie eine Klasse von einem vorhandenen Steuerelement ableiten. Erweiterte Steuerelemente kapseln den gesamten Funktionsumfang des Steuerelements, von dem sie abgeleitet sind. Sie können zusätzlich neue

Eigenschaften, Methoden und Ereignisse für das abgeleitete Steuerelement definieren oder vorhandene Methoden überschreiben, um vorhandene Funktionen zu ersetzen.

- Sie können das Aussehen eines erweiterten Steuerelements ändern, indem Sie die Methode `OnPaint` überschreiben. Sie können die Methode `OnPaint` der Basisklasse aufrufen, damit die Darstellung der Basisklasse gezeichnet wird, oder diesen Aufruf weglassen, wenn Sie das Steuerelement vollständig selbst zeichnen wollen.

Lernzielkontrolle

Mit den folgenden Fragen können Sie Ihr Wissen zu den Informationen aus Lektion 1, »Erstellen von Steuerelementen in Windows Forms«, überprüfen. Die Fragen finden Sie (in englischer Sprache) auch auf der Begleit-CD, Sie können sie also auch auf dem Computer im Rahmen eines Übungstests beantworten.

Hinweis Die Antworten

Die Antworten auf diese Fragen mit Erklärungen, warum die jeweiligen Auswahlmöglichkeiten richtig oder falsch sind, finden Sie im Abschnitt »Antworten« am Ende dieses Buchs.

1. Welche Merkmale hat ein zusammengesetztes Steuerelement? (Wählen Sie alle zutreffenden Antworten aus.)
   A. Zusammengesetzte Steuerelemente bestehen aus vorhandenen Windows Forms-Steuerelementen.
   B. Zusammengesetzte Steuerelemente können eigene Funktionen in Form neuer Methoden, Eigenschaften oder Ereignisse haben.
   C. Zusammengesetzte Steuerelemente müssen ihren eigenen Darstellungscode zur Verfügung stellen.
   D. Zusammengesetzte Steuerelemente stellen automatisch die Eigenschaften ihrer konstituierenden Steuerelemente als eigene Eigenschaften zur Verfügung.
2. Was müssen Sie tun, um eine Toolboxbitmap für ein Steuerelement bereitzustellen? (Wählen Sie alle zutreffenden Antworten aus.)
   A. Sie müssen eine 16×16 Pixel große Bitmap bereitstellen, die als Toolboxbitmap verwendet wird.
   B. Sie müssen eine Bitmap bereitstellen, die als Toolboxbitmap verwendet wird, ihre Größe ist aber unwichtig, weil das .NET Framework die Größe automatisch anpasst.
   C. Sie müssen der Eigenschaft `Image` des Steuerelements die Bitmap zuweisen.
   D. Sie müssen das Attribut `ToolboxBitmap` konfigurieren, um einen Pfad, einen Typ oder einen Typ und einen Ressourcennamen anzugeben.
3. Was müssen Sie tun, um ein erweitertes Steuerelement zu erstellen?
   A. Sie müssen die Methode `OnPaint` überschreiben, um die Darstellung zu verändern.
   B. Sie müssen eine Toolboxbitmap für das neue Steuerelement bereitstellen.
   C. Sie müssen eine Klasse von einem vorhandenen Steuerelement ableiten.
   D. Sie müssen alle benötigten Eigenschaften des Basissteuerelements verfügbar machen, indem Sie sie in neue Eigenschaften verpacken.

Lektion 2: Verwenden von Steuerelementvorlagen

WPF-Steuerelemente sind so entworfen, dass sie kein festes Aussehen haben. Das bedeutet, dass die Funktion eines Elements völlig von seiner Darstellung getrennt ist. Folglich ist es ganz einfach, eine neue Benutzeroberflächendarstellung für ein WPF-Element bereitzustellen. Sie erstellen dazu eine neue Steuerelementvorlage. In dieser Lektion lernen Sie, wie Sie eine Steuerelementvorlage für ein vorhandenes Steuerelement erstellen.

Am Ende dieser Lektion werden Sie in der Lage sein, die folgenden Aufgaben auszuführen:

- Erstellen und Anwenden einer neuen Steuerelementvorlage
- Einfügen eines `Trigger`-Objekts in eine Steuerelementvorlage
- Übernehmen von Eigenschaften der übergeordneten Vorlage in eine Vorlage
- Übernehmen einer Vorlage innerhalb eines Stils
- Anzeigen des Quellcodes für eine vorhandene Vorlage
- Verwenden vordefinierter Teilnamen in einer neuen Steuerelementvorlage

Veranschlagte Zeit für diese Lektion: 30 Minuten

Erstellen von Steuerelementvorlagen

Eine *Steuerelementvorlage* (control template) ist ein XAML-Dokument, das beschreibt, wie ein Steuerelement in der Präsentationsschicht dargestellt wird. Die Vorlage bildet die Oberflächenhierarchie des Steuerelements. Sie definiert alle Teile, aus denen das Steuerelement besteht, sowie das Aussehen und Verhalten dieser Teile.

Weil WPF-Elemente so entworfen sind, dass sie kein Aussehen haben, ist die optische Schicht von der logischen Schicht getrennt, und Sie können das Aussehen jedes WPF-Elements völlig umkrempeln, indem Sie eine neue Vorlage für das Element erstellen.

Steuerelementvorlagen werden innerhalb eines `<ControlTemplate>`-Elements definiert. Das folgende Beispiel zeigt eine ganz einfache Steuerelementvorlage:

```
<Button Height="23" Width="100" Name="Button3">
   <Button.Template>
      <ControlTemplate>
         <Rectangle Fill="RoyalBlue" />
      </ControlTemplate>
   </Button.Template>
</Button>
```

Wenn Sie diese Steuerelementvorlage anwenden, wird das normale Aussehen der Schaltfläche in ein blaues Rechteck geändert. Das Ergebnis ist zwar kein Kandidat für einen Designpreis, behält aber den gesamten Funktionsumfang des Steuerelements `Button`. Sie können die Schaltfläche anklicken, um das Ereignis `Button.Click` auszulösen. Und die Schaltfläche behält alle Positions- und Layoutfunktionen, die auch alle anderen WPF-Elemente bieten.

Komplexere Vorlagen setzen sich aus mehreren Teilen zusammen. Das nächste Beispiel enthält ein `Border`-Element, das den Rand enthält. Das Ergebnis ist ein blaues Rechteck mit einem braunen Rand:

```
<Button Height="24" Name="Button3" Margin="89,0,89,61"
   VerticalAlignment="Bottom">
   <Button.Template>
      <ControlTemplate>
         <Border BorderBrush="Chocolate" BorderThickness="3">
            <Rectangle Fill="RoyalBlue" />
         </Border>
      </ControlTemplate>
   </Button.Template>
</Button>
```

`Border` ist ein Inhaltssteuerelement. Daher kann es nur ein einziges untergeordnetes Element enthalten. Wollen Sie mehrere sichtbare Elemente in Ihre Vorlage einbauen, müssen Sie ein Layoutsteuerelement verwenden. Das folgende Beispiel überlagert das blaue Rechteck mit einer roten Ellipse:

```
<Button Height="67" Name="Button3" Margin="89,0,35,18"
   VerticalAlignment="Bottom">
   <Button.Template>
      <ControlTemplate>
         <Border BorderBrush="Chocolate" BorderThickness="3">
            <Grid>
               <Rectangle Fill="RoyalBlue" />
               <Ellipse Fill="Red" />
            </Grid>
         </Border>
      </ControlTemplate>
   </Button.Template>
</Button>
```

Eine wesentliche Komponente fehlt noch in dieser Vorlage. Es ist nicht definiert, wie der Wert der Eigenschaft `Content` angezeigt wird. Unterstützung für die Eigenschaft `Content` stellen Sie mithilfe der Klasse `ContentPresenter` zur Verfügung:

```
<Button Height="67" Name="Button3" Margin="89,0,35,18"
   VerticalAlignment="Bottom">
   <Button.Template>
      <ControlTemplate TargetType="{x:Type Button}">
         <Border BorderBrush="Chocolate" BorderThickness="3">
            <Grid>
               <Rectangle Fill="RoyalBlue" />
               <Ellipse Fill="Red" />
               <ContentPresenter HorizontalAlignment="Center"
                  VerticalAlignment="Center" />
            </Grid>
         </Border>
      </ControlTemplate>
   </Button.Template>
</Button>
```

`ContentPresenter` ist praktisch ein Platzhalter für die Eigenschaft `Content` des Elements. Der jeweilige Wert der Eigenschaft `Content` wird in den Platz eingefügt, der vom `ContentPresenter`-Objekt belegt ist. Bei Listensteuerelementen zeigt eine ähnliche Klasse namens `ItemsPresenter` die Objekte aus der Eigenschaft `Items` an.

Beachten Sie im vorherigen Beispiel außerdem, dass im `ControlTemplate`-Tag die Eigenschaft `TargetType={x:Type Button}` hinzugefügt wurde. Das ist nötig, damit `ContentPresenter` funktioniert, weil das Steuerelement `ContentPresenter` ein implizites `TemplateBinding`-Markup enthält, für das der Zieltyp definiert sein muss. Die Vorlagenbindung (template binding) wird weiter unten in dieser Lektion beschrieben. Im Unterschied zu Stilen wird die Vorlage nicht automatisch auf Elemente des betreffenden Typs angewendet, wenn Sie die Eigenschaft `TargetType` einstellen. Sie müssen die Vorlage explizit in die Eigenschaft `Template` des Elements eintragen, entweder in XAML oder mithilfe von Stilen (mehr dazu weiter unten in dieser Lektion).

Die Vorlage aus dem letzten Beispiel ändert bei einem `Button`-Steuerelement die optische Darstellung, lässt aber seinen gesamten Funktionsumfang unangetastet. Das Ergebnis benötigt allerdings noch etwas Feinschliff: Im Unterschied zu einem `Button`-Steuerelement in Standarddarstellung gibt es keinen optischen Hinweis, wenn der Benutzer die Maus über das Steuerelement bewegt oder es anklickt. Weiter unten in dieser Lektion erfahren Sie, wie Sie auch diese Funktion implementieren.

Erstellen einer Vorlage als Ressource

Im letzten Abschnitt haben Sie gesehen, wie Sie eine Steuerelementvorlage direkt in einem Steuerelement definieren. Das ist zwar technisch möglich, aber nur für schnelle Tests wirklich nützlich. Vorlagen werden im Allgemeinen erstellt, um für mehrere Steuerelemente ein einheitliches Aussehen bereitzustellen. Daher werden sie meist als Ressourcen definiert, damit sie wiederverwendet werden können. Wenn Sie eine Vorlage als Ressource definieren, müssen Sie sie in den `Resource`-Abschnitt einfügen und der Eigenschaft `Key` einen Wert zuweisen:

```
<Window.Resources >
   <ControlTemplate TargetType="{x:Type Button}" x:Key="ButtonTemplate">
      <Border BorderBrush="Chocolate" BorderThickness="3">
         <Grid>
            <Rectangle Fill="RoyalBlue" />
            <Ellipse Fill="Red" />
            <ContentPresenter HorizontalAlignment="Center"
               VerticalAlignment="Center" />
         </Grid>
      </Border>
   </ControlTemplate>
</Window.Resources>
```

Anwenden einer Vorlage auf ein Steuerelement

Sobald Sie eine Vorlage als Ressource definiert haben, können Sie sie auf ein Steuerelement anwenden, indem Sie die Ressource in die Eigenschaft `Template` des Steuerelements eintragen:

```
<Button Template="{StaticResource ButtonTemplate}" Margin="112,123,91,116"
   Name="Button1">Button</Button>
```

Einfügen eines *Trigger*-Objekts in eine Vorlage

Bisher haben Sie in dieser Lektion gelernt, wie Sie eine Vorlage erstellen, die ein WPF-Element anders darstellt. Das ist aber nur eine Komponente bei der Aufgabe, neue Oberflächenelemente für Ihre Anwendung zu entwerfen. Ein wesentlicher Teil der Benutzeroberfläche ist die Interaktivität eines Elements, wenn der Benutzer es bedient. Zum Beispiel wird eine Schaltfläche in der Standardvorlage hervorgehoben, wenn sich die Maus darüber befindet. Und sie zeigt an, wenn der Benutzer sie anklickt. Diese Funktion bilden Sie nach, indem Sie Trigger in Ihre Vorlage einbauen.

`ControlTemplate` enthält eine Auflistung mit `Trigger`-Objekten in der Auflistung `ControlTemplate.Triggers`. Hier können Sie Trigger hinzufügen, um optische Rückmeldungen zur Verfügung zu stellen. Das funktioniert genauso wie bei einem Stil. Das folgende Beispiel demonstriert ein `Trigger`-Objekt in einer `Button`-Vorlage, das die Schaltfläche hervorhebt, wenn sich die Maus darüber befindet. Die relevanten Abschnitte sind fett hervorgehoben:

```
<ControlTemplate TargetType="{x:Type Button}" x:Key="ButtonTemplate">
   <Border Name="Bord1" BorderBrush="Chocolate" BorderThickness="3">
      <Grid>
         <Rectangle Name="Rect1" Fill="RoyalBlue" />
         <Ellipse Name="Elli1" Fill="Red" />
         <ContentPresenter HorizontalAlignment="Center"
            VerticalAlignment="Center" />
      </Grid>
   </Border>
   <ControlTemplate.Triggers>
      <Trigger Property="IsMouseOver" Value="True">
         <Setter TargetName="Rect1" Property="Fill" Value="AliceBlue" />
         <Setter TargetName="Bord1" Property="BorderBrush" Value="Red" />
         <Setter TargetName="Elli1" Property="Fill" Value="Yellow" />
      </Trigger>
   </ControlTemplate.Triggers>
</ControlTemplate>
```

Bei diesem Beispiel gibt es mehrere wichtige Punkte. Erstens ist bei jedem Element, das vom `Trigger`-Objekt verändert wird, ein Wert in die Eigenschaft `Name` eingetragen. So ist sichergestellt, dass die `Setter`-Objekte im `Trigger`-Objekt das richtige Objekt ansprechen. Zweitens ist das `Trigger`-Objekt im XAML-Code *nach* den konstituierenden Elementen der Vorlage definiert. Das ist eine Forderung des Vorlagenmoduls. Daher ist es sinnvoll, wenn Sie Trigger am Ende Ihrer Vorlage definieren.

Sie können auch Animationen in Ihren Vorlagentriggern definieren. Das nächste Beispiel definiert ein `Animation`-Objekt, das ausgeführt wird, wenn die Schaltfläche angeklickt wird:

```
<ControlTemplate TargetType="{x:Type Button}" x:Key="ButtonTemplate">
   <Border Name="Bord1" BorderBrush="Chocolate" BorderThickness="3">
      <Grid>
         <Rectangle Name="Rect1" Fill="RoyalBlue" />
         <Ellipse Name="Elli1" Fill="Red" />
         <ContentPresenter HorizontalAlignment="Center" VerticalAlignment="Center" />
      </Grid>
   </Border>
```

```
  <ControlTemplate.Triggers>
    <Trigger Property="IsMouseOver" Value="True">
      <Setter TargetName="Rect1" Property="Fill" Value="AliceBlue" />
      <Setter TargetName="Bord1" Property="BorderBrush" Value="Red" />
      <Setter TargetName="Elli1" Property="Fill" Value="Yellow" />
    </Trigger>
    <Trigger Property="IsPressed" Value="True">
      <Trigger.EnterActions>
        <BeginStoryboard Name="bst1">
          <Storyboard AutoReverse="True">
            <ThicknessAnimation
              Storyboard.TargetProperty="Margin"
              To="0,0,0,0" Duration="0:0:.3" />
          </Storyboard>
        </BeginStoryboard>
      </Trigger.EnterActions>
      <Trigger.ExitActions>
        <StopStoryboard BeginStoryboardName="bst1" />
      </Trigger.ExitActions>
    </Trigger>
  </ControlTemplate.Triggers>
</ControlTemplate>
```

Berücksichtigen von Eigenschaften des übergeordneten Elements in der Vorlage

Sie wissen nun, wie Sie eine voll funktionsfähige Vorlage mit Unterstützung für Trigger erstellen, die dem Benutzer Interaktivität bietet. Ihre Vorlage ist aber nicht einfach zu konfigurieren. Die `Border`-Farbe ist immer braun, das `Rectangle`-Objekt hat immer die Farbe `RoyalBlue` und das `Ellipse`-Objekt ist immer rot, ganz egal, was der Entwickler in den Eigenschaften für Werte einstellt. Manchmal soll eine Vorlage tatsächlich unveränderbar sein, aber in vielen Fällen ist es sinnvoller, dem Benutzer die Konfiguration der Einstellungen zu ermöglichen. Sie können `TemplateBinding` verwenden, um die Eigenschaften des übergeordneten Elements in der Vorlage zu berücksichtigen.

Verwenden von *TemplateBinding*

Das Markup `TemplateBinding` ist im Wesentlichen ein Datenbindungsausdruck, der eine Eigenschaft innerhalb der Vorlage an eine benannte Eigenschaft des übergeordneten Elements der Vorlage bindet. Kurz gesagt: Es bindet die Vorlageneigenschaft an die Eigenschaft im Steuerelement, für das Sie die Vorlage entwerfen. Der `TemplateBinding`-Ausdruck hat folgende Form:

```
{TemplateBinding <Eigenschaftsname>}
```

Dabei steht `<Eigenschaftsname>` für den Namen der Eigenschaft im übergeordneten Element der Vorlage, zu dem Sie eine Bindung herstellen. Der folgende Ausschnitt zeigt die Vorlage aus dem letzten Beispiel, wobei die Eigenschaft `Border.BorderThickness` an die übergeordnete Eigenschaft `BorderThickness` gebunden wird:

```
<ControlTemplate TargetType="{x:Type Button}" x:Key="ButtonTemplate">
   <Border Name="Bord1" BorderBrush="Chocolate"
      BorderThickness="{TemplateBinding BorderThickness}">
      <Grid>
         <Rectangle Name="Rect1" Fill="RoyalBlue" />
         <Ellipse Name="Elli1" Fill="Red" />
         <ContentPresenter HorizontalAlignmert="Center"
            VerticalAlignment="Center" />
      </Grid>
   </Border>
   <!--Trigger weggelassen-->
</ControlTemplate>
```

Verwenden der Datenbindung für Vorlagen

Beim TemplateBinding-Ausdruck gibt es ein erhebliches Problem. TemplateBinding unterstützt keine Freezable-Typen (dazu gehören Brush-Objekte), wenn es in Triggern benutzt wird. Glücklicherweise gibt es eine einfache Lösung für dieses Problem: Sie können einen normalen Binding-Ausdruck verwenden. Ein normaler Binding-Ausdruck kann auf eine Eigenschaft des übergeordneten Elements der Vorlage verweisen, indem er der Eigenschaft RelativeSource den Wert TemplatedParent zuweist und der Eigenschaft Path die gewünschte Eigenschaft, die gebunden werden soll. Das folgende Beispiel demonstriert, wie Sie diese Bindungstechnik nutzen:

```
<ControlTemplate TargetType="{x:Type Button}" x:Key="ButtonTemplate">
<!--Grid- und Button-Elemente gekürzt-->
   <ControlTemplate.Triggers>
      <Trigger Property="IsMouseOver" Value="True">
         <Setter TargetName="Rect1" Property="Fill" Value="AliceBlue" />
         <Setter TargetName="Bord1" Property="BorderBrush" Value="Red" />
         <Setter TargetName="Elli1" Property="Fill" Value="{Binding
            RelativeSource={RelativeSource TemplatedParent},
            Path=Background}" />
      </Trigger>
<!--Trigger weggelassen-->
   </ControlTemplate.Triggers>
</ControlTemplate>
```

Sie können auch andere Datenbindungsausdrücke in einer Vorlage einsetzen. Zum Beispiel können Sie ein Binding-Objekt erstellen, das Path in der XAML-Vorlage einen Wert zuweist und dann im Programmcode der Eigenschaft DataContext das Window-Objekt zuweist:

```
<ControlTemplate TargetType="{x:Type Button}" x:Key="ButtonTemplate">
   <Border Name="Bord1" BorderBrush="Chocolate" BorderThickness="3">
      <Grid>
         <Rectangle Name="Rect1" Fill="{Binding Path=Backgrourd}" />
         <Ellipse Name="Elli1" Fill="Red" />
         <ContentPresenter HorizontalAlignment="Center"
            VerticalAlignment="Center" />
      </Grid>
   </Border>
```

```
        </Trigger>
        <!--Trigger weggelassen-->
    </ControlTemplate.Triggers>
</ControlTemplate>
```

' Visual Basic

```
Window1.DataContext = Me
```

// C#

```
Window1.DataContext = this;
```

In diesem Fall wird bei allen `Button`-Elementen, denen in `Window1` diese Vorlage zugewiesen wird, die Ellipse mit demselben Pinsel wie der Fensterhintergrund gezeichnet.

Anwenden von Vorlagen mit *Style*

Sie können `Style` einsetzen, um Vorlagen automatisch anzuwenden. Indem Sie die Eigenschaft `TargetType` von `Style` verwenden und mit `Setter` den Wert der Eigenschaft `Template` festlegen, wird die angegebene Vorlage automatisch auf alle Elemente des Typs angewendet. Das folgende Beispiel zeigt eine Instanz von `Style`, die automatisch eine Vorlage auf `Button`-Elemente anwendet:

```
<Style TargetType="{x:Type Button}">
    <Setter Property="Template" Value="{StaticResource ButtonTemplate}" />
</Style>
```

Wenn Sie eine Vorlage mit `Style` festlegen, muss der entsprechende XAML-Code hinter der Definition der Vorlage stehen.

Anzeigen des Quellcodes für eine vorhandene Vorlage

Bei einem `Button`-Steuerelement ist es relativ einfach, eine Vorlage zu entwickeln. Es gibt nicht allzu viele Feinheiten beim Layout zu beachten, und Sie brauchen nur eine begrenzte Zahl von Zuständen sichtbar zu machen. Wenn Sie allerdings Vorlagen für andere Steuerelemente entwerfen, ist es unter Umständen sinnvoll, sich an der Standardvorlage zu orientieren. Sie können sich die Standardvorlage für ein WPF-Element folgendermaßen ansehen:

1. Legen Sie eine Instanz des Elements an, dessen Vorlage Sie sich ansehen wollen. Das Element muss tatsächlich in der Oberflächenhierarchie vorhanden sein, sodass Sie es während des Entwurfs in `Window` einfügen oder vom Programmcode aus hinzufügen können, wie hier gezeigt:

   ' Visual Basic

   ```
   Dim aTextBox As New TextBox
   Grid1.Children.Add(aTextBox)
   ```

   // C#

   ```
   TextBox aTextBox = new TextBox();
   grid1.Children.Add(aTextBox);
   ```

2. Serialisieren Sie die Vorlage mithilfe der Klasse `System.Windows.Markup.XamlWriter`. Dafür stehen mehrere Möglichkeiten zur Verfügung. Das folgende Beispiel demonstriert, wie Sie die Vorlage in einer XML-Datei (Extensible Markup Language) speichern:

' Visual Basic

```
Dim aStream As New System.IO.FileStream("C:\template.xml", _
   System.IO.FileMode.Append)
System.Windows.Markup.XamlWriter.Save(aTextBox.Template, aStream)
```

// C#

```
System.IO.FileStream  aStream = new
   System.IO.FileStream("C:\\template.xml",
   System.IO.FileMode.Append);
System.Windows.Markup.XamlWriter.Save(aTextBox.Template, aStream);
```

Verwenden vordefinierter Teilnamen in einer Vorlage

WPF-Elemente sind zwar so entworfen, dass sie kein festes Aussehen haben, diese Regel wird aber nicht immer vollständig durchgehalten. Wenn Sie sich die Vorlage des Steuerelements `TextBox` aus dem letzten Abschnitt ansehen, fällt folgende Zeile auf:

```
<ScrollViewer Name="PART_ContentHost" SnapsToDevicePixels="{TemplateBinding
   UIElement.SnapsToDevicePixels}" />
```

Der entscheidende Ausschnitt dieser Zeile ist `Name="PART_ContentHost"`. Obwohl Steuerelemente ohne bestimmtes Aussehen entworfen werden sollten, greifen manche WPF-Elemente in ihrem Code auf benannte Elemente in ihren Vorlagen zu. Es gilt die Konvention, dass alle diese Elemente, die mit dem Elementcode verknüpft sind, einen Namen nach dem Schema `PART_<Name>` haben, wobei `<Name>` eine Rollenbeschreibung des Teils ist. Im Beispiel von `TextBox` greift der Elementcode, der die editierbare Oberfläche des `TextBox`-Steuerelements zur Verfügung stellt, auf `Part_ContentHost` zu. Wenn Sie eine neue Vorlage für ein Steuerelement entwickeln, das benannte Teile hat, müssen Sie den entsprechenden Elementen denselben Namen geben, damit die Funktion des Steuerelements nicht beeinträchtigt wird.

Übung Erstellen einer Steuerelementvorlage

In dieser Übung erstellen Sie eine neue Vorlage für das Steuerelement `Button`. Sie passen das Aussehen der Schaltfläche an und implementieren Funktionen, um die Darstellung der Schaltfläche zu verändern, wenn sie deaktiviert ist, wenn sich die Maus über die Schaltfläche bewegt und wenn die Schaltfläche angeklickt wird.

Übung Erstellen einer neuen Steuerelementvorlage

1. Legen Sie eine neue WPF-Anwendung an.
2. Erstellen Sie in der XAML-Ansicht unmittelbar vor dem `Grid`-Abschnitt einen `Window.Resources`-Abschnitt :

```
<Window.Resources>

</Window.Resources>
```

3. Fügen Sie die folgende `ControlTemplate`-Vorlage in den `Window.Resources`-Abschnitt ein. Diese Vorlage definiert ein `Ellipse`- und ein `ContentPresenter`-Objekt, die die optische Darstellung der Schaltfläche steuern. Die Ellipse wird über die benutzerdefinierte Eigenschaft `RadialGradientBrush` gefüllt, damit sie farbig hervorgehoben wird:

```
<ControlTemplate x:Key="ButtonTemplate" TargetType="Button">
   <Grid>
      <Ellipse Name="Ellipse1" Stroke="{TemplateBinding BorderBrush}"
         StrokeThickness="{TemplateBinding BorderThickness}">
         <Ellipse.Fill>
            <RadialGradientBrush GradientOrigin=".5, .5">
               <GradientStop Color="Red" Offset="0" />
               <GradientStop Color="Orange" Offset=".25" />
               <GradientStop Color="Blue" Offset=".5" />
               <GradientStop Color="Yellow" Offset=".75" />
               <GradientStop Color="Green" Offset="1" />
            </RadialGradientBrush>
         </Ellipse.Fill>
      </Ellipse>
      <ContentPresenter HorizontalAlignment="Center"
         VerticalAlignment="Center"/>
   </Grid>
</ControlTemplate>
```

4. Fügen Sie einen `ControlTemplate.Triggers`-Abschnitt ein und definieren Sie darin den folgenden Trigger, um die Schaltfläche hervorzuheben, wenn sich die Maus darüber befindet:

```
<ControlTemplate.Triggers>
   <Trigger Property="IsMouseOver" Value="True">
      <Setter TargetName="Ellipse1" Property="Fill">
         <Setter.Value>
            <RadialGradientBrush GradientOrigin=".5, .5">
               <GradientStop Color="LightCoral" Offset="0" />
               <GradientStop Color="LightSalmon" Offset=".25" />
               <GradientStop Color="LightBlue" Offset=".5" />
               <GradientStop Color="LightYellow" Offset=".75" />
               <GradientStop Color="LightGreen" Offset="1" />
            </RadialGradientBrush>
         </Setter.Value>
      </Setter>
   </Trigger>
</ControlTemplate.Triggers>
```

5. Fügen Sie einen weiteren Trigger hinzu, um die Schaltfläche zu deaktivieren, wenn die Eigenschaft `IsEnabled` den Wert `False` hat:

```
<Trigger Property="IsEnabled" Value="False">
   <Setter TargetName="Ellipse1" Property="Fill">
      <Setter.Value>
         <RadialGradientBrush GradientOrigin=".5,.5">
            <GradientStop Color="Gray" Offset="0" />
            <GradientStop Color="LightGray" Offset=".25" />
            <GradientStop Color="Black" Offset=".5" />
            <GradientStop Color="White" Offset=".75" />
```

```
            <GradientStop Color="DarkGray" Offset="1" />
        </RadialGradientBrush>
    </Setter.Value>
  </Setter>
</Trigger>
```

6. Fügen Sie einen `EventTrigger` in den `Triggers`-Abschnitt ein, der eine Animation abspielt, wenn die Schaltfläche angeklickt wird. Der Ereignistrigger im folgenden Beispiel bewirkt, dass die Schaltfläche bis auf einen Punkt verkleinert und dann wieder vergrößert wird:

```
<EventTrigger RoutedEvent="Button.Click">
  <BeginStoryboard>
    <Storyboard AutoReverse="True">
      <DoubleAnimation To="0" Duration="0:0:0.1"
        Storyboard.TargetProperty="Wicth" />
      <DoubleAnimation To="0" Duration="0:0:0.1"
        Storyboard.TargetProperty="Height" />
    </Storyboard>
  </BeginStoryboard>
</EventTrigger>
```

7. Fügen Sie im `Window.Resources`-Abschnitt, hinter dem `ControlTemplate`-Abschnitt, das folgende `Style`-Element ein, um die Vorlage für `Button`-Elemente in dieser Anwendung automatisch festzulegen:

```
<Style TargetType="{x:Type Button}">
  <Setter Property="Template" Value="{StaticResource ButtonTemplate}" />
</Style>
```

8. Fügen Sie im XAML-Code für das Fenster die folgenden `Button`-Tags als untergeordnete Objekte zum `Grid`-Steuerelement hinzu:

```
<Button Height="80" Width="90" Name="Buttor1">Button</Button>
<Button Height="60" HorizontalAlignment="Left" Name="Button2"
  VerticalAlignment="Top" Width="75">Button</Button>
```

   Weisen Sie der Eigenschaft `Margin` keinen Wert zu, weil das Konflikte mit der Animation verursachen würde, die Sie in Schritt 6 definiert haben.

9. Setzen Sie die Eigenschaft `IsEnabled` des zweiten `Button`-Objekts auf den Wert `False`.

```
<Button IsEnabled="False" Height="60" HorizontalAlignment="Left"
  Name="Button2" VerticalAlignment="Top" Width="75">Button</Button>
```

10. Drücken Sie F5, um Ihre Anwendung auszuführen. Wie Sie sehen, wird die Schaltfläche hervorgehoben, wenn Sie die Maus darüberbewegen. Und wenn Sie die Schaltfläche anklicken, wird die Animation abgespielt.

Zusammenfassung der Lektion

- Steuerelementvorlagen definieren die Bedienoberfläche für ein Steuerelement, wirken sich aber nicht direkt auf die zugrunde liegende Funktion des Steuerelements aus. Indem Sie der Eigenschaft `Template` eines WPF-Elements eine Vorlage zuweisen, stellen Sie eine neue Bedienoberfläche für das Steuerelement bereit, während die Kernfunktionen unangetastet bleiben.

- Steuerelementvorlagen werden üblicherweise als Ressourcen definiert. Sie werden für ein Zielelement aktiviert, indem ein Verweis auf die Ressource in die Eigenschaft Template des Elements eingetragen wird. Stattdessen können Sie Vorlagen auch automatisch auf alle Elemente eines bestimmten Typs anwenden, wenn Sie ein Style-Element verwenden, dessen Eigenschaft TargetType Sie den gewünschten Elementtyp zuweisen.
- Steuerelementvorlagen können Trigger-Objekte als Teil der Vorlage enthalten. Trigger-Objekte stellen dem Benutzer meist optische Rückmeldungen zur Verfügung, wenn sich der Status des Elements ändert.
- Mit dem TemplateBinding-Markup können Sie eine Eigenschaft innerhalb einer Vorlage an eine Eigenschaft des übergeordneten Elements der Vorlage binden. Dieses Markup funktioniert nicht mit Freezable-Objekten in Trigger-Objekten. In diesem Fall können Sie ein normales Binding-Steuerelement verwenden, dessen Eigenschaft RelativeSource Sie auf TemplatedParent setzen.
- Manche Vorlagen enthalten Elemente, die im Quellcode des Elements direkt angesprochen werden. Diese Elemente tragen Namen nach dem Schema PART_<Teilname>. Wenn Sie eine Vorlage für ein Element mit benannten Teilen entwickeln, sollten Sie die Namen solcher Teile aus der Vorlage beibehalten. Ansonsten müssen Sie deren Funktion neu implementieren.

Lernzielkontrolle

Mit den folgenden Fragen können Sie Ihr Wissen zu den Informationen aus Lektion 2, »Verwenden von Steuerelementvorlagen«, überprüfen. Die Fragen finden Sie (in englischer Sprache) auch auf der Begleit-CD, Sie können sie also auch auf dem Computer im Rahmen eines Übungstests beantworten.

Hinweis Die Antworten

Die Antworten auf diese Fragen mit Erklärungen, warum die jeweiligen Auswahlmöglichkeiten richtig oder falsch sind, finden Sie im Abschnitt »Antworten« am Ende dieses Buchs.

1. Welche der folgenden XAML-Beispiele binden die Eigenschaft Background des Label-Steuerelements in der Vorlage an die Eigenschaft Background des übergeordneten Elements der Vorlage? (Wählen Sie alle zutreffenden Antworten aus.)

   A.

   ```
   <ControlTemplate x:Key="TestTemplate">
      <Label Background="Background" />
   </ControlTemplate>
   ```

   B.

   ```
   <ControlTemplate x:Key="TestTemplate">
      <Label Background="{Binding Background}" />
   </ControlTemplate>
   ```

   C.

   ```
   <ControlTemplate x:Key="TestTemplate">
      <Label Background="{TemplateBinding Background}" />
   </ControlTemplate>
   ```

D.

```
<ControlTemplate x:Key="TestTemplate">
   <Label Background="{Binding RelativeSource={RelativeSource
      TemplatedParent}, Path=Background}" />
</ControlTemplate>
```

2. Welches der folgenden XAML-Beispiele wendet die Steuerelementvorlage auf alle Instanzen von `Label` in `Window` an?

A.

```
<Window.Resources>
   <ControlTemplate x:Key="TestTemplate" TargetType="Label">
      <Label Background="{Binding RelativeSource={RelativeSource
         TemplatedParent}, Path=Background}" />
   </ControlTemplate>
   <Style TargetType="Label">
      <Setter Property="Template" Value="{StaticResource
         TestTemplate}" />
   </Style>
</Window.Resources>
```

B.

```
<Window.Resources>
   <Style TargetType="Label">
      <Setter Property="Template" Value="{StaticResource
         TestTemplate}" />
   </Style>
   <ControlTemplate x:Key="TestTemplate" TargetType="Label">
      <Label Background="{Binding RelativeSource={RelativeSource
         TemplatedParent}, Path=Background}" />
   </ControlTemplate>
</Window.Resources>
```

C.

```
<Window.Resources>
   <Style TargetType="Label">
   </Style>
   <ControlTemplate x:Key="TestTemplate" TargetType="Label">
      <Label Background="{Binding RelativeSource={RelativeSource
         TemplatedParent}, Path=Background}" />
   </ControlTemplate>
</Window.Resources>
```

D.

```
<Window.Resources>
   <ControlTemplate x:Key="TestTemplate" TargetType="Label">
      <Label Background="{Binding RelativeSource={RelativeSource
         TemplatedParent}, Path=Background}" />
   </ControlTemplate>
</Window.Resources>
```

Lektion 3: Erstellen benutzerdefinierter Steuerelemente in WPF

Dank der Steuerelementvorlagen bietet die WPF sehr flexible Möglichkeiten für Elemente, aber manchmal benötigen Sie in Ihren Anwendungen Funktionen, die nicht von vorhandenen WPF- oder Windows Forms-Steuerelementen abgedeckt werden. In solchen Fällen können Sie benutzerdefinierte Steuerelemente erstellen, in denen Sie den benötigten Funktionsumfang umsetzen. In dieser Lektion erfahren Sie, wie Sie eine Abhängigkeitseigenschaft erstellen und Benutzer- sowie benutzerdefinierte Steuerelemente entwickeln.

Am Ende dieser Lektion werden Sie in der Lage sein, die folgenden Aufgaben auszuführen:

- Auswählen zwischen Steuerelementvorlage, Benutzersteuerelement und benutzerdefiniertem Steuerelement
- Implementieren einer Abhängigkeitseigenschaft
- Erstellen eines neuen Benutzersteuerelements
- Erstellen eines neuen benutzerdefinierten Steuerelements
- Verwenden eines benutzerdefinierten oder Benutzersteuerelements
- Benutzerdefinierte Steuerelemente designabhängig darstellen

Veranschlagte Zeit für diese Lektion: 30 Minuten

Erstellen von Steuerelementen in WPF

Da WPF-Elemente sehr flexibel sind, gibt es nur noch wenige Fälle, in denen Sie ein Steuerelement selbst entwickeln müssen. Dennoch ist es gelegentlich sinnvoll, eigene benutzerdefinierte Steuerelemente zu erstellen. Benutzerdefinierte Steuerelemente (custom control) werden in WPF in zwei Kategorien unterteilt. *Benutzersteuerelemente* (user control) sind von der Klasse `UserControl` abgeleitet und bestehen aus mehreren konstituierenden Steuerelementen, die in einer gemeinsamen Benutzeroberfläche kombiniert werden, um eine bestimmte Funktion bereitzustellen. Die zweite Kategorie sind *benutzerdefinierte Steuerelemente* (custom control). Sie sind von der Klasse `Control` oder `ContentControl` abgeleitet und definieren ihre eigene optische Darstellung und Funktion. Weil Benutzeroberflächen mithilfe des Vorlagenmechanismus aufgebaut werden, kann nicht ganz scharf zwischen Benutzersteuerelementen und benutzerdefinierten Steuerelementen getrennt werden. Der wichtigste Unterschied aus Sicht des Entwicklers ist, dass Sie die Oberfläche von Benutzersteuerelementen während des Entwurfs im Designer ändern können, die von benutzerdefinierten Steuerelementen nicht.

Unabhängig davon, ob Sie ein Benutzersteuerelement oder ein benutzerdefiniertes Steuerelement entwickeln, stellen Sie wahrscheinlich neue Eigenschaften für das Steuerelement zur Verfügung. Um die Fähigkeiten der integrierten Datenbindung und Benachrichtigungsfunktionen in WPF nutzen zu können, sollten Sie Abhängigkeitseigenschaften implementieren.

Auswählen zwischen Benutzersteuerelementen, benutzerdefinierten Steuerelementen und Vorlagen

Benutzersteuerelemente, benutzerdefinierte Steuerelemente und Vorlagen ermöglichen es Ihnen, benutzerdefinierte Elemente mit individuellem Aussehen zu erstellen. Weil alle diese Techniken so leistungsfähig sind, fragen Sie sich möglicherweise, welche Sie wählen sollten, wenn Sie ein benutzerdefiniertes Element für Ihre Anwendung entwerfen müssen. Der entscheidende Faktor für die richtige Entscheidung ist nicht das Aussehen, das Sie erzielen wollen, sondern die Funktion, die das Steuerelement in Ihrer Anwendung zur Verfügung stellen soll.

Die WPF-Standardsteuerelemente haben einen großen Funktionsumfang integriert. Wenn eines der Standardsteuerelemente, etwa `ProgressBar` oder `Slider`, den Funktionsumfang bietet, den Sie benötigen, sollten Sie eine neue Vorlage für das vorhandene Steuerelement erstellen und lediglich das Aussehen nach Ihren Vorstellungen anpassen. Eine neue Vorlage zu erstellen, ist die einfachste Lösung, wenn Sie ein benutzerdefiniertes Element entwickeln wollen. Prüfen Sie daher zuerst, ob diese Möglichkeit in Frage kommt.

Lässt sich der Funktionsumfang, den Sie in Ihrer Anwendung brauchen, durch eine Kombination vorhandener Steuerelemente und etwas Programmcode verwirklichen, bietet es sich an, ein Benutzersteuerelement zu entwickeln. Mit Benutzersteuerelementen können Sie mehrere vorhandene Steuerelemente in einer gemeinsamen Oberfläche zusammenfassen und dann Code hinzufügen, der ihr Verhalten steuert.

Ist der benötigte Funktionsumfang nicht mit vorhandenen Steuerelementen oder einer Kombination aus Steuerelementen zu erreichen, können Sie ein benutzerdefiniertes Steuerelement entwickeln. Bei benutzerdefinierten Steuerelementen erstellen Sie eine völlig neue Vorlage, die die optische Darstellung des Steuerelements definiert, und schreiben Code, der die Funktionen des Steuerelements festlegt.

Implementieren und Registrieren von Abhängigkeitseigenschaften

Abhängigkeitseigenschaften (dependency property) sind die Standardvariante für Eigenschaften in WPF. Sie unterstützen Änderungsbenachrichtigung, Animation, Vererbung von Eigenschaftswerten und Datenbindung. Außerdem sind sie in der Lage, mehrere Eigenschaftswertanbieter zu nutzen.

Abhängigkeitseigenschaften können nur für Objekte implementiert werden, die von der Klasse `DependencyObject` abgeleitet sind. Alle WPF-Elemente sind von `DependencyObject` abgeleitet. Wenn Sie Abhängigkeitseigenschaften in einer benutzerdefinierten Klasse implementieren wollen, muss auch diese Klasse von `DependencyObject` abgeleitet sein.

Abhängigkeitseigenschaften sind als normale .NET-Eigenschaften implementiert, die durch etwas zusätzliche WPF-Infrastruktur erweitert werden. Die Abhängigkeitseigenschaft muss in einem statischen Konstruktor bei der Runtime registriert werden. Anschließend kann ihr Wert über einen .NET-Standardeigenschaftswrapper zugewiesen werden.

So implementieren und registrieren Sie eine Abhängigkeitseigenschaft:

1. Deklarieren Sie in einer Klasse, die von `DependencyObject` abgeleitet ist, eine öffentliche, statische, schreibgeschützte Variable des Typs `DependencyProperty`. Der Name dieser Variablen sollte aus dem gewünschten Namen der Eigenschaft und dem Suffix »Property« bestehen. Hier ein Beispiel:

' Visual Basic

```
Public Shared ReadOnly FlavorProperty As DependencyProperty
```

// C#

```
public static readonly DependencyProperty FlavorProperty;
```

2. Erstellen Sie einen statischen Konstruktor für die Klasse, die die Abhängigkeitseigenschaft registriert. Sie müssen der Methode `DependencyProperty.Register` den Namen des .NET-Eigenschaftswrappers, den Typ der Eigenschaft, den Typ, dem diese Eigenschaft gehört, und eine Instanz von `FrameworkPropertyMetadata` übergeben, in der Sie Ihre Abhängigkeitseigenschaft durch optionale Features erweitern können. Das folgende Beispiel zeigt einen statischen Konstruktor, der die Abhängigkeitseigenschaft registriert; die Klasse heißt in diesem Beispiel `PieClass`:

' Visual Basic

```
Shared Sub New()
   Dim md As New FrameworkPropertyMetadata()
   PieClass.FlavorProperty = DependencyProperty.Register("Flavor", _
      GetType(String), GetType(PieClass), md)
End Sub
```

// C#

```
static PieClass()
{
   FrameworkPropertyMetadata md = new FrameworkPropertyMetadata();
   PieClass.FlavorProperty = DependencyProperty.Register("Flavor",
      typeof(string), typeof(PieClass), md);
}
```

3. Erstellen Sie zuletzt einen .NET-Eigenschaftswrapper, damit Sie im Programmcode auf die Abhängigkeitseigenschaft zugreifen können:

' Visual Basic

```
Public Property Flavor() As String
   Get
      Return CType(GetValue(PieClass.FlavorProperty), String)
   End Get
   Set
      SetValue(PieClass.FlavorProperty, value)
   End Set
End Property
```

// C#

```
public string Flavor
{
   get
   {   return (string)GetValue(PieClass.FlavorProperty);
   }
   set
   {   SetValue(PieClass.FlavorProperty, value);
   }
}
```

Werden Abhängigkeitseigenschaften während der Laufzeit geändert, geschieht das allerdings direkt über die Methoden `GetValue` und `SetValue`, nicht über den .NET-Eigenschaftswrapper. Daher sollten Sie keinen zusätzlichen Code in den Wrapper einfügen, weil er nicht ausgeführt wird, wenn die Eigenschaft direkt im Programmcode eingestellt wird. Sie können eine statische Rückrufmethode bereitstellen, die ausgeführt wird, wenn sich der Wert der Eigenschaft ändert. Dazu geben Sie in `FrameworkPropertyMetadata` einen Delegaten an:

' Visual Basic

```
Shared Sub New()
   Dim md As New FrameworkPropertyMetadata(New _
      PropertyChangedCallback(AddressOf FlavorPropertyChanged))
   PieClass.FlavorProperty = DependencyProperty.Register("Flavor", _
      GetType(String), GetType(PieClass), md)
End Sub

Private Shared Sub FlavorPropertyChanged(ByVal o As DependencyObject, _
   ByVal e As DependencyPropertyChangedEventArgs)
   ' Implementierung gekürzt
End Sub
```

// C#

```
static PieClass()
{
   FrameworkPropertyMetadata md = new FrameworkPropertyMetadata(new
      PropertyChangedCallback(FlavorPropertyChanged));
   PieClass.FlavorProperty = DependencyProperty.Register("Flavor",
      typeof(string), typeof(PieClass), md);
}

private static void FlavorPropertyChanged(DependencyObject o,
   DependencyPropertyChangedEventArgs e)
{
   // Implementierung gekürzt
}
```

Erstellen von Benutzersteuerelementen

Sie können ein Benutzersteuerelement erstellen, um die Funktionen mehrerer vorhandener Steuerelemente mit Code zu kombinieren, sodass sie auf die gewünschte Weise zusammenarbeiten. Wenn Sie Benutzersteuerelemente erstellen, versuchen Sie normalerweise nicht, ein Steuerelement zu entwickeln, das kein bestimmtes Aussehen hat. Meist wollen Sie auf diese Weise eine wiederverwendbare Kombination vorkonfigurierter Steuerelemente zusammenstellen.

Es ist ganz einfach, ein Benutzersteuerelement zu erstellen. Visual Studio stellt eine Designeroberfläche für Benutzersteuerelemente bereit, in der Sie die gewünschten Elemente aus der Toolbox ziehen können. Auf diese Weise entwerfen Sie Ihr Benutzersteuerelement genauso wie die Benutzeroberfläche einer Anwendung. Sobald die Oberfläche des Steuerelements fertig ist, können Sie die benötigten Funktionen implementieren.

Gehen Sie folgendermaßen vor, um ein Benutzersteuerelement zu erstellen:

1. Legen Sie in Visual Studio ein neues Projekt vom Typ *WPF-Benutzersteuerelement-bibliothek* an. Der Designer wird geöffnet und enthält ein neues Benutzersteuerelement, das Sie nun bearbeiten können.
2. Stellen Sie die Benutzeroberfläche für Ihr Steuerelement zusammen. Sie können konstituierende Steuerelemente aus der Toolbox ziehen oder sie im XAML-Code einfügen.
3. Fügen Sie alle Funktionen hinzu, die Ihr Steuerelement benötigt. Wenn Sie Eigenschaften brauchen, sollten Sie sie als Abhängigkeitseigenschaften implementieren, wie im letzten Abschnitt beschrieben. Ereignisse sollten Sie als Routingereignisse implementieren, wie in Kapitel 2, »Arbeiten mit Ereignissen und Befehlen«, beschrieben.
4. Drücken Sie `F5`, um Ihr Steuerelement zu erstellen.

Wie Sie das fertige Benutzersteuerelement verwenden, ist im Abschnitt »Verwenden von Benutzersteuerelementen und benutzerdefinierten Steuerelementen« weiter unten in dieser Lektion beschrieben.

Erstellen benutzerdefinierter Steuerelemente

Benutzerdefinierte Steuerelemente unterscheiden sich dadurch von Benutzersteuerelementen, dass sie ohne bestimmtes Aussehen entworfen werden. Visual Studio stellt keine Designeroberfläche für ein benutzerdefiniertes Steuerelement zur Verfügung. Sie müssen die Vorlage für Ihr benutzerdefiniertes Steuerelement daher im XAML-Designer zusammenstellen. Wenn Sie in Visual Studio ein neues Projekt für benutzerdefinierte Steuerelemente anlegen, erstellt die IDE den Ordner *Themes*, in dem eine Datei namens *Generic.xaml* liegt. Diese Datei enthält die Standardvorlage für Ihr benutzerdefiniertes Steuerelement. Sie können diese Datei bearbeiten, um die Vorlage für Ihr Steuerelement anzupassen.

So erstellen Sie ein benutzerdefiniertes Steuerelement:

1. Legen Sie in Visual Studio ein neues Projekt vom Typ *Benutzerdefinierte WPF-Steuer-elementbibliothek* an. Daraufhin öffnet sich das Codefenster.
2. Öffnen Sie im Projektmappen-Explorer den Ordner *Themes* und klicken Sie doppelt auf *Generic.xaml*, um die Standardvorlage für Ihr benutzerdefiniertes Steuerelement zu bearbeiten.
3. Erstellen Sie in der XAML-Ansicht die Vorlage für Ihr Steuerelement.
4. Fügen Sie alle Funktionen hinzu, die Ihr Steuerelement benötigt. Wenn Sie Eigenschaften brauchen, sollten Sie sie als Abhängigkeitseigenschaften implementieren, wie weiter oben in dieser Lektion beschrieben. Ereignisse sollten Sie als Routingereignisse implementieren, wie in Kapitel 2 beschrieben.
5. Drücken Sie `F5`, um Ihr Steuerelement zu erstellen.

In der Übung am Ende dieser Lektion erstellen Sie ein ganz neues benutzerdefiniertes Steuerelement.

Benutzerdefinierte Steuerelemente sind normalerweise von der Klasse `Control` abgeleitet. Diese Basisklasse stellt die gesamte Infrastruktur zur Verfügung, die ein Steuerelement benötigt, enthält aber keine steuerelementspezifische Implementierung. In manchen Fällen ist es aber sinnvoll, eine andere Basisklasse zu verwenden. Wenn Sie beispielsweise eine WPF-Implementierung von `MaskedTextBox` entwickeln wollen, könnten Sie Ihre Klasse von `TextBox` ableiten. Wenn Sie eine andere Basisklasse als `Control` verwenden wollen, müssen

Sie in der Codedatei von Hand die gewünschte Klasse eintragen, von der Sie Ihr Steuerelement ableiten.

Verwenden von Benutzersteuerelementen und benutzerdefinierten Steuerelementen

Um ein Benutzersteuerelement oder benutzerdefiniertes Steuerelement zu testen oder zu verwenden, müssen Sie es zu einem anderen Projekt hinzufügen. Dazu erstellen Sie einen Verweis auf die Assembly und legen dann eine Instanz des Steuerelements an.

So verwenden Sie ein Benutzersteuerelement oder benutzerdefiniertes Steuerelement:

1. Klicken Sie im Projektmappen-Explorer mit der rechten Maustaste auf das Projekt und wählen Sie den Befehl *Verweis hinzufügen*. Daraufhin öffnet sich das Dialogfeld *Verweis hinzufügen*.
2. Klicken Sie auf die Registerkarte *Durchsuchen* und wählen Sie die *.dll*-Datei aus, die das gewünschte Steuerelement enthält. Klicken Sie auf *OK*.
3. Fügen Sie in der XAML-Ansicht einen XAML-Verweis auf die eben hinzugefügte Assembly ein:

   ```
   xmlns:cc="clr-namespace:WpfCustomControlLibrary1;
       assembly=WpfCustomControlLibrary1"
   ```

4. Fügen Sie im XAML-Code Ihr Steuerelement hinzu:

   ```
   <cc:CustomControl1 />
   ```

5. Drücken Sie F5, um Ihre Anwendung zu erstellen.

Wenn Sie ein Steuerelement testen, sollten Sie darauf achten, dass Sie auf die DLL (Dynamic-Link Library) im *Debug*-Ordner verweisen. Wenn Sie Änderungen am Steuerelement vornehmen und es neu erstellen, erkennt Ihre Testanwendung die Änderungen und fragt nach, ob Sie die Anwendung neu erstellen wollen.

Schnelltest

- Welcher Unterschied besteht zwischen einem Benutzersteuerelement und einem benutzerdefinierten Steuerelement?

Antwort zum Schnelltest

- Ein Benutzersteuerelement ist ein zusammengesetztes Steuerelement, das aus vorhandenen WPF-Steuerelementen zusammengestellt wird; sein Funktionsumfang wird bei Bedarf durch Code erweitert. Ein benutzerdefiniertes Steuerelement wird aus einer neuen Steuerelementvorlage und den zugehörigen Funktionen erstellt.

Anzeigen von Steuerelementen auf der Basis von Designs

In Windows kann der Benutzer ein Design (theme) für die Desktopumgebung auswählen. Ist ein Design ausgewählt, ändern Anwendungen, die Ihre Benutzeroberfläche designabhängig zeichnen, automatisch das Aussehen und Verhalten, damit sie zum Design passen. In manchen Fällen ist es sinnvoll, wenn Ihre benutzerdefinierten Steuerelemente ein abweichendes Aussehen haben. Aber wenn Sie ein designabhängiges Aussehen implementieren, integrieren sich Ihre Steuerelemente nahtlos in andere Benutzeroberflächen.

Um das Aussehen designabhängig zu machen, verwenden Sie die Klassen `SystemColors`, `SystemFonts` und `SystemParameters`. Diese Klassen stellen Instanzen von Pinseln, Schriftarten und verschiedenen Parametern bereit, die das aktuelle Design verwendet. Der Benutzer kann diese Einstellungen bearbeiten. Wenn der Benutzer das Design wechselt, werden die Farben, Schriftarten und Parameter in den `SystemColors`-, `SystemFonts`- und `SystemParameters`-Objekten automatisch aktualisiert, sodass sie dem neuen Design entsprechen.

Sie können auf diese Einstellungen als Ressourcen zugreifen. Weil es sich um Systemobjekte handelt, sind sie bereits deklariert und brauchen nicht als Ressourcen in Ihrem `Resources`-Abschnitt deklariert zu werden. Das folgende Beispiel zeigt, wie Sie eine Eigenschaft an eines der Systemobjekte binden:

```
<Label Background ="{DynamicResource {x:Static
   SystemColors.ControlBrushKey}}" Content="Hallo Welt" />
```

Weil `System`-Ressourcen oft vom Benutzer geändert werden, sollten Sie statt des üblichen `StaticResource`-Markups das `DynamicResource`-Markup verwenden. Der Unterschied zwischen statischen und dynamischen Ressourcen wird in Lektion 2 von Kapitel 1, »Erstellen einer Benutzeroberfläche«, erklärt.

Beachten Sie, dass Sie in diesem Beispiel auf den Ressourcenschlüssel zugreifen. Wenn Sie dieses Objekt im Programmcode verwenden wollen, lassen Sie das Suffix `Key` dagegen weg:

' Visual Basic

```
Label1.Background = SystemColors.ControlBrush
```

// C#

```
label1.Background = SystemColors.ControlBrush;
```

Bereitstellen designspezifischer Vorlagen für benutzerdefinierte Steuerelemente

Manche Steuerelemente sollen in einem bestimmten Design anders gezeichnet werden als in einem anderen Design. Sie können Vorlagen erstellen, die für bestimmte Designs gelten, und mit `ThemeInfoAttribute` angeben, um welche Designs es sich handelt.

Die Vorlage, die in der Datei *Generic.xaml* definiert ist, bildet die Basis für alle Designs, für die keine eigene Vorlage definiert ist. Sie erstellen Vorlagen für ausgewählte Designs, indem Sie eine XAML-Datei namens *<Designname>.<Designfarbe>.xaml* anlegen. Eine Ausnahme ist die Datei für das Design »Windows – klassisch«, sie heißt einfach *Classic.xaml.* Tabelle 5.1 führt einige Beispiele für Windows-Designs mit den entsprechenden XAML-Dateinamen auf.

Tabelle 5.1 Ausgewählte Windows-Designs und die entsprechenden XAML-Dateinamen

Windows-Design	XAML-Dateiname
Windows Vista	*Aero.NormalColor.xaml*
Windows XP – Standard	*Luna.NormalColor.xaml*
Windows XP – Silber	*Luna.Metallic.xaml*
Windows – klassisch	*Classic.xaml*

Unabhängig davon, welche Designs Sie explizit unterstützen, müssen Sie eine Standardvorlage in der Datei *Generic.xaml* erstellen.

Nachdem Sie spezielle Vorlagen in designspezifischen Dateien erstellt haben, müssen Sie `ThemeInfoAttribute` anwenden. Dies ist ein `Assembly`-Attribut, das in der Datei *AssemblyInfo.vb* beziehungsweise *AssemblyInfo.cs* angewendet wird. `ThemeInfoAttribute` hat zwei Parameter. Der erste gibt an, wo nach designspezifischen Vorlagen und Ressourcen gesucht werden soll, der zweite, wo nach Standardvorlagen gesucht wird. Mögliche Argumentwerte für diese Parameter sind:

- `ResourceDictionaryLocation.None`: Es wird nicht nach designspezifischen Vorlagen gesucht.
- `ResourceDictionaryLocation.SourceAssembly`: Es wird in der Quellassembly gesucht.
- `ResourceDictionaryLocation.ExternalAssembly`: Es wird in einer externen Assembly mit dem Namen *<Assemblyname>.<Designname>.dll* gesucht, wobei *<Assemblyname>* der aktuelle Assemblyname und *<Designname>* der Name des benötigten Designs ist.

Das folgende Beispiel demonstriert `ThemeInfoAttribute`:

' Visual Basic

```
<Assembly: _
   ThemeInfo(ResourceDictionaryLocation.SourceAssembly, _
   ResourceDictionaryLocation.SourceAssembly)>
```

// C#

```
[assembly: ThemeInfo(ResourceDictionaryLocation.SourceAssembly,
   ResourceDictionaryLocation.SourceAssembly)]
```

Sie können auf diese Weise auch designspezifische Ressourcenwörterbücher bereitstellen. (Ressourcenwörterbücher werden in Kapitel 1, »Erstellen einer Benutzeroberfläche«, beschrieben.) Sie brauchen dabei nur eine Sache zu ändern: Erstellen Sie einen *Themes*-Ordner, sofern er noch nicht vorhanden ist. Außerdem müssen Sie die Datei *Generic.xaml* mit einem Ressourcensatz für alle Designs anlegen, die nicht direkt unterstützt werden.

Prüfungstipp

Es ist zwar wichtig, dass Sie die Unterschiede zwischen benutzerdefinierten Steuerelementen von Windows Forms und benutzerdefinierten Steuerelementen von WPF kennen, aber die Prüfung konzentriert sich wahrscheinlich auf das Erstellen von Steuerelementen in WPF. Machen Sie sich daher unbedingt mit allen Aspekten dieser Aufgabe vertraut. Sehen Sie sich besonders die Themen Steuerelementvorlagen und Verwendung von Designs an.

Übung Erstellen eines benutzerdefinierten Steuerelements

In dieser Übung erstellen Sie ein benutzerdefiniertes Steuerelement, das eine Digitaluhr anzeigt und sie jede Sekunde aktualisiert. Sie erstellen dafür eine Abhängigkeitseigenschaft, die die aktuelle Uhrzeit angibt, und implementieren Funktionen, um diese Eigenschaft jede Sekunde zu aktualisieren. Dann erstellen Sie die Standardvorlage für Ihr Steuerelement und binden `TextBlock` aus dieser Vorlage an die Eigenschaft `Time`. Schließlich erstellen Sie ein Testprojekt, mit dem Sie Ihr neues Steuerelement testen.

Übung Erstellen eines benutzerdefinierten Steuerelements

1. Erstellen Sie ein neues Projekt vom Typ *Benutzerdefinierte WPF-Steuerelementbibliothek*.
2. Legen Sie in der Codeansicht Variablen für die Klasse `System.Timers.Timer` und eine Abhängigkeitseigenschaft namens `TimeProperty` an. Deklarieren Sie außerdem einen neuen Delegaten namens `SetterDelegate`, der keine Parameter hat:

   ' Visual Basic
   ```
   Public Shared ReadOnly TimeProperty As DependencyProperty
   Private myTimer As New System.Timers.Timer
   Delegate Sub SetterDelegate()
   ```
   // C#
   ```
   public static readonly DependencyProperty TimeProperty;
   System.Timers.Timer myTimer = new System.Timers.Timer();
   delegate void SetterDelegate();
   ```
3. Fügen Sie im freigegebenen (statischen) Konstruktor den folgenden Code ein, um eine neue Abhängigkeitseigenschaft zu registrieren. Für die Metadaten dieser Eigenschaft werden keine Argumente benötigt:

   ' Visual Basic
   ```
   Dim metadata As New FrameworkPropertyMetadata()
   TimeProperty = DependencyProperty.Register("Time", GetType(String), _
      GetType(CustomControl1), metadata)
   ```
   // C#
   ```
   FrameworkPropertyMetadata metadata = new FrameworkPropertyMetadata();
   TimeProperty = DependencyProperty.Register("Time", typeof(string),
      typeof(CustomControl1), metadata);
   ```
4. Erstellen Sie einen Instanzkonstruktor, der das `Timer`-Objekt initialisiert und der Eigenschaft `DataContext` einen Wert zuweist. Fügen Sie außerdem einen Handler für das Ereignis `Timer.Elapsed` hinzu. (Die Methode, die dieses Ereignis behandelt, erstellen Sie in einem späteren Schritt.)

   ' Visual Basic
   ```
   Public Sub New()
      AddHandler myTimer.Elapsed, AddressOf timer_elapsed
      myTimer.Interval = 1000
      myTimer.Start()
      Me.DataContext = Me
   End Sub
   ```
   // C#
   ```
   public CustomControl1()
   {
      myTimer.Elapsed += timer_elapsed;
      myTimer.Interval = 1000;
      myTimer.Start();
      this.DataContext = this;
   }
   ```

5. Erstellen Sie eine Methode, die der Eigenschaft `Time` eine Zeichenfolge mit der aktuellen Uhrzeit im langen Zeitformat zuweist. Diese Methode wird im `Timer.Elapsed`-Ereignishandler über `Dispatcher` aufgerufen. Beachten Sie, dass Sie der Eigenschaft `Time` in WPF ihren Wert direkt über die Methode `SetValue` zuweisen. Weil keine anderen Steuerelemente auf diese Eigenschaft zugreifen müssen, brauchen Sie keinen .NET-Eigenschaftswrapper für diese Abhängigkeitseigenschaft bereitzustellen.

   ' Visual Basic

   ```
   Private Sub TimeSetter()
      SetValue(TimeProperty, Now.ToLongTimeString)
   End Sub
   ```

   // C#

   ```
   void TimeSetter()
   {
      SetValue(TimeProperty, DateTime.Now.ToLongTimeString());
   }
   ```

6. Erstellen Sie die Methode `timer_elapsed`, die das Ereignis `Timer.Elapsed` behandelt. Weil der Code des `Timer`-Objekts in einem anderen Thread als die Benutzeroberfläche läuft, sollte diese Methode `Dispatcher` verwenden, um die Methode `TimeSetter` auf sichere Weise aufzurufen:

   ' Visual Basic

   ```
   Private Sub timer_elapsed(ByVal sender As Object, ByVal e As _
      System.Timers.ElapsedEventArgs)
      Dispatcher.Invoke(Windows.Threading.DispatcherPriority.Normal, _
         New SetterDelegate(AddressOf TimeSetter))
   End Sub
   ```

   // C#

   ```
   void timer_elapsed(object sender, System.Timers.ElapsedEventArgs e)
   {
      Dispatcher.Invoke(System.Windows.Threading.DispatcherPriority.Normal,
         new SetterDelegate(TimeSetter));
   }
   ```

7. Erweitern Sie im Projektmappen-Explorer den Ordner *Themes* und klicken Sie doppelt auf *Generic.xaml*, um die Datei *Generic.xaml* in der XAML-Ansicht zu öffnen. Fügen Sie in der `Border`-Deklaration den folgenden XAML-Code ein, um die Darstellungsvorlage für Ihr Steuerelement zu definieren:

   ```
   <TextBlock Foreground="{TemplateBinding Foreground}"
      VerticalAlignment="Center" HorizontalAlignment="Center" Text="{Binding
      Path=Time}" />
   ```

8. Drücken Sie F6, um Ihr Steuerelement zu erstellen.
9. Jetzt fügen Sie ein Projekt hinzu, mit dem Sie Ihr Steuerelement testen. Wählen Sie im Menü *Datei* den Eintrag *Hinzufügen* und dann *Neues Projekt*. Daraufhin öffnet sich das Dialogfeld *Neues Projekt hinzufügen*. Wählen Sie den Eintrag *WPF-Anwendung* aus und klicken Sie auf *OK*.

10. Klicken Sie im Projektmappen-Explorer mit der rechten Maustaste auf das neue Projekt und wählen Sie den Befehl *Verweis hinzufügen*, um das Dialogfeld *Verweis hinzufügen* zu öffnen. Wählen Sie die Registerkarte *Projekte* und wählen Sie dann die Bibliothek für benutzerdefinierte Steuerelemente aus, die Sie in den vorherigen Schritten erstellt haben. Klicken Sie auf *OK*.
11. Fügen Sie im `Namespaces`-Abschnitt des XAML-Codes für das Testprojekt die folgende Zeile ein, um den Namespace für das benutzerdefinierte Steuerelement in Ihr Projekt zu importieren. Falls Ihr Projekt und der zugehörige Namespace nicht `Lesson3` heißen, müssen Sie diese Zeile entsprechend anpassen:

    ```
    xmlns:MyNamespace="clr-namespace:Lesson3;assembly=Lesson3"
    ```

12. Fügen Sie den folgenden XAML-Code in die `Grid`-Deklaration Ihres Testprojekts ein:

    ```
    <MyNamespace:CustomControl1/>
    ```

    Dadurch fügen Sie eine Instanz Ihres Steuerelements zum Testprojekt hinzu.
13. Klicken Sie im Projektmappen-Explorer mit der rechten Maustaste auf Ihr Testprojekt und wählen Sie den Befehl *Als Startprojekt festlegen*. Drücken Sie F5, um Ihr Projekt zu erstellen und auszuführen.

Zusammenfassung der Lektion

- Bei der Wahl zwischen Vorlagen, benutzerdefinierten Steuerelementen und Benutzersteuerelementen sollte die Funktion im Vordergrund stehen. Wenn ein vorhandenes WPF-Steuerelement den benötigten Funktionsumfang bietet, brauchen Sie nur eine Vorlage zu erstellen, die das Aussehen des Steuerelements anpasst. Wenn Sie die erforderlichen Funktionen erhalten, indem Sie mehrere vorhandene WPF-Steuerelemente zusammenfassen und durch Code ergänzen, sollten Sie ein Benutzersteuerelement erstellen. Wenn Sie völlig neue Funktionen benötigen, können Sie ein benutzerdefiniertes Steuerelement erstellen.
- Abhängigkeitseigenschaften unterstützen Änderungsbenachrichtigungen, Animationen, Vererbung von Eigenschaftswerten und Datenbindung. Wenn Sie neue Eigenschaften für Benutzersteuerelemente oder benutzerdefinierte Steuerelemente erstellen, sollten Sie Abhängigkeitseigenschaften implementieren.
- Benutzersteuerelemente werden in einem Designer erstellt. Sie bestehen aus WPF-Steuerelementen, die in einer gemeinsamen Oberfläche kombiniert und durch zusätzlichen Code erweitert werden.
- Benutzerdefinierte Steuerelemente sind WPF-Elemente, die eigene Funktionen implementieren. Das Aussehen benutzerdefinierter Steuerelemente wird durch eine neue Vorlage definiert. Sie sind meist von der Klasse `Control` abgeleitet.
- Mithilfe der Klassen `SystemColors`, `SystemFonts` und `SystemParameters` können Sie eine designabhängige Darstellung für Ihre benutzerdefinierten Steuerelemente bereitstellen. Sehen Ihre Steuerelemente in einem Design ganz anders aus als in einem anderen Design, können Sie mehrere Vorlagen erstellen und mit `ThemeInfoAttribute` festlegen, wo nach den alternativen Designvorlagen gesucht wird.

Lernzielkontrolle

Mit den folgenden Fragen können Sie Ihr Wissen zu den Informationen aus Lektion 3, »Erstellen benutzerdefinierter Steuerelemente in WPF«, überprüfen. Die Fragen finden Sie (in englischer Sprache) auch auf der Begleit-CD, Sie können sie also auch auf dem Computer im Rahmen eines Übungstests beantworten.

Hinweis Die Antworten

Die Antworten auf diese Fragen mit Erklärungen, warum die jeweiligen Auswahlmöglichkeiten richtig oder falsch sind, finden Sie im Abschnitt »Antworten« am Ende dieses Buchs.

1. Sie entwerfen ein Steuerelement, das aktuelle Aktienkurse abruft und sie in einem `ListBox`-Objekt anzeigt, das regelmäßig aktualisiert wird. Wie sieht die beste Strategie aus, um dieses Element zu erstellen?
   A. Verwenden Sie ein vorhandenes Windows Forms-Steuerelement.
   B. Verwenden Sie ein vorhandenes WPF-Element mit benutzerdefinierter Vorlage.
   C. Erstellen Sie ein Benutzersteuerelement.
   D. Erstellen Sie ein benutzerdefiniertes Steuerelement.
2. Sie entwerfen ein Steuerelement, das Aktienkurse herunterlädt und in Form eines Laufbands anzeigt, das sich ständig über den oberen Rand des Fensters bewegt. Wie sieht die beste Strategie aus, um dieses Element zu erstellen?
   A. Verwenden Sie ein vorhandenes Windows Forms-Steuerelement.
   B. Verwenden Sie ein vorhandenes WPF-Element mit benutzerdefinierter Vorlage.
   C. Erstellen Sie ein Benutzersteuerelement.
   D. Erstellen Sie ein benutzerdefiniertes Steuerelement.
3. Was müssen Sie tun, um designspezifische Vorlagen für ein benutzerdefiniertes Steuerelement zu implementieren? (Wählen Sie alle zutreffenden Antworten aus.)
   A. Erstellen Sie für jedes Design eine eigene Vorlage.
   B. Legen Sie für jedes Design einen eigenen Ordner an.
   C. Weisen Sie `ThemeInfoAttribute` die richtigen Ordner zu.
   D. Stellen Sie eine generische Vorlage für Designs zur Verfügung, die nicht direkt unterstützt werden.

Übungen mit Fallbeispiel

In den folgenden Übungen mit Fallbeispiel wenden Sie an, was Sie über benutzerdefinierte Steuerelemente gelernt haben. Die Lösungen zu den Fragen finden Sie im Abschnitt »Antworten« hinten in diesem Buch.

Übung mit Fallbeispiel 1: Vollständige Unterstützung für Stile

Sie wurden gerade eingestellt, um eine Anwendung für einen der wichtigsten Kunden zu entwickeln. Aus technischer Sicht ist die Anwendung nicht besonders anspruchsvoll. Im Wesentlichen nimmt sie Kundendaten als Eingabe entgegen und speichert sie in einer Datenbank. Das Problem besteht darin, dass der Entwurf der Anwendung die Verwendung eines Steuerelements in der Art von `MaskedTextBox` fordert, aber der Auftraggeber darauf besteht, dass die Darstellung der Anwendung wie andere WPF-Anwendungen vollständig konfigurierbar ist. Es müssen also `Style`-Elemente und Vorlagen unterstützt werden.

Die technischen Anforderungen lauten:

- Die Benutzeroberfläche muss mehrere Textfelder enthalten, die Maskenfunktionen bieten.
- Jedes Steuerelement in der Benutzeroberfläche muss seine Darstellung über `Style` und `Template` vollständig anpassen lassen.

Beantworten Sie Ihrem Manager folgende Frage:

- Welche Ansätze stehen uns zur Verfügung, um diese Probleme zu lösen?

Übung mit Fallbeispiel 2: Die Pizza-Fortschrittsanzeige

Sie entwickeln eine interne Anwendung für einen bekannten Pizzabäcker. Die Manager haben einige amüsante Details gefordert, um die Anwendung an ihr Unternehmen anzupassen. Vor allem möchten sie eine besondere Fortschrittsanzeige. Statt eines Balkens, der sich langsam füllt, während die Aufgabe abgearbeitet wird, wollen sie das Bild einer Pizza, die allmählich verschwindet, bis die Aufgabe abgeschlossen ist.

Beantworten Sie Ihrem Manager folgende Fragen:

1. Auf welche Weise implementieren Sie dieses Steuerelement?
2. Wie können Sie den optischen Effekt der verschwindenden Pizza implementieren?

Vorgeschlagene Übungen

Sie sollten die folgenden Aufgaben durcharbeiten, wenn Sie die in diesem Kapitel behandelten Prüfungsziele meistern wollen.

- **Übung 1** Implementieren Sie das `ProgressBar`-Steuerelement, das in der Übung mit Fallbeispiel 2 beschrieben ist.
- **Übung 2** Erstellen Sie das benutzerdefinierte Steuerelement, das Sie in der Übung zu Lektion 3 erstellt haben, als Benutzersteuerelement.
- **Übung 3** Erstellen Sie Vorlagen, die `Button`-Steuerelemente als Dreiecke, Fünfecke oder in anderen komplexen geometrischen Formen darstellen.

- **Übung 4** Üben Sie das Erstellen von Maskeneigenschaften für das `MaskedTextBox`-Steuerelement, das viele Standardformate versteht, beispielsweise Vor- und Nachname, Postleitzahl, Telefonnummern und andere Eingabeformate.
- **Übung 5** Erstellen Sie ein benutzerdefiniertes Steuerelement, das ein Bild anzeigt, automatisch den Bildnamen aus den Metadaten ermittelt und ihn unter dem Bild ausgibt.

Machen Sie einen Übungstest

Die Übungstests (in englischer Sprache) auf der Begleit-CD zu diesem Buch bieten zahlreiche Möglichkeiten. Zum Beispiel können Sie einen Test machen, der ausschließlich die Themen aus einem Prüfungslernziel behandelt, oder Sie können sich selbst mit dem gesamten Inhalt der Prüfung 70-511 testen. Sie können den Test so konfigurieren, dass er dem Ablauf einer echten Prüfung entspricht, oder Sie können einen Lernmodus verwenden, in dem Sie sich nach dem Beantworten einer Frage jeweils sofort die richtige Antwort und Erklärungen ansehen können.

Weitere Informationen Übungstests

Einzelheiten zu allen Optionen, die bei den Übungstests zur Verfügung stehen, finden Sie im Abschnitt »So benutzen Sie die Übungstests« in der Einführung am Anfang dieses Buchs.

KAPITEL 6

Arbeiten mit Datenbindung

Datenbindung (data binding) ist ein Mechanismus, mit dem Informationen, die in einem Objekt gespeichert sind, mit Elementen in Ihrer Benutzeroberfläche verknüpft werden. Am häufigsten wird ein Steuerelement der Benutzeroberfläche an einen Datensatz in einer Datenbank gebunden. Ist das Feld einer Datenbank an ein Steuerelement gebunden, wird der Wert dieses Felds im Steuerelement angezeigt. Sofern der Programmierer es so einstellt, können Änderungen am Wert des Steuerelements in den Originaldatensatz der Datenbank geschrieben werden. Diese Art der Datenbindung ist schon seit vielen Jahren ein wichtiges Element der Windows Forms-Programmierung.

Die Datenbindung in der Windows Presentation Foundation (WPF) erweitert dieses Prinzip. Bei der WPF-Datenbindungstechnik können beliebige Eigenschaften an beliebige andere Objekte oder Quellen gebunden werden. Sie können damit leistungsfähige datengebundene Oberflächen entwerfen, bei denen ein Großteil der in Windows Forms noch erforderlichen Programmierarbeit überflüssig wird. In diesem Kapitel lernen Sie die Klasse `Binding` kennen und erfahren, wie Sie sie konfigurieren. Außerdem zeigt die Lektion, wie Sie die Datenbindung für WPF konfigurieren, benutzerdefinierte Konvertierungen mit Formatierungszeichenfolgen auf Ihre Daten anwenden und Objekte zurückgeben. Und schließlich erfahren Sie, wie Sie Daten überprüfen und benutzerdefinierte Datenobjekte für Datenänderungsbenachrichtigungen konfigurieren.

In diesem Kapitel abgedeckte Prüfungsziele:

- Implementieren der Datenbindung
- Implementieren von Wertkonvertern in WPF
- Implementieren der Datenüberprüfung
- Implementieren und Verwenden von Änderungsbenachrichtigungsschnittstellen

Lektionen in diesem Kapitel:

Bevor Sie beginnen

Um die Lektionen in diesem Kapitel durcharbeiten zu können, müssen Sie folgende Vorbereitungen getroffen haben:

- Ihnen steht ein Computer zur Verfügung, der die im Abschnitt »Einführung« am Anfang dieses Buchs aufgelisteten Hardwarevoraussetzungen erfüllt.
- Auf Ihrem Computer ist Microsoft Visual Studio 2010 Professional Edition installiert.
- Sie sind mit der Syntax von Visual Basic oder C# sowie dem Microsoft .NET Framework 4 vertraut.
- Sie besitzen Grundkenntnisse zu XAML.

Praxistipp

Matthew Stoecker

WPF führt die Datenbindung wesentlich weiter, als Sie in Windows Forms zu träumen wagten. Ich kann jetzt leistungsfähige Benutzeroberflächen entwickeln, in denen Eigenschaften an praktisch alles gebunden sind, was man sich nur vorstellen kann. Jetzt ist es ganz einfach, Benutzeroberflächenfunktionen zu implementieren, die automatisch den Wert eines Steuerelements ändern, wenn der Benutzer ein anderes Steuerelement bearbeitet. Kein komplizierter Code für die Ereignisbehandlung mehr! Sie brauchen nur die Bindung zu definieren und können sofort loslegen.

Lektion 1: Konfigurieren der Datenbindung

WPF macht es Ihnen leicht, praktisch beliebige Eigenschaften beliebiger Elemente an andere Objekte, Eigenschaften, Auflistungen oder Datenquellen zu binden. In dieser Lektion lernen Sie `Binding` kennen, die zentrale Klasse, mit der die Datenbindung in WPF definiert wird. Sie erfahren, wie Sie eine Bindung zwischen zwei Eigenschaften erstellen und den Bindungsmodus sowie den Aktualisierungsmodus konfigurieren.

Am Ende dieser Lektion werden Sie in der Lage sein, die folgenden Aufgaben auszuführen:

- Beschreiben der wichtigsten Member der Klasse `Binding`
- Erstellen einer Bindung zwischen einer Elementeigenschaft und einem Objekt oder einer Objekteigenschaft
- Konfigurieren der Eigenschaft `Mode` des `Binding`-Objekts
- Erstellen einer Bindung an einen Nullable-Wert
- Konfigurieren der Eigenschaft `UpdateSourceTrigger` des `Binding`-Objekts

Veranschlagte Zeit für diese Lektion: 30 Minuten

Der Begriff *Datenbindung* (data binding) beschreibt den Vorgang, bei dem eine Abhängigkeit für den Wert einer Eigenschaft, der sogenannten *Zieleigenschaft* (target property), vom Wert einer anderen Eigenschaft, der *Quelleigenschaft* (source property), erzeugt wird. Die Zieleigenschaft übernimmt den Wert der Quelleigenschaft. Es sind viele Varianten beim Bindungsstil möglich. Manchmal werden Änderungen an der Quelleigenschaft sofort zum Ziel übermittelt, in anderen Fällen nicht. In manchen Fällen werden Änderungen, die der Benutzer an der Zieleigenschaft vornimmt, an die Quelleigenschaft zurückgegeben. In anderen Fällen ändern die Eingaben des Benutzers nichts an der Quelleigenschaft. Die Klasse, die das alles möglich macht, ist `Binding`.

Die Klasse *Binding*

Die Klasse `Binding` ist die zentrale Komponente, die die Datenbindung möglich macht. Vereinfacht gesagt erstellt und beschreibt die Klasse `Binding` eine Beziehung zwischen den Ziel- und den Quelleigenschaften. Sie können ein `Binding`-Objekt verwenden, um eine Beziehung zwischen einer Zieleigenschaft und einem anderen Objekt, einer Liste, einem ADO.NET-Datenobjekt oder irgendeinem anderen Objekt aufzubauen. Tabelle 6.1 zeigt die wichtigsten Eigenschaften der Klasse `Binding`, die in diesem Kapitel vorgestellt werden.

Die Basis einer Datenbindung bilden die Quell- und Zieleigenschaften. Die Quelleigenschaft wird durch die Kombination von zwei Eigenschaften des `Binding`-Objekts definiert: Die Eigenschaften `ElementName`, `Source` oder `RelativeSource` geben das Quellobjekt der Bindung an, und die Eigenschaft `Path` legt fest, welche Eigenschaft dieses Objekts gebunden wird. Alle diese Möglichkeiten, die Quelle auszuwählen, werden weiter unten in dieser Lektion beschrieben.

Vielleicht ist Ihnen aufgefallen, dass es in der Klasse `Binding` keine Eigenschaften gibt, die das Zielobjekt oder die Zieleigenschaft festlegen. Das hat den Grund, dass Sie die Bindung *der Zieleigenschaft zuweisen*. Die Bindung überträgt automatisch den Wert, der aus der Quelleigenschaft abgerufen wird, an die Zieleigenschaft.

Tabelle 6.1 Wichtige Eigenschaften der Klasse `Binding`

Eigenschaft	Beschreibung
`ElementName`	Der Name des Elements, das als Quellobjekt der Bindung dient. Wenn Sie eine Bindung zu einem WPF-Element einrichten, wird statt der Eigenschaft `Source` diese Eigenschaft benutzt.
`FallbackValue`	Der Wert, der benutzt wird, wenn die Bindung keinen Wert zurückgeben kann.
`Mode`	Ein Wert, der die Richtung des Datenflusses in der Bindung festlegt.
`NotifyOnSourceUpdated`	Legt fest, ob das Ereignis `SourceUpdated` ausgelöst wird, wenn ein Wert vom Ziel an die Quelle übertragen wird.
`NotifyOnTargetUpdated`	Legt fest, ob das Ereignis `SourceUpdated` ausgelöst wird, wenn ein Wert von der Quelle zum Ziel übertragen wird.
`Path`	Der Pfad der Quelleigenschaft für die Bindung.
`RelativeSource`	Die Bindungsquelle, angegeben relativ zum Ort des Bindungsziels. Wenn Sie ein Element an einer relativen Position in der Oberflächenhierarchie angeben wollen, wird statt der Eigenschaft `ElementName` oder `Source` diese Eigenschaft benutzt, um das Quellobjekt auszuwählen.
`Source`	Das Objekt, das als Bindungsquelle verwendet wird. Wenn Sie keine Bindung zu einem WPF-Element aufbauen, wird statt der Eigenschaft `ElementName` diese Eigenschaft benutzt.
`TargetNullValue`	Der Wert, der im Ziel benutzt wird, wenn der Wert der Quelle null ist.
`XPath`	Eine `XPath`-Abfrage, die den verwendeten Wert aus der XML-Bindungsquelle (Extensible Markup Language) zurückgibt.

Einrichten einer Bindung an ein WPF-Element

Der einfachste Fall bei der Datenbindung ist es, die Eigenschaft eines WPF-Elements an die Eigenschaft eines anderen Elements zu binden. Nehmen Sie als Beispiel ein `Label`-Element und ein `Slider`-Element. Nehmen wir an, Sie möchten die Eigenschaft `Content` des `Label`-Steuerelements an die Eigenschaft `Value` des `Slider`-Steuerelements binden. Das können Sie deklarativ erledigen:

```
<Label Content="{Binding ElementName=Slider1, Path=Value}" Height="25" Width="100">
</Label>
```

In diesem Beispiel wird die Bindung deklarativ erstellt. Das Objekt, an das die Eigenschaft `Content` gebunden wird, ist in der Eigenschaft `ElementName` angegeben. Und die Eigenschaft in diesem Objekt, die tatsächlich den Wert liefert, steht in der Eigenschaft `Path`. Wenn sich die Eigenschaft `Slider.Value` ändert, wird der neue Wert sofort in der Eigenschaft `Label.Content` sichtbar.

In manchen Fällen wollen Sie komplexere Bindungen deklarativ definieren. Dann ist es sinnvoll, eine formellere Syntax zu verwenden. Das nächste Beispiel enthält verschachtelte Deklarationen statt der geschweiften Klammern aus dem letzten Beispiel. Es wird aber dieselbe Bindung erstellt:

```
<Label Height="25" Width="100">
   <Label.Content>
      <Binding ElementName="Slider1" Path="Value" />
   </Label.Content>
</Label>
```

Diese Syntax ist zwar aufwendiger, aber oft nützlich, wie weiter unten in dieser Lektion aufgezeigt wird.

Erstellen einer Bindung im Programmcode

Es ist zwar am einfachsten, Bindungen deklarativ aufzubauen, aber wenn Sie eine Bindung dynamisch herstellen oder trennen wollen, ist es nützlich, die Bindung im Programmcode zu erstellen. Eine Bindung wird im Programmcode wie jedes andere Objekt erstellt. Um die Bindung aufzubauen, müssen Sie allerdings die Methode `SetBinding` des WPF-Elements aufrufen und die Abhängigkeitseigenschaft angeben, die gebunden werden soll. Das folgende Codebeispiel demonstriert, wie Sie im Programmcode die Bindung aus den letzten beiden Beispielen aufbauen:

' Visual Basic

```
Dim aBinding As New Binding()
aBinding.ElementName = "Slider1"
aBinding.Path = New System.Windows.PropertyPath("Value")
' In den beiden vorherigen Beispielen wurde der Eigenschaft Name des Label-Elements kein
' Wert zugewiesen. In diesem Beispiel wird ein Name benötigt, der Label1 lauten soll.
Label1.SetBinding(ContentProperty, aBinding)
```

// C#

```
Binding aBinding = new Binding();
aBinding.ElementName = "Slider1";
aBinding.Path = new System.Windows.PropertyPath("Value");
// In den beiden vorherigen Beispielen wurde der Eigenschaft Name des Label-Elements kein
// Wert zugewiesen. In diesem Beispiel wird ein Name benötigt, der Label1 lauten soll.
Label1.SetBinding(ContentProperty, aBinding);
```

Um eine Bindung dynamisch zu trennen, rufen Sie die Methode `BindingOperations.ClearBinding` auf:

' Visual Basic

```
BindingOperations.ClearBinding(Me.Label1, ContentProperty)
```

// C#

```
BindingOperations.ClearBinding(this.Label1, ContentProperty);
```

Herstellen einer Bindung an ein Objekt

Wenn Sie eine Bindung an ein Objekt einrichten, das kein WPF-Element ist, geben Sie das Quellobjekt in der Eigenschaft `Source` an. Dabei kann es sich um ein beliebiges Objekt handeln, auf das Sie in der XAML-Ansicht Zugriff haben. Bindungen zu Nicht-WPF-Objekten werden oft eingesetzt, um statische Objekte wie Systemfarben und Schriftarten zu binden. Das folgende Beispiel demonstriert, wie Sie mithilfe der Eigenschaft `Source` die Eigenschaft `Background` einer Schaltfläche an das statische Objekt `SystemColors.WindowColor` binden:

```
<Button Background="{Binding Source={x:Static SystemColors.WindowColor}}"
   Height="23" Width="75">Button</Button>
```

Weil in diesem Beispiel die Eigenschaft `Background` an den Pinsel gebunden ist, den `SystemColors.WindowColor` liefert, können Sie die Eigenschaft `Path` weglassen.

Es kommt auch häufig vor, dass Sie eine Bindung zu einer logischen Ressource herstellen. (Logische Ressourcen wurden in Kapitel 1, »Erstellen einer Benutzeroberfläche«, beschrieben.) Der folgende Code demonstriert die Bindung an eine logische Ressource. Sie sehen darin, wie Sie einen Namespace aus der Anwendung importieren, eine Instanz einer Klasse aus diesem Namespace im `Window.Resources`-Tag anlegen und dann eine Eigenschaft dieser Instanz binden:

```
<Window x:Class="WpfApplication1.Window1"
   xmlns="http://schemas.microsoft.com/winfx/2006/xaml/presentation"
   xmlns:x="http://schemas.microsoft.com/winfx/2006/xaml"
   xmlns:local="clr-namespace:WpfApplication1"
   Title="Window1" Height="300" Width="300">
   <Window.Resources>
      <local:aClass x:Key="theObject" />
   </Window.Resources>
   <Grid>
      <Button Content="{Binding Source={StaticResource theObject},
         Path=myProperty}" />
   </Grid>
</Window>
```

Verwenden der Eigenschaft *DataContext*

Es ist gar nicht nötig, der Eigenschaft `Source` wirklich einen Wert zuzuweisen, um eine Datenbindung zu erstellen. Sie können stattdessen die Eigenschaft `DataContext` eines Elements oder Containers in der Oberflächenhierarchie verwenden. Ist den Eigenschaften `Source`, `RelativeSource` und `Element` eines `Binding`-Objekts nichts zugewiesen, sucht WPF in `DataContext`. Dabei beginnt WPF bei dem Element, das selbst gebunden wird, und durchläuft dann die Oberflächenhierarchie nach oben, bis sie ein Element findet, bei dem die Eigenschaft `DataContext` ungleich null ist. Das in der Eigenschaft `DataContext` angegebene Objekt dient dann als Quellobjekt für alle Bindungen in der Oberflächenhierarchie des Elements, sofern bei ihnen nicht schon ein Wert in die Eigenschaften `Source`, `Element` oder `RelativeSource` eingetragen ist. Das ist nützlich, um mehrere Elemente aus demselben Container an dieselbe Datenquelle zu binden. Die hervorgehobenen Codezeilen im nächsten Beispiel demonstrieren die Verwendung der Eigenschaft `DataContext`. Hier wird der Eigenschaft `DataContext` eines `Grid`-Steuerelements das Ressourcenobjekt `aDataObject` zugewiesen. Dann wird die Eigenschaft `Content` des enthaltenen `Label`-Elements an das Member `myTitle` von `myDataObject` gebunden.

```
<Window x:Class="WpfApplication1.Window1"
   xmlns="http://schemas.microsoft.com/winfx/2006/xaml/presentation"
   xmlns:x="http://schemas.microsoft.com/winfx/2006/xaml"
   xmlns:local="clr-namespace:WpfApplication1"
   Title="Window1" Height="300" Width="300">
   <Window.Resources>
      <local:myDataObject x:Key="aDataObject" />
   </Window.Resources>
   <Grid DataContext="{StaticResource aDataObject}">
      <Label Content="{Binding Path=myTitle}" />
   </Grid>
</Window>
```

`DataContext` wird häufig im Programmcode verwendet. Das ist zum Beispiel nötig, wenn Sie mit ADO.NET-Objekten arbeiten, die im Programmcode initialisiert werden müssen und nicht deklarativ mit Daten gefüllt werden können. In diesem Fall können Sie die Bindungen selbst deklarativ erstellen, wobei Sie aber die Eigenschaft `Source` weglassen:

```
<Grid Name="Grid1">
   <Label Content="{Binding Path=myTitle}" />
</Grid>
```

Dann weisen Sie der Eigenschaft `DataContext` im Programmcode das gewünschte Objekt zu:

' Visual Basic

```
Dim aDataObject As New myDataObject()
Grid1.DataContext = aDataObject
```

// C#

```
myDataObject aDataObject = new myDataObject();
Grid1.DataContext = aDataObject;
```

Wenn Sie die Eigenschaft `DataContext` im Programmcode zuweisen, zeigen die gebundenen Steuerelemente gebundene Daten erst an, nachdem der Code ausgeführt wurde, in dem Sie der Eigenschaft das Objekt zuweisen.

Herstellen einer Bindung an Vorgängereigenschaften mit der Eigenschaft *RelativeSource*

Mithilfe der Eigenschaft `RelativeSource` können Sie Bindungen erstellen, die ein Quellelement an einem Ort der Oberflächenhierarchie relativ zum Zielelement angeben. Der Typ einer solchen `RelativeSource`-Bindung wird durch die Eigenschaft `RelativeSource.Mode` festgelegt. Tabelle 6.2 zeigt, welche Werte für die Eigenschaft `RelativeSource.Mode` zur Auswahl stehen.

Tabelle 6.2 Mögliche Werte für die Eigenschaft `RelativeSource.Mode`

Wert	Beschreibung
`FindAncestor`	Verweist auf den Vorgänger (ancestor) in der Oberflächenhierarchie des datengebundenen Elements. Der Vorgänger ist ein Element, das in der Oberflächenhierarchie eine oder mehrere Ebenen über dem aktuellen Element liegt. Wenn Sie diesen Modus verwenden, müssen Sie den Eigenschaften `AncestorType` und `AncestorLevel` Werte zuweisen.
`PreviousData`	Bei diesem Modus binden Sie das vorhergehende Datenelement (nicht das Steuerelement, das das Datenelement enthält) aus der Liste der angezeigten Datenelemente.
`Self`	Dabei wird auf das Element verwiesen, dem Sie das `Binding`-Objekt zuweisen. Dieser Modus wird im Allgemeinen verwendet, um eine Eigenschaft eines Elements an eine andere Eigenschaft desselben Elements zu binden.
`TemplatedParent`	Verweist auf das Element, auf das die Steuerelementvorlage (in der das datengebundene Element liegt) angewendet wird. Dies ist nur möglich, wenn das `Binding`-Objekt innerhalb einer Vorlage liegt. Steuerelementvorlagen wurden in Kapitel 5, »Verwenden von benutzerdefinierten Steuerelementen«, ausführlich beschrieben.

Wenn Sie eine Bindung an ein Vorgängerquellobjekt erstellen, müssen Sie den Eigenschaften `AncestorType` und `AncestorLevel` Werte zuweisen. Die Eigenschaft `AncestorType` gibt den Typ des Quellobjekts an, mit dem die Bindung hergestellt wird. Und die Eigenschaft `Ances-`

torLevel legt fest, wie viele Ebenen oberhalb in der Sicherheitshierarchie der Vorgänger liegt. Das folgende Beispiel zeigt, wie die Eigenschaft Content einer Schaltfläche an die Eigenschaft Tag des Grid-Steuerelements gebunden wird, das die Schaltfläche enthält:

```
<Grid Tag="Button Text">
   <Button Content="{Binding Path=Tag, RelativeSource={RelativeSource
      Mode=FindAncestor, AncestorType=Grid, AncestorLevel=1}}"
      Height="23" Width="75">
   </Button>
</Grid>
```

Weil es mühsam sein kann, so viele Eigenschaften inline festzulegen, ist es oft sinnvoller, die formellere Syntax zu verwenden:

```
<Grid Tag="Button Text">
   <Button Height="23" Name="Button1" VerticalAlignment="Bottom">
      <Button.Content>
         <Binding Path="Tag">
            <Binding.RelativeSource>
               <RelativeSource Mode="FindAncestor" AncestorType="Grid"
                  AncestorLevel="1" />
            </Binding.RelativeSource>
         </Binding>
      </Button.Content>
   </Button>
</Grid>
```

Einstellen des Bindungsmodus

Die Eigenschaft Binding.Mode legt fest, wie sich gebundene Steuerelemente verhalten, wenn sich der Wert in Quelle oder Ziel ändert. Tabelle 6.3 zeigt die möglichen Werte für die Eigenschaft Binding.Mode.

Tabelle 6.3 Mögliche Werte für die Eigenschaft Binding.Mode

Wert	Beschreibung
Default	Das Binding-Objekt soll den Standardmodus für die Zieleigenschaft verwenden.
OneTime	Das Binding-Objekt soll das Ziel aktualisieren, wenn die Anwendung startet oder sich der Datenkontext ändert, aber das Ziel bei späteren Änderungen des Quellwerts nicht aktualisieren.
OneWay	Das Binding-Objekt soll die Zieleigenschaft aktualisieren, wenn sich die Quelleigenschaft ändert. Änderungen am Wert der Zieleigenschaft wirken sich nicht auf den Wert der Quelleigenschaft aus.
OneWayToSource	Das Binding-Objekt soll die Quelleigenschaft aktualisieren, wenn sich die Zieleigenschaft ändert. Änderungen an der Quelleigenschaft wirken sich nicht auf die Zieleigenschaft aus.
TwoWay	Bei allen Änderungen an Quelleigenschaft oder Zieleigenschaft wird das Gegenstück automatisch aktualisiert.

Am häufigsten werden für die Eigenschaft `Binding.Mode` die Werte `OneWay` und `TwoWay` verwendet. Der Wert `OneWay` kommt meist in Anwendungen zum Einsatz, die Daten anzeigen, sie aber nicht vom Benutzer ändern lassen. Der Wert `TwoWay` wird oft bei Datenbearbeitungsanwendungen verwendet, in denen Daten aus der Quelle angezeigt werden und der Benutzer die Möglichkeit hat, diese Daten zu ändern und wieder im Quellobjekt zu speichern.

Herstellen einer Bindung zu einem Nullable-Wert

Es kann vorkommen, dass Sie eine Bindung zu einem Wert eines Datentyps herstellen wollen, der null sein kann. Um einen Standardwert bereitzustellen, können Sie `TargetNullValue` einen Wert zuweisen, der verwendet wird, falls der Zielwert null ist. Das folgende Beispiel zeigt, wie Sie die Eigenschaft `Text` eines Textfelds an die Eigenschaft `IsChecked` eines Kontrollkästchens binden, das die Zustände `True`, `False` oder `null` annehmen kann. Falls `CheckBox.IsChecked` den Wert null hat, wird die Zeichenfolge »Kein Wert ausgewählt« im Textfeld angezeigt.

```
<Grid>
    <CheckBox Content="CheckBox" Name="CheckBox1" IsChecked="{x:Null}" />
    <TextBox Text="{Binding ElementName=CheckBox1, Path=IsChecked,
      TargetNullValue='Kein Wert ausgewählt'}" HorizontalAlignment="Left"
      Margin="0,29,0,0" Name="TextBox1" VerticalAlignment="Top" Width="120" />
</Grid>
```

Einstellen der Eigenschaft *UpdateSourceTrigger*

Die Eigenschaft `UpdateSourceTrigger` steuert, wie die Quelleigenschaft in einer Datenbindungsbeziehung aktualisiert wird. Bindungen, bei der die Eigenschaft `Binding.Mode` den Wert `TwoWay` oder `OneWayToSource` hat, reagieren auf Änderungen an der Zieleigenschaft und übertragen die Änderungen zurück an die Quelle. Die Eigenschaft `UpdateSourceTrigger` legt fest, wie oft diese Übertragungen ausgeführt werden. Tabelle 6.4 beschreibt die möglichen Werte für die Eigenschaft `UpdateSourceTrigger`.

Tabelle 6.4 Mögliche Werte für die Eigenschaft `UpdateSourceTrigger`

Wert	Beschreibung
`Default`	Die Quelleigenschaft wird so aktualisiert, wie es der Standardwert für die Zieleigenschaft vorgibt. Die meisten Eigenschaften haben den Standardwert `PropertyChanged`, das heißt, dass die Quelleigenschaft aktualisiert wird, sobald sich die Eigenschaft ändert. Eigenschaften, die während der Laufzeit von einem Benutzer häufig geändert werden, zum Beispiel Texteigenschaften, haben oft den Standardwert `LostFocus`.
`Explicit`	Die Quelleigenschaft wird nur aktualisiert, wenn `Binding.UpdateSource()` aufgerufen wird.
`LostFocus`	Die Quelleigenschaft wird aktualisiert, wenn das Element, das die Zieleigenschaft enthält, den Fokus verliert. Diese Einstellung wird oft für Eigenschaften verwendet, die vom Benutzer häufig bearbeitet werden.
`PropertyChanged`	Die Quelleigenschaft wird jedes Mal aktualisiert, wenn sich die Zieleigenschaft ändert.

In den meisten Fällen ist es sinnvoll, die Eigenschaft `UpdateSourceTrigger` auf dem Standardwert zu belassen. Die meisten Eigenschaften haben den Standardwert `PropertyChanged`, daher wird die Quelle jedes Mal aktualisiert, wenn sich die Eigenschaft ändert. Es gibt aber Eigenschaften, beispielsweise `Text`, die den Standardwert `LostFocus` haben. Die Eigenschaft `Text` gibt es vor allem in Elementen, die oft vom Benutzer bearbeitet werden, zum Beispiel `TextBox`-Steuerelemente. Und bei `TextBox`-Elementen ist es meist sinnvoll, die Quelle erst zu aktualisieren, wenn das `TextBox`-Steuerelement den Fokus verliert (nachdem der Benutzer also mit dem Eintippen von Daten fertig ist). Wenn Sie wollen, dass die vorgenommenen Änderungen sofort an anderer Stelle in der Benutzeroberfläche sichtbar werden, können Sie die Eigenschaft `UpdateSourceTrigger` dagegen auf `PropertyChanged` setzen.

Schnelltest

- Wann verwenden Sie die Eigenschaft `Source`, wenn Sie ein `Binding`-Objekt erstellen? Wann verwenden Sie die Eigenschaft `ElementName`? Wann die Eigenschaft `RelativeSource`? Wann verwenden Sie explizit gar keine dieser Eigenschaften?

Antwort zum Schnelltest

- Beim Erstellen eines `Binding`-Objekts geben Sie in der Eigenschaft `ElementName` das Quellobjekt an, wenn dieses Objekt ein anderes WPF-Element ist. In der Eigenschaft `Source` geben Sie ein Objekt an, das kein WPF-Element ist, sondern beispielsweise eine Ressource. Die Eigenschaft `RelativeSource` gibt ein Quellobjekt an, das in der Oberflächenhierarchie an einem Ort relativ zum Zielobjekt liegt. Sie brauchen überhaupt keine dieser Eigenschaften zu verwenden, wenn der Eigenschaft `DataContext` des Elements oder eines übergeordneten Elements der Oberflächenhierarchie im Programmcode ein Wert zugewiesen wurde.

Übung Verwenden von Bindungen

In dieser Übung binden Sie Eigenschaften eines Elements an Eigenschaften eines anderen Elements. Sie erstellen dabei eine ähnliche Anwendung wie bei einer früheren Übung in diesem Buch, verwenden aber Datenbindung statt Programmcode, um diese Funktion zu implementieren.

Übung Verwenden von Bindungen

1. Öffnen Sie die Lösung aus dem Unterverzeichnis *Partial* zu Kapitel 6, Lektion 1. Diese Anwendung hat eine Benutzeroberfläche mit einem `RichTextBox`-Steuerelement, in dem Sie Text eingeben und sich dann ansehen können, wie sich Änderungen an den Eigenschaften `FontFamily` und `FontSize` auswirken. Das `ListBox`-Steuerelement im linken Abschnitt der Benutzeroberfläche wird beim Start der Anwendung automatisch mit den Namen der Schriftarten gefüllt. Sie implementieren die Bindungen, mit denen diese Anwendung zum Funktionieren gebracht wird.
2. Fügen Sie in der XAML-Ansicht ein `Binding`-Objekt zur `RichTextBox`-Deklaration hinzu, das die Eigenschaft `FontFamily` an die Eigenschaft `SelectedItem.Content` von `ListBox1` bindet. Der entsprechende Code sollte etwa folgendermaßen aussehen, wobei der neu eingefügte Bindungscode hervorgehoben ist:

```
<RichTextBox FontFamily="{Binding ElementName=listBox1,
   Path=SelectedItem.Content}" Grid.Column="2" Name="richTextBox1" />
```

3. Fügen Sie eine Bindung zum breiteren der beiden `TextBox`-Steuerelemente in der Symbolleiste hinzu, mit der Sie seine Eigenschaft `Text` an das ausgewählte Element im `ListBox`-Steuerelement binden. Ihr Code sollte daraufhin etwa so aussehen:

```
<TextBox Text="{Binding ElementName=listBox1, Path=SelectedItem.Content}"
   BorderBrush="Black" Width="100"></TextBox>
```

4. Fügen Sie eine Bindung hinzu, die den Wert des `Slider`-Steuerelements an die Eigenschaft `FontSize` des `RichTextBox`-Steuerelements bindet:

```
<RichTextBox FontSize="{Binding ElementName=Slider1, Path=Value}"
   FontFamily="{Binding ElementName=listBox1, Path=SelectedItem.Content}"
   Grid.Column="2" Name="richTextBox1" />
```

5. Fügen Sie eine Bindung hinzu, die die Eigenschaft `Text` aus dem schmaleren der beiden `TextBox`-Steuerelemente in der Symbolleiste an den Wert des `Slider`-Steuerelements bindet. Konfigurieren Sie dafür den Bindungsmodus `TwoWay`, damit Änderungen im Textfeld automatisch zurück an das `Slider`-Steuerelement übertragen werden. Setzen Sie außerdem die Eigenschaft `UpdateSourceTrigger` auf den Wert `PropertyChanged`, damit die Änderungen übermittelt werden, sobald der Benutzer einen neuen Wert eingegeben hat. Der fertige Code sieht so aus:

```
<TextBox Text="{Binding ElementName=Slider1, Path=Value, Mode=TwoWay,
   UpdateSourceTrigger=PropertyChanged}" BorderBrush="Black"
   Width="25"></TextBox>
```

6. Drücken Sie F5, um Ihre Anwendung auszuführen und zu testen.

Zusammenfassung der Lektion

- Die Klasse `Binding` definiert eine Bindung zwischen einer Quelle und einem Ziel. Die Eigenschaft `ElementName` gibt die Quelle an, wenn es sich bei der Quelle um ein WPF-Element handelt. Liegt das Quellobjekt in der Oberflächenhierarchie an einem Ort relativ zum Ziel, gibt die Eigenschaft `RelativeSource` die Quelle an. Und wenn es sich bei der Quelle nicht um ein WPF-Element handelt, gibt die Eigenschaft `Source` die Quelle an.
- Die Eigenschaft `DataContext` von Elementen ist nützlich, um eine gemeinsame Datenumgebung für ein Steuerelement oder Containersteuerelement zu definieren. Sie weisen `DataContext` häufig im Programmcode seinen Wert zu, wenn die Bindungsquelle im Code initialisiert werden muss. Sie können dann `Binding`-Objekte im XAML-Code erstellen, bei denen die Quelle nicht angegeben ist. In diesem Fall wird die Eigenschaft `DataContext` des nächsten Elements innerhalb der Oberflächenhierarchie verwendet.
- Mit der Eigenschaft `Mode` legen Sie den Bindungsmodus eines `Binding`-Objekts fest. Meist verwenden Sie den Modus `OneWay`, bei dem die Zieleigenschaft bei jeder Änderung der Quelle aktualisiert wird, oder `TwoWay`, bei dem sowohl die Ziel- als auch die Quelleigenschaft geändert wird, wenn sich das Gegenstück ändert. Andere Bindungsmodi sind `OneTime`, bei dem die Zieleigenschaft nur beim Anwendungsstart aktualisiert wird, und `OneWayToSource`, bei dem die Quelleigenschaft aktualisiert wird, wenn sich das Ziel ändert, aber nicht umgekehrt.
- Mit der Eigenschaft `UpdateSourceTrigger` legen Sie fest, wann die Daten, die von einer Bindung zur Quelle übertragen werden, aktualisiert werden. Am häufigsten werden die Modi `PropertyChanged`, bei dem ein gebundener Wert jedes Mal übertragen wird, wenn

sich der Wert der Eigenschaft ändert, und `LostFocus` verwendet, bei dem der neue Wert erst übertragen wird, wenn das Element den Fokus verliert.

Lernzielkontrolle

Mit den folgenden Fragen können Sie Ihr Wissen zu den Informationen aus Lektion 1, »Konfigurieren der Datenbindung«, überprüfen. Die Fragen finden Sie (in englischer Sprache) auch auf der Begleit-CD, Sie können sie also auch auf dem Computer im Rahmen eines Übungstests beantworten.

Hinweis Die Antworten

Die Antworten auf diese Fragen mit Erklärungen, warum die jeweiligen Auswahlmöglichkeiten richtig oder falsch sind, finden Sie im Abschnitt »Antworten« am Ende dieses Buchs.

1. Was reicht aus, um eine Bindung zwischen einer Quelle und einem Ziel herzustellen, wenn das `Binding`-Objekt bereits einer Zieleigenschaft zugewiesen ist? (Wählen Sie alle zutreffenden Antworten aus.)
   A. Stellen Sie die Eigenschaften `ElementName` und `Path` ein.
   B. Stellen Sie die Eigenschaft `DataContext` im Zielelement ein.
   C. Stellen Sie die Eigenschaft `Source` ein.
   D. Stellen Sie die Eigenschaften `Path` und `RelativeSource` ein.
2. Sie erstellen eine Anwendung, mit der Benutzer sich Daten aus einer Datenbank ansehen und lokale Änderungen in einer separaten Datei speichern können, aber keine Änderungen in die Datenbank zurückschreiben können. Welchen Wert weisen Sie der Eigenschaft `Mode` Ihrer `Binding`-Objekte zu?
   A. `OneTime`
   B. `OneWay`
   C. `TwoWay`
   D. `Default`
3. Sie erstellen eine Anwendung, in der die Benutzer ein komplexes Objekt in datengebundenem Zustand laden, mehrere voneinander abhängige Änderungen vornehmen und diese Änderungen dann annehmen oder verwerfen können, bevor sie in die Datenbank zurückgeschrieben werden. Die Beziehung zwischen der Benutzeroberfläche und der Datenbank wird über eine Bindung hergestellt. Welches ist der beste Wert für die Eigenschaft `UpdateSourceTrigger`?
   A. `Default`
   B. `PropertyChanged`
   C. `LostFocus`
   D. `Explicit`

Lektion 2: Konvertieren von Daten

WPF stellt leistungsfähige Funktionen zur Verfügung, um Daten zu konvertieren, die in der Präsentationsschicht angezeigt werden. Mithilfe von Wertkonvertern können Sie Daten für die Anzeige formatieren, Daten lokalisieren, Objekte aus zugrunde liegenden Daten anlegen und sogar Objekte und Werte erstellen, die aus mehreren gebundenen Elementen abgeleitet werden. In dieser Lektion erfahren Sie, wie Sie `IValueConverter` implementieren, um benutzerdefinierte Wertkonverter für Ihre Datenpräsentationsschicht zu erstellen.

Am Ende dieser Lektion werden Sie in der Lage sein, die folgenden Aufgaben auszuführen:

- Implementieren von `IValueConverter`
- Formatieren von Daten mit einem Konverter
- Zurückgeben eines Objekts mit einem Konverter
- Implementieren von `IMultiValueConverter`

Veranschlagte Zeit für diese Lektion: 30 Minuten

Implementieren von *IValueConverter*

Die Basis für alle Konvertierungen bildet die Schnittstelle `IValueConverter`. Sie hat zwei Methoden: `Convert` konvertiert einen Eingabetyp in einen Ausgabetyp und `ConvertBack` macht die Konvertierung rückgängig. Indem Sie `IValueConverter` implementieren, können Sie spezialisierte Klassen für eine Vielzahl von Konvertierungs- und Formatierungsaufgaben erstellen. Eine leere Implementierung von `IValueConverter` sieht so aus:

' Visual Basic

```
Public Class myConverter
   Implements IValueConverter

   Public Function Convert(ByVal value As Object, ByVal targetType As _
      System.Type, ByVal parameter As Object, ByVal culture As _
      System.Globalization.CultureInfo) As Object Implements _
      System.Windows.Data.IValueConverter.Convert
         Throw New NotImplementedException()
   End Function

   Public Function ConvertBack(ByVal value As Object, ByVal targetType As _
      System.Type, ByVal parameter As Object, ByVal culture As _
      System.Globalization.CultureInfo) As Object Implements _
      System.Windows.Data.IValueConverter.ConvertBack
         Throw New NotImplementedException()
   End Function
End Class
```

// C#

```
public class myConverter : IValueConverter
{
   public object Convert(object value, Type targetType, object parameter,
      System.Globalization.CultureInfo culture)
```

```
    {
        throw new NotImplementedException();
    }

    public object ConvertBack(object value, Type targetType, object
        parameter, System.Globalization.CultureInfo culture)
    {
        throw new NotImplementedException();
    }
}
```

Die Methode `Convert` konvertiert das Objekt, das im Parameter `value` übergeben wird, in das Ausgabeobjekt, und die Methode `ConvertBack` macht die Konvertierung der Methode `Convert` rückgängig. In manchen Fällen ist es nicht möglich, eine Konvertierung umzukehren. Es kann auch sein, dass Sie die Methode `ConvertBack` niemals brauchen. Daher kommt es häufig vor, dass keine explizite Implementierung für die Methode `ConvertBack` bereitgestellt wird, weil sie ohnehin nie aufgerufen wird. Beachten Sie aber, dass Sie sowohl `Convert` als auch `ConvertBack` implementieren müssen, wenn Sie eine bidirektionale Bindung erstellen. Sofern Sie nicht sicher sind, dass `ConvertBack` nie aufgerufen wird, sollten Sie eine Implementierung bereitstellen.

Neben der Implementierung von `IValueConverter` müssen Sie die Klasse mit dem Attribut `ValueConversion` versehen. Es gibt die Quell- und Zieltypen für den Konverter an. Hier ein Beispiel für den Quelltyp `Integer` und den Zieltyp `String`:

' Visual Basic

```
<ValueConversion(GetType(Integer), GetType(String))> _
```

// C#

```
[ValueConversion(typeof(int), typeof(string))]
```

Das nächste Beispiel zeigt einen einfachen Konverter, der einen numerischen Code, der eine Stellenbezeichnung angibt, in eine Zeichenfolge mit der ausgeschriebenen Stellenbezeichnung konvertiert, und umgekehrt:

' Visual Basic

```
<ValueConversion(GetType(Integer), GetType(String))> _
Public Class myConverter
    Implements IValueConverter

    Public Function Convert(ByVal value As Object, ByVal targetType As _
        System.Type, ByVal parameter As Object, ByVal culture As _
        System.Globalization.CultureInfo) As Object Implements _
        System.Windows.Data.IValueConverter.Convert
        Dim a As Integer = CInt(value)
        Select Case a
            Case 1
                Return "Group Manager"
            Case 2
                Return "Manager"
            Case 3
                Return "Programmer"
```

```
            Case Else
               Return "Keine Position definiert"
         End Select
      End Function

      Public Function ConvertBack(ByVal value As Object, ByVal targetType As _
         System.Type, ByVal parameter As Object, ByVal culture As _
         System.Globalization.CultureInfo) As Object Implements _
         System.Windows.Data.IValueConverter.ConvertBack
         Dim aString As String = value.ToString()
         Select Case aString
            Case "Group Manager"
               Return 1
            Case "Manager"
               Return 2
            Case "Programmer"
               Return 3
            Case Else
               Return 4
         End Select
      End Function
   End Class
```

// C#

```
[ValueConversion(typeof(int), typeof(string))]
public class myConverter : IValueConverter
{
   public object Convert(object value, Type targetType, object parameter,
      System.Globalization.CultureInfo culture)
   {
      int a = int.Parse(value.ToString());
      switch (a)
      {
         case 1:
            return "Group Manager";
         case 2:
            return "Manager";
         case 3:
            return "Programmer";
         default:
            return "Keine Position definiert";
      }
   }
   public object ConvertBack(object value, Type targetType, object
      parameter, System.Globalization.CultureInfo culture)
   {
      string a = value.ToString();
      switch (a)
```

```
        {
            case "Group Manager":
                return 1;
            case "Manager":
                return 2;
            case "Programmer":
                return 3;
            default:
                return 4;
        }
    }
}
```

Wollen Sie einen Konverter in Ihrem XAML-Code verwenden, müssen Sie erst einen Verweis auf den Namespace erstellen, der den Konverter enthält:

```
<Window x:Class="WpfApplication5.Window1"
    xmlns="http://schemas.microsoft.com/winfx/2006/xaml/presentation"
    xmlns:x="http://schemas.microsoft.com/winfx/2006/xaml"
    xmlns:local="clr-namespace:WpfApplication5"
    Title="Window1" Height="300" Width="300">
```

Dann legen Sie eine Objektinstanz an. Dazu fügen Sie die Instanz normalerweise zu einer der Resources-Auflistungen eines Elements hinzu und weisen ihr einen Key-Wert zu. Ressourcen wurden in Kapitel 1, »Erstellen einer Benutzeroberfläche«, ausführlich beschrieben. Hier ein Beispiel:

```
<Window.Resources>
    <local:myConverter x:Key="EmployeeConverter"></local:myConverter>
</Window.Resources>
```

Sobald eine Objektinstanz vorhanden ist, können Sie sie der Eigenschaft Converter Ihrer Bindung zuweisen, indem Sie auf die Ressource verweisen:

```
<Label Content="{Binding Path=EmployeeCode, Converter={StaticResource
    EmployeeConverter}}" />
```

Bei den meisten Fällen, die in diesem Kapitel vorgestellt werden, reicht eine unidirektionale Konvertierung der Daten, damit sie angezeigt werden können. Es ist dabei nicht nötig, eine echte Implementierung von ConvertBack zur Verfügung zu stellen.

Formatieren von Zeichenfolgen mit Konvertern

Besonders nützlich sind Konverter, um Zeichenfolgen zu formatieren. Weil Daten normalerweise ohne Formatierung in einer Datenbank gespeichert sind, ist es üblicherweise Aufgabe der Datenpräsentationsschicht, die Formatierung durchzuführen. Telefonnummern, Datumsangaben, Geldbeträge und Sozialversicherungsnummern sind Beispiele für Daten, die oft von einer Zeichenfolgenformatierung profitieren.

Formatieren von Geldbeträgen

Geldbeträge sind ein hervorragendes Beispiel, warum die Zeichenfolgenformatierung gebraucht wird. Geldbeträge werden normalerweise als numerische Datentypen gespeichert, aber die meisten Benutzeroberflächen zeigen sie als speziell formatierte Zeichenfolge mit Währungsangabe an. Der Methode ToString der numerischen Datentypen können Sie eine

Zeichenfolge übergeben, die festlegt, wie die zurückgegebene Zeichenfolge formatiert werden soll. Um eine Zeichenfolge im Währungsformat zu formatieren, fügen Sie das Zeichen »C« ein:

' Visual Basic

```
aString = aDouble.ToString("C")
```

// C#

```
aString = aDouble.ToString("C");
```

Sie können diese Funktion in einen einfachen Konverter integrieren, der einen `Decimal`-Wert in eine Zeichenfolge mit einem Geldbetrag umwandelt. Die Methode `Convert` eines solchen Konverters sieht zum Beispiel folgendermaßen aus:

' Visual Basic

```
Public Function Convert(ByVal value As Object, ByVal targetType As _
   System.Type, ByVal parameter As Object, ByVal culture As _
   System.Globalization.CultureInfo) As Object Implements _
   System.Windows.Data.IValueConverter.Convert
   Dim a As Decimal = CDec(value.ToString)
   Return a.ToString("C")
End Function
```

// C#

```
public object Convert(object value, Type targetType, object parameter,
   System.Globalization.CultureInfo culture)
{
   decimal a = decimal.Parse(value.ToString());
   return a.ToString("C");
}
```

Das nächste Beispiel zeigt die Methode `ConvertBack` desselben Konverters:

' Visual Basic

```
Public Function ConvertBack(ByVal value As Object, ByVal targetType As _
   System.Type, ByVal parameter As Object, ByVal culture As _
   System.Globalization.CultureInfo) As Object Implements _
   System.Windows.Data.IValueConverter.ConvertBack
   Dim result As Decimal
   Dim a As String = value.ToString()
   If Decimal.TryParse(a, System.Globalization.NumberStyles.Any, Nothing, _
      result) Then
      Return result
   Else
      ' Hier Code implementieren, der einen Standardwert ermittelt oder zurückgibt
      Return 0
   End If
End Function
```

// C#

```
public object ConvertBack(object value, Type targetType, object parameter,
   System.Globalization.CultureInfo culture)
{  decimal result;
   string a = value.ToString();
```

```
    if (decimal.TryParse(a, System.Globalization.NumberStyles.Any, null,
        out result))
        return result;
    else
        // Hier Code implementieren, der einen Standardwert ermittelt oder zurückgibt
        return 0;
}
```

Beim Formatieren des Geldbetrags werden die aktuellen Regionaleinstellungen berücksichtigt. Welches Währungssymbol in der formatierten Zeichenfolge angezeigt wird, hängt von der gewählten Regionaleinstellung ab.

Formatieren von Datums- und Zeitangaben

Dasselbe Prinzip können Sie zum Formatieren von Datums- und Zeitangaben verwenden. Der Methode `DateTime.ToString` können Sie die Formatierungszeichenfolgen aus Tabelle 6.5 übergeben.

Tabelle 6.5 Formatierungszeichenfolgen für die Struktur `DateTime`

Formatierungs-zeichenfolge	Formatname	Beispiel	Beispiel
d	Kurzes Datum	14.07.1969	`ToString("d")`
D	Langes Datum	Montag, 14. Juli 1969	`ToString("D")`
f	Langes Datum und kurze Zeit	Montag, 14. Juli 1969 23:07	`ToString("f")`
F	Langes Datum und lange Zeit	Montag, 14. Juli 1969 23:07:17	`ToString("F")`
G	Allgemein	14.07.1969 23:07:17	`ToString("G")`
M	Tag und Monat	14. Juli	`ToString("M")`
s	Sortierbarer ISO-Standard	1969-07-14 11:07:17	`ToString("s")`

In den meisten Fällen hängt der Aufbau der Datums- und Zeitangabe von der aktuellen Regionaleinstellung ab.

Neben diesen Formatierungszeichenfolgen stellt die Struktur `DateTime` auch mehrere integrierte Methoden zur Verfügung, die Datums- und Uhrzeitzeichenfolgen in vielen unterschiedlichen Formaten zurückgeben.

Formatieren anderer Zeichenfolgen

Die Methode `ToString` der numerischen Datentypen stellt viele weitere Formatierungszeichenfolgen zur Verfügung, eine vollständige Liste finden Sie in der Visual Studio-Dokumentation. Manchmal brauchen Sie aber einen Konverter, um einen Wert in ein spezielles Zeichenfolgenformat umzuwandeln. In diesem Fall müssen Sie Code schreiben, der die Konvertierung selbst ausführt. Das folgende Beispiel zeigt einen Konverter, der einen neunstelligen Integerwert entgegennimmt und eine Zeichenfolgendarstellung dieses Werts zurückgibt, die als US-Sozialversicherungsnummer formatiert ist:

' Visual Basic

```
<ValueConversion(GetType(Integer), GetType(String))> _
Public Class SSConverter
    Implements IValueConverter

   Public Function Convert(ByVal value As Object, ByVal targetType As _
      System.Type, ByVal parameter As Object, ByVal culture As _
      System.Globalization.CultureInfo) As Object Implements _
      System.Windows.Data.IValueConverter.Convert
      Dim a As String = value.ToString()
      If Not a.Length = 9 Then
         Throw New ArgumentException("Number is in the wrong format")
      End If
      a = a.Insert(5, "-")
      a = a.Insert(3, "-")
      Return a
   End Function

   Public Function ConvertBack(ByVal value As Object, ByVal targetType As _
      System.Type, ByVal parameter As Object, ByVal culture As _
      System.Globalization.CultureInfo) As Object Implements _
      System.Windows.Data.IValueConverter.ConvertBack
      Dim a As String = value.ToString()
      a = a.Remove(6, 1)
      a = a.Remove(3, 1)
      Return CInt(a)
   End Function
End Class
```

// C#

```
[ValueConversion(typeof(int), typeof(string))]
public class SSConverter : IValueConverter
{
   public object Convert(object value, Type targetType, object parameter,
      System.Globalization.CultureInfo culture)
   {
      string a = value.ToString();
      if (!(a.Length==9))
         throw new ArgumentException("Number is in the wrong format");
      a = a.Insert(5, "-");
      a = a.Insert(3, "-");
      return a;
   }

   public object ConvertBack(object value, Type targetType, object
      parameter, System.Globalization.CultureInfo culture)
   {
      string a = value.ToString();
```

```
      a = a.Remove(6, 1);
      a = a.Remove(3, 1);
      return int.Parse(a);
   }
}
```

Zurückgeben von Objekten mit Konvertern

Sie können mit Konvertern nicht nur Werte formatieren, sondern auch Objekte zurückgeben. Nehmen wir an, Sie speichern Verweise auf Bilder als Zeichenfolgenpfade in Ihrer Datenbank, wollen aber beim Anzeigen der Daten die entsprechenden Bilder laden und anzeigen. Um ein Objekt zurückzugeben, brauchen Sie lediglich das Objekt im Programmcode anzulegen und es genauso wie in den letzten Beispielen zurückzugeben. Der Konverter im nächsten Beispiel nimmt eine Zeichenfolge entgegen, die als Pfad formatiert ist, und gibt ein `BitmapImage`-Objekt mit dem Bild zurück, das im angegebenen Pfad gespeichert ist:

' Visual Basic

```
<ValueConversion(GetType(String), GetType(BitmapImage))> _
Public Class ImageConverter
    Implements IValueConverter

    Public Function Convert(ByVal value As Object, ByVal targetType As _
       System.Type, ByVal parameter As Object, ByVal culture As _
       System.Globalization.CultureInfo) As Object Implements _
       System.Windows.Data.IValueConverter.Convert
       Try
          Dim myPath As String = CType(value, String)
          Dim myUri As New Uri(myPath)
          Dim anImage As New BitmapImage(myUri)
          Return anImage
       Catch ex As Exception
          Return New BitmapImage(New Uri("C:\ImageNotAvailable.jpg"))
       End Try
    End Function

    Public Function ConvertBack(ByVal value As Object, ByVal targetType _
       As System.Type, ByVal parameter As Object, ByVal culture As _
       System.Globalization.CultureInfo) As Object Implements _
       System.Windows.Data.IValueConverter.ConvertBack
       Throw New NotImplementedException()
    End Function
End Class
```

// C#

```
[ValueConversion(typeof(string), typeof(BitmapImage))]
public class ImageConverter : IValueConverter
{
   public object Convert(object value, Type targetType, object parameter,
      System.Globalization.CultureInfo culture)
```

```
    {
      try
      {
        string myPath = (string)value;
        Uri myUri = new Uri(myPath);
        BitmapImage anImage = new BitmapImage(myUri);
        return anImage;
      }
      catch
      {
        return new BitmapImage(new Uri("C:\\ImageNotAvailable.jpg"));
      }
    }

    public object ConvertBack(object value, Type targetType, object
      parameter, System.Globalization.CultureInfo culture)
    {
      throw new NotImplementedException();
    }
}
```

In diesem Beispiel wird eine Zeichenfolge in eine URI (Universal Resource Identifier) umgewandelt, und dann wird aus dieser URI das `BitmapImage`-Objekt erstellt, das die Methode zurückgibt. Falls ein Fehler auftritt, wird ein Standardbild zurückgegeben. Weil es kaum möglich wäre, ein Bild zurück in einen Pfad zu konvertieren, ist die Methode `ConvertBack` nicht implementiert. Trotzdem sollten Sie `ConvertBack` implementieren, wenn das möglich ist.

Lokalisieren von Daten mit Konvertern

Konverter sind auch nützlich, um Daten zu lokalisieren. Manche integrierten Konvertierungen (etwa in eine Währungszeichenfolge) werten die aktuellen Regionaleinstellungen aus, es gibt aber auch Fälle, in denen Sie eigenen Lokalisierungscode schreiben müssen.

Unter den Parametern der Methoden `Convert` und `ConvertBack` befindet sich auch ein Verweis auf das `CultureInfo`-Objekt, das für die Konvertierung benutzt wird. Sie können diesen Parameter auswerten und anhand seines Inhalts lokalisierte Daten zurückgeben. Das folgende Beispiel zeigt einen Konverter, der das übergebene `CultureInfo`-Objekt verwendet und eine Methode einer Übersetzungsklasse aufruft, die die passende Zeichenfolge für die aktuelle Regionaleinstellung zurückgibt. Dieses Beispiel geht davon aus, dass die Anwendung in den USA, Frankreich oder Deutschland ausgeführt wird, und stellt Methoden bereit, um englische in französische oder deutsche Zeichenfolgen zu übersetzen, und umgekehrt:

' Visual Basic

```
<ValueConversion(GetType(String), GetType(String))> _
Public Class DateBrushConverter
  Implements IValueConverter
  ' Hinweis: Translator ist eine fiktive Klasse, die anhand eines Wörterbuchs
  ' die angegebenen Zeichenfolgen übersetzt.
  Dim myTranslator As New Translator
```

```
    Public Function Convert(ByVal value As Object, ByVal targetType As _
       System.Type, ByVal parameter As Object, ByVal culture As _
       System.Globalization.CultureInfo) As Object Implements _
       System.Windows.Data.IValueConverter.Convert
       Dim astring As String = CType(value, String)
       Select Case culture.ToString
          Case "fr-FR"
             Return myTranslator.EnglishToFrench(astring)
          Case "de-DE"
             Return myTranslator.EnglishToGerman(astring)
          Case Else
             Return astring
       End Select
    End Function

    Public Function ConvertBack(ByVal value As Object, ByVal targetType _
       As System.Type, ByVal parameter As Object, ByVal culture As _
       System.Globalization.CultureInfo) As Object Implements _
       System.Windows.Data.IValueConverter.ConvertBack
       Dim astring As String = CType(value, String)
       Select Case culture.ToString
          Case "fr-FR"
             Return myTranslator.FrenchToEnglish(astring)
          Case "de-DE"
             Return myTranslator.GermanToEnglish(astring)
          Case Else
             Return astring
       End Select
     End Function
End Class
```

// C#

```
[ValueConversion(typeof(string), typeof(string))]
public class LanguageConverter : IValueConverter
{
   // Hinweis: Translator ist eine fiktive Klasse, die anhand eines Wörterbuchs
   // die angegebenen Zeichenfolgen übersetzt.
   Translator myTranslator = new Translator();
   public object Convert(object value, Type targetType, object parameter,
      System.Globalization.CultureInfo culture)
   {
      string aString = (string)value;
      switch(culture.ToString())
      {
          case "de-DE":
             return myTranslator.EnglishToGerman(aString);
          case "fr-FR":
             return myTranslator.EnglishToFrench(aString);
```

```
            default:
               return aString;
         }
      }
      public object ConvertBack(object value, Type targetType, object
         parameter, System.Globalization.CultureInfo culture)
      {
         string aString = (string)value;
         switch(culture.ToString())
         {
            case "de-DE":
               return myTranslator.GermanToEnglish(aString);
            case "fr-FR":
               return myTranslator.FrenchToEnglish(aString);
            default:
               return aString;
         }
      }
   }
```

Verwenden von Multiwertkonvertern

Mit Multiwertkonvertern geben Sie einen Wert zurück, der anhand mehrerer Felder berechnet wird. Nehmen wir an, Sie multiplizieren das Feld `GekaufteEinheiten` mit dem Feld `PreisProEinheit`, um den Wert für die Gesamtkosten zu ermitteln. Sie können mit einem Multiwertkonverter auch komplizierte bedingte Formatierungen ausführen, bei denen mehrere Felder ausgewertet werden.

Um einen Multiwertkonverter zu erstellen, müssen Sie die Schnittstelle `IMultiValueConverter` implementieren. Diese Schnittstelle ist `IValueConverter` sehr ähnlich. Die einzigen Unterschiede sind, dass die Methode `Convert` als ersten Parameter kein einzelnes `Object`, sondern ein `Object`-Array übergeben bekommt und dass die Methode `ConvertBack` ein `Object`-Array zurückgibt und in den Parametern ein `Type`-Array übergeben bekommt. Hier ein Beispiel ohne Implementierung:

' Visual Basic

```
Public Class myMultiConverter
   Implements IMultiValueConverter

   Public Function Convert(ByVal values As Object(), ByVal targetType As _
      System.Type, ByVal parameter As Object, ByVal culture As _
      System.Globalization.CultureInfo) As Object Implements _
      System.Windows.Data.IMultiValueConverter.Convert
         Throw New NotImplementedException()
   End Function

   Public Function ConvertBack(ByVal value As Object, ByVal targetTypes() _
      As System.Type, ByVal parameter As Object, ByVal culture As _
      System.Globalization.CultureInfo) As Object() Implements _
      System.Windows.Data.IMultiValueConverter.ConvertBack
```

```
        Throw New NotImplementedException()
    End Function
End Class
```

// C#

```
public class myMultiConverter : IMultiValueConverter
{
    public object Convert(object[] values, Type targetType, object
        parameter, System.Globalization.CultureInfo culture)
    {
        throw new NotImplementedException();
    }

    public object[] ConvertBack(object value, Type[] targetTypes, object
        parameter, System.Globalization.CultureInfo culture)
    {
        throw new NotImplementedException();
    }
}
```

Das nächste Beispiel zeigt, wie Sie `IMultiValueConverter` implementieren. Dieser Konverter bekommt ein `Integer`- und ein `Decimal`-Objekt übergeben, die die Zahl der gekauften Einheiten und den Einzelpreis angeben. Als Ergebnis wird eine als Geldbetrag formatierte Zeichenfolge mit dem Gesamtpreis zurückgegeben:

' Visual Basic

```
Public Class TotalCostConverter
    Implements IMultiValueConverter

    Public Function Convert(ByVal values() As Object, ByVal targetType As _
        System.Type, ByVal parameter As Object, ByVal culture As _
        System.Globalization.CultureInfo) As Object Implements _
        System.Windows.Data.IMultiValueConverter.Convert
        Dim UnitsOrdered As Integer = CType(values(0), Integer)
        Dim UnitCost As Decimal = CType(values(1), Decimal)
        Dim TotalCost As Decimal = UnitsOrdered * UnitCost
        Return TotalCost.ToString("C")
    End Function

    Public Function ConvertBack(ByVal value As Object, ByVal targetTypes() _
        As System.Type, ByVal parameter As Object, ByVal culture As _
        System.Globalization.CultureInfo) As Object() Implements _
        System.Windows.Data.IMultiValueConverter.ConvertBack
        Throw New NotImplementedException()
    End Function
End Class
```

// C#

```
public class TotalCostConverter : IMultiValueConverter
{
   public object Convert(object[] values, Type targetType, object
      parameter, System.Globalization.CultureInfo culture)
   {
      int UnitsOrdered = (int)values[0];
      decimal UnitCost = (decimal)values[1];
      decimal TotalCost = UnitsOrdered * UnitCost;
      return TotalCost.ToString("C");
   }

   public object[] ConvertBack(object value, Type[] targetTypes, object
      parameter, System.Globalization.CultureInfo culture)
   {
      throw new NotImplementedException();
   }
}
```

Um eine Eigenschaft an einen Wert zu binden, der von einem Multiwertkonverter zurückgegeben wird, müssen Sie einen Verweis auf die Assembly erstellen, die den Multiwertkonverter enthält, und dann eine Instanz zu einer verfügbaren Ressourcenauflistung hinzufügen, wie weiter oben in dieser Lektion gezeigt. Um die Bindung tatsächlich einzurichten, müssen Sie allerdings eine Klasse namens `MultiBinding` verwenden. Die Klasse `MultiBinding` ist praktisch eine Auflistung der Bindungen. Sie gibt an, welcher Konverter den Wert dieser Bindungen auswertet. Sie können einer Eigenschaft genauso ein `MultiBinding`-Objekt zuweisen, wie Sie das schon von `Binding`-Objekten her kennen. Das nächste Beispiel zeigt, wie Sie der Eigenschaft `Content` eines `Label`-Elements den Wert zuweisen, der von einer Instanz der Klasse `TotalCostConverter` aus dem letzten Beispiel zurückgegeben wird. Bei diesem Beispiel wird vorausgesetzt, dass Sie in der Auflistung `Window.Resources` eine Instanz dieses Konverters mit dem `Key`-Wert `myTotalCostConverter` angelegt haben und dass Sie der Eigenschaft `DataContext` von `Window` ein Objekt mit Eigenschaften namens `UnitsOrdered` und `UnitCost` zugewiesen haben:

```
<Label>
   <Label.Content>
      <MultiBinding Converter="{StaticResource myTotalCostConverter}">
         <Binding Path=UnitsOrdered />
         <Binding Path=UnitCost />
      </MultiBinding>
   </Label.Content>
</Label>
```

Übung Anwenden der Zeichenfolgenformatierung

In dieser Übung erstellen Sie benutzerdefinierte Konverter, um Zeichenfolgenformatierung in Ihrer Anwendung zur Verfügung zu stellen.

Übung Ausführen der Zeichenfolgenformatierung mit einem Konverter

1. Öffnen Sie die Lösung aus dem Unterverzeichnis *Partial* zu dieser Lektion. Drücken Sie F5, um die Anwendung zu kompilieren und auszuführen.

   Die Anwendung zeigt links oben im Listenfeld *Contact Name* Kundendatensätze an. Wenn Sie einen dieser Datensätze anklicken, wird im Listenfeld rechts oben das Bestelldatum angezeigt. In dieser Lektion versehen Sie diese Datumsangaben mit Farbmarkierungen, die vom Jahr abhängen. Im nächsten Kapitel lernen Sie den Aufbau dieser Anwendung genauer kennen.

2. Fügen Sie im Codefenster unter der Klasse `CountryGrouper` die folgende Klasse ein, um einen `Decimal`-Wert in eine als Geldbetrag formatierte Zeichenfolge zu konvertieren:

   ' Visual Basic

```
<ValueConversion(GetType(Decimal), GetType(String))> _
Public Class CurrencyConverter
    Implements IValueConverter

   Public Function Convert(ByVal value As Object, ByVal targetType As _
      System.Type, ByVal parameter As Object, ByVal culture As _
      System.Globalization.CultureInfo) As Object Implements _
      System.Windows.Data.IValueConverter.Convert
      Dim aDec As Decimal
      aDec = CDec(value)
      Return aDec.ToString("C")
   End Function

   Public Function ConvertBack(ByVal value As Object, ByVal targetType As _
      System.Type, ByVal parameter As Object, ByVal culture As _
      System.Globalization.CultureInfo) As Object Implements _
      System.Windows.Data.IValueConverter.ConvertBack
     Throw (New NotImplementedException)
   End Function
End Class
```

   // C#

```
[ValueConversion(typeof(Decimal), typeof(String))]
public class CurrencyConverter : IValueConverter
{
   public object Convert(object value, Type targetType, object parameter,
      System.Globalization.CultureInfo culture)
   {
       decimal aDec;
       aDec = (decimal)value;
       return aDec.ToString("C");
   }
```

```
    public object ConvertBack(object value, Type targetType, object
       parameter, System.Globalization.CultureInfo culture)
    {
       throw new NotImplementedException();
    }
}
```

3. Fügen Sie im Namespaces-Abschnitt der XAML-Ansicht die folgende Zeile ein, um den lokalen Namespace in die XAML-Ansicht zu importieren. Ersetzen Sie dabei <Name des lokalen Namespaces> durch den Namespace Ihres lokalen Projekt, zum Beispiel **Lesson_2**:

```
xmlns:local="clr-namespace:<Name des lokalen Namespaces>"
```

4. Fügen Sie unmittelbar vor der Grid-Deklaration in der XAML-Ansicht den folgenden Window.Resources-Abschnitt ein, um eine Instanz von CurrencyConverter anzulegen:

```
<Window.Resources>
    <local:CurrencyConverter x:Key="myCurrencyConverter" />
</Window.Resources>
```

5. Wählen Sie im Menü *Erstellen* den Befehl *Projektmappe erstellen*.
6. Ändern Sie in der XAML-Ansicht im DataTemplate-Abschnitt von listBox3 die letzte Label-Deklaration so, dass sie den hervorgehobenen Abschnitt enthält:

```
<Label Background="Red" Content="{Binding Path=ExtendedPrice,
   Converter={StaticResource myCurrencyConverter}}" Width="60" />
```

7. Drücken Sie F5, um Ihre Anwendung zu erstellen und auszuführen. Wie Sie sehen, ist das Feld mit dem Gesamtbetrag der Bestellungen nun als Geldbetrag formatiert.

Zusammenfassung der Lektion

- Sie müssen die Schnittstelle IValueConverter implementieren, um einen Konverter zu erstellen. Sie entwickeln benutzerdefinierte Konverter, um Zeichenfolgen zu formatieren, Objekte zurückzugeben oder Daten zu lokalisieren.
- IValueConverter hat zwei Member, die Sie implementieren müssen: Convert und ConvertBack. Die Methode Convert bekommt einen Wert übergeben, den sie konvertiert und als Ergebnis zurückgibt. ConvertBack macht diese Operation rückgängig. In vielen Fällen ist die Rückkonvertierung nicht möglich. ConvertBack wird dann üblicherweise nicht implementiert.
- Sie können mehrere Werte in einen einzigen Wert konvertieren, indem Sie IMultiValueConverter implementieren. IMultiValueConverter ähnelt IValueConverter, bekommt aber ein Array aus Werten übergeben und liefert einen einzelnen Wert zurück.
- Um eine Bindung zu einem Multiwertkonverter herzustellen, müssen Sie die Klasse MultiBinding verwenden. Sie enthält eine Auflistung mit Binding-Objekten und gibt einen Multiwertkonverter an, der aus diesen Bindungen einen Wert berechnet.

Lernzielkontrolle

Mit den folgenden Fragen können Sie Ihr Wissen zu den Informationen aus Lektion 2, »Konvertieren von Daten«, überprüfen. Die Fragen finden Sie (in englischer Sprache) auch auf der Begleit-CD, Sie können sie also auch auf dem Computer im Rahmen eines Übungstests beantworten.

Hinweis Die Antworten

Die Antworten auf diese Fragen mit Erklärungen, warum die jeweiligen Auswahlmöglichkeiten richtig oder falsch sind, finden Sie im Abschnitt »Antworten« am Ende dieses Buchs.

1. Sie haben einen Konverter namens `DateBrushConverter` implementiert, der für jeden Monat des Jahres ein `Brush`-Objekt anderer Farbe zurückgibt. Sie haben in der `Window.Resources`-Auflistung eine Instanz dieses Konverters als statische Ressource mit dem Schlüssel `myConverter` angelegt und stellen eine Bindung mit einem Feld namens `Date` her. Welcher der folgenden XAML-Codeausschnitte bindet ein `Label`-Steuerelement so, dass es das Datum mit der vom Konverter zurückgegebenen Hintergrundfarbe anzeigt?

   A.
   ```
   <Label Content="{Binding Path=Date}" Background="{Binding Path=Date,
      Converter={StaticResource myConverter}}" />
   ```
   B.
   ```
   <Label Content="{Binding Path=Date}" Background="{Binding Path=Date}" />
   ```
   C.
   ```
   <Label Content="{Binding Path=Date}" Background="{Binding Path=Date}" >
      <Label.Resources>
         <local:DateBrushConverter x:Key="myConverter" />
      </Label.Resources>
   </Label>
   ```
   D.
   ```
   <Label Content="{Binding Path=Date}" Background="{Binding Path=Date,
      Converter=myConverter} />
   ```

2. Sie haben einen Multiwertkonverter namens `ShapeConverter` implementiert, der eine Zeichenfolge und einen Integer als Argumente übergeben bekommt und ein `Shape`-Objekt zurückgibt. Sie haben eine Instanz von `ShapeConverter` als Ressource mit dem Schlüssel `myConverter` zur `Window.Resources`-Auflistung hinzugefügt. Sie stellen eine Bindung zu Eigenschaften namens `ShapeName` und `ShapeSize` her (Zeichenfolgen- beziehungsweise Integerdatentypen). Welches der folgenden XAML-Beispiele zeichnet die zurückgegebene Form als Inhalt eines `Label`-Steuerelements?

   A.
   ```
   <Label Content={Binding Source=ShapeName Path=ShapeSize,
      Converter={StaticResource myConverter}}">
   ```
   B.
   ```
   <Label Content={Binding Path=ShapeName/ShapeSize,
      Converter={StaticResource  myConverter}}">
   ```

C.

```
<Label>
   <Label.Content>
      <MultiBinding Converter="{StaticResource myConverter}">
         <Binding Path=ShapeName />
         <Binding Path=ShapeSize />
      </MultiBinding>
   </Label.Content>
</Label>
```

D.

```
<Label>
   <Label.Content>
      <MultiBinding Converter="{StaticResource myConverter}">
          <Binding Path=ShapeSize />
          <Binding Path=ShapeName />
       </MultiBinding>
   </Label.Content>
</Label>
```

Lektion 3: Überprüfen von Daten und Konfigurieren von Änderungsbenachrichtigungen

Diese Lektion beschäftigt sich mit der Überprüfung von Daten und dem Konfigurieren von Änderungsbenachrichtigungen für benutzerdefinierte Datenobjekte. Diese Themen scheinen auf den ersten Blick nichts miteinander zu tun zu haben, sind aber unverzichtbar, um sicherzustellen, dass die in Ihrer Anwendung angezeigten Daten immer richtig, aktuell und unbeschädigt sind. In dieser Lektion erfahren Sie, wie Sie Ihre Daten mithilfe von Gültigkeitsregeln überprüfen, benutzerdefinierte Gültigkeitsregeln erstellen und Datenänderungsbenachrichtigungen konfigurieren, indem Sie `INotifyPropertyChanged` implementieren und eine Klasse von `ObservableCollection` ableiten.

Am Ende dieser Lektion werden Sie in der Lage sein, die folgenden Aufgaben auszuführen:

- Anwenden von `ExceptionValidationRule`
- Erstellen von benutzerdefinierten Gültigkeitsregeln
- Abfangen und Behandeln von Überprüfungsfehlern
- Implementieren von `INotifyPropertyChanged`
- Erstellen bindungsfähiger Auflistungen mit `ObservableCollection`

Veranschlagte Zeit für diese Lektion: 30 Minuten

Überprüfen von Daten

Daten sind nur nützlich, wenn sie richtig sind. Beim Überprüfen (validating) von Daten wird sichergestellt, dass sie den Standards des jeweiligen Typs entsprechen. Zum Beispiel darf ein Datenfeld, das einen Artikelpreis enthält, niemals eine negative Zahl enthalten. Mit WPF können Sie Gültigkeitsregeln erstellen und auf Ihre `Binding`-Objekte anwenden, damit die hinzugefügten Daten immer gültig sind.

Bindungsüberprüfungsregeln

WPF bietet Ihnen die Möglichkeit, Gültigkeitsregeln festzulegen, die definieren, wie Ihre Anwendung die Daten überprüft. Jedes `Binding`-Objekt stellt die Auflistung `ValidationRules` zur Verfügung. Sie können neue Regeln zu `ValidationRules` hinzufügen:

```
<TextBox>
   <TextBox.Text>
      <Binding Path="CandyBars">
         <Binding.ValidationRules>
            <local:CandyBarValidationRule />
            <local:SweetTreatsValidationRule />
         </Binding.ValidationRules>
      </Binding>
   </TextBox.Text>
</TextBox>
```

In diesem Beispiel stehen die Deklarationen `CandyBarValidationRule` und `SweetTreatsValidationRule` für zwei benutzerdefinierte Gültigkeitsregeln, die Sie in Ihrer Anwendung definiert haben. Wenn ein neuer Wert gebunden wird, werden alle Gültigkeitsregeln in der Reihenfolge ausgewertet, in der die Regeln deklariert sind. In diesem Beispiel wird also erst CandyBarValidationRule ausgewertet, dann SweetTreatsValidationRule. Treten bei der Überprüfung keine Probleme auf, arbeitet die Anwendung normal weiter. Ist dagegen eine Gültigkeitsregel verletzt, passiert Folgendes:

- Das Element mit dem Überprüfungsfehler wird rot umrandet.
- Die verknüpfte Eigenschaft Validation.HasError wird auf True gesetzt.
- Es wird ein neues ValidationError-Objekt erstellt und zur verknüpften Auflistung Validation.Errors hinzugefügt.
- Falls die Eigenschaft Binding.NotifyOnValidationError den Wert True hat, wird das angefügte Ereignis Validation.Error ausgelöst.
- Die Datenbindungsquelle wird nicht mit dem ungültigen Wert aktualisiert, sondern bleibt unverändert.

Einstellen von *ExceptionValidationRule*

Vielleicht ist Ihnen aufgefallen, dass beim Arbeiten mit Daten keine Ausnahmen von der Datenbindung ausgelöst werden. Das dient vor allem dazu, den Anwendungsfluss nicht zu stören und zu verhindern, dass eine Anwendung aufgrund von Datenfehlern abstürzt. Sie können aber Datenfehler melden, indem Sie ExceptionValidationRule einstellen. Dann werden alle Ausnahmen, die im Datenbindungsprozess ausgelöst werden, als Überprüfungsfehler gemeldet. Beachten Sie, dass die Ausführung der Anwendung auch dadurch nicht wie bei einer unbehandelten Ausnahme abgebrochen wird. Vielmehr wird der oben beschriebene Überprüfungsfehler angezeigt. Das folgende Beispiel zeigt, wie Sie ExceptionValidationRule einstellen:

```
<Binding Path="CandyBars">
   <Binding.ValidationRules>
      <ExceptionValidationRule />
   </Binding.ValidationRules>
</Binding>
```

Implementieren benutzerdefinierter Überprüfungsregeln

Sie erstellen spezielle Gültigkeitsregeln, indem Sie Klassen erstellen, die von der abstrakten Klasse ValidationRule abgeleitet sind. Diese Basisklasse hat eine virtuelle Methode, die Sie überschreiben müssen: Validate. Die Methode Validate hat einen Parameter des Typs Object, der den Wert enthält, der ausgewertet werden soll. Die Methode gibt als Ergebnis ein ValidationResult-Objekt zurück, das die Eigenschaften IsValid und ErrorContent enthält. Die Eigenschaft IsValid ist ein boolescher Wert, der angibt, ob der Wert gültig ist. Die Eigenschaft ErrorContent ist ein Text, der eine aussagekräftige Beschreibung des Fehlers liefert. Wird ein ValidationResult-Objekt zurückgegeben, dessen Eigenschaft IsValid den Wert True hat, wird der Wert als gültig betrachtet. Die Ausführung der Anwendung wird dann normal fortgesetzt. Wird dagegen ein ValidationResult-Objekt zurückgegeben, in dem die Eigenschaft IsValid den Wert False hat, wird ein ValidationError-Objekt angelegt, wie oben beschrieben.

Das folgende Beispiel zeigt eine simple Implementierung einer Klasse, die von der abstrakten Klasse ValidationRule abgeleitet ist:

' Visual Basic

```
Public Class NoNullStringsValidator
    Inherits ValidationRule

    Public Overrides Function Validate(ByVal value As Object, ByVal _
        cultureInfo As System.Globalization.CultureInfo) As _
        System.Windows.Controls.ValidationResult
        Dim astring As String = value.ToString
        If astring = "" Then
            Return New ValidationResult(False, "Zeichenfolge darf nicht leer sein")
        Else
            Return New ValidationResult(True, Nothing)
        End If
    End Function
End Class
```

// C#

```
public class NoNullStringsValidator : ValidationRule
{
   public override ValidationResult Validate(object value,
      System.Globalization.CultureInfo cultureinfo)
   {
      string aString = value.ToString();
      if (aString == "")
         return new ValidationResult(false, "Zeichenfolge darf nicht leer sein");
      return new ValidationResult(true, null);
   }
}
```

In diesem Beispiel wird die Zeichenfolge im Objekt `value` ausgewertet. Falls die Zeichenfolge leer ist, schlägt die Überprüfung fehl. Andernfalls ist die Überprüfung erfolgreich.

Behandeln von Überprüfungsfehlern

Wenn Überprüfungsfehler ausgelöst werden, müssen Sie entscheiden, wie Sie darauf reagieren. In manchen Fällen reichen die optischen Hinweise aus, die aufgrund eines Überprüfungsfehlers angezeigt werden. Der Benutzer sieht, dass das Element rot umrandet ist, und kann das Problem beheben. In anderen Fällen ist es dagegen sinnvoll, dem Benutzer eine Rückmeldung zu geben und ihm die Ursache des Problems zu erklären.

Wenn die Überprüfung für eine Bindung aktiviert ist, wird das Ereignis `Validation.Error` an das gebundene Element angefügt enthält, `Validation.Error` eine Instanz von `ValidationErrorEventArgs`, die zwei wichtige Eigenschaften enthält. Tabelle 6.6 beschreibt diese Eigenschaften.

Tabelle 6.6 Wichtige Eigenschaften von `ValidationErrorEventArgs`

Eigenschaft	Beschreibung
`Action`	Gibt an, ob der Fehler ein neuer oder ein alter Fehler ist, der gelöscht wird.
`Error`	Enthält Informationen über den aufgetretenen Fehler. Tabelle 6.7 beschreibt diese Informationen genauer.

Das Error-Objekt von ValidationErrorEventArgs liefert eine Menge nützlicher Informationen über den aufgetretenen Fehler. Tabelle 6.7 beschreibt wichtige Eigenschaften des Error-Objekts.

Tabelle 6.7 Wichtige Eigenschaften des Error-Objekts

Eigenschaft	Beschreibung
BindingInError	Ein Verweis auf das Binding-Objekt, das den Überprüfungsfehler ausgelöst hat.
ErrorContent	Die Zeichenfolge, die vom ValidationRule-Objekt eingetragen wurde, das den Überprüfungsfehler zurückgegeben hat.
Exception	Ein Verweis auf die Ausnahme (sofern vorhanden), die den Überprüfungsfehler ausgelöst hat.
RuleInError	Ein Verweis auf die ValidationRule-Ausnahme, die den Überprüfungsfehler ausgelöst hat.

Das Ereignis Validation.Error wird nur ausgelöst, wenn die Eigenschaft NotifyOnValidationError des Binding-Objekts explizit auf True gesetzt wurde, wie im folgenden Beispiel:

```
<Binding NotifyOnValidationError="True" Mode="TwoWay"
   Source="{StaticResource StringCollection}" Path="name">
   <Binding.ValidationRules>
      <local:NoNullStringsValidator/>
   </Binding.ValidationRules>
</Binding>
```

Wenn diese Eigenschaft den Wert True hat, wird jedes Mal, wenn irgendein ValidationRule-Objekt in der ValidationRules-Auflistung des Binding-Objekts einen Überprüfungsfehler erkennt, das Ereignis Validation.Error ausgelöst. Das Ereignis Validation.Error ist ein Bubbling-Ereignis. Es wird erst in dem Element ausgelöst, in dem der Überprüfungsfehler aufgetreten ist, und dann nacheinander in allen Elementen, die in der Oberflächenhierarchie weiter oben stehen. Sie können daher eine lokale Fehlerbehandlungsmethode erstellen, die Überprüfungsfehler eines bestimmten Elements behandelt:

```
<TextBox Validation.Error="TextBox1_Error" Height="21" Width="100"
    Name="TextBox1" >
```

Stattdessen können Sie eine Fehlerbehandlungsroutine schreiben, die erst weiter oben in der Oberflächenhierarchie ausgeführt wird. So erstellen Sie einen allgemeineren Handler für Überprüfungsfehler:

```
<Grid Validation.Error="Grid_Error">
```

Das Ereignis Validation.Error wird sowohl ausgelöst, wenn ein neuer Überprüfungsfehler erkannt wird, als auch, wenn ein alter Überprüfungsfehler gelöscht wird. Daher ist es wichtig, die Eigenschaft e.Action zu überprüfen und festzustellen, ob der Fehler gelöscht wird oder es sich um einen neuen Fehler handelt. Das folgende Beispiel zeigt einen Handler für Überprüfungsfehler, der dem Benutzer die Fehlermeldung anzeigt, wenn ein neuer Fehler auftritt, und Informationen in Trace schreibt, wenn ein Überprüfungsfehler gelöscht wird:

' Visual Basic

```
Private Sub Grid_Error(ByVal _
sender As System.Object, ByVal e As _
   System.Windows.Controls.ValidationErrorEventArgs)
```

```
    If e.Action = ValidationErrorEventAction.Added Then
        MessageBox.Show(e.Error.ErrorContent.ToString)
    Else
        Trace.WriteLine("Validation error cleared")
    End If
End Sub
```

// C#

```
private void Grid_Error(object sender, ValidationErrorEventArgs e)
{
    if (e.Action == ValidationErrorEventAction.Added)
        MessageBox.Show(e.Error.ErrorContent.ToString());
    else
        System.Diagnostics.Trace.WriteLine("Validation error cleared");
}
```

Prüfungstipp

Datenüberprüfung ist ein wichtiges Feature, das in WPF ganz anders funktioniert als in Windows Forms. Es ist damit zu rechnen, dass dieses Thema in der Prüfung eine wichtige Rolle spielt, daher sollten Sie unbedingt üben, wie Sie Daten überprüfen. Besonders wichtig ist, dass das Ereignis `Validation.Error` sowohl beim Erkennen eines neuen Fehlers als auch beim Löschen eines Fehlers ausgelöst wird. Code, der dieses Ereignis behandelt, sollte auswerten, ob ein Fehler hinzugekommen ist oder gelöscht wird.

Konfigurieren von Datenänderungsbenachrichtigungen

Weiter oben in diesem Kapitel haben Sie gesehen, dass die Datenbindung in WPF fast keine Grenzen kennt. Praktisch jedes Objekt kann als Datenquelle fungieren, jede Auflistung kann als Liste gebunden werden und fast jede Eigenschaft kann gebunden werden. Es gibt aber trotzdem einige Einschränkungen. Ihre benutzerdefinierten Datenobjekte können genauso gebunden werden wie alle anderen Objekte, aber wenn sich die Eigenschaften Ihrer Datenobjekte ändern oder mehr Einträge zu Ihren Datenauflistungen hinzugefügt werden, erkennt die WPF-Datenbindung diese Änderungen nur, wenn Sie eine Datenänderungsbenachrichtigung (data change notification) implementieren.

Glücklicherweise ist es relativ einfach, Datenänderungsbenachrichtigungen in benutzerdefinierten Klassen zu implementieren. Für benutzerdefinierte Datenobjekte implementieren Sie die Schnittstelle `INotifyPropertyChanged`, die Benachrichtigungen über geänderte Eigenschaften in Ihren Datenobjekten zur Verfügung stellt. Für benutzerdefinierte Auflistungen können Sie eine Klasse von `ObservableCollection` ableiten, in der Änderungsbenachrichtigungen eingebaut sind.

Implementieren von *INotifyPropertyChanged*

Die Schnittstelle `INotifyPropertyChanged` hat ein Member: das Ereignis `PropertyChanged`. Dieses Ereignis enthält eine Instanz von `PropertyChangedEventArgs`, die angibt, welche Eigenschaft sich geändert hat. Wenn Sie `INotifyPropertyChanged` implementieren, sollten Sie das Ereignis `PropertyChanged` in jeder Eigenschaft auslösen, für die Sie eine Datenänderungsbenachrichtigung zur Verfügung stellen wollen. In der Praxis ist das für alle öffentlichen Eigenschaften wichtig, die sich ändern könnten. Die einzigen Eigenschaften, für die Sie dieses Ereignis nicht immer auszulösen brauchen, sind Eigenschaften, die sich niemals ändern, beispielsweise eindeutige Kennungen. Das folgende Beispiel zeigt eine einfache Klasse mit einer Eigenschaft, die `INotifyPropertyChanged` implementiert:

' Visual Basic

```
Public Class LastName
   Implements System.ComponentModel.INotifyPropertyChanged
   Public Event PropertyChanged(ByVal sender As Object, ByVal e As _
      System.ComponentModel.PropertyChangedEventArgs) Implements _
      System.ComponentModel.INotifyPropertyChanged.PropertyChanged
   Dim mLastName As String
   Public Property Name()
      Get
         Return mLastName
      End Get
      Set (ByVal value)
         mLastName = value
         RaiseEvent PropertyChanged(Me, _
            New System.ComponentModel.PropertyChangedEventArgs("LastName"))
      End Set
   End Property
End Class
```

// C#

```
public class LastName : System.ComponentModel.INotifyPropertyChanged
{
   public event System.ComponentModel.PropertyChangedEventHandler
      PropertyChanged;
   string mLastName;
   public string Name
   {
      get
      {
         return mLastName;
      }
      set
      {
         mLastName = value;
         PropertyChanged(this,
            new System.ComponentModel.PropertyChangedEventArgs("LastName"));
      }
   }
}
```

Verwenden von *ObservableCollection*

Genauso wie Eigenschaften Änderungsbenachrichtigungen zur Verfügung stellen müssen, damit Änderungen von der WPF-Datenbindung erkannt werden, müssen auch Auflistungen Benachrichtigungen versenden, wenn ein Element hinzugefügt oder entfernt wird. Für diesen Zweck stellt das .NET Framework die Klasse `ObservableCollection` zur Verfügung.

`ObservableCollection` ist eine generische Auflistung mit integrierter Auflistungsänderungsbenachrichtigung. Wenn daher Elemente in einer `ObservableCollection`-Auflistung hinzugefügt oder entfernt werden, erkennt die WPF-Datenbindung diese Änderungen automatisch. Wie bei anderen generischen Klassen müssen Sie den Typ angeben, den die Auflistung verwaltet. So legen Sie eine neue Instanz von `ObservableCollection` an:

```
' Visual Basic
Dim LastNames As New System.Collections.ObjectModel.ObservableCollection(Of LastName)
// C#
System.Collections.ObjectModel.ObservableCollection<LastName> LastNames =
   new System.Collections.ObjectModel.ObservableCollection<LastName>();
```

In den meisten Fällen reicht das aber noch nicht für Ihre Zwecke aus. Üblicherweise ist es sinnvoll, Initialisierungscode für Ihre Auflistung bereitzustellen oder anderen Code hinzuzufügen, um Ihre Datenobjekte zu bearbeiten. `ObservableCollection` implementiert `INotifyCollectionChanged`, das für Auflistungen entworfene Gegenstück zu `INotifyPropertyChanged`. Es ist zwar möglich, eine eigene Auflistungsklasse mit Benachrichtigungsfähigkeiten zu erstellen, indem Sie `INotifyCollectionChanged` implementieren, aber es ist fast immer besser, wenn Sie eine eigene Klasse von `ObservableCollection` ableiten. In diesem Fall leiten Sie eine Klasse von einer `ObservableCollection`-Variante mit passendem Typ ab und fügen den benötigten Code hinzu. Ein Beispiel:

```
' Visual Basic
Public Class LastNames
    Inherits System.Collections.ObjectModel.ObservableCollection(Of _
       LastName)
    Public Sub New()
       ' Initialisierungscode gekürzt
    End Sub
End Class
// C#
public class LastNames :
   System.Collections.ObjectModel.ObservableCollection<LastName>
{
    public LastNames()
    {
       // Initialisierungscode gekürzt
    }
}
```

Übung Konfigurieren von Änderungsbenachrichtigung und Datenüberprüfung

In dieser Übung konfigurieren Sie Änderungsbenachrichtigungen und überprüfen Daten. Sie entwerfen ein simples Datenobjekt, erstellen eine einfache Auflistung mit Objekten dieses Typs, bauen eine einfache Benutzeroberfläche zum Anzeigen und Hinzufügen von Datenobjekten auf und implementieren ein einfaches Überprüfungsschema für Ihre Benutzeroberfläche.

Übung 1 Erstellen einfacher Datenobjekte

1. Legen Sie in Visual Studio eine neue WPF-Anwendung an.
2. Fügen Sie in der Codeansicht die folgende Klasse ein, die `INotifyPropertyChanged` implementiert:

' Visual Basic

```
Public Class Name
   Implements System.ComponentModel.INotifyPropertyChanged
   Public Event PropertyChanged(ByVal sender As Object, ByVal e As _
      System.ComponentModel.PropertyChangedEventArgs) Implements _
      System.ComponentModel.INotifyPropertyChanged.PropertyChanged
   Public Sub New(ByVal fName As String, ByVal lName As String)
      mFirstName = fName
      mLastName = lName
   End Sub

   Private mFirstName As String
   Private mLastName As String
   Public Property FirstName()
       Get
           Return mFirstName
       End Get
       Set (ByVal value)
           mFirstName = value
           RaiseEvent PropertyChanged(Me, _
              New System.ComponentModel.PropertyChangedEventArgs("FirstName"))
       End Set
   End Property
   Public Property LastName()
       Get
           Return mLastName
       End Get
       Set (ByVal value)
           mLastName = value
           RaiseEvent PropertyChanged(Me, _
              New System.ComponentModel.PropertyChangedEventArgs("LastName"))
       End Set
   End Property
End Class
```

// C#

```
public class Name : System.ComponentModel.INotifyPropertyChanged
{
   public event System.ComponentModel.PropertyChangedEventHandler
   PropertyChanged;
   public Name(string fName, string lName)
   {  mFirstName=fName;
      mLastName = lName;
   }
```

```
      string mFirstName;
      string mLastName;
      public string FirstName
      {
         get
         {
            return mFirstName;
         }
         set
         {
            mFirstName = value;
            PropertyChanged(this,
              new System.ComponentModel.PropertyChangedEventArgs("FirstName"));
         }
      }
      public string LastName
      {
         get
         {
            return mLastName;
         }
         set
         {
            mLastName = value;
            PropertyChanged(this,
               new System.ComponentModel.PropertyChangedEventArgs("LastName"));
         }
      }
   }
```

3. Fügen Sie unter dieser Klasse die folgende Klasse ein, um eine Auflistung mit `Name`-Objekten zu erstellen, die von `ObservableCollection` abgeleitet ist:

' Visual Basic

```
Public Class Names
   Inherits System.Collections.ObjectModel.ObservableCollection(Of Name)
   Public Sub New()
      Dim aName As New Name("FirstName " & (Me.Count+1).ToString(), _
         "LastName " & (Me.Count+1).ToString())
      Me.Add(aName)
   End Sub
End Class
```

// C#

```
public class Names :
   System.Collections.ObjectModel.ObservableCollection<Name>
{
```

```
    public Names()
    {
        Name aName = new Name("FirstName " + (this.Count+1).ToString(),
            "LastName " + (this.Count+1).ToString());
        this.Add(aName);
    }
}
```

4. Fügen Sie eine Zeile ein, die ähnlich wie die folgende aussieht, um den lokalen Namespace in Ihren XAML-Code zu importieren:

```
xmlns:local="clr-namespace:Lesson_3"
```

5. Fügen Sie den folgenden `Window.Resources`-Abschnitt in Ihren XAML-Code ein, um eine Instanz der `Names`-Auflistung anzulegen:

```
<Window.Resources>
    <local:Names x:Key="myNames"></local:Names>
</Window.Resources>
```

6. Ersetzen Sie die `Grid`-Deklaration durch diese:

```
<Grid>
    <TextBox Height="21" Margin="12,62,0,0" Name="TextBox1"
        VerticalAlignment="Top" HorizontalAlignment="Left" Width="120" >
        <TextBox.Text>
            <Binding Source="{StaticResource myNames}" Path="FirstName"
                NotifyOnValidationError="True">
                <Binding.ValidationRules>

                </Binding.ValidationRules>
            </Binding>
        </TextBox.Text>
    </TextBox>
    <TextBox Height="21" HorizontalAlignment="Right" Margin="0,62,12,0"
        Name="TextBox2" VerticalAlignment="Top" Width="120" >
        <TextBox.Text>
            <Binding Source="{StaticResource myNames}" Path="LastName"
                NotifyOnValidationError="True">
                <Binding.ValidationRules>

                </Binding.ValidationRules>
            </Binding>
        </TextBox.Text>
    </TextBox>
    <Button HorizontalAlignment="Left" Margin="35,122,0,116"
        Name="Button1" Width="75">Zurück</Button>
    <Button HorizontalAlignment="Right" Margin="0,122,34,117"
        Name="Button2" Width="75">Weiter</Button>
    <Button Height="22" Margin="101,0,101,56" Name="Button3"
        VerticalAlignment="Bottom">Hinzufügen</Button>
</Grid>
```

7. Fügen Sie in der Codeansicht den folgenden Code ein, um zwei Klassenvariablen anzulegen und den Konstruktor hinzuzufügen (beziehungsweise zu ersetzen):

   ' Visual Basic

```
Dim aView As System.ComponentModel.ICollectionView
Dim myNames As Names
Public Sub New()

   ' Dieser Aufruf wird vom Windows Forms-Designer benötigt
   InitializeComponent()

   ' Fügen Sie alle Initialisierungen hinter dem Aufruf
   ' von InitializeComponent() ein
   myNames = CType(Me.Resources("myNames"), Names)
   aView = CollectionViewSource.GetDefaultView(myNames)
End Sub
```

   // C#

```
Names myNames;
System.ComponentModel.ICollectionView aView;
public MainWindow()
{
   InitializeComponent();
   myNames=(Names)(this.Resources["myNames"]);
   aView = CollectionViewSource.GetDefaultView(myNames);
}
```

8. Klicken Sie im Designer doppelt auf `Button1`, um den `Click`-Standardereignishandler zu öffnen. Fügen Sie darin folgenden Code ein:

   ' Visual Basic

```
If Not aView.CurrentPosition = 0 Then
   aView.MoveCurrentToPrevious()
End If
```

   // C#

```
if (!(aView.CurrentPosition == 0))
   aView.MoveCurrentToPrevious();
```

9. Klicken Sie im Designer doppelt auf `Button2`, um den `Click`-Standardereignishandler zu öffnen. Fügen Sie darin folgenden Code ein:

   ' Visual Basic

```
If Not aView.CurrentPosition = myNames.Count - 1 Then
   aView.MoveCurrentToNext()
End If
```

   // C#

```
if (!(aView.CurrentPosition == myNames.Count - 1))
   aView.MoveCurrentToNext();
```

10. Klicken Sie im Designer doppelt auf `Button3`, um den `Click`-Standardereignishandler zu öffnen. Fügen Sie darin folgenden Code ein:

' Visual Basic

```
Dim aName As New Name("", "")
myNames.Add(aName)
aView.MoveCurrentToNext()
```

// C#

```
Name aName = new Name("", "");
myNames.Add(aName);
aView.MoveCurrentToNext();
```

11. Drücken Sie F5, um Ihre Anwendung zu erstellen und auszuführen. Klicken Sie auf *Hinzufügen*, um einen neuen Datensatz zu Ihrer Auflistung hinzuzufügen. Wechseln Sie zurück zum ersten Datensatz und ändern Sie die Einträge in den Textfeldern. Gehen Sie vorwärts und dann wieder zurück. Wie Sie sehen, bleiben die Änderungen an Eigenschaftswerten wie auch der Auflistung erhalten.

Übung 2 Implementieren einer einfachen Überprüfung

1. Fügen Sie in der Codeansicht die folgende Klasse hinzu, um die Überprüfung auszuführen:

' Visual Basic

```
Public Class StringValidator
   Inherits ValidationRule

   Public Overrides Function Validate(ByVal value As Object, ByVal _
      cultureInfo As System.Globalization.CultureInfo) As _
      System.Windows.Controls.ValidationResult
      Dim astring As String = value.ToString
      If astring = "" Then
         Return New ValidationResult(False, "Zeichenfolge darf nicht leer sein")
      Else
         Return New ValidationResult(True, Nothing)
      End If
   End Function
End Class
```

// C#

```
public class StringValidator : ValidationRule
{
   public override ValidationResult Validate(object value,
      System.Globalization.CultureInfo cultureinfo)
   {
      string aString = value.ToString();
      if (aString == "")
         return new ValidationResult(false, "Zeichenfolge darf nicht leer sein");
      return new ValidationResult(true, null);
   }
}
```

2. Fügen Sie in der XAML-Ansicht die folgende Zeile in beide `<Binding.ValidationRules>`-Tags ein, um `StringValidator` als Gültigkeitsregel für diese Bindungen festzulegen:

```
<local:StringValidator />
```

3. Drücken Sie F6, um Ihre Anwendung zu erstellen.
4. Ändern Sie die `Grid`-Deklaration, um einen Fehlerhandler für das Grid-Steuerelement festzulegen:

```
<Grid Validation.Error="Grid_Error">
```

5. Fügen Sie in der Codeansicht den folgenden Code in den Ereignishandler `Grid.Error` ein:

' Visual Basic

```
If e.Action = ValidationErrorEventAction.Added Then
   MessageBox.Show(e.Error.ErrorContent.ToString)
End If
```

// C#

```
if (e.Action == ValidationErrorEventAction.Added)
   MessageBox.Show(e.Error.ErrorContent.ToString());
```

6. Drücken Sie F5, um Ihre Anwendung zu erstellen und auszuführen. Löschen Sie den gesamten Text im ersten Textfeld und drücken Sie dann die TABULATORTASTE, um das Textfeld zu verlassen. Nun erscheint ein Meldungsfeld, das Sie auf einen Überprüfungsfehler hinweist. Das Textfeld bekommt einen roten Rahmen.

Zusammenfassung der Lektion

- Die Datenbindung fängt alle Ausnahmen intern ab, es werden keine nach außen weitergegeben. Mit Gültigkeitsregeln können Sie Daten in Ihrer Anwendung überprüfen. Überprüfungsregeln werden in die `ValidationRules`-Auflistung der Bindung eingefügt. Sie werden in der Reihenfolge ausgewertet, in der sie deklariert wurden.
- Wenn ein Überprüfungsfehler auftritt, wird das Element, in dem die Gültigkeitsregel einen Fehler meldet, mit einem roten Rand hervorgehoben. Die Eigenschaft `Validation.HasError` wird auf den Wert `True` gesetzt. Es wird ein `ValidationError`-Objekt angelegt und zur Auflistung `Validation.Errors` hinzugefügt. Sofern die Eigenschaft `Binding.NotifyOnValidationError` den Wert `True` hat, wird das Ereignis `Validation.Error` ausgelöst.
- `ExceptionValidationRule` löst einen Überprüfungsfehler aus, wenn eine unbehandelte Ausnahme in Ihrem Datenbindungscode auftritt. Diese Ausnahme wird aber nicht nach außen weitergegeben.
- Sie können benutzerdefinierte Gültigkeitsregeln erstellen, indem Sie eine Klasse von `ValidationRule` ableiten.
- Um Datenänderungsbenachrichtigungen zu konfigurieren, sollten Sie die Schnittstelle `INotifyPropertyChanged` implementieren und das Ereignis `PropertyChanged` in allen Eigenschaften auslösen, die unter Umständen gebunden werden. Sie erstellen Auflistungen, die Änderungsbenachrichtigungen versenden, indem Sie eine Klasse von `ObservableCollection` ableiten.

Lernzielkontrolle

Mit den folgenden Fragen können Sie Ihr Wissen zu den Informationen aus Lektion 3, »Überprüfen von Daten und Konfigurieren von Änderungsbenachrichtigungen«, überprüfen. Die Fragen finden Sie (in englischer Sprache) auch auf der Begleit-CD, Sie können sie also auch auf dem Computer im Rahmen eines Übungstests beantworten.

Hinweis Die Antworten

Die Antworten auf diese Fragen mit Erklärungen, warum die jeweiligen Auswahlmöglichkeiten richtig oder falsch sind, finden Sie im Abschnitt »Antworten« am Ende dieses Buchs.

1. Sehen Sie sich das folgende XAML-Beispiel an:

```
<TextBox>
   <TextBox.Text>
      <Binding Path="CandyBars">
         <Binding.ValidationRules>
            <local: CandyBarValidationRule />
            <local: SweetTreatsValidationRule />
         </Binding.ValidationRules>
      </Binding>
   </TextBox.Text>
</TextBox>
```

`SweetTreatsValidationRule` erkennt einen Überprüfungsfehler. Was ist *nicht* die Folge? (Wählen Sie alle zutreffenden Antworten aus.)

A. Es wird eine Ausnahme ausgelöst und an den Benutzer weitergeleitet.

B. Die Eigenschaft `Validation.HasError` des Textfelds wird auf `True` gesetzt.

C. Es wird ein neues `ValidationError`-Objekt zur Auflistung `Validation.Errors` des `TextBox`-Steuerelements hinzugefügt.

D. Das Ereignis `Validation.Error` wird ausgelöst.

2. Sie implementieren `INotifyPropertyChanged` in einer benutzerdefinierten Datenklasse. Welches der folgenden Codebeispiele zeigt eine Eigenschaft mit richtiger Änderungsbenachrichtigung? Sie können davon ausgehen, dass der Rest der Schnittstelle richtig implementiert wurde.

A.

' Visual Basic

```
Dim maProp As String
Public Property aProp() As String
   Get
      Return maProp
   End Get
   Set (ByVal Value As String)
      maProp = Value
   End Set
End Property
```

// C#

```
string maProp;
public string aProp
{
   get
   {
      return maProp;
   }
   set
   {
      maProp = value;
   }
}
```

B.

' Visual Basic

```
Dim maProp As String
Public Property aProp() As String
   Get
      Return maProp
   End Get
   Set (ByVal Value As String)
      RaiseEvent PropertyChanged(Me, _
         New System.ComponentModel.PropertyChangedEventArgs("aProp"))
      maProp = Value
   End Set
End Property
```

// C#

```
string maProp;
public string aProp
{
   get
   {
      return maProp;
   }
   set
   {
      PropertyChanged(this,
         new System.ComponentModel.PropertyChangedEventArgs("aProp"));
      maProp = value;
   }
}
```

C.

```
' Visual Basic
Dim maProp As String
Public Property aProp() As String
   Get
      Return maProp
   End Get
   Set (ByVal Value As String)
      maProp = Value
      RaiseEvent PropertyChanged(Me, _
         New System.ComponentModel.PropertyChangedEventArgs("aProp"))
   End Set
End Property
```

```
// C#
string maProp;
public string aProp
{
   get
   {
      return maProp;
   }
   set
   {
      maProp = value;
      PropertyChanged(this,
         new System.ComponentModel.PropertyChangedEventArgs("aProp"));
   }
}
```

D.

```
' Visual Basic
Dim maProp As String
Public Property aProp() As String
   Get
      Return maProp
      RaiseEvent PropertyChanged(Me, _
         New System.ComponentModel.PropertyChangedEventArgs("aProp"))
  End Get
   Set (ByVal Value As String)
      maProp = Value
      RaiseEvent PropertyChanged(Me, _
         New System.ComponentModel.PropertyChangedEventArgs("aProp"))
   End Set
End Property
```

// C#

```
string maProp;
public string aProp
{
   get
   {
      return maProp;
      PropertyChanged(this,
         new System.ComponentModel.PropertyChangedEventArgs("aProp"));
   }
   set
   {
      maProp = value;
      PropertyChanged(this,
         new System.ComponentModel.PropertyChangedEventArgs("aProp"));
   }
}
```

3. Welches der folgenden Beispiele demonstriert die beste Möglichkeit, mithilfe von `ObservableCollection` eine Auflistung für `Employee`-Objekte zu erstellen?

   A.

   ' Visual Basic

   ```
   Public Class Employees
      Inherits ObservableCollection(Of Object)
      ' Implementierung weggelassen
   End Class
   ```

   // C#

   ```
   public class Employees : ObservableCollection<object>
   {
      // Implementierung weggelassen
   }
   ```

   B.

   ' Visual Basic

   ```
   Public Class Employees
      Inherits ObservableCollection(Of Employee)
      ' Implementierung weggelassen
   End Class
   ```

   // C#

   ```
   public class Employees : ObservableCollection<Employee>
   {
      // Implementierung weggelassen
   }
   ```

C.

' Visual Basic

```
Public Class Employees
   Dim mEmployees As New ObservableCollection(Of Object)
   ' Implementierung weggelassen
End Class
```

// C#

```
public class Employees
{
   ObservableCollection<object> mEmployees = new
      ObservableCollection<object>();
   // Implementierung weggelassen
}
```

D.

' Visual Basic

```
Public Class Employees
   Dim mEmployees As New ObservableCollection(Of Employee)
   ' Implementierung weggelassen
End Class
```

// C#

```
public class Employees
{
   ObservableCollection<object> mEmployees = new
      ObservableCollection<Employee>();
   // Implementierung weggelassen
}
```

Übungen mit Fallbeispiel

In den folgenden Übungen mit Fallbeispiel wenden Sie an, was Sie über Datenbindung gelernt haben. Die Lösungen zu den Fragen finden Sie im Abschnitt »Antworten« hinten in diesem Buch.

Übung mit Fallbeispiel 1: Die Konsole zum Überprüfen von Währungshandel

Sie wurden von Humongous Insurance beauftragt, eine Konsole zum Überprüfen von Währungshandel zu entwickeln. Mit dieser Anwendung sollen die Manager die Währungstransaktionen im Blick behalten, die von den Händlern während der letzten Woche ausgeführt wurden. Alle Daten sind in der zentralen Wechselkursdatenbank des Unternehmens gespeichert. Neben dem Umfang der Transaktionen in US-Dollar und der gekauften Währung wollen die Manager auch den Wert jeder Transaktion in acht anderen Standardwährungen angezeigt bekommen. Es steht ein Webdienst zur Verfügung, der die aktuellen Umrechnungskurse liefert.

Außerdem wollen die Manager gewarnt werden, wenn Transaktionen den Verfügungsrahmen des jeweiligen Händlers übersteigen.

Die technischen Anforderungen lauten:

- Sie müssen Transaktionsdaten in acht Währungen, die nicht in der Datenbank gespeichert sind, mit korrekten Werten und korrekter Währungsformatierung anzeigen.
- Sie müssen es den Managern leicht machen, Transaktionen zu finden, die den Verfügungsrahmen eines Händlers übersteigen. Jeder Händler hat einen anderen Verfügungsrahmen. Auch dieser Wert ist in der Datenbank gespeichert.

Beantworten Sie Ihrem Manager folgende Fragen:

1. Wie können Sie die Daten zu den Währungstransaktionen am einfachsten zur Verfügung stellen?
2. Wie können Sie die Manager warnen, dass Transaktionen den Verfügungsrahmen eines bestimmten Händlers übersteigen?

Übung mit Fallbeispiel 2: Konsole für Währungshandel

Weil Ihre Konsole zum Überprüfen von Währungshandel bei den Kunden gut angekommen ist, sollen Sie Erweiterungen für die Anwendung entwickeln. Händler setzen die Anwendung ein, um Aufträge zu erstellen, die sie dann an die zentrale Auftragsdatenbank senden. Weil einige Händler ihren Verfügungsrahmen überschritten haben, sollen Sie die Konsole erweitern und verhindern, dass irgendwelche Transaktionen ausgeführt werden, die den Verfügungsrahmen des jeweiligen Händlers überschreiten.

Beantworten Sie Ihrem Manager die folgende Frage:

- Mit welchem Ansatz können Sie diese Anforderung implementieren?

Vorgeschlagene Übungen

Sie sollten die folgenden Aufgaben durcharbeiten, wenn Sie die in diesem Kapitel behandelten Prüfungsziele meistern wollen.

- **Übung 1** Implementieren Sie `IMultiValueConverter`, um einen Konverter zu erstellen, der Integerwerte für Tag, Monat und Jahr entgegennimmt und ein `DateTime`-Objekt zurückgibt. Implementieren Sie auch die Methode `ConvertBack`.
- **Übung 2** Implementieren Sie Gültigkeitsregeln, die die Daten überprüfen, die vom `IMultiValueConverter`-Objekt aus Übung 1 verwendet werden. Implementieren Sie auf jeden Fall Regeln, mit denen es unmöglich ist, ein nicht vorhandenes Datum einzustellen, etwa den 31. April. Wenn Sie besondere Herausforderungen lieben, können Sie eine Gültigkeitsregel implementieren, die den 29. Februar nur zulässt, wenn es sich um ein Schaltjahr handelt.
- **Übung 3** Erstellen Sie mit `ObservableCollection` zwei benutzerdefinierte Datenauflistungen mit `Employee`- beziehungsweise `Division`-Objekten, wobei `Division` eine 1-n-Beziehung mit `Employee` hat. Implementieren Sie `INotifyPropertyChanged` in beiden Objekten. Erstellen Sie eine Benutzeroberfläche, die `Employee`-Objekte nach der jeweiligen Abteilung der Angestellten gruppiert.

Machen Sie einen Übungstest

Die Übungstests (in englischer Sprache) auf der Begleit-CD zu diesem Buch bieten zahlreiche Möglichkeiten. Zum Beispiel können Sie einen Test machen, der ausschließlich die Themen aus einem Prüfungslernziel behandelt, oder Sie können sich selbst mit dem gesamten Inhalt der Prüfung 70-511 testen. Sie können den Test so konfigurieren, dass er dem Ablauf einer echten Prüfung entspricht, oder Sie können einen Lernmodus verwenden, in dem Sie sich nach dem Beantworten einer Frage jeweils sofort die richtige Antwort und Erklärungen ansehen können.

Weitere Informationen Übungstests

Einzelheiten zu allen Optionen, die bei den Übungstests zur Verfügung stehen, finden Sie im Abschnitt »So benutzen Sie die Übungstests« in der Einführung am Anfang dieses Buchs.

K A P I T E L 7

Konfigurieren der Datenbindung

Die meisten Anwendungen, die auf Daten zugreifen, arbeiten nicht mit einzelnen Feldern, sondern mit Listen und Tabellen. Heute stammen die wichtigen Daten einer Anwendung meist aus einer herkömmlichen Datenbank oder sind in einer Liste gespeichert, die im Arbeitsspeicher, einer XML-Datei oder in anderer Form vorliegt. Ihre Anwendung an eine Vielzahl von Datenquellen binden zu können, ist eine wichtige Fähigkeit bei der modernen Anwendungsentwicklung.

Sobald Sie Ihre Daten gebunden haben, können Sie diese Daten aufbereiten und dem Benutzer auf unterschiedliche Arten anzeigen. In diesem Kapitel erfahren Sie, wie Sie viele unterschiedliche Datenquellen binden. In der zweiten Lektion erfahren Sie, wie Sie die Anzeige Ihrer Daten mithilfe von Datenvorlagen formatieren und Daten sortieren, gruppieren und filtern.

In diesem Kapitel abgedeckte Prüfungsziele:

- Implementieren der Datenbindung
- Vorbereiten von Datenauflistungen auf die Anzeige
- Binden an hierarchische Daten
- Erstellen einer Datenvorlage in WPF

Lektionen in diesem Kapitel:

Bevor Sie beginnen

Um die Lektionen in diesem Kapitel durcharbeiten zu können, müssen Sie folgende Vorbereitungen getroffen haben:

- Ihnen steht ein Computer zur Verfügung, der die im Abschnitt »Einführung« am Anfang dieses Buchs aufgelisteten Hardwarevoraussetzungen erfüllt.
- Auf Ihrem Computer ist Microsoft Visual Studio 2010 Professional Edition installiert.
- Sie sind mit der Syntax von Visual Basic oder C# sowie dem Microsoft .NET Framework 4 vertraut.
- Sie besitzen Grundkenntnisse zu XAML.

Praxistipp

Matthew Stoecker

WPF führt die Datenbindung wesentlich weiter, als Sie in Windows Forms zu träumen wagten. Ich kann jetzt leistungsfähige Benutzeroberflächen entwickeln, in denen Eigenschaften an praktisch alles gebunden sind, was man sich nur vorstellen kann. Jetzt ist es ganz einfach, Benutzeroberflächenfunktionen zu implementieren, die automatisch den Wert eines Steuerelements ändern, wenn der Benutzer ein anderes Steuerelement bearbeitet. Kein komplizierter Code für die Ereignisbehandlung mehr! Sie brauchen nur die Bindung zu definieren und können sofort loslegen.

Lektion 1: Binden an Datenquellen

Im letzten Kapitel haben Sie erfahren, wie Sie eine Eigenschaft an eine andere Eigenschaft eines Elements oder Objekts binden. In dieser Lektion lernen Sie, wie Sie Eigenschaften an eine Vielzahl von Datenquellen binden: Wie Sie eine Bindung zu einer Liste herstellen und durch die Einträge navigieren, wie Sie Bindungen zu ADO.NET-Datenquellen herstellen und wie Sie eine Master-Detail-Bindung mit hierarchischen Daten aufbauen. Anschließend erfahren Sie, wie Sie mit den Klassen `XmlDataSource` und `ObjectDataSource` Bindungen zu XML und speziellen Daten herstellen.

Am Ende dieser Lektion werden Sie in der Lage sein, die folgenden Aufgaben auszuführen:

- Binden eines Elementsteuerelements an eine Liste mit Daten
- Binden einer Eigenschaft an eine Liste
- Navigieren einer Liste
- Herstellen einer Bindung an ein ADO.NET-Objekt
- Herstellen einer Bindung an hierarchische Daten
- Herstellen einer Bindung an Objekte und Methoden mit der Klasse `ObjectDataProvider`
- Herstellen einer Bindung zu XML mit der Klasse `XmlDataProvider`

Veranschlagte Zeit für diese Lektion: 30 Minuten

Herstellen einer Bindung an eine Liste

Häufig binden Sie ein Element nicht an ein einzelnes Objekt, sondern an eine ganze Liste mit Objekten. In diesem Fall stehen zwei Möglichkeiten zur Wahl: ein einzelnes Element an eine Liste binden und die Navigation dieser Liste erlauben, oder eine Auflistung (etwa die Elemente in `ListBox`) an eine Liste binden, damit alle Elemente dieser Liste gleichzeitig angezeigt werden.

Ein Elementsteuerelement an eine Liste binden

Wenn Sie eine Bindung zu einer Liste mit Daten oder einer Auflistung herstellen, ist es üblich, alle Elemente aus dieser Auflistung in einem Listenelement wie `ListBox` anzuzeigen. Elementsteuerelemente haben integrierte Eigenschaften, die eine Datenbindung ermöglichen. Tabelle 7.1 beschreibt diese Eigenschaften.

Um gebundene Einträge anzuzeigen, brauchen Sie lediglich der Eigenschaft `ItemsSource` die Auflistung zuzuweisen, mit der Sie eine Bindung herstellen, und der Eigenschaft `DisplayMemberPath` das Auflistungsmember zuzuweisen, das angezeigt werden soll. Komplexere Anzeigeverfahren auf Basis von Datenvorlagen werden in Lektion 2 vorgestellt. Das folgende Beispiel zeigt, wie Sie eine `ListBox`-Auflistung an eine statische Ressource namens `myList` binden und ein Member namens `FirstName` anzeigen:

```
<ListBox Width="200" ItemsSource="{Binding Source={StaticResource myList}}"
   DisplayMemberPath="FirstName" />
```

Tabelle 7.1 Eigenschaften aus dem Bereich der Datenbindung in Elementsteuerelementen

Eigenschaft	Beschreibung
`DisplayMemberPath`	Die Eigenschaft der gebundenen Auflistung, die verwendet wird, um Text für jedes Element anzuzeigen.
`IsSynchronizedWith-CurrentItem`	Legt fest, ob das ausgewählte Element mit der Eigenschaft `CurrentItem` in der `Items`-Auflistung synchron gehalten wird. Dies ist zwar genau genommen keine Datenbindungseigenschaft, sie ist aber nützlich, um Master-Detail-Ansichten aufzubauen.
`ItemsSource`	Die Auflistung der Elemente, die die Quelle der Liste bilden. Sie weisen dieser Eigenschaft ein `Binding`-Objekt zu, das an die passende Auflistung gebunden ist.
`ItemTemplate`	Die Datenvorlage, mit der die optische Darstellung eines Elements erstellt wird. Datenvorlagen werden in Lektion 2, »Bearbeiten und Anzeigen von Daten«, dieses Kapitels behandelt.

Beim Einsatz von gebundenen Listen ist es allerdings üblicher, eine Bindung zu einem Objekt herzustellen, das im Programmcode definiert und mit Daten gefüllt wird. In diesem Fall sollten Sie die Bindung zur Liste herstellen, indem Sie `DisplayMemberPath` im XAML-Code einstellen und die Eigenschaft `DataContext` des Elements oder seines Containers im Programmcode konfigurieren. Das nächste Beispiel zeigt, wie Sie ein `ListBox`-Steuerelement an ein Objekt namens `myCustomers` binden, das während der Laufzeit erstellt wird. Das `ListBox`-Steuerelement zeigt die Einträge aus der Eigenschaft `CustomerName` an:

' Visual Basic

```
' Code zum Initialisieren und Füllen von myCustomers weggelassen
grid1.DataContext = myCustomers;
```

// C#

```
// Code zum Initialisieren und Füllen von myCustomers weggelassen
grid1.DataContext = myCustomers;
```

XAML

```
<Grid Name="grid1">
   <ListBox ItemsSource="{Binding}" DisplayMemberPath="CustomerName"
      Margin="92,109,66,53" Name="ListBox1" />
</Grid>
```

Im XAML-Code dieses Beispiels bekommt die Eigenschaft `ItemsSource` ein `Binding`-Objekt zugewiesen, in dem keine Eigenschaften initialisiert wurden. Das `Binding`-Objekt bindet die Eigenschaft `ItemsSource` von `ListBox`, aber weil der Eigenschaft `Source` des `Binding`-Objekts nichts zugewiesen wurde, sucht WPF in den übergeordneten Steuerelementen der Oberflächenhierarchie, bis sie ein Objekt findet, bei dem der Eigenschaft `DataContext` ein Wert zugewiesen wurde. Weil der Eigenschaft `DataContext` von `grid1` im Code `myCustomers` zugewiesen wurde, wird dies die Quelle für die Bindung.

Eine einzelne Eigenschaft an eine Liste binden

Sie können auch eine einzelne Eigenschaft an eine Liste oder Auflistung binden. Dabei gehen Sie im Prinzip genauso vor wie bei der Bindung von Elementsteuerelementen an eine Liste, allerdings wird anfangs nur das erste Element in der Liste angezeigt. Sie können durch die Liste navigieren, um die nachfolgenden Elemente anzuzeigen. Die Navigation durch Listen wird im nächsten Abschnitt beschrieben. Das folgende Beispiel zeigt, wie Sie das

Datenquellenobjekt im Programmcode anlegen und den Datenkontext für ein `Grid`-Steuerelement festlegen. Dann binden Sie im XAML-Code ein `Label`-Steuerelement an die Eigenschaft `FirstName` der Elemente, die im Datenquellenobjekt enthalten sind:

' Visual Basic

```
' Code zum Initialisieren und Füllen von myCustomers weggelassen
grid1.DataContext = myCustomers;
```

// C#

```
// Code zum Initialisieren und Füllen von myCustomers weggelassen
grid1.DataContext = myCustomers;
```

XAML

```
<Grid Name="grid1">
   <Label Content="{Binding Path=FirstName}" Height="23"
      Width="100"></Label>
</Grid>
```

Navigieren durch eine Auflistung oder Liste

Sind einzelne Eigenschaften, beispielsweise die Eigenschaft `Content` eines `Label`-Steuerelements, an eine Auflistung gebunden, können sie nur jeweils einen einzigen Eintrag dieser Auflistung gleichzeitig anzeigen. Dieses Prinzip wird oft bei Datenzugriffsanwendungen eingesetzt: Ein Fenster zeigt nur jeweils einen Datensatz an und hat einzelne Steuerelemente, die jeweils den Wert einer Datenspalte ausgeben. Weil immer nur ein Datensatz gleichzeitig angezeigt wird, muss ein Mechanismus bereitgestellt werden, mit dem der Benutzer durch die Datensätze navigieren kann.

Tabelle 7.2 Member von `ICollectionView`, die bei der Navigation verwendet werden

Member	Beschreibung
`CurrentItem`	Diese Eigenschaft gibt das aktuelle Element zurück.
`CurrentPosition`	Diese Eigenschaft gibt die numerische Position des aktuellen Elements zurück.
`IsCurrentAfterLast`	Diese Eigenschaft gibt an, ob das aktuelle Element hinter dem letzten Element der Auflistung liegt.
`IsCurrentBeforeFirst`	Diese Eigenschaft gibt an, ob das aktuelle Element vor dem ersten Element der Auflistung liegt.
`MoveCurrentTo`	Diese Methode macht das angegebene Element zum aktuellen Element.
`MoveCurrentToFirst`	Diese Methode macht das erste Element der Auflistung zum aktuellen Element.
`MoveCurrentToLast`	Diese Methode macht das letzte Element der Auflistung zum aktuellen Element.
`MoveCurrentToNext`	Diese Methode macht das nächste Element der Auflistung zum aktuellen Element.
`MoveCurrentToPosition`	Diese Methode macht das Element an der angegebenen Position zum aktuellen Element.
`MoveCurrentToPrevious`	Diese Methode macht das vorherige Element der Auflistung zum aktuellen Element.

WPF hat einen integrierten Navigationsmechanismus für Daten und Auflistungen. Wenn eine Auflistung an ein WPF-Element gebunden ist, wird im Hintergrund eine `ICollectionView`-Schnittstelle erstellt. Die Schnittstelle `ICollectionView` enthält Member, mit denen die Aktualisierung der Daten sowie das Anzeigen, Gruppieren und Sortieren verwaltet werden. Zu allen diesen Themen erfahren Sie mehr in Lektion 2 dieses Kapitels. Tabelle 7.2 beschreibt die Member, die bei der Navigation verwendet werden.

Einen Verweis auf `ICollectionView` erhalten Sie, indem Sie die Methode `CollectionViewSource.GetDefaultView` aufrufen:

' Visual Basic

```
' Dieses Beispiel setzt voraus, dass es die Auflistung myCollection gibt
Dim myView As System.ComponentModel.ICollectionView
myView = CollectionViewSource.GetDefaultView (myCollection)
```

// C#

```
// Dieses Beispiel setzt voraus, dass es die Auflistung myCollection gibt
System.ComponentModel.ICollectionView myView;
myView = CollectionViewSource.GetDefaultView (myCollection);
```

Wenn Sie diese Methode aufrufen, müssen Sie die Auflistung oder Liste angeben, deren Ansicht Sie abrufen wollen (im obigen Beispiel `myCollection`). `CollectionViewSource.GetDefaultView` gibt ein `ICollectionView`-Objekt zurück, das eines von drei Klassentypen haben kann, abhängig von der Klasse der Quellauflistung.

Wenn die Quellauflistung `IBindingList` implementiert, ist die zurückgegebene Ansicht ein `BindingListCollectionView`-Objekt. Wenn die Quellauflistung `IList`, aber nicht `IBindingList` implementiert, ist die zurückgegebene Ansicht ein `ListCollectionView`-Objekt. Und wenn die Quellauflistung `IEnumerable`, aber nicht `IList` oder `IBindingList` implementiert, ist die zurückgegebene Ansicht ein `CollectionView`-Objekt.

Für die Navigation müsste es ausreichen, mit `ICollectionView` zu arbeiten. Wenn Sie auf Member der anderen Klassen Zugriff brauchen, müssen Sie den Typ des `ICollectionView`-Objekts in die jeweilige Klasse umwandeln.

Ist ein Elementsteuerelement oder Inhaltssteuerelement an eine Datenquelle gebunden, erledigt in der Standardeinstellung die Standardauflistungsansicht die Aktualisierung und Navigation. Das aktuelle Element in der Ansicht wird von der Eigenschaft `CurrentItem` zurückgegeben. Dies ist das Element, das momentan in allen Inhaltssteuerelementen angezeigt wird, die an diese Ansicht gebunden sind. Sie navigieren vorwärts und rückwärts durch die Liste, indem Sie die Methoden `MoveCurrentToNext` beziehungsweise `MoveCurrentToPrevious` aufrufen:

' Visual Basic

```
Dim myView As System.ComponentModel.ICollectionView
myView = CollectionViewSource.GetDefaultView (myCollection)
' Macht das nächste Element der Liste zum aktuellen Element
myView.MoveCurrentToNext()
' Macht das vorherige Element der Liste zum aktuellen Element
myView.MoveCurrentToPrevious()
```

// C#

```
System.ComponentModel.ICollectionView myView;
myView = CollectionViewSource.GetDefaultView (myCollection);
// Macht das nächste Element der Liste zum aktuellen Element
myView.MoveCurrentToNext();
// Macht das vorherige Element der Liste zum aktuellen Element
myView.MoveCurrentToPrevious();
```

Weil Elementsteuerelemente üblicherweise an alle Elemente einer Liste gebunden sind, ist die Navigation durch die Liste meist nicht so wichtig. Sie können aber ein Elementsteuerelement verwenden, damit der Benutzer durch die Datensätze navigieren kann, indem Sie `IsSynchronizedWithCurrentItem` auf den Wert `True` setzen:

```
<ListBox ItemsSource="{Binding}" DisplayMemberPath="City"
   Margin="92,109,66,53" Name="ListBox1"
   IsSynchronizedWithCurrentItem="True" />
```

Wenn die Eigenschaft `IsSynchronizedWithCurrentItem` den Wert `True` hat, wird die Eigenschaft `SelectedItem` des Elementsteuerelements stets mit der Eigenschaft `CurrentItem` der Ansicht synchronisiert. Wenn der Benutzer also ein Element in einem Elementsteuerelement auswählt, wird der Eigenschaft `CurrentItem` der Ansicht das gewählte Element zugewiesen. Diese Änderung spiegelt sich dann in allen anderen Steuerelementen wider, die an dieselbe Datenquelle gebunden sind. Die Übung am Ende dieser Lektion zeigt eine Anwendung, die dieses Konzept implementiert.

Herstellen einer Bindung an ADO.NET-Objekte

Die Bindung an ADO.NET-Objekte funktioniert im Prinzip genauso wie die Bindung an beliebige andere Auflistungen oder Listen. Weil ADO.NET-Objekte normalerweise im Programmcode initialisiert werden, ist es das übliche Verfahren, zuerst die ADO.NET-Objekte im Programmcode zu initialisieren und dann den Datenkontext für die Benutzeroberfläche zu konfigurieren. Bindungen im XAML-Code sollten auf das gewünschte ADO.NET-Objekt verweisen.

DataContext ein ADO.NET-*DataTable*-Objekt zuweisen

Wenn Sie der Eigenschaft `DataContext` ein ADO.NET-`DataTable`-Objekt zuweisen, das die Daten enthält, die Sie binden wollen, müssen Sie der Eigenschaft `ItemsSource` aller Elementsteuerelemente, die Sie an die Tabelle binden, ein leeres `Binding`-Objekt zuweisen und dann die Spalte, die angezeigt werden soll, in der Eigenschaft `DisplayMemberPath` festlegen. Bei Inhaltssteuerelementen oder anderen einzelnen Eigenschaften weisen Sie der gewünschten Eigenschaft ein `Binding`-Objekt zu, das die Spalte in der Eigenschaft `Path` angibt. Das folgende Beispiel zeigt, wie Sie ein ADO.NET-Dataset initialisieren und `DataContext` konfigurieren. Anschließend binden Sie im XAML-Code ein `ListBox`- und ein `Label`-Steuerelement an dieses Dataset:

' Visual Basic

```
Public Class Window1
   Dim aset As NwindDataSet = New NwindDataSet()
   Dim custAdap As _
      NwindDataSetTableAdapters.CustomersTableAdapter = _
      New NwindDataSetTableAdapters.CustomersTableAdapter()
```

```
    Dim ordAdap As NwindDataSetTableAdapters.OrdersTableAdapter _
       = New NwindDataSetTableAdapters.OrdersTableAdapter()
    Public Sub New()
       InitializeComponent()
       custAdap.Fill(aset.Customers)
       OrdAdap.Fill(aset.Orders)
       Grid1.DataContext = aset.Customers
     End Sub
End Class
```

// C#

```
public partial class Window1 : Window
{
   NwindDataSet aset = new NwindDataSet();
   NwindDataSetTableAdapters.CustomersTableAdapter custAdap =
      new NwindDataSetTableAdapters.CustomersTableAdapter();
   NwindDataSetTableAdapters.OrdersTableAdapter ordAdap =
      new NwindDataSetTableAdapters.OrdersTableAdapter();
   public Window1()
   {
      InitializeComponent();
      custAdap.Fill(aset.Customers);
      ordAdap.Fill(aset.Orders);
      Grid1.DataContext = aset.Customers;
   }
}
```

XAML

```
<Grid Name="Grid1">
   <ListBox ItemsSource="{Binding}" DisplayMemberPath="ContactName"
      Name="listBox1" Width="100" Height="100" VerticalAlignment="Top" />
   <Label Content="{Binding Path=ContactTitle}" Height="23" Width="100"
      Name="label1" VerticalAlignment="Top"></Label>
</Grid>
```

DataContext ein ADO.NET-*DataSet*-Objekt zuweisen

Sie können der Eigenschaft `DataContext` statt eines `DataTable`-Objekts auch ein ADO.NET-`DataSet`-Objekt zuweisen. Weil ein `DataSet`-Objekt eine Auflistung aus `DataTable`-Objekten ist, müssen Sie den Namen des `DataTable`-Objekts innerhalb der Eigenschaft `Path` angeben. Hier einige Beispiele:

' Visual Basic

```
' Der übrige Code ist derselbe wie im letzten Beispiel
' und wurde weggelassen
Grid1.DataContext = aset
```

// C#

```
// Der übrige Code ist derselbe wie im letzten Beispiel
// und wurde weggelassen
Grid1.DataContext = aset;
```

XAML

```
<Grid Name="Grid1">
   <ListBox ItemsSource="{Binding Path=Customers}"
      DisplayMemberPath="ContactName" Name="listBox1" Width="100"
      Height="100" VerticalAlignment="Top" />
   <Label Content="{Binding Path=Customers/ContactTitle}" Height="23"
      Width="100" Name="label1" VerticalAlignment="Top"></Label>
</Grid>
```

Verwenden der Visual Studio-Designertools für ADO.NET

In Visual Studio 2010 wurde die Entwurfsunterstützung für die Arbeit mit ADO.NET in WPF-Anwendungen deutlich erweitert. Sobald Sie eine ADO.NET-Datenquelle zu Ihrer Anwendung hinzugefügt haben, können Sie die verfügbaren Datenfelder aus dieser Datenquelle im Fenster *Datenquellen* durchgehen (Abbildung 7.1).

Abbildung 7.1 Das Fenster *Datenquellen*

Im Fenster *Datenquellen* können Sie Felder aus Ihrer Datenquelle auf die Entwurfsoberfläche ziehen. Wenn Sie ein Datenfeld auf der Entwurfsoberfläche ablegen, wird automatisch ein gebundenes Steuerelement mit dem benötigten XAML-Code generiert, um die erforderlichen Datenressourcen zu erstellen, zum Beispiel `CollectionViewSource`-Objekte. Sie können den Typ des gebundenen Steuerelements, das automatisch erstellt wurde, ändern, indem Sie das Feld im Fenster *Datenquellen* anklicken und das gewünschte Steuerelement im Dropdownfeld auswählen. Ist das Steuerelement, das Sie brauchen, nicht aufgelistet, können Sie es zur Standardliste hinzufügen, indem Sie den Eintrag *Anpassen* auswählen.

Herstellen einer Bindung an hierarchische Daten

Wenn Sie Bindungen an Listen komplexer Objekte herstellen, ist es oft sinnvoll, eine Master-Detail-Ansicht zusammenzustellen, in der die Benutzer ein Element aus einer übergeordneten Liste auswählen und sich dann die Details des ausgewählten Objekts ansehen können. Bei Listen komplexer Objekte brauchen Sie dazu lediglich in der Eigenschaft `Path` jeder Detailbindung die gewünschte Eigenschaft anzugeben, die angezeigt werden soll. Setzen Sie außerdem in den übergeordneten Elementsteuerelementen der Benutzeroberfläche die

Eigenschaft `IsSynchronizedWithCurrentItem` auf den Wert `True`, damit das ausgewählte Element als aktuelles Element verwendet wird und die Detaillisten automatisch aktualisiert werden. Das nächste Beispiel zeigt eine einfache Master-Detail-Ansicht. Jedes `Division`-Objekt enthält eine Liste mit `Group`-Objekten, und jedes `Group`-Objekt wiederum eine Liste mit `Employee`-Objekten. Alle Objekte in diesem Beispiel haben die Eigenschaft `Name`:

```
<Grid DataContext="{Binding Source={StaticResource Divisions}}">
   <StackPanel>
      <Label>Divisions</Label>
      <ListBox ItemsSource="{Binding}" DisplayMemberPath="Name"
         IsSynchronizedWithCurrentItem="True" />
   </StackPanel>

   <StackPanel>
      <Label Content="{Binding Path=Name}" />
      <ListBox ItemsSource="{Binding Path=Groups}" DisplayMemberPath="Name"
         IsSynchronizedWithCurrentItem="True" />
   </StackPanel>

   <StackPanel>
      <Label Content="{Binding Path=Groups/Name}" />
      <ListBox DisplayMemberPath="Name"
         ItemsSource="{Binding Path=Groups/Employees}" />
   </StackPanel>
</Grid>
```

Zum Anzeigen hierarchischer Daten finden Sie weitere Informationen im Abschnitt »Verwenden hierarchischer Datenvorlagen« von Lektion 2.

Herstellen einer Bindung an verknüpfte ADO.NET-Tabellen

Wenn hierarchische Daten aus Datenbanken abgerufen werden, liegen sie meist in miteinander verknüpften Tabellen. In ADO.NET werden diese Beziehungen zwischen Tabellen mit `DataRelation`-Objekten eingerichtet, die eine Spalte in einer Tabelle mit der Spalte in einer anderen Tabelle verknüpfen. In WPF rufen Sie verknüpfte Datensätze ab, indem Sie eine Bindung an die Datenrelation herstellen. Das folgende Beispiel zeigt, wie Sie eine Bindung an eine Relation herstellen. Dabei ist `ParentTable` eine Tabelle, `Relation` eine untergeordnete Relation dieser Tabelle und `relation2` eine untergeordnete Relation der Daten, die von `Relation` zurückgegeben werden:

```
{Binding Path=ParentTable/Relation/Relation2}
```

Sie können nur Bindungen über untergeordnete Relationen aufbauen. Es ist nicht möglich, Bindungen nach oben zu übergeordneten Relationen zu definieren.

Das nächste Beispiel zeigt, wie Sie ein Dataset mit zwei verknüpften Tabellen initialisieren: *Customers* und *Orders*. Die Tabelle *Orders* hat einen Fremdschlüssel namens *CustomerID*, der mit dem primären Schlüssel der Tabelle *Customers* verknüpft ist, der ebenfalls *CustomerID* heißt. Der Name der Relation in der Datenbank lautet *CustomersOrders*. Der Beispielcode zeigt, wie Sie dieses Dataset initialisieren und es der Eigenschaft `DataContext` der übergeordneten Tabelle zuweisen. Im XAML-Code wird die verknüpfte Tabelle an die Datenrelation gebunden, damit die verknüpften Datensätze automatisch angezeigt werden:

' Visual Basic

```
Public Class Window1
   Dim aset As NwindDataSet = New NwindDataSet()
   Dim custAdap As _
      NwindDataSetTableAdapters.CustomersTableAdapter = _
         New NwindDataSetTableAdapters.CustomersTableAdapter()
   Dim ordAdap As NwindDataSetTableAdapters.OrdersTableAdapter = _
      New NwindDataSetTableAdapters.OrdersTableAdapter()
   Public Sub New()
      InitializeComponent()
      custAdap.Fill(aset.Customers)
      OrdAdap.Fill(aset.Orders)
      Grid1.DataContext = aset.Customers
    End Sub
End Class
```

// C#

```
public partial class Window1 : Window
{
   NwindDataSet aset = new NwindDataSet();
   NwindDataSetTableAdapters.CustomersTableAdapter custAdap =
      new NwindDataSetTableAdapters.CustomersTableAdapter();
   NwindDataSetTableAdapters.OrdersTableAdapter ordAdap =
      new NwindDataSetTableAdapters.OrdersTableAdapter();
   public Window1()
   {
      InitializeComponent();
      custAdap.Fill(aset.Customers);
      ordAdap.Fill(aset.Orders);
      Grid1.DataContext = aset.Customers;
   }
}
```

XAML

```
<Grid Name="Grid1">
   <ListBox ItemsSource="{Binding}" DisplayMemberPath="ContactName"
      Name="listBox1" Width="100" Height="100" VerticalAlignment="Top" />
   <ListBox ItemsSource="{Binding Path=CustomersOrders}"
      DisplayMemberPath="OrderID" Height="100" Width="100"
      Name="listBox2" VerticalAlignment="Bottom" />
</Grid>
```

Herstellen einer Bindung an ein Objekt mit *ObjectDataProvider*

Mithilfe der Klasse `ObjectDataProvider` können Sie ein WPF-Element oder eine Eigenschaft an eine Methode binden, die in einem Objekt aufgerufen wird. Sie geben dabei den Objekttyp und die Methode in diesem Typ an. Anschließend werden die Ergebnisse dieses Methodenaufrufs gebunden. Tabelle 7.3 beschreibt die wichtigsten Eigenschaften von `ObjectDataProvider`.

Tabelle 7.3 Wichtige Eigenschaften von `ObjectDataProvider`

Eigenschaft	Beschreibung
`ConstructorParameters`	Die Liste der Argumente, die an den Konstruktor übergeben werden.
`IsAsynchronous`	Legt fest, ob Objekterstellung und Methodenaufrufe im Vordergrundthread oder einem Hintergrundthread durchgeführt werden.
`MethodName`	Der Name der Methode im Quellobjekt, die aufgerufen wird.
`MethodParameters`	Die Liste der Argumente, die an die Methode übergeben werden, die in der Eigenschaft `MethodName` angegeben ist.
`ObjectInstance`	Das Objekt, das als Bindungsquelle benutzt wird.
`ObjectType`	Der Typ, von dem eine Instanz angelegt wird.

Das folgende Beispiel demonstriert, wie Sie ein simples `ObjectDataProvider`-Objekt für ein Objekt mit einer Methode anlegen, die keine Parameter hat:

```
<Window.Resources>
  <ObjectDataProvider x:Key="myObjectProvider" ObjectType="{x:Type
     local:myObject}" MethodName="GetCollection" />
</Window.Resources>
```

Sie können auch eine Bindung an dieses `ObjectDataProvider`-Objekt herstellen, indem Sie ein `Binding`-Objekt verwenden:

```
<ListBox Name="ListBox1" DisplayMemberPath="ItemID"
   ItemsSource="{Binding Source={StaticResource myObjectProvider}}" />
```

Falls die Methode Parameter hat, tragen Sie die Argumente in die Eigenschaft `MethodParameters` ein. Wenn der Konstruktor Parameter hat, tragen Sie die Argumente auf ähnliche Weise in die Eigenschaft `ConstructorParameters` ein. Hier einige Beispiele:

```
<Window.Resources>
   <ObjectDataProvider x:Key="myObjectProvider"
      ObjectType="{x:Type local:myObject}" MethodName="GetCollection">
      <ObjectDataProvider.ConstructorParameters>
         <System:Double>12</System:Double>
      </ObjectDataProvider.ConstructorParameters>
      <ObjectDataProvider.MethodParameters>
         <System:String>Items</System:String>
      </ObjectDataProvider.MethodParameters>
   </ObjectDataProvider>
</Window.Resources>
```

Sie können zwar eine Bindung an Daten herstellen, die von `ObjectDataProvider` verfügbar gemacht werden, diese Daten aber nicht aktualisieren. Die Bindung ist also immer schreibgeschützt.

Herstellen einer Bindung an XML-Daten mit *XmlDataProvider*

Mithilfe der Klasse XmlDataProvider können Sie WPF-Elemente an Daten binden, die im XML-Format vorliegen. Tabelle 7.4 beschreibt wichtige Eigenschaften der Klasse XmlDataProvider.

Tabelle 7.4 Wichtige Eigenschaften der Klasse XmlDataProvider

Eigenschaft	Beschreibung
Document	Das XmlDocument-Objekt, das als Bindungsquelle benutzt wird.
Source	Die URI (Uniform Resource Indicator) der XML-Datei, die als Bindungsquelle benutzt wird.
XPath	Die XPath-Abfrage, mit der die XML-Daten generiert werden.

Das folgende Beispiel zeigt ein XmlDataProvider-Objekt, das Daten aus einer Quelldatei namens *Items.xml* verfügbar macht:

```
<Window.Resources>
   <XmlDataProvider x:Key="Items" Source="Items.xml" />
</Window.Resources>
```

Sie können die XML-Daten auch inline als XML-Dateninsel bereitstellen. In diesem Fall hüllen Sie die XML-Daten in XData-Tags ein:

```
<Window.Resources>
   <XmlDataProvider x:Key="Items">
      <x:XData>
         <!--XML-Daten weggelassen-->
      </x:XData>
   </XmlDataProvider>
</Window.Resources>
```

Sie binden Elemente genauso an die Daten, die von XmlDataProvider zur Verfügung gestellt werden, wie bei der Bindung an jede andere Datenquelle: Sie verwenden ein Binding-Objekt und tragen das XmlDataProvider-Objekt in die Eigenschaft Source ein:

```
<ListBox ItemsSource="{Binding Source={StaticResource Items}}"
   DisplayMemberPath="ItemName" Name="listBox1" Width="100" Height="100"
   VerticalAlignment="Top" />
```

Verwenden von *XPath* in einem *XmlDataProvider*-Objekt

Sie können XPath-Ausdrücke verwenden, um die Ergebnisse zu filtern, die XmlDataProvider liefert, oder um die Datensätze zu filtern, die in den gebundenen Steuerelementen angezeigt werden. Wenn Sie der Eigenschaft XPath des XmlDataProvider-Objekts einen XPath-Ausdruck zuweisen, filtern Sie die Daten, die von der Quelle geliefert werden. Das folgende Beispiel filtert die Ergebnisse, die von einem XmlDataProvider-Objekt zurückgegeben werden. Dabei werden nur die Knoten verwendet, die mit <ExpensiveItems> im Toplevel-Knoten <Items> definiert sind:

```
<Window.Resources>
  <XmlDataProvider x:Key="Items" Source="Items.xml"
  XPath="Items/ExpensiveItems" />
</Window.Resources>
```

Sie können XPath-Ausdrücke auch in den gebundenen Steuerelementen verwenden. Das nächste Beispiel weist der Eigenschaft `XPath` den Namen `Diamond` zu, daher werden nur Daten gebunden, die in `<Diamond>`-Tags eingebettet sind:

```
<ListBox ItemsSource="{Binding Source={StaticResource Items},
  XPath=Diamond}" DisplayMemberPath="ItemName" Name="listBox1" Width="100"
  Height="100" VerticalAlignment="Top" />
```

Prüfungstipp

Es gibt unterschiedliche Methoden, um unterschiedliche Datenquellen zu binden. Lernen Sie nicht nur, wie Sie eine Bindung an Listen mit Daten herstellen, sondern auch an ADO.NET-Objekte, `ObjectDataProvider`-Objekte und `XmlDataProvider`-Objekte. Sie alle haben ihre Besonderheiten.

Übung Zugreifen auf eine Datenbank

In dieser Übung erstellen Sie eine Anwendung, die Daten aus einer Datenbank anzeigt. Sie verwenden die Beispieldatenbank *Northwind* und erstellen eine Anwendung, in der Sie den Namen eines Kunden auswählen, eine Liste der Tage anzeigen, an denen Bestellungen aufgegeben wurden, und die Details zur Lieferung und zu den bestellten Produkten anzeigen. In Lektion 2 erweitern Sie diese Anwendung.

Übung 1 Hinzufügen einer Datenquelle

1. Kopieren Sie aus dem Stammordner der Codebeispiele von der Begleit-CD die Datenbank *Nwind.mdb* an einen Speicherort, auf den Sie schnell Zugriff haben.
2. Legen Sie in Visual Studio ein neues Projekt für eine WPF-Anwendung an.
3. Wählen Sie in Visual Studio im Menü *Daten* den Befehl *Neue Datenquelle hinzufügen*. Der *Assistent zum Konfigurieren von Datenquellen* wird geöffnet. Auf der ersten Seite ist der Eintrag *Datenbank* ausgewählt. Klicken Sie auf *Weiter*.
4. Wählen Sie auf der Seite *Datenbankmodell auswählen* den Eintrag *DataSet* aus und klicken Sie auf *Weiter*.
5. Klicken Sie auf der Seite *Wählen Sie Ihre Datenverbindung aus* auf *Neue Verbindung*, um das Dialogfeld *Verbindung hinzufügen* zu öffnen. Ändern Sie den Eintrag von *Datenquelle* auf *Microsoft Access-Datenbankdatei*. Klicken Sie auf *Durchsuchen* und wechseln Sie in den Ordner, in den Sie die Datenbankdatei *Nwind.mdb* kopiert haben. Wählen Sie die Datenbankdatei aus und klicken Sie auf *Öffnen*. Klicken Sie nun im Dialogfeld *Verbindung hinzufügen* auf *Testverbindung*, um die Verbindung zu testen. Klicken Sie auf *OK*, sofern der Test erfolgreich war. Klicken Sie im Dialogfeld *Verbindung hinzufügen* auf *OK* und dann auf der Assistentenseite *Wählen Sie Ihre Datenverbindung aus* auf *Weiter*. Klicken Sie im Popupfenster auf *Ja* und auf der nächsten Assistentenseite erneut auf *Weiter*.

6. Klappen Sie auf der Seite *Datenbankobjekte auswählen* den Knoten *Tabellen* auf und wählen Sie die Tabellen *Customers* und *Orders* aus. Klappen Sie den Knoten *Ansichten* auf und wählen Sie die Ansicht *Order Details Extended* aus. Klicken Sie auf *Fertig stellen*. Nun wird eine neue Klasse namens `NwindDataSet` zu Ihrer Projektmappe hinzugefügt und Tabellenadapter erstellt.
7. Klicken Sie im Projektmappen-Explorer doppelt auf *NwindDataSet.xsd*, um den Dataset-Designer zu öffnen. Klicken Sie mit der rechten Maustaste in den Dataset-Designer und wählen Sie im Kontextmenü den Eintrag *Hinzufügen* und dann *Relation*, um das Fenster *Beziehung* zu öffnen.
8. Wählen Sie im Fenster *Beziehung* in der Dropdownliste *Übergeordnete Tabelle* die Tabelle *Orders* und in der Dropdownliste *Untergeordnete Tabelle* die Ansicht *Order Details Extended* aus. Stellen Sie sicher, dass in den Schlüsselspalten und Fremdschlüsselspalten *OrderID* eingetragen ist. Klicken Sie auf *OK*, um die neue Datenrelation zu erstellen.
9. Wählen Sie im Menü *Erstellen* den Befehl *Projektmappe erstellen*.

Übung 2 Herstellen einer Bindung an relationale Daten

1. Fügen Sie im XAML-Designer das Namespaceattribut in Ihr `Window`-Element ein, um Ihr Projekt zu importieren. Ersetzen Sie dabei den Namespacenamen (in diesem Beispiel `Lesson_1`) bei Bedarf durch den Namen Ihres Projekts:

```
<Window x:Class="Window1"
        xmlns="http://schemas.microsoft.com/winfx/2006/xaml/presentation"
        xmlns:x="http://schemas.microsoft.com/winfx/2006/xaml"
        Title="Window1" Height="350" Width="523" xmlns:my="clr-namespace:Lesson_1">
</Window>
```

2. Wählen Sie im Menü *Daten* den Befehl *Datenquellen anzeigen*, um das Fenster *Datenquellen* zu öffnen. Klappen Sie den Knoten *Customers* auf.
3. Klicken Sie auf eines der Felder im Knoten *Customers*, zum Beispiel auf *CompanyName*. Öffnen Sie das Dropdownfeld und wählen Sie den Eintrag *Anpassen*. Daraufhin öffnet sich das Dialogfeld *Steuerelementbindung anpassen*.
4. Wählen Sie im Dialogfeld *Steuerelementbindung anpassen* in der Dropdownliste *Datentyp* den Eintrag *Zeichenfolge* aus und stellen Sie sicher, dass das Kontrollkästchen neben *ListBox* aktiviert ist. Wiederholen Sie diese Einstellung, nachdem Sie in der Dropdownliste *Datentyp* den Eintrag *DateTime* ausgewählt haben. Klicken Sie auf *OK*.
5. Öffnen Sie im Fenster *Datenquellen* unter dem Knoten *Customers* das Dropdownfeld für *ContactName* und wählen Sie den Eintrag *ListBox* aus.
6. Ziehen Sie den Knoten *ContactName* aus dem Fenster *Datenquellen* auf die Entwurfsoberfläche. Es wird ein gebundenes Listenfeld mit einer passenden Beschriftung erstellt.
7. Klappen Sie im Fenster *Datenquellen* unter dem Knoten *Customers* den Knoten *Orders* auf, öffnen Sie das Dropdownfeld von *OrderDate* und wählen Sie den Eintrag *ListBox*.
8. Ziehen Sie den Knoten *OrderDate* aus dem Fenster *Datenquellen* auf die Entwurfsoberfläche, um ein gebundenes Listenfeld anzulegen.
9. Klappen Sie im Fenster *Datenquellen* innerhalb des Knotens *Customers* und des Knotens *Orders* den Knoten *Order Details Extended* auf. Öffnen Sie das Dropdownfeld zu *ProductName* und wählen Sie den Eintrag *ListBox* aus.

10. Ziehen Sie den Knoten *ProductName* aus dem Fenster *Datenquellen* auf die Entwurfsoberfläche, um ein gebundenes Listenfeld anzulegen.
11. Ziehen Sie im Fenster *Datenquellen* in den Knoten *Customers* und *Orders* die Knoten *ShipName*, *ShipAddress*, *ShipCity* und *ShipCountry* auf die Entwurfsoberfläche, um gebundene Textfelder zu erstellen.
12. Drücken Sie `F5`, um Ihre Anwendung auszuführen. Wenn Sie im ersten Listenfeld den Namen eines Kontakts auswählen, werden die anderen gebundenen Steuerelemente automatisch mit dem ausgewählten Element synchronisiert. Und wenn Sie ein Bestelldatum im zweiten Listenfeld auswählen, werden die Elemente im dritten Listenfeld (die Produktnamen) mit dem ausgewählten Element synchronisiert.

Zusammenfassung der Lektion

- Wenn Sie ein Elementsteuerelement an eine Liste mit Daten binden, müssen Sie der Eigenschaft `ItemsSource` ein `Binding`-Objekt zuweisen, das die Quelle der Liste angibt. `DisplayMemberPath` legt fest, welche Eigenschaft der Liste im Elementsteuerelement angezeigt wird.
- Einzelne Eigenschaften können an Listen mit Daten gebunden werden. Anfangs wird der erste Eintrag einer so gebundenen Liste angezeigt, aber mithilfe der Standardschnittstelle `ICollectionView`, die Sie über das `CollectionViewSource`-Objekt abrufen, können Sie durch die Einträge der Liste navigieren.
- Wenn Sie eine Bindung an hierarchische Daten durchführen, sollten Sie die Eigenschaft `IsSynchronizedWithCurrentItem` bei jedem Elementsteuerelement auf den Wert `True` setzen, damit die Anzeige der hierarchischen Daten automatisch aktualisiert wird. Sie können ein `Binding`-Objekt mit Detaillisten verknüpfen, indem Sie die Detailliste in der Eigenschaft `Path` angeben.
- Sie können den Wert, der von einer Methode zurückgegeben wird, mithilfe von `ObjectDataProvider` binden.
- Mit `XmlDataProvider` können Sie eine Bindung zu XML-Daten herstellen. `XmlDataProvider` kann auf XML-Daten in Form einer Datei, eines `XmlDocument`-Objekts oder einer Dateninsel zugreifen.

Lernzielkontrolle

Mit den folgenden Fragen können Sie Ihr Wissen zu den Informationen aus Lektion 1, »Binden an Datenquellen«, überprüfen. Die Fragen finden Sie (in englischer Sprache) auch auf der Begleit-CD, Sie können sie also auch auf dem Computer im Rahmen eines Übungstests beantworten.

Hinweis Die Antworten

Die Antworten auf diese Fragen mit Erklärungen, warum die jeweiligen Auswahlmöglichkeiten richtig oder falsch sind, finden Sie im Abschnitt »Antworten« am Ende dieses Buchs.

1. Welches der folgenden Codebeispiele zeigt ein `ListBox`-Objekt, das richtig an das Feld `CustomerAddress` einer Datentabelle gebunden ist? Die Datentabelle heißt `Customers` und liegt in einem ADO.NET-Dataset namens `mySet`. Werten Sie sowohl den XAML- als auch den Programmcode in den Antwortmöglichkeiten aus.

A.

' Visual Basic
```
Grid1.DataContext = mySet
```
// C#
```
Grid1.DataContext = mySet;
```
XAML
```
<Grid Name="Grid1">
   <ListBox ItemsSource="{Binding}"
   DisplayMemberPath="CustomerAddress"
   Name="listBox1" Width="100" Height="100" VerticalAlignment="Top" />
</Grid>
```

B.

' Visual Basic
```
Grid1.DataContext = mySet
```
// C#
```
Grid1.DataContext = mySet;
```
XAML
```
<Grid Name="Grid1">
<ListBox ItemsSource="{Binding Path=mySet.Customers}"
   DisplayMemberPath="CustomerAddress"
   Name="listBox1" Width="100" Height="100" VerticalAlignment="Top" />
</Grid>
```

C.

' Visual Basic
```
Grid1.DataContext=mySet.Customers
```
// C#
```
Grid1.DataContext=mySet.Customers;
```
XAML
```
<Grid Name="Grid1">
<ListBox ItemsSource="{Binding}"
   DisplayMemberPath="CustomerAddress"
   Name="listBox1" Width="100" Height="100" VerticalAlignment="Top" />
</Grid>
```

D.

' Visual Basic
```
Grid1.DataContext=mySet.Customers
```
// C#
```
Grid1.DataContext=mySet.Customers;
```
XAML
```
<Grid Name="Grid1">
<ListBox ItemsSource="{Binding}"
   DisplayMemberPath="Customers/CustomerAddress"
   Name="listBox1" Width="100" Height="100" VerticalAlignment="Top" />
</Grid>
```

2. Sie binden ein `ListBox`-Objekt an das Feld *Price* einer ADO.NET-Datentabelle namens *Details*. Die Tabelle ist durch eine übergeordnete Relation namens *OrdersDetails* mit der Tabelle *Orders* verknüpft. Die Tabelle *Orders* ist durch eine übergeordnete Relation namens *CustomersOrders* mit der Tabelle *Customers* verknüpft. Der Eigenschaft `DataContext` für Ihr `ListBox`-Steuerelement wurde die Tabelle *Customers* zugewiesen, die übergeordnete Tabelle der Relation *CustomersOrders*. Welcher der folgenden Ausschnitte bindet das `ListBox`-Steuerelement an das Feld `Price`?

   A.

   ```
   <ListBox ItemsSource="{Binding}"
      DisplayMemberPath="Price" Name="listBox1"
      Width="100" Height="100" VerticalAlignment="Top" />
   ```

   B.

   ```
   <ListBox ItemsSource="{Binding Path=OrdersDetails}"
      DisplayMemberPath="Price" Name="listBox1"
      Width="100" Height="100" VerticalAlignment="Top" />
   ```

   C.

   ```
   <ListBox ItemsSource="{Binding Path=CustomersOrders/OrdersDetails}"
      DisplayMemberPath="Price" Name="listBox1"
      Width="100" Height="100" VerticalAlignment="Top" />
   ```

   D.

   ```
   <ListBox ItemsSource="{Binding Path=Customers/CustomersOrders/OrdersDetails}"
      DisplayMemberPath="Price" Name="listBox1"
      Width="100" Height="100" VerticalAlignment="Top" />
   ```

Lektion 2: Bearbeiten und Anzeigen von Daten

WPF stellt integrierte Funktionen zum Sortieren, Gruppieren und Filtern von Daten bereit. Zusätzlich bietet es bessere Unterstützung zum Anpassen der Datenanzeige mithilfe von Datenvorlagen. In dieser Lektion erfahren Sie, wie Sie Daten mithilfe der Schnittstelle `ICollectionView` sortieren und gruppieren. Sie lernen, wie Sie benutzerdefinierte Filter für die in WPF angezeigten Daten erstellen und implementieren. Und Sie erfahren, wie Sie Datenvorlagen einsetzen, um das Aussehen der Daten in Ihrer Benutzeroberfläche anzupassen.

Am Ende dieser Lektion werden Sie in der Lage sein, die folgenden Aufgaben auszuführen:

- Erstellen und Implementieren einer Datenvorlage
- Sortieren von Daten mit `ICollectionView`
- Gruppieren von Daten mit `ICollectionView`
- Erstellen eines benutzerdefinierten Sortierschemas mit `IComparer`
- Anwenden eines benutzerdefinierten Filters, um Daten zu binden
- Anwenden eines Filters, um ein ADO.NET-Objekt zu binden
- Implementieren und Verwenden einer `DataTemplateSelector`-Klasse
- Erstellen und Verwenden von `HierarchicalDataTemplate`

Veranschlagte Zeit für diese Lektion: 30 Minuten

Datenvorlagen

Bisher haben Sie gesehen, wie Sie Inhaltssteuerelemente und Elementsteuerelemente an Daten binden, um gebundene Daten in der Benutzeroberfläche anzuzeigen. Die Ergebnisse sind allerdings noch nicht allzu eindrucksvoll. Sie wissen, wie Sie Datenfelder als einfachen Text in Inhaltssteuerelementen ausgeben und Textlisten in Elementsteuerelementen anzeigen. Sie können aber eine komfortable Datenpräsentation entwerfen, wenn Sie Datenvorlagen in Ihren Benutzeroberflächenentwurf einarbeiten.

Eine *Datenvorlage* (data template) ist ein Stück XAML-Code, das beschreibt, wie gebundene Daten angezeigt werden. Eine Datenvorlage kann Elemente enthalten, die jeweils an eine Dateneigenschaft gebunden sind, ergänzt durch zusätzliches Markup, das Layout, Farbe und andere Aspekte der Darstellung beschreibt. Das folgende Beispiel zeigt eine einfache Datenvorlage, die ein `Label`-Element beschreibt, das an die Eigenschaft `ContactName` gebunden ist. Dabei werden die Eigenschaften `Foreground`, `Background`, `BorderBrush` und `BorderThickness` konfiguriert:

```
<DataTemplate>
  <Label Content="{Binding Path=ContactName}" BorderBrush="Black"
    Background="Yellow" BorderThickness="3" Foreground="Blue" />
</DataTemplate>
```

Abbildung 7.2 zeigt ein `ListBox`-Steuerelement, das eine Liste gebundener Daten ausgibt. In Abbildung 7.3 sehen Sie dasselbe `ListBox`-Steuerelement mit denselben gebundenen Daten, diesmal ist aber der Eigenschaft `ListBox.ItemTemplate` die Datenvorlage aus dem obigen Beispiel zugewiesen.

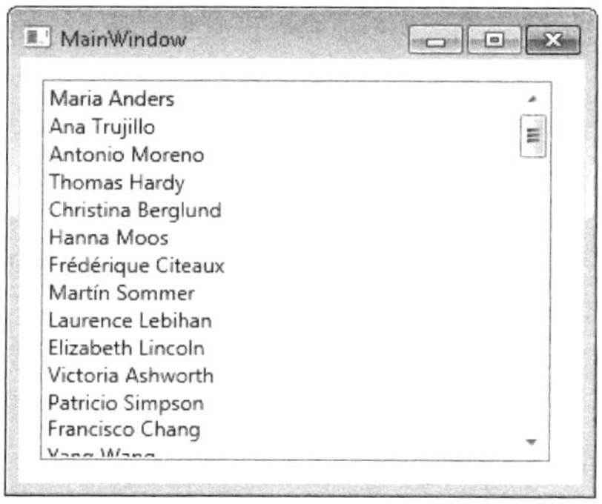

Abbildung 7.2 Ein gebundenes Listenfeld ohne Datenvorlage

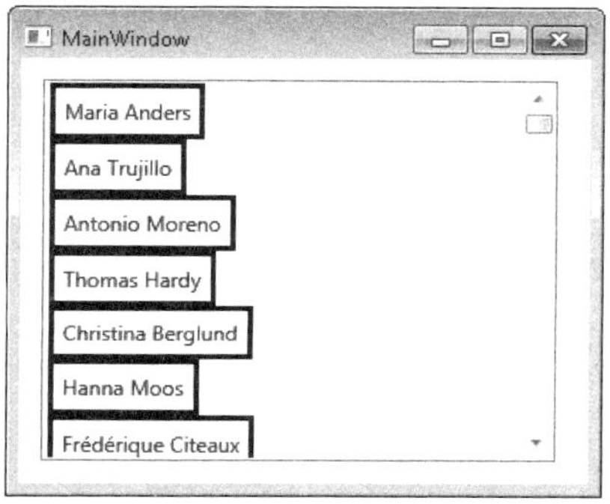

Abbildung 7.3 Ein gebundenes Listenfeld, auf das eine Datenvorlage angewendet wird

Wenn Sie eine Eigenschaft oder Liste direkt an ein Steuerelement binden, sind Sie darauf beschränkt, eine einzelne Eigenschaft zu binden. Mithilfe von Datenvorlagen können Sie dagegen mehrere Eigenschaften an dasselbe Element binden und so mehrere zusammengehörige Datenelemente gemeinsam anzeigen. Das nächste Beispiel demonstriert dieses Konzept. Es ist eine Erweiterung der Vorlage aus dem letzten Beispiel, aber diesmal wird zu jedem `ContactName`-Element ein Header hinzugefügt, der aus dem Text »Company Name:« und dem `CompanyName`-Wert besteht, der mit dem Namen verknüpft ist. Weitere Eigenschaften legen den Stil fest, und beide `Label`-Steuerelemente liegen innerhalb eines `StackPanel`-Steuerelements, um das Layout zu organisieren:

```
<DataTemplate>
   <StackPanel>
      <Label Background="Purple" Foreground="White" BorderBrush="Red"
         BorderThickness="4">
         <Label.Content>
            <WrapPanel HorizontalAlignment="Stretch">
               <TextBlock>Company Name: </TextBlock>
               <TextBlock Text="{Binding CompanyName}" />
            </WrapPanel>
         </Label.Content>
      </Label>
```

```
      <Label Content="{Binding Path=ContactName}" BorderBrush="Black"
         HorizontalAlignment="Stretch" Background="Yellow"
         BorderThickness="3" Foreground="Blue" />
   </StackPanel>
</DataTemplate>
```

Abbildung 7.4 zeigt, wie das Listenfeld aussieht, wenn die Datenvorlage angewendet wird.

Abbildung 7.4 Ein gebundenes Listenfeld mit einer Datenvorlage, die einen Header mit zugehörigen Daten umfasst

Sie können Datenvorlagen genauso auf Inhaltssteuerelemente anwenden. Ein Inhaltssteuerelement kann zwar nur jeweils einen einzigen Datensatz anzeigen, aber alle Formatierungsfunktionen der Datenvorlagen nutzen.

Einstellen der Datenvorlage

Sie legen die Datenvorlage für ein Steuerelement fest, indem Sie einer von zwei Eigenschaften einen Wert zuweisen. Bei Inhaltssteuerelementen verwenden Sie die Eigenschaft `ContentTemplate`:

```
<Label Height="23" HorizontalAlignment="Left" Margin="56,0,0,91"
   Name="label1" VerticalAlignment="Bottom" Width="120">
   <Label.ContentTemplate>
      <DataTemplate>
         <!--Eigentliche Datenvorlage weggelassen-->
      </DataTemplate>
   </Label.ContentTemplate>
</Label>
```

Bei Elementsteuerelementen verwenden Sie die Eigenschaft `ItemTemplate`:

```
<ListBox ItemsSource="{Binding}" IsSynchronizedWithCurrentItem="True"
   Margin="18,19,205,148" Name="listBox1">
   <ListBox.ItemTemplate>
      <DataTemplate>
         <!--Eigentliche Datenvorlage weggelassen-->
      </DataTemplate>
   </ListBox.ItemTemplate>
</ListBox>
```

Beachten Sie, dass sich die Eigenschaften DisplayMemberPath und ItemTemplate bei allen Elementsteuerelementen gegenseitig ausschließen. Sie dürfen also nur eine der beiden verwenden, aber nicht beide.

Datenvorlagen werden häufig in einer Ressourcenauflistung definiert. In Ihrem Element verweisen Sie dann auf die gewünschte Vorlage, statt sie wie in den bisherigen Beispielen inline zu definieren. Um eine Datenvorlage auf diese Weise wiederverwendbar zu machen, brauchen Sie die Vorlage lediglich in einer Ressourcenauflistung zu definieren und eine Key-Eigenschaft dafür festzulegen:

```
<Window.Resources>
   <DataTemplate x:Key="myTemplate">
      <Label Content="{Binding Path=ContactName}" BorderBrush="Black"
         Background="Yellow" BorderThickness="3" Foreground="Blue" />
   </DataTemplate>
</Window.Resources>
```

Anschließend wenden Sie die Vorlage an, indem Sie auf die Ressource verweisen:

```
<ListBox ItemTemplate="{StaticResource myTemplate}"
   Name="ListBox1" />
```

Prüfungstipp

Datenvorlagen sehen auf den ersten Blick simpel aus. Üben Sie aber gründlich, Vorlagen zu definieren und zu benutzen. Datenvorlagen sind ein besonders leistungsfähiges Feature von WPF, daher spielen sie sicherlich eine wichtige Rolle in der Prüfung.

Anwenden bedingter Formatierung in Datenvorlagen mithilfe von Konvertern

Eine der nützlichsten Einsatzmöglichkeiten für Konverter ist die bedingte Formatierung der angezeigten Daten. Nehmen wir an, Sie schreiben eine Anwendung, die eine Liste mit Datumswerten bindet, um anzuzeigen, an welchen Tagen Bestellungen aufgegeben wurden. Bestellungen, die im aktuellen Monat getätigt wurden, sollen eine andere Vordergrundfarbe bekommen als die übrigen Bestellungen. Sie erreichen das, indem Sie die Eigenschaft Foreground des Steuerelements, an das der Datumswert gebunden ist, an das Feld Date binden und einen Konverter bereitstellen, der das Datum auswertet und einen Pinsel mit der gewünschten Farbe zurückgibt. Die folgenden Beispiele zeigen, wie Sie einen solchen Konverter implementieren, eine Instanz des Konverters zur Window.Resources-Auflistung hinzufügen und schließlich die Eigenschaft Foreground so an die Eigenschaft Date binden, dass der Konverter ein Brush-Objekt dafür liefert. Hier zuerst der Konverter:

' Visual Basic

```
<ValueConversion(GetType(DateTime), GetType(Brush))> _
Public Class DateBrushConverter
   Implements IValueConverter

   Public Function Convert(ByVal value As Object, ByVal targetType As  _
      System.Type, ByVal parameter As Object, ByVal culture As  _
      System.Globalization.CultureInfo) As Object Implements _
      System.Windows.Data.IValueConverter.Convert
       Dim aDate As DateTime
```

```
        aDate = CType(value, DateTime)
        If aDate.Month = Now.Month Then
            Return New SolidColorBrush(Colors.Red)
        Else
            Return New SolidColorBrush(Colors.Black)
        End If
    End Function

    Public Function ConvertBack(ByVal value As Object, ByVal targetType _
        As System.Type, ByVal parameter As Object, ByVal culture As  _
        System.Globalization.CultureInfo) As Object Implements _
          System.Windows.Data.IValueConverter.ConvertBack
         Throw New NotImplementedException()
    End Function
End Class
```

// C#

```
[ValueConversion(typeof(DateTime), typeof(Brush))]
public class DateBrushConverter : IValueConverter
{
    public object Convert(object value, Type targetType, object parameter,
        System.Globalization.CultureInfo culture)
    {
        DateTime aDate = (DateTime)value;
        if (aDate.Month == DateTime.Now.Month)
            return new SolidColorBrush(Colors.Red);
        else
            return new SolidColorBrush(Colors.Black);
    }

    public object ConvertBack(object value, Type targetType, object
        parameter, System.Globalization.CultureInfo culture)
    {
        throw new NotImplementedException();
    }
}
```

Nun fügen Sie eine Instanz dieses Konverters zur `Window.Resources`-Auflistung hinzu:

```
<Window x:Class="WpfApplication5.Window1"
    xmlns="http://schemas.microsoft.com/winfx/2006/xaml/presentation"
    xmlns:x="http://schemas.microsoft.com/winfx/2006/xaml"
    xmlns:local="clr-namespace:WpfApplication5"
    Title="Window1" Height="300" Width="300">
    <Window.Resources>
        <local:DateBrushConverter
            x:Key="myDateConverter"></local:DateBrushConverter>
    </Window.Resources>
    <!--- Rest von Window weggelassen--!>
</Window>
```

Zuletzt binden Sie die Eigenschaft `Foreground` mithilfe des Konverters an ein Datum:

```
<ListBox Margin="60,58,98,104" Name="ListBox1">
   <ListBox.ItemTemplate>
      <DataTemplate>
         <Label Content="{Binding Path=OrderDate}" Foreground="{Binding
            Path=OrderDate, Converter={StaticResource myDateConverter}}" />
      </DataTemplate>
   </ListBox.ItemTemplate>
</ListBox>
```

Schnelltest

- Beschreiben Sie, wie Sie im Prinzip vorgehen, um gebundene Daten mithilfe eines Konverters bedingt zu formatieren.

Antwort zum Schnelltest

- Zuerst implementieren Sie einen Konverter, der die benötigte Umwandlung durchführt. Wenn Sie zum Beispiel Datensätze hervorheben wollen, bei denen der Wert der Eigenschaft `Date` älter als 30 Tage ist, implementieren Sie einen Konverter, der einen `DateTime`-Wert abhängig vom aktuellen Datum in einen `Color`-Wert umwandelt. Ist dieser Konverter implementiert, binden Sie den gewünschten Wert aus der Datenvorlage an die Eigenschaft, die konvertiert wird, und tragen im `Binding`-Objekt einen Verweis auf den Konverter ein. In diesem Beispiel binden Sie die Eigenschaft `Background` des Steuerelements in der Datenvorlage, mit der die Daten angezeigt werden, an die Eigenschaft `Date` und verweisen in dieser Bindung auf eine Instanz des Konverters.

Verwenden von *DataTemplateSelector*

Mit der Klasse `DataTemplateSelector` weisen Sie Datenvorlagen dynamisch an Auflistungsobjekte zu, wobei der Inhalt der Daten ausgewertet wird. Nehmen wir an, Sie haben zwei Datenvorlagen, die im XAML-Code folgendermaßen definiert sind:

```
<Window.Resources>
      <DataTemplate x:Key="BasicTemplate">
         <TextBlock Text="{Binding Path=RequiredDate}"/>
      </DataTemplate>
      <DataTemplate x:Key="PriorityTemplate">
         <TextBlock Text="{Binding Path=RequiredDate}" Background="Red"/>
      </DataTemplate>
</Window.Resources>
```

Beide Vorlagen in diesem Beispiel sind recht simpel. Sie definieren jeweils einen Textblock, der ein Feld namens `RequiredDate` anzeigt – in diesem Beispiel handelt es sich um das gewünschte Lieferdatum. In der Vorlage `PriorityTemplate` ist allerdings der Hintergrund des Textblocks rot. Ihre Anwendung soll nun den Wert des Felds `RequiredDate` auswerten und `PriorityTemplate` für Bestellungen verwenden, die diesen Monat fällig sind, beziehungsweise `BasicTemplate` für alle anderen. Sie können diese Logik mithilfe der Klasse `DataTemplateSelector` implementieren.

DataTemplateSelector ist eine abstrakte Klasse, die eine einzige Methode namens SelectTemplate hat (die Sie überschreiben können). SelectTemplate gibt ein DataTemplate-Objekt zurück. Wird sie überschrieben, sollte sie die Logik implementieren, um anhand der Daten zu entscheiden, welche Vorlage verwendet wird. Die Methode SelectTemplate hat zwei Parameter: einen Object-Parameter, der das Objekt enthält, das von der Datenvorlage gebunden wird, und einen DependencyObject-Parameter, der den Container für das gebundene Objekt angibt. Das nächste Beispiel zeigt eine einfache Implementierung von DataTemplateSelector, die ein Feld in einer Datenzeile auswertet und abhängig vom Wert dieses Felds die richtige Datenvorlage zurückgibt.

' Visual Basic

```
Public Class DateDataTemplateSelector
    Inherits DataTemplateSelector
    Public Overrides Function SelectTemplate(ByVal item As Object, _
        ByVal container As DependencyObject) As DataTemplate
        Dim element As FrameworkElement
        element = TryCast(container, FrameworkElement)
        ' Sicherstellen, dass weder item noch container null sind und
        ' item den erwarteten Datentyp hat
        If element IsNot Nothing AndAlso item IsNot Nothing AndAlso _
            TypeOf item Is System.Data.DataRowView Then
            ' item in den erwarteten Typ konvertieren, hier System.Data.DataRowView
            Dim dateitem As System.Data.DataRowView = CType(item, System.Data.DataRowView)
            ' Wert des Felds mit dem aktuellen Monat vergleichen
            If CType(dateitem("RequiredDate"), Date).Month = DateTime.Now.Month Then
                ' PriorityTemplate zurückgeben, wenn die beiden übereinstimmen
                Return TryCast(element.FindResource("PriorityTemplate"), DataTemplate)
            Else
           ' In allen anderen Fällen BasicTemplate zurückgeben
                Return TryCast(element.FindResource("BasicTemplate"), DataTemplate)
            End If
        End If
        Return Nothing
    End Function
End Class
```

// C#

```
public class DateDataTemplateSelector : DataTemplateSelector
{
    public override DataTemplate SelectTemplate(object item, DependencyObject container)
    {
     FrameworkElement element;
     System.Data.DataRowView dateitem;
     element = container as FrameworkElement;
     // Sicherstellen, dass weder item noch container null sind und
     // item den erwarteten Datentyp hat
     if (element != null && item != null && item is System.Data.DataRowView)
```

```
            {
            // item in den erwarteten Typ konvertieren, hier System.Data.DataRowView
            dateitem = (System.Data.DataRowView)item;
            // Wert des Felds mit dem aktuellen Monat vergleichen
            if (((DateTime)dateitem["RequiredDate"]).Month == DateTime.Now.Month)
                // PriorityTemplate zurückgeben, wenn die beiden übereinstimmen
                return element.FindResource("PriorityTemplate") as DataTemplate;
            else
                // In allen anderen Fällen BasicTemplate zurückgeben
                return element.FindResource("BasicTemplate") as DataTemplate;
            }
        return null;
        }
}
```

Sobald Sie Ihre Klasse von `DataTemplateSelector` abgeleitet haben, können Sie eine Instanz davon im Ressourcenabschnitt anlegen:

```
<Window x:Class="MainWindow"
    xmlns="http://schemas.microsoft.com/winfx/2006/xaml/presentation"
    xmlns:x="http://schemas.microsoft.com/winfx/2006/xaml"
    xmlns:my="clr-namespace:WpfApplication4"
    Title="MainWindow" Height="350" Width="525" >
    <Window.Resources>
        <my:DateDataTemplateSelector x:Key="myTemplateSelector" />
    </Window.Resources>
    <!--  Implementierung weggelassen -->
</Window>
```

Nachdem Sie eine `DataTemplateSelector`-Ressource definiert haben, weisen Sie der Eigenschaft `ItemTemplateSelector` eines Elementsteuerelements die Ressource zu:

```
<ListBox ItemTemplateSelector="{StaticResource myTemplateSelector}" />
```

Wenn in diesem Beispiel ein Element zum Listenfeld hinzugefügt wird, wird die Methode `SelectTemplate` von `DateDataTemplateSelector` für dieses Element ausgeführt. Sie gibt die passende Vorlage zurück, die daraufhin angewendet wird, um das Element anzuzeigen.

Verwenden hierarchischer Datenvorlagen

Wenn Sie hierarchische Daten anzeigen, zum Beispiel in einem `TreeView`- oder `Menu`-Steuerelement, können Sie `HierarchicalDataTemplate` verwenden, um Formatierung und Layout für die Elemente in einer Liste und die zugehörigen Unterelemente bereitzustellen. Die Klasse `HierarchicalDataTemplate` übernimmt alle Eigenschaften der Klasse `DataTemplate` und dient als Standarddatenvorlage für Listenelemente. `HierarchicalDataTemplate` stellt außerdem mehrere Eigenschaften zur Verfügung, die für Unterelemente wichtig sind. Tabelle 7.5 fasst diese Eigenschaften zusammen.

Tabelle 7.5 Eigenschaften für die Elementverwaltung in der Klasse `HierarchicalDataTemplate`

Eigenschaft	Beschreibung
`ItemBindingGroup`	Die Eigenschaft `BindingGroup`, die in jedes untergeordnete Element kopiert wird.
`ItemContainerStyle`	Die Eigenschaft `Style`, die für jedes untergeordnete Element auf den Elementcontainer angewendet wird.
`ItemContainerStyleSelector`	Die benutzerdefinierte Stilauswahllogik für einen Stil, der auf jeden Elementcontainer angewendet werden kann.
`ItemsSource`	Die Bindung für diese Datenvorlage, die angibt, wo sich die Auflistung befindet, die die nächste Ebene in der Datenhierarchie bildet.
`ItemStringFormat`	Eine zusammengesetzte Zeichenfolge, die festlegt, wie die Elemente in der nächsten Ebene der Datenhierarchie formatiert werden, wenn sie als Zeichenfolgen angezeigt werden.
`ItemTemplate`	Die Datenvorlage, die auf die Eigenschaft `ItemTemplate` in einem generierten `HeaderedItemsControl`-Steuerelement (zum Beispiel `MenuItem` oder `TreeViewItem`) angewendet wird, um festzulegen, wie Elemente aus der nächsten Ebene der Datenhierarchie angezeigt werden.
`ItemTemplateSelector`	Das `DataTemplateSelector`-Objekt, das auf die Eigenschaft `ItemTemplateSelector` bei einem generierten `HeaderedItemsControl`-Steuerelement (zum Beispiel `MenuItem` oder `TreeViewItem`) angewendet wird, um festzulegen, wie eine Vorlage zum Anzeigen von Elementen der nächsten Ebene der Datenhierarchie ausgewählt wird.

Die Eigenschaft `ItemsSource` ist eine Bindung, die auf die Unterelemente verweist, die in der hierarchischen Struktur angezeigt werden. Die Eigenschaft `ItemTemplate` ist die Datenvorlage für die Unterelemente. Dabei handelt es sich meist um eine normale Datenvorlage, aber es kann sein, dass Unterelemente selbst wiederum Unterelemente haben. In einem solchen Fall können Sie dieser Eigenschaft eine andere `HierarchicalDataTemplate`-Klasse zuweisen.

Wenn Sie die Unterelemente vom Programmcode aus untersuchen und abhängig von den Datenwerten unterschiedliche Datenvorlagen anwenden wollen, können Sie der Eigenschaft `ItemTemplateSelector` eine Instanz einer Klasse zuweisen, die von `DataTemplateSelector` abgeleitet ist, wie im letzten Abschnitt beschrieben.

Der folgende XAML-Code zeigt ein Beispiel für den Einsatz von `HierarchicalDataTemplate`. In diesem Beispiel definiert ein Fenster zwei `CollectionViewSource`-Objekte, die ein ADO.NET-`DataTable`-Objekt und ein `DataRelation`-Objekt verfügbar machen, das die Beziehung zwischen ihnen und einer verknüpften Tabelle definiert. Die Benutzeroberfläche des Fensters enthält ein `TreeView`-Steuerelement, das eine Liste der Elemente anzeigt, jeweils mit Unterelementen. `HierarchicalDataTemplate` wird hier auf die Elemente angewendet, die in `ListView` angezeigt werden. Und die Eigenschaft `ItemTemplate` von `HierarchicalDataTemplate` verweist auf die `DataTemplate`-Klasse, die auf die Unterelemente im `ListView`-Steuerelement angewendet wird.

```
<Window x:Class="MainWindow"
    xmlns="http://schemas.microsoft.com/winfx/2006/xaml/presentation"
    xmlns:x="http://schemas.microsoft.com/winfx/2006/xaml"
    xmlns:my="clr-namespace:WpfApplication4"
    Title="MainWindow" Height="350" Width="525" >
    <Window.Resources>
```

```
        <!-- Eine Ressource erstellen, die auf ein im Code definiertes DataSet verweist -->
        <my:NwindDataSet x:Key="NwindDataSet" />
        <!-- Eine Ressource erstellen, die auf die Tabelle Customers des DataSet verweist-->
        <CollectionViewSource x:Key="CustomersViewSource" Source="{Binding Path=Customers,
           Source={StaticResource NwindDataSet}}" />
        <!-- Eine Ressource erstellen, die auf ein DataRelation-Objekt verweist, das
            von der Tabelle Customers definiert wird -->
        <CollectionViewSource x:Key="CustomersOrdersViewSource"
             Source="{Binding Path=CustomersOrders,
             Source={StaticResource CustomersViewSource}}" />
         <!-- DataTemplate, das auf Unterelem. im ListView-Steuerelement angewendet wird-->
         <DataTemplate x:Key="BasicTemplate">
             <TextBlock Text="{Binding Path=RequiredDate}"/>
         </DataTemplate>
         <!-- Das HierarchicalDataTemplate, das auf ListView-Elemente angewendet wird -->
         <HierarchicalDataTemplate x:Key="HierarchTemplate"
             ItemsSource="{Binding Path=CustomersOrders}"
             ItemTemplate="BasicTemplate" >
             <TextBlock Foreground="Red" Text="{Binding Path=CompanyName}" />
           </HierarchicalDataTemplate>
    </Window.Resources>
    <Grid DataContext="{StaticResource CustomersViewSource}">
        <TreeView Height="248" HorizontalAlignment="Left"
            Margin="46,39,0,0" Name="TreeView1"
            VerticalAlignment="Top" Width="394" ItemsSource="{Binding}"
            ItemTemplate="{StaticResource HierarchTemplate}" />
    </Grid>
</Window>
```

Sortieren von Daten

Wenn Sie Daten in der Benutzeroberfläche anzeigen, ist es oft nötig, sie auf verschiedene Arten zu sortieren. Gebundene Daten können über das ICollectionView-Standardelement für Datenlisten sortiert werden. So erhalten Sie mit CollectionViewSource einen Verweis auf die Standardauflistungsansicht:

' Visual Basic

```
Dim myView As System.ComponentModel.ICollectionView
myView = CollectionViewSource.GetDefaultView(myCollection)
```

// C#

```
System.ComponentModel.ICollectionView myView;
myView = CollectionViewSource.GetDefaultView(myCollection);
```

ICollectionView stellt eine Eigenschaft namens SortDescriptions zur Verfügung, die eine Auflistung mit SortDescription-Objekten enthält. SortDescription-Objekte beschreiben den Namen der Spalte, nach der sortiert wird, und eine Richtung, das heißt entweder in aufsteigender oder in absteigender Reihenfolge. Das folgende Beispiel zeigt, wie Sie anhand der Spalte LastName in aufsteigender Reihenfolge sortieren:

' Visual Basic

```
myView.SortDescriptions.Add(New _
   System.ComponentModel.SortDescription("LastName", _
   System.ComponentModel.ListSortDirection.Ascending))
```

// C#

```
myView.SortDescriptions.Add(new
   System.ComponentModel.SortDescription("LastName",
   System.ComponentModel.ListSortDirection.Ascending));
```

`SortDescription`-Objekte werden in der Reihenfolge auf eine Auflistung angewendet, in der sie zur Auflistungsansicht hinzugefügt wurden. Wenn Sie daher zuerst nach der Spalte `LastName` und dann nach der Spalte `FirstName` sortieren wollen, müssen Sie zuerst ein `SortDescription`-Objekt hinzufügen, das nach `LastName` sortiert, und dann ein `SortDescription`-Objekt, das nach `FirstName` sortiert:

' Visual Basic

```
myView.SortDescriptions.Add(New _
   System.ComponentModel.SortDescription("LastName", _
   System.ComponentModel.ListSortDirection.Ascending))
myView.SortDescriptions.Add(New _
   System.ComponentModel.SortDescription("FirstName", _
   System.ComponentModel.ListSortDirection.Ascending))
```

// C#

```
myView.SortDescriptions.Add(new
   System.ComponentModel.SortDescription("LastName",
   System.ComponentModel.ListSortDirection.Ascending));
myView.SortDescriptions.Add(new
   System.ComponentModel.SortDescription("FirstName",
   System.ComponentModel.ListSortDirection.Ascending));
```

Anwenden einer benutzerdefinierten Sortierreihenfolge

Wenn Sie eine Bindung an eine Klasse wie beispielsweise `ObservableCollection` herstellen, deren Standardansicht `ListCollectionView` ist (sie implementiert also `IList`, aber nicht `IBindingList`), können Sie mithilfe der Eigenschaft `ListCollectionView.CustomSort` eine benutzerdefinierte Sortierreihenfolge implementieren. Sie weisen der Eigenschaft `CustomSort` ein Objekt zu, das die Schnittstelle `IComparer` implementiert. Die Schnittstelle `IComparer` definiert eine einzige Methode namens `Compare`. Sie hat zwei Parameter und gibt einen Integer zurück, der das Ergebnis des Vergleichs der beiden Objekte liefert. Das folgende Beispiel zeigt eine Implementierung der Schnittstelle `IComparer`, die zwei `Employee`-Objekte übergeben bekommt und sie nach der Länge der Eigenschaft `LastName` sortiert:

' Visual Basic

```
Public Class myComparer
   Implements IComparer

   Public Function Compare(ByVal x As Object, ByVal y As Object) As _
      Integer Implements System.Collections.IComparer.Compare
      Dim empX As Employee = CType(x, Employee)
      Dim empY As Employee = CType(y, Employee)
```

```
      Return empX.LastName.Length.CompareTo(empY.LastName.Length)
   End Function
End Class
```

// C#

```
public class myComparer : System.Collections.IComparer
{
   public int Compare(object x, object y)
   {
      Employee empX = (Employee)x;
      Employee empY = (Employee)y;
      return empX.LastName.Length.CompareTo(empY.LastName.Length);
   }
}
```

Nun legen Sie eine Instanz dieser Klasse an und weisen sie der Eigenschaft `CustomSort` Ihres `ICollectionView`-Elements zu:

' Visual Basic

```
Dim myView As ListCollectionView
myView = CType(CollectionViewSource.GetDefaultView(myCollection), _
   ListCollectionView)
myView.CustomSort = New myComparer()
```

// C#

```
ListCollectionView myView;
myView = (ListCollectionView)CollectionViewSource.GetDefaultView(myCollection);
myView.CustomSort = new myComparer();
```

Gruppieren

`ICollectionView` unterstützt auch das Gruppieren von Daten. Das Gruppieren funktioniert ähnlich wie das Sortieren von Daten, greift aber auf integrierte Funktionen der Elementsteuerelemente zurück, um die Gruppen unterschiedlich zu formatieren. Auf diese Weise kann der Benutzer die Gruppen in der Oberfläche leicht voneinander unterscheiden. Sie erstellen eine Gruppe, indem Sie ein `PropertyGroupDescription`-Objekt zur Auflistung `ICollectionView.GroupDescriptions` hinzufügen. Das nächste Beispiel zeigt, wie Sie Gruppen abhängig vom Wert der Eigenschaft `EmployeeTitle` bilden:

' Visual Basic

```
Dim myView As System.ComponentModel.ICollectionView
myView = CollectionViewSource.GetDefaultView(myCollection)
myView.GroupDescriptions.Add( _
   New PropertyGroupDescription("EmployeeTitle"))
```

// C#

```
System.ComponentModel.ICollectionView myView;
myView = CollectionViewSource.GetDefaultView(myCollection);
myView.GroupDescriptions.Add(
   new PropertyGroupDescription("EmployeeTitle"));
```

Auf den ersten Blick scheint diese Gruppierung dieselbe Wirkung zu haben, wie wenn Sie nach `EmployeeTitle` sortieren. Der Unterschied wird deutlich, wenn Sie die Daten in einem

Elementsteuerelement anzeigen, bei dem die Eigenschaft GroupStyle verwendet wird. Die Eigenschaft GroupStyle liefert Formatierungsinformationen für gruppierte Elemente, sodass Sie konfigurieren können, wie sie angezeigt werden. Tabelle 7.6 beschreibt die Eigenschaften der Klasse GroupStyle.

Tabelle 7.6 Eigenschaften von GroupStyle

Eigenschaft	Beschreibung
ContainerStyle	Der Stil, der auf das GroupItem-Objekt angewendet wird, das für jedes Element generiert wird.
ContainerStyleSelector	Eine Instanz von StyleSelector, die festlegt, welcher Stil für den Container verwendet wird.
HeaderTemplate	Die Vorlage, die benutzt wird, um den Gruppentitel anzuzeigen.
HeaderTemplateSelector	Eine Instanz von StyleSelector, die festlegt, welcher Stil für den Header verwendet wird.
Panel	Eine Vorlage, die den Bereich zum Anordnen der Elemente erstellt.

Das folgende Beispiel zeigt, wie Sie die Eigenschaften HeaderTemplate und Panel konfigurieren. In diesem Beispiel wird der Eigenschaft Panel ein WrapPanel-Element zugewiesen, das die Gruppen horizontal umbricht. Und HeaderTemplate wird so eingestellt, dass der Header lila auf einem roten Hintergrund angezeigt wird:

```
<ListBox ItemsSource="{Binding}" IsSynchronizedWithCurrentItem="True"
   DisplayMemberPath="ContactName" Margin="18,19,25,0" Name="listBox1"
   Height="100" VerticalAlignment="Top">
   <ListBox.GroupStyle>
      <GroupStyle>
         <GroupStyle.HeaderTemplate>
            <DataTemplate>
               <Label Content="{Binding Path=Name}" Foreground="Purple"
                  Background="Red" Padding="4" />
            </DataTemplate>
         </GroupStyle.HeaderTemplate>
         <GroupStyle.Panel>
            <ItemsPanelTemplate>
               <WrapPanel/>
            </ItemsPanelTemplate>
         </GroupStyle.Panel>
      </GroupStyle>
   </ListBox.GroupStyle>
</ListBox>
```

In der Datenvorlage für die Eigenschaft GroupStyle.HeaderTemplate ist die Eigenschaft Content an die Eigenschaft Name gebunden. Dies ist aber nicht die Eigenschaft Name der Objekte, die an das ListBox-Steuerelement gebunden sind, sondern in Wirklichkeit die Eigenschaft Name des PropertyGroupDescription-Elements. Wenn Sie daher wollen, dass der Header den Namen der Kategorie angibt, müssen Sie immer eine Bindung zur Eigenschaft Name herstellen, nicht zum Namen der Eigenschaft, die Sie zum Gruppieren Ihrer Daten verwenden.

Erstellen einer benutzerdefinierten Gruppierung

Sie können Gruppen nicht nur auf Basis der Werte von Objekteigenschaften definieren, sondern auch benutzerdefinierte Gruppen erstellen, um Ihre Elemente in einem Elementsteuerelement zu organisieren. Sie erstellen eine benutzerdefinierte Gruppe, indem Sie eine Klasse erstellen, die die Schnittstelle `IValueConverter` implementiert. Diese Schnittstelle definiert zwei Methoden: `Convert` und `ConvertBack`. Um eine benutzerdefinierte Gruppierung zu definieren, brauchen Sie nur für die Methode `Convert` eine »echte« Implementierung bereitzustellen. Die Methode `ConvertBack` wird niemals aufgerufen. Die Methode `Convert` hat einen Parameter vom Typ `Object`, in dem das Objekt übergeben wird, das von der in `PropertyGroupDescription` angegebenen Eigenschaft festgelegt wird. Sie untersuchen in der Methode `Convert` den Wert des Objekts, entscheiden, zu welcher benutzerdefinierten Gruppe es gehört, und geben dann einen Wert zurück, der die benutzerdefinierte Gruppe angibt. Das nächste Beispiel ist eine simple Demonstration dieses Konzepts. Es untersucht den Wert der Eigenschaft `Region` und stellt fest, ob es sich bei der Region um die Isle of Wight handelt. Ist das der Fall, gibt sie die Zeichenfolge `"Isle of Wight"` als Gruppentitel zurück. Andernfalls gibt sie die Zeichenfolge `"Sonstwo"` zurück.

' Visual Basic

```
Public Class RegionConverter
   Implements IValueConverter

   Public Function Convert(ByVal value As Object, ByVal targetType As _
      System.Type, ByVal parameter As Object, ByVal culture As _
      System.Globalization.CultureInfo) As Object Implements _
      System.Windows.Data.IValueConverter.Convert
      If Not value.ToString = "" Then
         Dim region As String = value.ToString
         If region = "Isle of Wight" Then
            Return "Isle of Wight"
         End If
      End If
      Return "Sonstwo"
   End Function

   Public Function ConvertBack(ByVal value As Object, ByVal targetType _
      As System.Type, ByVal parameter As Object, ByVal culture As _
      System.Globalization.CultureInfo) As Object Implements _
      System.Windows.Data.IValueConverter.ConvertBack
      Throw New NotImplementedException()
   End Function
End Class
```

// C#

```
public class RegionGrouper : IValueConverter
{
   public object Convert(object value, Type targetType, object parameter,
      System.Globalization.CultureInfo culture)
   {
      if (!(value.ToString() == ""))
```

```
        {
            string Region = (string)value;
            if (Region == "Isle of Wight")
                return "Isle of Wight";
        }
        return "Sonstwo";
    }

    public object ConvertBack(object value, Type targetType, object
        parameter, System.Globalization.CultureInfo culture)
    {
        throw new NotImplementedException();
    }
}
```

Anschließend können Sie Ihr benutzerdefiniertes `PropertyGroupDescription`-Argument erstellen, indem Sie die Eigenschaft `Region` und eine neue Instanz der Klasse `RegionGrouper` übergeben:

' Visual Basic

```
Dim myView As System.ComponentModel.ICollectionView
myView = CollectionViewSource.GetDefaultView(myCollection)
myView.GroupDescriptions.Add(New PropertyGroupDescription("Region", New RegionGrouper()))
```

// C#

```
System.ComponentModel.ICollectionView myView;
myView = CollectionViewSource.GetDefaultView(myCollection);
myView.GroupDescriptions.Add(new PropertyGroupDescription("Region", new RegionGrouper()));
```

Filtern von Daten

`ICollectionView` stellt integrierte Funktionen zur Verfügung, mit denen Sie eine Methode zum Filtern der Daten in Ihrer Auflistungsansicht festlegen können. Dazu weisen Sie der Eigenschaft `ICollectionView.Filter` einen `Predicate`-Delegaten zu. Der Delegat gibt eine Methode an, die einen booleschen Wert zurückliefert. Sie bekommt das Objekt der Auflistung als Argument übergeben, untersucht es und gibt `True` zurück, wenn das Objekt in der gefilterten Ansicht enthalten sein soll, oder `False`, wenn das Objekt ausgeschlossen werden soll. Die folgenden zwei Beispiele demonstrieren einen einfachen Filter. Im ersten Beispiel wird der Filter bei einem `ICollectionView`-Objekt eingetragen, das zweite Beispiel implementiert diesen Filter. Diese Beispiele arbeiten mit einer Elementauflistung namens `myItems`:

' Visual Basic

```
Dim myView As System.ComponentModel.ICollectionView
myView = CollectionViewSource.GetDefaultView(myItems)
myView.Filter = New Predicate(Of Object)(AddressOf myFilter)
```

// C#

```
System.ComponentModel.ICollectionView myView;
myView = CollectionViewSource.GetDefaultView(myItems);
myView.Filter = new Predicate<object>(myFilter);
```

Der nächste Ausschnitt zeigt `myFilter`, eine einfache Methode, die alle Objekte ausschließt, bei denen die Methode `ToString` eine Zeichenfolge mit 8 Zeichen Länge oder weniger zurückgibt:

' Visual Basic

```
Public Function myFilter(ByVal param As Object) As Boolean
   Return (param.ToString.Length > 8)
End Function
```

// C#

```
public bool myFilter(object param)
{ return (param.ToString().Length > 8);
}
```

Der `Predicate`-Delegat, den Sie der Eigenschaft `Filter` zuweisen, muss den Typ `Predicate<object>` beziehungsweise `Predicate(Of Object)` in Visual Basic haben, nicht einen streng typisierten `Predicate`-Delegaten wie `Predicate<Item>`. Sie müssen die erforderlichen Typumwandlungen in der Methode ausführen, die den Filter implementiert.

Filtern von ADO.NET-Objekten

Das im letzten Abschnitt beschriebene Filterverfahren funktioniert nicht, wenn eine Bindung zu ADO.NET-Objekte hergestellt wird oder das zugrunde liegende `ICollectionView`-Objekt tatsächlich ein `BindingListCollectionView`-Objekt ist. Das hat den Grund, dass die Datenauflistung, die in dieser Ansicht gebunden ist, tatsächlich über eine ADO.NET-`DataView`-Schicht arbeitet, die ihr eigenes Filterschema implementiert. Sie können aber auf die Filterfähigkeiten von `DataView` zurückgreifen, indem Sie die Eigenschaft `BindingListCollectionView.CustomFilter` verwenden. Diese Eigenschaft wendet einen Zeichenfolgenausdruck direkt auf die zugrunde liegende `DataView`-Schicht an. Der Filterausdruck ist ein Zeichenfolgenausdruck im folgenden Format:

```
<Spaltenname> <Operator> <Wert>
```

Beispielsweise lässt der folgende Filter nur Zeilen zu, bei denen die Eigenschaft `Sandwich` den Wert `Muffaletta` hat:

```
Sandwich = 'Muffaletta'
```

Um diesen Filter einzurichten, erstellen Sie den folgenden Code:

' Visual Basic

```
Dim myView As BindingListCollectionView
myView = CType(CollectionViewSource.GetDefaultView(myItems), BindingListCollectionView;
myView.CustomFilter = "Sandwich = 'Muffaletta'"
```

// C#

```
BindingListCollectionView myView;
myView = (BindingListCollectionView)CollectionViewSource.GetDefaultView(myItems);
myView.CustomFilter = "Sandwich = 'Muffaletta'";
```

Stringliterale für den Filterausdruck müssen in einzelne Anführungszeichen eingeschlossen sein, wie in diesem Beispielcode gezeigt. Die vollständigen Regeln für Filterausdrücke würden das Thema dieser Lektion sprengen. Sie verwenden dieselbe Syntax wie Vergleichsausdrücke für die Eigenschaft `DataColumn.Expression`. Eine vollständige Referenz finden Sie im Thema »DataColumn.Expression Property« unter *http://msdn2.microsoft.com/en-us/library/system.data.datacolumn.expression(VS.71).aspx*.

Schnelltest

- Was ist der Unterschied zwischen dem Sortieren anhand einer bestimmten Eigenschaft und dem Erstellen einer Gruppe auf Basis dieser Eigenschaft?

Antwort zum Schnelltest

- Wenn Sie eine Gruppe definieren, haben Sie Zugriff auf das `GroupStyle`-Objekt, das für diese Gruppe erstellt wurde. Sie können individuelle Vorlagen für den Titel und den Container festlegen und ein eigenes Layoutbereichssteuerelement bereitstellen.

Übung Arbeiten mit Datenvorlagen

In dieser Übung erweitern Sie die Anwendung, die Sie in der Übung zu Lektion 1 erstellt haben. Sie fügen Datenvorlagen zu den Listenfeldern `ContactNames` und `ProductNames` hinzu, um mehr Details anzuzeigen und die Optik aufzupeppen.

Übung Hinzufügen von Datenvorlagen

1. Öffnen Sie die fertige Projektmappe für Lektion 1 dieses Kapitels, entweder die aus den Codebeispielen von der Begleit-CD oder Ihre selbst erstellte Projektmappe. Als Vorbereitung sollten Sie die Benutzeroberfläche breiter machen und die Breite von `listbox1` (*Contact Name*) und `listbox3` (*Product Name*) erhöhen.
2. Löschen Sie in der XAML-Ansicht den folgenden Code aus der Deklaration von `listBox1`:

   ```
   DisplayMemberPath="ContactName"
   ```

3. Fügen Sie in der XAML-Ansicht die folgende Datenvorlage ein und weisen Sie sie der Eigenschaft `ItemTemplate` von `listBox1` zu:

   ```
   <DataTemplate>
      <StackPanel Orientation="Horizontal">
         <Label Background="Purple" Foreground="White" BorderBrush="Red"
            BorderThickness="4" Width="300">
            <Label.Content>
               <StackPanel HorizontalAlignment="Stretch">
                  <TextBlock>Company Name: </TextBlock>
                  <TextBlock Text="{Binding CompanyName}" />
               </StackPanel>
            </Label.Content>
         </Label>
         <Label Content="{Binding Path=ContactName}" BorderBrush="Black"
            HorizontalAlignment="Stretch" Background="Yellow"
            BorderThickness="3" Foreground="Blue" Width="200" />
      </StackPanel>
   </DataTemplate>
   ```

   Diese Datenvorlage erledigt mehrere Aufgaben. Sie erstellt ein `StackPanel`-Steuerelement, in dem das Feld `CompanyName` gebunden wird, und ordnet es dann so an, dass es links neben der Eigenschaft `ContactName` des Unternehmens erscheint. Außerdem definiert sie einige Farbeffekte für die Benutzeroberfläche.

4. Löschen Sie den folgenden Code aus der Deklaration von `listBox3`:

```
DisplayMemberPath="ProductName"
```

5. Weisen Sie in der XAML-Ansicht der Eigenschaft `ItemTemplate` von `listBox3` die folgende Datenvorlage zu:

```
<DataTemplate>
   <StackPanel Orientation="Horizontal">
      <Label Background="Yellow" Content="{Binding Path=Quantity}"
         Width="25" />
      <Label Background="AliceBlue" Content="{Binding Path=ProductName}"
         MinWidth="120" />
      <Label Background="Red" Content="{Binding Path=ExtendedPrice}"
         Width="50" />
   </StackPanel>
</DataTemplate>
```

   Diese Datenvorlage stellt Bindungen zu den Feldern `Quantity` und `ExtendedPrice` sowie zum Feld `ProductName` her und legt die Hintergrundfarbe für jedes Feld fest.

6. Drücken Sie F5, um Ihre Anwendung zu erstellen und auszuführen. Die Oberfläche ist jetzt farbiger und es sind zusätzliche Felder an die `ListBox`-Elemente gebunden. In der Datenvorlage für `listBox3` ist zwar ein `Label`-Steuerelement an das Feld `ExtendedPrice` gebunden, es wird aber als normale Zahl angezeigt, die nicht als Geldbetrag formatiert ist.

Zusammenfassung der Lektion

- Datenvorlagen sind Teile im XAML-Markup, die festlegen, wie gebundene Daten angezeigt werden. Sie können damit das Aussehen und Verhalten der gebundenen Daten steuern und festlegen, dass zugehörige Felder angezeigt werden. Sie legen die Datenvorlage für ein Elementsteuerelement fest, indem Sie sie der Eigenschaft `ItemTemplate` zuweisen. Die Datenvorlage für ein Inhaltssteuerelement legen Sie fest, indem Sie sie der Eigenschaft `ContentTemplate` zuweisen.
- Sie können Daten sortieren, indem Sie auf die Standardauflistungsansicht zugreifen und ein neues `SortDescription`-Objekt zur Eigenschaft `SortDescriptions` hinzufügen. Mit der Standardsortierung können Sie nach dem Wert eines Datenfelds sortieren, entweder in aufsteigender oder absteigender Reihenfolge. Sie können benutzerdefinierte Sortierverfahren erstellen, indem Sie eine Klasse definieren, die `IComparer` implementiert, und sie der Eigenschaft `CustomSort` zuweisen.
- Sie können Daten gruppieren, indem Sie einen neuen `PropertyGroupDescription`-Parameter zur Eigenschaft `GroupDescriptions` der Standardauflistungsansicht hinzufügen. Den Header und andere Formatierungen für Gruppen legen Sie mit der Eigenschaft `GroupStyle` des Elementsteuerelements fest, das die Daten bindet.
- Sie können einen Delegaten angeben, um einen benutzerdefinierten Filter zu verwenden. Dazu schreiben Sie eine Methode, die einen booleschen Wert als Ergebnis zurückgibt und die Filterung ausführt. Dann verweisen Sie mit einem `Predicate<object>`-Delegaten auf diese Methode. Das funktioniert allerdings nicht mit ADO.NET-Objekten. Sie müssen der Eigenschaft `CustomFilter` einen Filterausdruck zuweisen, um ADO.NET-Datensätze zu filtern.

Lernzielkontrolle

Mit den folgenden Fragen können Sie Ihr Wissen zu den Informationen aus Lektion 2, »Bearbeiten und Anzeigen von Daten«, überprüfen. Die Fragen finden Sie (in englischer Sprache) auch auf der Begleit-CD, Sie können sie also auch auf dem Computer im Rahmen eines Übungstests beantworten.

Hinweis Die Antworten

Die Antworten auf diese Fragen mit Erklärungen, warum die jeweiligen Auswahlmöglichkeiten richtig oder falsch sind, finden Sie im Abschnitt »Antworten« am Ende dieses Buchs.

1. Welcher der folgenden Codeausschnitte definiert eine Datenvorlage, die `ListBox1` an das Feld `ContactName` bindet? Sie können voraussetzen, dass `DataContext` richtig eingestellt ist.

   A.

   ```
   <ListBox ItemsSource="{Binding}" Name="ListBox1">
      <DataTemplate>
         <Label Content="{Binding Path=ContactName}" BorderBrush="Black"
            Background="Yellow" BorderThickness="3" Foreground="Blue" />
      </DataTemplate>
   </ListBox>
   ```

   B.

   ```
   <ListBox Name="ListBox1">
      <ListBox.ItemsSource>
         <DataTemplate>
            <Label Content="{Binding Path=ContactName}" BorderBrush="Black"
               Background="Yellow" BorderThickness="3" Foreground="Blue" />
         </DataTemplate>
      </ListBox.ItemsSource>
   </ListBox>
   ```

   C.

   ```
   <ListBox ItemsSource="{Binding}" Name="ListBox1">
      <ListBox.ItemTemplate>
         <Label Content="{Binding Path=ContactName}" BorderBrush="Black"
            Background="Yellow" BorderThickness="3" Foreground="Blue" />
      </ListBox.ItemTemplate>
   </ListBox>
   ```

   D.

   ```
   <ListBox ItemsSource="{Binding}" Name="ListBox1">
      <ListBox.ItemTemplate>
         <DataTemplate>
            <Label Content="{Binding Path=ContactName}" BorderBrush="Black"
               Background="Yellow" BorderThickness="3" Foreground="Blue" />
         </DataTemplate>
      </ListBox.ItemTemplate>
   </ListBox>
   ```

2. Welcher der folgenden Codeausschnitte stellt den Filter für das `CollectionView`-Objekt `myView` ein?

   A.

' Visual Basic
```
myView.Filter = New Predicate(Of Object)(AddressOf myFilter)

Public Function myFilter(ByVal param As Object) As Boolean
   Return (param.ToString.Length > 8)
End Function
```
// C#
```
myView.Filter = new Predicate<object>(myFilter);

public bool myFilter(object param)
{
   return (param.ToString().Length > 8);
}
```

   B.

' Visual Basic
```
myView.Filter = New Predicate(Of Object)(AddressOf myFilter)
Public Function myFilter(ByVal param As Object) As Object
   Return (param.ToString.Length > 8)
End Function
```
// C#
```
myView.Filter = new Predicate<object>(myFilter);

public object myFilter(object param)
{
   return (param.ToString().Length > 8);
}
```

   C.

' Visual Basic
```
myView.CustomFilter = New Predicate(Of Object)(AddressOf myFilter)

Public Function myFilter(ByVal param As Object) As Boolean
   Return (param.ToString.Length > 8)
End Function
```
// C#
```
myView.CustomFilter = new Predicate<object>(myFilter);

public bool myFilter(object param)
{
   return (param.ToString().Length > 8);
}
```

D.

' Visual Basic

```
myView.CustomFilter = New Predicate(Of Object)(AddressOf myFilter)
Public Function myFilter(ByVal param As Object) As Object
   Return (param.ToString.Length > 8)
End Function
```

// C#

```
myView.CustomFilter = new Predicate<object>(myFilter);

public object myFilter(object param)
{
   return (param.ToString().Length > 8);
}
```

Übungen mit Fallbeispiel

In den folgenden Übungen mit Fallbeispiel wenden Sie an, was Sie über das Konfigurieren der Datenbindung gelernt haben. Die Lösungen zu den Fragen finden Sie im Abschnitt »Antworten« hinten in diesem Buch.

Übung mit Fallbeispiel 1: Datenerhebung vor Ort

Prospektoren sind dabei, die ganze Welt auf der Suche nach unbekannten Lagerstätten von Materialien zu bereisen, die für die laufenden Forschungsaktivitäten Ihrer Firma gebraucht werden. Sie müssen regelmäßig Berichte in einem bestimmten Format an die Zentrale schicken, wo sie in der zentralen Datenbank aufgezeichnet werden. Jeder Prospektor ist mit einem Notebook und einer Satelliteninternetverbindung ausgestattet, aber es nicht möglich, direkte Verbindungen zur Unternehmensdatenbank aufzubauen. Außerdem haben sie einen Berichtsgenerator, der XML-Dateien erstellt und sie als E-Mails an das Mailprogramm sendet. Dieses Programm speichert die Berichte als reine XML-Daten in einer Warteschlange, wo sie von Supportpersonal untersucht werden können, bevor sie in der Datenbank abgelegt werden. Sie entwickeln eine Anwendung, die den Supportmitarbeitern bei dieser Überprüfung der Daten helfen soll.

Technische Anforderungen

- XML-Dateien können gelesen werden, brauchen aber nicht verändert zu werden.
- Der Benutzer muss in der Lage sein, die Daten zu bearbeiten, bevor sie in der zentralen Datenbank gespeichert werden.

Beantworten Sie Ihrem Manager die folgende Frage:

- Wie sieht die ideale Datenzugriffsstrategie für die Anwendung aus?

Übung mit Fallbeispiel 2: Anzeigen von Kundendaten

Ein Kunde Ihres Unternehmens hat Sie beauftragt, eine Anwendung zu erstellen, die seinen Umsatz steigern soll. Er will sich Kundendatensätze ansehen, die bestimmte Kriterien erfüllen: Kunden, die teure Produkte kaufen, Kunden, die viele billige Produkte kaufen. Kunden, die nur im April kaufen, und so weiter. Er soll alle diese Kunden gleichzeitig angezeigt bekommen, aber nach Gruppen angeordnet, die sich aus diesen Kriterien ergeben. Er will keine Datensätze angezeigt bekommen, die keinen der angegebenen Kriterien entsprechen. Alle Informationen, die von der Anwendung gebraucht werden, liegen in der Datenbank bereit, die der Kunde zur Verfügung stellt.

Technische Anforderungen

- Die Anwendung soll nur Datensätze anzeigen, die in eine der Kriteriengruppen fallen.
- Die Datensätze sollen nach der Kriteriengruppe angeordnet werden.

Beantworten Sie Ihrem Manager die folgende Frage:

- Wie entwerfen Sie die Anwendung so, dass die vom Kunden geforderte Gruppierung zur Verfügung steht, aber nur wenig Entwicklungszeit dafür aufgewendet wird?

Vorgeschlagene Übungen

Sie sollten die folgenden Aufgaben durcharbeiten, wenn Sie die in diesem Kapitel behandelten Prüfungsziele meistern wollen.

- **Übung 1** Erstellen Sie einen RSS-Reader (Really Simple Syndication), der RSS-Daten herunterlädt und mithilfe von `XmlDataProvider` formatiert.
- **Übung 2** Erstellen Sie eine Anwendung, die auf die Northwind-Datenbank zugreift und es dem Benutzer ermöglicht, nach dem Element *CompanyName* zu filtern.

Machen Sie einen Übungstest

Die Übungstests (in englischer Sprache) auf der Begleit-CD zu diesem Buch bieten zahlreiche Möglichkeiten. Zum Beispiel können Sie einen Test machen, der ausschließlich die Themen aus einem Prüfungslernziel behandelt, oder Sie können sich selbst mit dem gesamten Inhalt der Prüfung 70-511 testen. Sie können den Test so konfigurieren, dass er dem Ablauf einer echten Prüfung entspricht, oder Sie können einen Lernmodus verwenden, in dem Sie sich nach dem Beantworten einer Frage jeweils sofort die richtige Antwort und Erklärungen ansehen können.

Weitere Informationen Übungstests

Einzelheiten zu allen Optionen, die bei den Übungstests zur Verfügung stehen, finden Sie im Abschnitt »So benutzen Sie die Übungstests« in der Einführung am Anfang dieses Buchs.

K A P I T E L 8

Arbeiten mit Datentabellen und Überprüfen der Benutzereingaben

Daten in Tabellenform anzuzeigen, ist seit der Einführung von Tabellenkalkulationsprogrammen üblich. Bis heute ist es eine der beliebtesten Methoden, dem Benutzer Daten zu präsentieren. In Lektion 1, »Datengebundene Steuerelemente implementieren«, lernen Sie, wie Sie Daten mit dem Steuerelement `DataGridView` in Windows Forms-Anwendungen beziehungsweise mit dem Steuerelement `DataGrid` in WPF-Anwendungen (Windows Presentation Foundation) anzeigen. Lektion 2, »Überprüfen der Benutzereingaben«, erklärt, wie Sie Benutzereingaben auf Feldebene in Windows Forms und WPF überprüfen und `IDataErrorInfo` für WPF-Anwendungen implementieren.

In diesem Kapitel abgedeckte Prüfungsziele:

- Implementieren der Datenüberprüfung
- Implementieren von datengebundenen Steuerelementen

Lektionen in diesem Kapitel:

Bevor Sie beginnen

Um die Lektionen in diesem Kapitel durcharbeiten zu können, müssen Sie folgende Vorbereitungen getroffen haben:

- Ihnen steht ein Computer zur Verfügung, der die im Abschnitt »Einführung« am Anfang dieses Buchs aufgelisteten Hardwarevoraussetzungen erfüllt.
- Auf Ihrem Computer ist Microsoft Visual Studio 2010 Professional Edition installiert.
- Sie sind mit der Syntax von Visual Basic oder C# sowie dem Microsoft .NET Framework 4 vertraut.
- Sie besitzen Grundkenntnisse zu XAML.

Praxistipp

Matthew Stoecker

Wenn Sie einfach nur Datentabellen anzeigen wollen, geht nichts über `DataGrid`. Eine schmerzliche Lücke in den Vorgängerversionen von WPF war das Fehlen eines Steuerelements wie `DataGrid`, aber seit dem Erscheinen von Visual Studio 2010 steht dieses hochflexible und nützliche Steuerelement endlich für den Einsatz in Ihren Anwendungen zur Verfügung.

Lektion 1: Datengebundene Steuerelemente implementieren

Das Binden von Daten ist eine der fundamentalen Aufgaben beim Entwickeln einer Benutzeroberfläche. In dieser Lektion lernen Sie, wie Sie Windows Forms-Steuerelemente an Daten binden und durch eine gebundene Datenquelle navigieren. Sie können einfache Steuerelemente wie `TextBox` oder `Label` an einzelne Datenelemente binden oder komplexe Steuerelemente wie `DataGridView` und `ComboBox` an mehrere Datenelemente. Außerdem erfahren Sie, wie Sie mit den Komponenten `BindingSource` und `BindingNavigator` in Ihrer Benutzeroberfläche durch die Daten navigieren. Und schließlich erklärt diese Lektion, wie Sie mit dem Steuerelement `DataGridView` in Windows Forms-Anwendungen und mit dem Steuerelement `DataGrid` in WPF-Anwendungen komplexe Daten anzeigen.

Am Ende dieser Lektion werden Sie in der Lage sein, die folgenden Aufgaben auszuführen:

- Anzeigen eines einzelnen Datenelements in Windows Forms-Anwendungen mithilfe eines einfachen datengebundenen Steuerelements
- Implementieren einer komplexen Datenbindung, um Daten aus mehreren Quellen zu integrieren
- In Windows Forms-Anwendungen vorwärts und rückwärts durch Datensätze navigieren
- Verbessern der Navigation durch einen Datensatz mithilfe der Komponente `BindingNavigator`
- Verwenden und Konfigurieren von `DataGridView` in Windows Forms-Anwendungen
- Anzeigen von Tabellendaten in WPF-Anwendungen mit `DataGrid`

Veranschlagte Zeit für diese Lektion: 45 Minuten

Steuerelemente an Daten binden

Unter dem Binden von Steuerelementen an Daten versteht man den Prozess, bei dem Daten in Windows Forms-Steuerelementen angezeigt werden. Dabei wird eine Verbindung zwischen dem Steuerelement und der zugrunde liegenden Datenquelle aufgebaut.

Die *einfache Datenbindung* (simple data binding) beschreibt den Vorgang, bei dem ein einzelnes Datenelement in einem Steuerelement angezeigt wird. Das kann etwa ein `TextBox`-Steuerelement sein, das den Wert einer einzelnen Spalte in einer Tabelle anzeigt, beispielsweise den Firmennamen.

Die komplexe Datenbindung ist dagegen der Prozess, bei dem ein Steuerelement an mehrere Datenquellen gebunden wird. Ein Beispiel ist ein Kombinationsfeld, das eine Liste mit Kategorienamen anzeigt. Was ist nun, wenn die Tabelle, die Sie anzeigen, nur eine Kategorien-ID enthält, wie die Tabellen *Products* und *Categories* in der Northwind-Beispieldatenbank? Mithilfe der komplexen Datenbindung können Sie in einer `DataTable`-Quelle den Wert einer Spalte anzeigen, der mithilfe eines Fremdschlüsselwerts aus einer anderen `DataTable`-Quelle ermittelt wird.

Einfache Datenbindung

Bei der einfachen Datenbindung wird ein einzelnes Datenelement an eine einzelne Steuerelementeigenschaft gebunden, zum Beispiel ein `TextBox`-Steuerelement, das in seiner Eigenschaft `Text` die Spalte *ProductName* einer Tabelle anzeigt.

Der folgende Code zeigt, wie Sie die Spalte *ProductName* einer Datentabelle in einem Textfeld namens `TextBox1` anzeigen:

' Visual Basic

```
TextBox1.DataBindings.Add("Text", productsBindingSource, "ProductName")
```

// C#

```
TextBox1.DataBindings.Add("Text", productsBindingSource, "ProductName");
```

Komplexe Datenbindung

Bei der komplexen Datenbindung werden mehrere Datenelemente an mehrere Eigenschaften eines Steuerelements gebunden. Ein Beispiel ist ein `DataGridView`-Steuerelement, das eine ganze Tabelle anzeigt, oder ein Listensteuerelement, das mehrere Datenspalten enthält.

Steuerelemente, die eine komplexe Datenbindung ermöglichen, enthalten meist die Eigenschaften `DataSource` und `DataMember`. Die Eigenschaft `DataSource` ist normalerweise ein `BindingSource`- oder `DataSet`-Objekt. Die Eigenschaft `DataMember` ist normalerweise die Tabelle oder Auflistung, die tatsächlich angezeigt wird.

Der folgende Code zeigt, wie Sie `DataGridView` mithilfe einer `BindingSource`-Komponente an die Tabelle *Customers* der Northwind-Datenbank binden:

' Visual Basic

```
Dim customersBindingSource As New BindingSource(NorthwindDataSet1, "Customers")
DataGridView1.DataSource = customersBindingSource
```

// C#

```
BindingSource customersBindingSource = new BindingSource(northwindDataSet1, "Customers");
DataGridView1.DataSource = customersBindingSource;
```

Der nächste Ausschnitt zeigt, wie Sie `DataGridView` mithilfe eines Datasets an die Tabelle *Customers* der Northwind-Datenbank binden:

' Visual Basic

```
DataGridView1.DataSource = NorthwindDataSet1
DataGridView1.DataMember = "Customers"
```

// C#

```
DataGridView1.DataSource = northwindDataSet1;
DataGridView1.DataMember = "Customers";
```

Navigieren durch Datensätze in einem Dataset

Mithilfe einer `BindingNavigator`-Komponente können Sie durch die Datensätze in einer Datenquelle navigieren. Weisen Sie dazu der Eigenschaft `BindingNavigator.BindingSource` eine gültige `BindingSource`-Komponente zu. Anschließend können Sie mithilfe von `BindingNavigator` vorwärts und rückwärts durch die Datensätze der Datenquelle navigieren.

`BindingNavigator` nutzt die Methoden, die in der `BindingSource`-Komponente zur Verfügung stehen, um durch Datensätze zu navigieren. Zum Beispiel stellt `BindingSource` die Methoden `MoveNext` und `MovePrevious` zur Verfügung.

Definieren einer Datenquelle mithilfe einer *BindingSource*-Komponente

Die Komponente `BindingSource` enthält alle Informationen, die ein Steuerelement benötigt, um die Bindung zu einer Datenquelle herzustellen. Dazu bekommt es einen Verweis auf eine `DataTable`-Komponente in `DataSet` übergeben. Wenn Sie eine Bindung an `BindingSource` statt an `DataSet` herstellen, können Sie Ihre Anwendung ganz einfach an eine andere Datenquelle umleiten, ohne den gesamten Datenbindungscode so ändern zu müssen, dass er auf die neue Datenquelle verweist.

Der folgende Code zeigt, wie Sie eine `BindingSource`-Komponente anlegen und ihr einen Verweis auf die Tabelle *Customers* der Northwind-Datenbank zuweisen:

' Visual Basic

```
customersBindingSource = New BindingSource(NorthwindDataSet1, "Customers")
```

// C#

```
customersBindingSource = new BindingSource(northwindDataSet1, "Customers");
```

Schnelltest

1. Was ist der Unterschied zwischen einfacher und komplexer Bindung?
2. Wie navigieren Sie vorwärts und rückwärts durch die Datensätze in einer Datentabelle?

Antworten zum Schnelltest

1. Bei der einfachen Bindung wird ein einzelnes Datenelement (zum Beispiel ein Feld oder eine Spalte) an eine einzelne Eigenschaft des Steuerelements gebunden. Bei der komplexen Bindung werden dagegen mehrere Datenelemente an mehrere Eigenschaften eines Steuerelements gebunden.
2. Sie navigieren durch die Datensätze, indem Sie die `Move`-Methoden einer `BindingSource`-Komponente aufrufen oder ein Dataset im `DataGridView`-Steuerelement anzeigen.

Anzeigen von Daten im Steuerelement *DataGridView*

Um ein Dataset in einem `DataGridView`-Steuerelement anzuzeigen (genauer gesagt: eine Datentabelle), weisen Sie der Eigenschaft `DataSource` des `DataGridView`-Steuerelements das Dataset zu und der Eigenschaft `DataMember` des `DataGridView`-Steuerelements den Namen der Datentabelle. Der folgende Code zeigt auf diese Weise die Tabelle *Customers* der Northwind-Datenbank in einem `DataGridView`-Steuerelement an:

' Visual Basic

```
DataGridView1.DataSource = NorthwindDataSet1
DataGridView1.DataMember = "Customers"
```

// C#

```
DataGridView1.DataSource = northwindDataSet1;
DataGridView1.DataMember = "Customers";
```

Sie können ein `DataGridView`-Steuerelement auch so einrichten, dass es ein Dataset mithilfe des Smarttags anzeigt, das in einem `DataGridView`-Steuerelement zur Verfügung steht. Dabei wählen Sie das Dataset im Kombinationsfeld *Datenquelle auswählen* aus, das im Smarttag enthalten ist. Mit dem Eintrag *Datenquelle auswählen* wählen Sie das Dataset und darin eine Datentabelle aus, die angezeigt werden soll. Sie können dabei ein Dataset verwenden, das bereits in Ihrem Projekt definiert ist, oder ein neues Dataset erstellen, indem Sie im Smarttag *Projektdatenquelle hinzufügen* wählen und so den *Assistenten zum Konfigurieren von Datenquellen* starten.

Konfigurieren von *DataGridView*-Spalten

Es gibt sechs integrierte Spaltentypen, die Sie in DataGridView verwenden können (Tabelle 8.1). Wenn Sie Spalten zu einem DataGridView-Steuerelement hinzufügen, wählen Sie den Spaltentyp anhand der Daten aus, die Sie in der Spalte anzeigen wollen.

Tabelle 8.1 Spaltentypen in DataGridView

Spaltentyp	Beschreibung
DataGridViewTextBoxColumn	Verwenden Sie diesen Spaltentyp, um Text und numerische Werte anzuzeigen. Ein datengebundenes DataGridView-Steuerelement generiert diesen Spaltentyp automatisch, wenn Sie eine Bindung an Zeichenfolgen und numerische Werte herstellen.
DataGridViewCheckBoxColumn	Verwenden Sie diesen Spaltentyp, um boolesche Werte anzuzeigen. DataGridView generiert diesen Spaltentyp automatisch, wenn Sie eine Bindung an boolesche Werte herstellen.
DataGridViewImageColumn	Verwenden Sie diesen Spaltentyp, um Bilder anzuzeigen. DataGridView generiert diesen Spaltentyp automatisch, wenn Sie eine Bindung an Image- und Icon-Objekte herstellen. Sie können eine DataGridViewImageColumn-Spalte auch an ein Bytearray binden.
DataGridViewButtonColumn	Verwenden Sie diesen Spaltentyp, um Benutzern ein Schaltflächensteuerelement zur Verfügung zu stellen.
DataGridViewComboBoxColumn	Verwenden Sie diesen Spaltentyp, um Listen mit Auswahlmöglichkeiten anzuzeigen. Diesen Typ verwenden Sie meist für die Suche in anderen Tabellen.
DataGridViewLinkColumn	Verwenden Sie diesen Spaltentyp, um Links auf andere Daten anzuzeigen.
Benutzerdefinierte Spalte	Falls keiner der anderen Spaltentypen die benötigten Funktionen zur Verfügung stellt, können Sie auch einen benutzerdefinierten Spaltentyp erstellen. Um eine benutzerdefinierte Spalte einzufügen, leiten Sie eine Klasse von DataGridViewColumn oder einer anderen Klasse ab, deren Basisklasse DataGridViewColumn ist (beispielsweise können Sie Ihre Klasse von DataGridViewTextBoxColumn ableiten, um die Funktionen dieses Typs zu erweitern).

Hinzufügen von Tabellen und Spalten zu *DataGridView*

Um eine Tabelle in einem DataGridView-Steuerelement anzuzeigen, definieren Sie die Spalten, die das Schema der Tabelle festlegen, und fügen sie zum DataGridView-Steuerelement hinzu. Sie können Spalten mithilfe des Designers im Dialogfeld *Spalte hinzufügen* oder vom Programmcode aus zu Ihrem DataGridView-Steuerelement hinzufügen.

Entscheiden Sie zuerst, welchen Spaltentyp Sie verwenden wollen (siehe Tabelle 8.1), und fügen Sie die Spalte dann mit einer der folgenden Techniken zu Ihrem DataGridView-Steuerelement hinzu.

Spalten mit dem Designer zu *DataGridView* hinzufügen

Gehen Sie folgendermaßen vor, um im Designer Spalten zu einem `DataGridView`-Steuerelement hinzuzufügen:

1. Wählen Sie das `DataGridView`-Steuerelement auf Ihrem Formular aus.
2. Öffnen Sie das Smarttag von `DataGridView`.
3. Klicken Sie auf *Spalte hinzufügen*.
4. Definieren Sie im Dialogfeld *Spalte hinzufügen* die Spalte, indem Sie die entsprechenden Werte eintragen.

Spalten im Programmcode zu *DataGridView* hinzufügen

Im Programmcode fügen Sie Spalten zu einem `DataGridView`-Steuerelement hinzu, indem Sie eine Instanz des gewünschten Spaltentyps anlegen, die Spalte definieren, indem Sie die passenden Eigenschaften einstellen, und die Spalte dann zur Auflistung `DataGridView.Columns` hinzufügen.

Das folgende Codebeispiel erstellt auf diese Weise eine neue Textfeldspalte namens `ProductName`:

' Visual Basic

```
Dim ProductNameColumn As New DataGridViewTextBoxColumn
ProductNameColumn.Name = "ProductName"
ProductNameColumn.HeaderText = "Product Name"
ProductNameColumn.ValueType = System.Type.GetType("System.String")
DataGridView1.Columns.Add(ProductNameColumn)
```

// C#

```
DataGridViewTextBoxColumn ProductNameColumn = new DataGridViewTextBoxColumn();
ProductNameColumn.Name = "ProductName";
ProductNameColumn.HeaderText = "Product Name";
ProductNameColumn.ValueType = System.Type.GetType("System.String");
DataGridView1.Columns.Add(ProductNameColumn);
```

Spalten in *DataGridView* löschen

Sie können Spalten aus einem `DataGridView`-Steuerelement mithilfe des Designers in Visual Studio oder vom Programmcode aus löschen.

Spalten in *DataGridView* mit dem Designer löschen

Gehen Sie folgendermaßen vor, um Spalten in einem `DataGridView`-Steuerelement mit dem Designer zu löschen:

1. Wählen Sie das `DataGridView`-Steuerelement auf Ihrem Formular aus.
2. Öffnen Sie das Smarttag von `DataGridView`.
3. Klicken Sie auf *Spalten bearbeiten*.
4. Wählen Sie im Dialogfeld *Spalten bearbeiten* die Spalte aus, die Sie aus dem `DataGridView`-Steuerelement löschen wollen.
5. Klicken Sie auf die Schaltfläche *Entfernen*.

Spalten in *DataGridView* im Programmcode löschen

Sie löschen im Programmcode Spalten aus einem `DataGridView`-Steuerelement, indem Sie die Methode `Remove` aufrufen und ihr den Namen der Spalte übergeben, die Sie löschen wollen. Das nächste Codebeispiel löscht die Spalte `ProductName` aus `DataGridView1`:

' Visual Basic

```
DataGridView1.Columns.Remove("ProductName")
```

// C#

```
DataGridView1.Columns.Remove("ProductName");
```

Ermitteln, welche Zelle in *DataGridView* angeklickt wurde

Sie stellen mit der Eigenschaft `DataGridView.CurrentCell` fest, welche Zelle in einem `DataGridView`-Steuerelement angeklickt wurde. `CurrentCell` liefert einen Verweis auf die momentan ausgewählte Zelle und stellt Eigenschaften bereit, mit denen Sie auf den Wert der Daten in dieser Zelle sowie auf den Zeilen- und Spalteindex der aktuellen Position der Zelle im `DataGridView`-Steuerelement zugreifen können. Ein Beispiel:

' Visual Basic

```
Dim CurrentCellValue As String
CurrentCellValue = CustomersDataGridView.CurrentCell.Value.ToString
```

// C#

```
String CurrentCellValue;
CurrentCellValue = CustomersDataGridView.CurrentCell.Value.ToString();
```

Überprüfen der Eingaben in *DataGridView*

Sie überprüfen die Eingaben in einer einzelnen Zelle eines `DataGridView`-Steuerelements, indem Sie das Ereignis `DataGridView.CellValidating` behandeln und die Eingabe abbrechen, falls der Wert die Überprüfung nicht besteht. Das Ereignis `CellValidating` wird ausgelöst, wenn eine Zelle den Fokus verliert. Fügen Sie Code zum Ereignishandler des Ereignisses `CellValidating` hinzu, mit dem Sie überprüfen, ob die Werte in bestimmten Spalten Ihren Geschäftsregeln und der Anwendungslogik entsprechen. Die Ereignisargumente enthalten den vorgeschlagenen Wert für die Zelle sowie den Zeilen- und Spaltenindex der bearbeiteten Zelle.

Das folgende Codebeispiel stellt sicher, dass die Spalte *ProductName* keine leere Zeichenfolge enthält (das `DataGridView`-Steuerelement in diesem Beispiel ist nicht an Daten gebunden):

' Visual Basic

```
If DataGridView1.Columns(e.ColumnIndex).Name = "ProductName" Then
    If e.FormattedValue.ToString = "" Then
        dataGridView1.Rows(e.RowIndex).ErrorText = "ProductName muss einen Wert enthalten"
        e.Cancel = True
    Else
        dataGridView1.Rows(e.RowIndex).ErrorText = ""
    End If
End If
```

// C#

```
if (DataGridView1.Columns[e.ColumnIndex].Name == "ProductName")
{
     if (e.FormattedValue.ToString() == "")
     {
       DataGridView1.Rows[e.RowIndex].ErrorText = "ProductName muss einen Wert enthalten";
       e.Cancel = true;
     }
    else
    {
      DataGridView1.Rows[e.RowIndex].ErrorText = "";
    }
}
```

Der nächste Codeausschnitt überprüft ebenfalls die Spalte *ProductName* und stellt sicher, dass sie keine leere Zeichenfolge enthält. Verwenden Sie das Schema aus diesem Beispiel für ein `DataGridView`-Steuerelement, das an Daten gebunden ist. Der Unterschied zum vorherigen Beispiel ist hervorgehoben.

' Visual Basic

```
If DataGridView1.Columns(e.ColumnIndex).DataPropertyName = "ProductName" Then
    If e.FormattedValue.ToString = "" Then
        dataGridView1.Rows(e.RowIndex).ErrorText = "ProductName muss einen Wert enthalten"
        e.Cancel = True
    Else
        dataGridView1.Rows(e.RowIndex).ErrorText = ""
    End If
End If
```

// C#

```
if (DataGridView1.Columns[e.ColumnIndex].DataPropertyName == "ProductName")
{
     if (e.FormattedValue.ToString() == "")
     {
       DataGridView1.Rows[e.RowIndex].ErrorText = "ProductName muss einen Wert enthalten";
       e.Cancel = true;
     }
    else
    {
      DataGridView1.Rows[e.RowIndex].ErrorText = "";
    }
}
```

Formatieren eines *DataGridView*-Steuerelements mithilfe benutzerdefinierter Darstellung

Wenn Sie den Inhalt eines DataGridView-Steuerelements selbst zeichnen wollen, können Sie das Ereignis CellPainting behandeln und darin Ihren benutzerdefinierten Darstellungscode ausführen. Wenn Sie das Ereignis CellPainting behandeln, erhalten Sie über den DataGridViewCellPaintingEventArgs-Parameter Zugriff auf viele Eigenschaften, die den Zeichenvorgang vereinfachen. Setzen Sie im Ereignishandler für CellPainting unbedingt e.Handled auf den Wert True, damit das DataGridView-Steuerelement nicht seine eigene Zeichenroutine für die Zelle aufruft.

Wenn Sie den folgenden Code in den CellPainting-Ereignishandler einfügen, werden alle Zellen hellblau gezeichnet:

' Visual Basic

```
' Zellenhintergrund in der Farbe LightSkyBlue zeichnen
e.Graphics.FillRectangle(Brushes.LightSkyBlue, e.CellBounds)

' Inhalt der Zelle zeichnen
If Not (e.Value Is Nothing) Then
    e.Graphics.DrawString(e.Value.ToString, e.CellStyle.Font, _
        Brushes.Black, e.CellBounds.X, e.CellBounds.Y)
End If
e.Handled = True
```

// C#

```
// Zellenhintergrund in der Farbe LightSkyBlue zeichnen
e.Graphics.FillRectangle(Brushes.LightSkyBlue, e.CellBounds);
// Inhalt der Zelle zeichnen
if (e.Value != null)
{
    e.Graphics.DrawString(e.Value.ToString(), e.CellStyle.Font,
        Brushes.Black, e.CellBounds.X, e.CellBounds.Y);
}
e.Handled = true;
```

Schnelltest

1. Welche Eigenschaften verwenden Sie bei einem DataGridView-Steuerelement, um eine bestimmte Datentabelle anzuzeigen?
2. Wie stellen Sie fest, welche Zelle in einem DataGridView-Steuerelement angeklickt wurde?

Antworten zum Schnelltest

1. Weisen Sie der Eigenschaft DataSource das Dataset und der Eigenschaft DataMember den Namen der Datentabelle zu.
2. Werten Sie die Eigenschaft DataGridView.CurrentCell aus.

Verwenden von *DataGrid* in WPF-Anwendungen

Das WPF-Steuerelement `DataGrid` ist das Gegenstück zum Windows Forms-Steuerelement `DataGridView`. Es dient dazu, Datentabellen kompakt anzuzeigen. Sie können Spalten von Hand zu Ihrem `DataGrid`-Steuerelement hinzufügen. Das Steuerelement ist aber auch in der Lage, automatisch passende Spalten für Ihre Daten einzufügen, indem es das Schema der Datenquelle auswertet.

Datenquellen an ein *DataGrid*-Steuerelement binden

Sie können ein `DataGrid`-Steuerelement an eine Datenquelle binden, die die Schnittstelle `IEnumerable` implementiert. In der Standardeinstellung erstellt das Steuerelement automatisch Spalten für die Eigenschaften des gebundenen Objekts und legt Zeilen an, in denen die Werte dieser Eigenschaften für jedes Objekt der Datenquelle angezeigt werden. Sie legen die Datenquelle für ein `DataGrid`-Steuerelement fest, indem Sie es der Eigenschaft `ItemsSource` im Programmcode zuweisen:

' Visual Basic

```
' Verweist auf eine bereits vorhandene Bindung
DataGrid1.ItemsSource = myCustomersBinding
```

// C#

```
// Verweist auf eine bereits vorhandene Bindung
dataGrid1.ItemsSource = myCustomersBinding;
```

Häufiger legen Sie die Datenquelle aber im XAML-Code fest, indem Sie sie der Eigenschaft `ItemsSource` zuweisen:

```
<Window.Resources>
        <my:NwindDataSet x:Key="NwindDataSet" />
        <CollectionViewSource x:Key="CustomersViewSource" Source="{Binding Path=Customers,
            Source={StaticResource NwindDataSet}}" />
</Window.Resources>
    <Grid DataContext="{StaticResource CustomersViewSource}">
        <DataGrid ItemsSource="{Binding}">
            <!-- Weitere Implementierung weggelassen -->
        </DataGrid>
    </Grid>
```

Damit Änderungen in der Auflistung automatisch im `DataGrid`-Steuerelement wiedergegeben werden, muss die Auflistung, an die das `DataGrid`-Steuerelement gebunden ist, die Schnittstelle `INotifyCollectionChanged` implementieren. Das ist zum Beispiel bei der Auflistung `ObservableCollection` der Fall. Sollen Änderungen an Eigenschaftswerten in Echtzeit wiedergegeben werden, müssen die gebundenen Eigenschaften `INotifyPropertyChanged` implementieren.

Ein *DataGrid*-Steuerelement an eine Datenquelle in Ihrem Projekt binden

Sofern Sie bereits eine Datenquelle zu Ihrem Projekt hinzugefügt haben, zum Beispiel eine ADO.NET-Datenbank, können Sie mit dem Fenster *Datenquellen* ganz einfach ein gebundenes `DataGrid`-Steuerelement in Ihrer Anwendung erstellen.

So erstellen Sie eine gebundene Datentabelle mit dem Fenster *Datenquellen*:

1. Wählen Sie im Menü *Daten* den Befehl *Datenquellen anzeigen*, falls das Fenster *Datenquellen* noch nicht geöffnet ist. Daraufhin wird das Fenster *Datenquellen* angezeigt.
2. Im Fenster *Datenquellen* müsste jede verfügbare Datentabelle mit einem Tabellensymbol versehen sein. Ist das nicht der Fall, können Sie die Datentabelle auswählen, das Dropdownmenü öffnen und *DataGrid* wählen.
3. Ziehen Sie die Datentabelle, neben der das Tabellensymbol angezeigt wird, aus dem Fenster *Datenquellen* auf die Entwurfsoberfläche des Formulars. Daraufhin wird ein `DataGrid`-Steuerelement zu Ihrem Projekt hinzugefügt, das mit der Datentabelle verbunden ist.

Verwenden von *DataGrid*-Spalten

Die Spalten, die im Steuerelement `DataGrid` angezeigt werden, sind flexibel konfigurierbar. Während des Entwurfs können Sie die Spalten mit dem *Auflistungs-Editor: Columns* in Visual Studio bearbeiten (Abbildung 8.1). Sie öffnen diesen Editor, indem Sie auf die Schaltfläche rechts neben der Eigenschaft *Columns* im Eigenschaftenfenster klicken.

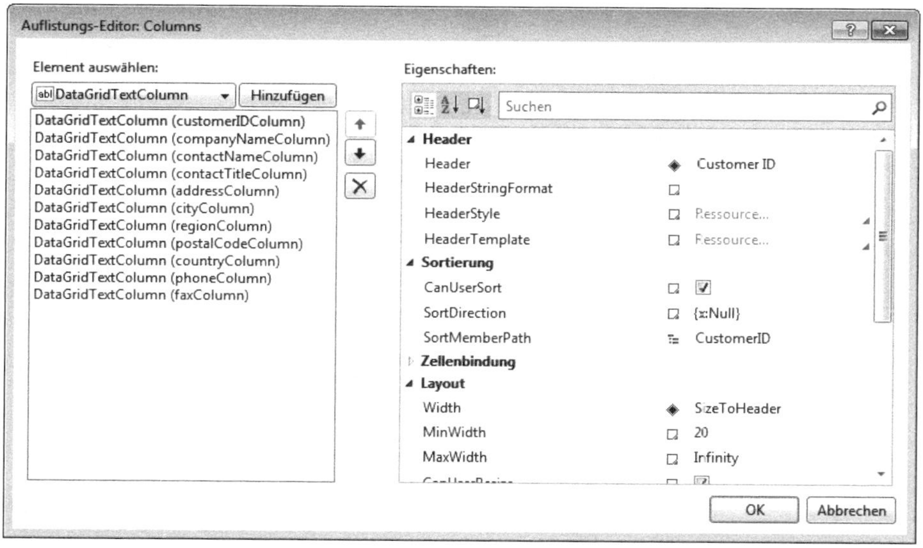

Abbildung 8.1 Der Auflistungs-Editor

Im Auflistungs-Editor können Sie `DataGrid`-Spalten hinzufügen und löschen sowie die Eigenschaften der einzelnen Spalten ändern.

Wenn ein `DataGrid`-Steuerelement an eine Datenquelle gebunden wird, werden automatisch passende Spalten für das Dataset generiert. Der Typ der dabei generierten Spalte hängt vom Datentyp der gebundenen Eigenschaft ab. Tabelle 8.2 zeigt die Zuordnung.

Wenn Sie die automatische Spaltengenerierung durch benutzerdefinierte Funktionen erweitern wollen, müssen Sie die Eigenschaft `DataGrid.AutoGeneratingColumn` behandeln. Wenn Sie die Eigenschaft `AutoGenerateColumns` auf den Wert `False` setzen, wird die automatische Spaltengenerierung ganz ausgeschaltet, sodass Sie alle Spalten von Hand definieren können.

Tabelle 8.2 Spaltentypen in `DataGrid`

Datentyp	Generierter Spaltentyp
`Boolean`	`DataGridCheckBoxColumn`
`Enum`	`DataGridComboBoxColumn`
`String`	`DataGridTextBoxColumn`
`Uri`	`DataGridHyperlinkColumn`

Verwenden von *DataGridTemplateColumn*

Wenn Sie andere Datentypen haben oder Ihre eigenen Datenspalten erstellen wollen, können Sie eine Spalte vom Typ `DataGridTemplateColumn` erstellen. Dies ist eine flexibel konfigurierbare Spalte, mit der Sie drei `DataTemplate`-Objekte definieren, die das Aussehen und Verhalten der Spalte steuern. Die Eigenschaft `HeaderTemplate` von `DataGridTemplateColumn` legt fest, welche Datenvorlage für den Spaltenkopf verwendet wird. Die Eigenschaft `CellTemplate` legt die Datenvorlage fest, die für Zellen verwendet wird, wenn Daten angezeigt werden. Und die Eigenschaft `CellEditingTemplate` enthält die Datenvorlage, die benutzt wird, wenn Daten in der Zelle bearbeitet werden. Sie sollten diese Vorlagen in Ihren `Window`- oder `Application`-Ressourcen definieren:

```
<Window.Resources>
    <my:NwindDataSet x:Key="NwindDataSet" />
    <CollectionViewSource x:Key="CustomersViewSource"
        Source="{Binding Path=Customers, Source={StaticResource NwindDataSet}}" />
    <DataTemplate x:Key="myHeaderTemplate">
        <Label Background="Purple" Foreground="Yellow" Content="{Binding}"/>
    </DataTemplate>
    <DataTemplate x:Key="myCellTemplate">
        <Button Foreground="Red" Content="{Binding Path=CompanyName}"/>
    </DataTemplate>
    <DataTemplate x:Key="myCellEditingTemplate">
        <TextBox Background="Red" Text="{Binding Path=CompanyName}"/>
    </DataTemplate>
</Window.Resources>
```

In diesem Beispiel definiert `HeaderTemplate` ein lila `Label`-Steuerelement mit gelbem Text. Dieses Element erscheint nur im `DataGrid`-Header. Die leere Bindung der Eigenschaft `Content` soll sicherstellen, dass die Eigenschaft `Content` an die Eigenschaft `Header` der Spalte gebunden ist.

`CellTemplate` erstellt in diesem Beispiel ein `Button`-Steuerelement, das den gebundenen Firmennamen (*CompanyName*) als Inhalt der Schaltfläche rot anzeigt. `CellEditingTemplate` zeigt ein Textfeld mit rotem Hintergrund an, das ebenfalls an *CompanyName* gebunden ist. `CellEditingTemplate` wird angezeigt, wenn `BeginEditCommand` für diese Zelle aufgerufen wurde. Das ist beispielsweise der Fall, wenn der Benutzer die Zelle auswählt und die Taste F2 drückt. `CellTemplate` wird wieder angezeigt, nachdem die Änderung bestätigt oder abgebrochen wird.

Sie können nicht nur Vorlagen bereitstellen, sondern stattdessen auch `TemplateSelector`-Steuerelemente verwenden, um eine dynamische Auswahl der Vorlagen für Spaltenkopf, Zelle und Zellbearbeitung zu ermöglichen. Dazu verwenden Sie die Eigenschaften `HeaderTemplateSelector`, `CellTemplateSelector` und `CellEditingTemplateSelector`. In Kapitel 7, »Konfigurieren der Datenbindung«, finden Sie weitere Informationen über die `TemplateSelector`-Steuerelemente.

Verwenden von Zeilendetails

Manchmal ist es sinnvoll, einige Daten über eine Zeile anzuzeigen, während diese Zeile ausgewählt ist. Hat eine Datentabelle zum Beispiel mehrere Spalten, können Sie einen Teil davon direkt in der Tabelle anzeigen und die übrigen Spalten in speziellem Format einblenden, wenn sich der Benutzer eine Datenzeile ansieht. Diese Fähigkeit implementieren Sie mithilfe der Eigenschaft `RowDetailsTemplate`. Sie erstellen dafür eine Datenvorlage, die die zusätzlichen Daten unterhalb einer Zeile in der Datentabelle anzeigt, wenn diese Zeile ausgewählt ist. Hier ein Beispiel:

```
<DataTemplate x:Key="myRowDetailsTemplate">
    <StackPanel DataContext="{StaticResource OrdersViewSource}"
        Orientation="Horizontal">
        <Label Content="Order Date" Background="Red" />
        <DatePicker Text="{Binding Path=OrderDate}" />
        <Label Content="Required Date" Background="Red" />
        <DatePicker Text="{Binding Path=RequiredDate}" />
    </StackPanel>
</DataTemplate>
```

Dieses Beispiel definiert eine Datenvorlage, die für ein `DataGrid`-Steuerelement verwendet wird. Sie definiert ein `StackPanel`-Steuerelement, das vier andere Steuerelemente enthält: zwei `Label`- und zwei `DatePicker`-Steuerelemente, die an die Felder `OrderDate` und `RequiredDate` gebunden sind. Während der Laufzeit werden die Werte dieser gebundenen Felder neben den Beschriftungen unterhalb der ausgewählten Zeile angezeigt. In der Standardeinstellung werden nur Zeilendetails für die ausgewählte Zeile angezeigt. Sie können sie für alle Zeilen sichtbar machen, indem Sie der Eigenschaft `RowDetailsVisibilityMode` den Wert `Visible` zuweisen. Und wenn Sie `RowDetailsVisibilityMode` auf den Wert `Collapsed` setzen, werden die Zeilendetails gar nicht eingeblendet.

Sie können auch einen `TemplateSelector` definieren, der für die Zeilendetails verwendet wird. Dazu verwenden Sie die Eigenschaft `RowDetailsTemplateSelector`.

Übung Arbeiten mit *DataGridView*

In dieser Übung zeigen Sie Daten in einem `DataGridView`-Steuerelement an.

Übung Arbeiten mit *DataGridView*

Sie legen in dieser Übung eine Windows Forms-Anwendung an und untersuchen, wie Sie ein `DataGridView`-Steuerelement anlegen und seine Spalten und Daten ändern.

1. Erstellen Sie eine Windows Forms-Anwendung und geben Sie ihr den Namen **DataGridViewExample**.
2. Öffnen Sie das Fenster *Datenquellen* (indem Sie im Menü *Daten* den Befehl *Datenquellen anzeigen* wählen).
3. Klicken Sie auf *Neue Datenquelle hinzufügen*, um den *Assistenten zum Konfigurieren von Datenquellen* zu starten.

4. Lassen Sie die Standardeinstellung *Datenbank* ausgewählt und klicken Sie zweimal auf *Weiter*.
5. Wählen Sie eine Verbindung zur Northwind-Beispieldatenbank aus (oder erstellen Sie eine neue), indem Sie die Datenbankdatei auswählen. Klicken Sie auf *Weiter*. Klicken Sie auf *Ja*, um die Datei in Ihr Projekt zu kopieren. Klicken Sie erneut auf *Weiter*.
6. Erweitern Sie den Knoten *Tabellen*. Aktivieren Sie das Kontrollkästchen neben der Tabelle *Customers* und klicken Sie auf *Fertig stellen*.
7. Ziehen Sie den Knoten *Customers* aus dem Fenster *Datenquellen* auf das Formular.

   An diesem Punkt können Sie die Anwendung bereits ausführen. Das Formular zeigt die Tabelle *Customers* an, die in ein `DataGridView`-Steuerelement geladen wurde.
8. Ziehen Sie zwei `Button`-Steuerelemente auf das Formular unter das `DataGridView`-Steuerelement. Stellen Sie ihre Eigenschaften folgendermaßen ein:
   - `Button1:`
     - `Name` = `AddColumnButton`
     - `Text` = *Spalte hinzufügen*
   - `Button2:`
     - `Name` = `DeleteColumnButton`
     - `Text` = *Spalte löschen*
9. Klicken Sie doppelt auf die Schaltfläche *Spalte hinzufügen*, um den Ereignishandler `AddColumnButton_Click` zu erstellen und zur Codeansicht des Formulars zu wechseln.
10. Fügen Sie den folgenden Code zu `Form1` hinzu. Der zusätzliche Code im Ereignishandler `Form1_Load` erstellt eine neue Spalte in der Datentabelle, und der Code im Ereignishandler `AddColumnButton_Click` fügt eine neue Spalte zum `DataGridView`-Steuerelement hinzu:

' Visual Basic

```
Private Sub Form1_Load(ByVal sender As System.Object, _
    ByVal e As System.EventArgs) _
    Handles MyBase.Load
    ' TODO: Diese Codezeile lädt Daten in die Tabelle "NwindDataSet.Customers".
    ' Sie können sie bei Bedarf verschieben oder entfernen.
    Me.CustomersTableAdapter.Fill(Me.NwindDataSet.Customers)

    ' Neue Spalte zur DataTable Customers hinzufügen.
    ' Sie wird benutzt, um zu demonstrieren, wie Spalten in einem
    ' DataGridView mit den folgenden Methoden hinzugefügt und entfernt werden
    Dim Location As New DataColumn("Location")
    Location.Expression = "City + ', ' + Country"
    NwindDataSet.Customers.Columns.Add(Location)
End Sub

Private Sub AddColumnButton_Click(ByVal sender As System.Object, _
    ByVal e As System.EventArgs) _
    Handles AddColumnButton.Click
    Dim LocationColumn As New DataGridViewTextBoxColumn
    LocationColumn.Name = "LocationColumn"
```

```
    LocationColumn.HeaderText = "Location"
    LocationColumn.DataPropertyName = "Location"
    CustomersDataGridView.Columns.Add(LocationColumn)
End Sub
```

// C#

```
private void Form1_Load(object sender, EventArgs e)
{
    // TODO: Diese Codezeile lädt Daten in die Tabelle "NwindDataSet.Customers".
    // Sie können sie bei Bedarf verschieben oder entfernen.
    this.customersTableAdapter.Fill(this.nwindDataSet.Customers);
    // Neue Spalte zur DataTable Customers hinzufügen.
    // Sie wird benutzt, um zu demonstrieren, wie Spalten in einem
    // DataGridView mit den folgenden Methoden hinzugefügt und entfernt werden.
    DataColumn Location = new DataColumn("Location");
    Location.Expression = "City + ', ' + Country";
    nwindDataSet.Customers.Columns.Add(Location);
}

private void AddColumnButton_Click(object sender, EventArgs e)
{
    DataGridViewTextBoxColumn LocationColumn = new DataGridViewTextBoxColumn();
    LocationColumn.Name = "LocationColumn";
    LocationColumn.HeaderText = "Location";
    LocationColumn.DataPropertyName = "Location";
    customersDataGridView.Columns.Add(LocationColumn);
}
```

11. Klicken Sie im Designer doppelt auf die Schaltfläche *Spalte löschen*, um den Ereignishandler `DeleteColumnButton_Click` anzulegen. Fügen Sie den folgenden Code in den Ereignishandler ein:

' Visual Basic

```
Try
    CustomersDataGridView.Columns.Remove("LocationColumn")
Catch ex As Exception
    MessageBox.Show(ex.Message)
End Try
```

// C#

```
try
{
    customersDataGridView.Columns.Remove("LocationColumn");
}
catch (Exception ex)
{
    MessageBox.Show(ex.Message);
}
```

12. Ziehen Sie ein weiteres `Button`-Steuerelement auf das Formular und stellen Sie seine Eigenschaften folgendermaßen ein:
    - `Name` = `GetClickedCellButton`
    - `Text` = *Angeklickte Zelle*
13. Ziehen Sie ein `Label`-Steuerelement auf das Formular und legen Sie es neben die Schaltfläche *Angeklickte Zelle*.
14. Klicken Sie doppelt auf die Schaltfläche *Angeklickte Zelle* und fügen Sie den folgenden Code in den Ereignishandler `GetClickedCellButton_Click` ein:

' Visual Basic

```
Dim CurrentCellInfo As String
CurrentCellInfo = _
    CustomersDataGridView.CurrentCell.Value.ToString & _
    Environment.NewLine
CurrentCellInfo += "Spalte: " & _
    CustomersDataGridView.CurrentCell.OwningColumn.DataPropertyName & _
    Environment.NewLine
CurrentCellInfo += "Spaltenindex: " &
CustomersDataGridView.CurrentCell.ColumnIndex.ToString & _
    Environment.NewLine
CurrentCellInfo += "Zeilenindex: " & _
    CustomersDataGridView.CurrentCell.RowIndex.ToString

Label1.Text = CurrentCellInfo
```

// C#

```
string CurrentCellInfo;
CurrentCellInfo = customersDataGridView.CurrentCell.Value.ToString() +
    Environment.NewLine;
CurrentCellInfo += "Spalte: " +
    customersDataGridView.CurrentCell.OwningColumn.DataPropertyName +
    Environment.NewLine;
CurrentCellInfo += "Spaltenindex: " +
customersDataGridView.CurrentCell.ColumnIndex.ToString() +
    Environment.NewLine;
CurrentCellInfo += "Zeilenindex: " +
    customersDataGridView.CurrentCell.RowIndex.ToString();

label1.Text = CurrentCellInfo;
```

15. Erstellen Sie einen Ereignishandler für das Ereignis `CustomersDataGridView.CellValidating`. Wählen Sie dazu das Steuerelement `CustomersDataGridView` auf dem Formular aus, klicken Sie im Eigenschaftenfenster auf das Symbol *Ereignisse* und klicken Sie dann doppelt auf das Ereignis *CellValidating*.
16. Fügen Sie folgenden Code in den `CellValidating`-Ereignishandler ein:

' Visual Basic

```
If CustomersDataGridView.Columns(e.ColumnIndex).DataPropertyName = _
    "ContactName" Then
```

```
        If e.FormattedValue.ToString = "" Then
            CustomersDataGridView.Rows(e.RowIndex).ErrorText = _
                "ContactName muss einen Wert enthalten"
            e.Cancel = True
        Else
            CustomersDataGridView.Rows(e.RowIndex).ErrorText = ""
        End If
    End If
```

// C#

```
if (customersDataGridView.Columns[e.ColumnIndex].DataPropertyName ==
    "ContactName")
{
    if (e.FormattedValue.ToString() == "")
    {
        customersDataGridView.Rows[e.RowIndex].ErrorText =
        "ContactName muss einen Wert enthalten";
        e.Cancel = true;
    }
    else
    {
        customersDataGridView.Rows[e.RowIndex].ErrorText = "";
    }
}
```

17. Ziehen Sie ein weiteres `Button`-Steuerelement auf das Formular und stellen Sie seine Eigenschaften folgendermaßen ein:
    - `Name` = `ApplyStyleButton`
    - `Text` = *Stil anwenden*
18. Klicken Sie doppelt auf die Schaltfläche *Stil anwenden* und fügen Sie den folgenden Code in den Ereignishandler `ApplyStyleButton_Click` ein:

    ' Visual Basic

    ```
    CustomersDataGridView.AlternatingRowsDefaultCellStyle.BackColor = Color.LightGray
    ```

    // C#

    ```
    customersDataGridView.AlternatingRowsDefaultCellStyle.BackColor = Color.LightGray;
    ```
19. Führen Sie die Anwendung aus.
20. Klicken Sie auf die Schaltfläche *Spalte hinzufügen* und blättern Sie ans Ende der Spalten, um sicherzustellen, dass *Location* als neue Spalte hinzugefügt wurde.
21. Klicken Sie auf die Schaltfläche *Spalte löschen* und überzeugen Sie sich, dass die Spalte *Location* aus dem `DataGridView`-Steuerelement gelöscht wurde.
22. Wählen Sie irgendeine Zelle in der Tabelle aus und klicken Sie auf die Schaltfläche *Angeklickte Zelle*. Das `Label`-Steuerelement zeigt den Inhalt der Zelle, den Namen der Spalte, in der die Zelle liegt, und den Spalten- und Zeilenindex der Zelle an.
23. Klicken Sie zuletzt auf die Schaltfläche *Stil anwenden*. Daraufhin wird der Stil `AlternatingRowsDefaultCellStyle` verwendet, um jede zweite Zeile mit hellgrauem Hintergrund anzuzeigen.

Zusammenfassung der Lektion

- `DataGridView` ist in einer Windows Forms-Anwendung das bevorzugte Steuerelement, um Tabellendaten wie zum Beispiel eine Datenbanktabelle anzuzeigen. In einer WPF-Anwendung wird dafür das Steuerelement `DataGrid` verwendet.
- Sie können Spalten in einem `DataGridView`-Steuerelement hinzufügen und löschen. Dafür stellt der Designer im Smarttag des `DataGridView`-Steuerelements die Dialogfelder *Spalte hinzufügen* und *Spalten bearbeiten* zur Verfügung.
- Die Eigenschaft `DataGridView.CurrentCell` bietet Zugriff auf die momentan in einem `DataGridView`-Steuerelement ausgewählte Zelle.
- `DataGridView` löst das Ereignis `CellValidating` aus, damit Sie Code ausführen können, der sicherstellt, dass der Wert in einer Spalte Ihren Geschäftsregeln und der Anwendungslogik entspricht.
- Sie können das Aussehen eines `DataGridView`-Steuerelements mithilfe von Stilen und benutzerdefinierter Darstellung anpassen.
- Sie können benutzerdefinierte Spalten in einem `DataGridView`-Steuerelement erstellen, indem Sie die Eigenschaften `HeaderTemplate`, `CellTemplate` und `CellEditingTemplate` von `DataGridTemplateColumn` verwenden.
- Mithilfe der Eigenschaft `RowDetailsTemplate` von `DataGrid` können Sie Zeilendetails einblenden.

Lernzielkontrolle

Mit den folgenden Fragen können Sie Ihr Wissen zu den Informationen aus Lektion 1, »Datengebundene Steuerelemente implementieren«, überprüfen. Die Fragen finden Sie (in englischer Sprache) auch auf der Begleit-CD, Sie können sie also auch auf dem Computer im Rahmen eines Übungstests beantworten.

Hinweis Die Antworten

Die Antworten auf diese Fragen mit Erklärungen, warum die jeweiligen Auswahlmöglichkeiten richtig oder falsch sind, finden Sie im Abschnitt »Antworten« am Ende dieses Buchs.

1. Wie stellen Sie am besten fest, welche Zelle ein Benutzer in einem `DataGridView`-Steuerelement angeklickt hat?

   A. Verwenden Sie Spalten- und Zeilenindex der ausgewählten Zelle.

   B. Verwenden Sie die Eigenschaft `DataGridView.CurrentCell`.

   C. Verwenden Sie die X- und Y-Koordinaten der Cursorposition.

   D. Verwenden Sie die momentan ausgewählte Spalte und Zeile im gebundenen `DataTable`-Element, um die angeklickte Zelle zu ermitteln.

2. Welches ist die beste Methode, um Eingaben in einem `DataGridView`-Steuerelement zu überprüfen?

   A. Fügen Sie Überprüfungscode zum `CellPainting`-Ereignishandler hinzu.

   B. Fügen Sie Überprüfungscode zum `DataGridView.CellClick`-Ereignishandler hinzu.

C. Fügen Sie Überprüfungscode zum `DataGridView.CellValidating`-Ereignishandler hinzu.

D. Fügen Sie Überprüfungscode zur partiellen `DataGridView`-Klassendatei hinzu.

3. Wie zeigen Sie am besten einen booleschen Wert in einem `DataGridView`-Steuerelement an?

   A. Konfigurieren Sie `DataGridViewTextBoxColumn` und zeigen Sie *True* oder *False* an.

   B. Konfigurieren Sie `DataGridViewCheckBoxColumn`, um ein Kontrollkästchen anzuzeigen, das aktiviert oder deaktiviert ist.

   C. Konfigurieren Sie `DataGridViewButtonColumn`, um eine Schaltfläche anzuzeigen, die gedrückt oder nicht gedrückt ist.

   D. Konfigurieren Sie eine benutzerdefinierte Spalte, die *Ja* oder *Nein* anzeigt.

Lektion 2: Überprüfen der Benutzereingaben

In den meisten Anwendungen gibt der Benutzer Informationen über die Benutzeroberfläche ein. Die Datenüberprüfung (data validation) stellt sicher, dass alle vom Benutzer eingegebenen Daten im gültigen Wertebereich liegen, bevor die Programmausführung fortgesetzt wird. Nehmen wir an, Sie haben ein Feld, in das der Benutzer eine Postleitzahl als Teil der Adresse eintippt. Mithilfe der Überprüfung können Sie sicherstellen, dass dieses Feld genau 5 Zeichen enthält, die alle Ziffern sind. Erst wenn diese Bedingung erfüllt ist, wird die Verarbeitung fortgesetzt. Die Überprüfung der Benutzereingaben verringert die Gefahr, dass ein Eingabefehler auftritt. Außerdem wird Ihre Anwendung dadurch zuverlässiger.

In dieser Lektion erfahren Sie, wie Sie Benutzereingaben mithilfe von Ereignissen überprüfen und den Fokus auf Ihrem Formular steuern. Sie lernen, wie Sie eine Überprüfung auf Feldebene, bei der Einträge direkt nach der Eingabe überprüft werden, und eine Überprüfung auf Formularebene durchführen, bei der alle Einträge eines Formulars auf einmal überprüft werden. Und schließlich beschreibt diese Lektion, wie Sie mithilfe von Steuerelementeigenschaften die möglichen Eingaben einschränken und Ihren Benutzern mit der Komponente `ErrorProvider` aussagekräftige Fehlermeldungen anzeigen.

Am Ende dieser Lektion werden Sie in der Lage sein, die folgenden Aufgaben auszuführen:

- Erklären des Unterschieds zwischen Überprüfung auf Formular- und Feldebene
- Steuern des Fokus mit Steuerelementmethoden und -ereignissen
- Implementieren der Überprüfung auf Formularebene für Ihr Formular
- Implementieren der Überprüfung auf Feldebene für Ihr Formular

Veranschlagte Zeit für diese Lektion: 30 Minuten

Sie haben bei der Überprüfung von Benutzereingaben die Wahl zwischen zwei Arten: Überprüfung auf Formularebene und Überprüfung auf Feldebene. Die Überprüfung auf Formularebene (form-level validation) überprüft Daten, nachdem der Benutzer alle Felder gefüllt hat. Nehmen wir an, der Benutzer wird aufgefordert, in einem Formular Namen, Adresse und Telefonnummer einzugeben und dann auf *OK* zu klicken. Bei der Überprüfung auf Formularebene werden alle Felder des Formulars überprüft, wenn der Benutzer auf *OK* klickt.

Dagegen prüft die Überprüfung auf Feldebene (field-level validation) die Daten in jedem Feld, unmittelbar nachdem das Feld bearbeitet wurde. Wenn der Benutzer also ein Feld bearbeitet, das die Telefonnummer enthält, kann die Überprüfung auf Feldebene prüfen, ob die Nummer eine gültige Vorwahl enthält, bevor sie zum nächsten Feld springt. Und während der Benutzer jede Ziffer eingibt, können Sie mithilfe von Steuerelementereignissen sicherstellen, dass nur Zahlen eingetippt werden.

Überprüfung auf Feldebene

Oft wollen Sie die Daten überprüfen, während sie in jedes Feld eingegeben werden. Die Überprüfung auf Feldebene gibt dem Entwickler die Kontrolle über die Benutzereingabe, direkt während sie stattfindet. In diesem Abschnitt erfahren Sie, wie Sie mithilfe von Steuerelementereignissen die Benutzereingabe überprüfen und wie Sie einige Eigenschaften des Steuerelements `TextBox` nutzen, um die erlaubten Eingaben auf bestimmte Werte einzuschränken.

Verwenden von *TextBox*-Eigenschaften

Am häufigsten wird das Steuerelement `TextBox` für Benutzereingaben eingesetzt. `TextBox` stellt einige Eigenschaften zur Verfügung, mit denen Sie die Werte der erlaubten Eingaben einschränken können. Beispiele für diese Eigenschaften sind:

- `MaxLength`
- `PasswordChar`
- `ReadOnly`
- `Multiline`

Einstellen der Eigenschaft *MaxLength*

Die Eigenschaft `MaxLength` beschränkt die Zahl der Zeichen, die in ein Textfeld eingetippt werden dürfen. Falls der Benutzer versucht, mehr Zeichen einzutippen, als `MaxLength` festlegt, nimmt das Textfeld keine weiteren Eingaben mehr entgegen und ein Warnton macht den Benutzer auf das Problem aufmerksam. Diese Eigenschaft ist für Textfelder nützlich, die immer gleich lange Daten enthalten, beispielsweise eine Postleitzahl.

Verwenden der Eigenschaft *PasswordChar*

Mit der Eigenschaft `PasswordChar` können Sie die Anzeige der eingetippten Zeichen unterdrücken. Wenn Sie der Eigenschaft `PasswordChar` beispielsweise einen Stern (*) zuweisen, zeigt das Textfeld für jedes eingegebene Zeichen einen Stern an, unabhängig davon, welche Zeichen der Benutzer tatsächlich eintippt. Dieses Verhalten sehen Sie oft bei Feldern zur Kennworteingabe.

Als Kennwortzeichen wird zwar meist ein Stern verwendet, Sie können aber ein beliebiges anderes Zeichen eintragen. Sie könnten also lauter Strichpunkte oder Eurozeichen anzeigen. Der Wert der Eigenschaft `Text` enthält immer die tatsächlichen Eingaben des Benutzers, unabhängig davon, welches Kennwortzeichen eingestellt ist.

Einstellen der Eigenschaft *ReadOnly*

Die Eigenschaft `ReadOnly` legt fest, ob der Benutzer den in einem Textfeld angezeigten Wert ändern kann. Hat `ReadOnly` den Wert `True`, kann der Text nicht durch Benutzereingabe geändert werden. Ist `ReadOnly` dagegen `False`, kann der Benutzer den Wert ändern.

Verwenden der Eigenschaft *Multiline*

Die Eigenschaft `Multiline` legt fest, ob ein Textfeld mehrere Zeilen enthalten kann. Wenn die Eigenschaft den Wert `True` hat, kann der Benutzer mehrere Zeilen in das Textfeld eintippen, jeweils getrennt durch ein Wagenrücklaufzeichen. Die einzelnen Zeilen sind als Stringarray in der Auflistung `TextBox.Lines` gespeichert. Sie können über ihren Index darauf zugreifen.

Verwenden von Ereignissen bei der Überprüfung auf Feldebene

Mithilfe von Tastaturereignissen auf Feldebene können Sie Benutzereingaben sofort überprüfen. Steuerelemente, die Tastatureingaben entgegennehmen, lösen drei Tastaturereignisse aus:

- `KeyDown`
- `KeyPress`
- `KeyUp`

KeyDown und *KeyUp*

Die Ereignisse KeyDown und KeyUp werden ausgelöst, wenn eine Taste gedrückt beziehungsweise wieder losgelassen wird. Das Steuerelement, das den Fokus hat, löst das Ereignis aus. Wenn diese Ereignisse ausgelöst werden, liefern sie in einer Instanz von KeyEventArgs Informationen darüber mit, welche Taste oder Tastenkombination gedrückt oder losgelassen wurde. KeyEventArgs ist eine Klasse, die beschreibt, welche Tastenkombination gedrückt wurde. Eine Methode, die die Ereignisse KeyDown oder KeyUp behandelt, muss einen Parameter vom Typ KeyEventArgs in ihrer Signatur haben.

Die Ereignisse KeyUp und KeyDown werden in erster Linie benutzt, um zu ermitteln, ob die ALT-, STRG- oder UMSCHALT-Taste gedrückt war. Diese Informationen gehen aus den Eigenschaften im KeyEventArgs-Objekt hervor, das als Argument an den Handler übergeben wird. Die Eigenschaften von KeyEventArgs – Alt, Control und Shift – enthalten einen booleschen Wert, der angibt, ob die jeweilige Taste gedrückt war. Der Wert True bedeutet, dass die entsprechende Taste gedrückt war, und False bedeutet, dass sie nicht gedrückt war. Das folgende Beispiel demonstriert einen KeyUp-Ereignishandler, der überprüft, ob die ALT-Taste gedrückt war:

' Visual Basic

```
Private Sub TextBox1_KeyUp(ByVal sender As Object, ByVal e As _
   System.Windows.Forms.KeyEventArgs) Handles TextBox1.KeyUp
   If e.Alt = True Then
      MessageBox.Show("ALT-Taste ist gedrückt")
   End If
End Sub
```

// C#

```
private void textBox1_KeyUp(object sender,
   System.Windows.Forms.KeyEventArgs e)
{
   if (e.Alt == true)
   MessageBox.Show("ALT-Taste ist gedrückt");
}
```

Sie können auch mit der Eigenschaft KeyEventArgs.KeyCode ermitteln, welche Taste das Ereignis ausgelöst hat. Diese Eigenschaft gibt einen Keys-Wert zurück, der angibt, welche Taste gedrückt (im Fall eines KeyDown-Ereignisses) oder losgelassen wurde (beim Ereignis KeyUp). Das folgende Beispiel zeigt einen simplen Ereignishandler, der in einem Meldungsfeld als Zeichenfolgendarstellung anzeigt, welche Taste gedrückt wurde:

' Visual Basic

```
Private Sub TextBox1_KeyDown(ByVal sender As Object, ByVal e As _
   System.Windows.Forms.KeyEventArgs) Handles TextBox1.KeyDown
   MessageBox.Show(e.KeyCode.ToString())
End Sub
```

// C#

```
private void textBox1_KeyDown(object sender,
   System.Windows.Forms.KeyEventArgs e)
{
   MessageBox.Show(e.KeyCode.ToString());
}
```

KeyPress

Wenn ein Benutzer eine Taste drückt, der ein ASCII-Wert zugeordnet ist, wird das Ereignis KeyPress ausgelöst. Diese Tasten umfassen alle alphabetischen und numerischen Zeichen (a–z, A–Z und 0–9) sowie einige spezielle Tastaturzeichen, beispielsweise EINGABETASTE und RÜCKTASTE. Wenn eine Taste oder Tastenkombination keinen ASCII-Wert liefert, löst sie nicht das Ereignis KeyPress aus. Beispiele für solche Tasten, die das Ereignis nicht auslösen, sind STRG, ALT und die Funktionstasten.

Dieses Ereignis ist vor allem nützlich, um Tastendrücke abzufangen und zu untersuchen. Wenn dieses Ereignis ausgelöst wird, wird eine Instanz von KeyPressEventArgs als Argument an den Ereignishandler übergeben. Die Eigenschaft KeyPressEventArgs.KeyChar enthält das ASCII-Zeichen, das der Tastendruck erzeugt, der das Ereignis ausgelöst hat. Wenn Sie zum Beispiel sicherstellen wollen, dass eine Zifferntaste gedrückt wurde, können Sie die Eigenschaft KeyChar in Ihrem KeyPress-Ereignishandler auswerten.

Überprüfen von Zeichen

Der Datentyp Char enthält mehrere statische (Shared) Methoden, die nützlich sind, um Eingaben zu überprüfen, die vom Ereignis KeyPress abgefangen wurden:

- Char.IsDigit
- Char.IsLetter
- Char.IsLetterOrDigit
- Char.IsPunctuation
- Char.IsLower
- Char.IsUpper

Alle diese Methoden werten ein Zeichen aus und geben einen booleschen Wert zurück. Sie sind praktisch selbsterklärend. Die Funktion Char.IsDigit gibt True zurück, wenn ein Zeichen eine Ziffer ist, andernfalls lautet das Ergebnis False. Die Funktion Char.IsLower gibt True zurück, wenn ein Zeichen ein Kleinbuchstabe ist, andernfalls gibt sie False zurück. Die anderen Methoden verhalten sich ähnlich. Das nächste Beispiel prüft mit der Methode Char.IsDigit, ob die gedrückte Taste eine Zifferntaste ist:

' Visual Basic

```
Private Sub TextBox1_KeyPress (ByVal sender As Object, ByVal e As _
   System.Windows.Forms.KeyPressEventArgs) Handles TextBox1.KeyPress
   If Char.IsDigit(e.KeyChar) = True Then
      MessageBox.Show("Sie haben eine Zifferntaste gedrückt")
   End If
End Sub
```

// C#

```
private void textBox1_KeyPress (object sender,
   System.Windows.Forms.KeyPressEventArgs e)
{
   if (Char.IsDigit(e.KeyChar) == true)
      MessageBox.Show("Sie haben eine Zifferntaste gedrückt");
}
```

Steuern des Fokus

Der Fokus (focus) bestimmt die Fähigkeit eines Steuerelements, Benutzereingaben von der Maus oder Tastatur entgegenzunehmen. Sie können zwar mehrere Steuerelemente auf Ihrem Formular haben, es hat aber zu jedem Zeitpunkt immer nur ein einziges den Fokus. Das Steuerelement, das den Fokus hat, befindet sich immer auf dem aktiven Formular der Anwendung.

Jedes Steuerelement implementiert die Methode `Focus`. Diese Methode setzt den Fokus auf das Steuerelement, bei dem sie aufgerufen wird. Die Methode `Focus` gibt einen booleschen Wert zurück, der angibt, ob dem Steuerelement der Fokus zugewiesen werden konnte. Deaktivierte oder unsichtbare Steuerelemente können nicht den Fokus erhalten. Ob ein Steuerelement den Fokus empfangen kann, stellen Sie mit der Eigenschaft `CanFocus` fest. Sie hat den Wert `True`, wenn das Steuerelement den Fokus empfangen kann, beziehungsweise `False`, wenn Sie dem Steuerelement nicht den Fokus zuweisen können.

' Visual Basic

```
' Dieses Beispiel prüft, ob TextBox1 den Fokus empfangen kann, und
' weist ihm den Fokus zu, sofern möglich.
If TextBox1.CanFocus = True Then
   TextBox1.Focus()
End If
```

// C#

```
// Dieses Beispiel prüft, ob TextBox1 den Fokus empfangen kann, und
// weist ihm den Fokus zu, sofern möglich.
if (textBox1.CanFocus == true)
   textBox1.Focus();
```

Fokusereignisse treten in der folgenden Reihenfolge auf:

1. `Enter`
2. `GotFocus`
3. `Leave`
4. `Validating`
5. `Validated`
6. `LostFocus`

Die Ereignisse `Enter` und `Leave` werden ausgelöst, wenn einem Steuerelement der Fokus zugewiesen wird beziehungsweise wenn ihm der Fokus entzogen wird. `GotFocus` wird ausgelöst, sobald das Steuerelement den Fokus erhalten hat. `LostFocus` wird ausgelöst, nachdem das Steuerelement den Fokus verloren hat. Sie können mithilfe dieser Ereignisse zwar eine Überprüfung auf Feldebene implementieren, aber die Ereignisse `Validating` und `Validated` eignen sich besser für diese Aufgabe.

Die Ereignisse *Validating* und *Validated*

Am einfachsten können Sie Daten überprüfen, indem Sie das Ereignis `Validating` abfangen. Es tritt auf, unmittelbar bevor ein Steuerelement den Fokus verliert. Es wird nur ausgelöst, wenn die Eigenschaft `CausesValidation` des Steuerelements, das den Fokus verliert, den Wert `True` hat. Wenn Sie das Ereignis `Validating` nutzen möchten, um die in Ihrem Steuerelement eingegebenen Daten zu überprüfen, sollte daher die Eigenschaft `CausesValidation` beim nächsten Steuerelement in der Tabulatorreihenfolge den Wert `True` haben. Wenn Sie `Validating`-Ereignisse behandeln möchten, muss die Eigenschaft `CausesValidation` des Steuerelements, das überprüft werden soll, ebenfalls den Wert `True` haben. In der Standardeinstellung ist die Eigenschaft `CausesValidation` bei allen Steuerelementen auf `True` gesetzt, wenn diese Steuerelemente während des Entwurfs erstellt wurden. Steuerelemente wie die *Hilfe*-Schaltflächen sind normalerweise die einzigen Steuerelemente, bei denen `CausesValidation` den Wert `False` hat.

Mit dem Ereignis `Validating` können Sie eine ausgefeilte Überprüfung Ihrer Steuerelemente vornehmen. Sie können beispielsweise einen Ereignishandler implementieren, der prüft, ob der eingegebene Wert in einem ganz bestimmten Format vorliegt. Oder Sie schreiben einen Ereignishandler, der nicht erlaubt, den Fokus vom Steuerelement zu nehmen, bevor ein Wert eingegeben wurde.

Das Ereignis `Validating` übergibt eine Instanz der Klasse `CancelEventArgs`. Diese Klasse enthält eine einzige Eigenschaft, `Cancel`. Falls die Eingabe in Ihrem Steuerelement nicht die geforderten Bedingungen erfüllt, können Sie mit der Eigenschaft `Cancel` innerhalb Ihres Ereignishandlers das `Validating`-Ereignis abbrechen und den Fokus auf das Steuerelement zurücksetzen.

Das Ereignis `Validated` wird ausgelöst, nachdem ein Steuerelement erfolgreich überprüft wurde. Sie können in diesem Ereignis alle Aktionen ausführen, die bei gültigen Eingaben erforderlich sind.

Das folgende Beispiel zeigt einen Handler für das Ereignis `Validating`. Diese Methode erzwingt, dass etwas in `TextBox1` eingegeben wird, bevor der Benutzer den Fokus zum nächsten Steuerelement verschieben darf.

' Visual Basic

```
Private Sub TextBox1_Validating(ByVal sender As Object, ByVal e As _
   System.ComponentModel.CancelEventArgs) Handles TextBox1.Validating
   ' Wert von TextBox1 überprüfen
   If TextBox1.Text = "" Then
      ' Fokus zurücksetzen, falls TextBox1 leer ist
      e.Cancel = True
   End If
End Sub
```

// C#

```
private void textBox1_Validating(object sender,
   System.ComponentModel.CancelEventArgs e)
{
   // Wert von textBox1 überprüfen
   if (textBox1.Text == "")
      // Fokus zurücksetzen, falls textBox1 leer ist
      e.Cancel = true;
}
```

Gehen Sie folgendermaßen vor, um einen Handler für das Ereignis `Validating` zu einem Textfeld hinzuzufügen:

1. Fügen Sie ein `TextBox`-Steuerelement zu einem Formular hinzu.
2. Erstellen Sie einen Ereignishandler für das Ereignis `Validating` des Textfelds. Setzen Sie im Ereignishandler die Eigenschaft `e.Cancel` auf den Wert `True`, um die Überprüfung abzubrechen und den Fokus in das Textfeld zurückzusetzen.
3. Setzen Sie die Eigenschaft `CausesValidation` bei allen Steuerelementen, in denen das Ereignis `Validating` nicht ausgelöst werden soll, auf `False`.

Überprüfung auf Formularebene

Bei der Überprüfung auf Formularebene werden alle Felder eines Formulars auf einmal überprüft. Eine zentrale Prozedur implementiert die Überprüfung auf Formularebene. Sie wird normalerweise aufgerufen, wenn der Benutzer den nächsten Schritt ausführen will. Eine erweiterte Methode zur Überprüfung auf Formularebene verwendet einen Tastaturhandler auf Formularebene.

Das nächste Beispiel zeigt, wie Sie eine Methode für die Überprüfung auf Formularebene schreiben. Dieses Beispiel prüft, ob in alle Textfelder auf einem Formular etwas eingegeben wurde, sobald die Schaltfläche `btnValidate` gedrückt wird. Bei Bedarf setzt die Methode den Fokus auf das erste leere Textfeld zurück.

' Visual Basic

```
Private Sub btnValidate_Click(ByVal sender As System.Object, ByVal e _
   As System.EventArgs) Handles btnValidate.Click
   Dim aControl As System.Windows.Forms.Control
   ' Alle Steuerelemente auf dem Formular durchgehen
   For Each aControl In Me.Controls
      ' Prüfen, ob das Steuerelement ein Textfeld ist und
      ' eine leere Zeichenfolge enthält
      If TypeOf aControl Is TextBox AndAlso aControl.Text = "" Then
         ' Falls ein Textfeld ohne Inhalt gefunden wurde, bekommt
         ' es den Fokus, und die Methode wird verlassen
         aControl.Focus()
         Exit Sub
      End If
   Next
End Sub
```

// C#

```
private void btnValidate_Click(object sender, System.EventArgs e)
   {
   // Alle Steuerelemente auf dem Formular durchgehen
   foreach (System.Windows.Forms.Control aControl in this.Controls)
   {
      // Prüfen, ob das Steuerelement ein Textfeld ist und
      // eine leere Zeichenfolge enthält
      if (aControl is System.Windows.Forms.TextBox & aControl.Text == "")
```

```
            {
                // Falls ein Textfeld ohne Inhalt gefunden wurde, bekommt
                // es den Fokus, und die Methode wird verlassen
                aControl.Focus();
                return;
            }
        }
    }
```

Tastaturhandler auf Formularebene

Ein Tastaturhandler ist eine etwas raffiniertere Technik für die Überprüfung auf Formularebene. Mit einem zentralen Tastaturhandler können Sie Dateneingaben für alle Felder auf einem Formular verwalten. Sie können beispielsweise eine Methode erstellen, die Befehlsschaltflächen nur aktiviert, wenn in alle Felder die geforderten Eingaben eingetragen wurden, und die bei jedem Tastendruck bestimmte Aktionen ausführt.

Die Ereignisse `KeyPress`, `KeyDown` und `KeyUp` implementieren einen Tastaturhandler auf Formularebene. Falls ein Formular keine sichtbaren und aktivierten Steuerelemente hat, löst es automatisch Tastaturereignisse aus. Befinden sich allerdings irgendwelche Steuerelemente auf dem Formular, löst das Formular diese Ereignisse nicht automatisch aus. Damit das Formular die Ereignisse auslöst, müssen Sie seine Eigenschaft `KeyPreview` auf den Wert `True` setzen. Dann löst das Formular Tastendruckereignisse aus, und zwar vor dem Steuerelement, das den Fokus hat. Nehmen wir an, Sie haben einen `KeyPress`-Handler für das Formular und einen `KeyPress`-Handler für ein Textfeld auf diesem Formular. Die Eigenschaft `KeyPreview` des Formulars ist auf `True` gesetzt. Wenn der Benutzer nun eine Taste drückt, löst zuerst das Formular das Ereignis `KeyPress` aus, woraufhin der `KeyPress`-Ereignishandler des Formulars zuerst ausgeführt wird. Sobald dies abgeschlossen ist, wird der `KeyPress`-Ereignishandler des Textfelds aufgerufen.

Probleme an den Benutzer melden

Wurden ungültige Daten in ein Feld eingegeben, sollte der Benutzer darüber informiert werden und die Gelegenheit erhalten, den Fehler zu korrigieren. Es gibt viele Möglichkeiten, den Benutzer auf einen Eingabefehler aufmerksam zu machen. Falls der Fehler offensichtlich und selbsterklärend ist, kann ein Warnton den Benutzer auf das Problem hinweisen. Sie können die Methode `Beep` aufrufen, um einen Warnton auszugeben:

' Visual Basic

```
' Diese Zeile gibt einen Ton aus
Beep()
```

// C#

```
// Diese Zeile gibt einen Ton aus
System.Console.Beep();
```

Sie können den Benutzer auch auf einen Fehler hinweisen, indem Sie die Eigenschaften `BackColor` oder `ForeColor` eines Steuerelements ändern. Zum Beispiel können Sie bei einem Textfeld mit ungültigen Eingaben den Hintergrund rot färben.

Werden ausführlichere Meldungen gebraucht, können Sie die Methode `MessageBox.Show` verwenden. Sie zeigt ein kleines, modales Dialogfeld an, das eine aussagekräftige Meldung enthält. Weil es modal angezeigt wird, unterbricht es die Ausführung des Programms. Der

Benutzer kann es unmöglich ignorieren. Das nächste Beispiel zeigt, wie Sie die Methode `MessageBox.Show` aufrufen und eine Meldung anzeigen:

' Visual Basic

```
MessageBox.Show("Dieser Wert ist bei diesem Steuerelement nicht zulässig")
```

// C#

```
MessageBox.Show("Dieser Wert ist bei diesem Steuerelement nicht zulässig");
```

Die Komponente *ErrorProvider*

Die Komponente `ErrorProvider` bietet eine einfache Möglichkeit, Überprüfungsfehler an Ihre Benutzer zu melden. Sie können damit eine Fehlermeldung für jedes Steuerelement auf Ihrem Formular für den Fall festlegen, dass die Eingabe ungültig ist. Wenn eine Fehlermeldung aktiv wird, erscheint neben dem Steuerelement ein Symbol, das den Fehler anzeigt, und der Text der Fehlermeldung wird als Tooltip angezeigt, wenn die Maus über dem betroffenen Steuerelement steht. Die Komponente `ErrorProvider` finden Sie in der Rubrik *Alle Windows Forms* der Toolbox.

Anzeigen eines Fehlers

Rufen Sie die Methode `SetError` der Komponente `ErrorProvider` auf, damit eine Fehlerbedingung neben einem Steuerelement angezeigt wird. Sie müssen der Methode `SetError` den Namen des Steuerelements übergeben, das Sie konfigurieren, und den Text der Fehlermeldung. Der Aufruf sieht folgendermaßen aus:

' Visual Basic

```
' Dieses Beispiel setzt voraus, dass ein Steuerelement namens nameTextBox und
' ein ErrorProvider-Objekt namens myErrorProvider vorhanden sind
myErrorProvider.SetError(nameTextBox, "Name darf nicht leer sein!")
```

// C#

```
// Dieses Beispiel setzt voraus, dass ein Steuerelement namens nameTextBox und
// ein ErrorProvider-Objekt namens myErrorProvider vorhanden sind
myErrorProvider.SetError(nameTextBox, "Name darf nicht leer sein!");
```

Wenn diese Codezeile ausgeführt wird, wird ein Symbol neben dem Steuerelement `nameTextBox` angezeigt, und der angegebene Text erscheint in einem Tooltipfeld, wenn der Benutzer die Maus über das Steuerelement bewegt.

Sie können die Fehlermeldung auch während des Entwurfs konfigurieren. Wenn Sie ein `ErrorProvider`-Steuerelement zu Ihrem Formular hinzufügen, sehen Sie im Eigenschaftenfenster, dass jedes Steuerelement eine Eigenschaft namens *Error auf* *<x>* bekommt, wobei *<x>* der Name der `ErrorProvider`-Komponente ist. Sie können dieser Eigenschaft während des Entwurfs im Eigenschaftenfenster einen Wert zuweisen. Ist ein Wert für `Error` festgelegt, zeigt das Steuerelement während der Laufzeit sofort einen Fehler an.

Einige Eigenschaften der Komponente `ErrorProvider` wirken sich darauf aus, wie der Benutzer die Informationen angezeigt bekommt. Die Eigenschaft `Icon` legt fest, welches Symbol neben dem Steuerelement erscheint. Vielleicht haben Sie mehrere `ErrorProvider`-Objekte auf demselben Formular: eines, das Fehler meldet, und ein anderes, das Warnungen meldet. Sie können unterschiedliche Symbole für die beiden verwenden, um dem Benutzer optisch deutlich zu machen, worum es sich handelt. Eine weitere Eigenschaft ist `BlinkStyle`. Sie steuert, ob das Fehlersymbol blinkt. Die Eigenschaft `BlinkRate` gibt an, wie schnell das Symbol blinkt.

So erstellen Sie einen Überprüfungshandler, der die Komponente `ErrorProvider` nutzt:

1. Erstellen Sie Ihr Formular und fügen Sie eine `ErrorProvider`-Komponente hinzu.

   Die `ErrorProvider`-Komponente erscheint in der Komponentenleiste.
2. Setzen Sie die Eigenschaft `CausesValidation` des Steuerelements, für das Sie eine Fehlermeldung bereitstellen wollen, auf den Wert `True`, sofern das noch nicht geschehen ist.
3. Prüfen Sie im `Validating`-Ereignishandler des Steuerelements den Wert. Wenn ein Fehler vorliegt, rufen Sie die Methode `SetError` auf. Dabei geben Sie die Fehlermeldung an, die angezeigt werden soll. Das folgende Beispiel zeigt einen Überprüfungshandler für ein Textfeld namens `pswordTextBox` und eine `ErrorProvider`-Komponente namens `myErrorProvider`.

' Visual Basic

```
Private Sub pswordTextBox_Validating(ByVal sender As Object, _
   ByVal e As System.ComponentModel.CancelEventArgs) Handles _
   pswordTextBox.Validating
   ' Eingabe überprüfen
   If pswordTextBox.Text = "" Then
      ' Fehler für eine ungültigen Eingabe setzen
      myErrorProvider.SetError(pswordTextBox, _
         "Kennwort darf nicht leer sein!")
   Else
      ' Fehler löschen, wenn eine gültige Eingabe vorliegt. Es wird kein Fehler gemeldet
      myErrorProvider.SetError(pswordTextBox, "")
   End If
End Sub
```

// C#

```
private void pswordTextBox_Validating(object sender,
   System.ComponentModel.CancelEventArgs e)
{
   // Eingabe überprüfen
   if (pswordTextBox.Text == "")
      // Fehler für eine ungültigen Eingabe setzen
      myErrorProvider.SetError(pswordTextBox,
         "Kennwort darf nicht leer sein!");
   else
      // Fehler löschen, wenn eine gültige Eingabe vorliegt. Es wird kein Fehler gemeldet
      myErrorProvider.SetError(pswordTextBox, "");
}
```

Implementieren von *IDataErrorInfo* in WPF-Anwendungen

Die Überprüfung in WPF-Anwendungen wurde in Kapitel 6, »Arbeiten mit Datenbindung«, ausführlich behandelt. Sie fügen `ValidationRule`-Objekte zur Auflistung `Binding.ValidationRules` hinzu, um Benutzereingaben zu überprüfen. Wenn Sie allerdings `IDataErrorInfo` in Ihren benutzerdefinierten Klassen implementieren, können Sie eine Überprüfung direkt in Ihre Datenobjekte einbauen, um eine weitere Überprüfungsmöglichkeit bereitzustellen.

`IDataErrorInfo` definiert zwei Eigenschaften: `Error` liefert eine Fehlermeldung, die ein Problem mit dem Objekt beschreibt, und `Item` enthält eine Fehlermeldung, die ein Problem mit einer Eigenschaft des Objekts beschreibt. Auf den Wert der Eigenschaft `Error` können Sie nur zugreifen, indem Sie ihn direkt abfragen. Häufig ist er gar nicht implementiert. Die Eigenschaft `Item` liefert dagegen Informationen an die Auflistung `Validation.Errors` in WPF. Sie kann von integrierten Überprüfungsverfahren genutzt werden.

Implementieren von *IDataErrorInfo*

Den größten Teil einer Implementierung von `IDataErrorInfo` nimmt die Eigenschaft `Item` ein. Um die Eigenschaft `Item` zu implementieren, müssen Sie eine Überprüfung für alle Eigenschaften durchführen, die überprüft werden müssen. Hier ein Beispiel:

' Visual Basic

```
Default Public ReadOnly Property Item(ByVal columnName As String) _
    As String Implements System.ComponentModel.IDataErrorInfo.Item
    Get
        Dim result As String = Nothing
        If columnName = "FirstName" Then
            If Not FirstName = "John" Then
                result = "Vorname muss John lauten"
            End If
        End If
        If columnName = "LastName" Then
            If Not LastName = "Smith" Then
                result = "Nachname muss Smith sein"
            End If
        End If
        Return result
    End Get
End Property
```

// C#

```
public string this[string columnName]
{
    get
    {
       string result = null;
       if (columnName == "FirstName")
       {   if (!(FirstName == "John"))
               result = "Vorname muss John lauten";
       }
       if (columnName == "LastName")
       {   if (!(LastName == "Smith"))
               result = "Nachname muss Smith sein";
       }
       return result;
    }
}
```

In diesem relativ nutzlosen Beispiel überprüft die Eigenschaft Item zwei Eigenschaften: FirstName und LastName, wobei die Eigenschaft FirstName den Inhalt »John« und die Eigenschaft LastName den Namen »Smith« haben muss. Der Name der Spalte, den die Methode überprüft, wird im Parameter columnName übergeben. Sie können dann diese Spalte auswerten und den Wert der untersuchten Eigenschaft prüfen. Wenn in diesem Beispiel die überprüfte Eigenschaft nicht einen bestimmten Wert hat, wird eine Fehlerzeichenfolge zurückgegeben. Andernfalls wird eine leere Zeichenfolge zurückgegeben.

Wenn Sie IDataErrorInfo implementiert haben, kann die WPF-Überprüfungsarchitektur genutzt werden, um die Werte in den Eigenschaften des Objekts zu überprüfen. Wenn ein Steuerelement an ein Objekt gebunden ist, das IDataErrorInfo implementiert, sollte es ValidatesOnDataErrors auf den Wert True setzen:

```
<TextBox.Text>
    <Binding Source="{StaticResource TheCollection}"
        Path="LastName" UpdateSourceTrigger="LostFocus"
        ValidatesOnDataErrors="True"/>
</TextBox.Text>
```

Beachten Sie in diesem Beispiel, dass die Eigenschaft UpdateSourceTrigger auf LostFocus gesetzt wird. Das legt fest, wann der gebundene Inhalt im Steuerelement überprüft wird. Wenn das Steuerelement den Fokus verliert, wird die Item-Methode von IDataErrorInfo ausgeführt. Sie können den gebundenen Inhalt jedes Mal prüfen, wenn er sich ändert. Dazu setzen Sie diese Eigenschaft auf den Wert PropertyChanged. Das ist allerdings sehr aufwendig und verbraucht viele Prozessorressourcen.

Falls die Item-Methode einen Überprüfungsfehler findet und eine Fehlerzeichenfolge zurückgibt, wird der Fehler zur Auflistung Validation.Errors hinzugefügt. Sie können dann während der Laufzeit darauf zugreifen. Sie können dem Tooltip mithilfe eines Style-Elements während der Laufzeit die Fehlerzeichenfolge zuweisen:

```
<Style TargetType="{x:Type TextBox}">
    <Style.Triggers>
        <Trigger Property="Validation.HasError" Value="true">
            <Setter Property="ToolTip"
        Value="{Binding RelativeSource={RelativeSource Self},
               Path=(Validation.Errors)[0].ErrorContent}"/>
        </Trigger>
    </Style.Triggers>
</Style>
```

In diesem Beispiel wird das Style-Objekt auf Steuerelemente vom Typ TextBox angewendet. Es löst einen Trigger aus, wenn die Eigenschaft Validation.HasError, die der Eigenschaft ToolTip die Fehlerzeichenfolge für dieses Steuerelement zuweist, den Wert true hat. Diese Zeichenfolge wird sichtbar, wenn sich die Maus über dem Steuerelement befindet. Sie bleibt bestehen, bis der Fehler gelöscht wird.

Sie können die verknüpfte Eigenschaft Validation.ErrorTemplate verwenden, um eine andere Vorlage für das Steuerelement bereitzustellen, wenn ein Überprüfungsfehler erkannt wurde. Die verknüpfte Eigenschaft Validation.ErrorTemplate enthält einen ControlTemplate-Wert. Die Übung im Anschluss demonstriert, wie Sie eine verknüpfte ErrorTemplate-Eigenschaft erstellen.

Übung Implementieren von *IDataErrorInfo*

In dieser Übung implementieren Sie `IDataErrorInfo` in einer einfachen Klasse und binden sie dann an Steuerelemente in der Benutzeroberfläche. Sie erstellen einen Stil, der `ToolTip` automatisch eine Fehlerzeichenfolge zuweist und eine verknüpfte `ErrorTemplate`-Eigenschaft erstellt, die das Aussehen des Steuerelements ändert, nachdem ein Fehler erkannt wurde.

Übung Implementieren von *IDataErrorInfo*

1. Legen Sie in Visual Studio eine neue WPF-Anwendung mit dem Namen **Lesson 2** an.
2. Fügen Sie im Code-Editor für die Klasse `MainWindow` die folgende Klasse hinzu:

' Visual Basic

```
Public Class Customer
    Implements System.ComponentModel.IDataErrorInfo
    Private mFirstName As String = ""
    Public Property FirstName As String
        Get
            Return mFirstName
        End Get
        Set(ByVal value As String)
            mFirstName = value
        End Set
    End Property
    Private mLastName As String = ""
    Public Property LastName As String
        Get
            Return mLastName
        End Get
        Set(ByVal value As String)
            mLastName = value
        End Set
    End Property
    Public ReadOnly Property [Error] As String _
        Implements System.ComponentModel.IDataErrorInfo.Error
        Get

        End Get
    End Property

    Default Public ReadOnly Property Item(ByVal columnName As String) As String _
        Implements System.ComponentModel.IDataErrorInfo.Item
        Get

        End Get
    End Property
End Class
```

// C#

```
public class Customer : System.ComponentModel.IDataErrorInfo
{
    string mFirstName = "";
    public string FirstName
    {
        get
        {
            return mFirstName;
        }
        set
        {
            mFirstName = value;
        }
    }
    string mLastName = "";
    public string LastName
    {
        get
        {
            return mLastName;
        }
        set
        {
            mLastName = value;
        }
    }

    public string Error
    {
        get { }
    }

    public string this[string columnName]
    {
        get { }
    }
}
```

Sie enthält eine leere Implementierung für `IDataErrorInfo`; dies ist die Implementierung, die von Visual Studio automatisch generiert wird.

3. Fügen Sie in der Eigenschaft `Error` die folgende Zeile in den Getter ein:

' Visual Basic

```
Throw New NotImplementedException
```

// C#

```
throw new NotImplementedException();
```

4. Fügen Sie in der Eigenschaft `Item` die folgende Implementierung ein:

' Visual Basic

```
Get
    Dim Result As String = Nothing
    Select Case columnName
        Case "FirstName"
            If Not FirstName.Length > 1 Then
                Result = "Vorname muss länger als 1 Zeichen sein"
            ElseIf FirstName.Length > 10 Then
                Result = "Vorname darf nicht länger als 10 Zeichen sein"
            End If
        Case "LastName"
            If Not LastName.Length > 1 Then
                Result = "Nachname muss länger als 1 Zeichen sein"
            End If
    End Select
    Return Result
End Get
```

// C#

```
get
{
    string result = null;
    switch (columnName)
    {
        case "FirstName":
            if (!(FirstName.Length > 1))
                result = "Vorname muss länger als 1 Zeichen sein";
            else if (FirstName.Length > 10)
                result =
                    "Vorname darf nicht länger als 10 Zeichen sein";
            break;
        case "LastName":
            if (!(LastName.Length > 1))
                result = "Nachname muss länger als 1 Zeichen sein";
            break;
    }
    return result;
}
```

5. Fügen Sie im XAML-Designer die folgende Zeile in die `Window`-Deklaration ein, um den Projektnamespace zu importieren. (Falls Sie Ihrem Projekt einen anderen Namen als *Lesson 2* gegeben haben, müssen Sie den Namespacenamen entsprechend anpassen.)

```
xmlns:my="clr-namespace:Lesson_2"
```

6. Fügen Sie im XAML-Designer den folgenden `Window.Rescurces`-Abschnitt ein, um eine Instanz der Klasse `Customer` als Ressource in Ihrer Anwendung anzulegen:

```
<Window.Resources>
    <my:Customer x:Key="myCustomer" />
</Window.Resources>
```

7. Fügen Sie im XAML-Designer den folgenden XAML-Code zur `Grid`-Deklaration hinzu:

```
<TextBox Height="23" HorizontalAlignment="Left"
    Margin="61,32,0,0" Name="TextBox1" VerticalAlignment="Top" Width="120" >
    <TextBox.Text>
        <Binding Source="{StaticResource myCustomer}" Path="FirstName"
            UpdateSourceTrigger="LostFocus" ValidatesOnDataErrors="True"/>
    </TextBox.Text>
</TextBox>
<TextBox Height="23" HorizontalAlignment="Left" Margin="61,81,0,0"
    Name="TextBox2" VerticalAlignment="Top" Width="120" >
    <TextBox.Text>
        <Binding Source="{StaticResource myCustomer}" Path="LastName"
            UpdateSourceTrigger="LostFocus" ValidatesOnDataErrors="True"/>
    </TextBox.Text>
</TextBox>
```

Die Eigenschaft `Text` aller Textfelder ist jeweils an eine Eigenschaft der Ressource `myCustomer` gebunden. Den Eigenschaften `UpdateSourceTrigger` und `ValidatesOnDataErrors` der Bindung werden die Werte `LostFocus` beziehungsweise `True` zugewiesen.

8. Fügen Sie im XAML-Designer den folgenden Stil zum `Window.Resources`-Abschnitt hinzu:

```
<Style TargetType="{x:Type TextBox}">
    <Style.Triggers>
        <Trigger Property="Validation.HasError" Value="true">
            <Setter Property="ToolTip"
        Value="{Binding RelativeSource={RelativeSource Self},
                Path=(Validation.Errors)[0].ErrorContent}"/>
       </Trigger>
    </Style.Triggers>
</Style>
```

Dieser Stil hat den Zieltyp `Textbox`, daher wird er automatisch auf beide `Textbox`-Steuerelemente in dieser Anwendung angewendet. Er enthält einen Trigger, der ausgelöst wird, wenn die Eigenschaft `Validation.HasError` des gebundenen Steuerelements den Wert `True` hat. Sobald der Trigger auslöst, ruft er einen Setter auf, der der Eigenschaft `ToolTip` des `Textbox`-Steuerelements die Eigenschaft `ErrorContent` des Überprüfungsfehlers zuweist. Die von der Methode `Item` zurückgegebene Zeichenfolge wird daher in Form eines Tooltips angezeigt, wenn sich die Maus über dem Steuerelement befindet.

9. Fügen Sie den folgenden Setter zum Trigger in dem Stil aus Schritt 8 ein:

```
<Setter Property="Validation.ErrorTemplate">
    <Setter.Value>
        <ControlTemplate>
            <DockPanel LastChildFill="True">
                <TextBlock DockPanel.Dock="Right" Foreground="Red"
                    FontSize="16pt">!!!</TextBlock>
                <Border BorderBrush="Purple" BorderThickness="3">
                    <AdornedElementPlaceholder />
                </Border>
            </DockPanel>
        </ControlTemplate>
    </Setter.Value>
</Setter>
```

   Dieser Setter setzt die Eigenschaft `ErrorTemplate` des Steuerelements, wenn die Eigenschaft `Validation.HasError` den Wert `true` hat. Die hier definierte Vorlage umrahmt das Textfeld, das einen Fehler enthält, mit einem lila Rand und zeigt rote Ausrufezeichen dahinter an.

10. Drücken Sie F5, um Ihre Anwendung zu erstellen und auszuführen.

Zusammenfassung der Lektion

- Die Überprüfung auf Formularebene überprüft alle Felder eines Formulars gleichzeitig. Die Überprüfung auf Feldebene überprüft dagegen jedes Feld, sobald Daten eingegeben werden. Sie bietet daher eine genauere Kontrolle über die Überprüfung.
- Das Steuerelement `TextBox` enthält mehrere Eigenschaften, die Sie während des Entwurfs einstellen können, um die Werte einzuschränken, die der Benutzer darin eingeben darf.
- Mit Tastaturereignissen können Sie Tastendrücke überprüfen. Sie werden von dem Steuerelement ausgelöst, das den Fokus hat und die Eingaben empfängt. Das Formular löst diese Ereignisse ebenfalls aus, wenn die Eigenschaft `KeyPreview` den Wert `True` hat.
- Die Struktur `Char` enthält mehrere statische Methoden, die nützlich sind, um Zeicheneingaben zu überprüfen.
- Das Ereignis `Validating` tritt auf, bevor das Steuerelement den Fokus verliert. Sie sollten es behandeln, um Benutzereingaben zu überprüfen. Dieses Ereignis wird nur ausgelöst, wenn die Eigenschaft `CausesValidation` des Steuerelements, das als Nächstes den Fokus erhält, den Wert `True` hat. Wenn Sie im `Validating`-Ereignishandler verhindern wollen, dass der Fokus das Steuerelement verlässt, können Sie die Eigenschaft `CancelEventArgs.Cancel` auf `True` setzen.
- Mit der Komponente `ErrorProvider` können Sie während der Laufzeit einen Fehler für ein Steuerelement einstellen, der einen optischen Hinweis anzeigt und dem Benutzer eine aussagekräftige Meldung liefert. Verwenden Sie die Methode `ErrorProvider.SetError`, um während der Laufzeit einen Fehler anzuzeigen.
- `IDataErrorInfo` ist eine Schnittstelle aus dem Namespace `System.ComponentModel`. Sie kann in Klassen implementiert werden, um die Überprüfung in WPF-Anwendungen auszuführen. Fehlerzeichenfolgen, die von der Eigenschaft `Item` zurückgegeben werden, werden

automatisch in die Eigenschaft `ErrorContent` des ersten `Validation.Errors`-Elements der betroffenen Bindung eingetragen.

- Sie können eine andere Vorlage für ein Steuerelement angeben, die angezeigt wird, wenn ein Überprüfungsfehler aufgetreten ist. Dazu tragen Sie die Vorlage in die verknüpfte Eigenschaft `ErrorTemplate` des Steuerelements ein.

Lernzielkontrolle

Mit den folgenden Fragen können Sie Ihr Wissen zu den Informationen aus Lektion 2, »Überprüfen der Benutzereingaben«, überprüfen. Die Fragen finden Sie (in englischer Sprache) auch auf der Begleit-CD, Sie können sie also auch auf dem Computer im Rahmen eines Übungstests beantworten.

Hinweis Die Antworten

Die Antworten auf diese Fragen mit Erklärungen, warum die jeweiligen Auswahlmöglichkeiten richtig oder falsch sind, finden Sie im Abschnitt »Antworten« am Ende dieses Buchs.

1. Wie stellen Sie von einer Klasse aus, die `IDataErrorInfo` implementiert, die Zeichenfolgeneigenschaft `ErrorContent` eines `Validation.Errors`-Objekts für ein bestimmtes Steuerelement ein?

   A. Geben Sie die Fehlerzeichenfolge als Ergebnis der Eigenschaft `Error` zurück. Sie wird automatisch in die Zeichenfolge `ErrorContent` des richtigen `Validation.Errors`-Objekts eingetragen, wenn ein Fehler in einem Steuerelement auftritt, das an dieses Objekt gebunden ist.

   B. Geben Sie die Fehlerzeichenfolge als Ergebnis der Eigenschaft `Item` zurück. Sie wird automatisch in die Zeichenfolge `ErrorContent` des richtigen `Validation.Errors`-Objekts eingetragen, wenn ein Fehler in einem Steuerelement auftritt, das an dieses Objekt gebunden ist.

   C. Weisen Sie die Zeichenfolge `ErrorContent` direkt in der Eigenschaft `Error` zu.

   D. Weisen Sie die Zeichenfolge `ErrorContent` direkt in der Eigenschaft `Item` zu.

2. In welcher Reihenfolge werden Fokusereignisse ausgelöst?

   A. `Enter, GotFocus, Validating, Validated, Leave, LostFocus`

   B. `Enter, GotFocus, Validating, Validated, LostFocus, Leave`

   C. `Enter, GotFocus, Leave, Validating, Validated, LostFocus`

   D. `Enter, GotFocus, LostFocus, Leave, Validating, Validated`

Übung mit Fallbeispiel

In der folgenden Übung mit Fallbeispiel wenden Sie an, was Sie über Datentabellen und Eingabeüberprüfung gelernt haben. Die Lösungen zu den Fragen finden Sie im Abschnitt »Antworten« hinten in diesem Buch.

Übung mit Fallbeispiel: Diagramm zum Anzeigen säumiger Autoren

Sie wurden von einem Unternehmen angesprochen, das viele Fachautoren unter Vertrag hat. Jeder davon arbeitet an einem anderen Buch. Sie sollen für das Unternehmen eine Anwendung entwickeln, die ihm dabei hilft, den Status und die Zeitpläne der Autoren zu verwalten. Sie erstellen für diesen Zweck eine Datenbank und die zugehörige Anwendung. Sie haben die Aufgabe, die Benutzeroberfläche für einen Überblicksbildschirm zu entwickeln.

Die technischen Anforderungen lauten:

- Die Anwendung sollte mit WPF erstellt werden.
- Die Datenbank stellt eine Datenzeile zu jedem Autor bereit, die folgende Daten enthält: Name, Projekttitel, vorgesehene Kapitelzahl, Zahl der fertigen Kapitel.
- Die Anwendung sollte anzeigen, wie viel Prozent des Projekts fertig sind. Der Wert berechnet sich aus der Zahl der fertigen Kapitel geteilt durch die vorgesehene Kapitelzahl. Der Prozentwert sollte grafisch als Tortengrafik angezeigt werden.
- In der Anwendung sollten sofort Informationen über alle Autoren sichtbar sein, damit die Liste leicht durchgegangen werden kann.

Beantworten Sie Ihrem Manager die folgende Frage:

- Wie sieht die beste Strategie aus, um diese Anforderungen zu erfüllen?

Vorgeschlagene Übungen

Sie sollten die folgenden Aufgaben durcharbeiten, wenn Sie die in diesem Kapitel behandelten Prüfungsziele meistern wollen.

- **Übung 1** Implementieren Sie das Projekt, das in der Übung mit Fallbeispiel beschrieben wird.
- **Übung 2** Erstellen Sie eine `DataGridTemplateColumn`-Eigenschaft, der Sie ein Datum als Datentyp übergeben. Sie sollte das Datum als Textfeld anzeigen, wenn es nicht bearbeitet wird, oder als `DatePicker`-Steuerelement, wenn das Datum geändert werden kann.
- **Übung 3** Erstellen Sie eine Windows Forms-Anwendung, in der die Benutzer Daten für die Tabelle *Customers* der Northwind-Datenbank eingeben können. Dabei sollen alle Steuerelemente auf Feldebene angemessen überprüft werden.

Machen Sie einen Übungstest

Die Übungstests (in englischer Sprache) auf der Begleit-CD zu diesem Buch bieten zahlreiche Möglichkeiten. Zum Beispiel können Sie einen Test machen, der ausschließlich die Themen aus einem Prüfungslernziel behandelt, oder Sie können sich selbst mit dem gesamten Inhalt der Prüfung 70-511 testen. Sie können den Test so konfigurieren, dass er dem Ablauf einer echten Prüfung entspricht, oder Sie können einen Lernmodus verwenden, in dem Sie sich nach dem Beantworten einer Frage jeweils sofort die richtige Antwort und Erklärungen ansehen können.

Weitere Informationen Übungstests

Einzelheiten zu allen Optionen, die bei den Übungstests zur Verfügung stehen, finden Sie im Abschnitt »So benutzen Sie die Übungstests« in der Einführung am Anfang dieses Buchs.

KAPITEL 9

Verbessern der Benutzerfreundlichkeit

Entwickler von WPF- (Windows Presentation Foundation) und Windows Forms-Anwendungen haben Zugriff auf den integrierten Funktionsumfang des Microsoft .NET Frameworks, um die Benutzerfreundlichkeit ihrer Anwendungen zu verbessern. In diesem Kapitel erfahren Sie, wie Sie diese integrierten Funktionen nutzen, um Anwendungen zu entwickeln, die flüssig reagieren, global einsetzbar sind und Interoperabilität bieten. In Lektion 1, »Implementieren der asynchronen Verarbeitung«, lernen Sie, wie Sie die asynchrone Verarbeitung implementieren und Ihre Anwendungen geeignet programmieren. Lektion 2, »Implementieren von Globalisierung und Lokalisierung« beschreibt, wie Sie Ihre Anwendungen globalisieren und lokalisieren. Und in Lektion 3, »Integrieren von Windows Forms- und WPF-Steuerelementen«, erfahren Sie, wie Sie WPF-Steuerelemente in Windows Forms-Anwendungen einsetzen und umgekehrt.

In diesem Kapitel abgedeckte Prüfungsziele:

- Implementieren von asynchronen Prozessen und Threading
- Einbauen von Globalisierungs- und Lokalisierungsfunktionen
- Integrieren von Windows Forms und WPF innerhalb einer Anwendung

Lektionen in diesem Kapitel:

Bevor Sie beginnen

Um die Lektionen in diesem Kapitel durcharbeiten zu können, müssen Sie folgende Vorbereitungen getroffen haben:

- Ihnen steht ein Computer zur Verfügung, der die im Abschnitt »Einführung« am Anfang dieses Buchs aufgelisteten Hardwarevoraussetzungen erfüllt.
- Auf Ihrem Computer ist Microsoft Visual Studio 2010 Professional Edition installiert.
- Sie sind mit der Syntax von Visual Basic oder C# sowie dem Microsoft .NET Framework 4 vertraut.
- Sie besitzen Grundkenntnisse zu XAML.

Praxistipp

Matthew Stoecker

Selbst mit immer schnelleren Prozessoren sind zeitaufwendige Aufgaben ein zentraler Teil vieler Anwendungen, die ich schreibe. Die Komponente `BackgroundWorker` ermöglicht Ihnen, einfache asynchrone Operationen zu entwickeln, die für Programmierer aller Kenntnisstufen verständlich sind. Bei anspruchsvolleren Operationen stellen Delegaten und Threads den nötigen Funktionsumfang zur Verfügung.

Lektion 1: Implementieren der asynchronen Verarbeitung

Viele Anwendungen führen Aufgaben aus, die viel Zeit in Anspruch nehmen. Ein Beispiel sind Dateidownloads. Die Komponente `BackgroundWorker` stellt eine einfache Möglichkeit zur Verfügung, zeitaufwendige Prozesse im Hintergrund auszuführen. Auf diese Weise reagiert die Benutzeroberfläche weiterhin flüssig und der Benutzer kann damit arbeiten.

Am Ende dieser Lektion werden Sie in der Lage sein, die folgenden Aufgaben auszuführen:

- Ausführen eines Hintergrundprozesses mithilfe der Komponente `BackgroundWorker`
- Mit der Komponente `BackgroundWorker` melden, dass ein Hintergrundprozess abgeschlossen ist
- Abbrechen eines Hintergrundprozesses mit der Komponente `BackgroundWorker`
- Mit der Komponente `BackgroundWorker` über den Fortschritt eines Hintergrundprozesses informieren
- Den Status eines Hintergrundprozesses mithilfe der Komponente `BackgroundWorker` abfragen
- Definieren von Delegaten
- Delegaten asynchron ausführen
- Erstellen, Ausführen, Löschen und Synchronisieren von Prozessthreads
- Mit `Dispatcher` sicher auf Steuerelemente in anderen Threads zugreifen

Veranschlagte Zeit für diese Lektion: 45 Minuten

Die Komponente `BackgroundWorker` ermöglicht es Ihnen, zeitaufwendige Operationen in einem separaten, speziell dafür angelegten Thread auszuführen. Auf diese Weise können Sie Operationen, die längere Zeit dauern, beispielsweise Dateidownloads und Datenbanktransaktionen, asynchron ausführen, während die Benutzeroberfläche weiterhin flüssig läuft.

Die zentrale Methode der Komponente `BackgroundWorker` ist `RunWorkerAsync`. Wird diese Methode aufgerufen, löst die Komponente `BackgroundWorker` das Ereignis `DoWork` aus. Der Code im `DoWork`-Ereignishandler wird in einem separaten Thread ausgeführt, daher reagiert die Benutzeroberfläche weiter auf Eingaben. Tabelle 9.1 zeigt die wichtigsten Member der Komponente `BackgroundWorker`.

Tabelle 9.1 Wichtige Member der Komponente `BackgroundWorker`

Member	Typ	Beschreibung
`CancellationPending`	Eigenschaft	Gibt an, ob die Anwendung den Abbruch einer Hintergrundoperation angefordert hat.
`IsBusy`	Eigenschaft	Gibt an, ob das `BackgroundWorker`-Objekt momentan eine asynchrone Operation ausführt.
`WorkerReportsProgress`	Eigenschaft	Gibt an, ob das `BackgroundWorker`-Objekt Fortschrittsmeldungen liefern kann.
`WorkerSupportsCancellation`	Eigenschaft	Gibt an, ob das `BackgroundWorker`-Objekt einen Abbruch der asynchronen Operation unterstützt.
`CancelAsync`	Methode	Fordert den Abbruch einer ausstehenden Hintergrundoperation an.

►

Member	Typ	Beschreibung
ReportProgress	Methode	Löst das Ereignis ProgressChanged aus.
RunWorkerAsync	Methode	Startet die Ausführung einer Hintergrundoperation, indem sie das Ereignis DoWork auslöst.
DoWork	Ereignis	Tritt auf, wenn die Methode RunWorkerAsync aufgerufen wurde. Der Code im DoWork-Ereignishandler wird in einem separaten Thread ausgeführt.
ProgressChanged	Ereignis	Tritt auf, wenn ReportProgress aufgerufen wurde.
RunWorkerCompleted	Ereignis	Tritt auf, wenn die Hintergrundoperation abgeschlossen ist, abgebrochen wurde oder eine Ausnahme ausgelöst hat.

Ausführen eines Hintergrundprozesses

Die Methode RunWorkerAsync der Komponente BackgroundWorker startet die Ausführung des Hintergrundprozesses, indem sie das Ereignis DoWork auslöst. Der Code im DoWork-Ereignishandler wird in einem separaten Thread ausgeführt. Die folgende Anleitung erklärt, wie Sie mithilfe der Komponente BackgroundWorker einen Hintergrundprozess erstellen:

1. Ziehen Sie aus der Toolbox eine BackgroundWorker-Komponente auf Ihr Formular.
2. Klicken Sie in der Komponentenleiste doppelt auf die BackgroundWorker-Komponente, um einen Standardereignishandler für das Ereignis DoWork zu erstellen. Fügen Sie darin den Code ein, den Sie im separaten Thread ausführen wollen:

   ' Visual Basic
   ```
   Private Sub BackgroundWorker1_DoWork(ByVal sender As System.Object, _
      ByVal e As System.ComponentModel.DoWorkEventArgs) _
      Handles BackgroundWorker1.DoWork
      ' Langwierige Operation hier ausführen
   End Sub
   ```
   // C#
   ```
   private void backgroundWorker1_DoWork(object sender, DoWorkEventArgs e)
   {
      // Langwierige Operation hier ausführen
   }
   ```
3. Starten Sie an anderer Stelle in Ihrem Code die zeitaufwendige Operation, die in einem separaten Thread ausgeführt wird. Dazu rufen Sie die Methode RunWorkerAsync auf:

   ' Visual Basic
   ```
   BackgroundWorker1.RunWorkerAsync()
   ```
   // C#
   ```
   backgroundWorker1.RunWorkerAsync();
   ```

Argumente an den Hintergrundprozess übergeben

Sie können einem Hintergrundprozess Argumente übergeben. Nehmen wir an, Sie geben die Adresse einer Datei an, die heruntergeladen werden soll. Sie können ein Argument an die Methode RunWorkerAsync übergeben. Auf dieses Argument kann der DoWork-Ereignishandler später über die Eigenschaft Argument seines DoWorkEventArgs-Parameters zugreifen.

So übergeben Sie ein Argument an einen Hintergrundprozess:

1. Übergeben Sie das Argument beim Aufruf an `RunWorkerAsync`:

   ' Visual Basic
   ```
   BackgroundWorker1.RunWorkerAsync("C:\myfile.txt")
   ```
   // C#
   ```
   backgroundWorker1.RunWorkerAsync("C:\\myfile.txt");
   ```

2. Lesen Sie im Hintergrundprozess das Argument aus der Eigenschaft `DoWorkEventArgs.Argument` aus und wandeln Sie es in einen passenden Typ um:

   ' Visual Basic
   ```
   Private Sub BackgroundWorker1_DoWork(ByVal sender As System.Object, _
      ByVal e As System.ComponentModel.DoWorkEventArgs) _
      Handles BackgroundWorker1.DoWork
      Dim myPath As String
      myPath = CType(e.Argument, String)
      ' Argument im Prozess auswerten
      RunTimeConsumingProcess()
   End Sub
   ```
   // C#
   ```
   private void backgroundWorker1_DoWork(object sender, DoWorkEventArgs e)
   {
      string myPath;
      myPath = (string)e.Argument;
      // Argument im Prozess auswerten
      RunTimeConsumingProcess();
   }
   ```

Abschluss eines Hintergrundprozesses melden

Sobald der Hintergrundprozess endet, wird das Ereignis `RunWorkerCompleted` ausgelöst. Dabei ist es egal, ob der Hintergrundprozess endet, weil er abgeschlossen ist oder weil er abgebrochen wurde. Sie können den Benutzer informieren, dass ein Hintergrundprozess beendet ist, indem Sie das Ereignis `RunWorkerCompleted` behandeln:

' Visual Basic
```
Private Sub BackgroundWorker1_RunWorkerCompleted( _
   ByVal sender As System.Object, _
   ByVal e As System.ComponentModel.RunWorkerCompletedEventArgs) _
   Handles BackgroundWorker1.RunWorkerCompleted
   MsgBox("Hintergrundprozess abgeschlossen!")
End Sub
```
// C#
```
private void backgroundWorker1_RunWorkerCompleted(object sender,
   RunWorkerCompletedEventArgs e)
{
   System.Windows.Forms.MessageBox.Show("Hintergrundprozess abgeschlossen!");
}
```

Ob der Hintergrundprozess abgebrochen wurde, finden Sie heraus, indem Sie die Eigenschaft `e.Cancelled` auswerten:

' Visual Basic

```
Private Sub BackgroundWorker1_RunWorkerCompleted( _
   ByVal sender As System.Object, _
   ByVal e As System.ComponentModel.RunWorkerCompletedEventArgs) _
   Handles BackgroundWorker1.RunWorkerCompleted
   If e.Cancelled Then
      MsgBox("Prozess wurde abgebrochen")
   Else
      MsgBox("Prozess abgeschlossen")
   End If
End Sub
```

// C#

```
private void backgroundWorker1_RunWorkerCompleted(object sender,
   RunWorkerCompletedEventArgs e)
{
   if (e.Cancelled)
   {
      System.Windows.Forms.MessageBox.Show ("Prozess wurde abgebrochen");
   }
   else
   {
      System.Windows.Forms.MessageBox.Show("Prozess abgeschlossen");
   }
}
```

Einen Wert aus dem Hintergrundprozess zurückgeben

Sie können einen Wert aus einem Hintergrundprozess zurückgeben. Führt der Prozess beispielsweise eine komplexe Berechnung aus, müssen Sie natürlich das Ergebnis liefern. Sie geben einen Wert zurück, indem Sie ihn im `DoWork`-Ereignishandler in die Eigenschaft `Result` des `DoWorkEventArgs`-Parameters eintragen. Dieser Wert steht dann im `RunWorkerCompleted`-Ereignishandler als Eigenschaft `Result` des `RunWorkerCompletedEventArgs`-Parameters zur Verfügung:

' Visual Basic

```
Private Sub BackgroundWorker1_DoWork(ByVal sender As System.Object, _
   ByVal e As System.ComponentModel.DoWorkEventArgs) _
   Handles BackgroundWorker1.DoWork
   ' Weist den Rückgabewert der Methode ComplexCalculation an e.Result zu
   e.Result = ComplexCalculation()
End Sub
Private Sub BackgroundWorker1_RunWorkerCompleted( _
   ByVal sender As System.Object, _
   ByVal e As System.ComponentModel.RunWorkerCompletedEventArgs) _
   Handles BackgroundWorker1.RunWorkerCompleted
   MsgBox("Das Ergebnis ist " & e.Result.ToString)
End Sub
```

// C#

```
private void backgroundWorker1_DoWork(object sender, DoWorkEventArgs e)
{
   // Weist den Rückgabewert der Methode ComplexCalculation an e.Result zu
   e.Result = ComplexCalculation();
}
private void backgroundWorker1_RunWorkerCompleted(object sender,
   RunWorkerCompletedEventArgs e)
{
   System.Windows.Forms.MessageBox.Show("Das Ergebnis ist " +
      e.Result.ToString());
}
```

Abbrechen eines Hintergrundprozesses

Oft ist es sinnvoll, wenn Sie die Fähigkeit zur Verfügung stellen, einen Hintergrundprozess abzubrechen. `BackgroundWorker` unterstützt dies, aber Sie müssen den Großteil des Abbruchcodes selbst implementieren. Die Eigenschaft `WorkerSupportsCancellation` der Komponente `BackgroundWorker` gibt an, ob die Komponente einen Abbruch unterstützt. Sie rufen die Methode `CancelAsync` auf, um zu versuchen, die Operation abzubrechen. Daraufhin wird die Eigenschaft `CancellationPending` des `BackgroundWorker`-Objekts auf den Wert `True` gesetzt. Indem Sie regelmäßig die Eigenschaft `CancellationPending` des `BackgroundWorker`-Objekts prüfen, stellen Sie fest, ob Sie die Operation abbrechen sollen.

So implementieren Sie eine Abbruchmöglichkeit für einen Hintergrundprozess:

1. Setzen Sie im Eigenschaftenfenster die Eigenschaft `WorkerSupportsCancellation` auf `True`, damit die `BackgroundWorker`-Komponente den Abbruch unterstützt.
2. Erstellen Sie eine Methode, die aufgerufen wird, um die Hintergrundoperation abzubrechen. Das folgende Beispiel zeigt, wie Sie eine Hintergrundoperation in einem `Button.Click`-Ereignishandler abbrechen:

   ' Visual Basic

   ```
   Private Sub btnCancel_Click(ByVal sender As System.Object, _
      ByVal e As System.EventArgs) Handles btnCancel.Click
      BackgroundWorker1.CancelAsync()
   End Sub
   ```

   // C#

   ```
   private void btnCancel_Click(object sender, EventArgs e)
   {
      backgroundWorker1.CancelAsync();
   }
   ```

3. Prüfen Sie im `BackgroundWorker.DoWork`-Ereignishandler regelmäßig die Eigenschaft `BackgroundWorker.CancellationPending` und implementieren Sie Code, um die Operation abzubrechen, falls sie den Wert `True` hat. Sie sollten dabei auch die Eigenschaft `e.Cancel` auf `True` setzen:

   ' Visual Basic

   ```
   Private Sub BackgroundWorker1_DoWork(ByVal sender As System.Object, _
      ByVal e As System.ComponentModel.DoWorkEventArgs) _
      Handles BackgroundWorker1.DoWork
   ```

```
        For i As Integer = 1 to 1000000
            TimeConsumingMethod()
            If BackgroundWorker1.CancellationPending Then
                e.Cancel = True
                Exit Sub
            End If
        Next
    End Sub
```

// C#

```
private void backgroundWorker1_DoWork(object sender, DoWorkEventArgs e)
{
    for (int i = 0; i < 1000000; i++)
    {
        TimeConsumingMethod();
        if (backgroundWorker1.CancellationPending)
        {
            e.Cancel = true;
            return;
        }
    }
}
```

Den Fortschritt eines Hintergrundprozesses mit *BackgroundWorker* melden

Bei besonders zeitaufwendigen Operationen empfiehlt es sich, den bisherigen Fortschritt an den Hauptthread zurückzumelden. Sie melden den Fortschritt des Hintergrundprozesses, indem Sie die Methode `ReportProgress` aufrufen. Diese Methode löst das Ereignis `BackgroundWorker.ProgressChanged` aus. Sie können dabei an die Methoden, die das Ereignis behandeln, ein Argument übergeben, das angibt, wie viel Prozent der Operation abgeschlossen sind. Das nächste Beispiel demonstriert, wie Sie im `BackgroundWorker.DoWork`-Ereignishandler die Methode `ReportProgress` und dann im `BackgroundWorker.ProgressChanged`-Ereignishandler aufrufen und ein `ProgressBar`-Steuerelement aktualisieren:

' Visual Basic

```
Private Sub BackgroundWorker1_DoWork(ByVal sender As System.Object, _
    ByVal e As System.ComponentModel.DoWorkEventArgs) _
    Handles BackgroundWorker1.DoWork
    For i As Integer = 1 to 10
        RunTimeConsumingProcess()
        ' Methode ReportProgress aufrufen und angeben, wie viele Prozent fertig sind
        BackgroundWorker1.ReportProgress(i*10)
    Next
End Sub
Private Sub BackgroundWorker1_ProgressChanged( _
    ByVal sender As System.Object, _
    ByVal e As System.ComponentModel.ProgressChangedEventArgs) _
    Handles BackgroundWorker1.ProgressChanged
    ProgressBar1.Value = e.ProgressPercentage
End Sub
```

// C#

```
private void backgroundWorker1_DoWork(object sender, DoWorkEventArgs e)
{
   for (int i = 1;i < 11; i++)
   {
      RunTimeConsumingProcess();
      // Methode ReportProgress aufrufen und angeben, wie viele Prozent fertig sind
      backgroundWorker1.ReportProgress(i*10);
   }

}
private void backgroundWorker1_ProgressChanged(object sender,
   ProgressChangedEventArgs e)
{
   progressBar1.Value = e.ProgressPercentage;
}
```

Sie müssen die Eigenschaft `WorkerReportsProgress` auf `True` setzen, damit Sie über die Komponente `BackgroundWorker` den Fortschritt melden können.

Den Status eines Hintergrundprozesses anfordern

Sie können feststellen, ob ein `BackgroundWorker`-Objekt einen Hintergrundprozess ausführt, indem Sie die Eigenschaft `IsBusy` abfragen. Hat sie den Wert `True`, führt das `BackgroundWorker`-Objekt momentan einen Hintergrundprozess aus. Ist sie dagegen `False`, tut das `BackgroundWorker`-Objekt gerade nichts. Hier ein Beispiel:

' Visual Basic

```
If Not BackgroundWorker1.IsBusy
   BackgroundWorker1.RunWorkerAsync()
End If
```

// C#

```
if (!(backgroundWorker1.IsBusy))
{
   backgroundWorker1.RunWorkerAsync();
}
```

Schnelltest

1. Welche Aufgabe hat die Komponente `BackgroundWorker`?
2. Beschreiben Sie kurz, wie Sie eine Abbruchmöglichkeit für einen Hintergrundprozess mit `BackgroundWorker` implementieren.

Antworten zum Schnelltest

1. Mit der Komponente `BackgroundWorker` führen Sie Operationen in einem separaten Thread aus. Die Benutzeroberfläche lässt sich weiterhin normal bedienen, ohne dass aufwendige Implementierungen oder komplizierte Codemuster erforderlich sind.
2. Setzen Sie erst die Eigenschaft `WorkerSupportsCancellation` der `BackgroundWorker`-Komponente auf den Wert `True`. Erstellen Sie dann eine Methode, die die Methode `Back-`

groundWorker.CancelAsync aufruft, um die Operation abzubrechen. Prüfen Sie schließlich im Hintergrundprozess regelmäßig den Wert der Eigenschaft BackgroundWorker.CancellationPending. Setzen Sie e.Cancel auf True, falls CancellationPending den Wert True hat, und führen Sie die geeignete Aktion aus, um den Prozess anzuhalten.

Verwenden von Delegaten

Spezielle Klassen, die sogenannten *Delegaten* (delegate), ermöglichen Ihnen, Methoden auf viele unterschiedliche Arten aufzurufen. Ein Delegat ist im Wesentlichen ein typsicherer Funktionszeiger, mit dem Sie einen Verweis auf den Einstiegspunkt einer Methode übergeben und diese Methode auf unterschiedliche Arten aufrufen, ohne einen expliziten Funktionsaufruf durchzuführen. Sie verwenden das Schlüsselwort Delegate (delegate in C#), um einen Delegaten zu deklarieren. Sie müssen dabei dieselbe Methodensignatur wie bei der Methode verwenden, die Sie über den Delegaten aufrufen wollen. Das folgende Beispiel zeigt eine Beispielmethode und die Deklaration eines Delegaten, über den Sie diese Methode aufrufen können:

' Visual Basic

```
Public Function TestMethod(ByVal I As Integer) As String
   ' Methodenimplementierung hier einfügen
End Function
Public Delegate Function myDelegate(ByVal I As Integer) As String
```

// C#

```
public string TestMethod(int i)
{ // Methodenimplementierung hier einfügen
}
public delegate string myDelegate(int i);
```

Sobald ein Delegat deklariert ist, können Sie eine Instanz davon anlegen, die auf eine Methode mit der passenden Signatur verweist. In C# können Sie die Methode angeben, indem Sie einfach ihren Namen verwenden. In Visual Basic müssen Sie den Operator AddressOfverwenden, um auf die Methode zu verweisen. Das nächste Beispiel zeigt, wie Sie eine Instanz des Delegaten anlegen, die auf die Methode aus dem letzten Beispiel verweist:

' Visual Basic

```
Dim del As New myDelegate(AddressOf TestMethod)
```

// C#

```
myDelegate del = new myDelegate(TestMethod);
```

Nachdem eine Instanz eines Delegaten erstellt wurde, können Sie die Methode, auf die der Delegat verweist, ganz einfach dadurch aufrufen, dass Sie den Delegaten mit passenden Argumenten aufrufen oder die Methode Invoke des Delegaten aufrufen. Das nächste Beispiel zeigt beide Möglichkeiten:

' Visual Basic

```
del(342)
del.Invoke(342)
```

// C#

```
del(342);
del.Invoke(342);
```

Delegaten asynchron ausführen

Mithilfe von Delegaten können Sie beliebige Methoden asynchron aufrufen. Neben der Methode `Invoke` stellt jeder Delegat mit `BeginInvoke` und `EndInvoke` zwei weitere Methoden zur Verfügung, die Methoden asynchron aufrufen. Wenn Sie die Methode `BeginInvoke` eines Delegaten aufrufen, wird die Methode, auf die der Delegat verweist, in einem separaten Thread gestartet. Und wenn Sie `EndInvoke` aufrufen, werden die Ergebnisse dieser Methode abgerufen und der separate Thread beendet.

Die Methode `BeginInvoke` leitet den asynchronen Aufruf der Methode ein, auf die der Delegat verweist. Sie übergeben ihr dieselben Argumente wie der Methode, auf die der Delegat verweist, und zusätzlich zwei weitere Argumente: einen `AsyncCallback`-Delegaten, der angibt, welche Methode aufgerufen wird, sobald die asynchrone Methode abgeschlossen ist, und ein benutzerdefiniertes Objekt, das Informationen über den asynchronen Aufruf enthält. `BeginInvoke` gibt eine Instanz von `IAsyncResult` zurück, die den asynchronen Aufruf überwacht.

Die Methode `EndInvoke` ruft die Ergebnisse des asynchronen Aufrufs ab. Sie kann jederzeit ausgeführt werden, nachdem `BeginInvoke` aufgerufen wurde. Die Methodensignatur von `EndInvoke` legt fest, dass Sie ihr als Argument die `IAsyncResult`-Instanz übergeben müssen, die von `BeginInvoke` zurückgegeben wurde. Der Rückgabewert von `EndInvoke` ist der Wert, den die Methode, auf die der Delegat verweist, zurückgegeben hat. Die Methodensignatur enthält außerdem alle `Out`- oder `ByRef`-Parameter der Methode, auf die verwiesen wird.

Sie können `BeginInvoke` und `EndInvoke` auf mehrere Arten nutzen, um asynchrone Methoden zu implementieren. Das sind unter anderem:

- Rufen Sie `BeginInvoke` auf, erledigen Sie einige Aufgaben und rufen Sie dann im selben Thread `EndInvoke` auf.
- Rufen Sie `BeginInvoke` auf, fragen Sie das `IAsyncResult`-Objekt regelmäßig ab, bis die asynchrone Operation abgeschlossen ist, und rufen Sie dann `EndInvoke` auf.
- Rufen Sie `BeginInvoke` auf, wobei Sie eine Rückrufmethode angeben, die ausgeführt wird, sobald die asynchrone Operation abgeschlossen ist. Rufen Sie `EndInvoke` in einem separaten Thread auf.

Mit *EndInvoke* warten, bis ein asynchroner Aufruf zurückkehrt

Am einfachsten implementieren Sie einen asynchronen Methodeaufruf, indem Sie `BeginInvoke` aufrufen, einige Aufgaben ausführen und dann in dem Thread, in dem Sie auch `BeginInvoke` aufgerufen haben, `EndInvoke` aufrufen. Das ist zwar ein einfacher Ansatz, er kann aber den Nachteil haben, dass der Aufruf von `EndInvoke` die Ausführung des Threads blockiert, bis die asynchrone Operation abgeschlossen ist. Somit kann es passieren, dass Ihr Hauptthread einige Zeit nicht reagiert, wenn die asynchrone Operation besonders langwierig ist. Bei dieser Operation werden die beiden Zusatzparameter mit dem `AsyncCallback`-Delegaten und dem benutzerdefinierten Objekt nicht benutzt, daher können Sie einfach `Nothing` (`null` in C#) als Argumente übergeben. Das folgende Beispiel zeigt, wie Sie einen asynchronen Aufruf auf diese Weise implementieren. Dabei werden wieder die Methoden `TestMethod` und `myDelegate` aus den vorherigen Beispielen verwendet:

' Visual Basic

```
Dim del As New myDelegate(AddressOf TestMethod)
Dim result As IAsyncResult
result = del.BeginInvoke(342, Nothing, Nothing)
```

```
' Einige Aufgaben erledigen, während die asynchrone Operation läuft
Dim ResultString As String
ResultString = del.EndInvoke(result)
```

// C#

```
myDelegate del = new myDelegate(TestMethod);
IAsyncResult result;
result = del.BeginInvoke(342, null, null);
// Einige Aufgaben erledigen, während die asynchrone Operation läuft
string ResultString;
ResultString = del.EndInvoke(result);
```

IAsyncResult regelmäßig abfragen, bis die Aufgabe abgeschlossen ist

Sie können eine asynchrone Operation auch ausführen, indem Sie `BeginInvoke` aufrufen und dann regelmäßig die Eigenschaft `IsCompleted` des `IAsyncResult`-Objekts überprüfen, um festzustellen, wann die Operation beendet ist. Sobald die Operation abgeschlossen ist, rufen Sie `EndInvoke` auf. Dieser Polling-Ansatz hat den Vorteil, dass Sie `EndInvoke` erst aufrufen, nachdem die Operation abgeschlossen ist. Sie blockieren also nicht längere Zeit Ihren Hauptthread. Das folgende Beispiel zeigt, wie Sie die Eigenschaft `IsCompleted` überprüfen:

' Visual Basic

```
Dim del As New myDelegate(AddressOf TestMethod)
Dim result As IAsyncResult
   result = del.BeginInvoke(342, Nothing, Nothing)
While Not result.IsCompleted
   ' Einige Aufgaben erledigen, während die asynchrone Operation läuft
End While
Dim ResultString As String
ResultString = del.EndInvoke(result)
```

// C#

```
myDelegate del = new myDelegate(TestMethod);
   IAsyncResult result;
result = del.BeginInvoke(342, null, null);
while (!(result.IsCompleted))
{
   // Einige Aufgaben erledigen, während die asynchrone Operation läuft
}
string ResultString;
ResultString = del.EndInvoke(result);
```

Ausführen einer Rückrufmethode, sobald die asynchrone Operation abgeschlossen ist

Wenn Sie die Ergebnisse der asynchronen Operation nicht in dem Thread auswerten, der die Operation eingeleitet hat, können Sie eine Rückrufmethode angeben. Sie wird ausgeführt, sobald die Operation abgeschlossen ist. Die Operation kann dann bis zum Ende abgearbeitet werden, ohne dass der Thread unterbrochen wird, der sie begonnen hat. Damit eine Rückrufmethode ausgeführt wird, müssen Sie eine Instanz von `AsyncCallback` übergeben, die auf die Rückrufmethode verweist. Sie können auch einen Verweis auf den Delegaten selbst übergeben, damit EndInvoke in der Rückrufmethode aufgerufen werden kann, um die Operation abzuschließen. Das nächste Beispiel zeigt, wie Sie eine Rückrufmethode angeben und ausführen:

' Visual Basic

```
Private Sub CallAsync()
   Dim del As New myDelegate(AddressOf TestMethod)
   Dim result As IAsyncResult
   Dim callback As New AsyncCallback(AddressOf CallbackMethod)
   result = del.BeginInvoke(342, callback, del)
End Sub

Private Sub CallbackMethod(ByVal result As IAsyncResult)
   Dim del As myDelegate
   Dim ResultString As String
   del = CType(result.AsyncState, myDelegate)
   ResultString = del.EndInvoke(result)
End Sub
```

// C#

```
private void CallAsync()
{
   myDelegate del = new myDelegate(TestMethod);
   IAsyncResult result;
   AsyncCallback callback =  new AsyncCallback(CallbackMethod);
   result = del.BeginInvoke(342, callback, del);
}

private void CallbackMethod(IAsyncResult result)
{
   myDelegate del;
   string ResultString;
   del = (myDelegate)result.AsyncState;
   ResultString = del.EndInvoke(result);
}
```

Erstellen von Prozessthreads

In Anwendungen, die mehrere Threads präzise steuern müssen, können Sie neue Threads mit einem Thread-Objekt anlegen. Ein solches Objekt steht für einen separaten Ausführungsthread, der parallel zu anderen Threads läuft. Sie können beliebig viele Thread-Objekte anlegen, aber je mehr Threads es gibt, desto stärker sinkt die Leistung. Außerdem steigt die Gefahr durch Threadingprobleme wie Deadlocks.

Weitere Informationen Threading

Multithreading und der Einsatz der Klasse Thread sind äußerst komplexe und umfangreiche Themen. Die Informationen in diesem Abschnitt können daher nur an der Oberfläche kratzen. Weitere Informationen finden Sie im Artikel »Verwaltetes Threading« unter *http://msdn.microsoft.com/de-de/library/3e8s7xdd.aspx*.

Erstellen und Starten eines neuen Threads

Sie müssen einem Thread-Objekt einen Delegaten für die Methode zuweisen, die als Einstiegspunkt für den Thread dient. Diese Methode muss eine Sub-Methode (void in C#) sein, und sie muss entweder gar keine Parameter oder einen einzigen Parameter vom Typ Object haben. Im zweiten Fall werden im Object-Parameter alle benötigten Argumente an die Methode übergeben, die den Thread startet. Sobald ein Thread erstellt wurde, können Sie ihn starten, indem Sie die Methode Thread.Start aufrufen. Das folgende Beispiel zeigt, wie Sie einen neuen Thread erstellen und starten:

' Visual Basic

```
Dim aThread As New System.Threading.Thread(Addressof aMethod)
aThread.Start()
```

// C#

```
System.Threading.Thread aThread = new System.Threading.Thread(aMethod);
aThread.Start();
```

Bei Threads, deren Startmethode einen Parameter hat, gehen Sie ähnlich vor. Allerdings hat die Startmethode einen Parameter vom Typ Object, und Sie müssen der Methode Threac. Start ein Objekt als Argument für diesen Parameter übergeben:

' Visual Basic

```
Dim aThread As New System.Threading.Thread(Addressof aMethod)
aThread.Start(anObject)
```

// C#

```
System.Threading.Thread aThread = new System.Threading.Thread(aMethod);
aThread.Start(anObject);
```

Löschen von Threads

Sie beseitigen einen Thread, der mit einem Thread-Objekt verknüpft ist, indem Sie die Methode Thread.Abort aufrufen. Diese Methode bewirkt, dass der Thread, für den sie aufgerufen wird, seine aktuelle Operation abbricht und eine Ausnahme des Typs ThreadAbortException auslöst. Ist ein Catch-Block vorhanden, der die Ausnahme abfängt, wird er zusammen mit allen Finally-Blöcken ausgeführt. Der Thread wird anschließend beseitigt und kann nicht mehr neu gestartet werden.

' Visual Basic

```
aThread.Abort()
```

// C#

```
aThread.Abort();
```

Synchronisieren von Threads

Zwei der schwierigsten Bereiche bei der Multithread-Programmierung sind Deadlocks und Wettlaufsituationen (race condition). Ein Deadlock tritt auf, wenn ein Thread exklusiven Zugriff auf eine bestimmte Variable hat und dann versucht, exklusiven Zugriff auf eine zweite Variable zu bekommen, während gleichzeitig ein anderer Thread exklusiven Zugriff auf die zweite Variable hat und versucht, exklusiven Zugriff auf die Variable zu erhalten, die vom ersten Thread gesperrt wurde. Als Folge warten beide Threads endlos, dass der jeweils andere Thread die benötigte Variable freigibt. Beide Threads bleiben stehen.

Eine Wettlaufsituation tritt auf, wenn zwei Threads versuchen, gleichzeitig auf dieselbe Variable zuzugreifen. Nehmen wir an, zwei Threads arbeiten mit derselben Auflistung. Der erste Thread fügt ein Element zur Auflistung hinzu. Der zweite Thread löscht dann ein Element aus der Auflistung, wobei er den Index des Elements angibt. Der erste Thread versucht nun, auf das Objekt in der Auflistung zuzugreifen, muss aber feststellen, dass es entfernt wurde. Wettlaufsituationen können unvorhersehbare Folgen haben, die unter Umständen die Stabilität Ihrer Anwendung gefährden.

Das beste Rezept, Wettlaufsituationen und Deadlocks zu vermeiden, besteht darin, sorgfältig zu programmieren und die Threadsynchronisierung spärlich zu nutzen. Mit dem Schlüsselwort `SyncLock` in Visual Basic beziehungsweise `lock` in C# erhalten Sie exklusiven Zugriff auf ein Objekt. Auf diese Weise kann der Thread, der das Objekt sperrt, Operationen mit diesem Objekt ausführen, ohne dass andere Threads darauf zugreifen dürfen. Wenn irgendwelche anderen Threads versuchen, auf ein gesperrtes Objekt zuzugreifen, werden diese Threads angehalten, bis die Sperre aufgehoben wird. Das folgende Beispiel demonstriert, wie Sie ein Objekt sperren:

' Visual Basic

```
SyncLock anObject
   ' Eine Operation ausführen
End SyncLock
```

// C#

```
lock (anObject)
{
   // Eine Operation ausführen
}
```

Manche Objekte, beispielsweise Auflistungen, implementieren ein Synchronisierungsobjekt, das Sie verwenden sollten, um den Zugriff auf größere Objekte zu synchronisieren. Das nächste Beispiel zeigt, wie Sie eine Sperre für das `SyncRoot`-Objekt einer `ArrayList`-Auflistung anfordern:

' Visual Basic

```
Dim anArrayList As New System.Collections.ArrayList
SyncLock anArrayList.SyncRoot
   ' Eine Operation mit der ArrayList ausführen
End SyncLock
```

// C#

```
System.Collections.ArrayList anArrayList = new System.Collections.ArrayList();
lock (anArrayList.SyncRoot)
{
   // Eine Operation mit der ArrayList ausführen
}
```

Im Allgemeinen empfiehlt es sich, beim Erstellen von Klassen, auf die von mehreren Threads aus zugegriffen wird, ein Synchronisierungsobjekt zu definieren, das den Zugriff durch unterschiedliche Threads synchronisiert. So kann sich das System darauf beschränken, das Synchronisierungsobjekt zu sperren. Das spart Ressourcen, weil nicht jedes einzelne Objekt innerhalb der Klasse gesperrt werden muss. Ein Synchronisierungsobjekt ist einfach eine Instanz von `Object`. Es erfüllt keinerlei Funktion außer der, dass es als Sperre dient. Das folgende Beispiel zeigt eine Klasse, die ein Synchronisierungsobjekt zur Verfügung stellt:

' Visual Basic

```
Public Class aClass
   Public SynchronizationObject As New Object()
   ' Weiteren Funktionsumfang hier implementieren
End Class
```

// C#

```
public class aClass
{
    public object SynchronizationObject = new Object();
   // Weiteren Funktionsumfang hier implementieren
}
```

Besonderheiten bei der Verwendung von Steuerelementen

Weil Steuerelemente immer dem Benutzeroberflächenthread gehören, ist es im Allgemeinen nicht sicher, Aufrufe in Steuerelemente von einem anderen Thread aus durchzuführen. In WPF-Anwendungen können Sie `Dispatcher` einsetzen, um sichere Funktionsaufrufe in den Benutzeroberflächenthread zu ermöglichen (mehr dazu weiter unten in dieser Lektion). In Windows Forms-Anwendungen können Sie mithilfe der Eigenschaft `Control.InvokeRequired` feststellen, ob es sicher ist, ein Steuerelement von einem anderen Thread aus aufzurufen. Gibt `InvokeRequired` den Wert `False` zurück, ist es sicher, den Aufruf in das Steuerelement auszuführen. Gibt `InvokeRequired` dagegen den Wert `True` zurück, sollten Sie die Methode `Control.Invoke` des Formulars verwenden, um einen Delegaten für eine Methode bereitzustellen, mit der Sie auf das Steuerelement zugreifen. Der Umweg über `Control.Invoke` stellt sicher, dass der Zugriff auf das Steuerelement keine Threadingprobleme verursacht. Das folgende Beispiel zeigt, wie Sie die Eigenschaft `Text` eines `TextBox`-Steuerelements namens `Text1` ändern:

' Visual Basic

```
Public Delegate Sub SetTextDelegate(ByVal t As String)
Public Sub SetText(ByVal t As String)
   If TextBox1.InvokeRequired = True Then
      Dim del As New SetTextDelegate(AddressOf SetText)
      Me.Invoke(del, New Object() {t})
   Else
      TextBox1.Text = t
   End If
End Sub
```

// C#

```
public delegate void SetTextDelegate(string t);
public void SetText(string t)
{
   if (textBox1.InvokeRequired)
   {
      SetTextDelegate del = new SetTextDelegate(SetText);
      this.Invoke(del, new object[]{t});
   }
```

```
    else
    {
        textBox1.Text = t;
    }
}
```

In diesem Beispiel ermittelt die Methode mithilfe von `InvokeRequired`, ob es gefährlich ist, direkt auf das Steuerelement zuzugreifen. Meist ist das Ergebnis `True`, wenn der Zugriff auf das Steuerelement von einem anderen Thread aus erfolgt. Gibt `InvokeRequired` den Wert `True` zurück, legt die Methode eine neue Instanz eines Delegaten an, der auf sie selbst verweist, und ruft `Control.Invoke` auf, um die Eigenschaft `Text` threadsicher zu ändern.

Schnelltest

1. Was ist ein Delegat? Wie wird ein Delegat eingesetzt?
2. Was ist Threadsynchronisierung und warum ist sie wichtig?

Antworten zum Schnelltest

1. Ein Delegat ist ein typsicherer Funktionszeiger. Er enthält einen Verweis auf den Einstiegspunkt einer Methode und kann benutzt werden, um diese Methode aufzurufen. Sie können eine Methode mit einem Delegaten synchron im selben Thread oder asynchron in einem separaten Thread ausführen.
2. Wenn Sie mit mehreren Ausführungsthreads arbeiten, können Probleme auftreten, weil mehrere Threads gleichzeitig versuchen, auf dieselben Ressourcen zuzugreifen. Bei der Threadsynchronisierung wird sichergestellt, dass Threads nicht versuchen, gleichzeitig auf dieselbe Ressource zuzugreifen. Sie können Threads unter anderem dadurch synchronisieren, dass Sie exklusive Sperren für die Objekte anfordern, auf die Sie zugreifen wollen. Dadurch verhindern Sie, dass andere Threads gleichzeitig auf diese Objekte zugreifen.

Mit *Dispatcher* sicher auf WPF-Steuerelemente in einem anderen Thread zugreifen

Manchmal ist es notwendig, von einem Arbeitsthread aus etwas an der Benutzeroberfläche zu ändern. Nehmen wir an, Sie wollen Schaltflächen abhängig vom Status des Arbeitsthreads aktivieren oder deaktivieren oder detailliertere Angaben zum Fortschritt liefern, als die Methode `ReportProgress` erlaubt. Das WPF-Threadingmodell stellt die Klasse `Dispatcher` für Aufrufe bereit, die Threadgrenzen überschreiten. Mit `Dispatcher` können Sie Ihre Benutzeroberfläche auf sichere Weise von einem Arbeitsthread aus aktualisieren.

Sie rufen einen Verweis auf das `Dispatcher`-Objekt für ein Benutzeroberflächenelement ab, indem Sie die Eigenschaft `Dispatcher` des Steuerelements auslesen:

' Visual Basic

```
Dim aDisp As System.Windows.Threading.Dispatcher
aDisp = Button1.Dispatcher
```

// C#

```
System.Windows.Threading.Dispatcher aDisp;
aDisp = button1.Dispatcher;
```

`Dispatcher` stellt zwei wichtige Methoden zur Verfügung: `BeginInvoke` und `Invoke`. Mit beiden können Sie eine Methode im Benutzeroberflächenthread auf sichere Weise aufrufen. Mit der Methode `BeginInvoke` rufen Sie die Methode asynchron auf, mit `Invoke` dagegen synchron. Der Aufruf von `Dispatcher.Invoke` blockiert also die Ausführung des Threads, in dem sie aufgerufen wird, so lange, bis die Methode zurückkehrt. Dagegen blockiert der Aufruf von `Dispatcher.BeginInvoke` die Ausführung nicht.

Sowohl für `BeginInvoke` als auch `Invoke` müssen Sie einen Delegaten bereitstellen, der auf die ausgeführte Methode verweist. Sie können ein einzelnes Argument oder ein Parameterarray übergeben, je nachdem, was der Delegat fordert. Außerdem müssen Sie einen `DispatcherPriority`-Wert übergeben, der festlegt, mit welcher Priorität der Delegat ausgeführt wird. Bei der Methode `Dispatcher.Invoke` können Sie schließlich noch ein Timeout angeben, das festlegt, wie lange das `Dispatcher`-Objekt wartet, bis der Aufruf abgebrochen wird. Das folgende Beispiel demonstriert, wie Sie einen Delegaten namens `MyMethod` mit `BeginInvoke` und `Invoke` aufrufen:

' Visual Basic

```
Dim aDisp As System.Windows.Threading.Dispatcher = Button1.Dispatcher
' Ruft den Delegaten synchron auf
aDisp.Invoke(System.Windows.Threading.DispatcherPriority.Normal, MyMethod)
' Ruft den Delegaten asynchron auf
aDisp.BeginInvoke(System.Windows.Threading.DispatcherPriority.Normal, MyMethod)
```

// C#

```
System.Windows.Threading.Dispatcher aDisp = button1.Dispatcher;
// Ruft den Delegaten synchron auf
aDisp.Invoke(System.Windows.Threading.DispatcherPriority.Normal, MyMethod);
// Ruft den Delegaten asynchron auf
aDisp.BeginInvoke(System.Windows.Threading.DispatcherPriority.Normal, MyMethod);
```

Übung Verwenden von *BackgroundWorker*

In dieser Übung verwenden Sie die Komponente `BackgroundWorker`. Sie schreiben eine langwierige Methode, die in einem separaten Thread ausgeführt wird. Dann implementieren Sie eine Abbruchmöglichkeit und aktualisieren mithilfe von `Dispatcher` vom Arbeitsthread aus die Benutzeroberfläche.

Übung Arbeiten mit *BackgroundWorker*

1. Öffnen Sie die Lösung aus dem Unterverzeichnis *Partial* zu dieser Lektion. In dieser Projektmappe ist bereits eine Benutzeroberfläche vorbereitet. Außerdem sind der Code für eine `BackgroundWorker`-Komponente und Methodengerüste vorhanden. Beachten Sie, dass die Eigenschaft `WorkerSupportsCancellation` des `BackgroundWorker`-Objekts im Konstruktor auf `True` gesetzt wird.
2. Fügen Sie in der Codeansicht den folgenden Code in die Klasse `Window1` ein, um einen Delegaten für die Methode `UpdateLabel` zu erstellen:

   ' Visual Basic

   ```
   Private Delegate Sub UpdateDelegate(ByVal i As Integer)
   Private Sub UpdateLabel(ByVal i As Integer)
       Label1.Content = "Zyklen: " & i.ToString
   End Sub
   ```

// C#

```
private delegate void UpdateDelegate(int i);
private void UpdateLabel(int i)
{
    Label1.Content = "Zyklen: " + i.ToString();
}
```

3. Fügen Sie in den `DoWork`-Ereignishandler folgenden Code ein:

   ' Visual Basic

```
For i As Integer = 0 To 500
    For j As Integer = 1 To 10000000
    Next
    If aWorker.CancellationPending Then
       e.Cancel = True
       Exit For
    End If
    Dim update As New UpdateDelegate(AddressOf UpdateLabel)
    Label1.Dispatcher.BeginInvoke(Windows.Threading. _
        DispatcherPriority.Normal, update, i)
Next
```

   // C#

```
for (int i = 0; i <= 500; i++)
{
     for (int j = 1; j <= 10000000; j++)
     {

     }
    if (aWorker.CancellationPending)
    {
        e.Cancel = true;
        return;
     }
     UpdateDelegate update = new UpdateDelegate(UpdateLabel);
     Label1.Dispatcher.BeginInvoke(
        System.Windows.Threading.DispatcherPriority.Normal, update, i);
}
```

4. Fügen Sie in der Codeansicht den folgenden Code in den `RunWorkerCompleted`-Ereignishandler ein:

   ' Visual Basic

```
If Not e.Cancelled Then
   Label2.Content = "Ausführung beendet"
Else
   Label2.Content = "Ausführung abgebrochen"
End If
```

// C#

```
if (!(e.Cancelled))
   Label2.Content = "Ausführung beendet";
else
   Label2.Content = "Ausführung abgebrochen";
```

5. Klicken Sie im Designer doppelt auf die Schaltfläche *Start*, um den Ereignishandler `Button1_Click` zu öffnen. Fügen Sie darin den folgenden Code ein:

   ' Visual Basic

   ```
   Label2.Content = ""
   aWorker.RunWorkerAsync()
   ```

   // C#

   ```
   Label2.Content = "";
   aWorker.RunWorkerAsync();
   ```

6. Klicken Sie im Designer doppelt auf die Schaltfläche *Cancel*, um den Ereignishandler `Button2_Click` zu öffnen, und fügen Sie darin den folgenden Code ein:

   ' Visual Basic

   ```
   aWorker.CancelAsync()
   ```

   // C#

   ```
   aWorker.CancelAsync();
   ```

7. Drücken Sie F5, um Ihre Anwendung auszuführen und zu testen.

Zusammenfassung der Lektion

- Die Komponente `BackgroundWorker` ermöglicht es Ihnen, Operationen in einem separaten Thread auszuführen. Sie rufen die Methode `RunWorkerAsync` des `BackgroundWorker`-Objekts auf, um den Hintergrundprozess zu starten. Der `DoWork`-Ereignishandler enthält den Code, der im separaten Thread läuft.
- Das Ereignis `BackgroundWorker.RunCompleted` wird ausgelöst, sobald der Hintergrundprozess abgeschlossen ist.
- Sie können einen Abbruch des Hintergrundprozesses ermöglichen, indem Sie die Eigenschaft `BackgroundWorker.WorkerSupportsCancellation` auf den Wert `True` setzen. Dann fordern Sie das `BackgroundWorker`-Objekt auf, den Prozess abzubrechen, indem Sie die Methode `CancelAsync` aufrufen. Dadurch wird die Eigenschaft `CancellationPending` auf den Wert `True` gesetzt. Sie müssen die Eigenschaft `CancellationPending` regelmäßig prüfen und Abbruchcode ausführen, wenn die Eigenschaft `CancellationPending` auf den Wert `True` wechselt.
- Sie können Informationen über den Fortschritt einer Hintergrundoperation zur Verfügung stellen. Dazu setzen Sie zuerst die Eigenschaft `WorkerReportsProgress` auf den Wert `True`. Dann rufen Sie aus dem Hintergrundprozess heraus die Methode `ReportProgress` auf, um den Fortschritt zu melden. Daraufhin wird das Ereignis `ProgressChanged` ausgelöst, das Sie behandeln können, um eine geeignete Aktion auszuführen.
- Mit dem `Dispatcher`-Objekt eines Steuerelements können Sie von einem Arbeitsthread aus auf sichere Weise Code des Benutzeroberflächenthreads ausführen. Mit `Dispatcher.BeginInvoke` führen Sie den Code asynchron aus, oder mit `Dispatcher.Invoke` synchron.

- Delegaten sind typsichere Funktionszeiger, mit denen Sie Methoden aufrufen, die dieselbe Signatur haben. Sie können Methoden synchron ausführen, indem Sie die Methode `Invoke` des Delegaten aufrufen, oder asynchron mit `BeginInvoke` und `EndInvoke`.
- Wenn Sie `BeginInvoke` aufrufen, wird die Operation, die vom Delegaten angegeben wird, in einem separaten Thread gestartet. Sie können das Ergebnis der Operation ermitteln, indem Sie `EndInvoke` aufrufen. Dabei wird der aufrufende Thread blockiert, bis der Hintergrundprozess abgeschlossen ist. Sie können stattdessen auch eine Rückrufmethode angeben, die aufgerufen wird, sobald der Hintergrundthread seine Operation beendet hat. Das ist sinnvoll, wenn der Hauptthread das Ergebnis nicht braucht.
- `Thread`-Objekte implementieren separate Threads. Auf diese Weise können Sie Hintergrundprozesse sehr genau steuern. Sie erstellen einen neuen Thread, indem Sie eine Methode angeben, die als Einstiegspunkt für den Thread dient.
- Mit den Schlüsselwörtern `SyncLock` (Visual Basic) beziehungsweise `lock` (C#) schränken Sie den Zugriff auf eine Ressource auf einen einzigen Ausführungsthread ein.
- Sie dürfen aus Hintergrundthreads heraus nicht einfach Aufrufe in Steuerelemente hinein ausführen. Stellen Sie mit der Eigenschaft `Control.InvokeRequired` fest, ob es sicher ist, einen direkten Aufruf in ein Steuerelement auszuführen. Ist das nicht auf sichere Weise möglich, sollten Sie die Methode `Control.Invoke` verwenden, um den Aufruf auszuführen.

Lernzielkontrolle

Mit den folgenden Fragen können Sie Ihr Wissen zu den Informationen aus Lektion 1, »Implementieren der asynchronen Verarbeitung«, überprüfen. Die Fragen finden Sie (in englischer Sprache) auch auf der Begleit-CD, Sie können sie also auch auf dem Computer im Rahmen eines Übungstests beantworten.

Hinweis Die Antworten

Die Antworten auf diese Fragen mit Erklärungen, warum die jeweiligen Auswahlmöglichkeiten richtig oder falsch sind, finden Sie im Abschnitt »Antworten« am Ende dieses Buchs.

1. Was müssen Sie tun, um einen Hintergrundprozess mit der Komponente `BackgroundWorker` zu starten? (Wählen Sie alle zutreffenden Antworten aus.)

   A. Rufen Sie die Methode `RunWorkerAsync` auf.

   B. Behandeln Sie das Ereignis `DoWork`.

   C. Behandeln Sie das Ereignis `ProgressChanged`.

   D. Setzen Sie die Eigenschaft `WorkerSupportsCancellation` auf den Wert `True`.

2. Welches sind gute Strategien, um die Benutzeroberfläche von einem Arbeitsthread aus zu aktualisieren? (Wählen Sie alle zutreffenden Antworten aus.)

   A. Führen Sie mit `Dispatcher.BeginInvoke` den Delegaten einer Methode aus, die die Benutzeroberfläche aktualisiert.

   B. Rufen Sie den Delegaten einer Methode auf, die die Benutzeroberfläche aktualisiert.

C. Setzen Sie die Eigenschaft `WorkerReportsProgress` auf den Wert `True`, rufen Sie im Hintergrundthread die Methode `ReportProgress` auf und behandeln Sie im Hauptthread das Ereignis `ProgressChanged`.

D. Rufen Sie vom Hintergrundthread aus eine Methode auf, die die Benutzeroberfläche aktualisiert.

Lektion 2: Implementieren von Globalisierung und Lokalisierung

Anwendungen, die Daten im Format einer bestimmten Kultur anzeigen und in der Benutzeroberfläche Zeichenfolgen des eingestellten Gebietsschemas verwenden, können von Benutzern eingesetzt werden, die unterschiedliche Sprachen sprechen. Sie können solche Anwendungen mit Visual Studio entwickeln, indem Sie auf die integrierte Unterstützung für Globalisierung und Lokalisierung zurückgreifen. In dieser Lektion erfahren Sie, wie Sie Windows Forms- sowie WPF-Anwendungen lokalisieren und globalisieren.

Am Ende dieser Lektion werden Sie in der Lage sein, die folgenden Aufgaben auszuführen:

- Globalisieren und Lokalisieren einer Windows Forms-Anwendung
- Globalisieren und Lokalisieren einer WPF-Anwendung

Veranschlagte Zeit für diese Lektion: 30 Minuten

Globalisieren und Lokalisieren

Globalisieren (globalization) und *Lokalisieren* (localization) sind unterschiedliche Prozesse, die beide gebraucht werden, um eine Anwendung mehrsprachig verfügbar zu machen. Globalisieren bedeutet, dass vorhandene Daten in Formaten angegeben werden, die zur aktuellen Kultureinstellung passen. Lokalisieren bedeutet dagegen, dass die Daten ausgelesen werden, die zur Kultur passen. Die folgenden Beispiele machen den Unterschied zwischen Globalisieren und Lokalisieren deutlich:

- **Globalisieren** In manchen Ländern werden Geldbeträge mit dem Komma (,) als Tausendertrennzeichen und einem Punkt (.) als Dezimaltrennzeichen ausgegeben, in anderen Ländern ist es umgekehrt. Eine globalisierte Anwendung formatiert Geldbeträge mit Tausender- und Dezimaltrennzeichen, die in den aktuellen Kultureinstellungen festgelegt sind.
- **Lokalisieren** Die Überschrift eines Formulars wird in einer bestimmten Sprache angezeigt. Welche Sprache das ist, wird anhand des Gebietsschemas des Computers entschieden, auf dem die Anwendung bereitgestellt wurde. Eine lokalisierte Anwendung ruft die passende Zeichenfolge ab und zeigt sie unter Berücksichtigung der aktuellen Kultureinstellungen an.

Kultur

Die Kultur (culture) fasst Informationen über das Land oder das Gebiet zusammen, in dem die Anwendung läuft. Im .NET Framework wird die Kultur durch einen Kulturcode bestimmt, der die aktuelle Sprache angibt. Zum Beispiel stehen die folgenden Kulturcodes für bestimmte Sprachen:

- **en** Englisch
- **de** Deutsch
- **tr** Türkisch

Kulturcodes können entweder nur die Sprache angeben (wie in den letzten Beispielen) oder sowohl die Sprache als auch die Region. Kulturcodes, die nur die Sprache angeben, werden als neutrale Kulturcodes (neutral culture code) bezeichnet, während Kulturcodes, die Sprache und Region angeben, spezifische Kulturcodes (specific culture code) heißen. Hier einige Beispiele für spezifische Kulturcodes:

- **de-CH** Sprache Deutsch und Region Schweiz
- **af-ZA** Sprache Afrikaans und Region Südafrika
- **kn-IN** Sprache Kannada und Region Indien

Eine vollständige Liste der Kulturcodes finden Sie in der Referenz der Klasse `CultureInfo` unter *http://msdn.Microsoft.com/de-de/library/system.globalization.cultureinfo.aspx*.

Die meisten Kulturcodes folgen diesem Schema, aber es gibt einige Ausnahmen. Die folgenden Beispiele sind Kulturcodes, bei denen neben den anderen Informationen auch die Zeichensätze angegeben sind:

- **uz-UZ-Cyrl** Sprache Usbekisch, Region Usbekistan und kyrillisches Alphabet
- **uz-UZ-Latn** Sprache Usbekisch, Region Usbekistan und lateinisches Alphabet
- **zh-CHT** Chinesische Sprache mit Langzeichen, keine Region
- **zh-CHS** Chinesische Sprache mit Kurzzeichen, keine Region

Ändern der aktuellen Kultur

Ihre Anwendung liest die Kultureinstellungen des Systems automatisch ein und implementiert sie. Daher brauchen Sie die Kultureinstellungen meist nicht explizit zu ändern. Sie können die aktuelle Kultur Ihrer Anwendung aber im Programmcode wechseln, indem Sie der aktuellen Kultur eine neue Instanz der Klasse `CultureInfo` zuweisen. Die Klasse `CultureInfo` enthält Informationen über eine bestimmte Kultur und die Interaktion mit Anwendung und System. Zum Beispiel enthält die Klasse `CultureInfo` Informationen über den Kalendertyp, die Datumsformatierung oder die Währungsformatierung für eine bestimmte Kultur. Vom Programmcode aus legen Sie die aktuelle Kultur einer Anwendung fest, indem Sie der Eigenschaft `CurrentThread.CurrentCulture` eine neue Instanz der Klasse `CultureInfo` zuweisen. Dem Konstruktor von `CultureInfo` übergeben Sie eine Zeichenfolge mit dem Kulturcode als Argument. Das folgende Codebeispiel zeigt, wie Sie die aktuelle Kultur auf kanadisches Französisch setzen:

' Visual Basic

```
System.Threading.Thread.CurrentThread.CurrentCulture = New _
   System.Globalization.CultureInfo("fr-CA")
```

// C#

```
System.Threading.Thread.CurrentThread.CurrentCulture = new
   System.Globalization.CultureInfo("fr-CA");
```

Globalisieren einer Anwendung

Die Eigenschaft `CurrentThread.CurrentCulture` legt fest, welche Kultur zum Formatieren von Daten benutzt wird. Wenn Sie `CurrentCulture` eine neue Instanz von `CultureInfo` zuweisen, werden alle Daten, die von der Anwendung formatiert wurden, mit dem neuen Format aktualisiert. Auf Daten, die nicht von der Anwendung selbst formatiert wurden, wirkt sich der Wechsel der aktuellen Kultur nicht aus. Sehen Sie sich dazu die folgenden Beispiele an:

' Visual Basic

```
Label1.Text = "500,00 €"
Label2.Text = Format(500, "Currency")
```

// C#

```
label1.Text = "500,00 €";
label2.Text = (500).ToString("C");
```

Wenn die Kultur auf de-DE eingestellt ist, steht das für die Sprache Deutsch und die Region Deutschland (die ist die Standardkultureinstellung für Computer in Deutschland). In diesem Fall zeigen beide `Label`-Steuerelemente denselben Text an: »500,00 €«. Setzen Sie die aktuelle Kultur nun aber auf en-US, das für die Sprache Englisch und die Region USA steht, unterscheidet sich der Text in den beiden `Label`-Steuerelementen. Der Text in `Label1` lautet nach wie vor »500,00 €«, weil er nicht von der Anwendung formatiert wird. Aber `Label2` zeigt »$500.00« an. Das Währungssymbol wurde also auf das in der Region verwendete Symbol umgestellt, in diesem Fall das Dollarzeichen. Ebenso wird das regional übliche Dezimaltrennzeichen verwendet, in diesem Fall der Punkt.

Lokalisieren einer Anwendung

Beim Lokalisieren einer Anwendung stellen Sie eine Benutzeroberfläche bereit, die auf das aktuelle Gebietsschema abgestimmt ist. Dafür können Sie die integrierten Lokalisierungsfeatures von Visual Studio nutzen, mit denen Sie alternative, kulturspezifische Versionen Ihrer Formulare erstellen. Die Anwendung kümmert sich dann automatisch darum, die Ressourcen zu verwenden, die zur aktuellen Kultur passen.

Ändern der aktuellen Benutzeroberflächenkultur

Die Benutzeroberflächenkultur (UI culture) wird durch eine Instanz von `CultureInfo` bestimmt. Sie ist von der Eigenschaft `CultureInfo.CurrentCulture` getrennt. Die Einstellung `CurrentCulture` legt fest, welches Format für die vom System formatierten Daten verwendet wird. Dagegen legt die Einstellung `CurrentUICulture` fest, welche Ressourcen während der Laufzeit in lokalisierte Formulare geladen werden. Sie legen die Benutzeroberflächenkultur mit der Eigenschaft `CurrentThread.CurrentUICulture` fest:

' Visual Basic

```
' Aktuelle Benutzeroberflächenkultur auf Thailand einstellen
System.Threading.Thread.CurrentThread.CurrentUICulture = New _
   System.Globalization.CultureInfo("th-TH")
```

// C#

```
// Aktuelle Benutzeroberflächenkultur auf Thailand einstellen
System.Threading.Thread.CurrentThread.CurrentUICulture = new
   System.Globalization.CultureInfo("th-TH");
```

Wenn die aktuelle Benutzeroberflächenkultur festgelegt wird, lädt die Anwendung die Ressourcen dieser Kultur, sofern sie zur Verfügung stehen. Sind keine kulturspezifischen Ressourcen vorhanden, zeigt die Benutzeroberfläche Ressourcen für die Standardkultur an.

Beachten Sie, dass die Benutzeroberflächenkultur eingestellt sein muss, bevor ein Formular geladen wird, das lokalisierte Ressourcen enthält. Wenn Sie die Benutzeroberflächenkultur vom Programmcode aus ändern wollen, müssen Sie das tun, bevor das Formular erstellt wird. Geeignete Stellen sind entweder der Konstruktor des Formulars oder die Methode `Main` der Anwendung.

Erstellen lokalisierter Formulare

Jedes Windows Forms-Formular hat die Eigenschaft `Localizable`, die festlegt, ob das Formular lokalisiert ist. Wenn Sie diese Eigenschaft auf `True` setzen, aktivieren Sie die Lokalisierung für das Formular.

Wenn die Eigenschaft `Localizable` eines Formulars den Wert `True` hat, kümmert sich Visual Studio automatisch darum, passende Ressourcendateien anzulegen und ihre Verwendung unter Auswertung der `CurrentUICulture`-Einstellung zu verwalten.

Während des Entwurfs erstellen Sie lokalisierte Versionen eines Formulars mithilfe der Eigenschaft `Language`. Sie steht nur während des Entwurfs zur Verfügung und hilft dabei, lokalisierte Formulare zu erstellen. Wenn die Eigenschaft `Language` den Wert *(Standard)* hat, können Sie alle Benutzeroberflächeneigenschaften des Formulars und der Steuerelemente bearbeiten, um das Aussehen für die Standardbenutzeroberflächenkultur festzulegen. Eine lokalisierte Version des Formulars erstellen Sie, indem Sie der Eigenschaft `Language` einen anderen Wert als *(Standard)* zuweisen. Visual Studio erstellt dann eine Ressourcendatei für die neue Sprache und speichert darin alle Werte, die Sie für die Benutzeroberfläche verwenden.

So erstellen Sie lokalisierte Formulare:

1. Setzen Sie die Eigenschaft `Localizable` Ihres Formulars auf `True`.
2. Entwerfen Sie die Benutzeroberfläche Ihres Formulars und übersetzen Sie alle Benutzeroberflächenelemente in die unterstützten Sprachen.
3. Fügen Sie Benutzeroberflächenelemente für die Standardkultur hinzu. Diese Kultur wird verwendet, wenn keine andere Kultur angegeben wird.
4. Weisen Sie der Eigenschaft `Language` Ihres Formulars die Kultur zu, für die Sie ein lokalisiertes Formular erstellen wollen.
5. Fügen Sie die lokalisierten Benutzeroberflächeninhalte zu Ihrem Formular hinzu.
6. Wiederholen Sie die Schritte 4 und 5 für jede unterstützte Sprache.
7. Erstellen Sie Ihre Anwendung.

Wenn `CurrentUICulture` eine lokalisierte Kultur zugewiesen ist, lädt Ihre Anwendung die passende Version des Formulars, indem sie die entsprechenden Ressourcendateien einliest. Gibt es für die angegebene Kultur keine Ressourcendateien, wird die Standardbenutzeroberflächenkultur angezeigt.

Schriften, die von rechts nach links gelesen werden

Manche Sprachen werden von rechts nach links gelesen, nicht wie Deutsch oder Englisch von links nach rechts. Wenn Sie Ihre Anwendung für eine solche Kultur lokalisieren, müssen Sie die Leserichtung auch beim Layout der Steuerelemente und des gesamten Formulars berücksichtigen.

In den Formularen und Steuerelementen von Windows Forms stehen zwei Eigenschaften zur Verfügung, mit denen Sie die Richtung des Textes einstellen. Sie können die Schrift in einem Steuerelement von rechts nach links fließen lassen, indem Sie die Eigenschaft `RightToLeft` auf den Wert `True` setzen. Und wenn Sie die Eigenschaften `RightToLeftLayout` und `RightToLeft` des Formulars auf den Wert `True` setzen, wird das Steuerelementlayout für das gesamte Formular horizontal gespiegelt, sodass es zur Leserichtung der Textelemente passt.

Lokalisieren einer WPF-Anwendung

In WPF werden Anwendungen mithilfe von Satellitenassemblys lokalisiert. Die lokalisierbaren Elemente Ihrer Anwendung werden in Ressourcenassemblys ausgelagert, die unter Auswertung der aktuellen Benutzeroberflächenkultur automatisch geladen werden. Wird eine lokalisierte Anwendung gestartet, sucht die Anwendung zuerst nach Ressourcenassemblys für die spezifische Kultur und Region (beispielsweise `fr-CA`). Findet sie keine entsprechenden Assemblys, sucht sie nach Assemblys, die nur zur angegebenen Sprache passen (im Beispiel also `fr`). Sind die nicht zu finden, sucht die Anwendung nach einem neutralen Ressourcensatz. Sollte keiner vorhanden sein, wird eine Ausnahme ausgelöst. Sie sollten Ihre Anwendung für jede Sprache lokalisieren, von der Sie erwarten, dass sie benötigt wird.

Sie können Ausnahmen aufgrund fehlender Lokalisierung vermeiden, indem Sie das Attribut `NeutralResourcesLanguage` hinzufügen. Dieses Attribut legt fest, welche Ressource verwendet wird, falls kein spezifischer Ressourcensatz gefunden wird. Das folgende Beispiel zeigt, wie Sie das Attribut `NeutralResourcesLanguage` verwenden:

' Visual Basic

```
<Assembly: NeutralResourcesLanguage("en-US", _
UltimateResourceFallbackLocation.Satellite)>
```

// C#

```
[assembly: NeutralResourcesLanguage("en-US",
UltimateResourceFallbackLocation.Satellite)]
```

Das Lokalisieren einer WPF-Anwendung umfasst mehrere Schritte. Die folgende Anleitung beschreibt, wie Sie prinzipiell vorgehen, um eine WPF-Anwendung zu lokalisieren. Alle diese Schritte werden weiter unten in dieser Lektion genauer beschrieben:

1. Fügen Sie ein `UICulture`-Attribut zur Projektdatei hinzu und erstellen Sie die Anwendung, um kulturspezifische Unterverzeichnisse anzulegen.
2. Markieren Sie lokalisierbare Eigenschaften mit dem Attribut `Uid`, um sie eindeutig zu kennzeichnen. Sie müssen diesen Schritt für jede XAML-Datei in Ihrer Anwendung ausführen.

Hinweis Lokalisierbare Eigenschaften

Lokalisierbare Eigenschaften beschränken sich nicht auf Text. Unter Umständen gehören auch Farben, Layouteigenschaften oder andere Benutzeroberflächeneigenschaften dazu, die in einem Kulturkreis eine bestimmte Bedeutung haben.

3. Extrahieren Sie den lokalisierbaren Inhalt mit einem Spezialtool aus Ihrer Anwendung (mehr dazu weiter unten in dieser Lektion).
4. Übersetzen Sie den lokalisierbaren Inhalt.
5. Legen Sie Unterverzeichnisse für die Satellitenassemblys der neuen Kulturen an.
6. Generieren Sie Satellitenassemblys mit einem Spezialtool.

Hinzufügen des Attributs *UICulture* zu einer Projektdatei

In der Standardeinstellung passt sich eine WPF-Anwendung nicht automatisch an die eingestellte Kultur an. Sie können Ihre Anwendung um diese Fähigkeit erweitern, indem Sie das Attribut `UICulture` zur Projektdatei hinzufügen und die Anwendung erstellen. Das Attribut

`UICulture` gibt die Standardkultur für die Anwendung an (bei international eingesetzten Anwendungen oft `en-US`). Wenn Sie die Anwendung neu erstellen, nachdem Sie dieses Attribut hinzugefügt haben, wird im Anwendungsverzeichnis ein Unterverzeichnis für die Kultur angelegt. Darin befindet sich die Satellitenassembly mit dem lokalisierbaren Inhalt.

So fügen Sie das Attribut `UICulture` zur Projektdatei hinzu:

1. Öffnen Sie die Projektdatei zu Ihrem Projekt (*<Projektname>.csproj* bei C#-Anwendungen beziehungsweise *<Projektname>.vbproj* bei Visual Basic-Anwendungen) im Windows-Editor oder einem ähnlichen Texteditor.
2. Suchen Sie das erste `<PropertyGroup>`-Tag. Fügen Sie in diesem Tag den folgenden Satz XAML-Tags ein:

   ```
   <UICulture>en-US</UICulture>
   ```

   Wenn Sie Ihre Anwendung in einer anderen Sprache als Englisch entwickeln, müssen Sie den Kulturcode in diesem Tag entsprechend anpassen, indem Sie beispielsweise den Kulturcode `de-DE` eintragen.
3. Speichern Sie die Projektdatei und erstellen Sie Ihre Anwendung.

Markieren der lokalisierbaren Elemente

Der erste Schritt beim eigentlichen Lokalisieren Ihrer Anwendung besteht darin, alle Elemente zu markieren, die lokalisierbar sind. Dazu gehören die Texte, die in der Benutzeroberfläche angezeigt werden, aber auch viele andere Eigenschaften. Beispielsweise müssen Sie bei Sprachen, die andere Schriften verwenden, unter Umständen die Breite der Steuerelemente anpassen. Und wenn Sprachen von rechts nach links gelesen werden (statt von links nach rechts wie im Deutschen oder Englischen), müssen Sie die Eigenschaft `FlowDirection` der Steuerelemente lokalisieren. Bilder werden oft lokalisiert. In solchen Fällen müssen Sie die `ImageSource`-Eigenschaften bearbeiten und geeignete Bilder auswählen. Bei anderen Sprachen müssen Sie oft die Schriftgröße oder die Größe von Benutzeroberflächenelementen anpassen, weil die Texte eine andere Länge haben. Selbst Farbkombinationen können in manchen Kulturkreisen eine andere Bedeutung haben, sodass Sie die Pinsel für `Foreground` und `Background` lokalisieren müssen. Die Entscheidung, welche Elemente einer Anwendung lokalisiert werden müssen, ist oft der schwierigste Teil der gesamten Aufgabe, sie ist aber auch der wichtigste, weshalb Sie äußerst gründlich vorgehen sollten. Das wichtigste Prinzip ist, dass es sich beim Lokalisieren nicht um eine bloße Übersetzung handelt, es ist ein komplexer Prozess, der sorgfältige Recherche und Planung voraussetzt.

Sie markieren Elemente zum Lokalisieren, indem Sie im XAML-Code das Attribut `Uid` zu diesen Elementen hinzufügen. Dieses Attribut identifiziert ein Element eindeutig, damit es lokalisiert werden kann. So fügen Sie das Attribut `Uid` zu einem Element hinzu:

```
<Button x:Uid="Button_1" Margin="112,116,91,122"
   Name="Button1">Button</Button>
```

Stattdessen können Sie auch das Tool *Msbuild.exe* verwenden, um alle Elemente in Ihrer Anwendung mit dem Attribut `Uid` zu versehen. Verwenden Sie dabei das Argument `updateuid` und geben Sie Ihre Projektdatei an:

```
msbuild /t:updateuid myApplication.vbproj
```

Dieses Tool sollten Sie in der Visual Studio-Eingabeaufforderung ausführen, die Sie im Startmenü über den Unterordner *Visual Studio Tools* des Ordners *Visual Studio 2010* öffnen.

Wenn lokalisierbare Ressourcen aus Ihrer Anwendung extrahiert werden, werden dabei alle lokalisierbaren Eigenschaften aller Elemente ausgelesen, die mit dem Attribut `Uid` versehen sind.

Beachten Sie, dass Sie jedes Element in Ihrer Anwendung markieren müssen, das sich in einer XAML-Datei befindet und das Sie lokalisieren wollen. Darunter fallen auch Ressourcen und Ressourcen in Ressourcenwörterbüchern.

Extrahieren des lokalisierbaren Inhalts

Um den lokalisierbaren Inhalt aus Ihrer Anwendung zu extrahieren, brauchen Sie ein Spezialtool. Sie können beispielsweise das Befehlszeilentool LocBaml herunterladen, das in der Lage ist, lokalisierbaren Inhalt zu extrahieren. Auch Lösungen anderer Hersteller stehen zur Verfügung. Wenn Sie LocBaml verwenden wollen, können Sie unter *http://msdn.microsoft.com/de-de/library/ms771568.aspx* die Quelldateien des Tools herunterladen.

Das Tool LocBaml wird nicht als fertig kompilierte Anwendung zur Verfügung gestellt. Sie müssen es selbst kompilieren, bevor Sie es nutzen können. Das fertige Programm führen Sie als Befehlszeilenanwendung in dem Verzeichnis aus, das Ihre kompilierte Anwendung enthält. Geben Sie dabei das Argument `/parse` und den Pfad der Ressourcen-DLL an. Hier ein Beispielaufruf:

```
locbaml /parse en-US\myApplication.resources.dll
```

LocBaml gibt eine *.csv*-Datei aus, die alle lokalisierbaren Eigenschaften aus allen Elementen enthält, die mit dem Attribut `Uid` markiert sind.

Übersetzen des lokalisierbaren Inhalts

Der Inhalt wird meist nicht vom Entwickler übersetzt. Üblicherweise werden Lokalisierungsspezialisten beauftragt, übersetzte Zeichenfolgen und Werte für andere übersetzbare Eigenschaften zu liefern. Die von LocBaml generierte *.csv*-Datei enthält zu jeder lokalisierbaren Eigenschaft, die aus der Anwendung extrahiert wurde, eine Datenzeile. Jede Zeile enthält folgende Informationen:

- Name der lokalisierbaren Ressource
- `Uid` des Elements und Name der lokalisierbaren Eigenschaft
- Lokalisierungskategorie, zum Beispiel Titel oder Text
- Ob die Eigenschaft lesbar ist (das heißt, ob sie als Text in der Benutzeroberfläche angezeigt wird)
- Ob der Übersetzer den Eigenschaftswert ändern darf (trifft immer zu, sofern Sie es nicht explizit verbieten)
- Ergänzende Kommentare für den Übersetzer
- Wert der Eigenschaft

Den letzten Eintrag in jeder Zeile, der Wert der Eigenschaft, muss der Übersetzer bearbeiten. Sobald die Übersetzung abgeschlossen ist, bekommen Sie die *.csv*-Datei zurück, in der nun die übersetzten Werte in der letzten Spalte stehen.

Anlegen von Unterverzeichnissen

Bevor Satellitenassemblys erstellt werden können, müssen Sie ein Unterverzeichnis anlegen, dessen Name dem Kulturcode der Dateien entspricht, die darin gespeichert werden. Dieses Unterverzeichnis sollten Sie in dem Verzeichnis anlegen, in dem die kompilierte Anwendung liegt. Als Name verwenden Sie den Kulturcode, für den Sie Satellitenassemblys erstellen. Wenn Sie zum Beispiel Satellitenassemblys für kanadisches Französisch erstellen, nennen Sie Ihr Verzeichnis *fr-CA*.

Generieren von Satellitenassemblys

Sobald die Ressourcen übersetzt sind und die Unterverzeichnisse bereitstehen, können Sie sich daran machen, Ihre Satellitenassemblys (satellite assembly) zu generieren, die kulturspezifische Ressourcen zu einer lokalisierten Anwendung enthalten. Falls Sie LocBaml verwenden, generieren Sie Satellitenassemblys, indem Sie LocBaml wieder in dem Verzeichnis aufrufen, in dem Ihre kompilierte Anwendung liegt. Geben Sie dabei das Argument `/generate` an, um eine Satellitenassembly zu generieren. Das folgende Beispiel zeigt die Befehlszeile, mit der LocBaml eine Satellitenassembly generiert:

```
locbaml /generate en-US\myApplication.resources.dll
  /trans:myApplication.resources.FrenchCan.csv /cul:fr-CA /out:fr-CA
```

Nehmen wir diesen Befehl auseinander und sehen wir uns an, was er tut. Das Argument `/generate` weist LocBaml an, eine Satellitenassembly für die angegebene Assembly zu generieren, in diesem Beispiel also *en-US\myApplication.resources.dll*. Das Argument `/trans` gibt die *.csv*-Datei an, die benutzt wird, um die Satellitenassembly zu generieren (in diesem Beispiel *myApplication.resources.FrenchCan.csv*). Das Argument `/cul` legt die angegebene Kultur für die Satellitenassembly fest, und `/out` gibt den Namen des Ordners an, der denselben Namen haben muss wie die angegebene Kultur.

Laden der Ressourcen für eine Kultur

Wenn Sie Satellitenassemblys erstellt haben, lädt Ihre Anwendung automatisch die Ressourcen, die zur Kultur passen. Wie weiter oben beschrieben, können Sie die aktuelle Benutzeroberflächenkultur ändern, indem Sie der Eigenschaft `CurrentThread.CurrentUICulture` eine neue Instanz von `System.Globalization.CultureInfo` zuweisen. Stattdessen können Sie die Kultur auch über die Systemeinstellungen ändern. Falls sich die Kultur ändert, während eine Anwendung läuft, müssen Sie die Anwendung neu starten, damit die kulturspezifischen Ressourcen geladen werden. Wenn Sie die Benutzeroberflächenkultur in Ihrem Programmcode ändern, müssen Sie `CurrentUICulture` die neue `CultureInfo`-Instanz zuweisen, bevor irgendwelche Elemente der Benutzeroberfläche angezeigt werden. Die beste Stelle für diese Aufgabe ist normalerweise der `Application.Startup`-Ereignishandler.

Prüfungstipp

Das Lokalisieren ist ein komplexer Prozess, bei dem üblicherweise Lokalisierungsspezialisten mit dem Entwickler zusammenarbeiten. Konzentrieren Sie sich auf die Aspekte der Lokalisierung, die den Entwickler direkt betreffen. Das sind vor allem das Vorbereiten der Anwendung für die Lokalisierung und das Markieren der lokalisierbaren Elemente. Aufgaben, die wahrscheinlich von jemand anders erledigt werden, beispielsweise das Extrahieren des Inhalts und die Übersetzung, werden in der Prüfung wahrscheinlich nur am Rande behandelt.

Verwenden von Kultureinstellungen in Überprüfungsmodulen und Konvertern

Das Lokalisieren von Benutzeroberflächenelementen ist zwar ein unverzichtbarer Teil beim Lokalisieren einer Anwendung, Sie müssen aber auch Daten so formatieren, wie es die aktuelle Kultureinstellung vorgibt. In manchen Fällen passiert das automatisch. So verwendet die Methode `String.Format` die richtigen Dezimaltrennzeichen oder Uhrzeitformate, die aus der aktuellen Benutzeroberflächenkultur ermittelt werden. Aber wenn Sie Daten, die in der Benutzeroberfläche angezeigt werden, selbst formatieren oder überprüfen, muss Ihr Code die aktuelle Kultur dabei berücksichtigen.

Die Methoden `Convert` und `ConvertBack` der Schnittstelle `IValueConverter` sowie die Methode `Validate` der Klasse `ValidationRule` haben einen Parameter, der die Kultur angibt. Im Fall von `IValueConverter` heißt dieser Parameter `culture`, in der Methode `Validate` dagegen `cultureInfo`. In beiden Fällen enthält der Parameter eine Instanz von `System.Globalization.CultureInfo`. Wenn Sie eine Gültigkeitsregel oder einen Konverter in einer lokalisierten Anwendung implementieren, sollten Sie immer den Kulturwert prüfen und Ihre Daten so formatieren, wie die Kultur es vorgibt. Ein Beispiel:

' Visual Basic

```
<ValueConversion(GetType(String), GetType(String))> _
Public Class DateBrushConverter
   Implements IValueConverter
   ' Hinweis: Translator ist eine fiktive Klasse, die ein Wörterbuch enthält,
   ' mit dem die übergebenen Zeichenfolgen übersetzt werden.
   Dim myTranslator As New Translator
   Public Function Convert(ByVal value As Object, ByVal targetType As  _
      System.Type, ByVal parameter As Object, ByVal culture As  _
      System.Globalization.CultureInfo) As Object Implements _
      System.Windows.Data.IValueConverter.Convert
      Dim astring As String = CType(value, String)
      Select Case culture.ToString
         Case "fr-FR"
            Return myTranslator.EnglishToFrench(astring)
         Case "de-DE"
            Return myTranslator.EnglishToGerman(astring)
         Case Else
            Return astring
      End Select
   End Function

   Public Function ConvertBack(ByVal value As Object, ByVal targetType _
      As System.Type, ByVal parameter As Object, ByVal culture As  _
      System.Globalization.CultureInfo) As Object Implements _
      System.Windows.Data.IValueConverter.ConvertBack
      Dim astring As String = CType(value, String)
      Select Case culture.ToString
         Case "fr-FR"
            Return myTranslator.FrenchToEnglish(astring)
```

```
         Case "de-DE"
            Return myTranslator.GermanToEnglish(astring)
         Case Else
            Return astring
      End Select
   End Function
End Class
```

// C#

```
[ValueConversion(typeof(string), typeof(string))]
public class LanguageConverter : IValueConverter
{
   // Hinweis: Translator ist eine fiktive Klasse, die ein Wörterbuch enthält,
   // mit dem die übergebenen Zeichenfolgen übersetzt werden.
   Translator myTranslator = new Translator();
   public object Convert(object value, Type targetType, object parameter,
      System.Globalization.CultureInfo culture)
   {
      string aString = (string)value;
      switch(culture.ToString())
      {
         case "fr-FR":
            return myTranslator.EnglishToFrench(aString);
         case "de-DE":
            return myTranslator.EnglishToGerman(aString);
         default:
            return aString;
      }
   }

   public object ConvertBack(object value, Type targetType, object
      parameter, System.Globalization.CultureInfo culture)
   {
      string aString = (string)value;
      switch(culture.ToString())
      {
         case "fr-FR":
            return myTranslator.FrenchToEnglish(aString);
         case "de-DE":
            return myTranslator.GermanToEnglish(aString);
         default:
            return aString;
      }
   }
}
```

Schnelltest

1. Was ist der Unterschied zwischen Globalisieren und Lokalisieren?
2. Was ist der Unterschied zwischen `CurrentCulture` und `CurrentUICulture`?

Antworten zum Schnelltest

1. Globalisieren bedeutet, dass Daten formatiert werden, wie es die aktuelle Kultureinstellung vorgibt. Lokalisieren bedeutet, dass lokalisierte Daten der eingestellten Kultur ausgelesen und angezeigt werden.
2. `CurrentCulture` steuert, wie Daten so formatiert werden, dass es zur aktuellen Kultureinstellung passt. `CurrentUICulture` legt fest, welcher Satz Ressourcen geladen und in der Benutzeroberfläche angezeigt werden soll.

Übung Erstellen lokalisierter Formulare

In dieser Übung erstellen Sie eine Windows Forms-Anwendung mit lokalisierten Formularen. Sie erstellen ein Formular für die Standardkultur, das die Anzeige von Datum/Zeit und Geldbeträgen sowie Zeichenfolgen für die englischsprachige Standardkultur demonstriert. Dann legen Sie eine lokalisierte Version dieses Formulars an, das deutsche Texte verwendet. Und schließlich erstellen Sie ein Formular, in dem Sie das Gebietsschema auswählen, in dem Sie Ihr lokalisiertes Formular anzeigen wollen. Das Formular stellt die Kultur daraufhin passend ein. Eine fertige Projektmappe zu dieser Übung finden Sie in den Beispieldateien, die Sie von der Begleit-CD installiert haben.

Übung Erstellen lokalisierter Formulare

1. Legen Sie in Visual Studio eine neue Windows Forms-Anwendung an.
2. Wählen Sie im Menü *Projekt* den Befehl *Windows Form hinzufügen*, um ein neues Formular zu Ihrem Projekt hinzuzufügen. Geben Sie dem neuen Formular den Namen **Form2**.
3. Klicken Sie im Designer auf die Registerkarte für `Form2`. Ziehen Sie aus der Toolbox vier `Label`-Steuerelemente auf das Formular. Stellen Sie ihre `Text`-Eigenschaften folgendermaßen ein:

Label	Wert der Eigenschaft `Text`
`Label1`	`Currency Format`
`Label2`	(leer)
`Label3`	`Current Date and Time`
`Label4`	(leer)

4. Klicken Sie doppelt auf `Form2`, um den Ereignishandler `Form2_Load` zu erstellen. Fügen Sie den folgenden Code in diesen Ereignishandler ein:

' Visual Basic

```
Label2.Text = Format(500, "Currency")
Label4.Text = Now.ToShortDateString
```

// C#

```
label2.Text = (500).ToString("C");
label4.Text = System.DateTime.Now.ToShortDateString();
```

5. Setzen Sie im Designer die Eigenschaft `Form2.Localizable` auf den Wert `True` und die Eigenschaft `Language` auf den Wert *Deutsch (Deutschland)*.
6. Stellen Sie die `Text`-Eigenschaften von `Label1` und `Label3` folgendermaßen ein:

Label	Wert der Eigenschaft `Text`
`Label1`	`Währungsformat`
`Label3`	`Aktuelle Uhrzeit`

7. Klicken Sie im Designer auf die Registerkarte für `Form1`.
8. Ziehen Sie aus der Toolbox drei `Button`-Steuerelemente auf das Formular und stellen Sie ihre `Text`-Eigenschaften folgendermaßen ein:

Schaltfläche	Wert der Eigenschaft `Text`
`Button1`	`USA`
`Button2`	`Großbritannien`
`Button3`	`Deutschland`

9. Klicken Sie im Designer doppelt auf das Steuerelement `Button1`, um den Standardereignishandler `Button1_Click` zu öffnen. Fügen Sie darin den folgenden Code ein:

' Visual Basic

```
System.Threading.Thread.CurrentThread.CurrentCulture = New _
   System.Globalization.CultureInfo("en-US")
System.Threading.Thread.CurrentThread.CurrentUICulture = New _
   System.Globalization.CultureInfo("en-US")
Dim aform As New Form2()
aform.Show()
```

// C#

```
System.Threading.Thread.CurrentThread.CurrentCulture = new
   System.Globalization.CultureInfo("en-US");
System.Threading.Thread.CurrentThread.CurrentUICulture = new
   System.Globalization.CultureInfo("en-US");
Form2 aform = new Form2();
aform.Show();
```

10. Klicken Sie im Designer doppelt auf das Steuerelement `Button2`, um den Standardereignishandler `Button2_Click` zu öffnen. Fügen Sie darin den folgenden Code ein:

' Visual Basic

```
System.Threading.Thread.CurrentThread.CurrentCulture = New _
   System.Globalization.CultureInfo("en-GB")
System.Threading.Thread.CurrentThread.CurrentUICulture = New _
   System.Globalization.CultureInfo("en-GB")
Dim aform As New Form2()
aform.Show()
```

// C#

```
System.Threading.Thread.CurrentThread.CurrentCulture = new
   System.Globalization.CultureInfo("en-GB");
System.Threading.Thread.CurrentThread.CurrentUICulture = new
   System.Globalization.CultureInfo("en-GB");
```

```
Form2 aform = new Form2();
aform.Show();
```

11. Klicken Sie im Designer doppelt auf das Steuerelement `Button3`, um den Standardereignishandler `Button3_Click` zu öffnen. Fügen Sie darin den folgenden Code ein:

    ' Visual Basic

    ```
    System.Threading.Thread.CurrentThread.CurrentCulture = New _
       System.Globalization.CultureInfo("de-DE")
    System.Threading.Thread.CurrentThread.CurrentUICulture = New _
       System.Globalization.CultureInfo("de-DE")
    Dim aform As New Form2()
    aform.Show()
    ```

    // C#

    ```
    System.Threading.Thread.CurrentThread.CurrentCulture = new
       System.Globalization.CultureInfo("de-DE");
    System.Threading.Thread.CurrentThread.CurrentUICulture = new
       System.Globalization.CultureInfo("de-DE");
    Form2 aform = new Form2();
    aform.Show();
    ```

12. Drücken Sie F5, um Ihre Anwendung zu erstellen und auszuführen. Klicken Sie jeweils auf eine der Schaltflächen, um sich ein lokalisiertes Formular anzusehen. Es werden jeweils das lokale Währungs- und Datumsformat angezeigt, für die deutsche Version werden auch deutsche Texte geladen.

Zusammenfassung der Lektion

- Die Kultur fasst die regionalen Einstellungen für ein Land oder ein Gebiet zusammen, in dem die Anwendung bereitgestellt wird. Die Kultur wird durch einen Kulturcode angegeben. Globalisieren ist der Vorgang, bei dem Sie Anwendungsdaten so formatieren, wie die eingestellte Kultur es vorgibt. Lokalisieren bedeutet, dass lokalisierte Elemente geladen und in der Benutzeroberfläche angezeigt werden.
- Die Einstellung `CurrentCulture` des Threads legt fest, welche Kultur zum Formatieren der Anwendungsdaten verwendet wird. Die Einstellung `CurrentUICulture` steuert, welche Kultur benutzt wird, um lokalisierte Ressourcen zu laden.
- Sie erstellen lokalisierte Formulare in Windows Forms-Anwendungen, indem Sie die Eigenschaft `Localizable` eines Formulars auf `True` setzen und dann in der Eigenschaft `Language` eine andere Sprache als *(Standard)* auswählen. Daraufhin wird eine neue Version des Formulars für diese Kultur erstellt, und Sie können lokalisierte Ressourcen zu diesem Formular hinzufügen.
- Sie können die Schrift in einem Steuerelement von rechts nach links fließen lassen, indem Sie die Eigenschaft `RightToLeft` auf den Wert `True` setzen. Das Steuerelementlayout für ein gesamtes Formular spiegeln Sie, indem Sie die Eigenschaften `RightToLeftLayout` und `RightToLeft` des Formulars auf den Wert `True` setzen.
- Wenn Sie eine WPF-Anwendung lokalisieren, müssen Sie die lokalisierbaren Elemente mit dem Attribut `Uid` markieren, damit sie als lokalisierbare Elemente in Ihrer Anwendung eindeutig identifiziert werden.

- LocBaml ist eine Befehlszeilenanwendung, die Microsoft im Quellcode als Beispielanwendung zum Download anbietet. Sie können mit LocBaml lokalisierbare Ressourcen aus Ihrer Anwendung extrahieren und Satellitenassemblys mit lokalisierten Ressourcen erstellen.
- Methoden in `IValueConverter` und `ValidationRule` haben einen Parameter, der auf das verwendete `CultureInfo`-Objekt verweist. Wenn Sie eine kulturspezifische Formatierung oder Überprüfung ausführen, sollte Ihr Code die Kultur auswerten, um die benötigten Funktionen auszuführen.

Lernzielkontrolle

Mit den folgenden Fragen können Sie Ihr Wissen zu den Informationen aus Lektion 2, »Implementieren von Globalisierung und Lokalisierung«, überprüfen. Die Fragen finden Sie (in englischer Sprache) auch auf der Begleit-CD, Sie können sie also auch auf dem Computer im Rahmen eines Übungstests beantworten.

Hinweis Die Antworten

Die Antworten auf diese Fragen mit Erklärungen, warum die jeweiligen Auswahlmöglichkeiten richtig oder falsch sind, finden Sie im Abschnitt »Antworten« am Ende dieses Buchs.

1. Welche der folgenden Codezeilen formatiert Daten passend für Deutschland?

   A.

   ' Visual Basic

   ```
   System.Threading.Thread.CurrentThread.CurrentUICulture = New _
      System.Globalization.CultureInfo("de-DE")
   ```

   // C#

   ```
   System.Threading.Thread.CurrentThread.CurrentUICulture = new
      System.Globalization.CultureInfo("de-DE");
   ```

   B.

   ' Visual Basic

   ```
   Me.CurrentUICulture = New System.Globalization.CultureInfo("de-DE")
   ```

   // C#

   ```
   this.CurrentUICulture = new System.Globalization.CultureInfo("de-DE");
   ```

   C.

   ' Visual Basic

   ```
   System.Threading.Thread.CurrentThread.CurrentCulture = New _
      System.Globalization.CultureInfo("de-DE")
   ```

   // C#

   ```
   System.Threading.Thread.CurrentThread.CurrentCulture = new
      System.Globalization.CultureInfo("de-DE");
   ```

   D.

   ' Visual Basic

   ```
   Me.CurrentCulture = New System.Globalization.CultureInfo("de-DE")
   ```

   // C#

   ```
   this.CurrentCulture = new System.Globalization.CultureInfo("de-DE");
   ```

2. Sie haben ein Formular mit einem `Label`-Steuerelement namens `Label1` und einem `Button`-Steuerelement namens `Button1`, alle mit ihren Standardeinstellungen. Was müssen Sie tun, um das gesamte Formular und alle Steuerelemente in einem Layout für die Leserichtung von rechts nach links anzuzeigen und alle Texte von rechts nach links auszugeben? (Wählen Sie alle zutreffenden Antworten aus.)
   A. Setzen Sie die Eigenschaft `Label1.RightToLeft` auf den Wert `True`.
   B. Setzen Sie die Eigenschaft `Button1.RightToLeft` auf den Wert `True`.
   C. Setzen Sie die Eigenschaft `Form1.RightToLeft` auf den Wert `True`.
   D. Setzen Sie die Eigenschaft `Form1.RightToLeftLayout` auf den Wert `True`.

Lektion 3: Integrieren von Windows Forms- und WPF-Steuerelementen

Die Familie der WPF-Steuerelemente ist sehr umfangreich. In Kombination mit den flexiblen Konfigurationsmöglichkeiten der WPF-Steuerelemente stehen Ihnen leistungsfähige Steuerelementfunktionen für Ihre Anwendungen zur Verfügung. Es gibt allerdings Lücken bei bestimmten Aufgabenbereichen, die nicht von WPF-Elementen abgedeckt werden und selbst nur schwierig zu implementieren sind. Glücklicherweise bietet WPF eine Möglichkeit, Windows Forms-Steuerelemente in einer WPF-Anwendung zu nutzen. Umgekehrt können Sie auch WPF-Steuerelemente in Ihre Windows Forms-Anwendungen einbauen. In dieser Lektion erfahren Sie, wie Sie Windows Forms-Steuerelemente in WPF-Anwendungen einsetzen, und umgekehrt.

Am Ende dieser Lektion werden Sie in der Lage sein, die folgenden Aufgaben auszuführen:

- Beschreiben, wie Sie ein Windows Forms-Steuerelement in einer WPF-Anwendung benutzen
- Integrieren von Windows Forms-Dialogfeldern in WPF-Anwendungen
- Integrieren von WPF-Steuerelementen in Windows Forms-Anwendungen

Veranschlagte Zeit für diese Lektion: 30 Minuten

Verwenden von Windows Forms-Steuerelementen wie Dialogfeldern in WPF-Anwendungen

WPF bietet zwar viele nützliche Steuerelemente und Features, gelegentlich stehen aber Funktionen, die Sie aus der Windows Forms-Programmierung kennen, nicht zur Verfügung. Viele Entwickler vermissen beispielsweise Steuerelemente wie `MaskedTextBox` und `PropertyGrid`, aber auch simple Dialogfelder. Glücklicherweise können Sie viele Windows Forms-Steuerelemente in Ihren WPF-Anwendungen nutzen.

Die fehlenden Dialogfelder sind eine der schmerzlichsten Lücken in WPF. Weil Dialogfelder separate Benutzeroberflächen sind, ist es aber relativ einfach, sie in Ihre WPF-Anwendungen einzubauen.

Dateidialogfelder

Die Dateidialogfelder `OpenFileDialog` und `SaveFileDialog` sind Komponenten, die Sie häufig in Ihren Anwendungen brauchen. Der Benutzer durchsucht damit das Dateisystem, und der Dialog gibt den Pfad der ausgewählten Datei zurück. Die Klassen `OpenFileDialog` und `SaveFileDialog` sind sich sehr ähnlich, alle wichtigen Member sind gleich. Tabelle 9.2 beschreibt die wichtigsten Eigenschaften der Dateidialogfelder, Tabelle 9.3 die wichtigsten Methoden.

Tabelle 9.2 Wichtige Eigenschaften der Dateidialogfelder

Eigenschaft	Beschreibung
AddExtension	Gibt an, ob das Dialogfeld automatisch eine Erweiterung an den Dateinamen anhängt, wenn der Benutzer keine angibt.
CheckFileExists	Gibt an, ob das Dialogfeld eine Warnung anzeigt, wenn der Benutzer einen Dateinamen eintippt, den es nicht gibt.
CheckPathExists	Gibt an, ob das Dialogfeld eine Warnung anzeigt, wenn der Benutzer einen Pfad angibt, den es nicht gibt.
CreatePrompt	Gibt an, ob das Dialogfeld den Benutzer fragt, ob eine Datei erstellt werden soll, falls der Benutzer eine Datei angibt, die noch nicht vorhanden ist. Steht nur in SaveFileDialog zur Verfügung.
FileName	Eine Zeichenfolge mit dem Dateinamen, der vom Benutzer im Dateidialogfeld ausgewählt wurde.
FileNames	Gibt die Dateinamen aller ausgewählten Dateien im Dialogfeld zurück. Diese Eigenschaft ist zwar sowohl in SaveFileDialog als auch OpenFileDialog vorhanden, sie ist aber nur in der Klasse OpenFileDialog wichtig, weil es nur in OpenFileDialog möglich ist, mehrere Dateien auszuwählen.
Filter	Die aktuelle Filterzeichenfolge für Dateinamen, die festlegt, welche Auswahlmöglichkeiten im Feld *Dateitypen* des Dialogfelds angeboten werden.
InitialDirectory	Das Startverzeichnis, das im Dateidialogfeld anfangs angezeigt wird.
Multiselect	Gibt an, ob das Dialogfeld erlaubt, mehrere Dateien auszuwählen. Steht nur in OpenFileDialog zur Verfügung.
OverwritePrompt	Gibt an, ob das *Speichern unter*-Dialogfeld eine Warnung anzeigt, wenn der Benutzer den Namen einer Datei angibt, die bereits vorhanden ist. Steht nur in SaveFileDialog zur Verfügung.
ValidateNames	Gibt an, ob das Dialogfeld nur gültige Win32-Dateinamen akzeptiert.

Tabelle 9.3 Wichtige Methoden der Dateidialogfelder

Methode	Beschreibung
OpenFile	Öffnet die ausgewählte Datei als System.IO.Stream-Objekt. Bei OpenFileDialog-Objekte wird ein schreibgeschützter Stream geöffnet. Bei SaveFileDialog-Objekten wird eine Kopie der angegebenen Datei gespeichert und dann als Stream mit Lese- und Schreibzugriff geöffnet. Passen Sie auf, wenn Sie die Methode SaveFileDialog.OpenFile verwenden, damit Sie keine vorhandenen Dateien mit demselben Namen überschreiben.
ShowDialog	Zeigt das Dialogfeld modal an. Die Ausführung der Anwendung wird also unterbrochen, bis das Dialogfeld wieder geschlossen wurde. Gibt ein DialogResult-Ergebnis zurück.

So verwenden Sie ein Dateidialogfeld in einer WPF-Anwendung:

1. Klicken Sie im Projektmappen-Explorer mit der rechten Maustaste auf den Projektnamen und wählen Sie den Befehl *Verweis hinzufügen*. Das Dialogfeld *Verweis hinzufügen* wird geöffnet.
2. Wählen Sie auf der Registerkarte *.NET* die Komponente *System.Windows.Forms* aus und klicken Sie auf *OK*.

3. Legen Sie im Programmcode eine neue Instanz des gewünschten Dateidialogfelds an:

   ' Visual Basic

   ```
   Dim aDialog As New System.Windows.Forms.OpenFileDialog()
   ```

   // C#

   ```
   System.Windows.Forms.OpenFileDialog aDialog =
      new System.Windows.Forms.OpenFileDialog();
   ```

4. Rufen Sie die Methode `ShowDialog` auf, um das Dialogfeld modal anzuzeigen. Nachdem der Benutzer das Dialogfeld geschlossen hat, können Sie den ausgewählten Dateinamen aus der Eigenschaft `FileNames` auslesen. Hier ein Beispiel:

   ' Visual Basic

   ```
   Dim aResult As System.Windows.Forms.DialogResult
   aResult = aDialog.ShowDialog()
   If aResult = System.Windows.Forms.DialogResult.OK Then
      ' Zeigt den Pfad der ausgewählten Datei an
      MessageBox.Show(aDialog.FileName)
   End If
   ```

   // C#

   ```
   System.Windows.Forms.DialogResult aResult;
   aResult = aDialog.ShowDialog();
   if (aResult == System.Windows.Forms.DialogResult.OK)
   {
      // Zeigt den Pfad der ausgewählten Datei an
      MessageBox.Show(aDialog.FileName);
   }
   ```

Hinweis Namenskonflikte vermeiden

Es wird davon abgeraten, den Namespace `System.Windows.Forms` zu importieren, weil das zu Namenskonflikten mit mehreren WPF-Klassen führt.

WindowsFormsHost

Es ist zwar nicht weiter schwer, Dialogfelder in WPF-Anwendungen zu verwenden, bei Steuerelementen wird es aber etwas komplizierter. Glücklicherweise stellt WPF das Element `WindowsFormsHost` zur Verfügung, das für genau diese Aufgabe entwickelt wurde.

`WindowsFormsHost` ist ein WPF-Element, das ein einzelnes Windows Forms-Steuerelement als untergeordnetes Element einbettet. Das enthaltene Windows Forms-Steuerelement passt seine Größe automatisch an das `WindowsFormsHost`-Steuerelement an. Sie können mit `WindowsFormsHost` Instanzen von Windows Forms-Steuerelementen deklarativ anlegen und die Eigenschaften der enthaltenen Windows Forms-Steuerelemente deklarativ einstellen.

Ein Windows Forms-Steuerelement zu einer WPF-Anwendung hinzufügen

Damit Sie ein `WindowsFormsHost`-Element in Ihren WPF-Anwendungen verwenden können, müssen Sie zuerst einen Verweis auf den Namespace `System.Windows.Forms.Integration` der Assembly `WindowsFormsIntegration` zur XAML-Ansicht hinzufügen:

```
xmlns:my="clr-namespace:System.Windows.Forms.Integration;assembly=WindowsFormsIntegration"
```

Wenn Sie ein WindowsFormsHost-Element aus der Toolbox in den Designer ziehen, wird dieser Verweis automatisch hinzugefügt. Außerdem müssen Sie einen Verweis auf den Namespace System.Windows.Forms hinzufügen:

```
xmlns:wf="clr-namespace:System.Windows.Forms;assembly=System.Windows.Forms"
```

Nun können Sie eine Instanz des gewünschten Windows Forms-Steuerelements als untergeordnetes Element des WindowsFormsHost-Elements erstellen:

```
<my:WindowsFormsHost Margin="48,106,30,56" Name="windowsFormsHost1">
   <wf:Button Text="Windows Forms-Button" />
</my:WindowsFormsHost>
```

Eigenschaften von Windows Forms-Steuerelementen in einer WPF-Anwendung einstellen

Sie können die Eigenschaften eines eingebetteten Windows Forms-Steuerelements deklarativ im XAML-Code einstellen, genau wie bei einem WPF-Element:

```
<my:WindowsFormsHost Margin="48,106,30,56" Name="windowsFormsHost1">
   <wf:Button Text="Windows Forms-Button" />
</my:WindowsFormsHost>
```

Dabei sind aber manche Eigenschaften des Windows Forms-Steuerelements bedeutungslos. Beispielsweise haben Layouteigenschaften wie Anchor, Dock, Top und Left keinen Einfluss auf die Position des Windows Forms-Steuerelements. Schließlich ist das WindowsFormsHost-Steuerelement sein Container, und das Windows Forms-Steuerelement füllt den gesamten Innenbereich dieses Elements aus. Um das Layout eines eingebetteten Windows Forms-Steuerelements zu verwalten, müssen Sie die Layouteigenschaften des WindowsFormsHost-Steuerelements einstellen:

```
<my:WindowsFormsHost Margin="48,106,30,56" Name="windowsFormsHost1">
   <wf:Button Text="Windows Forms-Button" />
</my:WindowsFormsHost>
```

Ereignishandler für Windows Forms-Steuerelemente in einer WPF-Anwendung festlegen

Auf ähnliche Weise können Sie auch Ereignishandler deklarativ im XAML-Code festlegen:

```
<my:WindowsFormsHost Margin="48,106,30,56" Name="windowsFormsHost1">
   <wf:Button Click="Button_Click" Name="Button1" />
</my:WindowsFormsHost>
```

Die Ereignisse, die von Windows Forms-Steuerelementen ausgelöst werden, sind gewöhnliche .NET-Ereignisse, keine Routingereignisse. Daher müssen sie an der Quelle behandelt werden.

Im Programmcode einen Verweis auf ein eingebettetes Windows Forms-Steuerelement abrufen

Meist reicht simple deklarative Syntax für eingebettete Windows Forms-Steuerelemente nicht aus. Sie brauchen Code, um auf eingebettete Windows Forms-Steuerelemente zuzugreifen. Sie können zwar der Eigenschaft Name eines eingebetteten Windows Forms-Steuerelements einen Namen zuweisen, über diesen Namen erhalten Sie aber keinen Codeverweis auf das Steuerelement. Stattdessen müssen Sie einen Verweis mithilfe der Eigenschaft WindowsFormsHost.Child abrufen und ihn in den richtigen Typ konvertieren. Das folgende Codebeispiel demonstriert, wie Sie einen Verweis auf ein eingebettetes Windows Forms-Button-Steuerelement erhalten:

' Visual Basic

```
Dim aButton As System.Windows.Forms.Button
aButton = CType(windowsFormsHost1.Child , System.Windows.Forms.Button)
```

// C#

```
System.Windows.Forms.Button aButton;
aButton = (System.Windows.Forms.Button)windowsFormsHost1.Child;
```

Hinzufügen eines WPF-Benutzersteuerelements zu einem Windows Forms-Projekt

Mit dem Steuerelement ElementHost können Sie vorhandene WPF-Benutzersteuerelemente zu Ihrem Windows Forms-Projekt hinzufügen. Wie der Name andeutet, bettet ElementHost ein WPF-Element ein.

Die wichtigste Eigenschaft von ElementHost ist Child. Sie gibt den Typ des WPF-Steuerelements an, das vom ElementHost-Steuerelement eingebettet wird. Wenn das eingebettete WPF-Steuerelement aus einem Projekt stammt, das Teil derselben Projektmappe ist, können Sie die Eigenschaft Child im Eigenschaftenfenster einstellen. Andernfalls müssen Sie der Eigenschaft Child im Programmcode eine Instanz des WPF-Steuerelements zuweisen:

' Visual Basic

```
Dim aWPFcontrol As New WPFProject.UserControl1
ElementHost1.Child = aWPFcontrol
```

// C#

```
WPFProject.UserControl1 aWPFcontrol = new WPFProject.UserControl1();
ElementHost1.Child = aWPFcontrol;
```

Übung Verwenden von Windows Forms-Elementen in einer WPF-Anwendung

In dieser Übung verwenden Sie Windows Forms-Elemente in einer WPF-Anwendung. Sie erstellen eine einfache Anwendung, die ein MaskedTextBox-Steuerelement einsetzt, um Telefonnummern eingeben zu lassen, und dann eine Liste mit Telefonnummern in eine Datei schreibt, die Sie mit einem SaveFileDialog-Dialogfeld auswählen.

Übung Verwenden von Windows Forms-Elementen in einer WPF-Anwendung

1. Legen Sie eine neue WPF-Anwendung an.
2. Ziehen Sie aus der Toolbox ein WindowsFormsHost-Element auf die Entwurfsoberfläche. Machen Sie das Element etwa so groß wie ein übliches Textfeld.
3. Fügen Sie in der XAML-Ansicht die folgende Zeile in das Window-Tag ein, um den Namespace System.Windows.Forms zu importieren:

   ```
   xmlns:wf="clr-namespace:System.Windows.Forms;assembly=System.Windows.Forms"
   ```

4. Ändern Sie das WindowsFormsHost-Element im XAML-Code so, dass es ein untergeordnetes MaskedTextBox-Steuerelement einbettet. Der fertige Code sollte etwa so aussehen:

```
<WindowsFormsHost Margin="26,30,125,0" Name="windowsFormsHost1"
   Height="27" VerticalAlignment="Top">
   <wf:MaskedTextBox />
</WindowsFormsHost>
```

5. Setzen Sie den Namen des `MaskedTextBox`-Steuerelements auf `MaskedTextBox1` und weisen Sie seiner Eigenschaft `Mask` die Zeichenfolge `(000)-000-0000` zu:

```
<wf:MaskedTextBox Name="MaskedTextBox1" Mask="(000)-000-0000" />
```

6. Fügen Sie im XAML-Code die folgenden zwei Schaltflächen als weitere untergeordnete Steuerelemente zum `Grid`-Steuerelement hinzu:

```
<Button Height="23" Margin="21,76,125,0" Name="Button1"
   VerticalAlignment="Top">Zum Telefonbuch hinzufügen</Button>
<Button Margin="21,0,125,118" Name="Button2" Height="22"
   VerticalAlignment="Bottom">Telefonbuch in Datei speichern</Button>
```

7. Fügen Sie im Codefenster Variablen für eine generische `List` mit Zeichenfolgenobjekten und ein Windows Forms-`SaveFileDialog`-Element hinzu:

' Visual Basic

```
Dim PhoneNumbers As New List(Of String)
Dim aDialog As System.Windows.Forms.SaveFileDialog
```

// C#

```
List<string> PhoneNumbers = new List<String>();
System.Windows.Forms.SaveFileDialog aDialog;
```

8. Klicken Sie im Designer doppelt auf die Schaltfläche *Zum Telefonbuch hinzufügen*, um den `Click`-Standardereignishandler zu öffnen. Fügen Sie darin den folgenden Code ein:

' Visual Basic

```
Dim aBox As System.Windows.Forms.MaskedTextBox
aBox = CType(windowsFormsHost1.Child, System.Windows.Forms.MaskedTextBox)
PhoneNumbers.Add(aBox.Text)
aBox.Clear()
```

// C#

```
System.Windows.Forms.MaskedTextBox aBox;
aBox = (System.Windows.Forms.MaskedTextBox)windowsFormsHost1.Child;
PhoneNumbers.Add(aBox.Text);
aBox.Clear();
```

9. Klicken Sie im Designer doppelt auf die Schaltfläche *Telefonbuch in Datei speichern*, um den `Click`-Standardereignishandler zu öffnen. Fügen Sie darin den folgenden Code ein:

' Visual Basic

```
aDialog = New System.Windows.Forms.SaveFileDialog
aDialog.Filter = "Textdateien | *.txt"
aDialog.ShowDialog()
Dim myWriter As New System.IO.StreamWriter(aDialog.FileName, True)
For Each s As String In PhoneNumbers
   myWriter.WriteLine(s)
Next
myWriter.Close()
```

// C#

```
aDialog = new System.Windows.Forms.SaveFileDialog();
aDialog.Filter = "Textdateien | *.txt";
aDialog.ShowDialog();
System.IO.StreamWriter myWriter = new
   System.IO.StreamWriter(aDialog.FileName, true);
foreach(string s in PhoneNumbers)
   myWriter.WriteLine(s);
myWriter.Close();
```

10. Drücken Sie F5, um Ihre Anwendung zu erstellen und auszuführen. Tragen Sie einige Telefonnummern in das Telefonbuch ein, indem Sie die Nummern im `MaskedTextBox`-Steuerelement eingeben und dann die Schaltfläche *Zum Telefonbuch hinzufügen* drücken. Klicken Sie dann die Schaltfläche *Telefonbuch in Datei speichern* an, um das `SaveFileDialog`-Dialogfeld zu öffnen, und wählen Sie eine Datei aus, in der die Liste gespeichert wird.

Zusammenfassung der Lektion

- Windows Forms-Dialogfelder können Sie direkt in WPF-Anwendungen nutzen. Sie können die Dialogfelder modal öffnen, indem Sie die Methode `ShowDialog` aufrufen. Die Windows Forms-Dialogfelder lassen sich zwar problemlos in WPF-Anwendungen nutzen, sie arbeiten aber meistens mit Windows Forms-Typen. Daher ist es manchmal erforderlich, eine Konvertierung durchzuführen.
- WPF stellt das Element `WindowsFormsHost` bereit, um Windows Forms-Steuerelemente in die Benutzeroberfläche einzubinden. Sie erhalten im Programmcode einen Verweis auf das eingebettete Windows Forms-Steuerelement, indem Sie die Eigenschaft `WindowsFormsHost.Child` in den jeweiligen Typ konvertieren.
- Windows Forms stellt das Steuerelement `ElementHost` zur Verfügung, um ein WPF-Element aufzunehmen.

Lernzielkontrolle

Mit den folgenden Fragen können Sie Ihr Wissen zu den Informationen aus Lektion 3, »Integrieren von Windows Forms- und WPF-Steuerelementen«, überprüfen. Die Fragen finden Sie (in englischer Sprache) auch auf der Begleit-CD, Sie können sie also auch auf dem Computer im Rahmen eines Übungstests beantworten.

Hinweis Antworten

Die Antworten auf diese Fragen mit Erklärungen, warum die jeweiligen Auswahlmöglichkeiten richtig oder falsch sind, finden Sie im Abschnitt »Antworten« am Ende dieses Buchs.

1. Sehen Sie sich das folgende XAML-Beispiel an:

```
<my:WindowsFormsHost Margin="31,51,118,0" Name="windowsFormsHost1"
   Height="39" VerticalAlignment="Top">
   <wf:MaskedTextBox Name="MaskedTextBox1" />
</my:WindowsFormsHost>
```

Verweise auf die Namespaces der beiden Objekte wurden ordnungsgemäß erstellt und importiert. Welche der folgenden Codeausschnitte machen den Hintergrund des `MaskedTextBox`-Steuerelements schwarz? (Wählen Sie alle zutreffenden Antworten aus.)

A.

```
<my:WindowsFormsHost Background="Black" Margin="31,51,118,0"
   Name="windowsFormsHost1" Height="39" VerticalAlignment="Top">
   <wf:MaskedTextBox Name="MaskedTextBox1" />
</my:WindowsFormsHost>
```

B.

```
<my:WindowsFormsHost Margin="31,51,118,0" Name="windowsFormsHost1"
   Height="39" VerticalAlignment="Top">
   <wf:MaskedTextBox Name="MaskedTextBox1" BackColor="Black" />
</my:WindowsFormsHost>
```

C.

' Visual Basic

```
MaskedTextBox1.BackColor = System.Drawing.Color.Black
```

// C#

```
MaskedTextBox1.BackColor = System.Drawing.Color.Black;
```

D.

' Visual Basic

```
Dim aMask As System.Windows.Forms.MaskedTextBox
aMask = CType(windowsFormsHost1.Child, System.Windows.Forms.MaskedTextBox)
aMask.Backcolor = System.Drawing.Color.Black
```

// C#

```
System.Windows.Forms.MaskedTextBox aMask;
aMask = (System.Windows.Forms.MaskedTextBox)windowsFormsHost1.Child;
aMask.BackColor = System.Drawing.Color.Black;
```

Übungen mit Fallbeispiel

In den folgenden Übungen mit Fallbeispiel wenden Sie an, was Sie über das Verbessern der Benutzerfreundlichkeit gelernt haben. Die Lösungen zu den Fragen finden Sie im Abschnitt »Antworten« hinten in diesem Buch.

Übung mit Fallbeispiel 1: Die Verlagsanwendung

Sie wurden beauftragt, für Fabrikam eine Anwendung zu entwickeln, mit der Dokumente an die Kunden verteilt werden. Diese Anwendung soll es Kunden ermöglichen, große Dokumente in Buchlänge aus einer Onlinebibliothek herunterzuladen, während die Benutzer parallel weiter in der Bibliothek stöbern und andere Dokumente zum Download auswählen können. Sobald der Download eines Dokuments abgeschlossen ist, soll der Download des nächsten beginnen, sofern der Benutzer mehrere ausgewählt hat. Wenn der Download eines Dokuments abgeschlossen ist, soll die Benutzeroberfläche aktualisiert werden, damit der Benutzer sieht, welche Downloads fertig sind.

- Wie können Sie den Dokumentendownload mit der Benutzeroberflächeninteraktion koordinieren, und wie können Sie die Benutzeroberfläche ständig aktualisieren, ohne Deadlocks oder andere Probleme befürchten zu müssen?

Übung mit Fallbeispiel 2: Entwickeln eines einfachen Spiels

Sie haben endlich einen Tag Urlaub. Also beschließen Sie, etwas Zeit zu investieren, um ein nettes, entspannendes Solitärprogramm zu schreiben. Die eigentliche Spielregellogik ist praktisch fertig. Jetzt geht es darum, das Spiel hübsch und benutzerfreundlich zu machen. Sie möchten die Fähigkeit implementieren, im Hintergrund Sounds abzuspielen, die durch Interaktionen des Benutzers gesteuert werden. Diese Sounds liegen in einem speziellen Format vor, und Sie müssen einen proprietären Player verwenden, der selbst keine Möglichkeit bietet, die Sounds asynchron abzuspielen. Sie haben eine Liste mit fünf Sounddateien, die Sie abspielen können. Sie möchten Zeit sparen und den Programmieraufwand so gering wie möglich halten.

- Welchen Ansatz wählen Sie, um die benötigten Funktionen mit möglichst geringem Programmieraufwand zu implementieren?

Vorgeschlagene Übungen

Sie sollten die folgenden Aufgaben durcharbeiten, wenn Sie die in diesem Kapitel behandelten Prüfungsziele meistern wollen.

- **Übung 1** Erstellen Sie eine Anwendung, die den Wert von π in einem separaten Thread berechnet und die Benutzeroberfläche auf threadsichere Weise laufend mit dem bisher bekannten Wert aktualisiert.
- **Übung 2** Erstellen Sie ein lokalisiertes Formular in einer Sprache, die von rechts nach links gelesen wird. Die lokalisierte Version des Formulars sollte passenden Text enthalten, und das Layout sollte gespiegelt sein.

Machen Sie einen Übungstest

Die Übungstests (in englischer Sprache) auf der Begleit-CD zu diesem Buch bieten zahlreiche Möglichkeiten. Zum Beispiel können Sie einen Test machen, der ausschließlich die Themen aus einem Prüfungslernziel behandelt, oder Sie können sich selbst mit dem gesamten Inhalt der Prüfung 70-511 testen. Sie können den Test so konfigurieren, dass er dem Ablauf einer echten Prüfung entspricht, oder Sie können einen Lernmodus verwenden, in dem Sie sich nach dem Beantworten einer Frage jeweils sofort die richtige Antwort und Erklärungen ansehen können.

Weitere Informationen Übungstests

Einzelheiten zu allen Optionen, die bei den Übungstests zur Verfügung stehen, finden Sie im Abschnitt »So benutzen Sie die Übungstests« in der Einführung am Anfang dieses Buchs.

KAPITEL 10

Erweiterte Themen

Dieses Kapitel behandelt drei Themen, die bei der Anwendungsentwicklung wichtig sind: Wie Sie Ihre Anwendung so konfigurieren, dass sie Berechtigungen von Codezugriffssicherheit und Benutzerkontensteuerung anfordert, und wie Sie Richtlinien für Softwareeinschränkung konfigurieren; wie Sie Benutzer- und Anwendungseinstellungen für Ihre Anwendung verwalten; und wie Sie Drag & Drop-Operationen in Ihrer Anwendung implementieren.

In diesem Kapitel abgedeckte Prüfungsziele:

- Implementieren von Sicherheitsfeatures einer Anwendung
- Verwalten von Benutzer- und Anwendungseinstellungen
- Implementieren von Drag & Drop-Operationen über Anwendungsgrenzen hinweg

Lektionen in diesem Kapitel:

Bevor Sie beginnen

Um die Lektionen in diesem Kapitel durcharbeiten zu können, müssen Sie folgende Vorbereitungen getroffen haben:

- Ihnen steht ein Computer zur Verfügung, der die im Abschnitt »Einführung« am Anfang dieses Buchs aufgelisteten Hardwarevoraussetzungen erfüllt.
- Auf Ihrem Computer ist Microsoft Visual Studio 2010 Professional Edition installiert.
- Sie sind mit der Syntax von Visual Basic oder C# sowie dem Microsoft .NET Framework 4 vertraut.
- Sie besitzen Grundkenntnisse zu XAML.
- Sie haben Windows 7 Professional, Ultimate oder Enterprise zur Verfügung (für Lektion 1).

Praxistipp

Matthew Stoecker

In den Anfangszeiten des Computers wurden Sicherheitsfragen schlicht ignoriert. Aber seit Computer durch Netzwerke verbunden sind, versuchen böswillige Benutzer, die Arbeit zu stören oder wertvolle Daten zu stehlen. Windows 7 Professional stellt großartige neue Werkzeuge zur Verfügung, um die Sicherheit Ihres Computers zu verwalten. Auf diese Weise können Sie sicherstellen, dass nur Anwendungen ausgeführt werden, die aus vertrauenswürdigen Quellen stammen. Damit schützen Sie Ihre Daten und die Integrität Ihres Systems.

Lektion 1: Verwenden von Sicherheitsfunktionen

Ihre Anwendungen werden in ganz unterschiedlichen Computerumgebungen ausgeführt. Vielleicht wird der Computer, auf dem Ihre Anwendung läuft, durch die aktuellsten Softwareeinschränkungstechnologien geschützt, vielleicht nutzt er aber auch Benutzerkontensteuerung oder Codezugriffssicherheit. In diesem Kapitel erfahren Sie, wie Sie Ihre Anwendung so konfigurieren, dass sie Berechtigungen für den Zielcomputer anfordert, und wie Sie auf einem Windows 7-Computer eine Richtlinie für Softwareeinschränkung erstellen.

Am Ende dieser Lektion werden Sie in der Lage sein, die folgenden Aufgaben auszuführen:

- Konfigurieren der Codezugriffssicherheit für Ihre Anwendung
- Konfigurieren von Benutzerkontensteuerungsanforderungen für Ihre Anwendung
- Erstellen einer Richtlinie für Softwareeinschränkung

Veranschlagte Zeit für diese Lektion: 30 Minuten

Bei der Bereitstellung einer Anwendung sind die Sicherheit für diese Anwendung und das Hostsystem immer wichtige Aspekte. Wenn Sie Anwendungen mit Setupprojekten bereitstellen, geschieht dies unter voll vertrauenswürdigen Bedingungen. Anwendungen, die mit ClickOnce bereitgestellt werden, können Sie dagegen so konfigurieren, dass sie eine Vielzahl von Berechtigungsklassen anfordern. Dieser Abschnitt beschreibt, wie Sie Ihre Anwendung so konfigurieren, dass sie Berechtigungen unter der Codezugriffssicherheitsrichtlinie und der Benutzerkontensteuerung anfordern. Außerdem erfahren Sie, wie Sie eine Richtlinie für Softwareeinschränkung erstellen.

Tabelle 10.1 listet die allgemeinen Operationen auf, die in teilweise vertrauenswürdigen Umgebungen nicht sicher ausgeführt werden können.

Tabelle 10.1 Funktionen, die in teilweise vertrauenswürdigen Umgebungen nicht sicher ausgeführt werden können

Funktionsbereich	Funktionen
Allgemein	▪ Fenster (anwendungsdefinierte Fenster und Dialogfelder) ▪ *Datei speichern*-Dialogfeld ▪ Dateisystem ▪ Registrierungszugriff ▪ Drag & Drop ▪ XAML-Serialisierung (über `XamlWriter.Save`) ▪ UIAutomation-Clients ▪ Quellfensterzugriff (`HwndHost`) ▪ Vollständige Unterstützung der Sprachausgabe ▪ Windows Forms-Interoperabilität
Webintegration	▪ Webdienste (mit Windows Communication Foundation) ▪ Skripting ▪ Dokumentobjektmodell
Anzeige	▪ Bitmapeffekte
Bearbeiten	▪ Zwischenablage im Rich-Text-Format ▪ Vollständige XAML-Unterstützung

Wenn Sie Anwendungen schreiben, die unter Umständen in teilweise vertrauenswürdigen Umgebungen bereitgestellt werden, sollten Sie nach Möglichkeit versuchen, die in Tabelle 10.1 aufgeführten Funktionen zu vermeiden. Bei Anwendungen, die sowohl in teilweise vertrauenswürdigen als auch voll vertrauenswürdigen Umgebunden laufen, können Sie mithilfe der Codezugriffssicherheit (Code Access Security, CAS) während der Laufzeit prüfen, ob eine bestimmte Operation erlaubt ist. Wenn das nicht der Fall ist, können Sie geeignete Maßnahmen treffen. Das ist auf jeden Fall besser, als wenn die Anwendung abstürzt. Das folgende Beispiel demonstriert, wie Sie über eine `FileIOPermission`-Anforderung feststellen, ob es sicher ist, in eine Datei zu schreiben. Falls die Anwendung nicht die Berechtigung hat, in die angegebene Datei zu schreiben, wird eine Ausnahme ausgelöst:

' Visual Basic

```
Try
   Dim perm As New System.Security.Permissions.FileIOPermission( _
      System.Security.Permissions.FileIOPermissionAccess.AllAccess, _
      "C:\myFile")
    perm.Demand()
   ' Datei schreiben
Catch ex As Exception
   ' Aufräumen, nach die Datei nicht geschrieben werden kann
End Try
```

// C#

```
try
{
    System.Security.Permissions.FileIOPermission perm =
        new System.Security.Permissions.FileIOPermission(
        System.Security.Permissions.FileIOPermissionAccess.AllAccess,
        "C:\\myFile");
    perm.Demand();
    // Datei schreiben
}
catch
{
    // Aufräumen, nach die Datei nicht geschrieben werden kann
}
```

Arbeiten mit Codezugriffssicherheitsrichtlinien

Sie konfigurieren Codezugriffssicherheitsanforderungen auf der Seite *Sicherheit* der Projekteigenschaften. Diese Seite öffnen Sie, indem Sie im Projektmappen-Explorer mit der rechten Maustaste auf Ihr Projekt klicken, den Befehl *Eigenschaften* wählen und dann die Registerkarte *Sicherheit* wählen. Abbildung 10.1 zeigt die Eigenschaftsseite *Sicherheit*.

Sie können auf dieser Seite konfigurieren, welche Berechtigungen Ihre Anwendung anfordert, indem Sie zuerst das Kontrollkästchen *ClickOnce-Sicherheitseinstellungen aktivieren* aktivieren und dann die Optionsschaltfläche *Teilweise vertrauenswürdige Anwendung* auswählen. Konfigurieren Sie im Abschnitt *ClickOnce-Sicherheitsberechtigungen* unter dieser Optionsschaltfläche die Berechtigungen, die von Ihrer Anwendung angefordert werden. Sie können Ihre angeforderten Berechtigungen auf die Standardeinstellungen setzen, die von den Zonen *Internet* oder *Lokales Intranet* gewährt werden, indem Sie die gewünschte Zone im Dropdownfeld *Zone, aus der Ihre Anwendung installiert wird* auswählen. Sie können auch benutzerdefinierte Sicherheitsanforderungen zusammenstellen, indem Sie den Eintrag *(Benutzerdefiniert)* auswählen und dann auf die Schaltfläche *Berechtigungs-XML bearbeiten* klicken. Daraufhin wird die Datei *app.manifest.xml* geöffnet, die Sie nun direkt bearbeiten können. Fügen Sie XML-Einträge, die benutzerdefinierte Berechtigungen anfordern, in den Knoten `applicationRequestMinimum` ein.

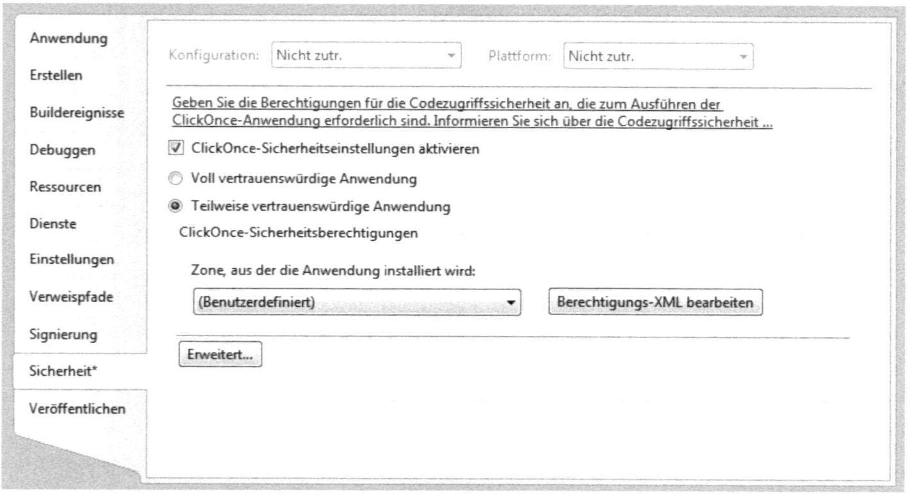

Abbildung 10.1 Die Eigenschaftsseite *Sicherheit*

XML für benutzerdefinierte Berechtigungssätze generieren

Mit der Methode `ToXml` der `Permission`-Klassen können Sie XML-Knoten generieren, mit denen Sie zusätzliche Berechtigungen anfordern. Das folgende Beispiel demonstriert, wie Sie XML für einen Berechtigungssatz für uneingeschränkte Datei-E/A generieren und in eine Textdatei schreiben.

' Visual Basic

```
Dim aPermission As New _
System.Security.Permissions.FileIOPermission(Security.Permissions.PermissionState _
.Unrestricted)
Dim anElement As System.Security.SecurityElement
anElement = aPermission.ToXml
Dim aWriter As New System.IO.StreamWriter("C:\myPermissionXml.txt")
aWriter.Write(anElement.ToString)
aWriter.Flush()
aWriter.Close()
```

// C#

```
System.Security.Permissions.FileIOPermission aPermission= new
    System.Security.Permissions.FileIOPermission(System.Security.Permissions.
    PermissionState.Unrestricted);
System.Security.SecurityElement anElement;
anElement = aPermission.ToXml();
```

```
System.IO.StreamWriter aWriter= new System.IO.StreamWriter("C:\\myPermissionXml.txt");
aWriter.Write(anElement.ToString());
aWriter.Flush();
aWriter.Close();
```

Wenn Sie den Text für einen Berechtigungssatz generiert haben, können Sie ihn in der Datei *app.manifest.xml* in den `applicationRequestMinimum`-Knoten einfügen, um diesen Berechtigungssatz anzufordern. Wählen Sie dazu in der Dropdownliste *Zone, aus der Ihre Anwendung installiert wird* den Eintrag *(Benutzerdefiniert)* aus und klicken Sie auf die Schaltfläche *Berechtigungs-XML bearbeiten*, um die Datei *app.manifest.xml* zu öffnen.

Anfordern von Berechtigungen der Benutzerkontensteuerung

Sie können auch Berechtigungen der Benutzerkontensteuerung (User Account Control, UAC) über die Datei *app.manifest.xml* anfordern. Sie öffnen die Datei *app.manifest.xml*, indem Sie zuerst das Kontrollkästchen *ClickOnce-Sicherheitseinstellungen aktivieren* aktivieren und dann die Optionsschaltfläche *Teilweise vertrauenswürdige Anwendung* auswählen.

In der Datei *app.manifest.xml* fordern Sie UAC-Berechtigungen an, indem Sie den Knoten `requestedExecutionLevel` innerhalb des Knotens `requestedPrivileges` bearbeiten. In der Standardeinstellung ist Ihre Anwendung so eingestellt, dass sie UAC-Berechtigungen als sogenannter Invoker anfordert. Das bedeutet, dass sie unter denselben Berechtigungen wie der Benutzer läuft. Der folgende `requestedExecutionLevel`-Knoten fordert diese Berechtigungen an:

```
<requestedExecutionLevel level="asInvoker" uiAccess="false" />
```

Wenn Ihre Anwendung Administratorzugriff anfordern soll, können Sie diesen Eintrag durch den folgenden Knoten ersetzen:

```
<requestedExecutionLevel  level="requireAdministrator" uiAccess="false" />
```

Und mit dem nächsten Knoten fordert Ihre Anwendung die höchste Berechtigungsebene an:

```
<requestedExecutionLevel  level="highestAvailable" uiAccess="false" />
```

Richtlinien für Softwareeinschränkung

In Windows 7 Ultimate können Sie Richtlinien für Softwareeinschränkung definieren, um genau zu kontrollieren, welche Software auf Ihrem Computer ausgeführt wird. Windows 7 Ultimate stellt die Konsole *gpedit.msc* zur Verfügung, mit der Sie Richtlinien für Softwareeinschränkung erstellen und konfigurieren können. Sie starten *gpedit.msc*, indem Sie **gpedit.msc** in das Suchfeld des Startmenüs eintippen und die EINGABETASTE drücken. Daraufhin öffnet sich der *Editor für lokale Gruppenrichtlinien* (Abbildung 10.2).

Sobald Sie den Editor für lokale Gruppenrichtlinien geöffnet haben, können Sie eine neue Richtlinie für Softwareeinschränkung erstellen. Erweitern Sie dazu die Zweige *Computerkonfiguration*, *Windows-Einstellungen* und *Sicherheitseinstellungen* und wählen Sie dann *Richtlinien für Softwareeinschränkung* aus. Die Konsole sieht nun ähnlich aus wie in Abbildung 10.3.

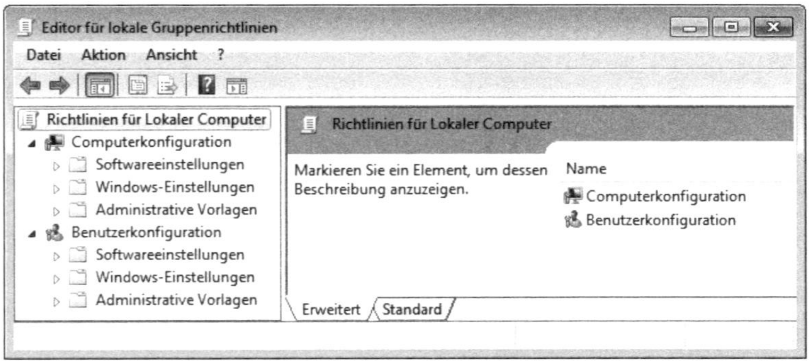

Abbildung 10.2 Die Konsole *Editor für lokale Gruppenrichtlinien*

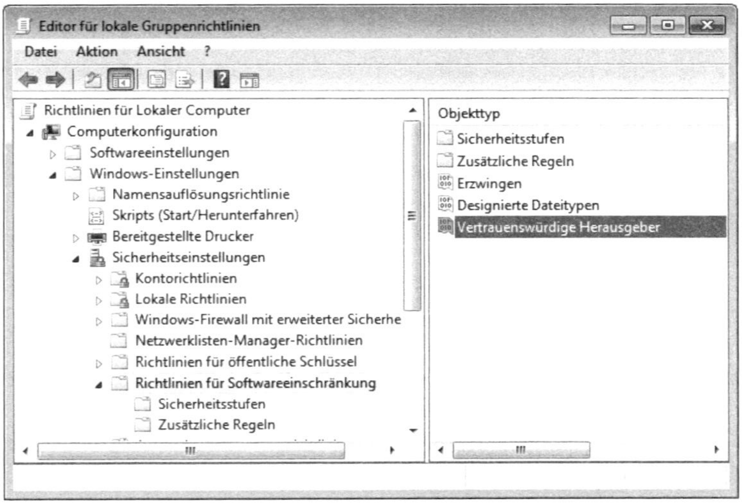

Abbildung 10.3 Die Konsole *Editor für lokale Gruppenrichtlinien* mit erweiterten Knoten

Hinweis Falls keine Richtlinien für Softwareeinschränkung definiert sind

Falls im rechten Fensterabschnitt die Meldung angezeigt wird, dass keine Richtlinien für Softwareeinschränkung definiert sind, können Sie eine neue Standardrichtlinie erstellen, indem Sie im Menü *Aktion* den Befehl *Neue Richtlinien für Softwareeinschränkung erstellen* wählen.

In diesem Bildschirm können Sie eine Basissicherheitsstufe für Ihre Richtlinie für Softwareeinschränkung auswählen, indem Sie den Ordner *Sicherheitsstufen* öffnen. Er enthält drei Sicherheitsstufen, die in Tabelle 10.2 beschrieben sind.

Tabelle 10.2 Sicherheitsstufen

Sicherheitsstufe	Beschreibung
Nicht erlaubt	Es wird keine Software ausgeführt, unabhängig von den Rechten des Benutzers.
Standardbenutzer	Programme dürfen mit den Privilegien eines Benutzers ausgeführt werden, der keine Administratorprivilegien hat. Sie können auf Ressourcen zugreifen, auf die normale Benutzer Zugriff haben.
Nicht eingeschränkt	Die Softwarezugriffsrechte werden durch die Zugriffsrechte des Benutzers beschränkt.

Sie können eine dieser Zugriffsebenen als Standardebene für die Richtlinien für Softwareeinschränkung einstellen, indem Sie den Eintrag doppelt anklicken und dann auf die Schaltfläche *Als Standard* klicken.

Sie können zusätzliche Regeln für Ihre Richtlinien für Softwareeinschränkung definieren, indem Sie den Ordner *Zusätzliche Regeln* im rechten Fensterabschnitt öffnen (siehe Abbildung 10.3). Mit diesen Regeln können Sie Ausnahmen für Ihre globalen Richtlinien festlegen. Sie erstellen eine neue Regel, indem Sie im Menü *Aktion* den Befehl für den gewünschten *Regeltyp* wählen und diese Regel dann im entsprechenden Dialogfeld konfigurieren. Tabelle 10.3 fasst die Regeltypen zusammen.

Tabelle 10.3 Zusätzliche Regeln

Typ der zusätzlichen Regel	Beschreibung
Zertifikatregel	Mit dieser Regel überschreiben Sie die Standardsicherheitseinstellung für Anwendungen, die mit dem angegebenen Zertifikat signiert sind.
Hashregel	Mit dieser Regel überschreiben Sie die Standardsicherheitseinstellung für Anwendungen in einer bestimmten Datei.
Netzwerkzonenregel	Mit dieser Regel überschreiben Sie die Standardsicherheitseinstellung für die angegebene Netzwerksicherheitszone.
Pfadregel	Mit dieser Regel überschreiben Sie die Standardsicherheitseinstellung für Dateien im angegebenen Pfad.

Jede dieser Regeln können Sie auf die Einstellung *Nicht eingeschränkt* oder *Nicht erlaubt* setzen. Das bedeutet, dass die angegebene Ressource uneingeschränkten Zugriff hat oder vollständig blockiert ist.

Sie können Ihre Richtlinie für Softwareeinschränkung auch mit den Einträgen *Erzwingen*, *Designierte Dateitypen* und *Vertrauenswürdige Herausgeber* konfigurieren. Wenn Sie einen dieser Einträge anklicken, öffnet sich ein Dialogfeld, in dem Sie die zugehörigen Richtlinien konfigurieren können.

Mit *Erzwingen* legen Sie fest, ob diese Richtlinie auf alle Softwaredateien angewendet wird oder Bibliotheken wie DLLs ausgenommen sind, ob die Richtlinie für alle Benutzer oder alle Benutzer außer Administratoren gilt und ob Zertifikatregeln erzwungen oder ignoriert werden.

Wenn Sie *Designierte Dateitypen* anklicken, können Sie auswählen, auf welche Dateitypen sich diese Richtlinie auswirkt. Sie können Dateitypen in diesem Dialogfeld hinzufügen oder entfernen.

Wenn Sie auf *Vertrauenswürdige Herausgeber* klicken, können Sie festlegen, welche Benutzer die Liste der vertrauenswürdigen Herausgeber verwalten dürfen.

Übung Erstellen einer Richtlinie für Softwareeinschränkung

In dieser Übung erstellen Sie eine Richtlinie für Softwareeinschränkung auf Ihrem Computer. Diese Richtlinie erlaubt nur die Ausführung von Software, die im Ordner *Users* installiert ist; jegliche andere Software wird verboten.

Übung Erstellen einer Richtlinie für Softwareeinschränkung

1. Tippen Sie im Suchfeld des Startmenüs von Windows 7 **gpedit.msc** ein und drücken Sie die EINGABETASTE, um die Konsole *gpedit* zu öffnen. Beachten Sie, dass diese Konsole nur in Windows 7 Professional, Ultimate oder Enterprise zur Verfügung steht.
2. Erweitern Sie in der Konsolenstruktur die Knoten *Computerkonfiguration*, *Windows-Einstellungen* und *Sicherheitseinstellungen*. Wählen Sie den Knoten *Richtlinien für Softwareeinschränkung* aus.
3. Wählen Sie im Menü *Aktion* den Befehl *Neue Richtlinien für Softwareeinschränkung erstellen*, um eine neue Standardrichtlinie zu erstellen.
4. Klicken Sie im rechten Fensterabschnitt doppelt auf *Erzwingen*, um das Dialogfeld *Eigenschaften von Erzwingen* zu öffnen. Wählen Sie die Optionen *Alle Softwaredateien* und *Alle Benutzer außer den lokalen Administratoren* aus. Klicken Sie auf *OK*.
5. Klicken Sie im rechten Fensterabschnitt doppelt auf *Designierte Dateitypen*, um das Dialogfeld *Eigenschaften von Designierte Dateitypen* zu öffnen. Wählen Sie in der Liste *Designierte Dateitypen* den Eintrag *LNK* aus, klicken Sie auf *Entfernen* und dann auf *Ja*, damit Verknüpfungen weiterhin funktionieren. Schließen Sie das Dialogfeld mit *OK*.
6. Wählen Sie den Knoten *Zusätzliche Regeln* aus und sehen Sie sich die beiden zusätzlichen Regeln an, die bereits definiert sind.

   Diese Pfadregeln nehmen Systemdateien und Dateien aus dem Ordner *Program Files* standardmäßig von der Regel aus.
7. Wählen Sie den Knoten *Sicherheitsstufen* aus und klicken Sie doppelt auf den Eintrag *Nicht erlaubt*. Klicken Sie im Dialogfeld *Eigenschaften von Nicht erlaubt* auf die Schaltfläche *Als Standard* und dann auf *Ja*.

   Ihre neue Richtlinie für Softwareeinschränkung ist jetzt definiert.
8. Wählen Sie den Knoten *Zusätzliche Regeln* aus. Wählen Sie im Menü *Aktion* den Befehl *Neue Pfadregel*, um das Dialogfeld *Neue Pfadregel* zu öffnen.
9. Klicken Sie im Dialogfeld *Neue Pfadregel* auf *Durchsuchen* und wählen Sie Ihren eigenen Benutzerordner aus. Wählen Sie unter *Sicherheitsstufe* den Eintrag *Nicht Eingeschränkt* und klicken Sie auf *OK*. Ihre Regel erlaubt jetzt Anwendungen, die in Ihrem Benutzerordner installiert sind, uneingeschränkten Zugriff.

   Falls Sie diese Richtlinie für Softwareeinschränkung nicht auf Ihrem Computer behalten wollen, können Sie sie löschen, indem Sie den Knoten *Richtlinien für Softwareeinschränkung* auswählen und dann im Menü *Aktion* den Befehl *Richtlinien für Softwareeinschränkung löschen* wählen.

Zusammenfassung der Lektion

- Sie können Optionen konfigurieren, um Berechtigungen bei der Codezugriffssicherheit und der Benutzerkontensteuerung anzufordern. Dazu bearbeiten Sie die Datei *app.manifest.xml*.
- Richtlinien für Softwareeinschränkung definieren Sie mit *gpedit.msc*. Auf diese Weise können Sie die Sicherheitsrichtlinien Ihres lokalen Computers genau steuern.

Lernzielkontrolle

Mit den folgenden Fragen können Sie Ihr Wissen zu den Informationen aus Lektion 1, »Verwenden von Sicherheitsfunktionen«, überprüfen. Die Fragen finden Sie (in englischer Sprache) auch auf der Begleit-CD, Sie können sie also auch auf dem Computer im Rahmen eines Übungstests beantworten.

Hinweis Die Antworten

Die Antworten auf diese Fragen mit Erklärungen, warum die jeweiligen Auswahlmöglichkeiten richtig oder falsch sind, finden Sie im Abschnitt »Antworten« am Ende dieses Buchs.

1. Was müssen Sie tun, um für Ihre Anwendung benutzerdefinierte Codezugriffsberechtigungen anzufordern? (Wählen Sie alle zutreffenden Antworten aus.)

   A. Wählen Sie in der Eigenschaftsseite *Sicherheit* den Eintrag *(Benutzerdefiniert)* aus.

   B. Ändern Sie den Knoten `applicationRequestMinimum` in der Datei *app.manifest.xml*.

   C. Ändern Sie den Knoten `requestedPrivileges` in der Datei *app.manifest.xml*.

   D. Erstellen Sie eine neue Richtlinie für Softwareeinschränkung, die uneingeschränkten Zugriff auf Ihre Anwendung gewährt.

2. Welche der folgenden Funktionen können Sie gefahrlos nutzen, wenn Sie Ihre Anwendung in einer teilweise vertrauenswürdigen Umgebung bereitstellen? (Wählen Sie alle zutreffenden Antworten aus.)

   A. Datei-E/A

   B. Isolierter Speicher

   C. Registrierungszugriff

   D. Bilder in Inhaltssteuerelementen verwenden (WPF)

Lektion 2: Verwalten von Einstellungen

Das .NET Framework gibt Ihnen die Möglichkeit, sogenannte *Einstellungen* (settings) zu erstellen und zu verwenden, die über Anwendungssitzungen hinweg erhalten bleiben. Einstellungen können beliebige Daten aufnehmen, die eine Anwendung zwischen Sitzungen speichern möchte, zum Beispiel Benutzervoreinstellungen, die Adresse eines Webservers oder andere notwendige Informationen. In dieser Lektion erfahren Sie, wie Sie Einstellungen erstellen und darauf zugreifen. Sie lernen den Unterschied zwischen einer Benutzereinstellung und einer Anwendungseinstellung kennen und erfahren, wie Sie Einstellungen während der Laufzeit laden und speichern.

Am Ende dieser Lektion werden Sie in der Lage sein, die folgenden Aufgaben auszuführen:

- Erklären des Unterschieds zwischen einer Benutzereinstellung und einer Anwendungseinstellung
- Erstellen einer neuen Einstellung während des Entwurfs
- Laden von Einstellungen während der Laufzeit
- Speichern von Benutzereinstellungen während der Laufzeit

Veranschlagte Zeit für diese Lektion: 15 Minuten

Einstellungen speichern Informationen, die für die Anwendung wichtig sind, sich aber gelegentlich ändern. Zum Beispiel können Sie mithilfe von Einstellungen Benutzervoreinstellungen wie das Farbschema einer Anwendung oder die Adresse eines Webservers speichern, auf den die Anwendung zugreift.

Einstellungen haben vier Eigenschaften:

- `Name` gibt den Namen der Einstellung an. Über diesen Namen greifen Sie während der Laufzeit auf die Einstellung zu.
- `Type` gibt den Datentyp der Einstellung an.
- `Value` ist der Wert der Einstellung.
- `Scope` kann entweder `User` (Benutzereinstellung) oder `Application` (Anwendungseinstellung) sein.

Die Eigenschaften `Name`, `Type` und `Value` dürften selbsterklärend sein. Die Eigenschaft `Scope` sollten wir uns aber genauer ansehen. Sie kann entweder den Wert `Application` oder den Wert `User` haben. Eine Einstellung, bei der `Scope` den Wert `Application` hat, ist ein Wert, der von der gesamten Anwendung verwendet wird, unabhängig vom Benutzer. Dagegen ist eine Einstellung, bei der `Scope` den Wert `User` hat, im Allgemeinen benutzerspezifisch und weniger wichtig für die Anwendung.

Ein wichtiger Unterschied zwischen Benutzereinstellungen und Anwendungseinstellungen ist, dass Benutzereinstellungen gelesen und geschrieben werden dürfen. Sie können während der Laufzeit gelesen und geändert werden, und neu hinzugefügte Einstellungen werden von der Anwendung gespeichert. Dagegen sind Anwendungseinstellungen schreibgeschützt. Ihren Wert können Sie nur während des Entwurfs ändern oder indem Sie zwischen zwei Anwendungssitzungen die Einstellungsdatei bearbeiten.

Einstellungen während des Entwurfs erstellen

Visual Studio stellt einen Editor bereit, in dem Sie während des Entwurfs Einstellungen für Ihre Anwendung definieren können (Abbildung 10.4).

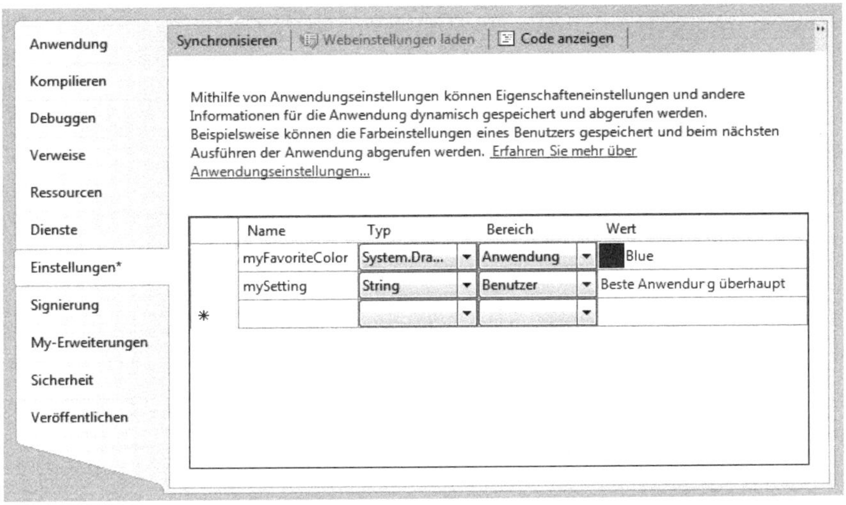

Abbildung 10.4 Der Einstellungseditor

Im Einstellungseditor erstellen Sie neue Einstellungen und legen ihre vier Eigenschaften fest. Die Eigenschaft `Name` – also der Name, über den Sie den Wert der Einstellung abrufen – muss in der Anwendung eindeutig sein. Die Eigenschaft `Type` (Spalte *Typ*) gibt den Typ der Einstellung an. Die Eigenschaft `Scope` (Spalte *Bereich*) ist entweder `Application` (*Anwendung*), dann ist es eine schreibgeschützte Eigenschaft, oder `User` (*Benutzer*), dann kann sie gelesen und geschrieben werden. Und schließlich enthält die Eigenschaft `Value` (Spalte *Wert*) den Wert, den die Einstellung zurückgibt. Die Eigenschaft `Value` muss den Typ haben, der in der Eigenschaft `Type` festgelegt ist.

So erstellen Sie während des Entwurfs eine Einstellung:

1. Falls Sie in C# arbeiten: Klicken Sie im Projektmappen-Explorer unter *Properties* doppelt auf *Settings.settings*, um den Einstellungseditor zu öffnen. Wenn Sie in Visual Basic arbeiten: Klicken Sie im Projektmappen-Explorer doppelt auf *My Project* und wählen Sie die Registerkarte *Einstellungen*.
2. Geben Sie Namen, Typ, Bereich und Wert für die neue Einstellung ein.
3. Wählen Sie im Menü *Datei* den Befehl *Alle speichern*, um Ihre Anwendung zu speichern, sofern noch nicht geschehen.

Laden von Einstellungen während der Laufzeit

Während der Laufzeit können Sie auf die Werte zugreifen, die in den Einstellungen gespeichert sind. In Visual Basic werden Einstellungen über das Objekt `My` verfügbar gemacht, in C# greifen Sie dagegen über `Properties.Settings.Default` auf die Einstellungen zu. Während des Entwurfs tauchen einzelne Einstellungen in IntelliSense als Eigenschaften des `Settings`-Objekts auf und können im Code entsprechend verwendet werden. Einstellungen sind streng typisiert und werden als der Typ zurückgegeben, den Sie beim Erstellen angegeben haben. Das folgende Codebeispiel zeigt, wie Sie den Wert aus einer Einstellung in eine Variable kopieren:

' Visual Basic

```
Dim aString As String
aString = My.Settings.MyStringSetting
```

// C#

```
String aString;
aString = Properties.Settings.Default.MyStringSetting;
```

Speichern von Benutzereinstellungen während der Laufzeit

Sie können den Wert von Benutzereinstellungen während der Laufzeit speichern. Um den Wert einer Benutzereinstellung zu ändern, weisen Sie ihr einfach den neuen Wert zu, genauso wie bei einer beliebigen Eigenschaft. Anschließend müssen Sie die Methode `Save` aufrufen, um den neuen Wert zu speichern. Ein Beispiel:

' Visual Basic

```
My.Settings.Headline = "Die morgige Schlagzeile"
My.Settings.Save
```

// C#

```
Properties.Settings.Default.Headline = "Die morgige Schlagzeile";
Properties.Settings.Default.Save();
```

Schnelltest

- Was ist der Unterschied zwischen einer Benutzereinstellung und einer Anwendungseinstellung?

Antwort zum Schnelltest

- Eine Benutzereinstellung speichert benutzerspezifische Daten, etwa eine Hintergrundfarbe. Benutzereinstellungen können während der Laufzeit geschrieben werden und sich von Benutzer zu Benutzer unterscheiden. Eine Anwendungseinstellung ist für alle Benutzer einer Anwendung gleich, zum Beispiel die Zeichenfolge für eine Datenbankverbindung. Anwendungseinstellungen sind während der Laufzeit schreibgeschützt.

Übung Verwenden von Einstellungen

In dieser Übung erstellen Sie eine Anwendung, die Einstellungen benutzt. Sie definieren Einstellungen, während Sie die Anwendung erstellen. Dann lesen Sie die Einstellungen, wenden sie in Ihrer Anwendung an und ermöglichen es dem Benutzer, eine der Einstellungen zu ändern.

Übung Verwenden von Einstellungen

1. Legen Sie in Visual Studio eine neue WPF-Anwendung an.
2. Erweitern Sie im Projektmappen-Explorer den Knoten *Properties* und klicken Sie doppelt auf *Settings.settings* (in C#), oder klicken Sie doppelt auf *My Project* und wählen Sie die

Registerkarte *Einstellungen* (in Visual Basic). Daraufhin öffnet sich der Einstellungseditor.

3. Fügen Sie die beiden Einstellungen hinzu, die in der folgenden Tabelle beschrieben sind. Bei der zweiten Einstellung müssen Sie *Durchsuchen* wählen, den Knoten `PresentationCore` aufklappen, dann den Typ `System.Windows.Media` aufklappen und schließlich den Typ `System.Windows.Media.Color` auswählen:

Name	Typ	Bereich	Wert
ApplicationName	string	*Anwendung*	Settings App
BackgroundColor	System.Windows.Media.Color	*Benutzer*	#ff0000ff

4. Fügen Sie in der XAML-Ansicht den folgenden XAML-Code in das `Grid`-Element ein, um ein `ListBox`-Steuerelement mit vier Elementen sowie ein `Button`-Steuerelement zu Ihrer Benutzeroberfläche hinzuzufügen:

```
<ListBox Margin="15,15,0,0" Name="listBox1" Height="78"
    HorizontalAlignment="Left" VerticalAlignment="Top" Width="107">
<ListBoxItem>Rot</ListBoxItem>
    <ListBoxItem>Blau</ListBoxItem>
    <ListBoxItem>Grün</ListBoxItem>
    <ListBoxItem>Tomate</ListBoxItem>
</ListBox>
<Button Margin="15,106,110,130" Name="button1">Hintergrurdfarbe ändern</Button>
```

5. Klicken Sie im Designer doppelt auf `button1`, um in der Codeansicht den Standardhandler für das Ereignis `Click` zu öffnen. Fügen Sie darin den folgenden Code ein:

' Visual Basic

```
If Not listBox1.SelectedItem Is Nothing Then
    Dim astring As String = CType(listBox1.SelectedItem, _
        ListBoxItem).Content.ToString
    Select Case astring
         Case "Rot"
             My.Settings.BackgroundColor = Colors.Red
         Case "Blau"
             My.Settings.BackgroundColor = Colors.Blue
          Case "Grün"
             My.Settings.BackgroundColor = Colors.Green
          Case "Tomate"
             My.Settings.BackgroundColor = Colors.Tomato
    End Select
    Me.Background = New _
        System.Windows.Media.SolidColorBrush(My.Settings.BackgroundColor)
    My.Settings.Save()
End If
```

// C#

```
if (!(listBox1.SelectedItem == null))
{
    String astring =
        ((ListBoxItem)listBox1.SelectedItem).Content.ToString();
```

```
    switch (astring)
    {
        case "Rot":
            Properties.Settings.Default.BackgroundColor = Colors.Red;
            break;
        case "Blau":
            Properties.Settings.Default.BackgroundColor = Colors.Blue;
            break;
        case "Grün":
            Properties.Settings.Default.BackgroundColor = Colors.Green;
            break;
        case "Tomate":
            Properties.Settings.Default.BackgroundColor = Colors.Tomato;
            break;
    }
    this.Background = new
        System.Windows.Media.SolidColorBrush(
        Properties.Settings.Default.BackgroundColor);
        Properties.Settings.Default.Save();
    }
```

6. Erstellen beziehungsweise ersetzen Sie den Konstruktor für diese Klasse durch den folgenden Code, um die Einstellungen zu lesen und anzuwenden:

' Visual Basic

```
Public Sub New()
    InitializeComponent()
    Me.Title = My.Settings.ApplicationName
    Me.Background = New _
        System.Windows.Media.SolidColorBrush(My.Settings.BackgroundColor)
End Sub
```

// C#

```
public MainWindow ()
{
    InitializeComponent();
    this.Title = Properties.Settings.Default.ApplicationName;
    this.Background = new
        System.Windows.Media.SolidColorBrush(
            Properties.Settings.Default.BackgroundColor);
}
```

7. Drücken Sie F5, um Ihre Anwendung zu erstellen und auszuführen. Der Titel des Fensters ist der Wert der Einstellung `ApplicationName`, und die Hintergrundfarbe des Fensters entspricht dem Wert aus der Einstellung `BackgroundColor`. Ändern Sie die Hintergrundfarbe, indem Sie ein Element im Listenfeld auswählen und auf die Schaltfläche klicken. Schließen Sie nun die Anwendung und starten Sie sie neu. Wie Sie sehen, hat die Anwendung dieselbe Hintergrundfarbe wie am Ende der letzten Anwendungssitzung.

Zusammenfassung der Lektion

- Mit Einstellungen können Sie Werte zwischen Anwendungssitzungen speichern. Neue Einstellungen fügen Sie während des Entwurfs mit dem Einstellungseditor hinzu.
- Für Einstellungen stehen zwei Bereiche zur Auswahl. Anwendungseinstellungen sind während der Laufzeit schreibgeschützt. Sie können nur geändert werden, indem die Einstellungsdatei zwischen Anwendungssitzungen bearbeitet wird. Benutzereinstellungen können dagegen während der Laufzeit gelesen und geschrieben werden.
- Im Programmcode greifen Sie über `My.Settings` (in Visual Basic) beziehungsweise `Properties.Settings.Default` (in C#) auf die Einstellungen zu.

Lernzielkontrolle

Mit den folgenden Fragen können Sie Ihr Wissen zu den Informationen aus Lektion 2, »Verwalten von Einstellungen«, überprüfen. Die Fragen finden Sie (in englischer Sprache) auch auf der Begleit-CD, Sie können sie also auch auf dem Computer im Rahmen eines Übungstests beantworten.

Hinweis Die Antworten

Die Antworten auf diese Fragen mit Erklärungen, warum die jeweiligen Auswahlmöglichkeiten richtig oder falsch sind, finden Sie im Abschnitt »Antworten« am Ende dieses Buchs.

1. Welcher der folgenden Codeausschnitte legt richtig den Wert einer Einstellung namens `Title` fest und speichert sie?

   A.

   ' Visual Basic
   ```
   My.Settings("Title") = "Neuer Titel"
   My.Settings.Save
   ```
   // C#
   ```
   Properties.Settings.Default["Title"] = "Neuer Titel";
   Properties.Settings.Default.Save();
   ```

   B.

   ' Visual Basic
   ```
   My.Settings("Title") = "Neuer Titel"
   ```
   // C#
   ```
   Properties.Settings.Default["Title"] = "Neuer Titel";
   ```

   C.

   ' Visual Basic
   ```
   My.Settings.Title = "Neuer Titel"
   My.Settings.Save()
   ```
   // C#
   ```
   Properties.Settings.Default.Title = "Neuer Titel";
   Properties.Settings.Default.Save();
   ```

D.

' Visual Basic

```
My.Settings.Title = "Neuer Titel"
```

// C#

```
Properties.Settings.Default.Title = "Neuer Titel";
```

2. Welcher der folgenden Codeausschnitte liest eine Einstellung vom Typ `System.Windows.Media.Color` namens `MyColor` richtig ein?

A.

' Visual Basic

```
Dim aColor As System.Windows.Media.Color
aColor = CType(My.Settings.MyColor, System.Windows.Media.Color)
```

// C#

```
System.Windows.Media.Color aColor;
aColor = (System.Windows.Media.Color)Properties.Settings.Default.MyColor;
```

B.

' Visual Basic

```
Dim aColor As System.Windows.Media.Color
aColor = My.Settings.MyColor.ToColor()
```

// C#

```
System.Windows.Media.Color aColor;
aColor = Properties.Settings.Default.MyColor.ToColor();
```

C.

' Visual Basic

```
Dim aColor As Object
aColor = My.Settings.MyColor
```

// C#

```
Object aColor;
aColor = Properties.Settings.Default.MyColor;
```

D.

' Visual Basic

```
Dim aColor As System.Windows.Media.Color
aColor = My.Settings.MyColor
```

// C#

```
System.Windows.Media.Color aColor;
aColor = Properties.Settings.Default.MyColor;
```

Lektion 3: Implementieren von Drag & Drop

Beim *Drag & Drop* greifen Sie zuerst Daten, beispielsweise Text oder ein Objekt, indem Sie die Daten mit der linken Maustaste anklicken und die Maustaste gedrückt halten, dann ziehen Sie die Maus, während Sie weiterhin die linke Taste gedrückt halten, über ein anderes Steuerelement, das die Daten entgegennehmen kann. Dort lassen Sie die Maustaste los, um die Daten zu übertragen. Drag & Drop-Funktionen implementieren Sie in erster Linie, indem Sie Ereignisse behandeln. In dieser Lektion erfahren Sie, wie Sie grundlegende Drag & Drop-Funktionen implementieren und Drag & Drop zwischen Anwendungen ermöglichen.

Am Ende dieser Lektion werden Sie in der Lage sein, die folgenden Aufgaben auszuführen:

- Durchführen von Drag & Drop-Operationen innerhalb einer Windows Forms-Anwendung
- Durchführen von Drag & Drop-Operationen innerhalb einer WPF-Anwendung
- Durchführen von Drag & Drop-Operationen zwischen Anwendungen

Veranschlagte Zeit für diese Lektion: 45 Minuten

Implementieren von Drag & Drop-Funktionen

Drag & Drop ist bei der Windows-Programmierung allgegenwärtig. Der Benutzer kann Daten, etwa Text, ein Bild oder ein anderes Objekt, mit der Maus greifen und auf ein anderes Steuerelement ziehen. Sobald er die Maustaste über dem Zielsteuerelement loslässt, werden die Daten auf dem Steuerelement abgelegt, woraufhin unterschiedliche Dinge geschehen können.

Drag & Drop ähnelt dem Ausschneiden und Einfügen über die Zwischenablage. Der Mauszeiger liegt über einem Steuerelement und die Maustaste wird gedrückt. Daten werden aus einem Quellsteuerelement kopiert. Sobald die Maustaste losgelassen wird, wird die Drop-Aktion abgeschlossen. Der gesamte Code zum Kopieren der Daten aus dem Quellsteuerelement sowie alle Aktionen, die im Zielsteuerelement ausgeführt werden, müssen explizit programmiert werden.

Drag & Drop-Operationen laufen in WPF- und Windows Forms-Anwendungen sehr ähnlich ab. Der wichtigste Unterschied ist, dass in Windows Forms die Drag & Drop-Methoden und -Ereignisse in den einzelnen Steuerelementen verfügbar gemacht werden. In WPF werden die Methoden dagegen von einer statischen Klasse namens `DragDrop` bereitgestellt, die auch angefügte Ereignisse für WPF-Steuerelemente zur Verfügung stellt, um Drag & Drop-Operationen zu unterstützen.

Der Drag & Drop-Prozess verläuft in erster Linie ereignisgesteuert. Einige Ereignisse werden im Quellsteuerelement ausgelöst, andere im Zielsteuerelement. Tabelle 10.4 beschreibt die Drag & Drop-Ereignisse für das Quellsteuerelement und Tabelle 10.5 die Drag & Drop-Ereignisse für das Zielsteuerelement.

Zusätzlich brauchen Sie in Windows Forms die Methode `DoDragDrop` im Quellsteuerelement, um den Drag & Drop-Prozess einzuleiten. In WPF verwenden Sie dazu die Methode `DoDragDrop` der Klasse `DragDrop`. Außerdem muss beim Zielsteuerelement die Eigenschaft `AllowDrop` den Wert `True` haben.

Tabelle 10.4 Ereignisse des Quellsteuerelements bei Drag & Drop

Ereignis	Beschreibung
`MouseDown`	Tritt auf, wenn der Benutzer die Maustaste drückt, während sich der Zeiger über dem Steuerelement befindet. Im Allgemeinen wird die Methode `DoDragDrop` in der Methode aufgerufen, die dieses Ereignis behandelt. In WPF-Anwendungen ist dies ein Bubbling-Ereignis.
`GiveFeedback`	Bietet die Möglichkeit, einen benutzerdefinierten Mauszeiger einzustellen. In WPF-Anwendungen ist dies ein Bubbling-Ereignis.
`QueryContinueDrag`	Ermöglicht es der Drag-Quelle festzustellen, ob ein Drag-Ereignis abgebrochen werden sollte. In WPF-Anwendungen ist dies ein Bubbling-Ereignis.
`PreviewMouseDown`	Nur in WPF; die Tunneling-Version des Ereignisses `MouseDown`.
`PreviewGiveFeedback`	Nur in WPF; die Tunneling-Version des Ereignisses `GiveFeedback`.
`PreviewQueryContinueDrag`	Nur in WPF; die Tunneling-Version des Ereignisses `QueryContinueDrag`.

Tabelle 10.5 Ereignisse des Zielsteuerelements bei Drag & Drop

Ereignis	Beschreibung
`DragEnter`	Tritt auf, wenn ein Objekt in den Bereich des Steuerelements gezogen wird. Der Handler für dieses Ereignis bekommt ein `DragEventArgs`-Objekt übergeben. In WPF-Anwendungen ist dies ein Bubbling-Ereignis.
`DragOver`	Tritt auf, wenn ein Objekt über ein Zielsteuerelement gezogen wird. Der Handler für dieses Ereignis bekommt ein `DragEventArgs`-Objekt übergeben. In WPF-Anwendungen ist dies ein Bubbling-Ereignis.
`DragDrop` (Windows Forms) / `Drop` (WPF)	Tritt auf, wenn die Maustaste über dem Zielsteuerelement losgelassen wird. Der Handler für dieses Ereignis bekommt ein `DragEventArgs`-Objekt übergeben. In WPF-Anwendungen ist dies ein Bubbling-Ereignis.
`DragLeave`	Tritt auf, wenn ein Objekt aus dem Bereich des Steuerelements herausgezogen wird. In WPF-Anwendungen ist dies ein Bubbling-Ereignis.
`PreviewDragEnter`	Nur in WPF; die Tunneling-Version von `DragEnter`.
`PreviewDragOver`	Nur in WPF; die Tunneling-Version von `DragOver`.
`PreviewDrop`	Nur in WPF; die Tunneling-Version von `Drop`.
`PreviewDragLeave`	Nur in WPF; die Tunneling-Version von `DragLeave`.

Allgemeiner Ablauf einer Drag & Drop-Operation

Bei einer Drag & Drop-Operation sieht der allgemeine Ablauf folgendermaßen aus:

1. Die Drag & Drop-Operation wird dadurch eingeleitet, dass die Methode `DoDragDrop` des Quellsteuerelements (in Windows Forms) oder die Methode `DragDrop.DoDragDrop` (in WPF-Anwendungen) aufgerufen wird. Das geschieht normalerweise im `MouseDown`-Ereignishandler. `DoDragDrop` kopiert die gewünschten Daten aus dem Quellsteuerelement in eine neue Instanz von `DataObject` und setzt Flags, die festlegen, welche Effekte mit diesen Daten erlaubt sind.
2. Die Ereignisse `GiveFeedback` und `QueryContinueDrag` werden ausgelöst. Der `GiveFeedback`-Ereignishandler kann einen benutzerdefinierten Mauszeiger einstellen, und Sie können im `QueryContinueDrag`-Ereignishandler entscheiden, ob die Drag-Operation fortgesetzt oder abgebrochen werden soll.

3. Der Mauszeiger wird über ein Zielsteuerelement gezogen. Alle Steuerelemente, bei denen die Eigenschaft `AllowDrop` den Wert `True` hat, sind potenzielle Ziele. Sobald der Mauszeiger über ein Steuerelement kommt, dessen Eigenschaft `AllowDrop` den Wert `True` hat, wird das Ereignis `DragEnter` für dieses Steuerelement ausgelöst. Der Ereignishandler kann das `DragEventArgs`-Objekt, das ihm übergeben wird, untersuchen und so feststellen, ob sich die Daten für das Zielsteuerelement eignen. In diesem Fall weist der Ereignishandler der Eigenschaft `Effect` (Windows Forms) beziehungsweise `Effects` (WPF) des `DragEventArgs`-Objekts einen passenden Wert zu.
4. Der Benutzer lässt die Maustaste über einem gültigen Zielsteuerelement los. Daraufhin wird das Ereignis `DragDrop` (in Windows Forms) beziehungsweise `Drop` (in WPF) ausgelöst. Der Code im Handler für dieses Ereignis ruft die kopierten Daten ab und führt die passende Aktion im Zielsteuerelement aus.

Die Enumeration *DragDropEffects*

Um eine Drag & Drop-Operation abzuschließen, muss der Effekt, der in der Methode `DoDragDrop` angegeben wurde, dem Wert der Eigenschaft `Effect` (Windows Forms) beziehungsweise `Effects` (WPF) im `DragEventArgs`-Objekt entsprechen, das im Drag & Drop-Ereignis übergeben wurde. Im Allgemeinen legt der `DragEnter`-Handler diesen Wert fest. Die Eigenschaft `Effect` (Windows Forms) beziehungsweise `Effects` (WPF) ist eine Instanz der Enumeration `DragDropEffects`. Tabelle 10.6 beschreibt die Member der Enumeration `DragDropEffects`.

Tabelle 10.6 Member der Enumeration `DragDropEffects`

Member	Beschreibung
`All`	Die Daten werden kopiert, aus der Quelle gelöscht und über einen Bildlauf ans Ziel verschoben.
`Copy`	Die Daten werden ans Ziel kopiert.
`Link`	Die Daten werden mit dem Ziel verknüpft.
`Move`	Die Daten werden ans Ziel verschoben.
`None`	Das Ziel nimmt keine Daten an.
`Scroll`	Der Bildlauf wird begonnen oder momentan im Ziel durchgeführt.

Die wichtigste Aufgabe der Eigenschaft `Effect` (Windows Forms) beziehungsweise `Effects` (WPF) besteht darin, den Mauszeiger zu verändern, wenn er sich über dem Zielsteuerelement befindet. Der Wert der Eigenschaft hat keine tatsächliche Auswirkung darauf, welche Aktion ausgeführt wird. Nur wenn die Eigenschaft den Wert `None` hat, findet keine Operation beim Zielsteuerelement statt, weil das Ereignis `DragDrop` (in Windows Forms) beziehungsweise `Drop` (in WPF) nicht ausgelöst wird.

Einleiten einer Drag & Drop-Operation in Windows Forms-Anwendungen

Die Drag & Drop-Operation wird dadurch eingeleitet, dass im Quellsteuerelement die Methode `DoDragDrop` aufgerufen wird. Sie übergeben `DoDragDrop` zwei Argumente: ein `Object` mit den Daten, die in die `DataObject`-Instanz kopiert werden, und eine Instanz von `DragDropEffects`, die festlegt, welche Effekte mit diesen Daten erlaubt sind. Das folgende Beispiel zeigt, wie Text aus einem Textfeld kopiert wird und die Effekte `Copy` oder `Move` erlaubt werden:

' Visual Basic

```
Private Sub TextBox1_MouseDown(ByVal sender As System.Object, _
    ByVal e As System.Windows.Forms.MouseEventArgs) _
    Handles TextBox1.MouseDown
    TextBox1.DoDragDrop(TextBox1.Text, DragDropEffects.Copy Or DragDropEffects.Move)
End Sub
```

// C#

```
private void textBox1_MouseDown(object sender, MouseEventArgs e)
{
    textBox1.DoDragDrop(textBox1.Text, DragDropEffects.Copy | DragDropEffects.Move);
}
```

Sie können mit dem Operator `Or` (Visual Basic) beziehungsweise | (C#) mehrere Member der Enumeration `DragDropEffects` kombinieren, um mehrere Effekte anzubieten.

Einleiten einer Drag & Drop-Operation in WPF-Anwendungen

In WPF-Anwendungen leiten Sie die Drag & Drop-Operation ein, indem Sie `DragDrop.DoDragDrop` aufrufen. Sie übergeben der Methode drei Argumente: ein Objekt des Typs `DependencyObject`, dies ist das Quellsteuerelement für die Drag & Drop-Operation; ein Objekt vom Typ `Object`, das sind die Daten, die in die `DataObject`-Instanz kopiert werden; und eine Instanz von `DragDropEffects`, die festlegt, welche Effekte mit diesen Daten erlaubt sind. Das folgende Beispiel demonstriert, wie Sie den Text aus einem Textfeld kopieren und die Effekte `Copy` oder `Move` erlauben:

' Visual Basic

```
Private Sub TextBox1_MouseDown(ByVal sender As System.Object, _
    ByVal e As System.Windows.Input.MouseButtonEventArgs) _
    Handles TextBox1.MouseDown
DragDrop.DoDragDrop(TextBox1, TextBox1.Text, DragDropEffects.Copy Or DragDropEffects.Move)
End Sub
```

// C#

```
private void textBox1_MouseDown(object sender, MouseButtonEventArgs e)
{
DragDrop.DoDragDrop(textBox1, textBox1.Text, DragDropEffects.Copy | DragDropEffects.Move);
}
```

Behandeln des Ereignisses *DragEnter*

Das Ereignis `DragEnter` sollte bei jedem Zielsteuerelement behandelt werden. Es wird ausgelöst, wenn eine Drag & Drop-Operation im Gange ist und der Mauszeiger in den Bereich des Steuerelements eintritt. Das Ereignis übergibt ein `DragEventArgs`-Objekt an die Methode, die es behandelt. Sie können über dieses `DragEventArgs`-Objekt das `DataObject`-Objekt abrufen, das in der Drag & Drop-Operation übertragen wird. Falls die Daten zum Zielsteuerelement passen, können Sie die Eigenschaft `Effect` (Windows Forms) beziehungsweise `Effects` (WPF) auf einen passenden Wert für das Steuerelement setzen. Das folgende Beispiel zeigt, wie Sie das Datenformat des `DataObject`-Objekts prüfen und die Eigenschaft `Effect` (Windows Forms) beziehungsweise `Effects` (WPF) einstellen:

' Visual Basic

```
' Dies ist ein Windows Forms-Beispiel
Private Sub TextBox2_DragEnter(ByVal sender As System.Object, _
    ByVal e As System.Windows.Forms.DragEventArgs) _
    Handles TextBox2.DragEnter
    If e.Data.GetDataPresent(DataFormats.Text) = True Then
        e.Effect = DragDropEffects.Copy
    End If
End Sub

' Dies ist ein WPF-Beispiel
Private Sub TextBox2_DragEnter(ByVal sender As System.Object, _
    ByVal e As System.Windows.DragEventArgs) _
    Handles TextBox2.DragEnter
    If e.Data.GetDataPresent(DataFormats.Text) = True Then
        e.Effects = DragDropEffects.Copy
    End If
End Sub
```

// C#

```
// Dies ist ein Windows Forms-Beispiel
private void textBox2_DragEnter (object sender, DragEventArgs e)
{
    if (e.Data.GetDataPresent(DataFormats.Text))
    {
        e.Effect = DragDropEffects.Copy;
    }
}

// Dies ist ein WPF-Beispiel
private void textBox2_DragEnter (object sender, DragEventArgs e)
{
    if (e.Data.GetDataPresent(DataFormats.Text))
    {
        e.Effects = DragDropEffects.Copy;
    }
}
```

In WPF-Anwendungen ist dies ein angefügtes Ereignis, das aus der Klasse `DragDrop` stammt. Sie können dieses Ereignis im Bereich *Ereignisse* des Eigenschaftenfensters von Visual Studio anfügen.

Behandeln des Ereignisses *DragDrop* beziehungsweise *Drop*

Wenn der Benutzer bei einer Drag & Drop-Operation die Maustaste über einem Zielsteuerelement loslässt, wird das Ereignis `DragDrop` (in Windows Forms) beziehungsweise `Drop` (in WPF) ausgelöst. In der Methode, die dieses Ereignis behandelt, können Sie mithilfe der Methode `GetData` von `DataObject` die kopierten Daten aus dem `DataObject`-Objekt abrufen und eine Aktion ausführen, die beim Steuerelement sinnvoll ist. Das folgende Beispiel zeigt, wie Sie eine Zeichenfolge in ein Textfeld einfügen:

' Visual Basic

```
' Dies ist ein Windows Forms-Beispiel
Private Sub TextBox2_DragDrop(ByVal sender As System.Object, ByVal e As _
   System.Windows.Forms.DragEventArgs) Handles TextBox2.DragDrop
   TextBox2.Text = TryCast(e.Data.GetData(DataFormats.Text), String)
End Sub
' Dies ist ein WPF-Beispiel
Private Sub TextBox2_Drop(ByVal sender As System.Object, ByVal e As _
   System.Windows.DragEventArgs) Handles TextBox2.Drop
   TextBox2.Text = TryCast(e.Data.GetData(DataFormats.Text), String)
End Sub
```

// C#

```
// Dies ist ein Windows Forms-Beispiel
private void textBox2_DragDrop(object sender, DragEventArgs e)
{
   textBox2.Text = (string)e.Data.GetData(DataFormats.Text);
}
// Dies ist ein WPF-Beispiel
private void textBox2_Drop(object sender, DragEventArgs e)
{
   textBox2.Text = (string)e.Data.GetData(DataFormats.Text);
}
```

In WPF-Anwendungen ist dies ein angefügtes Ereignis, das aus der Klasse `DragDrop` stammt. Sie können dieses Ereignis im Bereich *Ereignisse* des Eigenschaftenfensters von Visual Studio anfügen.

Implementieren von Drag & Drop zwischen Anwendungen

Das System bietet eingebaute Unterstützung für Drag & Drop-Operationen zwischen .NET Framework-Anwendungen. Sie brauchen keine zusätzlichen Schritte auszuführen, um Drag & Drop-Operationen zu ermöglichen, die zwischen Anwendungen ausgeführt werden. Es müssen lediglich zwei Voraussetzungen erfüllt sein, damit eine Drag & Drop-Operation zwischen Anwendungen möglich ist:

- Das Zielsteuerelement erlaubt einen der Effekte, die beim Aufruf der Methode `DoDragDrop` angegeben wurden.
- Das Zielsteuerelement akzeptiert Daten in dem Format, das beim Aufruf der Methode `DoDragDrop` angegeben wurde.

Übung Implementieren von Drag & Drop

In dieser Übung implementieren Sie Drag & Drop zwischen zwei Textfeldern eines Formulars in einer Windows Forms-Anwendung. Sie implementieren Funktionen, um den Text aus dem ersten Textfeld zu ziehen und ihn in das zweite Textfeld zu kopieren, wenn er dort abgelegt wird. Eine fertige Projektmappe zu dieser Übung finden Sie in den Beispieldateien, die Sie von der Begleit-CD installiert haben.

Übung 1 Implementieren von Drag & Drop

1. Legen Sie in Visual Studio eine neue Windows Forms-Anwendung an.
2. Ziehen Sie aus der Toolbox zwei `TextBox`-Steuerelemente auf das Formular.
3. Wählen Sie `TextBox2` aus und setzen Sie im Eigenschaftenfenster die Eigenschaft `AllowDrop` auf den Wert `True`.
4. Klicken Sie im Eigenschaftenfenster auf das Symbol *Ereignisse*, um statt der Eigenschaften Ereignisse anzuzeigen. Wählen Sie `TextBox1` aus und klicken Sie im Eigenschaftenfenster doppelt neben das Ereignis `MouseDown`, um den Standardereignishandler für das Ereignis `TextBox1.MouseDown` zu erstellen.
5. Fügen Sie den folgenden Code in den Ereignishandler `TextBox1_MouseDown` ein:

   ' Visual Basic
   ```
   TextBox1.DoDragDrop(TextBox1.Text, _
   DragDropEffects.Move Or DragDropEffects.Copy)
   ```
   // C#
   ```
   textBox1.DoDragDrop(textBox1.Text,
   DragDropEffects.Move | DragDropEffects.Copy);
   ```
6. Wählen Sie im Designer `TextBox2` aus und klicken Sie im Eigenschaftenfenster doppelt neben das Ereignis `DragEnter`, um den Standardereignishandler für das Ereignis `TextBox2.DragEnter` zu erstellen.
7. Fügen Sie den folgenden Code in den Ereignishandler `TextBox2_DragEnter` ein:

   ' Visual Basic
   ```
   If e.Data.GetDataPresent(DataFormats.Text) = True Then
       e.Effect = DragDropEffects.Copy
   End If
   ```
   // C#
   ```
   if (e.Data.GetDataPresent(DataFormats.Text))
   {
       e.Effect = DragDropEffects.Copy;
   }
   ```
8. Wählen Sie im Designer `TextBox2` aus und klicken Sie im Eigenschaftenfenster doppelt neben das Ereignis `DragDrop`, um den Standardereignishandler für das Ereignis `TextBox2.DragDrop` zu erstellen.
9. Fügen Sie den folgenden Code in den Ereignishandler `TextBox2_DragDrop` ein:

   ' Visual Basic
   ```
   TextBox2.Text = e.Data.GetData(DataFormats.Text)
   ```
   // C#
   ```
   textBox2.Text = (string)e.Data.GetData(DataFormats.Text);
   ```
10. Drücken Sie F5, um die Anwendung zu erstellen und auszuführen. Tippen Sie etwas Text in das erste Textfeld ein. Ziehen Sie mit der Maus einen beliebigen Punkt des ersten Textfelds in das zweite Textfeld. Der Text aus dem ersten Textfeld wird in das zweite Textfeld kopiert.

Zusammenfassung der Lektion

- Die Drag & Drop-Operation wird dadurch eingeleitet, dass im Quellsteuerelement die Methode `DoDragDrop` aufgerufen wird. Dies geschieht normalerweise im `MouseDown`-Ereignishandler für das Quellsteuerelement. Die Methode `DoDragDrop` hat zwei Parameter: ein `Object`-Objekt, das die Daten enthält, die gezogen werden, und ein `DragDropEffects`-Objekt, das angibt, welche Effekte für diese Operation erlaubt sind.
- Mit dem Ereignis `DragEnter` im Zielsteuerelement legen Sie fest, welche Effekte für das Zielsteuerelement erlaubt sind. Sie können die Daten im `e.Data`-Objekt untersuchen, das als Argument übergeben wurde, und feststellen, ob sich die Daten für das Steuerelement eignen. Ist das nicht der Fall, können Sie die Operation abbrechen, indem Sie die Eigenschaft `e.Effect` (Windows Forms) beziehungsweise `e.Effects` (WPF) auf den Wert `None` setzen.
- Die Drag & Drop-Operation wird mit dem Ereignis `DragDrop` (Windows Forms) beziehungsweise `Drop` (WPF) im Zielsteuerelement abgeschlossen. Sie müssen im eh im Ereignishandler für dieses Ereignis Code schreiben, um die passende Aktion auszuführen.
- Daten können mit Drag & Drop zwischen Steuerelementen unterschiedlicher Anwendungen bewegt werden. Es sind keine zusätzlichen Schritte notwendig, um Drag & Drop-Operationen zwischen Anwendungen zu ermöglichen.

Lernzielkontrolle

Mit den folgenden Fragen können Sie Ihr Wissen zu den Informationen aus Lektion 3, »Implementieren von Drag & Drop«, überprüfen. Die Fragen finden Sie (in englischer Sprache) auch auf der Begleit-CD, Sie können sie also auch auf dem Computer im Rahmen eines Übungstests beantworten.

Hinweis Die Antworten

Die Antworten auf diese Fragen mit Erklärungen, warum die jeweiligen Auswahlmöglichkeiten richtig oder falsch sind, finden Sie im Abschnitt »Antworten« am Ende dieses Buchs.

1. Welches der folgenden Ereignisse müssen Sie behandeln, um eine Drag & Drop-Operation auszuführen?

   A. `MouseDown`

   B. `MouseUp`

   C. `DragLeave`

   D. `DragDrop` (Windows Forms) beziehungsweise `Drop` (WPF)

2. Was ist notwendig, um eine Drag & Drop-Operation zwischen zwei Anwendungen zu implementieren? (Wählen Sie alle zutreffenden Antworten aus.)

   A. Rufen Sie die Methode `DoDragDrop` auf.

B. Das Zielsteuerelement muss einen der Effekte erlauben, der beim Aufruf der Methode `DoDragDrop` angegeben wurde.

C. Das Zielsteuerelement muss Daten in dem Format akzeptieren, das beim Aufruf der Methode `DoDragDrop` übergeben wurde.

D. Beim Zielsteuerelement muss die Eigenschaft `AllowDrop` den Wert `True` haben.

Übung mit Fallbeispiel

In der folgenden Übung mit Fallbeispiel wenden Sie an, was Sie über die Themen dieses Kapitels gelernt haben. Die Lösungen zu den Fragen finden Sie im Abschnitt »Antworten« hinten in diesem Buch.

Übung mit Fallbeispiel: Die konfigurierbare Anwendung

Sie bereiten sich darauf vor, eine Anwendung für das gesamte Unternehmen bereitzustellen. Diese Anwendung muss für alle Angestellten nutzbar sein, von denen einige Farbschemas mit hohem Kontrast benötigen. Außerdem wollen Sie es allen Benutzern ermöglichen, die Anwendung an ihre Vorlieben anzupassen, indem sie ein eigenes Farbschema entwerfen.

Wie können Sie dieses Feature implementieren, ohne allzu viel Entwicklungsaufwand treiben zu müssen?

Vorgeschlagene Übungen

Sie sollten die folgenden Aufgaben durcharbeiten, wenn Sie die in diesem Kapitel behandelten Prüfungsziele meistern wollen.

- **Übung 1** Erstellen Sie eine Anwendung, die für jeden Benutzer ein Farbschema speichert und automatisch das richtige Farbschema lädt, wenn ein Benutzer die Anwendung startet.
- **Übung 2** Erstellen Sie eine Anwendung, in der die Benutzer die Knoten eines `TreeView`-Steuerelements verschieben können, und dabei die Wahl haben, verschobene Knoten vor dem Zielknoten, hinter dem Zielknoten oder als untergeordneten Knoten des Zielknotens abzulegen.

Machen Sie einen Übungstest

Die Übungstests (in englischer Sprache) auf der Begleit-CD zu diesem Buch bieten zahlreiche Möglichkeiten. Zum Beispiel können Sie einen Test machen, der ausschließlich die Themen aus einem Prüfungslernziel behandelt, oder Sie können sich selbst mit dem gesamten Inhalt der Prüfung 70-511 testen. Sie können den Test so konfigurieren, dass er dem Ablauf einer echten Prüfung entspricht, oder Sie können einen Lernmodus verwenden, in dem Sie sich nach dem Beantworten einer Frage jeweils sofort die richtige Antwort und Erklärungen ansehen können.

Weitere Informationen Übungstests

Einzelheiten zu allen Optionen, die bei den Übungstests zur Verfügung stehen, finden Sie im Abschnitt »So benutzen Sie die Übungstests« in der Einführung am Anfang dieses Buchs.

KAPITEL 11

Testen und Debuggen von WPF-Anwendungen

Testen und Debuggen Ihrer Anwendung sind wesentliche Teile in jedem Entwicklungszyklus. Abgesehen von ganz kleinen Entwicklungsprojekten ist es praktisch sicher, dass jedes Projekt in der ersten lauffähigen Version Fehler enthält. Diese Probleme aufzuspüren und zu beseitigen ist wichtig für die Qualität Ihrer Arbeit. In diesem Kapitel lernen Sie Techniken und Technologien zum Debuggen von WPF-Anwendungen kennen. Sie erfahren, wie Sie mithilfe der Benutzeroberflächenautomatisierung die Benutzeroberfläche testen und mit dem WPF Tree Visualizer die Eigenschaften der WPF-Oberflächenhierarchie erforschen. Sie erfahren, wie sie sich mithilfe von `PresentationTraceSources` Ablaufverfolgungsinformationen ansehen, die in WPF-Anwendungen aufgezeichnet werden, und mit IntelliTrace zielgenau ausgewählte Ablaufverfolgungsdaten anzeigen.

In diesem Kapitel abgedeckte Prüfungsziele:

- Implementieren einer WPF-Teststrategie
- Debuggen von XAML mit dem WPF Visualizer
- Debuggen von WPF-Problemen mit `PresentationTraceSources`

Lektionen in diesem Kapitel:

Bevor Sie beginnen

Um die Lektionen in diesem Kapitel durcharbeiten zu können, müssen Sie folgende Vorbereitungen getroffen haben:

- Ihnen steht ein Computer zur Verfügung, der die im Abschnitt »Einführung« am Anfang dieses Buchs aufgelisteten Hardwarevoraussetzungen erfüllt.
- Auf Ihrem Computer ist Microsoft Visual Studio 2010 Professional Edition installiert. Für IntelliTrace benötigen Sie Microsoft Visual Studio 2010 Ultimate.
- Sie sind mit der Syntax von Visual Basic oder C# sowie dem Microsoft .NET Framework 4 vertraut.
- Sie besitzen Grundkenntnisse zu XAML.

Praxistipp

Matthew Stoecker

Das Debuggen von WPF-Benutzeroberflächen ist oft frustrierend. Weil viele fehlgeschlagene WPF-Operationen (beispielsweise Fehler beim Herstellen einer Bindung) keine Fehler auslösen, kann es schwierig sein, die eigentliche Ursache des Fehlers im Code zu finden. Aber mithilfe von Debugtools wie IntelliTrace, `PresentationTraceSources` und dem WPF Tree Visualizer bekommen Sie einen besseren Einblick, was genau in Ihrer Anwendung geschieht. Das Aufspüren und Beseitigen solcher Fehler wird dadurch gewaltig beschleunigt.

Lektion 1: Testen der Benutzeroberfläche

Nachdem Sie Ihre Anwendung erstellt haben, müssen Sie testen, ob alle Funktionen einwandfrei arbeiten. In WPF kann es schwierig sein, Tests für die Benutzeroberfläche zu erstellen und Informationen darüber zu ermitteln. Das liegt an der hierarchischen Struktur der WPF-Benutzeroberfläche. Sie können aber mithilfe der Benutzeroberflächenautomatisierung und der `AutomationPeer`-Klassen Tests für einzelne Benutzeroberflächenelemente erstellen, und der WPF Tree Visualizer hilft Ihnen dabei, die Benutzeroberfläche während des Debuggens genau zu untersuchen. In dieser Lektion erfahren Sie, wie Sie die Benutzeroberflächenautomatisierung und den WPF Tree Visualizer nutzen.

Am Ende dieser Lektion werden Sie in der Lage sein, die folgenden Aufgaben auszuführen:

- Automatisieren der WPF-Benutzeroberfläche mit der Benutzeroberflächenautomatisierung
- Untersuchen der WPF-Struktur mit dem WPF Tree Visualizer

Veranschlagte Zeit für diese Lektion: 30 Minuten

Automatisieren der Benutzeroberfläche mit Automatisierungspeers

Die Benutzeroberflächenautomatisierung (UI Automation) ermöglicht es Ihnen, eine Benutzeroberfläche vom Programmcode aus zu steuern, genau so, als würde ein menschlicher Benutzer die Anwendung über Tastatur und Mauseingaben steuern. Mit der Benutzeroberflächenautomatisierung können Sie beispielsweise vom Programmcode aus eine Schaltfläche anklicken, den Inhalt eines Containers mit Schiebeleisten verschieben, ein Kontrollkästchen umschalten oder irgendeine andere Aktion ausführen, die in der Benutzeroberfläche möglich ist.

Die Basisklasse, die alle diese Funktionen zur Verfügung stellt, ist `System.Windows.Automation.Peers.AutomationPeer`. Ein Automatisierungspeer (automation peer) ist das Automatisierungsgegenstück eines tatsächlichen Steuerelements auf der Benutzeroberfläche. Er kapselt die gesamten Basisfunktionen, die gebraucht werden, um auf das Automatisierungssystem zuzugreifen. Die einzelnen WPF-Steuerelementtypen haben jeweils eigene `AutomationPeer`-Klassen, deren Namen nach dem Schema <`Steuerelement`>`AutomationPeer` gebildet werden, wobei <`Steuerelement`> für den Namen der Steuerelementklasse steht. So hat die entsprechende Klasse für das WPF-Steuerelement `Button` den Namen `ButtonAutomationPeer`. Diese Klassen implementieren Funktionen, mit denen die Automatisierung des jeweiligen Steuerelements ermöglicht wird.

Nützliche Methoden der *AutomationPeer*-Klassen

Alle von `AutomationPeer` abgeleiteten Klassen haben einige gemeinsame Methoden. Tabelle 11.1 beschreibt die wichtigsten Methoden für die Automatisierung.

Die Methode `GetName` gibt den Namen des Steuerelements zurück, das mit dem aktuellen `AutomationPeer`-Objekt verknüpft ist. Die Methoden `GetParent` und `GetChildren` ermöglichen die Navigation durch die Steuerelementstruktur. Und mit der Methode `GetPattern` rufen Sie Implementierungen der verschiedenen Musterschnittstellen ab, die die eigentlichen Automatisierungsfunktionen zur Verfügung stellen. Diese Muster werden weiter unten im Abschnitt »Musterschnittstellen« beschrieben.

Tabelle 11.1 Wichtige Methoden der `AutomationPeer`-Klassen

Methode	Beschreibung
`GetChildren`	Gibt die Auflistung der Elemente zurück, die in der Struktur der Benutzeroberflächenautomatisierung als unmittelbar untergeordnete Elemente des Automatisierungspeers eingetragen sind. Diese Methode gibt eine Liste mit `AutomationPeer`-Objekten zurück.
`GetName`	Gibt Text zurück, der das Element beschreibt, das mit diesem Automatisierungspeer verknüpft ist.
`GetParent`	Gibt das `AutomationPeer`-Objekt zurück, das das übergeordnete Objekt dieses `AutomationPeer`-Objekts ist.
`GetPattern`	Wenn diese Methode in einer abgeleiteten Klasse überschrieben ist, gibt sie das Steuerelementmuster zurück, das mit dem angegebenen `PatternInterface`-Objekt verknüpft ist.

Erstellen eines *AutomationPeer*-Objekts

Sie können ein `AutomationPeer`-Objekt zu jedem WPF-Steuerelement anlegen, für das eine entsprechende Klasse von `AutomationPeer` abgeleitet ist. Das folgende Beispiel zeigt, wie Sie eine Instanz der Klasse `ButtonAutomationPeer` anlegen, die mit einem vorhandenen WPF-`Button`-Steuerelement namens `Button1` verknüpft ist:

' Visual Basic

```
Dim ButtonPeer As System.Windows.Automation.Peers.ButtonAutomationPeer
ButtonPeer = New System.Windows.Automation.Peers.ButtonAutomationPeer(Button1)
```

// C#

```
System.Windows.Automation.Peers.ButtonAutomationPeer ButtonPeer;
ButtonPeer = new System.Windows.Automation.Peers.ButtonAutomationPeer(Button1);
```

Tabelle 11.2 Musterschnittstellen

Schnittstelle	Beschreibung
`IDockProvider`	Stellt Methoden und Eigenschaften bereit, über die Benutzeroberflächenautomatisierungsclients Zugriff auf Steuerelemente erhalten, die ihre Andockeigenschaften innerhalb eines Containers verfügbar machen.
`IExpandCollapseProvider`	Stellt Methoden und Eigenschaften bereit, über die Benutzeroberflächenautomatisierungsclients Zugriff auf Steuerelemente erhalten, die auf- und zuklappen, um Inhalt anzuzeigen oder zu verbergen.
`IGridItemProvider`	Stellt Methoden und Eigenschaften bereit, über die Benutzeroberflächenautomatisierungsclients Zugriff auf einzelne untergeordnete Steuerelemente von Containern erhalten, die `IGridProvider` implementieren.
`IGridProvider`	Stellt Methoden und Eigenschaften bereit, über die Benutzeroberflächenautomatisierungsclients Zugriff auf Steuerelemente erhalten, die als Container für eine Auflistung untergeordneter Elemente agieren. Die untergeordneten Steuerelemente dieses Elements müssen `IGridItemProvider` implementieren und in einem zweidimensionalen logischen Koordinatensystem organisiert sein, das mithilfe der Tastatur durchlaufen werden kann (ein Benutzeroberflächenautomatisierungsclient kann sich also zu den benachbarten Steuerelementen bewegen). ▶

Schnittstelle	Beschreibung
`IInvokeProvider`	Stellt Methoden und Eigenschaften bereit, über die Benutzeroberflächenautomatisierungsclients Zugriff auf Steuerelemente erhalten, die eine einzelne, eindeutige Aktion einleiten oder ausführen und keinen Zustand verwalten, wenn sie aktiviert sind.
`IItemContainerProvider`	Stellt eine Methode bereit, mit der Anwendungen ein Element in einem Container suchen können, zum Beispiel eine virtualisierte Liste.
`IMultipleViewProvider`	Stellt Methoden und Eigenschaften bereit, über die Benutzeroberflächenautomatisierungsclients Zugriff auf Steuerelemente erhalten, die mehrere Darstellungen derselben Daten oder untergeordneten Steuerelemente zur Verfügung stellen und zwischen diesen Darstellungsvarianten umschalten können.
`IRangeValueProvider`	Stellt Methoden und Eigenschaften bereit, über die Benutzeroberflächenautomatisierungsclients Zugriff auf Steuerelemente erhalten, denen ein Wert aus einem bestimmten Bereich zugewiesen werden kann.
`IScrollItemProvider`	Stellt Methoden und Eigenschaften bereit, über die Benutzeroberflächenautomatisierungsclients Zugriff auf einzelne untergeordnete Steuerelemente von Containern erhalten, die `IScrollProvider` implementieren.
`IScrollProvider`	Stellt Methoden und Eigenschaften bereit, über die Benutzeroberflächenautomatisierungsclients Zugriff auf ein Steuerelement erhalten, das als bildlauffähiger Container für eine Auflistung untergeordneter Objekte agiert. Die untergeordneten Steuerelemente müssen `IScrollItemProvider` implementieren.
`ISelectionItemProvider`	Stellt Methoden und Eigenschaften bereit, über die Benutzeroberflächenautomatisierungsclients Zugriff auf einzelne, anwählbare untergeordnete Steuerelemente von Containern erhalten, die `ISelectionProvider` implementieren.
`ISelectionProvider`	Stellt Methoden und Eigenschaften bereit, über die Benutzeroberflächenautomatisierungsclients Zugriff auf Steuerelemente erhalten, die als Container für eine Auflistung einzelner, anwählbarer untergeordneter Elemente agieren. Die untergeordneten Steuerelemente dieses Steuerelements müssen `ISelectionItemProvider` implementieren.
`ISynchronizedInputProvider`	Stellt Methoden bereit, über die Benutzeroberflächenautomatisierungsclients Zugriff auf Steuerelemente erhalten, die synchronisierte Eingaben unterstützen.
`ITableItemProvider`	Stellt Methoden und Eigenschaften bereit, über die Benutzeroberflächenautomatisierungsclients Zugriff auf einzelne untergeordnete Steuerelemente von Containern erhalten, die `ITableProvider` implementieren.
`ITableProvider`	Stellt Methoden und Eigenschaften bereit, über die Benutzeroberflächenautomatisierungsclients Zugriff auf Steuerelemente erhalten, die als Container für eine Auflistung untergeordneter Elemente agieren. Die untergeordneten Steuerelemente dieses Elements müssen `ITableItemProvider` implementieren und in einem zweidimensionalen logischen Koordinatensystem organisiert sein, das mithilfe der Tastatur durchlaufen werden kann (ein Benutzeroberflächenautomatisierungsclient kann sich also zu den benachbarten Steuerelementen bewegen). ►

Schnittstelle	Beschreibung
ITextProvider	Stellt Methoden und Eigenschaften bereit, über die Benutzeroberflächenautomatisierungsclients Zugriff auf Steuerelemente erhalten, die Text enthalten.
ITextRangeProvider	Stellt Methoden und Eigenschaften bereit, über die Benutzeroberflächenautomatisierungsclients Zugriff auf einen Abschnitt fortlaufenden Textes in einem Textcontainer erhalten, der ITextProvider implementiert.
IToggleProvider	Stellt Methoden und Eigenschaften bereit, über die Benutzeroberflächenautomatisierungsclients Zugriff auf Steuerelemente erhalten, die durch einen Satz Zustände wechseln können und den einmal eingestellten Zustand behalten.
ITransformProvider	Stellt Methoden und Eigenschaften bereit, über die Benutzeroberflächenautomatisierungsclients Zugriff auf Steuerelemente erhalten, die verschoben, vergrößert und verkleinert oder in einem zweidimensionalen Raum gedreht werden können.
IValueProvider	Stellt Methoden und Eigenschaften bereit, über die Benutzeroberflächenautomatisierungsclients Zugriff auf Steuerelemente erhalten, die einen spezifischen Wert haben, der nicht aus einem bestimmten Wertebereich stammt und sich als Zeichenfolge darstellen lässt.
IVirtualizedItemProvider	Stellt eine Methode bereit, die das Muster für virtualisierte Elementsteuerelemente unterstützt.
IWindowProvider	Stellt Methoden und Eigenschaften bereit, über die Benutzeroberflächenautomatisierungsclients Zugriff auf Steuerelemente erhalten, die grundlegende Fensterfunktionen in einer herkömmlichen grafischen Benutzeroberfläche zur Verfügung stellen.

Musterschnittstellen

Jede nicht abstrakte AutomationPeer-Klasse implementiert mindestens eine Musterschnittstelle (pattern interface), in der die Methoden deklariert sind, die gebraucht werden, um die Funktionen des zugehörigen Steuerelements zu nutzen. Tabelle 11.2 fasst diese Musterschnittstellen zusammen.

Sehen Sie sich die Dokumentation zu den AutomationPeer-Klassen der verschiedenen Steuerelemente an, um feststellen, welche AutomationPeer-Klassen welche Schnittstellen implementieren.

Abrufen einer Musterschnittstelle

Die Methode GetPattern ruft eine Standardimplementierung jeder Musterschnittstelle ab, die von einem bestimmten Automatisierungspeer implementiert wird. Das folgende Beispiel demonstriert, wie Sie eine Implementierung von IInvokeProvider aus einem ButtonAutomationPeer-Objekt namens Bap1 abrufen:

' Visual Basic

```
Imports System.Windows.Automation.Peers
Imports System.Windows.Automation.Provider
' Klassen- und Methodendeklarationen weggelassen
Dim InvProvider As IInvokeProvider
InvProvider = CType(Bap1.GetPattern(PatternInterface.Invoke), IInvokeProvider)
```

// C#

```
using System.Windows.Automation.Peers;
using System.Windows.Automation.Provider;
// Klassen- und Methodendeklarationen weggelassen
IInvokeProvider InvProvider;
InvProvider = (IInvokeProvider)Bap1.GetPattern(PatternInterface.Invoke);
```

Sobald Sie eine Instanz einer Musterschnittstellenimplementierung haben, können Sie damit das zugehörige Steuerelement automatisieren. Zum Beispiel rufen Sie die Methode `IInvokeProvider.Invoke` auf, um automatisiert die Schaltfläche aus dem letzten Beispiel anzuklicken:

' Visual Basic

```
InvProvider.Invoke()
```

// C#

```
InvProvider.Invoke();
```

Wenn Sie eine Musterschnittstelle angeben, die von `AutomationPeer` nicht implementiert wird, gibt die Methode `GetPattern` einen Nullwert zurück.

Untersuchen der Benutzeroberfläche mit dem WPF Tree Visualizer

Im WPF Tree Visualizer können Sie die Benutzeroberfläche untersuchen, während Sie im Debugmodus arbeiten. Sie können sich Darstellungen der Benutzeroberflächenelemente anzeigen lassen, die WPF-Abhängigkeitseigenschaften für Objekte in der hierarchischen Struktur untersuchen und durch die gesamte WPF-Oberflächenhierarchie navigieren.

Der WPF Tree Visualizer steht im Unterbrechungsmodus zur Verfügung, wenn Sie eine Anwendung debuggen. Sie können ihn aus den Fenstern *Überwachen*, *Lokal* und *Auto* sowie den Datentippfenstern starten.

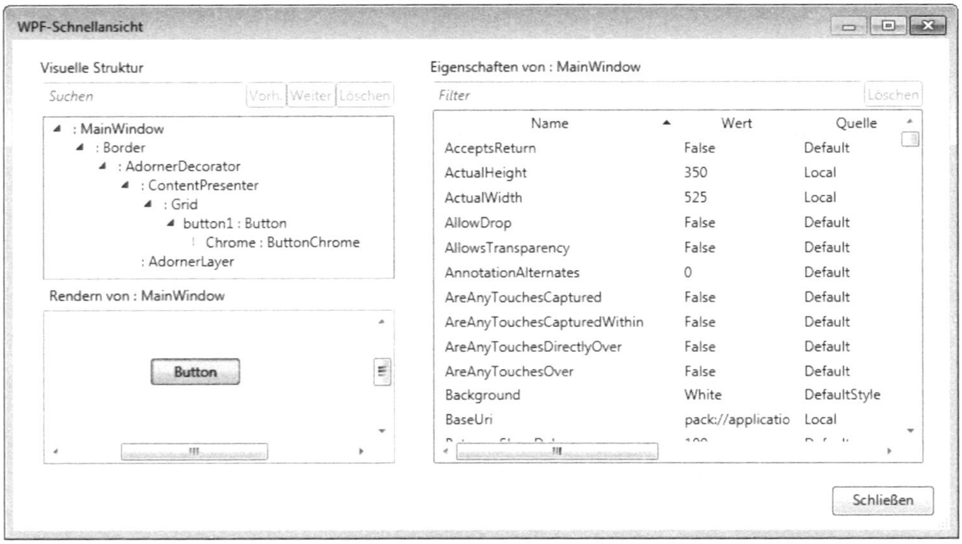

Abbildung 11.1 Der WPF Tree Visualizer

So öffnen Sie den WPF Tree Visualizer:

- Klicken Sie, während der Unterbrechungsmodus aktiv ist, im Fenster *Überwachen*, *Lokal* oder *Auto* oder in einem Datentippfenster neben einem WPF-Objektnamen auf das Pfeilsymbol neben dem Vergrößerungsglas. Daraufhin wird eine Liste der verfügbaren Visualizer angezeigt.

  Klicken Sie auf *WPF Tree Visualizer*, um das Fenster *WPF-Schnellansicht* zu öffnen (Abbildung 11.1).

Der WPF Tree Visualizer ist in drei Abschnitte unterteilt. Im oberen linken Fensterabschnitt ist die WPF-Oberflächenhierarchie dargestellt. Jedes Objekt in der Oberflächenhierarchie wird in diesem Fensterabschnitt aufgelistet, sodass Sie es auswählen können. Im unteren linken Fensterabschnitt sehen Sie eine Darstellung des ausgewählten Oberflächenhierarchieobjekts. Und im rechten Fensterabschnitt werden alle Eigenschaften des ausgewählten Objekts angezeigt.

In komplexen WPF-Oberflächenhierarchien ist es oft nötig, nach einem bestimmten Element innerhalb der Oberflächenhierarchie zu suchen. Gehen Sie dazu folgendermaßen vor:

- Tippen Sie im Suchfeld des Fensterabschnitts *Visuelle Struktur* die Zeichenfolge ein, nach der Sie suchen wollen. Die Objekte, die dem Suchtext entsprechen, werden nun im Fensterabschnitt *Visuelle Struktur* angezeigt. Mit einem Klick auf *Weiter* wechseln Sie zum nächsten Objekt, das mit dem Suchtext übereinstimmt. Und mit einem Klick auf *Vorh.* gehen Sie zum vorherigen Objekt, das mit dem Suchtext übereinstimmt. Mit *Löschen* können Sie das Suchfeld löschen.

Auf ähnliche Weise können Sie im Fensterabschnitt *Eigenschaften* nach Elementen suchen, die dem angegebenen Suchtext entsprechen. Sie können nach einem Eigenschaftsnamen, einem Wert oder irgendeiner anderen Zeichenfolge suchen, die in einer der angezeigten Eigenschaften erscheint. Gehen Sie dazu folgendermaßen vor:

- Tippen Sie im Fensterabschnitt *Eigenschaften* den Text, den Sie finden wollen, im Feld *Filter* ein. Die Liste zeigt jetzt nur noch die Eigenschaften an, die mit dem eingegebenen Text übereinstimmen. Tippen Sie weitere Zeichen ein, um die Suche weiter einzukreisen.

Übung Arbeiten mit Automatisierungspeers

In dieser Übung erstellen Sie eine Anwendung, die eine vorhandene Anwendung automatisiert. Bei dieser Anwendung handelt es sich um ein Formular zum Bestellen von Pizza. Sie automatisieren dabei `RadioButton`-, `CheckBox`-, `ListView`-, `ListViewItem`- und `Button`-Steuerelemente.

Übung Automatisieren einer vorhandenen Anwendung

1. Öffnen Sie in Visual Studio die Lösung aus dem Unterverzeichnis *Partial* zu dieser Lektion.

   Diese Projektmappe enthält die Benutzeroberfläche für eine Anwendung, mit der ein Benutzer eine Pizza bestellen kann. Außerdem enthält sie ein nicht implementiertes Formular, das Sie verwenden, um das Hauptfenster zu automatisieren. Beachten Sie, dass bereits Verweise auf `UIAutomationProvider` und `UIAutomationTypes` hinzugefügt und die Namespaces `System.Windows.Automation.Peers`, `System.Windows.Automation.Provider` und `System.Windows.Automation` importiert wurden.

2. Öffnen Sie *AutomationWindow.xaml* in der Designeransicht. Sie sehen vier Schaltflächen, die jeweils eine Funktion automatisieren.
3. Klicken Sie im Designer doppelt auf die Schaltfläche *Automate Select Calzone* (»Auswählen von *Calzone* automatisieren«), um das Codefenster mit dem Ereignishandler `Button1_Click` zu öffnen. Fügen Sie in diesen Ereignishandler den folgenden Code ein, um das Auswählen des zweiten Optionsfelds zu automatisieren:

   ' Visual Basic

   ```
   Dim RBAutomationPeer As New RadioButtonAutomationPeer(aWindow.RadioButton2)
   Dim SelectProvider As ISelectionItemProvider
   SelectProvider = RBAutomationPeer.GetPattern(PatternInterface.SelectionItem)
   SelectProvider.Select()
   ```

   // C#

   ```
   RadioButtonAutomationPeer RBAutomationPeer =
       new RadioButtonAutomationPeer(aWindow.RadioButton2);
   ISelectionItemProvider SelectProvider;
   SelectProvider = (ISelectionItemProvider)
       RBAutomationPeer.GetPattern(PatternInterface.SelectionItem);
   SelectProvider.Select();
   ```

4. Klicken Sie im Designer doppelt auf die Schaltfläche *Automate Select Pepperoni and Sausage* (»Auswählen von *Pepperoni* und *Sausage* automatisieren«), um das Codefenster mit dem Ereignishandler `Button2_Click` zu öffnen. Fügen Sie in diesen Ereignishandler den folgenden Code ein, um das Aktivieren der ersten beiden `Checkbox`-Steuerelemente zu automatisieren:

   ' Visual Basic

   ```
   Dim CBAutomationPeer1 As New CheckBoxAutomationPeer(aWindow.CheckBox1)
   Dim CBAutomationPeer2 As New CheckBoxAutomationPeer(aWindow.CheckBox2)
   Dim ToggProvider1 As IToggleProvider
   Dim ToggProvider2 As IToggleProvider
   ToggProvider1 = CBAutomationPeer1.GetPattern(PatternInterface.Toggle)
   ToggProvider2 = CBAutomationPeer2.GetPattern(PatternInterface.Toggle)
   ToggProvider1.Toggle()
   ToggProvider2.Toggle()
   ```

   // C#

   ```
   CheckBoxAutomationPeer CBAutomationPeer1 =
       new CheckBoxAutomationPeer(aWindow.CheckBox1);
   CheckBoxAutomationPeer CBAutomationPeer2 =
       new CheckBoxAutomationPeer(aWindow.CheckBox2);
   IToggleProvider ToggProvider1;
   IToggleProvider ToggProvider2;
   ToggProvider1 = (IToggleProvider)
       CBAutomationPeer1.GetPattern(PatternInterface.Toggle);
   ToggProvider2 = (IToggleProvider)
       CBAutomationPeer2.GetPattern(PatternInterface.Toggle);
   ToggProvider1.Toggle();
   ToggProvider2.Toggle();
   ```

5. Klicken Sie im Designer doppelt auf die Schaltfläche *Automate Select Bellevue Location* (»Auswählen von *Bellevue Location* automatisieren«), um das Codefenster mit dem Ereignishandler `Button3_Click` zu öffnen. Fügen Sie in diesen Ereignishandler den folgenden Code ein, um das Blättern im `ListBox`-Steuerelement und das Auswählen des gewünschten Eintrags darin zu automatisieren:

   ' Visual Basic

```
Dim LBAutomationPeer As New ListBoxAutomationPeer(aWindow.ListBox1)
Dim ScrProvider As IScrollProvider
ScrProvider = LBAutomationPeer.GetPattern(PatternInterface.Scroll)
ScrProvider.Scroll(ScrollAmount.NoAmount, ScrollAmount.LargeIncrement)
ScrProvider.Scroll(ScrollAmount.NoAmount, ScrollAmount.LargeIncrement)
Dim LBIAutomationPeer As +
    New ListBoxItemAutomationPeer(aWindow.ListBox1.Items(3)LBAutomationPeer)
Dim SelItemProvider As ISelectionItemProvider
SelItemProvider = LBIAutomationPeer.GetPattern(PatternInterface.SelectionItem)
SelItemProvider.Select()
```

   // C#

```
ListBoxAutomationPeer LBAutomationPeer =
    new ListBoxAutomationPeer(aWindow.ListBox1);
IScrollProvider ScrProvider;
ScrProvider = (IScrollProvider)LBAutomationPeer.GetPattern(
    PatternInterface.Scroll);
ScrProvider.Scroll(System.Windows.Automation.ScrollAmount.NoAmount,
    System.Windows.Automation.ScrollAmount.LargeIncrement);
ScrProvider.Scroll(System.Windows.Automation.ScrollAmount.NoAmount,
    System.Windows.Automation.ScrollAmount.LargeIncrement);
ListBoxItemAutomationPeer LBIAutomationPeer =
    new ListBoxItemAutomationPeer(aWindow.ListBox1.Items[3], LBAutomationPeer);
ISelectionItemProvider SelItemProvider;
SelItemProvider =(ISelectionItemProvider)
    LBIAutomationPeer.GetPattern(PatternInterface.SelectionItem);
SelItemProvider.Select();
```

6. Klicken Sie im Designer doppelt auf die Schaltfläche *Automate Click Order Button* (»Anklicken der Schaltfläche *Order* automatisieren«), um das Codefenster mit dem Ereignishandler `Button4_Click` zu öffnen. Fügen Sie in diesen Ereignishandler den folgenden Code ein, um das Anklicken der Schaltfläche zu automatisieren:

   ' Visual Basic

```
Dim BAutomationPeer As New Automation.Peers.ButtonAutomationPeer(aWindow.Button1)
Dim InvProvider As IInvokeProvider
InvProvider = BAutomationPeer.GetPattern(PatternInterface.Invoke)
InvProvider.Invoke()
```

   // C#

```
ButtonAutomationPeer BAutomationPeer = new ButtonAutomationPeer(aWindow.Button1);
IInvokeProvider InvProvider;
InvProvider = (IInvokeProvider) BAutomationPeer.GetPattern(PatternInterface.Invoke);
InvProvider.Invoke();
```

7. Drücken Sie `F5`, um Ihre Anwendung auszuführen. Es öffnen sich zwei Fenster, *MainWindow* und *AutomationWindow*. Klicken Sie in *AutomationWindow* nacheinander alle Schaltflächen an und beobachten Sie jeweils, wie die Steuerelemente in *MainWindow* betätigt werden.

Zusammenfassung der Lektion

- Mithilfe der Benutzeroberflächenautomatisierung können Sie eine Benutzeroberfläche vom Programmcode aus steuern. Der Namespace `System.Windows.Automation.Peers` enthält Automatisierungspeers für die vorhandenen WPF-Steuerelemente. Mit diesen Automatisierungspeers können Sie die zugeordneten Steuerelemente automatisieren.
- Jeder Automatisierungspeer implementiert mindestens eine Musterschnittstelle, in der die Funktionen zum Automatisieren der WPF-Steuerelemente zur Verfügung gestellt werden. Sie rufen eine Standardimplementierung dieser Schnittstellen ab, indem Sie die Methode `GetPattern` des verwendeten Automatisierungspeers aufrufen.
- Mit dem WPF Tree Visualizer können Sie die WPF-Oberflächenhierarchie untersuchen, während Sie Ihre Anwendung debuggen. Sie können sich darin die Darstellung eines ausgewählten WPF-Steuerelements ansehen und seine Abhängigkeitseigenschaften auswerten.

Lernzielkontrolle

Mit den folgenden Fragen können Sie Ihr Wissen zu den Informationen aus Lektion 1, »Testen der Benutzeroberfläche«, überprüfen. Die Fragen finden Sie (in englischer Sprache) auch auf der Begleit-CD, Sie können sie also auch auf dem Computer im Rahmen eines Übungstests beantworten.

Hinweis Die Antworten

Die Antworten auf diese Fragen mit Erklärungen, warum die jeweiligen Auswahlmöglichkeiten richtig oder falsch sind, finden Sie im Abschnitt »Antworten« am Ende dieses Buchs.

1. Was ist erforderlich, um ein WPF-Steuerelement zu automatisieren? (Wählen Sie alle zutreffenden Antworten aus.)

   A. Legen Sie eine Instanz der `AutomationPeer`-Klasse für das Steuerelement an, das Sie automatisieren wollen.

   B. Konvertieren Sie Ihre Instanz des Automatisierungspeers in die benötigte Musterschnittstelle für die Funktion, die Sie ausführen wollen.

   C. Rufen Sie einen Verweis auf eine Implementierung der Musterschnittstelle ab, in der die Funktion gekapselt ist, die Sie automatisieren wollen.

   D. Rufen Sie Methoden einer Instanz der richtigen Musterschnittstelle auf, um die gewünschte Funktion zu automatisieren.

2. Wo können Sie während des Debuggens den WPF Tree Visualizer öffnen? (Wählen Sie alle zutreffenden Antworten aus.)

   A. Fenster *Überwachen*

   B. Fenster *Auto*

   C. Fenster *Lokal*

   D. Fenster *Ausgabe*

Lektion 2: Debuggen mit IntelliTrace und *PresentationTraceSources*

Die Ablaufverfolgung (tracing) wurde in .NET Framework 1.0 eingeführt. Der Benutzer kann damit Informationen an das Konsolenfenster oder andere verknüpfte Protokolle ausgeben. Die Technik der Ablaufverfolgung hat sich seitdem weiterentwickelt. In dieser Lektion werden zwei der neuesten Ergänzungen im Bereich der Ablaufverfolgung vorgestellt: IntelliTrace, mit dem Sie gezielt Ablaufverfolgungsnachrichten untersuchen und filtern können, die von Ihrer Anwendung ausgegeben werden, und `PresentationTraceSources`, spezialisierte Ablaufverfolgungsquellen zum Debuggen von WPF-Anwendungen.

Am Ende dieser Lektion werden Sie in der Lage sein, die folgenden Aufgaben auszuführen:

- Aktivieren von IntelliTrace
- Auswählen und Filtern von IntelliTrace-Daten
- Konfigurieren von `PresentationTraceSources` über die Datei *app.config*.
- Konfigurieren von `PresentationTraceSources` im Programmcode
- Ausgeben von Trace-Nachrichten mit `PresentationTraceSources`

Veranschlagte Zeit für diese Lektion: 30 Minuten

Verwenden von IntelliTrace

IntelliTrace ist eine neue Ablaufverfolgungstechnik, die nur Benutzern von Visual Studio 2010 Ultimate zur Verfügung steht. Mit IntelliTrace gibt Visual Studio im Hintergrund automatisch Nachrichten über IntelliTrace-Ereignisse an eine *.iTrace*-Datei aus. Vor dort können sie ausgelesen und im Rahmen des Debuggings untersucht werden. IntelliTrace ist flexibel konfigurierbar. Sie können damit die Art und den Umfang der Informationen einstellen, die Sie aufzeichnen wollen. In den Standardeinstellungen wird die Ausführung und Leistung der Anwendung dadurch kaum beeinträchtigt.

Aktivieren von IntelliTrace

IntelliTrace ist als Standardeinstellung aktiviert. IntelliTrace-Ereignisse werden automatisch aufgezeichnet. Diese Ereignisse sind Anwendungsereignisse, und die Aufzeichnung der Daten wirkt sich nur sehr gering auf die Anwendungsleistung aus, meist dürften Sie gar nichts davon bemerken. Sie können IntelliTrace auch so konfigurieren, dass es Ereignisse, Funktionsaufrufe und Argumentdaten aufzeichnet. Wenn Sie solche Informationen aufzeichnen, steigt die Belastung. Unter Umständen sinkt dadurch die Anwendungsleistung, aber andererseits erhalten Sie wertvolle Informationen für detailliertes Debuggen.

So aktivieren Sie IntelliTrace:

1. Wählen Sie in Visual Studio 2010 Ultimate im Menü *Extras* den Befehl *Optionen*. Klicken Sie im linken Fensterabschnitt auf *IntelliTrace*.
2. Sie aktivieren IntelliTrace mit dem Kontrollkästchen *IntelliTrace aktivieren*. Ist das Kontrollkästchen deaktiviert, ist IntelliTrace ausgeschaltet.
3. Aktivieren Sie bei Bedarf die Aufzeichnung von Aufrufen und Argumentdaten, indem Sie die Optionsschaltfläche *IntelliTrace-Ereignisse und Aufrufinformationen* auswählen.

Einstellen des Speicherorts für die IntelliTrace-Aufzeichnungen

IntelliTrace-Dateien werden auf Festplatte aufgezeichnet, damit sie später ausgewertet werden können. Sie können den Speicherort für Ihre IntelliTrace-Dateien folgendermaßen auswählen:

1. Wählen Sie in Visual Studio 2010 Ultimate im Menü *Extras* den Befehl *Optionen*. Klicken Sie im linken Fensterabschnitt auf *IntelliTrace* und dann auf *Erweitert*.
2. Klicken Sie auf die Schaltfläche *Durchsuchen* und wählen Sie einen Ordner als Speicherort für die IntelliTrace-Dateien aus.
3. Sie können auch die maximale Größe für IntelliTrace-Dateien festlegen, indem Sie im Dropdownfeld in diesem Fensterabschnitt einstellen, wie viel Festplattenplatz höchstens belegt werden darf.

   Wenn Sie die Aufzeichnung von Aufrufen und Argumentdaten aktivieren, brauchen Sie wahrscheinlich mehr Festplattenplatz für Ihre IntelliTrace-Datei. Passen Sie die Größe in diesem Fall entsprechend an.

Auswählen, welche IntelliTrace-Ereignisse aufgezeichnet werden

Sie können flexibel konfigurieren, welche Arten von Ereignissen IntelliTrace aufzeichnet. Sie haben die Wahl, ob Sie alle verfügbaren Ereignisse aufzeichnen oder IntelliTrace anweisen, nur die Ereignisse aufzuzeichnen, an denen Sie interessiert sind.

So konfigurieren Sie, welche Ereignisse IntelliTrace aufzeichnet:

1. Wählen Sie in Visual Studio 2010 Ultimate im Menü *Extras* den Befehl *Optionen*. Klicken Sie im linken Fensterabschnitt auf *IntelliTrace* und dann auf *IntelliTrace-Ereignisse*.
2. Im Fensterabschnitt *IntelliTrace-Ereignisse* sehen Sie eine Liste der Ereignistypen, die aufgezeichnet werden. Sie zeichnen einen Ereignistyp auf, indem Sie das zugehörige Kontrollkästchen neben dem Ereignistyp aktivieren. Beachten Sie, dass Sie auch Teilmengen dieser Ereignisse aufzeichnen können. Wenn Sie den Knoten eines Ereignistyps mit der Pfeilschaltfläche aufklappen, bekommen Sie eine Liste mit Ereignisuntertypen angezeigt, die Sie wiederum aktivieren oder deaktivieren können.
3. Sie können auf die Schaltfläche *Wiederherstellen* klicken, um die Standardeinstellungen wiederherzustellen.

Anzeigen von IntelliTrace-Ereignissen im Debugmodus

Sie können sich IntelliTrace-Ereignisse und Aufrufe, die für Ihre Anwendung wichtig sind, im Fenster *IntelliTrace* ansehen. Dieses Fenster können Sie zwar jederzeit im Debugmodus öffnen, aber IntelliTrace-Ereignisse werden nur angezeigt, während das Programm angehalten ist.

So zeigen Sie IntelliTrace-Ereignisse an:

1. Wählen Sie, während die Anwendung ausgeführt wird, im Menü *Debuggen* den Eintrag *IntelliTrace* und dann *IntelliTrace-Ereignisse*. Wenn Sie Aufruf- und Argumentdaten aufzeichnen, können Sie dieses Fenster auch öffnen, indem Sie den Befehl *Aufrufe von IntelliTrace* wählen.

2. Klicken Sie im Fenster *IntelliTrace* auf *Alle unterbrechen*, um die Anwendungsausführung zu unterbrechen. Nun werden IntelliTrace-Ereignisse im *IntelliTrace*-Fenster angezeigt. Wenn Sie ein IntelliTrace-Ereignis anklicken, wird im Codefenster der Code markiert, der die Quelle des Ereignisses ist.

Filtern von IntelliTrace-Ereignissen

Wenn Sie sich IntelliTrace-Ereignisse ansehen, können Sie folgendermaßen filtern, welche Ereignistypen angezeigt werden:

1. Wenn Sie im *IntelliTrace*-Fenster nach dem Ereignistyp filtern wollen, brauchen Sie nur die gewünschte Kategorie in der linken Dropdownliste auszuwählen.
2. Sie können auch nach dem Thread filtern, aus dem ein Ereignis stammt. Wählen Sie dazu in der rechten Dropdownliste den gewünschten Thread aus.
3. Um nach dem Namen eines Ereignisses zu suchen, brauchen Sie nur den gewünschten Text in das Suchfeld einzugeben. Daraufhin werden automatisch die entsprechenden Ereignisse angezeigt.

Öffnen einer IntelliTrace-Datei

Sie können sich IntelliTrace-Daten nicht nur im Unterbrechungsmodus ansehen, sondern auch die IntelliTrace-Daten aus älteren Anwendungsläufen untersuchen. Dazu öffnen Sie die aufgezeichnete IntelliTrace-Datei. Wechseln Sie in den Speicherort der IntelliTrace-Datei und klicken Sie doppelt auf die *.iTrace*-Datei. Die IntelliTrace-Daten werden nun im IntelliTrace-Fenster geöffnet. Sie können diese Informationen ansehen und filtern, genauso wie im Unterbrechungsmodus einer Anwendung.

Verwenden von *PresentationTraceSources*

`PresentationTraceSources` ist eine statische Klasse, die einen Satz vordefinierter Ablaufverfolgungsquellen (trace source) verfügbar macht. Diese Ablaufverfolgungsquellen sind in der Lage, Informationen über die Ausführung einer Anwendung auszugeben. Ablaufverfolgungsquellen können so konfiguriert werden, dass sie Informationen unterschiedlicher Stufen ausgeben. Sie können eine Ablaufverfolgungsquelle auch mithilfe eines Schalters ein- und ausschalten. Sie können Trace-Listener verknüpfen, um Ablaufverfolgungsinformationen in vielen unterschiedlichen Formaten aufzuzeichnen. Sie können `PresentationTraceSources` entweder im Programmcode oder in der Datei *app.config* konfigurieren.

WPF-Ablaufverfolgungsquellen

`PresentationTraceSources` verwaltet elf Ablaufverfolgungsquellen, die jeweils Informationen über einen bestimmten Funktionsbereich ausgeben. Zum Beispiel gibt `AnimationSource` Informationen über Animationen aus, die in Ihrer Anwendung ausgeführt werden. Tabelle 11.3 beschreibt die in `PresentationTraceSources` verfügbaren Ablaufverfolgungsquellen.

Im Programmcode verwenden Sie den Namen der Ablaufverfolgungsquelle. Wenn Sie dagegen die Ablaufverfolgungsquelle in der Datei *app.config* konfigurieren, verwenden Sie den Namespace. Beide Fälle werden weiter unten in diesem Kapitel ausführlich beschrieben.

Tabelle 11.3 Ablaufverfolgungsquellen in `PresentationTraceSources`

Name der Ablaufverfolgungsquelle	Namespace	Beschreibung
`AnimationSource`	`System.Windows.Media.Animation`	Schreibt Informationen über Ereignisse aus dem Bereich Animationen.
`DataBindingSource`	`System.Windows.Data`	Schreibt Informationen über Ereignisse aus dem Bereich Datenbindung.
`DependencyPropertySource`	`System.Windows.DependencyProperty`	Schreibt Informationen über Ereignisse aus dem Bereich Abhängigkeitseigenschaften.
`DocumentsSource`	`System.Windows.Documents`	Schreibt Informationen über Ereignisse aus dem Bereich Dokumente.
`FreezableSource`	`System.Windows.Freezable`	Schreibt Informationen über Ereignisse aus dem Bereich Freezable-Objekte.
`HwndHostSource`	`System.Windows.Interop`	Schreibt Informationen über Ereignisse aus dem Bereich Hwnd-Hosts.
`MarkupSource`	`System.Windows.Markup`	Schreibt Informationen, wenn XAML oder BAML geladen wird.
`NameScopeSource`	`System.Windows.NameScope`	Schreibt Informationen, wenn ein Name registriert wird.
`ResourceDictionarySource`	`System.Windows.ResourceDictionary`	Schreibt Informationen über Ereignisse aus dem Bereich logische Ressourcen.
`RoutedEventSource`	`System.Windows.RoutedEvent`	Schreibt Informationen über Ereignisse aus dem Bereich Routingereignisse.
`ShellSource`	`System.Windows.Shell`	Schreibt Informationen über Ereignisse aus dem Bereich Shelloperationen.

Aktivieren von *PresentationTraceSources*

In der Standardeinstellung ist `PresentationTraceSources` deaktiviert. Sie aktivieren die Ablaufverfolgung mit diesen Quellen, indem Sie folgendermaßen die Methode `PresentationTraceSources.Refresh` aufrufen:

' Visual Basic

```
PresentationTraceSources.Refresh()
```

// C#

```
PresentationTraceSources.Refresh();
```

Konfigurieren von *PresentationTraceSources* in der Datei *app.config*

Am häufigsten wird `PresentationTraceSources` in der Datei *app.config* konfiguriert. Im Knoten `<system.diagnostics>` dieser XML-Datei konfigurieren Sie die Ablaufverfolgungsquellen für `PresentationTraceSources`. Der Knoten `<system.diagnostics>` hat drei wichtige Unterknoten: `<sources>`, `<switches>` und `<sharedListeners>`. In diesen Unterknoten konfigurieren Sie `PresentationTraceSources`, Ablaufverfolgungsschalter und Trace-Listener.

Wenn Sie `PresentationTraceSources` über die Datei *app.config* konfigurieren, besteht der erste Schritt darin, eine solche Datei zu Ihrer Anwendung hinzuzufügen:

1. Wählen Sie im Menü *Projekt* den Befehl *Neues Element hinzufügen*. Daraufhin öffnet sich das Dialogfeld *Neues Element hinzufügen*.
2. Wählen Sie im linken Fensterabschnitt den Knoten *Allgemein* aus. Wählen Sie im mittleren Fensterabschnitt *Anwendungskonfigurationsdatei* aus und klicken Sie auf *Hinzufügen*. Nun wird eine neue *app.config*-Datei zu Ihrem Projekt hinzugefügt.

Sie konfigurieren `PresentationTraceSources` im Knoten `<sources>` der Datei *app.config*. Sie können eine neue Quelle hinzufügen, indem Sie einen `<source>`-Knoten einfügen, der zwei Attribute festlegt: Das Attribut `name` gibt den Namespace für die `PresentationTraceSources`-Ablaufverfolgungsquelle an, die hinzugefügt wird (Tabelle 11.2 weiter oben in dieser Lektion listet die Namespaces auf); und das Attribut `switchName` legt den Namen des Schalters fest, der diese Ablaufverfolgungsquelle steuert. (Weiter unten wird genauer erklärt, wie Sie einen Ablaufverfolgungsschalter konfigurieren.) Jeder `<source>`-Knoten enthält außerdem einen Unterknoten namens `<listeners>`. Hier tragen Sie Trace-Listener ein, denen die Ausgabe der Ablaufverfolgungsquellen übergeben wird.

Sie aktivieren eine Ablaufverfolgungsquelle, indem Sie einen Eintrag im Knoten `<sources>` der Datei *app.config* erstellen. Geben Sie darin Werte für die Attribute `name` und `switchName` an. Das folgende Beispiel zeigt, wie Sie die Ablaufverfolgungsquelle `System.Windows.Media.Animation` mit dem Schalternamen `mySwitch` aktivieren.

```
<source name="System.Windows.Media.Animation" switchName="mySwitch" >
</source>
```

In diesem Beispiel haben Sie eine neue Ablaufverfolgungsquelle zur Konfigurationsdatei hinzugefügt, Sie sehen aber noch keinen Unterschied bei der Ablaufverfolgung für Ihre Anwendung. Sie müssen erst einen Schalter hinzufügen, um die Ebene der empfangenen Ablaufverfolgungsinformationen festzulegen, und einen oder mehr Listener angeben, um die Ablaufverfolgungsausgaben aufzuzeichnen.

Sie fügen einen Ablaufverfolgungsschalter hinzu, indem Sie einen Eintrag im Knoten `<switches>` erstellen, der den Schalternamen und die Ebene angibt:

```
<switches>
  <add name="mySwitch" value="All" />
</switches>
```

Indem Sie einen neuen Schalter mit dem Namen einfügen, der dem Schalternamen aus dem `<source>`-Knoten entspricht, verknüpfen Sie diesen Ablaufverfolgungsschalter automatisch mit der Quelle. Mögliche Werte für das Attribut `value` sind `Off`, um die Ablaufverfolgung zu deaktivieren; `Warning`, um nur Warnungen und Fehler auszugeben; `Activity`, um Informationen über Aktivitäten auszugeben; `Verbose`, um ausführliche Informationen auszugeben; und `All`, um alle Ablaufverfolgungsinformationen dieser Quelle auszugeben.

Selbst nachdem Sie eine Ablaufverfolgungsquelle zur Datei *app.config* hinzugefügt und mit einem aktiven Ablaufverfolgungsschalter verknüpft haben, bekommen Sie unmittelbar noch keine Ausgaben von dieser Ablaufverfolgungsquelle. Sie müssen erst einen Listener erstellen und verknüpfen, der die Ausgaben empfängt und verarbeitet. Es gibt drei Arten von Trace-Listenern: Konsolen-Listener leiten Ablaufverfolgungsausgaben in das Ausgabefenster um, Text-Listener schreiben die Ablaufverfolgungsausgaben in eine Textdatei und XML-Listener schreiben die Ablaufverfolgungsausgaben in eine XML-Datei.

Sie fügen einen Trace-Listener hinzu, indem Sie einen neuen `<add>`-Knoten im Knoten `<sharedListeners>` der Datei *app.config* anlegen. In diesem Knoten müssen Sie mit dem Attribut `name` den Namen des Listeners angeben, mit dem Attribut `type` den .NET Framework-Typ, von dem für den Listener ein Objekt angelegt werden soll, und mit dem Attribut `initializeData` den Standarddateinamen für Text- und XML-Listener beziehungsweise den Wert `False` für Konsolen-Listener.

Wenn Sie einen neuen Listener angegeben haben, müssen Sie ihn mit einer oder mehreren Quellen verknüpfen, damit Sie Ausgaben erhalten. Sie verknüpfen einen Listener mit einer Ablaufverfolgungsquelle, indem Sie einen `<add>`-Knoten im `<listeners>`-Knoten des `<source>`-Knotens einfügen. Dieser `<add>`-Knoten muss den Namen des Listeners im Attribut `name` angeben.

So fügen Sie einen Trace-Listener hinzu:

1. Fügen Sie einen Knoten für den neuen Listener in den Knoten `<sharedListeners>` ein. Das folgende Beispiel zeigt Knoten für einen Konsolen-Listener, einen Text-Listener und einen XML-Listener:

```
<sharedListeners>
  <!-- Dieser Listener sendet Ausgaben in die Konsole -->
  <add name="console"
       type="System.Diagnostics.ConsoleTraceListener"
       initializeData="false"/>
  <!-- Dieser Listener sendet Ausgaben in die XML-Datei xmlTrace.xml -->
  <add name="xmlListener"
       type="System.Diagnostics.XmlWriterTraceListener"
       traceOutputOptions="None"
       initializeData="xmlTrace.xml" />
  <!-- Dieser Listener sendet Ausgaben in die Datei textTrace.txt -->
  <add name="textListener"
       type="System.Diagnostics.TextWriterTraceListener"
       initializeData="textTrace.txt" />
</sharedListeners>
```

2. Setzen Sie `autoflush` auf den Wert `true`, um die Ausgaben des Trace-Listeners automatisch ins Ziel zu schreiben. Fügen Sie dazu einen `<trace>`-Knoten in den Knoten `<system.diagnostics>` ein, der das Attribut `autoflush` auf `true` setzt:

```
<trace autoflush="true" ></trace>
```

3. Fügen Sie einen `<listeners>`-Knoten, der den Trace-Listener angibt, in den `<source>`-Knoten ein, den Sie mit dem Listener verknüpfen wollen. Das folgende Beispiel zeigt, wie Sie die Ablaufverfolgungsquelle `System.Windows.Media.Animation` mit dem in Schritt 1 definierten Text-Listener verknüpfen:

```
<source name="System.Windows.Media.Animation" switchName="mySwitch" >
  <listeners>
    <add name="textListener" />
  </listeners>
</source>
```

Konfigurieren von *PresentationTraceSources* im Programmcode

Sie müssen nicht die Datei *app.config* verwenden, um `PresentationTraceSources` zu konfigurieren. Das ist auch vom Programmcode aus möglich. Ablaufverfolgungsquellen aus `PresentationTraceSources` werden mit einem Ablaufverfolgungsschalter initialisiert, aber Sie müssen trotzdem die Ablaufverfolgungsebene für diesen Schalter einstellen und einen Trace-Listener hinzufügen, damit Sie Ausgaben empfangen können.

Sie legen die Ablaufverfolgungsebene fest, indem Sie der Eigenschaft `Level` der Eigenschaft `Switch` der Ablaufverfolgungsquelle, die Sie konfigurieren wollen, den gewünschten Wert zuweisen:

' Visual Basic

```
PresentationTraceSources.AnimationSource.Switch.Level = SourceLevels.All
```

// C#

```
PresentationTraceSources.AnimationSource.Switch.Level = SourceLevels.All;
```

So fügen Sie einen Trace-Listener hinzu:

1. Legen Sie eine Instanz des Trace-Listeners an:

   ' Visual Basic

   ```
   Dim listener As TextWriterTraceListener
   Dim myFile As System.IO.Stream = System.IO.File.Create("trace.txt")
   listener = New TextWriterTraceListener(myFile)
   ```

   // C#

   ```
   TextWriterTraceListener listener;
   System.IO.Stream myFile = System.IO.File.Create("trace.txt");
   listener = new TextWriterTraceListener(myFile);
   ```

2. Fügen Sie den Listener zur Auflistung `Listeners` der Ablaufverfolgungsquelle hinzu:

   ' Visual Basic

   ```
   PresentationTraceSources.AnimationSource.Listeners.Add(listener)
   ```

   // C#

   ```
   PresentationTraceSources.AnimationSource.Listeners.Add(listener);
   ```

Übung Verwenden von *PresentationTraceSources*

In dieser Übung arbeiten Sie mit `PresentationTraceSources`. Sie legen dabei im Programmcode die Ablaufverfolgungsebene für eine Ablaufverfolgungsquelle fest, erstellen einen neuen Text-Listener dafür, verknüpfen die beiden und untersuchen schließlich die Ablaufverfolgungsausgaben.

Übung Verwenden von *PresentationTraceSources*

1. Öffnen Sie die Lösung aus dem Unterverzeichnis *Partial* zu dieser Lektion.

   Dies ist eine fertige Anwendung aus der letzten Lektion. Sie verfolgen die Routingereignisse in dieser Anwendung.

2. Öffnen Sie in Visual Studio das Codefenster für `AutomationWindow`.

3. Rufen Sie im Konstruktor von `AutomationWindow` (C#) beziehungsweise im Ereignishandler `AutomationWindow_Loaded` (Visual Basic) die Methode `PresentationTraceSources.Refresh` auf. In C# sollten Sie diesen Aufruf hinter dem Aufruf von `InitializeComponent()` einfügen.

' Visual Basic

```
PresentationTraceSources.Refresh()
```

// C#

```
PresentationTraceSources.Refresh();
```

4. Fügen Sie nach dem Code aus Schritt 3 den folgenden Code ein, um einen neuen Text-Listener zu erstellen:

' Visual Basic

```
Dim listener As TextWriterTraceListener
Dim myFile As System.IO.Stream = System.IO.File.Create("trace.txt")
listener = New TextWriterTraceListener(myFile)
```

// C#

```
TextWriterTraceListener listener;
System.IO.Stream myFile = System.IO.File.Create("trace.txt");
listener = new TextWriterTraceListener(myFile);
```

5. Fügen Sie nach dem Code aus Schritt 4 den folgenden Code ein, um die Ablaufverfolgungsebene auf `All` zu setzen. Es werden dann alle Ereignisse dieser Ablaufverfolgungsquelle ausgegeben.

' Visual Basic

```
PresentationTraceSources.RoutedEventSource.Switch.Level = SourceLevels.All
```

// C#

```
PresentationTraceSources.RoutedEventSource.Switch.Level = SourceLevels.All;
```

6. Fügen Sie zuletzt hinter der Codezeile aus Schritt 5 die folgende Codezeile ein, um den Text-Listener zur Auflistung `Listeners` von `RoutedEventSource` hinzuzufügen:

' Visual Basic

```
PresentationTraceSources.RoutedEventSource.Listeners.Add(listener)
```

// C#

```
PresentationTraceSources.RoutedEventSource.Listeners.Add(listener);
```

7. Drücken Sie F5, um die Anwendung zu erstellen und auszuführen. Klicken Sie nacheinander auf die Schaltflächen in `AutomationWindow` und schließen Sie dann die Anwendung. Beachten Sie, dass Sie beide Fenster schließen müssen, um die Anwendung zu beenden.

8. Klicken Sie in Visual Studio im Projektmappen-Explorer auf das Symbol *Alle Dateien anzeigen*. Klappen Sie die Knoten *bin* und dann *Debug* auf und klicken Sie doppelt auf *trace.txt*. Daraufhin öffnet sich die neue Ablaufverfolgungsdatei. Wie Sie sehen, wurde jedes Routingereignis aufgezeichnet, das während der kurzen Ausführung der Anwendung ausgelöst wurde. Wahrscheinlich war Ihnen nicht bei allen klar, dass sie überhaupt aufgetreten sind. Indem Sie andere Werte für die Eigenschaft `Switch.Level` einstellen, können Sie filtern, wie umfangreich die Daten sind, die eine Ablaufverfolgungsquelle liefert.

Zusammenfassung der Lektion

- Mithilfe von IntelliTrace können Sie Ablaufverfolgungsinformationen ansehen, die automatisch von Ihrer Anwendung aufgezeichnet werden. Sie können IntelliTrace-Daten filtern, um sich auf bestimmte Ablaufverfolgungsereignisse zu konzentrieren. Sie können außerdem für eine spätere Auswertung in *.iTrace*-Dateien gespeichert werden.
- `PresentationTraceSources` ist eine statische Klasse, die mehrere vorkonfigurierte Ablaufverfolgungsquellen zur Verfügung stellt. Diese Ablaufverfolgungsquellen geben Informationen über WPF-Anwendungen aus.
- Sie können sich die Informationen, die von einer Ablaufverfolgungsquelle ausgegeben werden, ansehen, indem Sie einen oder mehrere Listener mit der Ablaufverfolgungsquelle verknüpfen und den zugehörigen Ablaufverfolgungsschalter aktivieren. Setzen Sie dazu die Ablaufverfolgungsebene auf einen anderen Wert als `Off`.
- Sie können Ablaufverfolgungsquellen entweder in der Datei *app.config* oder direkt im Code konfigurieren.

Lernzielkontrolle

Mit den folgenden Fragen können Sie Ihr Wissen zu den Informationen aus Lektion 2, »Debuggen mit IntelliTrace und `PresentationTraceSources`«, überprüfen. Die Fragen finden Sie (in englischer Sprache) auch auf der Begleit-CD, Sie können sie also auch auf dem Computer im Rahmen eines Übungstests beantworten.

Hinweis Die Antworten

Die Antworten auf diese Fragen mit Erklärungen, warum die jeweiligen Auswahlmöglichkeiten richtig oder falsch sind, finden Sie im Abschnitt »Antworten« am Ende dieses Buchs.

1. Was müssen Sie tun, um sich IntelliTrace-Daten anzusehen? (Wählen Sie alle zutreffenden Antworten aus.)

   A. Sie müssen in Visual Studio die IntelliTrace-Datenaufzeichnung aktivieren.

   B. Sie müssen Dateigröße und -speicherort festlegen.

   C. Sie müssen das *IntelliTrace*-Fenster öffnen.

   D. Sie müssen Visual Studio 2010 Ultimate verwenden.

2. Sie wollen die Ablaufverfolgungsquelle `AnimationSource` so konfigurieren, dass ihre Ausgaben in einen Text-Listener geschrieben werden. Welche zwei der folgenden XML-Ausschnitte fügen Sie zu den entsprechenden Knoten der Datei *app.config* hinzu? Sie können voraussetzen, dass alle Ablaufverfolgungsschalter passend eingestellt wurden. (Wählen Sie zwei Antworten aus.)

   A.

```
<source name="System.Windows.Media.Animation" switchName="mySwitch" >
  <listeners>
    <add name="myListener" />
  </listeners>
</source>
```

B.

```
<sharedListeners>
     <add name="myListener"
     type="System.Diagnostics.XmlWriterTraceListener"
     initializeData="myTrace.xml" />
</sharedListeners>
```

C.

```
<sharedListeners>
     <add name="myListener"
     type="System.Diagnostics.TextWriterTraceListener"
     initializeData="myTrace.txt" />
</sharedListeners>
```

D.

```
<source name="System.Windows.Media.Animation" switchName="mySwitch" >
  <listeners>
    <add name="textListener" />
  </listeners>
</source>
```

Übung mit Fallbeispiel

In der folgenden Übung mit Fallbeispiel wenden Sie an, was Sie über das Testen und Debuggen von WPF-Anwendungen gelernt haben. Die Lösungen zu den Fragen finden Sie im Abschnitt »Antworten« hinten in diesem Buch.

Übung mit Fallbeispiel: Drama beim Debuggen

Aufgrund der enormen Nachfrage nach Ihrer neuen WPF-Anwendung wurde der Fertigstellungstermin einige Monate vorgezogen, und jetzt sitzen Sie vor einer Betaversion, die noch voller Bugs ist. Die meisten der simplen Bugs wurden beseitigt, aber etliche harte Nüsse sind noch zu knacken. Darunter sind auch einige Fehler, die sich nur schwer reproduzieren lassen. Außerdem sind viele Mitarbeiter Ihrer Testabteilung vor allem mit Windows Forms-Anwendungen vertraut, sie hatten noch nicht viel mit WPF zu tun. Vor allem das Debuggen der Datenbindung stellt sie vor große Probleme.

Beantworten Sie Ihrem Manager folgende Fragen:

1. Welche allgemeinen Strategien können Sie nutzen, um die Beseitigung der letzten problematischen Bugs zu beschleunigen?
2. Stehen irgendwelche Tools zur Verfügung, die dabei helfen, Datenbindungsfehler aufzuspüren und zu beseitigen?

Vorgeschlagene Übungen

Sie sollten die folgenden Aufgaben durcharbeiten, wenn Sie die in diesem Kapitel behandelten Prüfungsziele meistern wollen.

- **Übung 1** Ändern Sie die Projektmappe aus Lektion 2, »Debuggen mit IntelliTrace und `PresentationTraceSources`«, so, dass sie Ablaufverfolgungsausgaben von mehreren Trace-Listenern empfängt, aber nur Warnungen und Fehler schreibt. Ändern Sie die Anwendung dann so, dass sie Fehler auslöst, und sehen Sie sich die Ablaufverfolgungsausgaben an.
- **Übung 2** Testen Sie die Benutzeroberfläche der Anwendungen aus vorherigen Kapiteln, indem Sie eine Anwendung erstellen, die mithilfe von Automatisierung auf alle Steuerelemente der fertigen Anwendungen zugreift.

Machen Sie einen Übungstest

Die Übungstests (in englischer Sprache) auf der Begleit-CD zu diesem Buch bieten zahlreiche Möglichkeiten. Zum Beispiel können Sie einen Test machen, der ausschließlich die Themen aus einem Prüfungslernziel behandelt, oder Sie können sich selbst mit dem gesamten Inhalt der Prüfung 70-511 testen. Sie können den Test so konfigurieren, dass er dem Ablauf einer echten Prüfung entspricht, oder Sie können einen Lernmodus verwenden, in dem Sie sich nach dem Beantworten einer Frage jeweils sofort die richtige Antwort und Erklärungen ansehen können.

Weitere Informationen Übungstests

Einzelheiten zu allen Optionen, die bei den Übungstests zur Verfügung stehen, finden Sie im Abschnitt »So benutzen Sie die Übungstests« in der Einführung am Anfang dieses Buchs.

KAPITEL 12

Bereitstellen

Wenn Sie Ihre Anwendung fertig haben, muss sie bei den Nutzern bereitgestellt werden. Microsoft Visual Studio bietet mehrere Möglichkeiten, Ihre Anwendung bereitzustellen. Mit ClickOnce können Sie Ihre Anwendung schnell und einfach bereitstellen, auch eine Möglichkeit für automatische Updates ist vorhanden. Für komplexere Bereitstellungen stellt der Windows Installer eine flexibel konfigurierbare Bereitstellungsumgebung zur Verfügung. In diesem Kapitel erfahren Sie, wie Sie Ihre Anwendungen mithilfe von ClickOnce und Windows Installer bereitstellen.

In diesem Kapitel abgedeckte Prüfungsziele:

- Konfigurieren einer ClickOnce-Bereitstellung
- Erstellen und Konfigurieren eines Windows Installer-Projekts
- Konfigurieren von Sicherheitseinstellungen für die Bereitstellung

Lektionen in diesem Kapitel:

Bevor Sie beginnen

Um die Lektionen in diesem Kapitel durcharbeiten zu können, müssen Sie folgende Vorbereitungen getroffen haben:

- Ihnen steht ein Computer zur Verfügung, der die im Abschnitt »Einführung« am Anfang dieses Buchs aufgelisteten Hardwarevoraussetzungen erfüllt.
- Auf Ihrem Computer ist Microsoft Visual Studio 2010 Professional Edition installiert.
- Sie sind mit der Syntax von Visual Basic oder C# sowie dem Microsoft .NET Framework 4 vertraut.
- Sie besitzen Grundkenntnisse zu XAML.

Praxistipp

Matthew Stoecker

Die Bereitstellung kann den Entwickler vor erhebliche Probleme stellen. Ich selbst fand es früher besonders schwierig, Anwendungen bereitzustellen, die häufig aktualisiert werden müssen. ClickOnce beseitigt dieses Problem. Ich kann damit Anwendungen bereitstellen, die regelmäßig aktualisiert werden. Für komplexe Bereitstellungen bevorzuge ich weiterhin Windows Installer, weil ich dort mehr Kontrolle und Flexibilität über die Bereitstellung haben.

Lektion 1: Erstellen eines Windows-Setupprojekts

ClickOnce bietet eine einfache Bereitstellung für eine Vielzahl von Anwendungen, aber für komplexe Programme brauchen Sie oft eine besser konfigurierbare Umgebung. Mithilfe von *Setupprojekten* erstellen Sie flexibel konfigurierbare Bereitstellungspläne. In dieser Lektion erfahren Sie, wie Sie ein Setupprojekt erstellen.

Am Ende dieser Lektion werden Sie in der Lage sein, die folgenden Aufgaben auszuführen:

- Erstellen eines Setupprojekts für eine Windows Forms-Anwendung
- Einstellen von Eigenschaften in einem Setupprojekt
- Konfigurieren von Setup, damit während der Bereitstellung Symbole hinzugefügt werden
- Konfigurieren einer bedingten Installation abhängig von der Betriebssystemversion
- Konfigurieren eines Setupprojekts zum Bereitstellen von .NET Framework
- Hinzufügen einer benutzerdefinierten Aktion zu einem Setupprojekt
- Hinzufügen von Fehlerbehandlungscode für benutzerdefinierte Aktionen zu einem Setupprojekt

Veranschlagte Zeit für diese Lektion: 45 Minuten

Setupprojekte

Sie können ein Setupprojekt zu einer Projektmappe hinzufügen, um eine Windows Installer-Anwendung für Ihre Projektmappe zu erstellen. Setupprojekte sind flexibel konfigurierbar. Sie können damit Verzeichnisse auf dem Zielcomputer anlegen, Dateien kopieren, die Registrierung bearbeiten und benutzerdefinierte Aktionen während der Installation ausführen. Beim Kompilieren eines Setupprojekts erhalten Sie eine *.msi*-Datei, die einen Setupassistenten für die Anwendung enthält. Die *.msi*-Datei verteilen Sie anschließend auf Datenträger, als Download oder über eine Dateifreigabe. Wenn ein Benutzer die *.msi*-Datei ausführt, startet der Anwendungssetupassistent und installiert die Anwendung.

So fügen Sie ein Setupprojekt zu Ihrer Projektmappe hinzu:

1. Wählen Sie im Menü *Datei* den Eintrag *Hinzufügen* und dann *Neues Projekt*, um das Dialogfeld *Neues Projekt hinzufügen* zu öffnen.
2. Klappen Sie im linken Fensterabschnitt die Zweige *Andere Projekttypen* und dann *Setup und Bereitstellung* auf.
3. Wählen Sie im linken Fensterabschnitt den Knoten *Visual Studio Installer* aus. Wählen Sie im mittleren Fensterabschnitt den Typ *Setup-Projekt* aus und klicken Sie auf *OK*.

Editoren für Setupprojekte

Für ein Setupprojekt stehen sechs Editoren zur Verfügung, mit denen Sie den Inhalt und das Verhalten des Setupprojekts konfigurieren. Diese Editoren sind:

- **Dateisystem** In diesem Editor konfigurieren Sie die Installation Ihrer Anwendung im Dateisystem des Zielcomputers.
- **Registrierung** Hier konfigurieren Sie, welche Einträge bei der Installation in die Registrierung geschrieben werden.

- **Dateitypen** Legt Verknüpfungen zwischen Anwendungen und Dateitypen fest.
- **Benutzeroberfläche** In diesem Editor bearbeiten Sie die Benutzeroberfläche, die während der Installation für Standardbenutzer beziehungsweise Administratoren angezeigt wird.
- **Benutzerdefinierte Aktionen** Hier definieren Sie, welche benutzerdefinierten Aktionen während der Installation ausgeführt werden.
- **Startbedingungen** In diesem Editor legen Sie fest, welche Bedingungen erfüllt sein müssen, damit die Installation Ihres Setupprojekts gestartet wird.

Sie öffnen alle diese Editoren, indem Sie das Setupprojekt im Projektmappen-Explorer auswählen und dann im Menü *Ansicht* den gewünschten *Editor* wählen.

Hinzufügen von Dateien zu einem Setupprojekt mit dem Dateisystem-Editor

Der Dateisystem-Editor bildet das Dateisystem auf dem Zielcomputer nach. Sie können Ausgabedateien zu verschiedenen Verzeichnissen hinzufügen, neue Verzeichnisse auf dem Zielcomputer erstellen und Verknüpfungen auf dem Zielcomputer anlegen und hinzufügen. Abbildung 12.1 zeigt den Dateisystem-Editor.

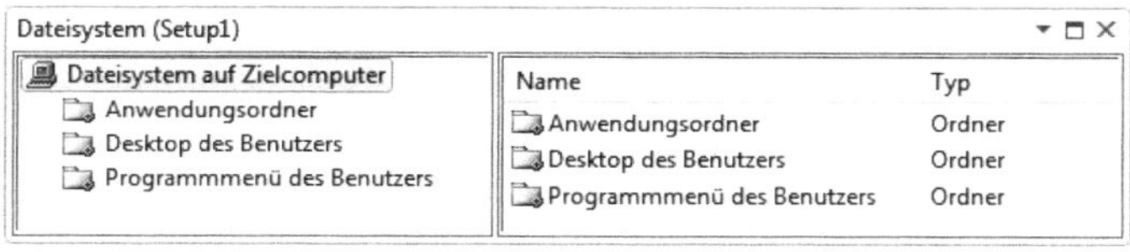

Abbildung 12.1 Der Dateisystem-Editor

Der Dateisystem-Editor ist in zwei Fensterabschnitte unterteilt. Der linke Abschnitt zeigt die Verzeichnisstruktur des Zielcomputers an. Jeder Ordner im linken Fensterabschnitt steht für einen Ordner auf dem Zielcomputer, der bereits vorhanden ist oder von der Setupanwendung angelegt wird. Der rechte Fensterabschnitt zeigt den Inhalt des Verzeichnisses an, der im linken Fensterabschnitt ausgewählt ist. Anfangs zeigt der Dateisystem-Editor drei Ordner an: *Anwendungsordner*, *Desktop des Benutzers* und *Programmmenü des Benutzers*. Sie ändern den Ordner für eine bestimmte Datei, indem Sie die Datei im rechten Fensterabschnitt auswählen und in den gewünschten Ordner ziehen.

Bei Bedarf können Sie Ordner zum Dateisystem-Editor hinzufügen. Klicken Sie dazu mit der rechten Maustaste in den linken Fensterabschnitt und wählen Sie den Eintrag *Speziellen Ordner hinzufügen*. Mit den Befehlen in diesem Untermenü können Sie einen speziellen Ordner zum Dateisystem-Editor hinzufügen oder benutzerdefinierte Ordner anlegen. Wenn Sie einen benutzerdefinierten Ordner erstellen, wird er bei der Installation im Dateisystem des Zielcomputers angelegt.

So fügen Sie Ausgaben eines Projekts zu einem Setupprojekt hinzu:

1. Klicken Sie im linken Fensterabschnitt des Dateisystem-Editors mit der rechten Maustaste auf *Anwendungsordner*, wählen Sie *Hinzufügen* und dann *Projektausgabe*. Es öffnet sich das Dialogfeld *Projektausgabegruppe hinzufügen* (Abbildung 12.2).
2. Wählen Sie die Projektausgaben aus, die Sie zu Ihrem Setupprojekt hinzufügen wollen. Alle *.exe*- und *.dll*-Dateien, die vom Projekt erstellt werden, sind in der Kategorie *Primäre Ausgabe* enthalten. Sie können auch andere Projektdateien zu Ihrem Setupprojekt

hinzufügen, beispielsweise lokalisierte Ressourcen, Inhaltsdateien oder Dokumentationsdateien, aber auch Debugsymbole, Quelldateien oder XML-Serialisierungsassemblys. Klicken Sie auf *OK*, wenn Sie die Ausgaben ausgewählt haben, die Sie zum Ordner hinzufügen wollen.

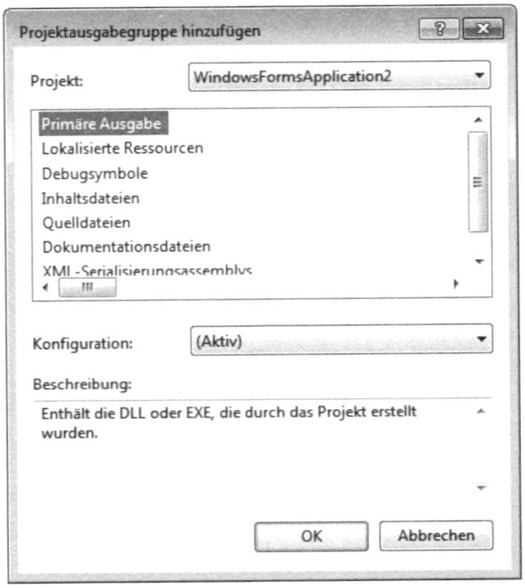

Abbildung 12.2 Das Dialogfeld *Projektausgabegruppe hinzufügen*

So erstellen Sie eine Verknüpfung, die auf dem Zielcomputer hinzugefügt wird:

1. Klicken Sie im rechten Fensterabschnitt des Dateisystem-Editors mit der rechten Maustaste auf die Datei, für die Sie eine Verknüpfung erstellen wollen, und wählen Sie den Befehl *Verknüpfung erstellen*. Daraufhin wird eine Verknüpfung mit der Datei erstellt und zum Fensterabschnitt hinzugefügt.
2. Ziehen Sie die Verknüpfung aus dem rechten Fensterabschnitt in den gewünschten Ordner im linken Fensterabschnitt.

Hinzufügen eines Symbols während des Setups

Sie können Ihrer Anwendung im Dateisystem-Editor ein Symbol zuordnen, das bei der Installation hinzugefügt wird. Verknüpfungen zu Ihrer Anwendung werden mit dem so angegebenen Symbol angezeigt.

So verknüpfen Sie beim Setup ein Symbol mit einer Anwendung:

1. Klicken Sie im Dateisystem-Editor mit der rechten Maustaste auf einen Ordner, wählen Sie den Eintrag *Hinzufügen* und dann *Datei*. Das Dialogfeld *Dateien hinzufügen* wird geöffnet.
2. Suchen Sie die *.ico*-Datei aus, die Sie für eine Verknüpfung verwenden wollen, und klicken Sie auf *Öffnen*, um sie zu Ihrem Setupprojekt hinzuzufügen.
3. Erstellen Sie eine Verknüpfung zu Ihrer Anwendung, wie bereits beschrieben.
4. Wählen Sie im Dateisystem-Editor die Verknüpfung aus.

5. Wählen Sie im Eigenschaftenfenster die Eigenschaft `Icon` aus und wählen Sie in der Dropdownliste den Eintrag *(Durchsuchen...)* aus. Suchen Sie das Symbol, das Sie mit Ihrer Anwendung verknüpfen wollen.
6. Wählen Sie das Symbol aus und klicken Sie auf *OK*.

Konfigurieren einer bedingten Installation abhängig von der Betriebssystemversion

Über die Systemeigenschaft `VersionNT` können Sie feststellen, auf welchem Betriebssystem die Installation ausgeführt wird, und Installationsbedingungen definieren, die abhängig von der Betriebssystemversion steuern, ob die Installation fortgesetzt oder abgebrochen wird.

Die Eigenschaft `VersionNT` ist ein Integerwert, der nach folgender Formel berechnet wird: Hauptversion * 100 + Nebenversion. Microsoft Windows 2000 meldet also den `VersionNT`-Wert 500 oder höher, abhängig von der Nebenversion.

Gehen Sie folgendermaßen vor, um eine bedingte Installation abhängig von der Betriebssystemversion zu konfigurieren:

1. Wählen Sie im Dateisystem-Editor die Datei mit der primären Ausgabe Ihrer Anwendung aus.
2. Wählen Sie im Eigenschaftenfenster die Eigenschaft `Condition` aus und geben Sie eine Bedingung ein, die das Betriebssystem anhand der oben beschriebenen Formel berechnet. Wenn Sie die Installation beispielsweise auf Windows 2000 oder neuer beschränken wollen, geben Sie die Bedingung `VersionNT>=500` ein.

Einstellen der Setupprojekteigenschaften

Die Eigenschaften des Setupprojekts liefern Informationen über Ihr Projekt und legen Aktionen für die verschiedenen Versionen Ihres Projekts fest. Sie stellen die Setupprojekteigenschaften im Eigenschaftenfenster ein. Viele Setupprojekteigenschaften zeigen aussagekräftige Informationen über Ihre Anwendung an. Wichtige Eigenschaften sind:

- **AddRemoveProgramsIcon** Legt ein Symbol für das Dialogfeld *Programme hinzufügen/entfernen* auf dem Clientcomputer fest.
- **Author** Enthält Informationen über den Autor des Programms.
- **Description** Enthält eine Beschreibung der Anwendung.
- **Keywords** Enthält Schlüsselwörter für die Anwendung.
- **Localization** Stellt Gebietsschemadaten für Ihre Anwendung bereit.
- **Manufacturer** Enthält Informationen über den Hersteller der Anwendung. Üblicherweise wird dieser Wert benutzt, um den Standardinstallationsordner innerhalb des *Programme*-Ordners festzulegen.
- **ManufacturerURL** Enthält die URL für die Website des Herstellers.
- **ProductName** Enthält den Namen des Produkts.
- **Subject** Enthält Informationen über die Aufgabe der Anwendung.
- **SupportPhone** Eine Telefonnummer des Supports für die Anwendung.
- **SupportURL** Enthält die URL des Supports für die Anwendung.
- **TargetPlatform** Gibt die Zielplattform des Installers an: x86, x64 oder Itanium.
- **Title** Enthält den Titel der Anwendung.

Andere Eigenschaften des Setupprojekts steuern sein Verhalten während der Installation. Diese Eigenschaften sind:

- **DetectNewerInstalledVersion** Sucht nach einer neueren Version der Anwendung auf dem Zielcomputer und bricht die Installation ab, falls eine gefunden wird.
- **InstallAllUsers** Legt fest, ob das Paket für alle Benutzer oder nur einen bestimmten Benutzer installiert wird.
- **PostBuildEvent** Eine Befehlszeile, die nach Abschluss der Erstellung ausgeführt wird.
- **PreBuildEvent** Eine Befehlszeile, die ausgeführt wird, bevor die Erstellung beginnt.
- **RemovePreviousVersions** Sucht nach älteren Versionen der Anwendung und deinstalliert sie, falls welche gefunden werden.
- **RunPostBuildEvent** Gibt an, unter welcher Bedingung die Befehlszeile aus `PostBuildEvent` ausgeführt wird. Der Wert ist entweder `On Successful Build` (wenn die Erstellung erfolgreich war) oder `Always` (immer).
- **SearchPath** Gibt den Pfad an, in dem auf dem Entwicklungscomputer nach Assemblys, Dateien oder Mergemodulen gesucht wird.
- **Version** Die Versionsnummer, die bei der Suche nach älteren und neueren Versionen ausgewertet wird.

Daneben gibt es noch zwei weitere Eigenschaften: `ProductCode` und `UpgradeCode`. Sie werden vom Setupprogramm benutzt, sollten aber niemals von Hand geändert werden.

Sie können diese Eigenschaften während des Entwurfs ändern, indem Sie das Projekt im Projektmappen-Explorer auswählen und dann die gewünschte Eigenschaft im Eigenschaftenfenster bearbeiten.

Bereitstellen des .NET Frameworks mit einem Setupprojekt

Viele Anwendungen, die Sie mit Visual Studio 2010 erstellen, benötigen das .NET Framework 4. Wenn Sie nicht sicher sind, dass die Bereitstellungsumgebung Ihrer Anwendungen diese Voraussetzung erfüllt, können Sie Ihr Setupprojekt so konfigurieren, dass es die benötigten Komponenten, beispielsweise das .NET Framework, selbst installiert. Das .NET Framework wird standardmäßig installiert, aber Sie sollten trotzdem sicherstellen, dass diese Einstellung nicht geändert wurde.

So konfigurieren Sie ein Setupprojekt, damit es das .NET Framework bereitstellt:

1. Wählen Sie im Projektmappen-Explorer das Setupprojekt aus.
2. Wählen Sie im Menü *Projekt* den Befehl *Eigenschaften*. Das Dialogfeld *<Projekt>-Eigenschaftenseiten* wird geöffnet.
3. Klicken Sie in diesem Dialogfeld auf *Erforderliche Komponenten*, um das gleichnamige Dialogfeld zu öffnen.
4. Stellen Sie sicher, dass das Kontrollkästchen *Setupprogramm zur Installation erforderlicher Komponenten erstellen* aktiviert ist.
5. Aktivieren Sie in der Liste *Zu installierende erforderliche Komponenten auswählen* das Kontrollkästchen *Microsoft .NET Framework 4 Client Profile (x86 und x64)*.
6. Wählen Sie im Feld *Installationsort für erforderliche Komponenten angeben* die Option *Erforderliche Komponenten von der Website des Komponentenherstellers herunterladen* aus.

7. Klicken Sie auf *OK* und schließen Sie dann das Dialogfeld *<Projekt>-Eigenschaftenseiten*.

Benutzerdefinierte Aktionen

Benutzerdefinierte Aktionen (custom action) sind eine erweiterte Installationstechnik. Im Editor für benutzerdefinierte Aktionen konfigurieren Sie Code, der während der Installation ausgeführt wird. Der Code für benutzerdefinierte Aktionen muss in einer von `Installer` abgeleiteten Klasse enthalten sein. Sie können benutzerdefinierte Aktionen verwenden, um Code beim Auftreten von vier `Installer`-Ereignissen auszuführen: `Install`, `Commit`, `Rollback` oder `Uninstall`. `Install`-Aktionen werden ausgeführt, nachdem die Dateien installiert wurden, aber noch bevor das Commit für die Installation ausgeführt wurde. `Commit`-Aktionen werden ausgeführt, sobald die Installation auf dem Zielcomputer bestätigt wird. `Rollback`-Aktionen werden ausgeführt, wenn eine Installation fehlschlägt und rückgängig gemacht wird. Und `Uninstall`-Aktionen werden ausgeführt, wenn die Anwendung deinstalliert wird. Im Editor *Benutzerdefinierte Aktionen* (Abbildung 12.3) verknüpfen Sie Code mit diesen `Installer`-Ereignissen.

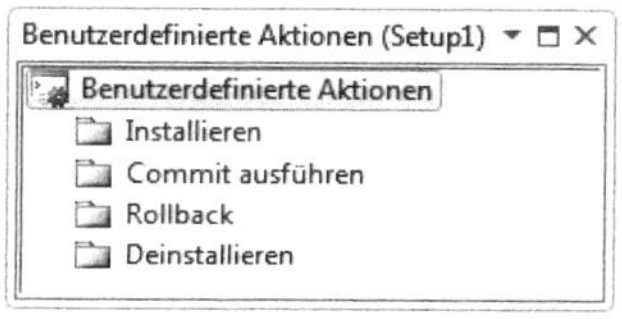

Abbildung 12.3 Der Editor für benutzerdefinierte Aktionen

Sie können im Rahmen einer benutzerdefinierten Aktion beliebigen Code ausführen, solange er in einer von `Installer` abgeleiteten Klasse definiert ist. (Es ist zwar theoretisch möglich, eine benutzerdefinierte Aktion in einer anderen Klasse zu implementieren, aber wir beschränken uns hier auf benutzerdefinierte Aktionen in `Installer`-Klassen.) Im Editor für benutzerdefinierte Aktionen fügen Sie eine neue benutzerdefinierte Aktion hinzu, indem Sie mit der rechten Maustaste auf das Ereignis klicken, in dem Ihre benutzerdefinierte Aktion laufen soll, und im Kontextmenü den Befehl *Benutzerdefinierte Aktion hinzufügen* wählen. Daraufhin öffnet sich das Dialogfeld *Element im Projekt auswählen*, in dem Sie ein Element aus Ihrem Projekt auswählen, das als benutzerdefinierte Aktion verwendet wird. Daraufhin wird eine neue benutzerdefinierte Aktion für das ausgewählte Element zu Ihrem Setupprojekt hinzugefügt.

Das Element, das Sie als benutzerdefinierte Aktion auswählen, funktioniert nur, wenn es eine von `Installer` abgeleitete Klasse enthält. Solche `Installer`-Klassen stellen Methoden wie `Install`, `Rollback`, `Uninstall` und `Commit` bereit, die das Setupprojekt benutzt, um benutzerdefinierte Aktionen auszuführen. Diese Methoden sind in der Basisklasse `Installer` deklariert und müssen in der Klasse überschrieben werden, die Sie von `Installer` ableiten, um darin Ihre benutzerdefinierte Aktion zu implementieren. Das folgende Codebeispiel zeigt, wie Sie die Methode `Install` einer von `Installer` abgeleiteten Klasse überschreiben:

' Visual Basic

```
Public Overrides Sub Install(ByVal stateSaver As System.Collections.IDictionary)
   MyBase.Install(stateSaver)
      ' Code für die benutzerdefinierte Aktion hier einfügen
End Sub
```

// C#

```
public override void Install(System.Collections.IDictionary stateSaver)
{
    base.Install(stateSaver);
    // Code für die benutzerdefinierte Aktion hier einfügen
}
```

Sie können Code für eine oder alle dieser Methoden schreiben, aber der in einer `Installer`-Klasse implementiere Code wird nur ausgeführt, wenn das Projekt, in der sich die Klasse befindet, als benutzerdefinierte Aktion markiert wurde. Beachten Sie, dass Sie die `Installer`-Klasse zu dem Projekt hinzufügen müssen, das Sie bereitstellen, nicht zum Setupprojekt.

Gehen Sie folgendermaßen vor, um eine `Installer`-Klasse zu Ihrem Projekt hinzuzufügen:

1. Wählen Sie im Projektmappen-Explorer das Projekt aus, zu dem Sie die `Installer`-Klasse hinzufügen wollen. Dies muss das Projekt sein, das Sie bereitstellen wollen, nicht das Setupprojekt.
2. Wählen Sie im Menü *Projekt* den Befehl *Neues Element hinzufügen*. Wählen Sie im Dialogfeld *Neues Element hinzufügen* die Vorlage *Installerklasse* aus und klicken Sie auf *Hinzufügen*.

Im Editor für benutzerdefinierte Aktionen konfigurieren Sie eine benutzerdefinierte Aktion, indem Sie die benutzerdefinierte Aktion auswählen und dann die Eigenschaften im Eigenschaftenfenster einstellen. Tabelle 12.1 beschreibt die Eigenschaften von benutzerdefinierten Aktionen.

Tabelle 12.1 Eigenschaften von benutzerdefinierten Aktionen

Eigenschaft	Beschreibung
`(Name)`	Der Name der ausgewählten benutzerdefinierten Aktion.
`Arguments`	Enthält alle benötigten Befehlszeilenargumente, die an die Anwendung übergeben werden, die als benutzerdefinierte Aktion aufgerufen wird. Diese Eigenschaft steht nur zur Verfügung, wenn die benutzerdefinierte Aktion als ausführbare Datei (*.exe*) implementiert ist.
`Condition`	Ein Ausdruck, der ausgewertet wird, um zu entscheiden, ob die benutzerdefinierte Aktion ausgeführt wird. Falls der Ausdruck `True` ist, wird die benutzerdefinierte Aktion ausgeführt. Ist die Anweisung `False`, wird die Aktion nicht ausgeführt. Sie können mit der Eigenschaft `Condition` Eigenschaften auswerten, die in benutzerdefinierten Dialogfeldern ausgewählt wurden.
`CustomActionData`	Übergibt alle zusätzlich benötigten Daten an die benutzerdefinierte Aktion.
`EntryPoint`	Gibt den Namen der Methode an, die für die benutzerdefinierte Aktion ausgeführt wird. Ist diese Eigenschaft leer, versucht die benutzerdefinierte Aktion, eine Methode mit demselben Namen wie das Ereignis aufzurufen, mit dem die benutzerdefinierte Aktion verknüpft ist (zum Beispiel `Install`). Diese Eigenschaft steht nur zur Verfügung, wenn die benutzerdefinierte Aktion als DLL implementiert ist. Sie wird ignoriert, wenn die Eigenschaft `InstallerClass` den Wert `True` hat.

▶

Eigenschaft	Beschreibung
`InstallerClass`	Ein boolescher Wert, der angibt, ob Ihre benutzerdefinierte Aktion in einer `Installer`-Klasse implementiert ist. Diese Eigenschaft muss `True` sein, wenn die benutzerdefinierte Aktion in einer von `Installer` abgeleiteten Klasse implementiert ist. Andernfalls muss sie `False` sein.
`SourcePath`	Enthält den tatsächlichen Pfad für die Datei auf dem Computer des Entwicklers, die die benutzerdefinierte Aktion implementiert. Diese Eigenschaft ist schreibgeschützt.

So erstellen Sie eine benutzerdefinierte Aktion:

1. Schreiben, testen und debuggen Sie den Code für die benutzerdefinierte Aktion, die Sie zu Ihrem Setupprojekt hinzufügen wollen.
2. Fügen Sie eine von `Installer` abgeleitete Klasse zu dem Projekt hinzu, das Sie bereitstellen wollen.
3. Fügen Sie den Code aus Schritt 1 zur passenden überschriebenen Methode (zum Beispiel `Install`, `Rollback`, `Commit` oder `Uninstall`) der `Installer`-Klasse hinzu.
4. Wählen Sie im Projektmappen-Explorer das Setupprojekt aus. Wählen Sie im Menü *Ansicht* den Eintrag *Editor* und dann *Benutzerdefinierte Aktionen*.
5. Klicken Sie mit der rechten Maustaste auf das Installationsereignis, mit dem Sie Ihre benutzerdefinierte Aktion verknüpfen wollen, und wählen Sie den Befehl *Benutzerdefinierte Aktion hinzufügen*. Das Dialogfeld *Element im Projekt auswählen* wird geöffnet.
6. Wählen Sie die Datei aus, die Ihre benutzerdefinierte Aktion implementiert, und klicken Sie auf *OK*.
7. Wählen Sie im Fenster *Benutzerdefinierte Aktionen* die neue benutzerdefinierte Aktion aus. Konfigurieren Sie im Eigenschaftenfenster die Eigenschaften der benutzerdefinierten Aktion.

Behandeln von Fehlern in benutzerdefinierten Aktionen

Windows Installer behandelt zwar die meisten Fehler, die bei einer Bereitstellung auftreten, aber Sie müssen Fehlerbehandlungscode schreiben, um Fehler in benutzerdefinierten Aktionen abzufangen. Weil benutzerdefinierte Aktionen als Code ausgeführt werden, können unvorhersagbare Ergebnisse bei der Installation auftreten, wenn Fehler auftreten, aber nicht behandelt werden. Verwenden Sie `Try/Catch`-Blöcke, um alle Fehler abzufangen und nach Möglichkeit zu korrigieren. Sollte ein Fehler auftreten, der sich nicht sinnvoll behandeln lässt (etwa eine fehlende Datei), sollten Sie eine neue `InstallException`-Ausnahme auslösen. Daraufhin wird die Installation rückgängig gemacht, sodass keine dauerhaften Änderungen am System vorgenommen werden. Das nächste Beispiel zeigt, wie Sie prüfen, ob eine Datei vorhanden ist, und eine neue `InstallException`-Ausnahme auslösen, falls die Datei nicht gefunden wird:

' Visual Basic

```
Dim myInfo As New System.IO.FileInfo("aFile.txt")
If Not myInfo.Exists Then
   Throw New System.Configuration.Install.InstallException("File not found")
End If
```

// C#

```
System.IO.FileInfo myInfo = new System.IO.FileInfo("aFile.txt");
if(!(myInfo.Exists))
   throw new System.Configuration.Install.InstallException("File not found");
```

Schnelltest

1. Wie verknüpfen Sie ein Symbol mit einer Anwendung?
2. Wie machen Sie die Installation eines Setupprojekts in einer benutzerdefinierten Aktion rückgängig?

Antworten zum Schnelltest

1. Sie verknüpfen ein Symbol mit Ihrer Anwendung, indem Sie im Dateisystem-Editor eine Verknüpfung erstellen und dann der Eigenschaft `Icon` dieser Verknüpfung das Symbol zuordnen, das Sie für Ihre Anwendung anzeigen wollen. Das Symbol wird automatisch als Verknüpfung hinzugefügt.
2. Sie können eine `InstallException`-Ausnahme auslösen. Benutzerdefinierte Aktionen, in denen nicht behebbare Fehler auftreten, sollten eine `InstallException`-Ausnahme auslösen, um die Installation rückgängig zu machen und eine Beschädigung des Systems zu verhindern.

Übung Erstellen eines Setupprojekts

In dieser Übung erstellen Sie ein Setupprojekt für eine Anwendung. Sie stellen im Dateisystem-Editor einige Dateien ein, die in unterschiedlichen Verzeichnissen installiert werden, und erstellen eine benutzerdefinierte Aktion, die während der Installation ein Meldungsfeld anzeigt.

Übung Verwenden des Dateisystem-Editors und Erstellen einer benutzerdefinierten Aktion

1. Öffnen Sie die Lösung aus dem Unterverzeichnis *Partial* zu dieser Lektion.
2. Wählen Sie im Menü *Datei* den Eintrag *Hinzufügen* und dann *Neues Projekt*. Daraufhin öffnet sich das Dialogfeld *Neues Projekt hinzufügen*.
3. Klappen Sie im linken Fensterabschnitt die Zweige *Andere Projekttypen* und dann *Setup und Bereitstellung* auf und wählen Sie den Knoten *Visual Studio Installer* aus. Wählen Sie im mittleren Fensterabschnitt den Typ *Setup-Projekt* aus und klicken Sie auf *OK*. Das Setupprojekt wird mit dem Dateisystem-Editor geöffnet.
4. Klicken Sie im linken Fensterabschnitt des Dateisystem-Editors mit der rechten Maustaste auf *Anwendungsordner* und wählen Sie im Kontextmenü den Eintrag *Hinzufügen* und dann *Projektausgabe*.
5. Wählen Sie im Dialogfeld *Projektausgabegruppe hinzufügen* Ihr Projekt in der Dropdownliste *Projekt* aus und wählen Sie in der Liste der Ausgabekategorien den Eintrag *Primäre Ausgabe* aus. Klicken Sie auf *OK*.
6. Klicken Sie im Dateisystem-Editor mit der rechten Maustaste in den linken Fensterabschnitt und wählen Sie im Kontextmenü den Eintrag *Speziellen Ordner hinzufügen* und dann *Benutzerdefinierter Ordner*.

7. Wählen Sie im Dateisystem-Editor den Knoten *Benutzerdefinierter Ordner #1* aus. Setzen Sie im Eigenschaftenfenster die Eigenschaft `DefaultLocation` auf den Wert **C:**\.
8. Klicken Sie im Dateisystem-Editor mit der rechten Maustaste auf *Benutzerdefinierter Ordner #1* und wählen Sie den Eintrag *Hinzufügen* und dann *Datei*. Wechseln Sie in den Unterordner *Lesson 1* des Ordners, der Ihre *Partial*-Projektmappe enthält, und wählen Sie *myFile.txt* aus. Klicken Sie auf *Öffnen*.
9. Wählen Sie im Projektmappen-Explorer Ihr Anwendungsprojekt aus (das Projekt *Lesson 1*).
10. Wählen Sie im Menü *Projekt* den Befehl *Neues Element hinzufügen*. Wählen Sie im Dialogfeld *Neues Element hinzufügen* im Fensterabschnitt *Installierte Vorlagen* die Kategorie *Allgemein* aus und dann im mittleren Abschnitt den Eintrag *Installerklasse*. Klicken Sie auf *Hinzufügen*.
11. Klicken Sie im Projektmappen-Explorer mit der rechten Maustaste auf die Datei *Installer1* und wählen Sie den Befehl *Code anzeigen*, um den Code-Editor zu öffnen.
12. Fügen Sie im Code-Editor den folgenden Code ein, um die Methode `Install` der Klasse `Installer` zu überschreiben:

    ' Visual Basic

    ```
    Public Overrides Sub Install(ByVal stateSaver As System.Collections.IDictionary)
       MyBase.Install(stateSaver)
       MsgBox("Benutzerdefinierte Aktion ausgeführt")
    End Sub
    ```

    // C#

    ```
    public override void Install(System.Collections.IDictionary stateSaver)
    {
       base.Install(stateSaver);
       System.Windows.Forms.MessageBox.Show("Benutzerdefinierte Aktion ausgeführt");
    }
    ```

13. Klicken Sie im Projektmappen-Explorer mit der rechten Maustaste auf das Projekt *Setup1* und wählen Sie *Ansicht* und dann *Benutzerdefinierte Aktionen*.
14. Klicken Sie im Editor *Benutzerdefinierte Aktionen* mit der rechten Maustaste auf *Installieren* und wählen Sie im Kontextmenü den Befehl *Benutzerdefinierte Aktion hinzufügen*, um das Dialogfeld *Element im Projekt auswählen* zu öffnen.
15. Klicken Sie im Dialogfeld *Element im Projekt auswählen* doppelt auf *Anwendungsordner* und wählen Sie *Primäre Ausgabe von Lesson 1* aus. Klicken Sie auf *OK*.
16. Wählen Sie im Menü *Erstellen* den Befehl *Konfigurations-Manager*. Stellen Sie sicher, dass in der Spalte *Erstellen* die Kontrollkästchen für beide Projekte aktiviert sind, und klicken Sie auf *Schließen*.
17. Wählen Sie im Menü *Erstellen* den Befehl *Projektmappe erstellen*.
18. Schließen Sie Visual Studio. Wechseln Sie im Windows-Explorer zu Ihrem Projektmappenordner.
19. Öffnen Sie den Ordner *Setup1\Debug* und klicken Sie doppelt auf *Setup1.msi*, um die Anwendung zu installieren. Folgen Sie den Anweisungen des Assistenten und bestätigen Sie bei Bedarf alle Sicherheitsnachfragen. Wie Sie sehen, erscheint ein Meldungsfeld,

sobald die benutzerdefinierte Aktion ausgeführt wird. Unter Umständen müssen Sie das Dialogfeld *Setup1 wird installiert* verschieben, um das Meldungsfeld zu sehen.

20. Wechseln Sie in den Ordner, in dem Sie Ihre Anwendung installiert haben, und klicken Sie doppelt auf die ausführbare Datei. Die Anwendung wird gestartet und ausgeführt.

Zusammenfassung der Lektion

- Mithilfe von Setupprojekten erstellen Sie Windows Installer-Anwendungen, mit denen Sie Ihre Projektmappen installieren. Windows Installer-Projekte sind flexibel konfigurierbar, Sie können damit die Konfiguration des Installationsvorgangs detailliert steuern.
- Setupprojekte stellen mehrere Editoren zur Verfügung, mit denen Sie unterschiedliche Aspekte des Installationsvorgangs konfigurieren. Dies sind der Dateisystem-Editor, der Registrierungs-Editor, der Dateitypen-Editor, der Benutzeroberflächen-Editor, der Editor für benutzerdefinierte Aktionen und der Startbedingungen-Editor.
- Im Dateisystem-Editor fügen Sie Ausgaben Ihrer Projekte und andere Dateien zu Ihrem Setupprojekt hinzu. Der Dateisystem-Editor kann Verzeichnisse auf dem Zielsystem anlegen und Dateien in diesen Verzeichnissen installieren. Sie können im Dateisystem-Editor auch Verknüpfungen installieren, Symbole mit Ihrer Anwendung verknüpfen und abhängig vom Betriebssystem Bedingungen für die Installation von Dateien festlegen.
- Das Setupprojekt hat mehrere Eigenschaften, die aussagekräftige Informationen über die Anwendung liefern und das Verhalten des Setupprojekts während der Installation steuern. Sie können diese Eigenschaften ändern, indem Sie das Setupprojekt auswählen und sie dann im Eigenschaftenfenster bearbeiten.
- Benutzerdefinierte Aktionen sind Code, der während der Installation oder Deinstallation ausgeführt wird. Sie erstellen eine benutzerdefinierte Aktion, indem Sie Code in einer von `Installer` abgeleiteten Klasse schreiben, diese Klasse zu dem Projekt hinzufügen, für das Sie eine Setupanwendung erstellen, und schließlich im Editor für benutzerdefinierte Aktionen das Projekt auswählen, in dem die benutzerdefinierte Aktion implementiert ist.
- Wenn bei einer benutzerdefinierten Aktion Fehler auftreten, die sich nicht sinnvoll beheben lassen, sollten Sie eine `InstallException`-Ausnahme auslösen, um die Installation rückgängig zu machen, ohne das Zielsystem zu beschädigen.

Lernzielkontrolle

Mit den folgenden Fragen können Sie Ihr Wissen zu den Informationen aus Lektion 1, »Erstellen eines Windows-Setupprojekts«, überprüfen. Die Fragen finden Sie (in englischer Sprache) auch auf der Begleit-CD, Sie können sie also auch auf dem Computer im Rahmen eines Übungstests beantworten.

Hinweis Die Antworten

Die Antworten auf diese Fragen mit Erklärungen, warum die jeweiligen Auswahlmöglichkeiten richtig oder falsch sind, finden Sie im Abschnitt »Antworten« am Ende dieses Buchs.

1. In welchem Setupprojekt-Editor fügen Sie Projektausgaben zu einem Setupprojekt hinzu?
   A. Dateisystem-Editor
   B. Dateitypen-Editor
   C. Editor für benutzerdefinierte Aktionen
   D. Benutzeroberflächen-Editor
2. Welche Installationsbedingung geben Sie an, um die Installation auf Windows 2000 oder neuer zu beschränken?
   A. `VersionNT=500`
   B. `VersionNT>=500`
   C. `VersionNT<=500`
   D. `VersionNT<>500`
3. Was müssen Sie tun, um bei der Installation Ihres Setupprojekts eine benutzerdefinierte Aktion auszuführen? (Wählen Sie alle zutreffenden Antworten aus.)
   A. Sie müssen eine von `Installer` abgeleitete Klasse zu Ihrem Setupprojekt hinzufügen.
   B. Sie müssen eine von `Installer` abgeleitete Klasse zu dem Projekt hinzufügen, das Sie bereitstellen wollen.
   C. Sie müssen Ihre benutzerdefinierte Aktion in der Methode `Install` einer von `Installer` abgeleiteten Klasse schreiben.
   D. Sie müssen im Editor für benutzerdefinierte Aktionen das Projekt angeben, das die benutzerdefinierte Aktion enthält.

Lektion 2: Bereitstellen von Anwendungen mit ClickOnce

ClickOnce ist zwar nicht so komplex wie der Windows Installer, bietet aber ebenfalls weitreichende Kontrolle über die Installation Ihrer Anwendung. Sie können eine eigenständige Bereitstellung für die Anwendung konfigurieren oder einstellen, dass der Benutzer die Anwendung von einem Server ausführt. Diese Lektion beschreibt die verschiedenen Optionen für eine ClickOnce-Bereitstellung.

Am Ende dieser Lektion werden Sie in der Lage sein, die folgenden Aufgaben auszuführen:

- Bereitstellen einer WPF-Anwendung mit ClickOnce für eigenständigen Zugriff
- Bereitstellen einer XBAP mit ClickOnce
- Konfigurieren einer bereitgestellten Anwendung für eine teilweise vertrauenswürdige Umgebung

Veranschlagte Zeit für diese Lektion: 30 Minuten

Bereitstellen mit ClickOnce

ClickOnce ist eine Bereitstellungstechnik, mit der Sie automatisch aktualisierte Anwendungen erstellen können, die von einer breiten Auswahl unterschiedlicher Medien installiert werden können und nur minimale Benutzerinteraktion erfordern. Jede WPF-Anwendung kann als ClickOnce-Anwendung veröffentlicht werden, darunter Windows-Anwendungen, Navigationsanwendungen und XAML-Browseranwendungen (XAML Browser Application, XBAP). Sie können mit ClickOnce Anwendungen erstellen, die über eine Website, eine Dateifreigabe oder eine CD-ROM bereitgestellt werden. Sie können konfigurieren, ob ClickOnce-Anwendungen nur ausgeführt werden, während der Benutzer online ist, oder auch dann, wenn er offline ist.

ClickOnce-Anwendungen laufen vom übrigen System isoliert. Weil sie völlig in sich abgeschlossen sind, nutzen sie keine Komponenten gemeinsam mit anderen Anwendungen, die auf dem Computer installiert sind. Es besteht somit keine Gefahr, dass sie die Installationen anderer Anwendungen zerstören. Windows- und Navigationsanwendungen können auf einem lokalen Computer nur voll vertrauenswürdig mit ClickOnce installiert werden. XBAPs und Anwendungen, die online ausgeführt werden, laufen dagegen standardmäßig in der Sicherheitszone *Internet* (oder in der Sicherheitszone *Lokales Intranet*, falls sie aus einer Dateifreigabe im lokalen Intranet ausgeführt werden).

Prüfungstipp

WPF-Anwendungen können sowohl mit Setupprojekten als auch ClickOnce bereitgestellt werden. ClickOnce gilt aber normalerweise als die bevorzugte Technik für die WPF-Bereitstellung. Sie sollten für die Prüfung Grundkenntnisse zu Setupprojekten haben, aber sich darauf konzentrieren, die Feinheiten von ClickOnce zu lernen.

Bereitstellen einer Anwendung mit ClickOnce

Sie können eine Anwendung direkt über die Registerkarte *Veröffentlichen* im Eigenschaftendialogfeld des Projekts in Visual Studio bereitstellen. Sie öffnen diese Registerkarte, indem Sie im Projektmappen-Explorer mit der rechten Maustaste auf das Projekt klicken, den Befehl *Eigenschaften* wählen und dann die Registerkarte *Veröffentlichen* anklicken. Daraufhin wird die Eigenschaftenseite *Veröffentlichen* geöffnet (Abbildung 12.4).

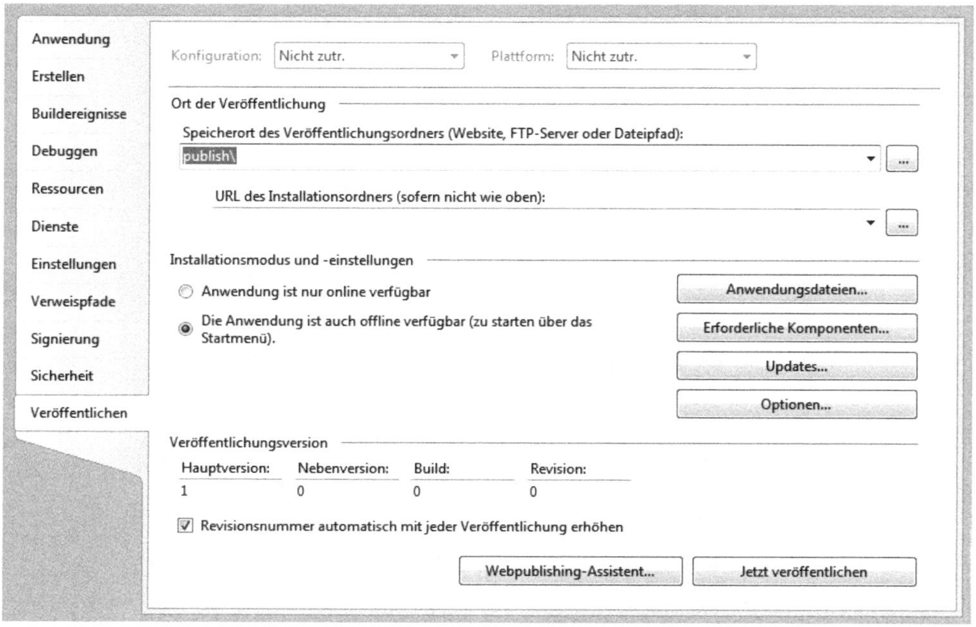

Abbildung 12.4 Die Eigenschaftenseite *Veröffentlichen*

Sie können Ihre Anwendung mit ClickOnce veröffentlichen, indem Sie die Eigenschaften auf dieser Seite konfigurieren und auf *Jetzt veröffentlichen* klicken. Wie Sie die Veröffentlichungseigenschaften konfigurieren, ist in den folgenden Abschnitten beschrieben. Die Informationen in den folgenden Abschnitten gelten sowohl für eigenständige Anwendungen als auch XBAPs, sofern nichts anderes angegeben ist.

Auswählen des Veröffentlichungsorts

Den Veröffentlichungsort geben Sie im Kombinationsfeld *Ort der Veröffentlichung* auf der Eigenschaftenseite *Veröffentlichen* an. Der Veröffentlichungsort kann ein Dateipfad, eine Netzwerkfreigabe, ein lokaler IIS-Ordner, eine HTTP-Adresse oder eine FTP-Adresse sein. Dies ist im Allgemeinen die Adresse, von der Benutzer später die Anwendung installieren.

Wenn Sie die Schaltfläche rechts neben dem Kombinationsfeld *Ort der Veröffentlichung* anklicken, öffnet sich das Dialogfeld *Website öffnen* (Abbildung 12.5). In diesem Dialogfeld wählen Sie den Typ des Speicherorts aus, in dem Sie Ihre Anwendung bereitstellen (Dateisystemadresse, HTTP-Adresse, FTP-Adresse oder lokale IIS-Installation), wählen den Speicherort aus und konfigurieren ihn.

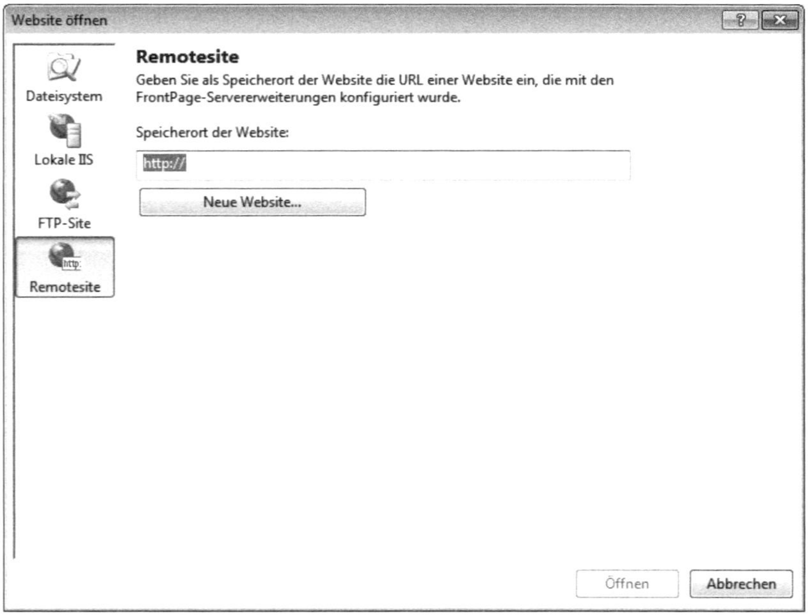

Abbildung 12.5 Das Dialogfeld *Website öffnen*

Veröffentlichen in einem temporären Speicherort

Sie können für die Veröffentlichung Ihrer Anwendung einen anderen Speicherort auswählen als für die Installations-URL (Uniform Resource Locator). Das ist sinnvoll, wenn Sie Ihre Anwendung zuerst auf einem Stagingserver bereitstellen, von dem ein Administrator die Dateien in den Speicherort kopiert, aus dem die Benutzer anschließend die Anwendung herunterladen. Sie tragen eine Installations-URL, die einen temporären Speicherort oder Stagingserver angibt, im Kombinationsfeld *URL des Installationsordners* unmittelbar unter dem Kombinationsfeld *Ort der Veröffentlichung* ein. Sie können auch auf die Schaltfläche rechts neben dem Kombinationsfeld *Installations-URL* klicken, um das Dialogfeld *Website öffnen* zu öffnen. Hier können Sie wiederum den gewünschten Speicherort auswählen und konfigurieren. Wenn Sie eine Installations-URL angeben, müssen Sie die Dateien manuell vom Stagingserver auf den eigentlichen Installationsserver kopieren, um die Bereitstellung abzuschließen.

Online- und Offlinebereitstellung

Sie haben die Wahl, ob Sie eine ClickOnce-Anwendung so konfigurieren, dass sie nur zur Verfügung steht, während der Benutzer online ist, oder auch dann, wenn er offline ist. Wenn Sie auf der Eigenschaftenseite *Veröffentlichen* im Feld *Installationsmodus und -einstellungen* die Option *Anwendung ist nur online verfügbar* auswählen, muss die Anwendung direkt aus dem Speicherort ausgeführt werden, der im Kombinationsfeld *Ort der Veröffentlichung* angegeben ist. Das stellt sicher, dass der Benutzer immer die neueste Version der Anwendung einsetzt.

Hinweis Reiner Onlinemodus

Auch wenn eine Anwendung nur im Onlinemodus zur Verfügung gestellt wird, läuft sie auf dem Clientcomputer, nicht auf dem Server. Sie wird aber nicht auf dem Clientcomputer installiert und muss bei jeder Ausführung vom Server geladen werden.

Sie können stattdessen die Option *Die Anwendung ist auch offline verfügbar* auswählen, damit die Anwendung sowohl online als auch offline zur Verfügung steht. In diesem Fall wird die Anwendung auf den lokalen Computer kopiert und zum Startmenü sowie dem Feld *Programme hinzufügen/entfernen* in der Windows-Systemsteuerung hinzugefügt.

Festlegen von Anwendungsinformationen

Informationen über die Anwendung legen Sie fest, indem Sie in der Eigenschaftenseite *Veröffentlichen* auf die Schaltfläche *Optionen* klicken. Daraufhin öffnet sich das Dialogfeld *Veröffentlichungsoptionen* (Abbildung 12.6).

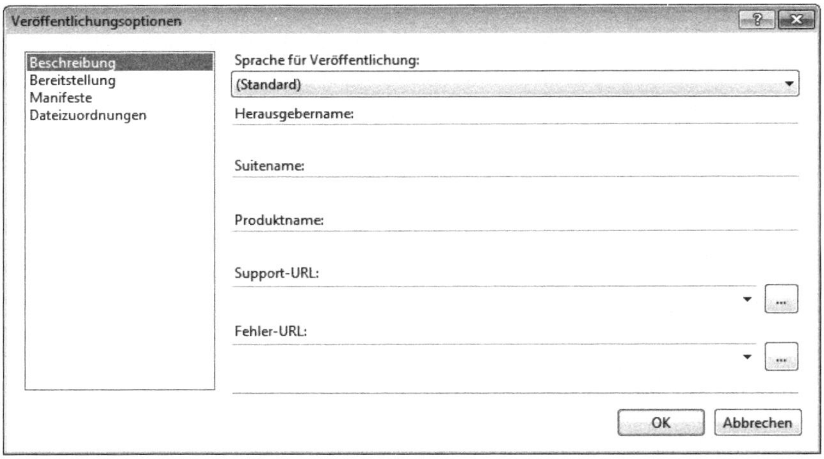

Abbildung 12.6 Das Dialogfeld *Veröffentlichungsoptionen*

Im Dialogfeld *Veröffentlichungsoptionen* tragen Sie unter anderem den Herausgebernamen, den Produktnamen, die Support-URL und den Namen für die Bereitstellungswebseite ein, die beim Veröffentlichen der Anwendung generiert wird.

Für eigenständige Anwendungen sind besonders der Herausgebername und der Produktname wichtig. Wenn eine Anwendung für die Offlineverwendung installiert wird, wird ein Eintrag im Ordner *Alle Programme* des Startmenüs angelegt. Dafür wird der Produktname verwendet, der wiederum unter dem Herausgebernamen erscheint. Daher müssen Sie für diese Eigenschaften im Dialogfeld *Veröffentlichungsoptionen* sinnvolle Namen eintragen.

Konfigurieren von ClickOnce-Updateoptionen

ClickOnce gibt Ihnen die Möglichkeit, Anwendungen so zu konfigurieren, dass sie automatisch nach Updates suchen. Wenn Sie auf der Eigenschaftenseite *Veröffentlichen* auf *Updates* klicken, öffnet sich das Dialogfeld *Anwendungsupdates* (Abbildung 12.7).

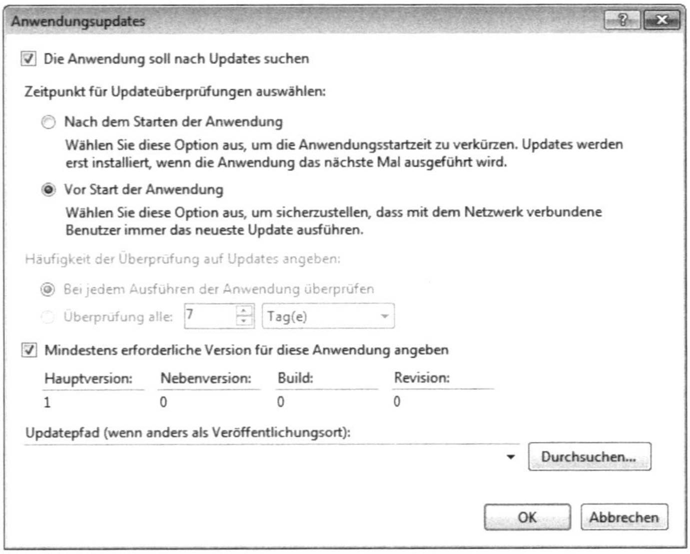

Abbildung 12.7 Das Dialogfeld *Anwendungsupdates*

Konfigurieren von Updateeinstellungen mit Visual Studio

Aktivieren Sie das Kontrollkästchen *Die Anwendung soll nach Updates suchen*, wenn Sie wollen, dass die Anwendung prüft, ob Updates verfügbar sind. Daraufhin werden die anderen Optionen im Dialogfeld aktiviert.

Wann die Anwendung nach Updates sucht, legen Sie fest, indem Sie entweder *Nach dem Starten der Anwendung* oder *Vor Start der Anwendung* auswählen. Wenn Sie die Option *Vor Start der Anwendung* wählen, prüft die Anwendung bei jedem Start, ob Updates verfügbar sind. So ist sichergestellt, dass der Benutzer immer mit der neuesten Version arbeitet, andererseits verzögert sich dadurch der Start der Anwendung.

Wenn Sie die Option *Nach dem Starten der Anwendung* wählen, können Sie einstellen, ob die Anwendung bei jeder Ausführung nach Updates sucht oder nur in bestimmten Zeitabständen. Wählen Sie dazu die gewünschte Option im Feld *Häufigkeit der Überprüfung auf Updates angeben*. Sie können auch angeben, welche Version der Anwendung mindestens vorhanden sein muss, und einen anderen Speicherort für Updates eintragen, falls Ihre Updates an einem anderen Ort als die Installation gehostet werden.

Updates vom Programmcode aus laden

Statt Optionen für die Suche nach Updates einzustellen, können Sie es dem Benutzer überlassen, wann er prüfen will, ob Updates verfügbar sind. Es gibt zwar keine entsprechende Option auf der Eigenschaftenseite, aber Sie können in Ihre Anwendung die Möglichkeit einbauen, auf Anforderung nach Updates zu suchen und sie zu installieren. Für diesen Zweck können Sie beispielsweise einen Menübefehl wie *Nach Updates suchen* anbieten.

Um im Programmcode nach Updates zu suchen, verwenden Sie die Klasse `ApplicationDeployment`. Diese Klasse bildet eine ClickOnce-Bereitstellung ab. Bevor Sie die Klasse im Programmcode verwenden können, müssen Sie einen Verweis auf `System.Deployment` hinzufügen. Ist das geschehen, können Sie aus der statischen Eigenschaft `CurrentDeployment` eine Instanz abrufen, die für die aktuelle Bereitstellung steht:

' Visual Basic

```
Dim aDep As System.Deployment.Application.ApplicationDeployment
aDep = System.Deployment.Application.ApplicationDeployment.CurrentDeployment
```

// C#

```
System.Deployment.Application.ApplicationDeployment aDep;
aDep = System.Deployment.Application.ApplicationDeployment.CurrentDeployment;
```

Sobald Sie einen Verweis auf die aktuelle Bereitstellung haben, können Sie nach Updates suchen, indem Sie die Methode `CheckForUpdate` aufrufen. Sind Updates verfügbar, können Sie die Anwendung aktualisieren, indem Sie die Methode `Update` aufrufen:

' Visual Basic

```
If aDep.CheckForUpdate Then
   aDep.Update()
End If
```

// C#

```
if (aDep.CheckForUpdate())
{
   aDep.Update();
}
```

Zu den Methoden `CheckForUpdate` und `Update` gibt es auch asynchrone Gegenstücke namens `CheckForUpdateAsync` und `UpdateAsync`. Sie führen die Suche beziehungsweise das Einspielen von Updates asynchron aus. Wenn `CheckForUpdateAsync` fertig ist, löst sie das Ereignis `CheckForUpdateCompleted` aus. Wenn Sie dieses Ereignis behandeln, können Sie im Ereignishandler den `CheckForUpdateCompletedEventArgs`-Parameter überprüfen, um festzustellen, ob ein Update verfügbar ist. Wenn ein Update gefunden wurde, können Sie `UpdateAsync` aufrufen, um es asynchron herunterzuladen und zu installieren. Wenn die Anwendung läuft, werden die Updates erst angewendet, nachdem sie beendet wurde. Die Updates werden also erst nach einem Neustart der Anwendung wirksam.

Das folgende Beispiel demonstriert diese Techniken:

' Visual Basic

```
Dim aDep As System.Deployment.Application.ApplicationDeployment
Public Sub New()
   ' Dieser Aufruf wird vom Windows Forms-Designer benötigt
   InitializeComponent()
   ' Fügen Sie Initialisierungen nach dem Aufruf von InitializeComponent() ein
   aDep = System.Deployment.Application.ApplicationDeployment.CurrentDeployment
   AddHandler aDep.CheckForUpdateCompleted, AddressOf UpdateCheckCompleted
End Sub
```

```
Public Sub UpdateApp()
   aDep.CheckForUpdateAsync()
End Sub
Private Sub UpdateCheckCompleted(ByVal sender As Object, ByVal e As _
   System.Deployment.Application.CheckForUpdateCompletedEventArgs)
   If e.UpdateAvailable Then
      aDep.UpdateAsync()
   End If
End Sub
```

// C#

```
System.Deployment.Application.ApplicationDeployment aDep;
public myApplication()
{
   InitializeComponent();
   aDep = System.Deployment.Application.ApplicationDeployment.CurrentDeployment;
   aDep.CheckForUpdateCompleted += UpdateCheckCompleted;
}
public void UpdateApp()
{
   aDep.CheckForUpdateAsync();
}
private void UpdateCheckCompleted(object sender,
System.Deployment.Application.CheckForUpdateCompletedEventArgs e)
{
   if (e.UpdateAvailable)
   {
      aDep.UpdateAsync();
   }
}
```

Migrieren von Einstellungen und Benutzerdaten

Anwendungseinstellungen und Standardbenutzereinstellungen sind in der Konfigurationsdatei der Anwendung gespeichert. Sie wird normalerweise bei jedem Anwendungsupdate aktualisiert. Benutzereinstellungen, die vom Benutzer geändert wurden, werden dagegen separat in einer lokalen Datei gespeichert. Daher sind keine Maßnahmen nötig, um beim Update der Anwendung Benutzereinstellungen zu migrieren. Sie sollten bei einem Update auch keine benutzerdefinierten Dateien überschreiben, in denen Benutzerdaten gespeichert sind.

Bereitstellen einer XBAP mit ClickOnce

Mit ClickOnce stellen Sie XBAPs praktisch genauso bereit wie eine Windows- oder Navigationsanwendung. Alle ClickOnce-Veröffentlichungseigenschaften gelten auch für XBAPs, aber es gilt einige XBAP-spezifische Punkte zu beachten.

XBAPs laufen im Browser, normalerweise werden sie von einer Website gestartet. Sie laufen somit immer teilweise vertrauenswürdig. Sie müssen Ihre XBAP-Anwendungen so entwerfen, dass sie in einer teilweise vertrauenswürdigen Umgebung funktionieren, und sie in einer Umgebung testen, die der entspricht, in der die Benutzer sie später einsetzen.

Besonderheiten bei der Bereitstellung in teilweise vertrauenswürdigen Umgebungen

Wenn Sie eine Anwendung für die Ausführung in einer teilweise vertrauenswürdigen Umgebung entwickeln, sollten Sie keine Funktionen verwenden, die Zugriff auf geschützte Systemressourcen benötigen. Zum Beispiel sollten Sie in einer XBAP nicht versuchen, auf das Dateisystem oder die Registrierung zuzugreifen.

Auswählen eines lokalen Persistenzmechanismus

Weil XBAPs im Allgemeinen keinen Zugriff auf das lokale Dateisystem haben, müssen Sie einen anderen Mechanismus nutzen, um Benutzerinformationen zu speichern. Sie können benutzerspezifische Daten in den isolierten Speicher schreiben. Diese spezielle Technik erlaubt den isolierten Zugriff auf das Dateisystem unter teilweise vertrauenswürdigen Bedingungen.

Konfigurieren des Anwendungsmanifests

Das Anwendungsmanifest ist eine Datei, die Visual Studio während der ClickOnce-Bereitstellung erstellt. Sie beschreibt die Dateien und Abhängigkeiten, die von der Anwendung benötigt werden, die Identität und Vertrauenswürdigkeitsinformationen einer Assembly, den Einstiegspunkt für die Anwendung und eventuelle Verknüpfungen zwischen Dateitypen und der Anwendung. Abgesehen von den Dateiverknüpfungen können Sie alle diese Aspekte in der Visual Studio-Benutzeroberfläche konfigurieren, wie schon weiter oben in dieser Lektion beschrieben. Um eine Dateiverknüpfung zu erstellen, müssen Sie die Anwendungsmanifestdatei von Hand bearbeiten.

Hinzufügen einer Dateiverknüpfung

Eine Dateiverknüpfung wird im Anwendungsmanifest im Element `<fileAssociation>` beschrieben. Die Attribute dieses Elements sind in Tabelle 12.2 aufgelistet. Sie müssen alle vier Attribute angeben.

Tabelle 12.2 Attribute des Elements `<fileAssociation>`

Attribut	Beschreibung
`extension`	Die Dateierweiterung, die mit der Anwendung verknüpft wird.
`description`	Eine Beschreibung des Dateityps, wird in der Shell angezeigt.
`progid`	Ein Name, der den Dateityp eindeutig identifiziert.
`defaultIcon`	Das Symbol, das für Dateien mit dieser Erweiterung verwendet wird. Die *.ico*-Datei muss im Anwendungsmanifest angegeben werden. Sie müssen Sie daher zur Anwendung hinzufügen und ihre Eigenschaft *Buildvorgang* auf den Wert *Inhalt* setzen.

Sie fügen ein `<fileAssociation>`-Element zu Ihrem Anwendungsmanifest hinzu, indem Sie es in Visual Studio in die Datei *app.manifest* einfügen. Diese Datei wird zu Ihrem Projekt hinzugefügt, wenn Sie in den Eigenschaftenseiten des Projekts auf der Registerkarte *Sicherheit* das Kontrollkästchen *ClickOnce-Sicherheitseinstellungen aktivieren* aktivieren. Der Inhalt der Datei *app.manifest* wird beim Veröffentlichen in das Anwendungsmanifest integriert. Die folgende Anleitung beschreibt, wie Sie eine Dateiverknüpfung für eine Anwendung erstellen:

1. Wählen Sie ein Symbol für Ihren Dateityp aus oder erstellen Sie eines.
2. Wählen Sie im Menü *Projekt* den Befehl *Vorhandenes Element hinzufügen*. Daraufhin öffnet sich das Dialogfeld *Vorhandenes Element hinzufügen*. Wählen Sie im Filter *Alle Dateien* aus, suchen Sie Ihr Symbol, wählen Sie es aus und klicken Sie auf *Hinzufügen*.
3. Wählen Sie das Symbol im Projektmappen-Explorer aus. Stellen Sie im Eigenschaftenfenster für die Eigenschaft *Buildvorgang* den Wert *Inhalt* ein und in der Eigenschaft *In Ausgabeverzeichnis kopieren* den Wert *Immer kopieren*.
4. Klicken Sie im Projektmappen-Explorer mit der rechten Maustaste auf Ihr Projekt und wählen Sie den Befehl *Eigenschaften*. Klicken Sie auf die Registerkarte *Sicherheit*.
5. Aktivieren Sie das Kontrollkästchen *ClickOnce-Sicherheitseinstellungen aktivieren*. Nun wird die Datei *app.manifest* zu Ihrer Projektmappe hinzugefügt.
6. Nur in Visual Basic: Klicken Sie im Projektmappen-Explorer auf das Symbol *Alle Dateien anzeigen* und erweitern Sie *My Project*.
7. Klicken Sie doppelt auf *app.manifest*, um die Datei *app.manifest* zu öffnen.
8. Fügen Sie unmittelbar vor dem letzten schließenden Tag ein `<fileAssociation>`-Element ein, das Werte für alle vier erforderlichen Attribute festlegt. Das kann zum Beispiel so aussehen:

```
<fileAssociation xmlns="urn:schemas-microsoft-com:clickonce.v1"
   extension=".fnord"
   description="Fnord file"
   progid="SecretsMWNMTK.fnord"
   defaultIcon="fnord.ico"
/>
```

Beachten Sie, dass Sie nur Dateiverknüpfungen für Anwendungen erstellen können, die als eigenständige Anwendungen installiert werden. Sie können außerdem höchstens acht Dateiverknüpfungen pro Anwendung erstellen.

Ein Zertifikat mit der Anwendung verknüpfen

Zertifikate (certificate) sind digitale Signaturen, die von Zertifizierungsstellen ausgestellt werden, die für die Identität des Herausgebers einer Anwendung bürgen. Sie können in Visual Studio ein Zertifikat mit Ihrer Anwendung verknüpfen.

Sie verknüpfen ein Zertifikat mit Ihrer Anwendung, indem Sie im Projektmappen-Explorer mit der rechten Maustaste auf Ihr Projekt klicken, den Befehl *Eigenschaften* wählen und dann die Registerkarte *Signierung* anklicken (Abbildung 12.8).

Sie aktivieren die Zertifikatsignierung für Ihre Anwendung, indem Sie das Kontrollkästchen *ClickOnce-Manifeste signieren* aktivieren. Anschließend können Sie ein Zertifikat auswählen, entweder aus Ihrem lokalen Zertifikatspeicher oder aus einer Datei. Klicken Sie dazu auf die entsprechende Schaltfläche und wählen Sie den Speicher oder die Datei aus. Sie können auch ein Testzertifikat erstellen, indem Sie auf *Testzertifikat erstellen* klicken und dann ein Kennwort für die Zertifikaterstellung eingeben. Die Details des Zertifikats bekommen Sie angezeigt, wenn Sie auf *Weitere Details* klicken.

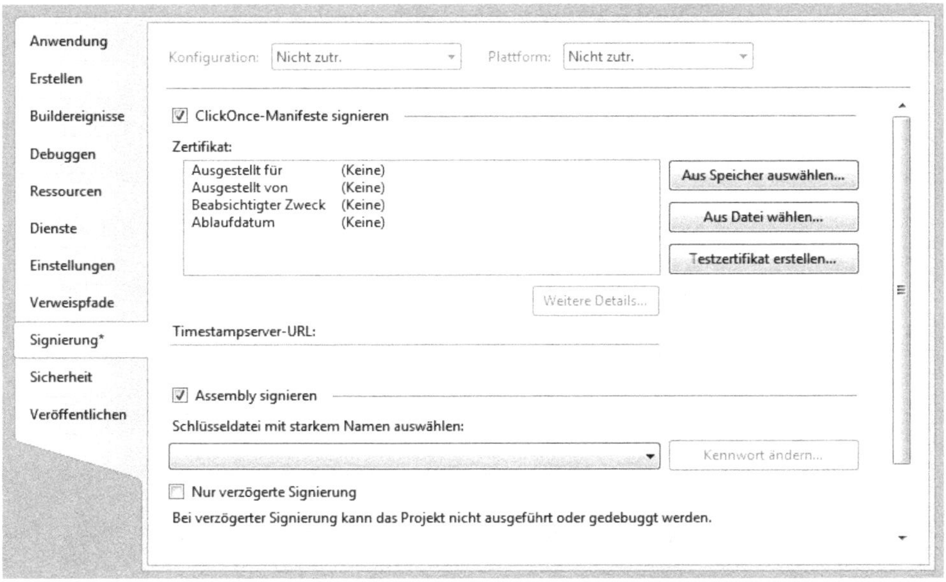

Abbildung 12.8 Die Eigenschaftenseite *Signierung*

Übung Veröffentlichen Ihrer Anwendung mit ClickOnce

In dieser Übung veröffentlichen Sie Ihre Anwendung mithilfe von ClickOnce.

Übung Veröffentlichen Ihrer Anwendung

1. Öffnen Sie die Lösung aus dem Unterverzeichnis *Partial* zu dieser Lektion.
2. Klicken Sie im Projektmappen-Explorer mit der rechten Maustaste auf Ihr Projekt und wählen Sie den Befehl *Eigenschaften*.
3. Klicken Sie auf die Registerkarte *Veröffentlichen*.
4. Wählen Sie im Dropdownfeld *Ort der Veröffentlichung* einen Ordner aus, in dem Sie Ihre Anwendung veröffentlichen wollen. Die fertige Projektmappe in den Beispielen von der Begleit-CD verwendet den Standardeintrag (*publish*), der für einen Unterordner im Projektordner steht. Sofern Sie Zugriff auf einen Web- oder FTP-Server haben, können Sie versuchen, die Anwendung stattdessen in einem Serverspeicherort zu veröffentlichen.
5. Klicken Sie auf *Optionen*, um das Dialogfeld *Veröffentlichungsoptionen* zu öffnen. Tragen Sie einen Herausgeber- und einen Produktnamen ein und klicken Sie auf *OK*.
6. Klicken Sie auf *Jetzt veröffentlichen*, um die Anwendung im ausgewählten Ort zu veröffentlichen. Falls Sie in einer Datei veröffentlichen, öffnet Visual Studio den Veröffentlichungsordner im Windows-Explorer, sobald der Prozess abgeschlossen ist.
7. Wechseln Sie im Windows-Explorer (bei einer Veröffentlichung im Dateisystem) oder im Internet Explorer (bei HTTP- oder FTP-Sites) zum Veröffentlichungsort Ihrer Anwendung (sofern noch nicht automatisch geschehen). Klicken Sie doppelt auf *Lesson 2.application*, um die Anwendungsinstallation zu starten. Das Dialogfeld *Anwendungsinstallation* wird geöffnet.
8. Klicken Sie im Dialogfeld *Anwendungsinstallation* auf *Installieren*. Die Anwendung wird nun installiert und gestartet. Schließen Sie die Anwendung.

9. Klicken Sie im Startmenü von Windows auf *Alle Programme* und suchen Sie nach dem Herausgebernamen, den Sie eingetragen haben. Prüfen Sie dann, ob der Produktname in der Ordnerstruktur des Startmenüs vorhanden ist.
10. Öffnen Sie die Systemsteuerung und klicken Sie auf *Programm deinstallieren*. Falls Sie die klassische Ansicht verwenden, müssen Sie stattdessen *Programme und Funktionen* öffnen. Klicken Sie mit der rechten Maustaste auf den Namen, den Sie Ihrem Produkt gegeben haben (*Lesson 2* in der Partial-Projektmappe von der Begleit-CD), und wählen Sie den Befehl *Deinstallieren/ändern*, um das Dialogfeld *Wartung* zu öffnen. Stattdessen können Sie auch *Lesson 2* auswählen und auf die Schaltfläche *Deinstallieren/ändern* klicken.
11. Wählen Sie die Option *Entfernen Sie die Anwendung von diesem Computer* aus und klicken Sie auf *OK*, um die Anwendung zu deinstallieren.

Zusammenfassung der Lektion

- ClickOnce ist eine vielseitige und flexible Bereitstellungstechnik. Sie können damit eine Anwendung im Dateisystem, in einer Dateifreigabe, einer FTP-Site oder einer HTTP-Adresse veröffentlichen. ClickOnce-Anwendungsinstallationen sind vom übrigen System getrennt und nutzen keine gemeinsam genutzten Komponenten. Daher besteht beim Installieren einer ClickOnce-Anwendung keine Gefahr, dass Sie andere Anwendungsinstallationen beschädigen.
- Sie können eine ClickOnce-Anwendung so installieren, dass sie online oder offline verfügbar ist. Steht eine Anwendung nur online zur Verfügung, läuft sie vom Server, nicht von einem Speicherort auf dem lokalen Computer. In diesem Fall wird keine Verknüpfung für die Anwendung zum Startmenü hinzugefügt.
- ClickOnce-Anwendungen können so konfiguriert werden, dass sie sich selbst aktualisieren. Sie können einstellen, ob eine Anwendung bei jedem Start nach Updates sucht oder nach einem bestimmten Zeitplan, beispielsweise jede Woche. Sie können auch Code implementieren, um manuell nach Updates zu suchen.
- Eigenständige ClickOnce-Anwendungen müssen unter voll vertrauenswürdigen Bedingungen auf dem lokalen Computer installiert werden. Anwendungen, die online ausgeführt werden, laufen in der Sicherheitszone *Internet* (wenn sie aus einer Website gestartet werden) oder *Lokales Intranet* (wenn sie von einem Dateiserver im lokalen Intranet gestartet werden).
- XBAPs sind so entworfen, dass sie unter teilweise vertrauenswürdigen Bedingungen laufen. Daher sollten sie nicht versuchen, auf Systemressourcen zuzugreifen, die in der Standardeinstellung der Sicherheitszone *Internet* verboten sind. Weil sie nicht das Dateisystem nutzen dürfen, sollten XBAPs Benutzerdaten im isolierten Speicher oder in den Benutzereinstellungen ablegen.
- Sie können Dateiverknüpfungen für ClickOnce-Anwendungen erstellen, indem Sie die Datei *app.manifest* bearbeiten. Visual Studio stellt auch Tools zur Verfügung, mit denen Sie Zertifikate zu Ihrer Anwendung hinzufügen können.

Lernzielkontrolle

Mit den folgenden Fragen können Sie Ihr Wissen zu den Informationen aus Lektion 2, »Bereitstellen von Anwendungen mit ClickOnce«, überprüfen. Die Fragen finden Sie (in englischer Sprache) auch auf der Begleit-CD, Sie können sie also auch auf dem Computer im Rahmen eines Übungstests beantworten.

Hinweis Die Antworten

Die Antworten auf diese Fragen mit Erklärungen, warum die jeweiligen Auswahlmöglichkeiten richtig oder falsch sind, finden Sie im Abschnitt »Antworten« am Ende dieses Buchs.

1. Eine XBAP, die mit ClickOnce installiert wird, wird aus einer Internetwebseite ausgeführt. Unter welchem Standardsicherheitsmodus läuft die XBAP?

   A. Voll vertrauenswürdig

   B. Zone *Intranet*

   C. Zone *Internet*

   D. Zone *Benutzerdefiniert*

2. Sie konvertieren eine WPF-Anwendung, die bisher voll vertrauenswürdig ausgeführt wurde. Sie soll nun in einer teilweise vertrauenswürdigen Umgebung laufen. Diese Anwendung hat früher Benutzerdaten in einer kleinen lokalen Datei gespeichert, aber das geht jetzt aufgrund der fehlenden Datei-E/A-Berechtigungen nicht mehr. Wie können Sie Benutzerdaten in einer teilweise vertrauenswürdigen Umgebung speichern? (Wählen Sie alle zutreffenden Antworten aus.)

   A. Verwenden Sie den isolierten Speicher, um Benutzerdaten zu speichern.

   B. Erstellen Sie einen Webdienst, der Daten zurück an den Bereitstellungsserver sendet.

   C. Speichern Sie die Benutzerdaten als Benutzereinstellungen.

   D. Rufen Sie `FileIOPermission.Demand` auf, um kurzzeitig Zugriff auf das Dateisystem zu erhalten.

3. Welche der folgenden Codebeispiele sucht manuell nach Updates und installiert sie, sofern Updates verfügbar sind? In den Antworten C und D können Sie voraussetzen, dass die Methode `UpdateApp` nach der Ausführung des Konstruktors aufgerufen wurde. (Wählen Sie alle zutreffenden Antworten aus.)

   A.

   ' Visual Basic

```
Dim aDep As System.Deployment.Application.ApplicationDeployment
aDep = System.Deployment.Application.ApplicationDeployment.CurrentDeployment
If aDep.CheckForUpdate Then
   aDep.Update()
End If
```

// C#

```
System.Deployment.Application.ApplicationDeployment aDep;
aDep = System.Deployment.Application.ApplicationDeployment.CurrentDeployment;
if (aDep.CheckForUpdate())
{
   aDep.Update();
}
```

B.

' Visual Basic

```
Dim aDep As System.Deployment.Application.ApplicationDeployment
aDep = System.Deployment.Application.ApplicationDeployment.CurrentDeployment
If aDep.CheckForUpdateAsync Then
   aDep.Update()
End If
```

// C#

```
System.Deployment.Application.ApplicationDeployment aDep;
aDep = System.Deployment.Application.ApplicationDeployment.CurrentDeployment;
if (aDep.CheckForUpdateAsync())
{
   aDep.Update();
}
```

C.

' Visual Basic

```
Dim aDep As System.Deployment.Application.ApplicationDeployment
Public Sub New()
   ' Dieser Aufruf wird vom Windows Forms-Designer benötigt
   InitializeComponent()
   ' Fügen Sie Initialisierungen nach dem Aufruf von InitializeComponent() ein
   aDep = System.Deployment.Application.ApplicationDeployment.CurrentDeployment
   AddHandler aDep.CheckForUpdateCompleted, AddressOf UpdateCheckCompleted
End Sub
Public Sub UpdateApp()
   aDep.CheckForUpdate()
End Sub
Private Sub UpdateCheckCompleted(ByVal sender As Object, ByVal e As _
   System.Deployment.Application.CheckForUpdateCompletedEventArgs)
   If e.UpdateAvailable Then
      aDep.UpdateAsync()
   End If
End Sub
```

// C#

```
System.Deployment.Application.ApplicationDeployment aDep;
public myApplication()
{
   InitializeComponent();
   aDep = System.Deployment.Application.ApplicationDeployment.CurrentDeployment;
   aDep.CheckForUpdateCompleted += UpdateCheckCompleted;
}
public void UpdateApp()
{
   aDep.CheckForUpdate();
}
private void UpdateCheckCompleted(object sender,
   System.Deployment.Application.CheckForUpdateCompletedEventArgs e)
{
   if (e.UpdateAvailable)
   {
      aDep.UpdateAsync();
   }
}
```

D.

' Visual Basic

```
Dim aDep As System.Deployment.Application.ApplicationDeployment
Public Sub New()
   ' Dieser Aufruf wird vom Windows Forms-Designer benötigt
   InitializeComponent()
   ' Fügen Sie Initialisierungen nach dem Aufruf von InitializeComponent() ein
   aDep = System.Deployment.Application.ApplicationDeployment.CurrentDeployment
   AddHandler aDep.CheckForUpdateCompleted, AddressOf UpdateCheckCompleted
End Sub
Public Sub UpdateApp()
   aDep.CheckForUpdateAsync()
End Sub
Private Sub UpdateCheckCompleted(ByVal sender As Object, ByVal e As _
   System.Deployment.Application.CheckForUpdateCompletedEventArgs)
   If e.UpdateAvailable Then
      aDep.UpdateAsync()
   End If
End Sub
```

// C#

```
System.Deployment.Application.ApplicationDeployment aDep;
public myApplication()
{
   InitializeComponent();
   aDep = System.Deployment.Application.ApplicationDeployment.CurrentDeployment;
   aDep.CheckForUpdateCompleted += UpdateCheckCompleted;
}
```

```
public void UpdateApp()
{
    aDep.CheckForUpdateAsync();
}
private void UpdateCheckCompleted(object sender,
   System.Deployment.Application.CheckForUpdateCompletedEventArgs e)
{
   if (e.UpdateAvailable)
   {
      aDep.UpdateAsync();
   }
}
```

Übungen mit Fallbeispiel

In den folgenden Übungen mit Fallbeispiel wenden Sie an, was Sie über Bereitstellung gelernt haben. Die Lösungen zu den Fragen finden Sie im Abschnitt »Antworten« hinten in diesem Buch.

Übung mit Fallbeispiel 1: Die Anwendung etwas zu früh ausliefern

Sie sind mit Ihrer Supersoftware fast fertig! Sie haben hart an einer Anwendung gearbeitet, die Fabrikam ein Vermögen einbringen soll. Die Kunden sind schon ungeduldig, weil diese Anwendung genau das ist, was sie brauchen. Leider ist nicht alles Gold, was glänzt. Die Anwendung ist voller Bugs, und die Kunden von Fabrikam können nicht mehr warten. Sie müssen die fehlerhafte Version jetzt ausliefern, obwohl ein Team rund um die Uhr daran arbeitet, die Bugs zu beseitigen. Ihre Anforderungen lauten:

- Sie müssen die fehlerhafte Version jetzt ausliefern.
- Sie müssen Updates mit den Bugfixes so schnell wie möglich bereitstellen.
- Endbenutzer, die keine administrativen Privilegien haben, müssen in der Lage sein, diese Anwendung zu installieren.

Welche Bereitstellungsstrategie erfüllt alle diese Anforderungen?

Übung mit Fallbeispiel 2: Installieren einer Serveranwendung

Fabrikam hat entschieden, seine Serveranwendung und eine zugehörige Datenbank an einige ausgewählte Kunden zu verkaufen. Sie sollen eine geeignete Verteilungsstrategie finden. Sie müssen die Serveranwendung installieren, eine neue Verzeichnisstruktur und Registrierungsschlüssel anlegen und in der Installationsphase nach benötigten Dateien suchen.

Welche Bereitstellungsstrategie erfüllt alle diese Anforderungen?

Vorgeschlagene Übungen

Sie sollten die folgenden Aufgaben durcharbeiten, wenn Sie die in diesem Kapitel behandelten Prüfungsziele meistern wollen.

- **Übung 1** Veröffentlichen Sie eine Ihrer eigenen Anwendungen mit ClickOnce auf einer Website und in einer Dateifreigabe. Experimentieren Sie mit erweiterten Berechtigungsanforderungen und Updatezeitplänen.
- **Übung 2** Erweitern Sie das Projekt aus der Übung zu Lektion 1, »Erstellen eines Windows-Setupprojekts«, indem Sie ein Symbol für Ihre Anwendung hinzufügen und eine benutzerdefinierte Aktion schreiben, die eine Bedingung überprüft und die Installation abbricht, falls diese Bedingung nicht erfüllt ist.

Machen Sie einen Übungstest

Die Übungstests (in englischer Sprache) auf der Begleit-CD zu diesem Buch bieten zahlreiche Möglichkeiten. Zum Beispiel können Sie einen Test machen, der ausschließlich die Themen aus einem Prüfungslernziel behandelt, oder Sie können sich selbst mit dem gesamten Inhalt der Prüfung 70-511 testen. Sie können den Test so konfigurieren, dass er dem Ablauf einer echten Prüfung entspricht, oder Sie können einen Lernmodus verwenden, in dem Sie sich nach dem Beantworten einer Frage jeweils sofort die richtige Antwort und Erklärungen ansehen können.

Weitere Informationen Übungstests

Einzelheiten zu allen Optionen, die bei den Übungstests zur Verfügung stehen, finden Sie im Abschnitt »So benutzen Sie die Übungstests« in der Einführung am Anfang dieses Buchs.

Antworten

Kapitel 1: Lernzielkontrolle

Lektion 1

1. **Richtige Antwort: B**
   A. **Falsch:** Ein Inhaltssteuerelement kann ein einziges verschachteltes Steuerelement enthalten.
   B. **Richtig:** Ein Inhaltssteuerelement kann ein einziges verschachteltes Steuerelement enthalten
   C. **Falsch:** Ein Inhaltssteuerelement kann zwar ein Listensteuerelement enthalten, das dann seinerseits unbegrenzt viele verschachtelte Mitglieder aufnehmen kann, aber das Inhaltssteuerelement selbst kann nur ein einziges Steuerelement enthalten.
   D. **Falsch:** Alle Inhaltssteuerelemente können nur ein einziges verschachteltes Steuerelement enthalten.
2. **Richtige Antwort: B**
   A. **Falsch:** Sie müssen mit den verknüpften Eigenschaften `Grid.Column` und `Grid.Row` angeben, in welcher Zelle das Steuerelement liegt.
   B. **Richtig:** Dieses Beispiel zeigt, wie Sie die verknüpften Eigenschaften `Grid.Column` und `Grid.Row` richtig verwenden.
   C. **Falsch:** Für diese Schaltfläche sind keine Werte in `Grid.Column` oder `Grid.Row` eingetragen.
   D. **Falsch:** Sie müssen mit den verknüpften Eigenschaften `Grid.Column` und `Grid.Row` angeben, in welcher Zelle das Steuerelement liegt.
3. **Richtige Antwort: D**
   A. **Falsch:** Kontextmenüs können nicht in der Hierarchie der sichtbaren Objekte enthalten sein.
   B. **Falsch:** Bei diesem Aufbau müsste das Kontextmenü ein sichtbares untergeordnetes Objekt eines übergeordneten Elements sein. Kontextmenüs können aber nicht in der Hierarchie der sichtbaren Objekte enthalten sein.
   C. **Falsch:** Kontextmenüs müssen eine Instanz der Klasse `ContextMenu` sein, nicht der Klasse `Menu`.
   D. **Richtig:** Das Kontextmenü muss als Eigenschaft des Steuerelements definiert sein, mit dem es verknüpft ist.
4. **Richtige Antwort: C**
   A. **Falsch:** Elementsteuerelemente können eine Liste aus Elementen enthalten, deren Zahl nicht direkt begrenzt ist.
   B. **Falsch:** Elementsteuerelemente können eine Liste aus Elementen enthalten, deren Zahl nicht direkt begrenzt ist.

C. **Richtig:** Elementsteuerelemente können eine Liste aus Elementen enthalten, deren Zahl nicht direkt begrenzt ist.

D. **Falsch:** Alle Elementsteuerelemente können eine Liste aus Elementen enthalten, deren Zahl nicht direkt begrenzt ist.

5. **Richtige Antwort: C**

A. **Falsch:** Sie können zwar mit einem `Grid`-Steuerelement ein gleichförmiges Steuerelementlayout entwerfen, mit `UniformGrid` erreichen Sie dieses Ergebnis aber deutlich leichter.

B. **Falsch:** Sie können zwar mit einem `Canvas`-Steuerelement ein gleichförmiges Steuerelementlayout entwerfen, mit `UniformGrid` erreichen Sie dieses Ergebnis aber deutlich leichter.

C. **Richtig:** Das Steuerelement `UniformGrid` ordnet die Steuerelemente automatisch in einheitlichen Abständen an, ohne die `Margin`-Eigenschaften dieser Steuerelemente zu beachten.

D. **Falsch:** `WrapPanel` ordnet die Steuerelemente horizontal umbrochen an. Es garantiert nicht, dass ihre Abstände gleich sind.

6. **Richtige Antworten: A und C**

A. **Richtig:** Weil die Eigenschaften `Canvas.Right` und `Canvas.Bottom` den Wert 0 und die Eigenschaft `Margin` den Wert 20 haben, behält das `Button`-Steuerelement einen Abstand von 20 Einheiten zwischen seinen Rändern und dem rechten beziehungsweise unteren Rand des `Canvas`-Steuerelements bei.

B. **Falsch:** Weil den Eigenschaften `Canvas.Right` und `Canvas.Bottom` keine Werte zugewiesen sind, wird die Schaltfläche standardmäßig in der linken oberen Ecke angeordnet.

C. **Richtig:** Absolute Positionsangaben mit den verknüpften Eigenschaften `Canvas.Top`, `Canvas.Left`, `Canvas.Right` und `Canvas.Bottom` sind die bevorzugte Methode, um die Anordnung von Steuerelementen innerhalb eines `Canvas`-Steuerelements festzulegen.

D. **Falsch:** Weil der Randabstand in der Eigenschaft `Margin` den Wert 20 hat und auch den Eigenschaften `Canvas.Right` und `Canvas.Bottom` der Wert 20 zugewiesen ist, haben die Ränder der Schaltfläche einen Abstand von 40 Einheiten zu den Rändern des `Canvas`-Steuerelements.

Lektion 2

1. **Richtige Antwort: A**

A. **Richtig:** Dies ist eine richtig formatierte Pack-URI.

B. **Falsch:** Bei dieser URI sind `component` und `MyFolder` vertauscht.

C. **Falsch:** Der Assemblyname muss vor dem Strichpunkt stehen.

D. **Falsch:** Bei dieser URI ist der Ordnername nicht angegeben.

2. **Richtige Antwort: B**

A. **Falsch:** Die Einstellung *Eingebettete Ressource* bettet das Bild über eine andere Ressourcenverarbeitungstechnik ein, bei der es schwieriger ist, darauf zuzugreifen.

B. **Richtig:** Mit der Einstellung *Resource* kann das `Image`-Steuerelement über die Pack-URI-Syntax auf das Bild zugreifen.

C. **Falsch:** Bei der Einstellung *Keine* wird die Datei weder eingebettet noch in das Ausgabeverzeichnis kopiert.

D. **Falsch:** Mit der Einstellung *Inhalt* wird die Datei nicht eingebettet, sondern als ungebundene Datei kopiert.

3. **Richtige Antwort: D**

A. **Falsch:** `MediaElement` kann überhaupt nicht auf Ressourcen zugreifen.

B. **Falsch:** `MediaElement` kann überhaupt nicht auf Ressourcen zugreifen.

C. **Falsch:** Bei der Einstellung *Keine* wird die Datei weder eingebettet noch in das Ausgabeverzeichnis kopiert.

D. **Richtig:** Mit der Einstellung *Inhalt* kann das `MediaElement`-Objekt auf die Dateien zugreifen. Sie sollten außerdem die Eigenschaft *In Ausgabeverzeichnis kopieren* auf den Wert *Immer kopieren* setzen.

4. **Richtige Antwort: D**

A. **Falsch:** Weil diese `Brush`-Objekte in vielen Elementen benutzt werden, würde es viel Redundanz erzeugen, sie auf der Ebene der einzelnen Elemente zu definieren.

B. **Falsch:** Weil diese `Brush`-Objekte in allen Fenstern benutzt werden, würde es viel Redundanz erzeugen, sie auf der Ebene der einzelnen Fenster zu definieren.

C. **Falsch:** Wenn Sie die Ressourcen auf der Anwendungsebene definieren, können sie zwar in der gesamten Anwendung benutzt werden, aber nicht über mehrere Anwendungen hinweg.

D. **Richtig:** Indem Sie Ihre Ressourcen in einem Ressourcenwörterbuch definieren, können Sie die Datei von allen Anwendungen aus nutzen und die darin enthaltenen Ressourcen nach Bedarf auf Fenster- oder Anwendungsebene importieren.

5. **Richtige Antwort: D**

A. **Falsch:** Weil der Vordergrund als dynamische Ressource eingebunden ist, erkennt er, wenn sich die Ressource ändert, und wird grün. Und weil der Hintergrund als statische Ressource eingebunden ist und sich eine Eigenschaft des Pinsels ändert, der den Hintergrund zeichnet, erkennt die Ressource diese Änderung anhand der Änderungsbenachrichtigung. Daher wird der Hintergrund schwarz.

B. **Falsch:** Weil der Vordergrund als dynamische Ressource eingebunden ist, erkennt er, wenn sich die Ressource ändert, und wird grün. Außerdem wird der Hintergrund schwarz.

C. **Falsch:** Weil der Hintergrund als statische Ressource eingebunden ist und sich eine Eigenschaft des Pinsels ändert, der den Hintergrund zeichnet, erkennt die Ressource diese Änderung anhand der Änderungsbenachrichtigung. Daher wird der Hintergrund schwarz. Außerdem wird der Vordergrund grün.

D. **Richtig:** Weil der Vordergrund als dynamische Ressource eingebunden ist, erkennt er, wenn sich die Ressource ändert, und wird grün. Und weil der Hintergrund als statische Ressource eingebunden ist und sich eine Eigenschaft des Pinsels ändert, der den Hintergrund zeichnet, erkennt die Ressource diese Änderung anhand der Änderungsbenachrichtigung. Daher wird der Hintergrund schwarz.

Lektion 3

1. **Richtige Antwort: D**
   - A. **Falsch:** `Button1` verweist nicht auf einen Stil und definiert auch keinen explizit. Daher wird sein Hintergrund nicht von dem Stil beeinflusst, der in `Window.Resources` definiert ist.
   - B. **Falsch:** `Button1` verweist nicht auf einen Stil und definiert auch keinen explizit. Daher wird sein Hintergrund nicht von dem Stil beeinflusst, der in `Window.Resources` definiert ist.
   - C. **Falsch:** `Button1` verweist nicht auf einen Stil und definiert auch keinen explizit. Daher wird sein Hintergrund nicht von dem Stil beeinflusst, der in `Window.Resources` definiert ist.
   - D. **Richtig:** `Button1` verweist nicht auf einen Stil und definiert auch keinen explizit. Daher wird sein Hintergrund nicht von dem Stil beeinflusst, der in `Window.Resources` definiert ist. Der Hintergrund behält daher die Standardeinstellung.
2. **Richtige Antwort: C**
   - A. **Falsch:** Bei einem Mehrfachtrigger müssen alle Bedingungen erfüllt sein, damit er seine `Setter`-Elemente aktiviert.
   - B. **Falsch:** Bei einem Mehrfachtrigger müssen alle Bedingungen erfüllt sein, damit er seine `Setter`-Elemente aktiviert.
   - C. **Richtig:** Ein Mehrfachtrigger wird aktiv, wenn alle seine Bedingungen erfüllt sind.
   - D. **Falsch:** Bei einem Mehrfachtrigger müssen alle Bedingungen erfüllt sein, damit er seine `Setter`-Elemente aktiviert.
   - E. **Falsch:** Ein Mehrfachtrigger wird nur aktiv, wenn alle seine Bedingungen erfüllt sind.
3. **Richtige Antwort: C**
   - A. **Falsch:** Eine explizit zugewiesene Eigenschaft hat immer Vorrang gegenüber einer Eigenschaft, die von `Setter`-Elementen oder Triggern zugewiesen wird. Weil die Eigenschaft `Content` explizit festgelegt wird, wird *Schaltfläche* angezeigt.
   - B. **Falsch:** Eine explizit zugewiesene Eigenschaft hat immer Vorrang gegenüber einer Eigenschaft, die von `Setter`-Elementen oder Triggern zugewiesen wird. Weil die Eigenschaft `Content` explizit festgelegt wird, wird *Schaltfläche* angezeigt.
   - C. **Richtig:** Eine explizit zugewiesene Eigenschaft hat immer Vorrang gegenüber einer Eigenschaft, die von `Setter`-Elementen oder Triggern zugewiesen wird. Weil die Eigenschaft `Content` explizit festgelegt wird, wird *Schaltfläche* angezeigt.
   - D. **Falsch:** Eine explizit zugewiesene Eigenschaft hat immer Vorrang gegenüber einer Eigenschaft, die von `Setter`-Elementen oder Triggern zugewiesen wird. Weil die Eigenschaft `Content` explizit festgelegt wird, wird *Schaltfläche* angezeigt.

Kapitel 1: Übung mit Fallbeispiel

Übung mit Fallbeispiel 1: Anzeigen eines Börsentickers

1. Weil das Steuerelement für den Börsenticker breit, aber nicht hoch ist, ist ein `StatusBar`-Steuerelement die logische Wahl, um diese Informationen anzuzeigen. Die Steuerelemente, mit denen die Anwendung konfiguriert wird, können in einem `ToolBar`-Steuerelement untergebracht werden.
2. Es stehen mehrere Layoutsteuerelemente zur Auswahl, um das Layout zu erstellen. Ein `Grid` ist die erste Wahl. Indem Sie mehrere Tabellenzeilen anlegen, können Sie festlegen, wo und wie jedes Steuerelement angeordnet wird. Möglicherweise ist aber `DockPanel` besser geeignet. Wenn Sie `DockPanel.LastChildFill` auf `True` setzen und das Diagramm-Steuerelement zuletzt hinzufügen, können Sie die `ToolBar`- und `StatusBar`-Steuerelemente an den Rändern andocken, den übrigen Platz mit dem Diagramm ausfüllen und dem Benutzer sogar die Möglichkeit bieten, das Layout während der Laufzeit umzustellen, indem er das `ToolBar`-Steuerelement an einem anderen Rand andockt.

Übung mit Fallbeispiel 2: Fußballfieber

Es gibt mehrere Ansätze, dieses Problem zu lösen. Am sinnvollsten ist es wahrscheinlich, einen Stil für die Elemente in Ihrer Benutzeroberfläche zu erstellen, der das jeweils passende Farbschema definiert. Der Stil sollte `Setter`-Elemente umfassen, um das Farbschema des Objekts einzustellen. Der Wert der `Setter`-Objekte sollte an den Wert der Dropdownliste gebunden werden. Mit einem selbst entwickelten Konverter können Sie nun abhängig vom Inhalt der Dropdownliste die passenden `Brush`-Objekte für den Stil zurückgeben.

Kapitel 2: Lernzielkontrolle

Lektion 1

1. **Richtige Antwort: B**
   - A. **Falsch:** In diesem Beispiel ist keine Methode namens `button1_Click` als Handler für das `Click`-Ereignis von `button1` definiert.
   - B. **Richtig:** `Click` ist ein Bubbling-Ereignis, daher wird zuerst `stackPanel1_Click` ausgeführt.
   - C. **Falsch:** `Click` ist ein Bubbling-Ereignis, daher wird zuerst `stackPanel1_Click` ausgeführt.
   - D. **Falsch:** `Click` ist ein Bubbling-Ereignis, daher wird zuerst `stackPanel1_Click` ausgeführt.
2. **Richtige Antwort: B**
   - A. **Falsch:** `MouseDown` ist ein Bubbling-Ereignis. Es wird daher nach den entsprechenden Tunneling-Ereignissen ausgelöst, die mit dem Wort »Preview« beginnen.
   - B. **Richtig:** `PreviewMouseDown` ist ein Tunneling-Ereignis. Es wird daher zuerst von den Steuerelementen ausgelöst, die in der Oberflächenhierarchie weiter oben stehen.

C. **Falsch:** Weil das StackPanel-Steuerelement im Grid-Steuerelement liegt, wird PreviewMouseDown zuerst vom Grid-Steuerelement ausgelöst.

D. **Falsch:** Click ist ein Bubbling-Ereignis. Daher wird es erst ausgelöst, nachdem alle Preview-Ereignisse ausgelöst wurden.

3. **Richtige Antwort: A**

A. **Richtig:** Das Ereignis Activated wird ausgelöst, sobald das Fenster zum ersten Mal erscheint, und dann jedes Mal, wenn es aktiviert wird. Daher müssen Sie dieses Ereignis behandeln.

B. **Falsch:** Dieses Ereignis führt nur Code aus, wenn die Anwendung startet.

C. **Falsch:** Das Ereignis Activated wird ausgelöst, sobald das Fenster zum ersten Mal erscheint, und dann jedes Mal, wenn es aktiviert wird. Es ist nicht nötig, zusätzlich das Ereignis Startup zu behandeln.

D. **Falsch:** Diese Ereignisse führen Code aus, wenn die Anwendung gestartet wird, und dann jedes Mal, wenn das Fenster den Fokus verliert.

Lektion 2

1. **Richtige Antworten: A, B, D und F**

A. **Richtig:** Sie müssen für jeden Befehl, den Sie registrieren, eine neue Instanz von CommandBinding anlegen.

B. **Richtig:** Die Eigenschaft CommandBinding.Command legt fest, welcher Befehl verbunden werden soll.

C. **Falsch:** Für einen Befehl braucht nicht unbedingt eine Eingabeaktion registriert zu werden.

D. **Richtig:** Wird das Ereignis CommandBinding.Executed nicht behandelt, wird kein Code ausgeführt, wenn der Benutzer den Befehl wählt.

E. **Falsch:** Wenn Sie das Ereignis CanExecute behandeln, können Sie festlegen, wann der Befehl nicht zur Verfügung steht. Das ist aber nicht unbedingt nötig, um einen Befehl zu registrieren.

F. **Richtig:** Sie müssen das CommandBinding-Objekt zu einer der CommandBindings-Auflistungen hinzufügen, damit der Befehl registriert wird.

2. **Richtige Antwort: C**

A. **Falsch:** CanExecute ist eine Methode, keine Eigenschaft. Sie können ihr keinen Wert zuweisen.

B. **Falsch:** Sie müssen der Methode Execute ein Zielelement übergeben, in dem die Runtime nach einem passenden CommandBinding-Objekt sucht.

C. **Richtig:** Sie rufen die Methode Execute des Befehls auf, um den Befehl auszuführen. Dabei übergeben Sie das benötigte Argument und das Steuerelement, dem der Befehl gehört.

D. **Falsch:** Die Klasse Window hat keine Methode namens CanExecute.

Lektion 3

1. **Richtige Antwort: D**
   - A. **Falsch:** Weil der Eigenschaft `RepeatBehavior` eine Zeitspanne zugewiesen ist, wird die Animation so lange wiederholt, wie hier angegeben. Die Zeitspanne beträgt 1 Minute, und die Animation dauert 15 Sekunden. Daher wird sie nach dem ersten Durchlauf dreimal wiederholt.
   - B. **Falsch:** Weil der Eigenschaft `RepeatBehavior` eine Zeitspanne zugewiesen ist, wird die Animation so lange wiederholt, wie hier angegeben. Die Zeitspanne beträgt 1 Minute, und die Animation dauert 15 Sekunden. Daher wird sie nach dem ersten Durchlauf dreimal wiederholt.
   - C. **Falsch:** Weil der Eigenschaft `RepeatBehavior` eine Zeitspanne zugewiesen ist, wird die Animation so lange wiederholt, wie hier angegeben. Die Zeitspanne beträgt 1 Minute, und die Animation dauert 15 Sekunden. Daher wird sie nach dem ersten Durchlauf dreimal wiederholt.
   - D. **Richtig:** Weil der Eigenschaft `RepeatBehavior` eine Zeitspanne zugewiesen ist, wird die Animation so lange wiederholt, wie hier angegeben. Die Zeitspanne beträgt 1 Minute, und die Animation dauert 15 Sekunden. Daher wird sie nach dem ersten Durchlauf dreimal wiederholt.
2. **Richtige Antwort: D**
   - A. **Falsch:** Weil `FillBehavior` den Standardwert `HoldEnd` hat, bleibt der letzte Wert der Animation erhalten, nachdem die Animation abgeschlossen ist. Weil sowohl der Eigenschaft `To` als auch der Eigenschaft `By` Werte zugewiesen sind, wird der Wert der Eigenschaft `By` ignoriert.
   - B. **Falsch:** Weil `FillBehavior` den Standardwert `HoldEnd` hat, bleibt der letzte Wert der Animation erhalten, nachdem die Animation abgeschlossen ist. Weil sowohl der Eigenschaft `To` als auch der Eigenschaft `By` Werte zugewiesen sind, wird der Wert der Eigenschaft `By` ignoriert.
   - C. **Falsch:** Weil `FillBehavior` den Standardwert `HoldEnd` hat, bleibt der letzte Wert der Animation erhalten, nachdem die Animation abgeschlossen ist. Weil sowohl der Eigenschaft `To` als auch der Eigenschaft `By` Werte zugewiesen sind, wird der Wert der Eigenschaft `By` ignoriert.
   - D. **Richtig:** Weil `FillBehavior` den Standardwert `HoldEnd` hat, bleibt der letzte Wert der Animation erhalten, nachdem die Animation abgeschlossen ist. Weil sowohl der Eigenschaft `To` als auch der Eigenschaft `By` Werte zugewiesen sind, wird der Wert der Eigenschaft `By` ignoriert.

Kapitel 2: Übung mit Fallbeispiel

Übung mit Fallbeispiel 1: Überprüfen der Benutzereingaben

Der Schlüssel, um diese Anforderungen zu implementieren, sind Routingereignisse. Weil alle `TextBox`-Steuerelemente in diesem Formular in einem `Grid`- oder einem anderen Layoutsteuerelement liegen, können Sie die Gültigkeitsregeln durchsetzen, indem Sie das Ereignis `PreviewKeyDown` behandeln. Weil `PreviewKeyDown` ein Tunneling-Ereignis ist, wird es vom

Layoutsteuerelement ausgelöst, bevor andere Ereignisse von den `TextBox`-Steuerelementen ausgelöst werden. Sie haben daher die Möglichkeit, ungültige Eingaben zu blockieren, bevor sie in der Benutzeroberfläche erscheinen. Die globalen Gültigkeitsregeln können direkt angewendet werden. Die individuellen Gültigkeitsregeln für die einzelnen Textfelder können Sie anhand der Eigenschaft `e.Source` anwenden, die angibt, in welchem Steuerelement das Ereignis aufgetreten ist.

Übung mit Fallbeispiel 2: Benutzeroberfläche für Humongous Insurance

Einen Großteil dieser Funktionen können Sie mit Befehlen implementieren. Auf diese Weise können Sie der Eigenschaft `Command` jedes Menüelements einen Befehl zuweisen. Ob ein Befehl zur Verfügung steht, wird vom Handler des Ereignisses `CanExecute` ermittelt. Bei Bedarf wird das entsprechende Menüelement deaktiviert. Zugriffstasten und Mauseingabeaktionen können zur `InputGestures`-Auflistung des Befehls hinzugefügt werden. Sie werden ebenfalls deaktiviert, wenn der Befehl nicht verfügbar ist.

Um die `TextBox`-Steuerelemente automatisch auszufüllen, können Sie das Ereignis `TextBox.KeyDown` behandeln. In diesem Ereignis können Sie testen, ob die passenden Tasten gedrückt wurden, und den Eintrag daraufhin automatisch ergänzen.

Kapitel 3: Lernzielkontrolle

Lektion 1

1. **Richtige Antwort: B**
   A. **Falsch:** Damit die Koordinaten des gezeichneten Steuerelements gleich bleiben, müssen Sie die Eigenschaft `RenderTransformOrigin` auf `.5,.5` setzen.
   B. **Richtig:** Sie müssen die Eigenschaft `ScaleY` auf den Wert `-1` und die Eigenschaft `RenderTransformOrigin` auf `.5,.5` setzen, um den beschriebenen Effekt zu erzielen.
   C. **Falsch:** Sie müssen die Eigenschaft `ScaleY` auf `-1` setzen, nicht `ScaleX`. Außerdem müssen Sie die Eigenschaft `RenderTransformOrigin` auf `.5,.5` setzen, damit die Koordinaten des gezeichneten Steuerelements gleich bleiben.
   D. **Falsch:** Sie müssen die Eigenschaft `ScaleY` auf `-1` setzen, nicht `ScaleX`.
2. **Richtige Antwort: D**
   A. **Falsch:** Wenn den Eigenschaften `StartPoint` und `EndPoint` kein Wert zugewiesen ist, haben sie die Standardwert (0,0) beziehungsweise (1,1). Damit entsteht ein diagonaler Farbverlauf.
   B. **Falsch:** Dieses Beispiel erzeugt einen horizontalen Farbverlauf.
   C. **Falsch:** Dieses Beispiel erzeugt einen horizontalen Farbverlauf. Außerdem geht der Verlauf von Gelb zu Rot, nicht umgekehrt.
   D. **Richtig:** Wenn `StartPoint` bei (1,0) und `EndPoint` bei (1,1) liegen, ist der Farbverlauf vertikal.

Lektion 2

1. **Richtige Antwort: C**
   A. **Falsch:** Weil `MediaElement`-Elemente keine Ausnahmen auslösen, kann ein `Try…Catch`-Block sie niemals abfangen.
   B. **Falsch:** `MediaElement`-Elemente lösen zwar keine Ausnahmen aus, aber wenn sie Fehler beim Laden von Mediendateien einfach ignorieren, ist das für die Benutzer verwirrend, möglicherweise sogar ärgerlich.
   C. **Richtig:** `MediaElement` löst zwar keine Ausnahmen aus, Sie können aber über die Ereignisargumente auf die ursprüngliche Ausnahme zugreifen, die beim Ladefehler ausgelöst wurde. Anschließend können Sie den Benutzer benachrichtigen oder andere Aktionen ausführen.
   D. **Falsch:** Das Ereignis `MediaOpened` wird erst ausgelöst, nachdem die Mediendatei geöffnet wurde. Daher wird es nur ausgelöst, wenn kein Problem auftritt.
2. **Richtige Antwort: D**
   A. **Falsch:** `SoundPlayer` ist manchmal die richtige Wahl, aber wenn Ihre Anwendung Lautstärke oder Balance steuern muss, stehen dafür keine Elemente zur Verfügung.
   B. **Falsch:** `MediaPlayer` ist manchmal die richtige Wahl, aber wenn Sie einen Sound als Aktion abspielen oder ein möglichst schlankes Audioelement brauchen, ist `SoundPlayer` besser geeignet.
   C. **Falsch:** `MediaElement` spielt zwar Audiodateien ab, aber `MediaPlayer` oder `SoundPlayer` sind besser geeignet, weil sie keine sichtbare Oberfläche haben.
   D. **Richtig:** Abhängig von den Anforderungen der Anwendung sind entweder `SoundPlayer` oder `MediaPlayer` besser geeignet.

Kapitel 3: Übung mit Fallbeispiel

Übung mit Fallbeispiel: Das Unternehmen mit zweifelhaftem Geschmack

1. Der rein schwarz-weiße Hintergrund ist offensichtlich kein Problem, Sie brauchen dafür lediglich die richtigen Eigenschaften einzustellen. Die Benutzereingabe in Batikfarben ist schon etwas komplexer, sollte aber auch kein unüberwindliches Problem sein. Sie erzielen diesen Effekt, indem Sie ein `RadialGradientBrush`-Objekt anlegen, das die richtige Mischung von Farben definiert, und der Eigenschaft `Foreground` aller Benutzereingabesteuerelemente diesen Pinsel zuweisen.
2. Sie können das Video in Form eines tanzenden Bären präsentieren, indem Sie ein `MediaElement`-Element zur Anwendung hinzufügen und der Eigenschaft `Clip` das `Path`-Objekt des Grafikers zuweisen. Weil der Kunde das Video endlos abspielen will, sollten Sie das Ereignis `MediaElement.MediaEnded` behandeln und darin die Mediendatei neu starten, sobald ihr Ende erreicht ist.

Kapitel 4: Lernzielkontrolle

Lektion 1

1. **Richtige Antwort: D**

   A. **Falsch:** Es gibt in der Klasse `Form` keine Methode namens `CreateForm`. Eine neue Instanz legen Sie mit dem Schlüsselwort `New` an.

   B. **Falsch:** Sie müssen die neue Instanz von `Form1` mit dem Schlüsselwort `New` anlegen, bevor Sie Methoden dieser Instanz aufrufen können.

   C. **Falsch:** `myForm` wurde nicht deklariert und Sie können einer Instanzvariablen keine Klasse zuordnen (allerdings gibt in Microsoft Visual Basic `"Form1"` die Standardinstanz von `Form1` zurück).

   D. **Richtig:** `myForm` wird richtig deklariert und es wird eine Instanz davon angelegt.

2. **Richtige Antwort: A**

   A. **Richtig:** Alle Eigenschaften bekommen die richtigen Werte zugewiesen.

   B. **Falsch:** Sie müssen der Eigenschaft `FormBorderStyle` ein Member der Enumeration `FormBorderStyle` zuweisen, keine Zeichenfolge.

   C. **Falsch:** Sie müssen der Eigenschaft `Opacity` einen Wert zwischen `0` und `1` zuweisen, keine Zeichenfolge. Außerdem müssen Sie der Eigenschaft `Size` des Formulars eine neue Instanz der Struktur `Size` zuweisen.

   D. **Falsch:** Sie müssen der Eigenschaft `Opacity` einen Wert zwischen `0` und `1` zuweisen, keine Zeichenfolge.

3. **Richtige Antwort: C**

   A. **Falsch:** Die Klasse `Button` hat keine Methode namens `SetFlowBreak`.

   B. **Falsch:** Umbrüche werden von `FlowLayoutPanel` festgelegt, nicht vom untergeordneten Steuerelement.

   C. **Richtig:** Mit der Methode `SetFlowBreak` fügen Sie einen Umbruch ein.

   D. **Falsch:** Sie können auf untergeordnete Steuerelemente nicht als Member eines Containersteuerelements zugreifen.

4. **Richtige Antwort: D**

   A. **Falsch:** Das Steuerelement `TableLayoutPanel` eignet sich am besten, um Steuerelemente in Tabellenform zu organisieren. Es kann zwar sinnvoll sein, damit einen kleinen Satz Eigenschaften zu verwalten, es eignet sich aber nicht, um mehrere Gruppen zu untergliedern.

   B. **Falsch:** Das Steuerelement `FlowLayoutPanel` eignet sich am besten, um Steuerelemente zu organisieren, die sich bei einer Größenänderung des Steuerelements selbstständig neu anordnen. Es eignet sich aber nicht, um mehrere Gruppen mit Steuerelementen anzuzeigen.

   C. **Falsch:** Das Steuerelement `GroupBox` eignet sich am besten, um Optionsschaltflächen anzuzeigen, mit denen der Benutzer eine Möglichkeit aus zwei oder mehr Optionen auswählt.

   D. **Richtig:** Das Steuerelement `TabControl` eignet sich am besten, um zusammengehörige Steuerelemente in Gruppen zusammenzufassen.

5. **Richtige Antworten: A, B, C und D**
   - A. **Richtig:** Alle diese Methoden sind möglich. Sie können ein Steuerelement in der Toolbox auswählen und dann doppelt auf das Formular klicken.
   - B. **Richtig:** Alle diese Methoden sind möglich. Sie können ein Steuerelement in der Toolbox auswählen und dann in der gewünschten Größe auf dem Formular zeichnen.
   - C. **Richtig:** Alle diese Methoden sind möglich. Sie können in der Toolbox doppelt auf das Steuerelement klicken.
   - D. **Richtig:** Alle diese Methoden sind möglich. Sie können das Steuerelement in der Toolbox auswählen und es auf das Formular ziehen.
6. **Richtige Antwort: B**
   - A. **Falsch:** Sie können keinen Typ in die Auflistung `Controls` einfügen. Sie müssen erst eine Instanz des Steuerelements anlegen.
   - B. **Richtig:** Sie müssen erst eine Instanz des Steuerelements anlegen, die Sie dann zur Auflistung `Controls` des Formulars hinzufügen.
   - C. **Falsch:** Die Methode `Add` ist ein Member der Auflistung `Form.Controls`, nicht von `Form` selbst.
   - D. **Falsch:** Die Methode `Add` ist ein Member der Auflistung `Form.Controls`, nicht von `Form` selbst.
7. **Richtige Antwort: D**
   - A. **Falsch:** Es ist nicht möglich, Panels zu einem `SplitContainer`-Steuerelement hinzuzufügen. Daher können Sie nicht die Methode `Controls.Add` aufrufen, um ein neues Panel hinzuzufügen.
   - B. **Falsch:** Es ist nicht möglich, Panels zu einem `SplitContainer`-Steuerelement hinzuzufügen. Daher können Sie nicht die Methode `Controls.Add` aufrufen, um ein neues `SplitterPanel`-Steuerelement hinzuzufügen.
   - C. **Falsch:** Es ist nicht möglich, Panels zu einem `SplitContainer`-Steuerelement hinzuzufügen. Daher können Sie nicht die Methode `Add` aufrufen, um ein neues `SplitterPanel`-Steuerelement hinzuzufügen.
   - D. **Richtig:** Es ist nicht möglich, neue Panels zu einem `SplitContainer`-Steuerelement hinzuzufügen. Sie können aber neue Panels zu den einzelnen `SplitterPanel`-Steuerelementen hinzufügen.

Lektion 2

1. **Richtige Antworten: A und D**
   - A. **Richtig:** Sie können die Größe eines Steuerelements ändern, indem Sie seinen Rand mit der Maus verschieben.
   - B. **Falsch:** Sie können einzelne Steuerelemente nicht im Menü *Ansicht* bearbeiten.
   - C. **Falsch:** Smarttags erscheinen nicht bei allen Steuerelementen. Selbst wenn sie vorhanden sind, können Sie damit im Allgemeinen nicht die Größe des Steuerelements ändern.
   - D. **Richtig:** Sie können die Eigenschaft `Size` direkt im Eigenschaftenfenster bearbeiten.

2. **Richtige Antworten: A, B und C**
   A. **Richtig:** Sie können die Eigenschaft `Location` im Eigenschaftenfenster ändern.
   B. **Richtig:** Die Steuerelemente mit der Maus zu packen und zu verschieben, ist die intuitivste Methode, die Position von Steuerelementen festzulegen.
   C. **Richtig:** In der Layoutsymbolleiste können Sie die Anordnung und Ausrichtung von Steuerelementen auf Ihrem Formular festlegen.
   D. **Falsch:** Es gibt kein Fenster namens *Position*.
3. **Richtige Antwort: C**
   A. **Falsch:** Das Steuerelement hält einen gleichmäßigen Abstand vom oberen Rand.
   B. **Falsch:** Das Steuerelement hält jeweils einen gleichmäßigen Abstand vom oberen und unteren Rand.
   C. **Richtig:** Das Steuerelement ist nicht an einem Rand verankert und wird passend verschoben, wenn sich die Größe des Formulars ändert.
   D. **Falsch:** Das Steuerelement hält jeweils einen gleichmäßigen Abstand vom rechten und linken Rand.
4. **Richtige Antwort: B**
   A. **Falsch:** Diese Einstellung dockt das Steuerelement am oberen Rand des Formulars oder Containersteuerelements an.
   B. **Richtig:** Der Wert `Fill` bewirkt, dass das Steuerelement das Formular oder Containersteuerelement ausfüllt.
   C. **Falsch:** Sie dürfen der Eigenschaft `Dock` nur einen einzigen Wert zuweisen. Der Wert `Top, Left, Right, Bottom` ist ungültig.
   D. **Falsch:** Mit der Eigenschaft `Anchor` können Sie ein Formular oder Containersteuerelement nicht ausfüllen.
5. **Richtige Antworten: A und C**
   A. **Richtig:** Das Ereignis `Click` wird ausgelöst, wenn der Benutzer mit der linken Maustaste klickt oder bestimmte Tastatureingaben ausführt, während die Schaltfläche den Fokus hat.
   B. **Falsch:** Das Ereignis `LinkClicked` gibt es im Steuerelement `LinkLabel`, aber nicht im Steuerelement `Button`.
   C. **Richtig:** Das Ereignis `MouseDown` wird ausgelöst, wenn der Benutzer irgendeine Maustaste drückt.
   D. **Falsch:** Das Ereignis `MouseOver` wird nicht beim Betätigen einer Maustaste ausgelöst.
6. **Richtige Antwort: D**
   A. **Falsch:** Die Eigenschaft `FlatAppearance.MouseOverBackColor` steuert die Hintergrundfarbe der Schaltfläche, während sich der Mauszeiger über der Schaltfläche befindet.
   B. **Falsch:** Die Eigenschaft `FlatAppearance.MouseDownBackColor` steuert die Hintergrundfarbe der Schaltfläche, während der Benutzer die Schaltfläche mit der Maus anklickt.
   C. **Falsch:** Die Eigenschaft `FlatAppearance.BorderSize` legt die Breite des Rands fest, wenn `FlatStyle` den Wert `Flat` hat.
   D. **Richtig:** Das Aussehen des Textes ändert sich nicht, wenn die Eigenschaft `FlatStyle` den Wert `Flat` hat.

7. **Richtige Antworten: A, B und C**
   A. **Richtig:** Sie müssen der Eigenschaft `TabIndex` einen passenden Wert zuweisen.
   B. **Richtig:** Sie müssen der Eigenschaft `UseMnemonic` den Wert `True` zuweisen.
   C. **Richtig:** Sie müssen in die Eigenschaft `Text` ein &-Zeichen einfügen, um die Zugriffstaste zu definieren.
   D. **Falsch:** Die Eigenschaft `CausesValidation` wird nicht gebraucht, um eine Zugriffstaste zu erzeugen.
8. **Richtige Antwort: D**
   A. **Falsch:** Über die Eigenschaft `Multiline` legen Sie fest, ob mehrere Zeilen eingegeben und angezeigt werden können. Sie hat aber keine Auswirkung auf die tatsächliche Länge der Texteingabe.
   B. **Falsch:** Die Eigenschaft `WordWrap` legt fest, wie Text in einem mehrzeiligen Textfeld angezeigt wird. Sie hat aber keine Auswirkung auf die maximale Länge der Texteingabe.
   C. **Falsch:** Die Eigenschaft `ScrollBars` steuert, ob Schiebeleisten angezeigt werden. Sie hat aber keine Auswirkung auf die maximale Länge der Texteingabe.
   D. **Richtig:** Die Eigenschaft `MaxLength` ist die einzige Eigenschaft, die sich auf die maximale Länge der Eigenschaft `Text` auswirkt.
9. **Richtige Antwort: C**
   A. **Falsch:** Das Zeichen »9« steht für ein optionales numerisches Zeichen im `MaskedTextBox`-Steuerelement. Alle Einträge für die Sozialversicherungsnummer müssen erforderlich sein.
   B. **Falsch:** Das Zeichen »9« steht für ein optionales numerisches Zeichen im `MaskedTextBox`-Steuerelement. Alle Einträge für die Sozialversicherungsnummer müssen erforderlich sein. Außerdem steht der Schrägstrich (/) für ein Datumstrennzeichen, es wird in diesem Fall nicht verwendet.
   C. **Richtig:** Das Zeichen »0« steht für ein erforderliches numerisches Zeichen. Außerdem ist der Bindestrich (-) das passende Literalzeichen für die beschriebene Sozialversicherungsnummer.
   D. **Falsch:** Der Schrägstrich (/) steht für ein Datumstrennzeichen, es wird in diesem Fall nicht verwendet. Der Bindestrich (-) ist das richtige Literalzeichen.
10. **Richtige Antwort: B**
   A. **Falsch:** Wenn die Eigenschaft `CutCopyMaskFormat` den Wert `ExcludePromptAndLiterals` hat, wird das Bindestrichzeichen ausgenommen. Wenn die Eigenschaft `TextMaskFormat` den Wert `IncludeLiterals` hat, wird der Bindestrich nicht aus der Eigenschaft `Text` ausgeschlossen.
   B. **Richtig:** Die Eigenschaft `CutCopyMaskFormat` sollte den Wert `IncludeLiterals` haben, damit die Literalzeichen aufgenommen werden. Und die Eigenschaft `TextMaskFormat` sollte den Wert `ExcludePromptAndLiterals` haben, damit alles außer der Benutzereingabe ausgeschlossen wird.
   C. **Falsch:** Wenn die Eigenschaft `CutCopyMaskFormat` den Wert `ExcludePromptAndLiterals` hat, wird das Bindestrichzeichen ausgenommen. Wenn die Eigenschaft `TextMaskFormat` den Wert `IncludePrompt` hat, wird der Bindestrich aus der Eigenschaft `Text` aus-

geschlossen, aber alle Eingabeaufforderungszeichen, die im `MaskedTextBox`-Steuerelement stehen, werden ebenfalls in die Eigenschaft `Text` aufgenommen.

D. **Falsch:** Wenn die Eigenschaft `TextMaskFormat` den Wert `IncludeLiterals` hat, wird der Bindestrich nicht aus der Eigenschaft `Text` ausgeschlossen.

Lektion 3

1. **Richtige Antworten: B und C**

   A. **Falsch:** Die Methode `IndexOf` gibt den Index eines Objekts zurück, dessen Verweis Sie übergeben. Sie ermittelt aber nicht die ausgewählten Objekte.

   B. **Richtig:** Die Eigenschaft `SelectedIndex` gibt den Index des ausgewählten Elements zurück. Wenn mehrere Elemente ausgewählt sind, gibt diese Eigenschaft den Index irgendeines dieser Elemente zurück.

   C. **Richtig:** Die Eigenschaft `SelectedIndices` gibt die Indizes aller ausgewählten Elemente zurück.

   D. **Falsch:** Die Methode `Select` wählt ein Objekt im `ListBox`-Steuerelement aus. Sie ermittelt aber nicht, welches Objekt ausgewählt ist.

2. **Richtige Antwort: D**

   A. **Falsch:** Die Methode `Items.Add` fügt das angegebene Element zur Auflistung `Items` hinzu.

   B. **Falsch:** Die Methode `Items.Insert` fügt das angegebene Element am angegebenen Index zur Auflistung `Items` hinzu.

   C. **Falsch:** Die Methode `Items.AddRange` kann benutzt werden, um ein Array mit Objekten zur Auflistung `Items` hinzuzufügen.

   D. **Richtig:** Die Methode `Items.Contains` ermittelt, ob die Auflistung das angegebene Element enthält. Sie fügt keine Elemente zur Auflistung hinzu.

3. **Richtige Antwort: C**

   A. **Falsch:** Wenn Sie der Eigenschaft `View` den Wert `LargeIcon` zuweisen, zeigt das `ListView`-Steuerelement die Elemente zusammen mit ihren großen Symbolen an.

   B. **Falsch:** Wenn Sie der Eigenschaft `View` den Wert `Details` zuweisen, zeigt das `ListView`-Steuerelement die Elemente zusammen mit ihren zugehörigen Unterelementen an.

   C. **Richtig:** Die Eigenschaft `ListView` steht nicht zur Verfügung, um hierarchische Daten anzuzeigen. Um hierarchisch strukturierte Elemente anzuzeigen, können Sie das Steuerelement `TreeView` verwenden.

   D. **Falsch:** Wenn Sie der Eigenschaft `View` den Wert `SmallIcon` zuweisen, zeigt das `ListView`-Steuerelement die Elemente zusammen mit ihren kleinen Symbolen an.

4. **Richtige Antworten: B und E**

   A. **Falsch:** Die Eigenschaft `Checked` kann nur die Werte `True` oder `False` haben. Die Eigenschaft `CheckState` können Sie allerdings auf den Wert `Checked` setzen.

   B. **Richtig:** Die Eigenschaft `Checked` kann nur die Werte `True` oder `False` haben.

   C. **Falsch:** Die Eigenschaft `Checked` kann nur die Werte `True` oder `False` haben. Die Eigenschaft `CheckState` können Sie allerdings auf den Wert `Indeterminate` setzen.

D. **Falsch:** Die Eigenschaft `Checked` kann nur die Werte `True` oder `False` haben. Die Eigenschaft `CheckState` können Sie allerdings auf den Wert `Unchecked` setzen.

E. **Richtig:** Die Eigenschaft `Checked` ist ein boolescher Wert, sie kann nur die Werte `True` oder `False` haben.

F. **Falsch:** Die Eigenschaft `Checked` kann nur die Werte `True` oder `False` haben. Keine Eigenschaft des Steuerelements `CheckBox` kann den Wert `NotChecked` annehmen.

5. **Richtige Antworten: A, C und D**

A. **Richtig:** Die Eigenschaft `MaxSelectionCount` legt fest, wie viele Tage der Benutzer in der Eigenschaft `SelectionRange` auswählen darf.

B. **Falsch:** Der Eigenschaft `SelectionRange` wird ein neuer Wert zugewiesen, wenn der Benutzer Tage auswählt. Wenn Sie dieser Eigenschaft daher während des Entwurfs einen Wert zuweisen, erfüllt das nicht die gestellte Aufgabe.

C. **Richtig:** Die Eigenschaft `MaxDate` legt das späteste Datum fest, das der Benutzer auswählen darf. Wenn Sie daher den letzten Tag des jeweiligen Monats in diese Eigenschaft eintragen, kann der Benutzer kein Datum auswählen, das nach diesem Tag kommt.

D. **Richtig:** Die Eigenschaft `MinDate` legt das früheste Datum fest, das der Benutzer auswählen darf. Wenn Sie daher den ersten Tag des jeweiligen Monats in diese Eigenschaft eintragen, kann der Benutzer kein Datum auswählen, das vor diesem Tag liegt.

6. **Richtige Antworten: C und D**

A. **Falsch:** Die Eigenschaft `Image` weist dem Steuerelement direkt ein Bild zu. Sie können ihr kein `ImageList`-Objekt zuweisen.

B. **Falsch:** Die Eigenschaft `ImageKey` enthält eine Zeichenfolge, die der Schlüssel für das Bild im zugehörigen `ImageList`-Objekt ist. Sie können der Eigenschaft `ImageKey` kein Bildobjekt zuweisen.

C. **Richtig:** Sie können der Eigenschaft `ImageList` des Steuerelements das `ImageList`-Objekt zuweisen und dann in die Eigenschaft `ImageIndex` den Index des gewünschten Bilds aus der Auflistung `ImageList.Items` eintragen.

D. **Richtig:** Sie können der Eigenschaft `ImageList` des Steuerelements das `ImageList`-Objekt zuweisen und dann in die Eigenschaft `ImageKey` den Schlüssel des gewünschten Bilds aus der Auflistung `ImageList.Items` eintragen.

Lektion 4

1. **Richtige Antwort: C**

A. **Falsch:** `ToolStripMenuItem`-Steuerelemente haben keine Eigenschaft namens `UseMnemonic`. Sie erstellen die Zugriffstasten automatisch, wenn vor einem Zeichen das Symbol »&« steht.

B. **Falsch:** `ToolStripMenuItem`-Steuerelemente haben keine Eigenschaft namens `AccessKeys`. Sie erstellen die Zugriffstasten automatisch, wenn vor einem Zeichen das Symbol »&« steht.

C. **Richtig:** `ToolStripMenuItem`-Steuerelemente erstellen Zugriffstasten automatisch, wenn vor einem Zeichen das Symbol »&« steht.

D. **Falsch:** Die Eigenschaft `ShortcutKeys` definiert eine Tastenkombination, die direkten Zugriff auf den Befehl ermöglicht. Zugriffstasten werden definiert, indem Sie in der Eigenschaft `Text` das Symbol »&« vor dem gewünschten Zeichen einfügen.

2. **Richtige Antwort: D**

   A. **Falsch:** `ToolStripManager` enthält keine `Menus`-Auflistung.

   B. **Falsch:** Die Methode `ToolStripManager.Merge` dient dazu, zwei Symbolleisten oder Menüleisten zusammenzuführen. Sie fügt kein Menü zu einem Formular hinzu.

   C. **Falsch:** `ToolStripManager` hat keine `Controls`-Auflistung.

   D. **Richtig:** Sie fügen ein Menü zu einem Formular hinzu, indem Sie es zur `Controls`-Auflistung des Formulars hinzufügen.

3. **Richtige Antwort: A**

   A. **Richtig:** Sie brauchen ein Kontextmenü lediglich in die Eigenschaft `ContextMenuStrip` eines Steuerelements einzutragen, um das Kontextmenü zu aktivieren.

   B. **Falsch:** Steuerelemente haben keine Eigenschaft namens `ShowPopUp`.

   C. **Falsch:** `ContextMenuStrip`-Steuerelemente haben keine Methode namens `ShowPopUp`.

   D. **Falsch:** `ContextMenuStrip`-Steuerelemente haben keine Eigenschaft namens `Control`.

4. **Richtige Antwort: B**

   A. **Falsch:** Die Klasse `ToolStrip` hat keine Methode namens `Merge`. Sie müssen die Klasse `ToolStripManager` verwenden.

   B. **Richtig:** Sie verwenden die statische Klasse `ToolStripManager`, um Symbolleisten zusammenzuführen.

   C. **Falsch:** Die Klasse `ToolStripManager` ist statisch, daher können Sie keine Instanz davon anlegen.

   D. **Falsch:** Die Klasse `ToolStrip` hat keine Methode namens `Merge`. Sie müssen die Klasse `ToolStripManager` verwenden.

5. **Richtige Antwort: A**

   A. **Richtig:** Sie rufen die Methode `Add` der Auflistung `Items` auf, um ein neues Element hinzuzufügen.

   B. **Falsch:** die Klasse `ToolStripManager` wird benutzt, um ganze Symbolleisten zu verwalten, nicht die darin enthaltenen Elemente.

   C. **Falsch:** Die Klasse `ToolStrip` enthält für alle Symbolleistenelemente eine einzige Auflistung namens `Items`. Sie hat keine separate Auflistung für jeden Symbolleistenelementtyp.

   D. **Falsch:** Ein neues Element fügen Sie mit der Methode `Items.Add` hinzu. Es gibt keine Methode namens `Items.NewItem`.

Kapitel 4: Übung mit Fallbeispiel

Übung mit Fallbeispiel 1: Entwerfen einer einfachen Benutzeroberfläche

1. Für die Eingabe von Zinssatz und Zeitspanne eignen sich `TextBox`-Steuerelemente und für den aktuellen Wert der Geldanlage ein `MaskedTextBox`-Steuerelement, in dem ein Währungssymbol verwendet wird. Sie sollten alle Eingabesteuerelemente aussagekräftig mit `Label`-Steuerelementen beschriften.
2. Sie können der Eigenschaft `TabIndex` bei allen Steuerelementen einen Wert zuweisen, damit der Benutzer mit der Tabulatortaste durch die Steuerelemente wechseln kann. Außerdem können Sie über die `Label`-Steuerelemente Zugriffstasten für die `TextBox`- und `MaskedTextBox`-Steuerelemente in Ihrer Benutzeroberfläche definieren.

Übung mit Fallbeispiel 2: Entwerfen einer Benutzeroberfläche

1. Für die Felder mit Name und Straße eignen sich `TextBox`-Steuerelemente am besten. Für Felder, die ein festes Format haben, etwa Postleitzahl und Kreditkartennummer, können Sie `MaskedTextBox`-Steuerelemente verwenden. Ein mehrzeiliges Textfeld macht es einfacher, Bemerkungen einzugeben und zu lesen. Sie sollten `Label`-Steuerelemente verwenden, um alle Steuerelemente aussagekräftig zu beschriften.
2. Indem Sie ein Zeichen in die Eigenschaft `PasswordChar` des `MaskedTextBox`-Steuerelements eintragen, verhindern Sie, dass die Kreditkartennummer in diesem Formular angezeigt wird. Allerdings ist es dann auch schwierig zu überprüfen, ob die Nummer richtig eingetippt wurde. Dieses Problem könnten Sie dadurch lösen, dass der Benutzer die Nummer zweimal eingeben muss und die beiden Einträge übereinstimmen müssen.

Kapitel 5: Lernzielkontrolle

Lektion 1

1. **Richtige Antworten: A und B**
   - A. **Richtig:** Zusammengesetzte Steuerelemente bestehen aus vorhandenen Windows Forms-Steuerelementen, die kombiniert werden.
   - B. **Richtig:** Sie können neue Eigenschaften, Methoden und Ereignisse zu einem zusammengesetzten Steuerelement hinzufügen.
   - C. **Falsch:** Zusammengesetzte Steuerelemente benötigen keinen zusätzlichen Code für ihre Darstellung.
   - D. **Falsch:** Entwickler haben im Allgemeinen keinen Zugriff auf die Eigenschaften der konstituierenden Steuerelemente. Sie können die Eigenschaften der konstituierenden Steuerelemente in neue Eigenschaften verpacken, um sie verfügbar zu machen, aber das geschieht nicht standardmäßig.
2. **Richtige Antworten: A und D**
   - A. **Richtig:** Eine Toolboxbitmap muss eine 16×16 Pixel große Bitmap sein.
   - B. **Falsch:** Es kommt auf die Größe an. Eine Toolboxbitmap muss 16×16 Pixel groß sein.

C. **Falsch:** Die Eigenschaft `Image` legt fest, welches Bild während der Laufzeit im Steuerelement angezeigt wird. Sie steuert nicht, welches Bild neben dem Steuerelement in der Toolbox erscheint.

D. **Richtig:** Mit dem Attribut `ToolboxBitmap` geben Sie einen Pfad, einen Typ oder einen Typ und einen Ressourcennamen an, mit dem Sie die Toolboxbitmap festlegen.

3. **Richtige Antwort: C**

A. **Falsch:** Sie müssen die Methode `OnPaint` zwar überschreiben, wenn Sie die Darstellung des erweiterten Steuerelements verändern wollen, aber das ist nicht unbedingt nötig.

B. **Falsch:** Wenn keine Toolboxbitmap zur Verfügung gestellt wird, verwendet das Steuerelement dieselbe Bitmap wie das Basissteuerelement.

C. **Richtig:** Um ein erweitertes Steuerelement zu erstellen, brauchen Sie lediglich eine Klasse von einem Basissteuerelement abzuleiten. Alle anderen Schritte sind optional.

D. **Falsch:** Das erweiterte Steuerelement macht dieselben Eigenschaften und Methoden zugänglich wie das Steuerelement, von dem es abgeleitet ist.

Lektion 2

1. **Richtige Antworten: C und D**

A. **Falsch:** Sie müssen entweder `TemplateBinding` oder `Binding` verwenden, um eine Eigenschaft zu binden.

B. **Falsch:** Wenn Sie `Binding` verwenden, müssen Sie der Eigenschaft `Path` den gewünschten Eigenschaftsnamen zuweisen und das Quellobjekt angeben.

C. **Richtig:** Mit `TemplateBinding` können Sie eine direkte Bindung an eine Eigenschaft im übergeordneten Element der Vorlage herstellen.

D. **Richtig:** Sie können das übergeordnete Element der Vorlage mit `RelativeSource` angeben und der Eigenschaft `Path` den passenden Wert zuweisen.

2. **Richtige Antwort: A**

A. **Richtig:** Das Element `Style` legt `Label` als Zieltyp fest und enthält ein `Setter`-Element, das der Eigenschaft `Template` die Vorlage zuweist. Das `Style`-Element ist im XAML-Code hinter dem `Template` definiert, daher wird es richtig ausgewertet.

B. **Falsch:** Der XAML-Code definiert ein `Style`-Element, das die Vorlage in die Eigenschaft `Template` einträgt, aber das `Template`-Element entweder inline oder vor dem `Style`-Element definiert.

C. **Falsch:** Das `Style`-Element enthält kein `Setter`-Element, um die Vorlage zuzuweisen.

D. **Falsch:** Vorlagen werden nicht automatisch auf Elemente angewendet. Sie brauchen dafür ein `Style`-Element.

Lektion 3

1. **Richtige Antwort: C**

A. **Falsch:** Es gibt kein vorhandenes Windows Forms-Steuerelement, das diese Fähigkeit bietet.

B. **Falsch:** Weil keine aktuellen WPF-Steuerelemente diese Fähigkeit bieten, ist eine neue Vorlage keine Lösung.

C. **Richtig:** Weil die Bedienoberfläche mit vorhandenen WPF-Elementen zusammengebaut werden kann, ist es am besten, wenn Sie ein Benutzersteuerelement erstellen, das vorhandene WPF-Elemente durch zusätzliche Funktionen erweitert.

D. **Falsch:** Sie könnten die Ziele zwar auch mit einem benutzerdefinierten Steuerelement verwirklichen, aber es ist nicht nötig, ein völlig neues Element zu erstellen. Daher ist ein Benutzersteuerelement die bessere Wahl.

2. **Richtige Antwort: D**

   A. **Falsch:** Es gibt kein vorhandenes Windows Forms-Steuerelement, das diese Fähigkeit bietet.

   B. **Falsch:** Weil keine aktuellen WPF-Steuerelemente diese Fähigkeit bieten, ist eine neue Vorlage keine Lösung.

   C. **Falsch:** Weil die Bedienoberfläche nicht aus vorhandenen WPF-Elementen zusammengebaut werden kann, ist ein Benutzersteuerelement nicht die beste Wahl.

   D. **Richtig:** Weil dieses Element sowohl neue optische Effekte als auch neue Funktionen benötigt, sollten Sie ein benutzerdefiniertes Steuerelement erstellen.

3. **Richtige Antworten: A, C und D**

   A. **Richtig:** Für jedes Design muss eine eigene Vorlage in einer Datei mit passendem Namen vorhanden sein.

   B. **Falsch:** Alle Vorlagen sollten im Ordner *Themes* oder einem geeigneten externen Ordner liegen.

   C. **Richtig:** `ThemeInfoAttribute` muss auf die richtigen Ordner verweisen.

   D. **Richtig:** Sie brauchen immer eine Standardvorlage, die verwendet wird, wenn das gewählte Design nicht direkt unterstützt wird.

Kapitel 5: Übung mit Fallbeispiel

Übung mit Fallbeispiel 1: Vollständige Unterstützung für Stile

In einem solchen Fall wäre der übliche Ansatz, mithilfe von `WindowsFormsHost` das Windows Forms-Steuerelement `MaskedTextBox` zu verwenden. Leider ist diese Lösung nicht möglich, weil die Darstellung aller Elemente vollständig konfigurierbar sein muss. Auf Windows Forms-Steuerelemente können nämlich `Style` oder `Template` nicht angewendet werden. Die einzige andere mögliche Lösung besteht darin, von den Entwicklern ein WPF-Steuerelement entwickeln zu lassen, das die Fähigkeiten von `MaskedTextBox` nachbildet. Dazu erstellen Sie ein benutzerdefiniertes Steuerelement, das von `TextBox` abgeleitet ist. Wir haben die Darstellungslogik bereits implementiert und können uns darauf konzentrieren, das Maskenmodul zu schreiben und es in das neue Steuerelement einzubinden.

Übung mit Fallbeispiel 2: Die Pizza-Fortschrittsanzeige

1. Weil der Kunde ein Steuerelement möchte, das im Prinzip ein `ProgressBar`-Steuerelement mit geändertem Aussehen ist, sollten Sie eine neue Steuerelementvorlage erstellen.
2. Den Effekt mit der verschwindenden Pizza erreichen Sie, indem Sie ein Bild der kompletten Pizza im Hintergrund anzeigen und dann, wenn sich die Eigenschaft `Value` vergrößert, allmählich eine teilweise gefüllte Ellipse darüber legen. Sie können diese Funk-

tion implementieren, indem Sie einen Konverter schreiben, der den aktuellen Wert der Fortschrittsanzeige in einen Bruchteil von 360 Grad umrechnet. Dann zeichnen Sie einen entsprechend gefüllten Bogen über das Bild der Pizza, sodass sie zu verschwinden scheint.

Kapitel 6: Lernzielkontrolle

Lektion 1

1. **Richtige Antworten: A und D**

   A. **Richtig:** Die Eigenschaft `ElementName` legt das Quellobjekt fest und die Eigenschaft `Path` die Quelleigenschaft in diesem Objekt.

   B. **Falsch:** Mit der Eigenschaft `DataContext` legen Sie zwar das Quellobjekt fest, Sie müssen aber noch den Pfad zur Quelleigenschaft dieses Objekts angeben, indem Sie ihn in die Eigenschaft `Path` eintragen (oder mit anderen Mitteln, wie in Lektion 2, »Konvertieren von Daten«, dieses Kapitels beschrieben).

   C. **Falsch:** Mit der Eigenschaft `Source` legen Sie zwar das Quellobjekt fest, Sie müssen aber noch den Pfad zur Quelleigenschaft dieses Objekts angeben, indem Sie ihn in die Eigenschaft `Path` eintragen (oder mit anderen Mitteln, wie in Lektion 2 dieses Kapitels beschrieben).

   D. **Richtig:** Die Eigenschaft `RelativeSource` gibt das Quellobjekt an und die Eigenschaft `Path` den Pfad zur Quelleigenschaft.

2. **Richtige Antwort: B**

   A. **Falsch:** Beim Bindungsmodus `OneTime` wird die Benutzeroberfläche nicht durch Änderungen der Datenbank aktualisiert, während die Anwendung läuft.

   B. **Richtig:** Bei diesem Modus kann sich der Benutzer die Daten ansehen, sie aber nicht ändern.

   C. **Falsch:** Bei diesem Modus kann der Benutzer die Datenquelle aktualisieren.

   D. **Falsch:** Wenn die Anforderung explizit beschrieben ist, sollten Sie den Bindungsmodus direkt festlegen, statt Standardeinstellungen zu verwenden.

3. **Richtige Antwort: D**

   A. **Falsch:** Weil diese Anwendung ein spezielles Aktualisierungsverfahren benötigt, ist es nicht sinnvoll, die Standardeinstellung zu verwenden.

   B. **Falsch:** Bei dieser Einstellung wird die Quelle jedes Mal aktualisiert, wenn der Benutzer eine Änderung vornimmt. Daher eignet sie sich nicht für den beschriebenen Fall.

   C. **Falsch:** Bei dieser Einstellung wird die Datenquelle jedes Mal aktualisiert, wenn das Steuerelement den Fokus verliert. Daher eignet sie sich nicht für den beschriebenen Fall.

   D. **Richtig:** Bei dieser Einstellung wird die Quelle nur aktualisiert, wenn dies explizit angefordert wird.

Lektion 2

1. **Richtige Antwort: A**
   - A. **Richtig:** Die Eigenschaft `Content` ist an den Pfad von `Date` gebunden, und die Eigenschaft `Background` ist ebenfalls an den Pfad von `Date` gebunden. Der Eigenschaft `Converter` dieser Bindung ist die vordefinierte statische Ressource `myConverter` zugewiesen.
   - B. **Falsch:** Die Eigenschaften sind zwar korrekt gebunden, Sie müssen aber den Konverter angeben, der ein `Brush`-Objekt für die Eigenschaft `Background` zurückgibt.
   - C. **Falsch:** Es ist zwar möglich, eine Ressource in der Ressourcenauflistung eines Elements zu definieren, Sie müssen aber noch den Konverter angeben, der das `Brush`-Objekt für die Eigenschaft `Background` zurückgibt. Außerdem wird in der Aufgabe beschrieben, dass der Konverter bereits als Ressource in der `Window.Resources`-Auflistung definiert wurde.
   - D. **Falsch:** Weil der Konverter eine Ressource ist, müssen Sie darauf mit der `{StaticResource}`-Syntax verweisen.
2. **Richtige Antwort: C**
   - A. **Falsch:** Um eine Bindung mit einem Multiwertkonverter herzustellen, müssen Sie ein `MultiBinding`-Objekt verwenden. Dieses Beispiel zeigt eine Quelle namens `ShapeName` und einen Pfad namens `ShapeSize`. Damit würde ein einzelnes Feld gebunden, nicht beide Felder.
   - B. **Falsch:** Um eine Bindung mit einem Multiwertkonverter herzustellen, müssen Sie ein `MultiBinding`-Objekt verwenden. Dieses Beispiel zeigt einen Pfad namens `ShapeName/ShapeSize`. Damit würde ein einzelnes Feld gebunden, nicht beide Felder.
   - C. **Richtig:** Dieses Beispiel verwendet ein `MultiBinding`-Objekt und die Argumente sind in der richtigen Reihenfolge gebunden.
   - D. **Falsch:** Dieses Beispiel verwendet zwar richtigerweise ein `MultiBinding`-Objekt, die Argumente sind aber in der falschen Reihenfolge gebunden. Das erste Element des `Object`-Arrays ist daher ein Integer statt einer Zeichenfolge, die der Konverter erwartet.

Lektion 3

1. **Richtige Antworten: A und D**
   - A. **Richtig:** Bei der Datenbindung werden niemals Ausnahmen an den Benutzer weitergegeben.
   - B. **Falsch:** Die Eigenschaft `Validation.HasError` wird auf den Wert `True` gesetzt.
   - C. **Falsch:** Es wird ein neues `ValidationError`-Objekt zur Auflistung `Validation.Errors` hinzugefügt.
   - D. **Richtig:** Weil die Eigenschaft `Binding.NotifyOnValidationError` nicht auf den Wert `True` gesetzt wurde, wird nicht das Ereignis `Validation.Error` ausgelöst.
2. **Richtige Antwort: C**
   - A. **Falsch:** Das Ereignis `PropertyChanged` muss ausgelöst werden, um die Datenänderungsbenachrichtigung zu implementieren.

B. **Falsch:** Das Ereignis `PropertyChanged` wird ausgelöst, bevor sich die Eigenschaft tatsächlich ändert. Das kann zu unvorhersagbaren Ergebnissen führen.

C. **Richtig:** Das Ereignis `PropertyChanged` muss ausgelöst werden, nachdem die Eigenschaft geändert wurde.

D. **Falsch:** Weil sich die Eigenschaft im Getter nicht ändert, ist es falsch, das Ereignis `PropertyChanged` dort auszulösen.

3. **Richtige Antwort: B**

A. **Falsch:** Es ist zwar möglich, ein Datenobjekt zu implementieren, indem Sie es von einer `ObservableCollection`-Auflistung mit dem Typ `Object` ableiten, dann müssten Sie aber Typumwandlungscode schreiben, und das würde die Programmierung fehleranfälliger machen. Es ist besser, wenn Sie eine `ObservableCollection`-Auflistung mit `Employee`-Objekten verwenden.

B. **Richtig:** Es ist am besten, eine `ObservableCollection`-Auflistung mit `Employee`-Objekten zu verwenden.

C. **Falsch:** Es ist zwar möglich, ein Datenobjekt zu implementieren, indem Sie eine benachrichtigungsfähige Auflistung mit Objekten deklarieren, aber dann müssten Sie Wrapper schreiben, um auf die Elemente der Auflistung zuzugreifen. Es ist besser, eine Klasse von `ObservableCollection` abzuleiten.

D. **Falsch:** Es ist zwar möglich, ein Datenobjekt zu implementieren, indem Sie eine Memberauflistung deklarieren, aber dann müssten Sie Wrapper schreiben, um auf die Elemente der Auflistung zuzugreifen. Es ist besser, eine Klasse von `ObservableCollection` abzuleiten.

Kapitel 6: Übung mit Fallbeispiel

Übung mit Fallbeispiel 1: Die Konsole zum Überprüfen von Währungshandel

1. Sie können die Wechselkursdaten mit einem Wertkonverter bereitstellen. Indem Sie eine Instanz des Webdienstes in Ihrem Wertkonverter anlegen, können Sie auf aktuelle Wechselkurse zugreifen und die Transaktion aus US-Dollar in Yen, Pfund, Euro, Won, Bhat oder beliebige andere Währungen konvertieren. Weil Sie allerdings die Regionaleinstellung des Threads nicht verändern, können Sie nicht die integrierte Zeichenfolgenformatierung verwenden, um die Währungsangaben passend formatieren zu lassen. Daher müssen Sie Ihren eigenen Code für die Währungsformatierung implementieren.
2. Sie können die Benutzer warnen, dass Transaktionen den Verfügungsrahmen eines bestimmten Händlers übersteigen, indem Sie einen Multiwertkonverter erstellen, der den Verfügungsrahmen des Händlers und den Gesamtwert der Transaktion auswertet. Falls der Wert den Verfügungsrahmen übersteigt, geben Sie ein `SolidColorBrush`-Element in einer Warnfarbe zurück, etwa Rot. Sie binden den Hintergrund Ihres Anzeigesteuerelements an diese Farbe, damit die Manager deutlich auf das Problem aufmerksam gemacht werden.

Übung mit Fallbeispiel 2: Konsole für Währungshandel

Sie können diese Anforderung mithilfe einer Gültigkeitsregel implementieren, die die Identität des einzelnen Händlers, der an der Konsole angemeldet ist, und den Gesamtwert der versuchten Transaktion auswertet. Übersteigt der Wert der Transaktion den Verfügungsrahmen des Händlers, wird ein Überprüfungsfehler ausgelöst und die Transaktion wird nicht an die Datenbank übertragen.

Kapitel 7: Lernzielkontrolle

Lektion 1

1. **Richtige Antwort: C**
   A. **Falsch:** Der Eigenschaft `DataContext` wird fälschlicherweise das Dataset zugewiesen, nicht die Datentabelle.
   B. **Falsch:** Die Eigenschaft `Path` kann das Dataset `mySet` nicht auswerten.
   C. **Richtig:** Der Eigenschaft `DataContext` wird die Tabelle *Customers* und der Eigenschaft `DisplayMemberPath` die gewünschte Eigenschaft zugewiesen.
   D. **Falsch:** Der Eigenschaft `DisplayMemberPath` wird nicht der richtige Wert zugewiesen.
2. **Richtige Antwort: C**
   A. **Falsch:** Sie müssen der Eigenschaft `Path` die Relation `CustomersOrders/OrdersDetails` zuweisen. In dieser Antwort geschieht das nicht.
   B. **Falsch:** Sie müssen der Eigenschaft `Path` die Relation `CustomersOrders/OrdersDetails` zuweisen. In dieser Antwort wird ihr fälschlicherweise nur `OrdersDetails` zugewiesen.
   C. **Richtig:** `Path` wird die Relation `CustomersOrders/OrdersDetails` zugewiesen.
   D. **Falsch:** Der Wert der Eigenschaft `Path` ist falsch, weil die Tabelle `Customers` enthalten ist. Weil `DataContext` bereits die Tabelle `Customers` zugewiesen wurde, sucht die Eigenschaft `Path` nach einer Tabelle *Customers*, die innerhalb der Tabelle *Customers* liegt.

Lektion 2

1. **Richtige Antwort: D**
   A. **Falsch:** Die `<DataTemplate>`-Tags müssen in `<ListBox.ItemTemplate>`-Tags eingeschlossen sein, damit die Datenvorlage der Eigenschaft `ItemTemplate` zugewiesen wird.
   B. **Falsch:** Die Datenvorlage muss der Eigenschaft `ItemTemplate` zugewiesen werden, nicht der Eigenschaft `ItemsSource`.
   C. **Falsch:** Die Datenvorlage muss in `<DataTemplate>`-Tags eingeschlossen sein.
   D. **Richtig:** Die Datenvorlage wird richtig zugewiesen.
2. **Richtige Antwort: A**
   A. **Richtig:** Sie weisen der Eigenschaft `Filter` ein Objekt zu, das Sie mit dem Argument `Predicate<object>` erstellen. Der Delegat verweist dabei auf eine Filtermethode, die einen booleschen Wert zurückgibt.
   B. **Falsch:** Die angegebene Methode muss einen booleschen Wert zurückgeben.

C. **Falsch:** Sie müssen die Eigenschaft `Filter` verwenden, nicht `CustomFilter`.

D. **Falsch:** Sie müssen die Eigenschaft `Filter` verwenden, nicht `CustomFilter`. Außerdem muss die angegebene Methode einen booleschen Wert zurückgeben.

Kapitel 7: Übung mit Fallbeispiel

Übung mit Fallbeispiel 1: Datenerhebung vor Ort

Weil die Anwendung XML-Dateien aus einer Warteschlange lesen muss, bietet es sich an, die Fähigkeiten von `XmlDataProvider` zu nutzen. Sie geben den Dateinamen an, um Ihre Steuerelemente an die XML-Dateien zu binden und deren Daten auf diese Weise anzuzeigen. Weil die XML-Originaldateien nicht verändert werden können, sollten Sie den Bindungsmodus `OneWay` verwenden, damit keine Änderungen zurück in die XML-Datei geschrieben werden. Nachdem die Daten bearbeitet wurden, können sie mit ADO.NET-Datenzugriff von Hand zur zentralen Datenbank hinzugefügt werden.

Übung mit Fallbeispiel 2: Anzeigen von Kundendaten

Im ersten Schritt trennen Sie die Datensätze, die die Kriterien erfüllen, von den Datensätzen, die das nicht tun. Dazu sollten Sie eine komplexe Filterroutine schreiben, die jeden Datensatz untersucht und entscheidet, ob er Mitglied einer der Gruppen ist, die Sie definiert haben. Dann erstellen Sie eine benutzerdefinierte Gruppierung, indem Sie `IValueConverter` implementieren und die Datensätze anhand der Kriteriengruppe einordnen.

Kapitel 8: Lernzielkontrolle

Lektion 1

1. **Richtige Antwort: B**

   A. **Falsch:** Den Spalten- und Zeilenindex der ausgewählten Zelle zu verwenden ist nicht die beste Möglichkeit, die momentan ausgewählte Zelle zu ermitteln. Sie müssen dabei mehr Code schreiben, als wenn Sie die Eigenschaft `DataGridView.CurrentCell` auswerten.

   B. **Richtig:** Über die Eigenschaft `DataGridView.CurrentCell` können Sie am besten feststellen, welche Zelle momentan ausgewählt ist.

   C. **Falsch:** Die X- und Y-Koordinaten des Mauszeigers zu verwenden ist nicht die beste Möglichkeit, die momentan ausgewählte Zelle zu ermitteln. Sie bräuchten komplizierten Code, um diese Daten zu ermitteln.

   D. **Falsch:** Die momentan ausgewählte Spalte und Zeile im gebundenen `DataTable`-Element zu verwenden, um die angeklickte Zelle zu ermitteln, ist falsch. Sie müssten dabei mehr Code schreiben, als wenn Sie die Eigenschaft `DataGridView.CurrentCell` auswerten.

2. **Richtige Antwort: C**

   A. **Falsch:** Überprüfungscode zum `CellPainting`-Ereignishandler hinzuzufügen ist nicht die bevorzugte Methode, um Daten in einem `DataGridView`-Steuerelement zu überprüfen.

   B. **Falsch:** Überprüfungscode zum `DataGridView.CellClick`-Ereignishandler hinzuzufügen ist nicht die bevorzugte Methode, um Daten in einem `DataGridView`-Steuerelement zu überprüfen.

   C. **Richtig:** Sie sollten Ihren Überprüfungscode in den `DataGridView.CellValidating`-Ereignishandler einfügen, um Wertänderungen in Zellen eines `DataGridView`-Steuerelements zu überprüfen.

   D. **Falsch:** Code zur partiellen `DataGridView`-Klassendatei hinzuzufügen ist nicht die bevorzugte Methode, um Daten in einem `DataGridView`-Steuerelement zu überprüfen.

3. **Richtige Antwort: B**

   A. **Falsch:** Sie können zwar mithilfe von `DataGridViewTextBoxColumn` einen booleschen Wert als *True* oder *False* anzeigen, das ist aber nicht die bevorzugte Methode.

   B. **Richtig:** Wenn Sie boolesche Werte in einem `DataGridView`-Steuerelement anzeigen wollen, sollten Sie `DataGridViewCheckBoxColumn` konfigurieren, um ein Kontrollkästchen anzuzeigen, das aktiviert oder deaktiviert ist.

   C. **Falsch:** Es ist nicht richtig, eine `DataGridViewButtonColumn`-Klasse zu konfigurieren, um eine Schaltfläche anzuzeigen, die gedrückt oder nicht gedrückt ist.

   D. **Falsch:** Sie können zwar eine benutzerdefinierte Spalte erstellen, die einen booleschen Wert als *Ja* oder *Nein* anzeigt, aber das ist nicht die bevorzugte Methode.

Lektion 2

1. **Richtige Antwort: B**

   A. Falsch: Die Eigenschaft `Error` wird nicht direkt von WPF genutzt. Häufig wird sie in Implementierungen von `IDataErrorInfo` gar nicht implementiert.

   B. Richtig: Diese Informationen wird automatisch an die Zeichenfolge `ErrorContent` übergeben.

   C. Falsch: Die Auflistung `Validation.Errors` ist schreibgeschützt und kann nicht direkt geändert werden. Außerdem wird die Eigenschaft `Error` nicht direkt von WPF genutzt. Im beschriebenen Fall wird sie niemals aufgerufen.

   D. Falsch: Die Auflistung `Validation.Errors` ist schreibgeschützt und kann nicht direkt geändert werden.

2. **Richtige Antwort: C**

   A. Falsch: Das Ereignis `Leave` wird vor dem Ereignis `Validating` ausgelöst.

   B. Falsch: Das Ereignis `Leave` wird vor dem Ereignis `Validating` ausgelöst und das Ereignis `LostFocus` wird als letztes Fokusereignis ausgelöst.

   C. Richtig: Das ist die richtige Reihenfolge, in der die Fokusereignisse ausgelöst werden.

   D. Falsch: Die Ereignisse `Validating` und `Validated` werden nach dem Ereignis `Leave` ausgelöst, das wiederum auf das Ereignis `GotFocus` folgt. Zum Schluss wird das Ereignis `LostFocus` ausgelöst.

Kapitel 8: Übung mit Fallbeispiel

Übung mit Fallbeispiel: Diagramm zum Anzeigen säumiger Autoren

Am besten verwenden Sie im geschilderten Fall eine Datentabelle, die Informationen über alle Autoren als einfach bedienbares Steuerelement anzeigt. Um den Prozentwert des Projektfortschritts anzuzeigen, können Sie ein benutzerdefiniertes WPF-Steuerelement entwickeln, das diese Informationen ausgibt, und es dann in der Datentabelle anzeigen. Dazu erstellen Sie eine `DataGridTemplateColumn`-Eigenschaft, die dieses Steuerelement mithilfe einer benutzerdefinierten Datenkonverterklasse an den Quotienten der beiden beteiligten Felder bindet.

Kapitel 9: Lernzielkontrolle

Lektion 1

1. **Richtige Antworten: A und B**
   - A. **Richtig:** `RunWorkerAsync` löst das Ereignis `DoWork` aus. Dieses Ereignis müssen Sie behandeln, um den Code des Hintergrundthreads auszuführen.
   - B. **Richtig:** Der `DoWork`-Ereignishandler enthält den Code, der im Hintergrundthread ausgeführt wird.
   - C. **Falsch:** Es ist nicht erforderlich, dass Sie das Ereignis `ProgressChanged` behandeln.
   - D. **Falsch:** Es ist nicht nötig, dass Sie `WorkerSupportsCancellation` den Wert `True` zuweisen.
2. **Richtige Antworten: A und C**
   - A. **Richtig:** Die Methode `Dispatcher.BeginInvoke` führt eine Methode im Hauptthread asynchron und sicher aus.
   - B. **Falsch:** Wenn Sie einen Delegaten auf diese Weise aufrufen, greifen Sie von einem Hintergrundthread aus direkt auf die Benutzeroberfläche zu. Das ist nicht erlaubt.
   - C. **Richtig:** Den integrierten Mechanismus von `BackgroundWorker` für diese Aufgabe zu verwenden ist der bevorzugte Weg, den Fortschritt zu melden, sofern er sich als Zahl angeben lässt.
   - D. **Falsch:** Es ist nicht erlaubt, von einem Hintergrundthread aus eine Methode aufzurufen, die direkt auf die Benutzeroberfläche zugreift.

Lektion 2

1. **Richtige Antwort: C**
   - A. **Falsch:** `CurrentUICulture` legt fest, welche lokalisierte Version des Formulars geladen wird, aber nicht, wie die Daten formatiert werden.
   - B. **Falsch:** Die Kultur wird vom Thread festgelegt, nicht vom Formular. In diesem Beispiel versuchen Sie, `CurrentUICulture` beim Formular einzustellen.
   - C. **Richtig:** Die Einstellung `CurrentCulture` steuert, welche Formatierungsverfahren für die Anwendungsdaten benutzt werden.
   - D. **Falsch:** Die Kultur wird vom Thread festgelegt, nicht vom Formular. In diesem Beispiel versuchen Sie, `CurrentCulture` beim Formular einzustellen.

2. **Richtige Antworten: C und D**

   A. **Falsch:** Weil die Eigenschaft `RightToLeft` den Standardwert `Inherit` hat, brauchen Sie nur die Eigenschaft `Form.RightToLeft` auf den Wert `True` zu setzen, damit die Steuerelementtexte von rechts nach links angezeigt werden. Sie brauchen daher nicht die Eigenschaft `Label.RightToLeft` zu ändern.

   B. **Falsch:** Weil die Eigenschaft `RightToLeft` den Standardwert `Inherit` hat, brauchen Sie nur die Eigenschaft `Form.RightToLeft` auf den Wert `True` zu setzen, damit die Steuerelementtexte von rechts nach links angezeigt werden. Sie brauchen daher nicht die Eigenschaft `Button.RightToLeft` zu ändern.

   C. **Richtig:** Wenn Sie die Eigenschaft `Form.RightToLeft` auf den Wert `True` setzen, wird der Text aller Steuerelemente, bei denen die Eigenschaft `RightToLeft` den Wert `Inherit` hat, von rechts nach links angezeigt.

   D. **Richtig:** Wenn Sie die Eigenschaften `Form.RightToLeftLayout` und `Form.RightToLeft` auf den Wert `True` setzen, wird das gesamte Formular für die Leserichtung von rechts nach links dargestellt.

Lektion 3

1. **Richtige Antworten: B und D**

   A. **Falsch:** Der Hintergrund des `WindowsFormsHost`-Elements ist niemals sichtbar. Wie Sie diese Eigenschaft einstellen, hat keinen Einfluss auf die Benutzeroberfläche.

   B. **Richtig:** Sie können Eigenschaften für ein eingebettetes Steuerelement im XAML-Code einstellen, genau wie bei einem WPF-Element.

   C. **Falsch:** Obwohl Sie dem eingebetteten Steuerelement im XAML-Code einen Namen zuweisen, können Sie im Programmcode nicht direkt darauf zugreifen.

   D. **Richtig:** Sie erhalten einen Verweis auf das in ein `WindowsFormsHost`-Element eingebettetes Steuerelement, indem Sie `Child` in den richtigen Typ konvertieren.

Kapitel 9: Übung mit Fallbeispiel

Übung mit Fallbeispiel 1: Die Verlagsanwendung

Das Hauptproblem bei diesem Anwendungsentwurf ist die Liste der Dokumente, die heruntergeladen werden. Sowohl der Benutzeroberflächenthread als auch der Thread, der im Hintergrund den Download erledigt, müssen auf diese Liste zugreifen. Sie sollten den Zugriff auf diese Liste mit `SyncLock`- beziehungsweise `lock`-Blöcken schützen, damit nur jeweils ein Thread Zugriff hat. Sie sollten einen Hintergrundthread verwenden, um die Dokumente herunterzuladen. Sobald der Download eines bestimmten Dokuments abgeschlossen ist, sollte die Benutzeroberfläche mit der threadsicheren Methode `Control.Invoke` aktualisiert werden.

Übung mit Fallbeispiel 2: Entwickeln eines einfachen Spiels

Mithilfe der Komponente `BackgroundWorker` können Sie recht einfach separate Prozessthreads implementieren. Im geschilderten Beispiel können Sie ein einzelnes `BackgroundWorker`-Objekt anlegen, dem Sie den Pfad zur Datei, die abgespielt werden soll, als Argument übergeben, und das den Sound dann in einem Hintergrundthread abspielt. Wenn der Abspielvorgang beendet ist, können Sie das `BackgroundWorker`-Objekt erneut verwenden, ohne es erneut initialisieren zu müssen.

Kapitel 10: Lernzielkontrolle

Lektion 1

1. **Richtige Antworten: A und B**
   - A. **Richtig:** Wenn Sie *(Benutzerdefiniert)* auswählen, können Sie die Datei *app.manifest.xml* bearbeiten.
   - B. **Richtig:** Der Knoten `applicationRequestMinimum` steuert, welche Codezugriffsberechtigungen angefordert werden.
   - C. **Falsch:** Der Knoten `requestedPrivileges` steuert, welche Berechtigungen bei der Benutzerkontensteuerung angefordert werden.
   - D. **Falsch:** Richtlinien für Softwareeinschränkung arbeiten unabhängig von der Codezugriffssicherheit.
2. **Richtige Antworten: B und D**
   - A. **Falsch:** Datei-E/A gilt in den meisten teilweise vertrauenswürdigen Umgebungen als unsichere Operation. Daher wird sie in solchen Umgebungen normalerweise abgewiesen.
   - B. **Richtig:** Isolierter Speicher ist eine sichere Methode für Anwendungen, eingeschränkte Datei-E/A in einer teilweise vertrauenswürdigen Umgebung auszuführen.
   - C. **Falsch:** Die meisten Sicherheitsrichtlinien verhindern, dass nicht vertrauenswürdige Anwendungen die Registrierung ändern, weil das die Integrität der Systeminstallation ernsthaft beschädigen kann.
   - D. **Richtig:** Bestimmte Bitmapeffekte werden zwar unter Umständen als unsicher eingestuft, aber einfach ein Bild in ein Inhaltssteuerelement zu laden, ist eine sichere Operation für teilweise vertrauenswürdige Umgebungen.

Lektion 2

1. **Richtige Antwort: C**
   - A. **Falsch:** Die einzelnen Einstellungen werden als Eigenschaften des `Settings`-Objekts verfügbar gemacht, nicht als Elemente einer Auflistung.
   - B. **Falsch:** Die einzelnen Einstellungen werden als Eigenschaften des `Settings`-Objekts verfügbar gemacht, nicht als Elemente einer Auflistung. Außerdem müssen Sie die Methode `Settings.Save` aufrufen, um Änderungen an den Einstellungen zu speichern.

C. **Richtig:** Zuerst weisen Sie der benannten Einstellung den neuen Wert zu, dann rufen Sie die Methode `Save` auf.

D. **Falsch:** Sie müssen die Methode `Settings.Save` aufrufen, um Änderungen an den Einstellungen zu speichern.

2. **Richtige Antwort: D**

A. **Falsch:** Einstellungen sind streng typisiert und brauchen daher nicht konvertiert zu werden.

B. **Falsch:** Einstellungen sind streng typisiert, daher haben sie keine Konvertierungsmethoden.

C. **Falsch:** Wenn Sie einem Objekt eine streng typisierte Einstellung zuweisen, muss das Objekt in den Typ `System.Window.Media.Color` konvertiert werden.

D. **Richtig:** Weil Einstellungen streng typisiert sind, können Sie die Einstellung direkt einer Variablen des richtigen Typs zuweisen.

Lektion 3

1. **Richtige Antwort: D**

A. **Falsch:** Die meisten Drag & Drop-Operationen beginnen im Ereignis `MouseDown` des Quellsteuerelements, das muss aber nicht zwangsläufig so sein.

B. **Falsch:** Es wird zwar empfohlen, im `DragEnter`-Ereignishandler das Datenobjekt zu untersuchen und die Eigenschaft `Effect` (Windows Forms) beziehungsweise `Effects` (WPF) passend einzustellen, das ist aber nicht unbedingt erforderlich.

C. **Falsch:** Das Ereignis `DragLeave` wird benutzt, um Code auszuführen, wenn Daten aus einem Steuerelement herausgezogen werden. Es wird bei einer Drag & Drop-Operation aber nicht gebraucht.

D. **Richtig:** `DragDrop` (Windows Forms) beziehungsweise `Drop` (WPF) ist das einzige Ereignis, das Sie behandeln müssen, um eine Drag & Drop-Operation abzuschließen.

2. **Richtige Antworten: A, B, C und D**

A. **Richtig:** Die Methode `DoDragDrop` leitet die Drag & Drop-Operation ein.

B. **Richtig:** Falls das Zielsteuerelement keinen der angegebenen Effekte erlaubt, wird die Operation nicht abgeschlossen.

C. **Richtig:** Wenn das Datenformat nicht passt, kann die Operation nicht abgeschlossen werden.

D. **Richtig:** Falls `AllowDrop` den Wert `False` hat, kann keine Drag & Drop-Operation stattfinden.

Kapitel 10: Übung mit Fallbeispiel

Übung mit Fallbeispiel: Die konfigurierbare Anwendung

Sie können dieses Feature mithilfe von Benutzereinstellungen implementieren. Indem Sie das Farbschema in Einstellungen speichern, können Sie einen Speichermechanismus für die Benutzerkonfiguration zur Verfügung stellen, ohne zusätzliche Infrastruktur implementieren zu müssen.

Kapitel 11: Lernzielkontrolle

Lektion 1

1. **Richtige Antworten: A, C und D**
   - A. **Richtig:** Sie müssen eine Instanz des passenden Automatisierungspeers anlegen, um Ihr Steuerelement zu automatisieren.
   - B. **Falsch:** Sie brauchen zwar einen Verweis auf eine Implementierung der benötigten Musterschnittstelle, es ist aber besser, wenn Sie dazu die Methode `GetPattern` aufrufen.
   - C. **Richtig:** Sie brauchen einen Verweis auf eine Implementierung der Musterschnittstelle, in der die Funktionen gekapselt sind, die Sie automatisieren wollen.
   - D. **Richtig:** Sobald Sie einen Verweis auf eine implementierte Musterschnittstelle haben, können Sie die Methoden dieser Musterschnittstelle aufrufen, um Ihr Steuerelement zu automatisieren.
2. **Richtige Antworten: A, B und C**
   - A. **Richtig:** Sie können den WPF Tree Visualizer vom Fenster *Überwachen* aus öffnen. Außerdem können Sie ihn in der Dropdownliste neben dem Vergrößerungsglas in einem Tooltip auswählen.
   - B. **Richtig:** Sie können den WPF Tree Visualizer vom Fenster *Auto* aus öffnen. Außerdem können Sie ihn in der Dropdownliste neben dem Vergrößerungsglas in einem Tooltip auswählen.
   - C. **Richtig:** Sie können den WPF Tree Visualizer vom Fenster *Lokal* aus öffnen. Außerdem können Sie ihn in der Dropdownliste neben dem Vergrößerungsglas in einem Tooltip auswählen.
   - D. **Falsch:** Das Fenster *Ausgabe* zeigt die Konsolenausgabe der Anwendung an. Hier können Sie den WPF Tree Visualizer nicht öffnen.

Lektion 2

1. **Richtige Antworten: C und D**
   - A. **Falsch:** Die Aufzeichnung von IntelliTrace-Daten ist standardmäßig aktiviert.
   - B. **Falsch:** Sie können die Größe und den Speicherort der Dateien zwar ändern, aber IntelliTrace funktioniert auch mit den eingestellten Standardwerten. Sie brauchen diese Einstellungen daher nicht zu ändern.

C. **Richtig:** Sie sehen sich IntelliTrace-Daten im *IntelliTrace*-Fenster an.

D. **Richtig:** IntelliTrace steht nur in Visual Studio 2010 Ultimate zur Verfügung.

2. **Richtige Antworten: A und C**

A. **Richtig:** Dieses Beispiel initialisiert die Ablaufverfolgungsquelle und fügt einen Listener namens `myListener` hinzu.

B. **Falsch:** Dieses Beispiel initialisiert `XmlWriterTraceListener`, nicht `TextWriterTraceListener`.

C. **Richtig:** Dieses Beispiel initialisiert `TextWriterTraceListener`.

D. **Falsch:** Es wird kein Listener namens `textListener` in einem der anderen Ausschnitte definiert.

Kapitel 11: Übung mit Fallbeispiel

Übung mit Fallbeispiel: Drama beim Debuggen

1. Für die schwierigen Bugs kann IntelliTrace ein wertvolles Tool sein. Wenn Sie IntelliTrace so konfigurieren, dass nur die Daten gesammelt werden, an denen Sie interessiert sind, können Sie gezielt Daten sammeln, die Ihnen bei der Beseitigung dieser Bugs helfen.
2. Weil Datenbindungsfehler in der WPF-Benutzeroberfläche keine Ausnahmen auslösen, ist es manchmal schwierig, die eigentliche Ursache für Fehler zu finden. Daher sind solche Fehler schwierig zu debuggen. Wenn Sie die Ablaufverfolgungsquelle `DataBindingSource` der Klasse `PresentationTraceSources` aktivieren, können Sie die Datenbindung bis ins letzte Detail untersuchen. Indem Sie die Ablaufverfolgungsebene auf `Warning` stellen, können Sie alle Nachrichten bis auf die wichtigsten ausfiltern.

Kapitel 12: Lernzielkontrolle

Lektion 1

1. **Richtige Antwort: A**

A. **Richtig:** Im Dateisystem-Editor legen Sie fest, welche Dateien von einem Setupprojekt installiert werden.

B. **Falsch:** Im Dateitypen-Editor legen Sie die Verknüpfungen zwischen Dateitypen und Anwendungen fest.

C. **Falsch:** Mit dem Editor für benutzerdefinierte Aktionen fügen Sie benutzerdefinierte Aktionen zu Ihrem Setupprojekt hinzu.

D. **Falsch:** Im Benutzeroberflächen-Editor bearbeiten Sie die Benutzeroberfläche des Setupassistenten.

2. **Richtige Antwort: B**

A. **Falsch:** Damit fordern Sie einen bestimmten Wert für die Betriebssystemversion, der unter Umständen nicht vorhanden ist. Sie sollten den Vergleichsoperator >= verwenden, um anzugeben, dass die Betriebssystemversion größer oder gleich der angegebenen Versionsnummer sein muss.

B. **Richtig:** Sie sollten den Vergleichsoperator >= verwenden, um anzugeben, dass die Betriebssystemversion größer oder gleich der angegebenen Versionsnummer sein muss.

C. **Falsch:** In diesem Fall muss das Betriebssystem Windows 2000 oder eine ältere Version sein. Sie sollten den Vergleichsoperator >= verwenden, um anzugeben, dass die Betriebssystemversion größer oder gleich der angegebenen Versionsnummer sein muss.

D. **Falsch:** Damit erlauben Sie die Installation auf allen Betriebssystemen außer einer bestimmten Windows 2000-Version. Sie sollten den Vergleichsoperator >= verwenden, um anzugeben, dass die Betriebssystemversion größer oder gleich der angegebenen Versionsnummer sein muss.

3. **Richtige Antworten: B, C und D**

A. **Falsch:** Sie müssen die von `Installer` abgeleitete Klasse zu dem Projekt hinzufügen, das Sie bereitstellen wollen, nicht zum Setupprojekt selbst.

B. **Richtig:** Sie müssen eine von `Installer` abgeleitete Klasse zu dem Projekt hinzufügen, das Sie bereitstellen wollen.

C. **Richtig:** Sie müssen Ihre benutzerdefinierte Aktion in der Methode `Install` einer von `Installer` abgeleiteten Klasse implementieren.

D. **Richtig:** Sie müssen im Editor für benutzerdefinierte Aktionen das Projekt angeben, das die benutzerdefinierte Aktion enthält.

Lektion 2

1. **Richtige Antwort: C**

A. **Falsch:** Anwendungen und XBAPs, die aus einer Webseite ausgeführt werden, laufen standardmäßig in der Sicherheitszone *Internet*, nicht als voll vertrauenswürdig.

B. **Falsch:** Anwendungen und XBAPs, die aus einer Webseite ausgeführt werden, laufen standardmäßig in der Sicherheitszone *Internet*, nicht in der Zone *Intranet*.

C. **Richtig:** Anwendungen und XBAPs, die aus einer Webseite ausgeführt werden, laufen standardmäßig in der Sicherheitszone *Internet*.

D. **Falsch:** Anwendungen und XBAPs, die aus einer Webseite ausgeführt werden, laufen standardmäßig in der Sicherheitszone *Internet*, nicht in der Zone *Benutzerdefiniert*.

2. **Richtige Antworten: A und C**

A. **Richtig:** Isolierter Speicher bietet eine sichere Methode, Daten auch in einer teilweise vertrauenswürdigen Umgebung im Dateisystem zu speichern.

B. **Falsch:** Der Webdienstzugriff wird in einer teilweise vertrauenswürdigen Umgebung oft eingeschränkt, daher ist diese Methode nicht zuverlässig.

C. **Richtig:** Weil Benutzereinstellungen in einer teilweise vertrauenswürdigen Umgebung sicher gespeichert werden, können Sie diese Strategie nutzen, sofern die gespeicherten Daten sich von Größe und Format her für Einstellungen eignen.

D. **Falsch:** Eine Berechtigungsanforderung dient dazu, um zu prüfen, ob eine Berechtigung vorliegt. Sie weist nicht temporär die Berechtigung zu.

3. **Richtige Antworten: A und D**

A. **Richtig:** Dieses Beispiel demonstriert die richtige Verwendung der synchronen Methoden `CheckForUpdate` und `Update`.

B. **Falsch:** `CheckForUpdateAsync` gibt keinen Wert zurück, sondern nutzt einen Rückruf. Daher führt in diesem Beispiel der Aufruf von `aDep.CheckForUpdateAsync` zu einem Fehler, weil er nicht als Wert ausgewertet werden kann.

C. **Falsch:** In diesem Beispiel wird `CheckForUpdate` aufgerufen. Der Ausdruck wird aber niemals ausgewertet, und kein Codepfad löst die Installation der Updates aus.

D. **Richtig:** Dieses Beispiel demonstriert die richtige Verwendung der asynchronen Methoden `CheckForUpdateAsync` und `Update Async`.

Kapitel 12: Übung mit Fallbeispiel

Übung mit Fallbeispiel 1: Die Anwendung etwas zu früh ausliefern

Mithilfe von ClickOnce können Sie die heute verfügbare Version über eine Website bereitstellen, auf die Ihre Kunden Zugriff haben. Wenn Sie die Anwendung so einstellen, dass sie bei jedem Start nach Updates sucht, können Sie sicherstellen, dass Ihre Kunden jedes Mal, wenn sie die Anwendung ausführen, die aktuelle Version benutzen. Außerdem brauchen die Kunden bei einer ClickOnce-Bereitstellung keine administrativen Benutzer zu sein, um die Anwendung zu installieren.

Übung mit Fallbeispiel 2: Installieren einer Serveranwendung

Sie können ein Setupprojekt erstellen, um die Dokumentdateien zu installieren. Auf diese Weise erhalten Sie eine Setupumgebung, in der Sie alle geforderten Ziele erreichen. Sie können Verzeichnisstrukturen im Dateisystem-Editor definieren und Registrierungsschlüssel im Registrierungs-Editor anlegen. Sie können in einer benutzerdefinierten Aktion prüfen, ob alle benötigten Komponenten vorhanden sind. Ist das nicht der Fall, können Sie wiederum eine benutzerdefinierte Aktion ausführen, um die benötigten Komponenten zu installieren. Gelingt das nicht, können Sie eine `InstallException`-Ausnahme auslösen, um die Installation abzubrechen und die Änderungen rückgängig zu machen.

Stichwortverzeichnis

C

D

M

Der Autor

Matthew A. Stoecker programmierte mit 9 Jahren das erste Mal einen TRS-80 in BASIC. 2001 fing er als Autor und Programmierer bei Microsoft an, wo er über Microsoft Visual Basic .NET schrieb. Er ist Autor zahlreicher technischer Artikel über Visual Basic .NET und Microsoft Visual C# und Autor oder Koautor mehrerer Bücher über diese Sprachen. Er hat einen PhD in Mikrobiologie (von dem er hofft, dass er ihn nie wieder braucht) und lebt in Bellevue, Washington.